디지털 시대 커뮤니케이션 정치경제학

컬처룩 미디어 총서 028

디지털 시대 커뮤니케이션 정치경제학

그레이엄 머독 김영욱 서명준 이진로 임동욱 최은경 지음

culture look

컬처룩 미디어 총서 028
디지털 시대 커뮤니케이션 정치경제학

지은이 그레이엄 머독 김영욱 서명준 이진로 임동욱 최은경
펴낸이 이리라

책임편집 이여진
본문 편집 및 표지 디자인 하이픈

2022년 10월 20일 1판 1쇄 펴냄

펴낸곳 컬처룩
등록 번호 제2011－000149
주소 03993 서울시 마포구 동교로 27길 12 씨티빌딩 302호
전화 02.322.7019 | 팩스 070.8257.7019 | culturelook@daum.net
www.culturelook.net

ISBN 979－11－92090－12－2 94300
ISBN 979－11－85521－06－0 (세트)

culturelook

차례

일러두기

- 한글 전용을 원칙으로 하되, 필요한 경우 원어나 한자를 병기하였다.
- 한글 맞춤법은 '한글 맞춤법' 및 '표준어 규정'(1988), '표준어 모음'(1990)을 적용하였다.
- 외국의 인명, 지명 등은 국립국어원의 외래어 표기법을 따랐으며, 관례로 굳어진 경우는 예외를 두었다.
- 본문의 각주는 옮긴이가 본문의 이해를 돕기 위해 달았다.
- 사용된 기호는 다음과 같다.

  신문 및 잡지 등 정기 간행물, 영화, TV 프로그램 등: 〈 〉

  책(단행본): 《 》

머리말

디지털 미디어 분야의 기술 발달과 산업의 변화가 따라잡기 어려울 정도로 빠르다. 1990년대 이후 우리 사회에서 인터넷의 확산과 포털의 성장을 비롯해 케이블 방송, 위성 방송, IPTV, 소셜 미디어, OTT(인터넷 동영상 서비스), 메타버스 등 뉴 미디어가 잇달아 출현했다. 새로운 형식의 디지털 미디어는 등장할 때마다 풍부한 콘텐츠를 통해 민주주의적 공론장의 확대를 비롯해 경제적 풍요로움과 정서적으로 행복한 삶을 약속했다.

하지만 현실은 어떠한가? 디지털 미디어가 늘어나면서 수용자인 시민은 취향과 관심에 따라 다양한 집단으로 쪼개졌다. 급기야는 소셜 미디어를 통해 자신이 원하는 콘텐츠에만 몰입했다. 그러자 보수와 진보의 극단적 대립과 갈등이 심해졌다. 민주주의 공론장의 통합 기능은 실종 상태다.

경제적 측면에서 디지털 미디어는 플랫폼 경제에서 고된 노동에 종사하는 프레카리아트라는 불안정한 임시·계약직 저임금 노동자를 양산하고 있다. 디지털 시대의 노동자 위상은 끝없이 추락하고 있다. 산업 사회의 노동자가 비교적 장기 고용 상황에서 단결권, 단체교섭권, 단체행동권을 보장받으며 파업을 통해 실력을 행사했지만, 디지털 시대의 노동자에게는 파업할 권리마저 그림의 떡이자 부러움의 대상이 되고 있다.

정서적 측면에서 디지털 사회의 수용자는 마약처럼 중독성이 강한 콘텐츠의 유혹에서 벗어나지 못한 포로가 되었다. 수많은 미디어는 경쟁적으로 흥미성이 높은 드라마와 연예, 스포츠, 그리고 저급한 취향의 프로그램 등으로 수용자를 꽉 붙잡고 놓아 주지 않는다. 수용자는 자발적으로 채널과 콘텐츠를 선택한 것처럼 보인다. 하지만 디지털 시대의 불안한 노동에 종사하면서 틈틈이 여가 시간을 부여받아 낮은 소득으로 지출 여력이 없는 상황에서 미디어 선택은 자발적인 것이 아니라 불가피한 강요에 의한 것이나 다름이 없다.

왜 디지털 미디어 시대의 시민은 민주주의 공론장에서, 경제적 복지에서, 정서적 행복에서 추방되고 있는가? 이러한 의문에 대해 다양한 학문과 접근 시각은 명쾌한 분석과 해답을 제시하지 못했다. 다시 커뮤니케이션 정치경제학이 필요한 이유다. 디지털 미디어가 변화시킨 사회를 분석하고, 본질을 이해하고, 문제의 해법을 찾으려면 인간의 노동과 사회 활동, 커뮤니케이션 현상에 숨어 있는 경제적 및 이데올로기 요인의 작용과 영향을 체계적으로 접근해야 하기 때문이다.

1장에서 김영욱은 자본주의 착취 구조가 공고한 상황에서 디지털 미디어가 민주적인 공론장을 형성하기보다는 자본의 이윤 창출의 도구로 변질되는 측면에 주목한다. 노동자의 위상도 약화된다. 왜냐하면 디지털 기술이 가져온 생산성 증가는 노동력의 감소를 가져와 실업이 증가하기 때문이다. 노동자는 또한 공장과 사무실을 벗어나 여가 시간과 가정에서도 공짜 노동을 수행하는데 디지털 미디어 콘텐츠의 소비 활동이 디지털 미디어 자본에게는 이윤 추구에 기여하고 실현하는 과정이기 때문이다. 이러한 난제를 해결하는 대안은 인터넷 공유지의 확보다. 어떤 방법이 가능할까? 현실에서 몇몇 제도의 효율성 발휘로는 한계가 있다. 자본주의 모순에 대한 성찰과 디지털 맥락에서 인간성을 회복하는 패러다임 차원의 근본적 인식 전환을 제안한다.

2장에서 최은경은 한국을 비롯한 제3 세계 국가에서 펼쳐진 미국식 문화제국주의 전략의 배경과 방식, 영향을 살펴보고, 최근 기술 과학을 중심으로 전개되는 신문화제국주의에 주목한다. 문화제국주의 담론이 의도한 지배와 종속의 사례가 누적되어 뚜렷하게 드러난 데 비해서 신문화제국주의 현상은 기술 과학의 편리함과 온라인 플랫폼의 막대한 지배력으로 인해 비판적 인식을 좀체 허용하지 않는다. 최근 한류 문화의 성공 분위기는 미국 중심의 문화제국주의를 흘러간 과거의 유물이라는 착오를 가져오기도 한다. 하지만 신문화제국주의를 주도하는 미국의 소수 플랫폼 기업들은 기술 과학 중심의 문화산업을 독점하고 경제적 및 이데올로기적 측면에서 문화제국주의와 본질적으로 다르지 않다는 의문을 제기한다.

3장에서 서명준은 커뮤니케이션 정치경제학의 적용에서 유물변증법의 과학적 방법에 충실할 것을 제안한다. 노동과 커뮤니케이션의 통일성에서 접근할 때, 현상을 비판적으로 접근하여 본질을 구명究明할 수 있기 때문이다. 또한 인간성을 실현하는 노동은 사회의 특성 탐구에서 파악이 가능하다. 그래서 현실적이고 경험적으로 확인 가능한 사실로부터 커뮤니케이션 개념이 도출될 수 있다. 이러한 개념 인식은 오늘날 테크놀로지의 발달과 영향이 확대한 사회의 분석에서 생산력의 비약적 발전과 사회적 생산 관계의 조응에 주목한 분석으로 이어진다. 지식·정보 자본의 시대가 전개되는 사회 변동의 국면에서 인간과 그 정신적 능력의 가치 형성을 통한 디지털 시대의 사회적 지배 관계의 등장에 초점을 맞출 것을 제안한다.

4장에서 임동욱은 인간이 대상을 인식하고 표출하는 소통 수단인 미디어의 발달과 변화에 주목한다. 자본주의 생산 양식에서 잉여 가치의 창출, 이윤 추구, 가치 법칙이 분석의 핵심적 위상을 차지하듯이, 소통 양식에서 물질적 및 비물질적 콘텐츠의 생산, 소비와 결합에서 작용하는 인지적, 정보적, 서비스적, 감정적 요소 등이 다른 시대와 차별성을 지닌다. 이런 맥락에서 최근 전개되는 인지 자본주의 사회의 특성은 인지적 기능, 일반 지성, 소통과 감정, 정동, 서비스 등의 연구를 통해서 파악될 수 있다. 정보 사회가 새로운 유형의 사회라는 주장에 대해 정보 통신 영역의 비중 확대에 동의하지만 본질적 변화 여부에 대해 논란의 여지가 있다고 본다.

5장에서 이진로는 디지털 미디어 환경에서 신문과 방송이 인터넷 홈페이지와 포털을 통해 뉴스를 공급하는 구조로 변화하면서 기자의 위상 저하, 뉴스 상품 잉여 가치 증식 방식의 다변화, 수용자의 무료(부불) 노동 참여 등의 현상이 발생했음에 주목한다. 구체적으로 기자의 경우 양적 노동 생산성은 크게 성장했으나, 질적 측면에서 저하되고, 노동 조건의 악화로 인해 사회 정의를 발휘하는 기자 정신에서 멀어진다. 뉴스 유통에서 포털의 지배 구조는 댓글의 활성화가 수용자로서 시민이 기사의 가치를 증식시키는 무료 노동 행위에 해당하고, 경쟁의 심화 속에서 속보에 시달리는 기자를 '기레기'로 전락시킨다. 대안은 무엇인가? 기자의 시대적 역할 모색을 비롯해 시민의 주체적 역할 확대, 언론 자본의 공공성 제고 등이다.

6장에서 그레이엄 머독은 인간이 계속 자연계를 착취하면 기후 변화의 즉각적이고 명백한 위협을 초래하여 존재하기 어려운 냉혹한 선택 앞에 서 있음을 선언한다. 우리가 누리는 디지털 기기의 편리함 뒤에는 제조와 사용, 폐기 과정에서 발생한 엄청난 탄소 발자국과 소셜 미디어 콘텐츠 등에 담긴 광고와 홍보에 의해 소비되는 대규모 자원의 낭비와 소진에 직면하여 지속 불가능한 미래다. 지속 가능한 미래는 먼저 경제 측면에서 빈부의 격차 축소, 취약층의 안전과 복지 향상에서 시작된다. 이와 함께 이데올로기 측면에서 소비는 진보가 아니고, 자연을 착취의 대상이 아니라 우리가 보호·보충해야 할 필수적 생명 유지 시스템으로 보아야 한다. 탄소 제로화, 위험한 디지털 사회의 해결책 제공, 커뮤니케이션의 공공성 회복 등을 제안한다.

끝으로 이 책이 빛을 보기까지 많은 분의 도움이 있었다. 무엇보다도 저자들은 한국언론정보학회 커뮤니케이션 정치경제연구회에서 활동하고 있어서 학회와 연구회 차원에서 학술 활동에 어려움이 없도록 도움을 받았다. 이 책의 가치와 의미를 알아봐 준 컬처룩 출판사와 꼼꼼하게 편집과 교열을 맡아준 이여진 편집장에게 감사의 뜻을 전한다. 그리고 이 책을 읽을 미래의 독자 여러분에게 미리 감사드린다. 독자가 이 책을 읽고 단 하나의 영감이나 지식을 얻었다면 필자들의 괴로움에 대한 최대의 보상이자 기쁨이기 때문이다. 부족한 내용은 전적으로 필자들의 책임이다. 독자의 아낌없는 질정叱正을 바란다.

필자들을 대신해

이진로 씀

1장

디지털 미디어와 커뮤니케이션 정치경제학

김영욱

1. 디지털 미디어와 기술의 변증법

비판적인 정치경제학의 자본주의 모순에 대한 비판과 위기의 도래, 새로운 대안 체제의 필요성에 대한 논의는 모든 자본주의 체제에 그대로 적용된다. 따라서 디지털 미디어와 그것의 도래에 따른 커뮤니케이션 상황의 변화를 중심으로 이루어지는 비판적인 정치경제학 분석은 기술의 발달이 자본주의에 미치는 영향에 대한 분석 틀을 가져올 필요가 있다. 《자본론*Capital*》에서 설명하는 기술의 발전이 가져오게 되는 생산력과 생산관계의 적대적인 대립이 의미하는 것은, 생산력의 차원에서 기술이 자유 시간과 부를 늘리는 작용을 하지만, 생산관계는 계속 자본주의의 착취 관계에 그대로 빠져 있는 상황을 의미한다. 카를 마르크스Karl Marx는 이러한 기술의 모순되고 변증법적인 관계를 기술 발전이 자본주의에 미치는 핵심이라고 보았다(Marx, 1976). 이것은 변증법적인 관계, 즉 기술 그 자체로서 본질과 그것에 대응하여 존재하는 자본주의 기술이 대립하는 관계를 의미한다. 아무리 기술이 발전한다고 하더라도 자본주의 체제에서 존재하는 기술이라는 한계를 벗어나기는 힘들다. 따라서 자본주의하에서 이러한 생산력과 생산관계의 적대적인 대립 속에서 기술이 착취 관계를 강화하는 도구로 사용되는 것은 당연하고, 이러한 구도에서 벗어나기 위해서는 착취 대상이 되어 온 사람들의 끊임없는 계급 투쟁을 필요로 한다.

사실 기술과 관련한 낙관적인 전망이나 비관적인 전망 모두 기술결정론적인 접근에 머문다는 면에서 문제를 지닌다. 기술이 노동의 주체를 중심으로 사용될 것인가, 아니면 기술이 만들어 낸 객체, 즉 수단을 중심으로 사용될 것인가의 문제는 언제나 변증법적 갈등을 일으킬 수밖에 없다. 여기서 중요한 것은 사람이고, 그 사람의 계급 투쟁이다. 기술의 발달이 우리가 원하는, 혹은 원치 않는 어떤 세계를 가져오기보다는 그 기술을 소유한 사람들과 그 기술에 노동을 직접적으로 접목하는 사람들 간의 끊임없는 투쟁의 결과가 우리의 미래를 결정할 가능성이 크다. 기술이 사람을 지배할 것인가, 사람이 기술을 지배할 것인가는 자본이 끊임없이 착취의 근거를 마련하려는 시도들을 내버려 둘 것인가, 아니면 우리가 투쟁을 통해 공유지를 넓히고 착취의 대상으로 전락하고 마는 상황을 거부할 것인가에 달려 있다.

기술의 발전이 심화된 디지털 미디어와 커뮤니케이션 환경에서 자본주의 착취 구도가 강화되는 것은 디지털 미디어가 가지는 특성과도 연결된다. 미디어의 유형을 나누는 방법은 여러 가지다. 우선 사람의 신체를 이용하느냐, 외부적인 기관을 이용하느냐에 따라서 커뮤니케이션 수단을 나누어 볼 수 있다. 신체의 이용 정도에 따라서는 언어 커뮤니케이션verbal communication과 비언어 커뮤니케이션nonverbal communication으로 나눌 수 있고, 외부적인 기관을 이용하는 것에 따라서 확대 커뮤니케이션amplificatory communications, 지속 커뮤니케이션durative communications, 대안 커뮤니케이션alternative communications으로 나눌 수 있다(Williams, 1980/2005). 레이먼드 윌리엄스Raymond Williams의 시각에서 지배 계급은 확대 커뮤니케이션과 지속 커뮤니케이션을 독점함으로써 지배 논리를 강화하고 독점을 정당화한다. 하지만 컴퓨터를 중심으로 하는 디지털 미디어는 이러한 미디어 유형을 통합하거나 뛰어넘는다. 미디어 기술의 측면에서 본다면 인간의 신체에서 시작해서, 정보를 유통하고, 소비하는 측면, 스스로 미디어 내용을 생산하는 측면까지 모든 영역을 포함할 뿐만 아니라, 미디어가 다루는 중심 감각 영역으로서 시각, 청각을 포함한 대부분의 인지 영역을 포괄한다(Fuchs, 2011). 따라서 디지털 미디어는 어떤 특정 영역의 미디어 유형을 지칭하기보다는, 현대 사회 디지털 기술의 발전을 통합하고 모든 감각의 인간 커뮤니케이션을 포괄하는 현대 사회 자본주의 생산, 유통, 소비를 이끌어 가는 광범위한 미디어 활동을 의미한다. 디지털 미디어와 커뮤니케이션 환경에서 착취가 강화되는 것은 디지털 미디어가 현대 사회 자본주의의 다양한 형태를 포괄적으로 선도하고 있을 뿐만 아니라 사회 전체를 공장화하면서 착취의 영역을 넓혀 가는 것과 밀접한 관련이 있다(Negri, 1989).

일반적으로 미디어와 커뮤니케이션에 대한 정치경제학 차원의 해석은 중요하게 다뤄지지 않는 경향이 있다. 그것은 커뮤니케이션을 상부 구조의 일부라고 보고, 경제적인 토대와 무관하다고 여기는 경향과 연결되어 있다. 그래서 비판 커뮤니케이션학자들도 미디어와 커뮤니케이션 현상을 상부 구조의 차원에서 분석하면서, 내용과 이데올로기 차원에 집중해 온 경향이 있다. 이러한 경향은 많은 커뮤니케이션 비판학자들이 위르겐 하버마스 Jürgen Habermas 식의 이분법적 사고를 받아들여서 생활 세계로부터 체계, 즉 경제 및 정치 체계를 구분해서 보려고 하는 고정적인 시각과 연결된다(Habermas, 1985). 커뮤니케이션이 자유롭게 이루어지는 생활 세계는 경제 체계와는 무관하며, 자유로운 커뮤니케이션을 분석하는 것은 경제 체계로부터 벗어나서 생각해야 한다는 시각이 주를 이루게 된 것이 이러한 현상의 바탕을 이룬다.

이런 점에서 보면 디지털 미디어와 이에 수반하는 커뮤니케이션 활동을 이데올로기 차원, 혹은 상부 구조의 차원에서만 이해하는 접근 방법은 문제를 지닌다(Fuchs, 2019). 디지털 미디어와 커뮤니케이션 활동을 전통적인 형태의 상품화 과정을 구현하기 위한 도구적인 수단으로 바라보는 시각은 미디어의 내용이 사회에 미치는 영향에만 초점을 맞추면서, 미디어가 작동하는 경제적인 토대를 무시하는 우를 범할 수 있다. 이데올로기로 구현되는 것은 디지털 미디어와 커뮤니케이션 활동의 결과로 함께 나타나는 것이지 그것이 작동하는 경제적인 기본 원리 자체를 의미하지는 않는다. 디지털 미디어는 결국 일반 지성이 구현한 기술의 총아이고, 이는 상대적인 잉여 가치 착취와 자본에 대한 실질적인 포섭real subsumption을 앞당기기 위한 생산 수단으로 귀속된다(Fuchs, 2015b, 2016; Marx, 1973). 자본은 디지털 미디어라고 하는 달라진 환경 속에서 어떻게든 노동의 강도를 강화하고, 절대적인 노동 시간의 연장을 넘어서 사람들이 자연스럽게 착취의 조건을 수용할 수 있는 조건들을 만들어 낸다(Jameson, 2011).

기술의 발달이 만들어 낸 디지털 미디어 사회에 대해서 낙관적인 기술결정론이나 비관적인 기술무용론에 빠지는 것은 모두 경계해야 한다. 그 대신 기술 그 자체가 어떻게 사회 변화를 가져오는지 면밀히 탐색하는 것이 중요하다(Bueno, 2017). 따라서 우리가 가질 수 있는 변증법적인 대안은 새로운 생산 수단 혹은 새로운 커뮤니케이션 수단의 대두를 인정하고 받아들여서, 기존의 자본주의 체제와 어떤 식으로 통합적인 발전을 이루어 가는지 살피는 것이다. 디지털 미디어 사회에서 커뮤니케이션 활동은 경제적인 토대와 상부 구조에 모두 걸쳐 있으며, 이를 통합하고 이어 주는 역할을 담당한다. 결국 디지털 미디어를 이용하는 커뮤니케이션 활동이 없다면 새로운 착취가 일어나지도 않을 것이며, 그러한 착취 구조를 유지시켜 줄 사회적인 동력을 찾기도 어렵다. 디지털 미디어와 그에 수반하는 커뮤니케이션 활동을 비판적인 정치경제학 차원에서 분석하는 것은 기술의 변화가 만들어 낸 자본주의의 새로운 착취 구도를 탐색하는 것이며, 이러한 작업은 또한 디지털 미디어를 기반으로 자본주의 착취 구도를 공고히 하려는 자본의 기획에 대응할 접근 방법을 제공해 줄 수 있다.

2. 디지털 미디어와 디지털 노동

커뮤니케이션이 만들어 내는 다양한 상품들을 살펴본다면, 커뮤니케이션이 상부 구조의 차원에만 머물 수 없다는 것을 이해하는 것은 어렵지 않다. 커뮤니케이션은 커뮤니케이션 활동을 통해 직접적으로 상품을 만들어 내기도 하지만, 상품의 유통과 이윤 창출의 가속화에 기여하기도 한다. 디지털 미디어 시대는 이러한 커뮤니케이션의 역할이 훨씬 다양해지고 광범위해진다. 유튜브YouTube, 인스타그램Instagram 등 인터넷과 소셜 미디어에서 만들어지는 각종 커뮤니케이션 생산물들과 함께, 디지털 미디어를 통해서 공간과 시간의 한계가 좁혀지면서 상품에 다양한 가치들이 덧붙여져서 팔려 나가고 자본의 이윤 증식이 이루어진다. 이러한 디지털 미디어의 다양한 커뮤니케이션 상품은 또한 여러 유형의 디지털 노동과 연결된다. 디지털 미디어가 만들어 내는 직접적 상품과 상품을 통한 이윤 증식의 가속화에 기여하는 과정은 대부분 기존 정치경제학에서 논의되어 왔던 물질적인 노동과 전체 사회적인 일반 지성 논의와 연결되는 비물질 노동 논의를 함께 포함한다.

예를 들어, 플랫폼을 통한 배달 산업은 배달원들의 노동 기여와 함께 플랫폼이 최초 만들어지는 과정에 기여했던 일반 지성과 플랫폼이 그 역할을 다하기 위해서 필요했던 많은 소상공인과 이용자의 행위들이 망라되어 이윤 창출에 기여한다. 배달원의 노동은 물질적인 노동이지만 일반 지성의 기여와 이용자 정보 축적은 비물질 노동을 의미한다. 물질 노동은 커뮤니케이션 관련 활동을 통해서 커뮤니케이션 상품을 만드는 행위와 디지털 미디어를 이용해서 실질적인 상품 생산을 통한 이윤 증식에 기여하게 되는 모든 행위를 포함하고, 비물질 노동은 자본의 이윤 창출을 가능하게 하는 전체 사회의 과학 기술적인 기여와 이윤 증식에 기여하는 많은 사람의 일상 속 행위를 포괄한다.

이처럼 디지털 미디어는 다양한 형태의 디지털 노동과 연결되어 있다. 디지털 노동은 다양한 구성과 함께 상반된 속성들로 인해서 변증법적 해석을 필요로 한다. 디지털 노동을 엔지니어나 소프트웨어 제작자들에 한정하거나, 아니면 반대로 온라인 사용자에 중심을 두어서 정의하는 것은 큰 의미가 없다. 디지털 노동은 디지털 환경 조성과 관련해서 관여되는 모든 노동을 포함한다고 보아야 한다(Srnicek, 2017). 크게 두 유형으로 나눈다면 산업 자본 시대의 노동과 유사하게 임금을 지급받고 잉여 노동을 제공하는 디지털 노동이 있고, 산업 자본 시대의 임금 형태를 지불받지는 못하지만 디지털 환경의 발전에 기여하는 이용 형태와 결합된 디지털 노동이 있다. 이러한 디지털 노동labor의 공통적인 특성은 디지털 일work과 관련된 주체, 객체, 생산물 모든 면에서 소외되어 있다는 것이다(Andrejevic, 2013; Fuchs, 2014). 디지털 노동을 하는 사람들은 당연히 착취의 구조에 둔감할 뿐만 아니라, 디지털 노동의 대상물과 결과로서 만들어지는 생산물에 대해서도 착취의 대상이 된다는 것을 인식하지 못할 정도로 극심한 소외에 빠져 있다. 이런 관점에서 보면, 디지털 노동도 노동 착취를 통한 이윤의 극대화와 그 과정에서 정작 노동자는 착취당한다는 인식에서 소외된다고 설명하는 전통적인 노동 가치 이론의 틀을 벗어나지 못한다. 디지털 미디어 환경에서는 물질적인 노동, 비물질 노동의 구분과 상관없이 새로운 착취 구도 속으로 모든 가치 생산이 수렴되기 때문이다.

따라서 디지털 미디어 환경에서 계급은 여전히 중요한 개념이다. 디지털 미디어에 공급되는 수많은 콘텐츠는 불안한precarious 노동 조건에 사로잡힌 많은 창의 노동력에 의해서 만들어진다(Hesmondhalgh & Baker, 2013; Peuter, 2014). 프리랜서, 계약직 등을 포함해서 디지털 미디어와 관련된 노동력은 착취에 고스란히 노출되어 있다. 심지어 세계화와 연결 지어 디지털 미디어와 관련된 노동에 종사하는 저임금 제3 세계 노동자들의 노동 조건을 고려하면 문제는 더 심각해진다. 하지만 디지털 미디어 환경에서 더 큰 문제는 노동의 대상이 되지 않았던 일상의 행위와 미디어 이용 행위가 노동의 범주로 들어오게 된다는 점이다. 이와 함께 이용 행위를 노동으로 연결하는 과정이 심화되면 불안한 노동자(프레카리아트precariat)가 수없이 양산된다(채석진, 2016; Dyer-Witheford, 2015; De Peuter, 2014). 예를 들어, 플랫폼에 귀속된 수많은 이용자는 자신의 노동을 가장 효율적으로 관리하는 방식에 귀속됨으로써 가장 극대화된 착취를 경험하게 된다. 또한 SNS를 이용하는 행위가 처음에는 단순히 사회관계를 형성하기 위한 일들로 시작하지만 점점 더 자본의 이윤 창출을 위한 노동으로 변질하게 됨으로써 스스로 착취가 극대화되는 경쟁 구도로 뛰어들게 된다. 따라서 디지털 미디어 환경은 노동력의 성격이 변한 것처럼 보이지만 여전히 계급에 기초한 생산관계를 통해서 착취의 블랙홀을 만들어 내며, 소외 현상을 통해서 노동의 본질을 감추고 있다.

노동 착취는 노동 계급에서 만들어진 가치가 노동자들에게 아무런 보상이 주어지지 않은 상태에서 자본가들에게 고스란히 전이되는 경우를 의미한다(Marx, 1981). 자본가들이 생산 수단을 소유하기 때문에 착취는 자연스럽게 이루어진다. 물론 이러한 착취는 눈에 띄는 강제성이 없거나 어느 정도의 편익을 착취당하는 상대방에게 나누어 주는 경우를 포함해서 결과적으로 공정하지 못한 경우를 모두 포함한다(Wertheimer, 1996). 디지털 미디어 환경에서는 이러한 착취가 확장되고 강화된다(Fisher, 2012). 디지털 기술은 착취의 범위를 넓힐 뿐 아니라 디지털 미디어 이용자의 개인적인 데이터를 처리함으로써 착취의 효과를 극대화할 수 있다. 예를 들어, 광고에 주목할 수 있는 디지털 미디어 이용자를 특정해서 광고를 함으로써 전통적인 미디어에 비해서 더욱 강화된 착취가 가능해진다. 이러한 효과는 노동 시간을 늘리는 절대적인 잉여 가치 착취와 노동의 강도를 높이는 상대적인 잉여 가치 착취 개념과도 직접적으로 연결된다(Marx, 1976).

우리가 흔히 미디어 노동자라고 하면, 미디어와 관련된 생산물을 만들어 내는 사람들을 의미한다(Hesmondhalgh, 2016). 따라서 디지털 미디어 노동자는 디지털 미디어를 직접적으로 생산하는 노동자, 디지털 미디어에 나오는 콘텐츠를 채워 넣는 크리에이티브 노동자, 디지털 미디어를 이용해서 다른 일을 하거나, 심지어는 디지털 미디어를 단순히 이용하는 사람들을 모두 포함한다. 디지털 미디어 자본의 착취는 이 모든 형태의 물질적인 혹은 비물질적인 노동으로부터 발생한다(표 1 참조). 디지털 미디어와 관련된 착취는 전통적인 착취 개념, 즉 생산 수단을 가진 계급이 노동자의 노동이 만들어 낸 가치를 불공정하게 전유한다는 개념을 확장한다. 디지털 노동에 대한 착취는 물질 노동과 비물질 노동에 대한 착취를 모두 포함하며, 디지털 미디어 사회는 끊임없이 이를 유지하기 위한 이데올로기를 형성한다. 여기서는 디지털 노동을 (1) 물질 노동, (2) 비물질 노동에 대한 착취, 그리고 이를 떠받치는 (3) 디지털 사회 이데올로기에 대한 논의로 나누어서 살펴본다.

물질 노동이라는 측면에서 보면 디지털 미디어 환경은 취약한 노동 계급을 양산하기에 좀 더 적절한 환경을 제공한다. 많은

표 1 디지털 미디어와 관련된 노동의 대표적인 유형

1. 물질 노동 — 임금노동	2. 비물질 노동 — 공짜 노동
1) 개발 및 유지 노동	1) 정체성 노동
2) 창의 노동	2) 시청 노동
3) 플랫폼 독립사업자 노동	3) 감시 노동
4) 저임금 크라우드 노동	

창의 혹은 크리에이티브 노동자는 출퇴근 시간이 정해져 있는 것이 아니기 때문에 오히려 장시간 노동에 취약하고, 유형화된 노동이 분명하지 않기 때문에 공짜로 제공하는 노동의 비중이 늘어날 수밖에 없다(Hesmondhalgh & Baker, 2013). 디지털 미디어 환경에서 창의 노동자의 노동은 온라인으로 제공되는 경우가 많기 때문에 이러한 착취는 더 강화된다. 미디어 산업은 문화산업이 외견상으로 인식되는 화려함 때문에 많은 예비 취업자들이 몰려들고, 이로 인해 열악한 환경과 불안한 노동 조건을 당연시하는 경향이 있다. 하지만 성공 신화는 존재하지만, 그 신화가 현실에서 실현될 가능성은 매우 낮다. 또한 디지털 미디어 환경은 알고리즘에 의해서 노동 조건이 강제되는 경우가 대부분이기 때문에 개인이 노동 환경을 바꿀 수 있는 여지도 없을 뿐만 아니라, 풍부한 산업예비군을 통해서 일자리에 대한 불안감은 점점 더 강화된다.

디지털 환경에서 대표적인 물질 노동이 플랫폼을 이용한 노동이다. 플랫폼은 다수의 이용자가 네트워크를 형성해서 자신들의 목적을 달성하기 위한 상호 작용과 거래가 이루어지는 곳을 의미한다(Srnicek, 2017). 플랫폼은 우선 이용자들이 데이터를 만들어 내거나 데이터를 이용하는 방식으로 운영되기 때문에 데이터 중심의 활동이 이루어진다. 따라서 디지털 플랫폼은 거대한 데이터를 축적할 수 있는 기술과 능력을 필요로 하기 때문에 거대 디지털 자본의 독점으로 이어질 수밖에 없다. 플랫폼의 운영은 이용자들이 얼마나 참여하고 데이터 생산에 기여하는가에 달려 있기 때문에, 네트워크의 크기에 의해서 효율성과 경쟁력이 결정된다. 따라서 어느 정도의 데이터 네트워크가 형성되면 이용자의 입장에서는 그곳을 벗어나기가 힘들어진다. 이렇게 되면 디지털 플랫폼 자본의 알고리즘에 의해서 편익의 크기가 결정되고, 이용자들은 플랫폼 자본이 만들어 둔 규칙에 의해서 통제받을 수밖에 없는 상황이 발생하게 된다. 그래서 디지털 플랫폼 자본은 처음에는 이용자를 일정 수준 이상으로 늘려야 하기 때문에 이용자의 입맛에 맞는 공짜 서비스를 제공하지만, 어느 정도 시간이 지나서 독점 체제가 완성되면 이윤을 최대화하기 위한 수단들을 강구하기 시작한다. 이런 경우 플랫폼 자본의 속성상 이윤을 최대화할 수 있도록 공짜 서비스와 유료 서비스의 영역을 최적화할 가능성이 높다. 결국 어떤 결정이든지 자본에게 유리하지만 이용자들에게 유리한 결정이 될 수는 없다.

플랫폼은 크게 다섯 가지 유형으로 나눌 수 있다(Srnicek, 2017). 그것은 광고형 플랫폼advertising platforms, 클라우드형 플랫폼cloud platforms, 산업형 플랫폼industrial platforms, 생산물형 플랫폼product platforms, 절약형 플랫폼lean platforms을 말한다. 디지털 플랫폼의 형태를 두고 보았을 때, 모든 경우에서 물질 노동과 비물질 노동이 혼재되어 있다는 것을 알 수 있다. 예를 들어, 광고형 플랫폼의 경우에는 플랫폼을 구성하고 운영하는 하드웨어와 소프트웨어 노동자가 필요할 뿐만 아니라, 플랫폼 콘텐츠를 채워 줄 이용자들의 콘텐츠 제작과 이용 행위도 데이터의 형태로 관리된다. 물리적인 생산물을 실제로 만들어 내야 하는 노동이 있지만,

나머지는 정보와 데이터 형성이라는 인지적인 행위에 의한 노동이 많은 부분을 차지한다. 우버Uber나 에어비앤비Airbnb처럼 절약형 플랫폼인 경우에는 디지털 기업은 모든 자산을 아웃소싱하고, 각 이용자들이 자신들의 목적에 맞게 데이터를 이용하게 하는 상호 네트워킹의 방식으로 운영된다. 이런 경우 절약형 플랫폼의 역할은 알고리즘을 통해 데이터가 원활하게 이용자 네트워킹을 효율적으로 이루어 낼 수 있도록 통제하는 데 있다. 이런 과정에서 플랫폼과 이용자 간에 이루어지는 많은 행위들은 비물질 노동에 가깝다. 하지만 이런 행위만으로 실질적인 이윤이 창출되지는 않는다. 실제 이윤이 창출되기 위해서는 이용자 간의 물질 노동이 반드시 필요하고, 이러한 물질 노동 시간에 대한 착취가 이윤의 기본을 구성한다. 이용자의 한 형태로서 노동자들은 독립계약자로 존재하며, 이는 노동 환경을 더 불안하게 하고, 노동 착취에 쉽게 노출될 수 있게 만든다.

재봉틀이 컴퓨터 세트로 바뀌었다는 것뿐이지, 디지털 시대에 자본주의의 착취 시스템이 변했다고 볼 근거는 없다. 잉여 노동을 짜내기 위한 자본의 기획은 여전히 기승을 부리고 있으며 보다 더 발달한 기술을 바탕으로 노동 시간을 착취하고 있다. 사실 기술의 발달과 함께 노동 환경은 훨씬 더 불안해졌으며, 더 조밀한 감시 환경 속에서 노동이 평가받고 있다. 더 많은 노동 시간, 더 빠듯한 감시와 감독, 풍부한 산업예비군과 생활 속으로 침투한 노동의 성격 변화로 인해서 자본의 착취 시스템은 훨씬 더 공고해졌다고 평가할 수 있다. 특히 데이터를 생산하기 위한 제3 세계의 저임금 크라우드 노동의 경우는 산업 경제 시대의 노동 환경이 그대로 이어져 왔다고 할 수 있다.

자본주의는 시간과 공간의 한계 속에서 이윤을 극대화하기 위해 몸부림을 쳐왔다. 어떻게 보면 기술의 발달은 이러한 시간과 공간의 제약을 뛰어넘기 위한 자본의 집요한 노력 속에서 탄생했다(Harvey, 2003). 이러한 공간과 시간을 온전히 착취의 공간으로 만들려는 노력은 제국주의와 기술 진보의 동인이었다. 사실상 착취의 가속화 개념도 적용된다. 자본은 이윤을 극대화할 수 있는 모든 수단을 찾아내고, 공간과 시간의 제약을 넘어서 구석구석에 숨어 있는 기회 요인을 포착하고 흡입한다. 그것도 매우 짧은 시간에 최대의 이윤을 얻기를 원한다. 따라서 디지털 기술의 발달은 당연히 자본에 유리한 방향으로 재편된다. 디지털 기술은 시간과 공간의 한계를 뛰어넘어 인간 노동을 온전히 착취하기 위한 수단으로 작용하게 된다.

디지털 미디어 시대에도 물질 노동의 역할은 변하지 않지만, 디지털 미디어와 커뮤니케이션 산업에서 중심적인 역할을 차지하는 것은 비물질 노동이다. 물질과 비물질을 구분하는 것은 상품의 실체가 현실적으로 눈에 보이게 존재하는가 정도이지, 생산을 통해서 가치를 창출하는 방법과는 큰 관련성이 없다. 비물질 노동의 지배적인 지위와 정보 지식 사회의 중요성을 강조한 것이 자율주의 마르크스주의다(Bueno, 2017). 자율주의 마르크스주의의 시각에서 보면, 일반 지성을 통해서 사회의 이윤이 모두 자본으로 수렴해 가는 상황에서 눈앞에 존재하는 상품의 가치에만 착취 현상을 적용하는 것은 새로운 정보 및 인지자본주의의 발전 과정을 무시하는 것이다(Hardt & Negri, 2000).

비물질 노동에 대한 마르크스의 언급은 일반 지성 논의와 연결된다(Marx, 1973). 일반적으로 정의하는 노동은 확실한 노동 시간을 통해서 착취의 대상이 되는 것을 의미하지만, 점점 기술이 발달함에 따라 인류가 만들어 낸 집합적으로 축적된 과학 기술을 통한 지식, 정보, 인지, 정동 작용이 노동의 영역으로 들어온다. 이러한 비물질 노동에 주목한 자율주의자의 관점은 비물질 노동을 통해 현대 사회에서 일어나는 노동 과정을 새롭게 재편함으로써, 집합적이고 주체적인 행위를 노동의 영역으로 끌어왔으며, 사회 전체와 일상으로 노동의 영역을 넓히게 된다(Hardt & Negri, 2000; Lazzarato, 1996).

지식과 정보를 강조하는 현대 인지자본주의 체제에서 착취의 범위는 생산 공장에 머무르지 않으며, 사람들의 모든 일상을 착취의 범주로 확장한다. 디지털 기술의 발달과 함께 현대 자본주의 사회에서 노동과 여가의 경계는 점점 더 흐려지고 있다(Hardt & Negri, 2017). 스마트폰을 가지고 있으면, 어디서든 이메일과 업무 지시가 가능할 뿐만 아니라, 아무 때나 뉴스를 볼 수 있고, SNS 활동을 이어갈 수 있다. 디지털 기술을 기반으로 하는 자본주의는 비물질 노동이 주를 이룬다. 2000년대에 들어서 디지털 미디어를 중심으로 이러한 다른 형태의 노동, 생산과 소비의 통합, 노동과 휴식의 모호함, 사람들의 인지와 정동에 대한 착취 등에 대한 분석 요구가 광범위하게 이루어지고 있다(Fuchs, 2014, 2015a).

특히 비물질 노동에 대한 논의는 공짜 노동Free labor에 대한 논의와 직접적으로 연결된다. 임금이 주어지지 않고 자율적으로 주어지는 공짜 노동은 디지털 자본의 가치 증식에 가장 중심적인 역할을 한다(Terranova, 2000). 디지털 환경에서 주어지는 공짜 노동은 자율적으로 자신의 정체성을 표현하는 행위, 디지털 미디어를 이용하는 행위, 디지털 미디어를 통한 광고 시청 행위를 모두 포함한다. 이러한 공짜 노동은 대부분 디지털 자본의 착취 구도 속으로 편입된다. 자본은 어떤 식으로든 가치를 착취하려고 할 것이며, 이러한 현상은 디지털 미디어와 그것을 둘러싼 커뮤니케이션 행위라고 해서 예외는 아니다. 노동의 형태가 바뀌거나 노동 착취의 영역이 광범위해질 수는 있어도, 자본이 노동을 착취하는 본질은 변하지 않는다. 단지 새로운 분석 틀이 필요할 뿐이다. 어쩌면 수용자상품론audience commodity은 그러한 분석 틀 중에 미디어 자본이 비물질 노동을 착취하는 방법을 보여 주는 유의미하고 설명력이 확보된 한 형태라고 말할 수 있다(Smythe, 1977, 1981).

한편 이러한 착취를 가능하게 하는 미디어와 커뮤니케이션의 이데올로기 역할을 무시할 수는 없다. 커뮤니케이션은 토대와 상부 구조를 연결하는 거대한 연결 고리이기 때문에 토대로서 역할뿐 아니라 당연히 상부 구조와 맞닿아 있다. 이데올로기는 권력관계를 숨기면서 또한 강화하고, 상품에 대한 물신 숭배를 조장한다(Marx, 1976). 이데올로기는 사람들의 노동을 상품으로 대체시켜 대상화할 뿐만 아니라, 상품의 사회관계, 즉 교환 가치로만 오직 인식하게 만든다. 자본주의 사회에서 노동과 상품은 분리되어 있기 때문에, 사람들의 땀과 눈물이 상품에 들어 있다는 것을 사람들은 눈치채지 못한다. 우리는 노동 과정과 그 노동이 일어났던 억압적인 사회관계를 인식하지 못하고 상품과 만나게 된다. 이데올로기는 이러한 노동과 억압적인 사회관계를 숨기고, 상품에 대한 물신 숭배를 조장하는 장치를 의미한다.

우리가 가장 많이 접하는 이데올로기 장치가 광고다(Jhally, 2006). 광고는 마치 종교처럼 현실에 존재하지 않는 것을 신화로 만들고, 사람들을 자본주의 상품의 세계로 인도한다. 다른 미디어 언론들도 마찬가지다. 우리가 방송에서 자주 접하는 일상적 부에 대한 숭상이나, 부의 객관적인 조건을 타고난 사람에 대한 존경은 결국 우리 사회가 자연 상태로부터 가지고 있는 인간에 대한 존엄, 노동에 대한 가치를 철저히 무시하는 행위다. 언어가 비정상적으로 작동되고 있을 뿐만 아니라 물신 숭배로 가고 있다. 광고는 이데올로기 장치로서 기능하지만, 그 자체로서 상품의 역할을 한다. 대부분 광고는 수용자의 주목과 시청 노동을 착취하는 수단이 될 뿐만 아니라 시청자의 주목 노동을 상품화하는 과정에도 주된 역할을 한다.

하지만 전통적으로 보면, 비판적인 정치경제학 접근에서 미디어와 커뮤니케이션 현상에 대한 관심은 상대적으로 적었다. 이것은 비판적인 정치경제학이 미디어와 커뮤니케이션을 상부 구조로만 바라보면서 부차적인 현상이라고 치부해 온 것에서 기인한다. 사실 미디어와 커뮤니케이션 현상은 그 자체로 물질적인 분석의 대상이지만 문화적인 이데올로기로 대부분 다루어졌다(Williams, 1980/2005의 비판 참조). 이러한 경향에 반기를 든 사람이 댈러스 스마이드Dallas Smythe다(1977). 디지털 미디어를 내용이 아니라 경제적인 조건에서 해석할 필요가 있다는 주장은 커뮤니케이션과 미디어 분석을 이데올로기 차원의 내용이 아니라 경제적인 착취의 조건으로서 파악하고자 한 스마이드의 수용자상품론 논의와 자연스럽게 연결된다. 커뮤니케이션이 자본주의에서 가지는 이데올로기 기능은 사실상 상품을 통해서 구현되며, 상품을 통해서 생산 과정에 들어간 노동과 착취 관계를 숨기게 된다. 수용자를 상품으로 보는 논의는 이러한 자본주의 커뮤니케이션 기능에서 가장 중심적인 커뮤니케이션 상품을 전면에 내세우려는 시도라고 할 수 있다.

디지털 미디어 환경에서도 물질 노동을 중심으로 하는 비판적인 정치경제학 접근의 근간이 변화하는 것은 아니지만, 지식과 정보 위주로 이루어지는 상품이 우세해지고, 노동의 성격이 변화하며, 이를 뒷받침할 사회적 시스템이 강화된다. 디지털 미디어 중심의 자본주의 논의는 변화된 성격의 노동이 그 중심에 있고, 이러한 디지털 노동은 임금 노동이나 유형의 상품을 생산하는 노동과는 질적으로 차이가 있다(Wittel, 2016). 따라서 디지털 노동의 특징을 중심으로 자본의 가치 증식과 디지털 공유지가 파괴되는 방법에 대해서 논의하는 것은 무엇보다 중요하다. 다음에서는 이러한 디지털 미디어 환경에서 나타나는 비판적인 정치경제학 접근의 새로운 양상들을 크게, (1) 새로운 생산 소비자 상품의 대두에 따른 노동 가치 증식 양상의 변화, (2) 이를 뒷받침하는 공짜 노동의 강화와 사회 공장화 및 프로모션 경쟁, (3) 이러한 디지털 미디어 환경의 착취 구도를 완벽하게 지원하는 새로운 형태의 감시 체제로 정리해 보았다. 이는 상품, 노동, 감시라는 측면에서 마르크스 정치경제학의 심화를 의미하고, 디지털 미디어 환경에서 자본이 찾아낸 최적의 착취 구도를 설명한다.

3. 디지털 미디어 환경에 대한 정치경제학 분석

1) 디지털 미디어 시대의 가치 착취 구도

미디어 환경은 광고와 프로모션 활동을 중심으로 이윤 축적이 이루어지는 경향이 있다. 대부분의 미디어 기업들은 광고를 통해서 이윤을 얻거나, 광고를 위한 데이터를 축적해서 이윤을 창출한다. 기존의 전통 미디어와 비교하면 페이스북, 트위터, 유튜브, 네이버, 다음 등 디지털 미디어 기업에서 광고가 차지하는 비중은 더 막중하다. 광고는 독특한 상품이다. 광고는 상품으로 만들어지지만, 소비자에게 직접적으로 팔려 가지는 않는다. 소비자들은 광고를 보고, 상품을 구매한다. 광고는 상품 구매를 도와주는 부수적 상품인 셈이다. 따라서 광고는 사람들이 얼마나 보게 하는가가 중요한 상품이고, 이는 미끼 상품, 즉 미디어 콘텐츠 상품을 필요로 한다. 사람들은 미디어 콘텐츠 상품을 즐기기 위해서 미디어에 접근하고, 그 틈을 이용해서 미디어는 광고를 보게 만든다. 이 과정에서 실질적으로 미디어 기업이 상품으로 판매하는 것은 광고도 아니고 미디어 콘텐츠 상품도 아니다. 실제로 상품으로 팔려 나가는 것은 사람들의 주목attention이다.

> 자본주의하에서는 당신의 노동력은 개인적인 소유물이 된다. 당신은 노동력을 가지고 무엇이든 할 수 있다. 만약 임금이 지급되는 일터에서 일을 한다면, 당신은 그것을 판매하고 있는 셈이다. 일터를 떠나게 되면 당신의 일은 판매의 대상이 되지는 않는다. 하지만 이 지점에서 보통 오해가 발생한다. 일터에서도 당신이 팔고 있는 모든 노동 시간에 대해서 임금이 지급되는 것은 아니다. 만약 그렇다면 이윤이나 경영진의 임금이 책정될 수는 없다. 그리고 일터에서 떠나 있어도 당신이 판매를 의도하지는 않지만, 당신의 노동 시간은 수용자 상품을 통해서 판매된다. 일터에서 임금을 지급받으면서 생산되는 것은 보통 상품이다. 또한 일터를 떠나서도 생산되는 것은 내일이나 다음 세대를 위해서 일하거나 살아가기 위해 아껴 두어야 할 노동력이다(Smythe, 1977: 48).

이러한 과정에 주목한 이론이 수용자상품론이다(Smythe, 1977, 1981). 미디어 기업은 사람들의 주목을 상품화하며, 그렇게 만들어진 수용자 상품을 자신의 상품을 유통시키고자 하는 광고주에게 판매하여 이윤을 창출한다. 따라서 미디어와 커뮤니케이션 산업의 근간은 미디어 콘텐츠가 아니라 수용자를 상품으로 만들려는 시도이고, 미디어와 커뮤니케이션에 대한 분석도 콘텐츠가 아니라 경제적 토대를 중심으로 이루어질 필요가 있다. 수용자상품론에 근거한 이윤의 창출에는 두 가지 조건이 선행한다. 하나는 미디어 콘텐츠가 광고를 볼 만한 가치가 있을 정도로 양질의 주목상품이어야 하고, 다른 하나는 광고를 통해서 상품 판매가 이루어진다는 믿음이다. 미디어 기업의 흥망성쇠는 이 두 가지 조건에 달려 있다고 해도 과언이 아니다. 끊임없이 양질의 미디어 콘텐츠를 제공하지 못하거나, 충분히 광고 효과를 확보하지 못한다면 미디어 기업은 살아남을 수 없다. 예를 들어, 구글이 콘텐츠 확보에 총력을 기울이면서도, 광고 주목을 통한 상품 구매 연결과 같은 광고 효과 입증 기능들을 끊임없이 만들어 내는 것은 이와 같은 이유 때문이다.

디지털 미디어 기업은 양질의 콘텐츠를 통해서 사람들의 주목을 끌게 됨으로써 노동의 범위를 일상으로 넓히는 것이 가능해지고, 이를 광고 판매와 연결하여 지속 가능한 이윤 창출을 시도한다(Fuchs, 2012a). 산업경제의 노동 가치는 순수하게 살아 있는 노동에만 집중되어 있지만, 디지털 경제로 오면 과학과 기술을 통한 일반 지성의 성취가 고정 자본을 통해서 가치 창출 과정에 그대로 구현된다(Bueno, 2017). 디지털 미디어를 통한 가치의 착취도 살아 있는 노동에 대한 착취에 머무르지 않고, 수많은 집단지성이 이루어 낸 과학 기술의 진보와 일과 여가의 경계를 무너뜨리는 참여 의지를 바탕으로, 사람들의 주목 행위를 통해서 착취의 범위를 확장한다. 실제로 필요 노동 시간이 줄어드는 기술의 진보가 살아 있는 노동에 대한 착취를 줄이게 될 것이라는 자본주의 위기 담론에 대해서, 디지털 미디어 자본은 착취의 범위를 일상으로 확대함으로써 광범위한 주목 행위를 착취하는 새로운 착취 공식을 완성해 냈다(Negri, 2005; Vercellone, 2005).

디지털 미디어 환경에서 자본 축적을 위한 MCM′ 과정은 생산 형태의 변형에 초점이 맞추어진다. 디지털 미디어 기업은 콘텐츠를 생산하기 위해서 노력하지만 이 콘텐츠가 바로 돈으로 교환되는 것은 아니다. 콘텐츠 생산은 결국 돈으로 교환될 수 있는 수용자의 주목과 연결되어야 하는데, 이러한 수용자 주목 정도에 따라 광고주는 광고비를 지불한다. 즉 콘텐츠 생산은 수용자 주목 생산으로 변형되고, 이것이 비로소 광고비 지불로 연결된다. 디지털 미디어 시대의 이윤 축적은 생산 형태의 변화와 함께 노동 형태의 변화에도 주목할 필요가 있다. 미디어 콘텐츠가 만들어지는 과정은 전통적인 생산 과정을 통해 물적인 노동이 투입되지만, 수용자가 상품으로 만들어지는 과정에서는 주목이라는 새로운 노동이 등장한다(Jhally, 1987). 주목은 비물질 노동이고, 시청 노동watching labor이다.

생산적인 노동은 가치를 창출하는 노동을 의미하지만, 그러한 노동은 대부분 협동의 결과로서 생산물을 만들어 내고 그것을 가치와 연결하는 경우가 많다(Marx, 1976). 디지털 미디어 시대에는 협동의 과정을 통해서 생산물을 만들어 내는 과정이 좀 더 확장된다. 디지털 미디어 시대로 오면 가치 창출을 위한 생산 과정은 일차적으로 지불된 노동이 이루어지는 과정(P_1)과 이차적으

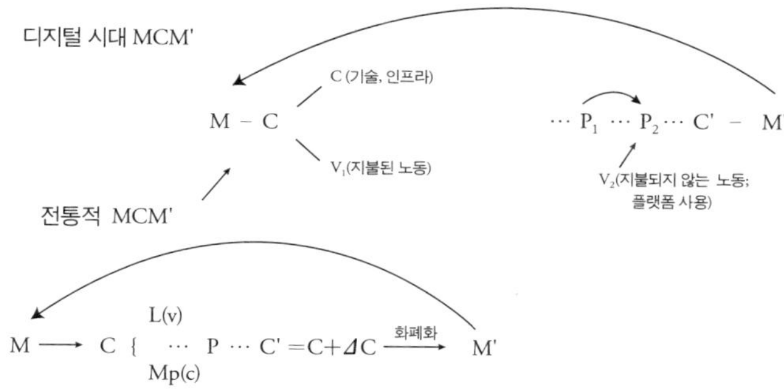

그림 1 디지털 미디어 시대 가치 증식 과정의 변화

출처: Fuchs, 2014.

로 디지털 플랫폼을 이용하는 지불되지 않은 노동이 이루어지는 과정(P_2)으로 구분해 볼 수 있다(Fuchs, 2014)(그림 1 참조). 일차적인 생산 과정에서는 당연히 디지털 플랫폼의 형성과 운영을 담당하는 생산 노동자가 필요하고, 이러한 플랫폼을 상품으로서 유통하기 위한 유통 노동자가 필요하다. 흔히 광고와 마케팅 담당자가 그들이다. 하지만 이차 생산 과정은 플랫폼을 사용하는 사람들에 의해서 이루어진다. 그들이 스스로 만들어 내는 콘텐츠와 이용 정보는 모두 상품으로서 광고주에게 팔려나간다. 이들의 지불되지 않은 노동은 일차 생산 과정과 같이 유형의 생산물을 만들어 내는 것은 아니지만 협동의 행위를 통해서 자본이 가치의 증식을 이룰 수 있게 해 준다는 면에서 생산적인 노동의 정의에 해당한다. 디지털 미디어 환경에서 가치 증식은 이러한 두 단계의 생산 과정을 거치며 전통 미디어와는 다른 양상을 보여 준다.

미디어 기업은 이윤을 창출하기 위해서 콘텐츠를 생산해야 한다. 하지만 디지털 환경에 오면 이러한 콘텐츠 생산이 온전히 미디어 기업 구성원의 노력만으로 이루어지지 않는다. 디지털 환경에서 생산과 소비의 경계는 불분명해지고, 노동의 형태도 유동적으로 변화한다. 따라서 디지털 자본의 가치 증식을 설명하기 위해서는 디지털 노동이 어떤 식으로 가치 증식 과정에 기여하는지를 살펴보는 것이 필요하다.

디지털 노동에서 특징적인 부분이 생산소비자prosumer(프로슈머) 노동이다. 생산소비자 노동은 스마이드의 수용자 상품 개념에서 발전한 것이다(Fuchs, 2014). 온라인 수용자들은 상품으로서 팔릴 뿐만 아니라 콘텐츠 제작이나 이용을 통해서 디지털 미디어에 이윤을 안겨 주기 위한 생산자의 역할에도 적극적으로 참여한다. 생산소비자는 직접 콘텐츠를 제작하고 다른 이용자들과 사회적인 관계를 맺음으로써 디지털 미디어의 평판을 축적할 뿐만 아니라, 평소에 이용 데이터를 축적시켜 맞춤형 광고에 이용될 수 있도록 함으로써 디지털 미디어가 감시를 통해 이윤을 창출할 수 있도록 만들어 준다(Fuchs, 2016). 이러한 상품 생산 활동에 대한 적극적인 기여를 고려하여, 디지털 시대에는 수용자 상품 대신에 생산소비자 상품 개념을 사용한다(Fuchs, 2010, 2014). 소비자로서의 수용자가 아니라 소비와 생산을 아우르는 수용자가 탄생한 것이다.

생산적인 노동은 노동이 돈으로 교환되고, 자본으로 축적될 수 있는 경우로 한정되지만, 그것이 꼭 임금 노동일 필요는 없다

(Marx, 1976). 그렇다면 결국 생산적인 노동을 결정하는 것은 노동 시간이 돈으로 환산되고, 잉여 노동 시간을 통해서 자본에 이윤을 안겨줄 수 있는 착취의 수단이 될 수 있는가의 여부다. 이런 기준으로 본다면, 이용자들의 디지털 노동은 생산소비자 상품으로 팔려 나가고 미디어 자본의 이윤 축적을 도와주기 때문에 생산적인 노동의 범주에 들 수 있다. 이러한 과정에는 생산소비자가 광고에 주목하는 노동 시간과 함께 일상적인 온라인 이용 시간도 착취의 대상이 된다. 이제 디지털 미디어 시대 노동 시간의 의미는 살아 있는 노동에만 국한되지 않고, 사람들의 모든 일상과 과학 기술의 진보가 투영된 고정 자본에까지 통합적으로 걸쳐 있다.

2) 디지털 공짜 노동과 프로모션 경쟁

디지털 미디어 환경의 특징을 이야기할 때, 가장 많이 논의되는 것은 임금 노동과 함께 공짜 노동이 활성화된다는 것이다 (Terranova, 2000; Wittel, 2016). 전통 미디어에서 미디어 콘텐츠를 만드는 행위는 임금 노동자에 국한되었지만, 디지털 미디어에서는 많은 이용자가 임금과 상관없이 스스로 콘텐츠를 만들어 낼 뿐만 아니라 주목 행위를 통해서 가치를 창출한다. 공짜 노동은 마르크스의 정의를 엄밀하게 따르면 생산적인 노동의 정의에 들기 힘들지만, 자본은 이러한 공짜 노동을 가치 증식 과정에 끌어들임으로써 이윤 창출에 기여하는 생산 노동으로 변화시킨다.

자본의 노동 가치 착취라는 입장에서 보면 이용자의 콘텐츠 생산 노동과 함께, 임금 없이 만들어지는 이용자의 인터넷 이용 데이터도 중요한 노동 착취의 원천이다. 또한 디지털 미디어 환경에서는 이러한 노동의 범위가 전체 사회로 확장된다. 디지털 미디어는 사회 조직으로서 기능하면서 이용자들의 사회관계를 이어주고, 정보와 지식을 교환하며, 스스로의 정체성을 일상적으로 확인하게 하는 역할로 확대된다. 미디어가 전체 사회를 조직화하는 것과 연결되기 때문에 노동의 범위는 일상의 모든 행위와 연관된다.

공짜 노동은 일반적으로 쓰이는 부불 노동 개념을 포함한다. 부불 노동은 노동을 제공하지만 임금이 지불되지 않는 노동을 의미하지만(Terranova, 2000), "공짜 노동은 식견이 있는 문화 소비 행위가 일면 즐겁게 이루어지는 것처럼 보이지만, 뻔뻔할 정도의 착취 행위와 연결되는 과도한 생산적 행위로 탈바꿈되는 순간을 의미한다"(Terranova, 2004: 78). 공짜 노동이라는 개념을 대신 사용하는 것은 임금 지불 의사와 상관없이 노동을 통한 가치의 착취가 일어나는 더 광범위한 상황을 포괄하기 위해서다(Wertheimer, 1996). 따라서 공짜 노동은 주로 세 가지 특징을 가지는데, 1) 임금과 상관없이 자발적으로 이루어지며, 2) 자율적으로 이루어지다 보니 임금 노동보다는 비교적 덜 소외되는 것처럼 느껴지지만, 그래도 3) 결국은 자본의 착취 구도 속으로 귀속된다는 점이다(Wittel, 2016). 이런 점에서 공짜 노동이 임금이 지불되는가 아닌가의 한 측면을 의미하는 부불 노동보다는 디지털 미디어 환경을 좀 더 광범위하게 표현할 수 있다고 보았다. 공짜 노동은 처음에는 참여와 민주주의를 약속했던 인터넷 공간이 어떻게 착취의 공간으로 변해 왔는가를 설명해 주는 중심 개념이다. 이용자들의 자발적인 공짜 노동을 자본이 착취할 수 있는 상품으로 변모시키는 과정은 유튜브, 페이스북 등 대부분 디지털 미디어 공간에서 공통적으로 발견된다(Andrejevic, 2009, 2011).

하지만 공짜 노동 논의에 대한 비판의 강도도 세어지고 있다. 공짜 노동에 대한 근본적인 문제 제기는 착취의 적절성 문제와 정치적인 의미의 문제를 기반으로 한다(Hesmondhalgh, 2010, 2016). 착취의 적절성 문제는 공짜 노동은 임금 노동이 아니기 때문에 착취의 대상이 될 수 없다는 논의와 통한다. 비판적인 정치경제학은 임금을 받는 노동만이 착취의 대상이 될 수 있다고 보았다. 이러한 논의는 공짜 노동을 착취의 대상으로 삼아서는 어떠한 정치적인 의미도 찾을 수 없다는 회의론에 기반하고 있다. 착취의 대상으로서 디지털 공짜 노동을 지정하는 것은 실제적으로 아무런 정치적인 의미를 가질 수 없다는 주장이다. 예를 들어 지역 사회 축구 코치 활동을 하는 자원봉사자에게 노동 착취를 당한다고 말할 수 없는 것과 같은 맥락이다. 즉 자발적으로 행해지는 일에서 어떤 정치적인 의미를 찾기는 어렵다는 것이다. 이러한 문제 제기를 바탕으로 디지털 공짜 노동에 대한 대표적인 비판을 정리하면, (1) 디지털 공짜 노동은 일반적으로 임금 노동에 가해지는 어떤 고통을 수반하는 강제성이 없다는 주장과, (2) 디지털 공짜 노동은 직접적 착취의 대상이기보다는 디지털 유통 기반을 빌려주는 대신에 산업 자본의 착취를 지대rent로서 나눠 가질 뿐이기 때문에 심각한 정치적 의미를 찾기는 어렵다는 주장으로 나누어 볼 수 있다.

디지털 공짜 노동의 강제성 부재 비판은 디지털 공짜 노동이 임금 노동인가 아닌가에 대한 논의와 맞닿아 있다. 디지털 공짜 노동이 다른 형태의 임금 노동에 해당된다고 보는 편은 디지털 활동을 통해서 만족감, 인정, 평판 등 임금 외에도 지불되는 어떤 편익이 있기 때문에 공짜 노동이라는 말 자체도 잘못되었다고 주장하기도 한다(Caraway, 2011; Hesmondhalgh, 2010, 2016). 또한 다른 형태의 임금이 주어진다고 하더라도 강제성 없이 이루어지기 때문에 정치적 의미를 부여하는 것이 온당하지 않다는 주장으로 이어진다. 하지만 디지털 공짜 노동을 임금 노동이 아니라고 주장하는 편은 디지털 이용 행위들이 일반적으로 재화를 만들어 내는 임금 노동의 특성을 가지고 있지 않을 뿐만 아니라, 주목에 기반한 시간 단위의 행위는 처음부터 가격을 책정할 수 없기 때문에 임금 노동의 대상이 될 수 없고, 따라서 착취의 대상은 더더욱 아니라고 본다(Bolin, 2011; Arvidsson, 2011). 결국 디지털 공짜 노동은 임금 노동에 대한 인정 유무와 상관없이 착취의 대상이 되기 힘들다는 비판으로 연결된다.

결국 이러한 임금 노동 인정 여부에 대한 논의의 핵심은 디지털 공짜 노동이 강제성을 띠는가의 여부로 모아진다(Caraway, 2011) 고통을 수반하지 않고, 스스로 즐기기 위해 참여하는 행위를 노동의 범주에 포함시키기 어렵다는 것이다. 예를 들어, 소셜 미디어에 참여하기 위해 광고를 보는 행위와 자신의 사이트 이용 행태가 데이터로 모아져서 이용되는 것이 강제적이라고 할 수 있을까 하는 의문이다. 이런 논의는 과연 디지털 이용자의 이용 행위가 외부의 힘에 의해 중단되었을 때, 물질 노동의 경우처럼 절박함과 고통이 수반될 수 있는가에 모아진다(Hesmondhalgh, 2016).

하지만 디지털 이용자의 이용 행위도 이용이 중단되었을 때 자신이 보유하고 있는 사회관계를 제한당하기 때문에 일정한 수준의 강제력이 수반된다고 주장하기도 한다(Fuchs, 2012b, 2014). 반대론자들은 그러한 강제력과 고통을 공장 노동자의 그것과 비교할 수는 없다고 주장하지만, 여기에는 매우 상대적인 가치의 문제가 자리 잡고 있다. 강제력이 고통의 크기와 절박함과 관련되어 있다면, 강제력은 착취의 기준이 되기에는 너무 상대적인 개념이 되고 만다. 사람들은 디지털 미디어 없이 사회관계를 유지할 수 없는 사회 맥락에 위치해 있고, 생존에 필요한 정보와 재화를 얻기 위한 정보 자산을 디지털 미디어를 통해서 획득한다.

소셜 미디어를 이용하지 않을 권리를 실천하기에는 생활 속에서 너무나 많은 희생을 각오해야 한다. 또한 디지털 미디어 이용 행태가 모두 데이터로 제공되는 상황도 사람들이 자발적으로 공짜 노동을 제공하고 있다고 보기는 어렵다. 대부분은 디지털 미디어를 이용하기 위해서 개인 정보를 제공해야 하고, 강제적으로 이용 정보 제공에 동의해야 한다. 이것을 자발적이라고 포장할 수 있을까? 실제로 디지털 미디어와 온라인 행위가 우리 삶의 필수품이 되었음을 인정할 수밖에 없다. 일정 수준에서 소셜 미디어와 온라인 행위에 의존하지 않고도 살아갈 수 있다고 주장하는 것은 직업 없이도 깊은 산에서 혼자 살 수 있다고 주장하는 것만큼 현실 기준점을 벗어난 주장이다. 디지털 미디어에서 노동 착취는 좀 더 사람들을 노동으로부터 소외시키고, 이용 행위가 자본의 가치 증식 과정에 들어 있다는 사실을 잊게 만든다(Fuchs, 2014). 따라서 진짜 문제는 소외의 심화이지, 강제력의 유무가 아니다. 실제 데이터에서도 사람들은 온라인 행위를 위해서 봐야 하는 강제적인 온라인 광고에 대해서 많은 불편함을 느끼지만, 그런 불편함에도 불구하고 온라인 행위에 참여해야 하는 것으로 나타난다. 2020년 온라인 광고 공중 인식 조사에 따르면, 대다수(80.2%)의 사람들은 현재의 온라인 광고가 불편하다고 느끼지만 할 수 없이 감내할 수밖에 없다고 보는 것으로 나타났다(한국인터넷진흥원, 2020).

디지털 공짜 노동과 관련한 지대 논쟁은 자본주의의 성격 변화에 대한 해석과 좀 더 관련되어 있다. 공짜 노동이 디지털 미디어 환경에서 생산관계를 바꾼 지배적인 노동 형태라고 볼 수는 없기 때문에 공짜 노동의 역할에 대해서는 많은 논란이 있다(Wittel, 2016). 예를 들어, 봉건제에서 자본주의로 넘어오면서 일어났던 노동관계의 혁명적인 변화가 현재의 공짜 노동을 통해서 또 다시 일어날 수 있다고 보기는 힘들다. 이는 공짜 노동이 자본주의에 어떤 변화를 일으키는 동인으로 작용할 수 있는가에 대한 의문에서 비롯된다. 이런 시각에서 보면 디지털 공짜 노동은 산업 자본이 자신들의 생산물을 유통시키기 위한 수단으로서 디지털 미디어를 이용하는 과정에서 부수적으로 형성되는 것이고, 디지털 미디어는 산업 자본이 노동 착취를 통해서 축적한 이윤을 지대를 통해서 일정 부분 나누어 가지는 것에 불과하다(Arriaga, 1984). 이러한 주장은 디지털 미디어 자본을 노동을 착취하는 독립적인 자본으로 인정하지 않는 시각에 기초하고 있다. 이러한 주장에 따르면, 디지털 공짜 노동은 전통적인 임금 노동과 비교했을 때 아무런 정치적인 의미를 가지지 못할 뿐만 아니라 산업 자본에 종속되어 기술적으로 발전한 유통 구조의 산물에 불과하다(Caraway, 2011; Hesmondhalgh, 2010; Lebowitz, 1986; Pasquinelli, 2009).

하지만 고정 자본에서 나오는 지대는 그 자체로서는 아무런 가치를 생산해 내지 못하기 때문에 이윤과는 분명히 구별된다(Marx, 1976). 실제 디지털 미디어 자본의 가치 증식 구도를 살펴보면, 산업 자본으로부터 주어지는 이윤에 의존하기보다는 스스로 생산소비자의 공짜 노동에서 가치를 창출하거나 이용 행태 데이터베이스를 판매함으로써 이윤을 극대화하고자 노력한다(Fuchs, 2010, 2015a). 임금 노동자가 아니기 때문에 정치적인 의미를 가지기 힘들고, 사회 변화에 기여할 수 없다는 시각은 디지털 미디어 시대에 발생하는 자본주의의 성격 변화를 전혀 반영하지 못하고 있다. 산업 자본이 착취를 원활하게 하기 위해 미디어를 이용하고, 미디어는 산업 자본으로부터 지대를 챙기는 것에 불과하다는 주장은 개인화된 디지털 미디어의 등장으로 큰 설득력을 가지지 못한다. 디지털 미디어가 스스로 착취의 주체가 되고 있다는 것을 부정하기는 힘들다.

마르크스가 자본론을 쓸 당시의 노동 착취와 현재의 디지털 미디어를 통한 노동 착취는 많은 변화가 있다. 일단 현재의 디지털 미디어 노동은 공짜 노동에 더 크게 의존하고 있다. 사실상 디지털 미디어 자본은 노동 착취를 위한 환경 조성에 주력할 뿐, 누구도 노동의 시작을 강요하거나, 노동 시간을 늘리거나, 노동의 강도를 높이려는 직접적 지시를 하지 않는다. 사람들은 자발적으로 참여하고, 기꺼이 자신의 노동 시간을 투자한다. 이러한 과정에서 더욱 생산소비자의 노동 강도를 높이게 되는 것이 프로모션 경쟁이다.

생산소비자들은 디지털 미디어 환경에서 자신의 이윤을 확보하려는 경쟁을 펼치게 되고, 이러한 프로모션 경쟁을 통한 노동 강도의 강화는 공짜 노동의 강화로 이어질 수밖에 없다 (Jakobsson & Stiernstedt, 2010). 결국 디지털 미디어 환경이 일면 참여하는 사람들의 자율성을 높이는 것처럼 보이지만 실상은 모든 미디어 관련 활동이 디지털 미디어 자본의 이윤 착취에 고스란히 동원되고 만다. 디지털 환경에서 프로모션 자체의 의미는 상품화를 통한 이윤 추구 행위를 넘어서 사회 속에서 자신이 추구하는 물질적인 혹은 비물질적인 가치를 극대화하려는 모든 의도를 의미하는 것으로 확대될 수 있다.

프로모션 경쟁은 프로모션을 통해 이윤이나 가치를 획득하기 위한 사회 구성원 간의 실질적인 경쟁을 의미한다. 산업 경제와 비교해서 디지털 미디어 환경은 물질적인 노동과 비물질 노동을 모두 가치 증식의 범위에 포함시키려고 노력하기 때문에, 생산소비자들이 가지는 생산 과정에 대한 참여 의지가 가치 증식의 크기를 결정한다. 따라서 디지털 미디어 자본은 이윤을 공유하는 형태의 프로모션 경쟁을 촉발함으로써 생산소비자들의 능동적인 참여를 자극하고, 이를 통해서 이윤을 극대화하는 방법을 활용한다. 예를 들어, 유튜브 크리에이터들은 프로모션 경쟁을 통해서 대부분 노동 시간을 자연스럽게 착취당한다. 유튜버 중에서 원하는 수익을 올릴 수 있는 사람은 상위 5퍼센트 정도에 불과하다는 추산도 있다(이창균, 2018. 12. 16). 나머지는 공짜 노동이다.

구조적으로 광고주와 광고 수익이 한정되어 있기 때문에 무한정 늘어나는 크리에이터들이 일률적으로 수익을 올리기는 어려워질 수밖에 없다. 따라서 경쟁은 더 치열해질 수밖에 없고, 착취를 위한 노동의 강도는 더 세질 수밖에 없다. 정체성 노동으로 자신의 정체성을 디지털 자본주의의 착취 맥락에 맞추어 가던 사람들은 이제 프로모션 경쟁을 통해서 좀 더 적극적으로 자신의 이윤을 확보하려고 노력한다(Jakobsson & Stiernstedt, 2010). 수동적으로 정동 노동을 제공하던 사람들이 이제는 보다 능동적으로 자신의 참여에 대한 대가를 요구하는 것이다. 하지만 그러한 활동이 더 적극적으로 변모하면 할수록 자본이 착취하는 노동의 강도는 경쟁의 강도만큼 커지게 된다.

3) 디지털 미디어 감시와 통제

디지털 미디어 환경이 어떻게 자본주의 착취의 영역으로 들어왔는지 이해하기 위해서는 기술의 발달이 어떻게 자본의 착취를 위한 수단으로 조정되는지 살피는 것이 필요하다. 자본주의 착취 도구로서 디지털 기술은 사람들을 감시하고, 모든 생활 영역에서 착취의 영역을 확대하는 쪽으로 발전하고 있다. 사실상 디지털 미디어 시대에는 사람들이 어떻게 미디어에 접근하는가보다는 미디어가 어떻게 사람들에게 접근하고, 그들의 모든 행위를 자본주의 착취의 영역으로 끌어들이는가에 주목할 필요가 있다(Schröter, 2016). 사람들의 모든 행위를 착취의 영역으로 끌어들이는 기술이 감시의 핵심이다.

> 현재 자본주의가 지금까지 무시해 왔던 생산력을 착취하는 분야는 언어다. 이러한 착취는 미디어의 개발뿐만 아니라 정보 기술의 발달에 힘입은 바가 크다. 결국 목표는 사회에 존재하는 의미를 가지는 모든 말들의 교환을 끌어올 수 있도록 전체 사회를 컴퓨터화하는 것이다. 이것이 현재 자본주의의 지평이다. 그리고 이러한 현상이 자본주의를 위기로부터 구해 내게 될 것으로 예상하는 것은 명확한 일이다. (Lyotard & Massumi, 1986: 210)

장프랑수아 료타르Jean-François Lyotard가 정보 기술과 컴퓨터가 위기에 빠진 자본주의를 구해 내게 될 것이라고 전망한 것은 이미 정확한 진단이 되었다(Lyotard & Massumi, 1986). 기술의 발달이 자본주의를 위기로 몰고 가기보다는 새로운 착취를 만들어 냄으로써 오히려 역설적으로 자본주의를 진화시키는 방향으로 만들어 가고 있다(Schröter, 2016). 이러한 자본주의의 새로운 변신의 근저에는 감시가 있다.

인터넷이 처음에 던졌던 평등한 접근과 민주주의 이상의 강화는 시장 논리에 밀려서 자본의 독점을 오히려 강화하는 데 이용되고 있다(Dyer-Witheford, 1999). 실제로 많은 사람의 평등한 접근은 이용자 접근을 이용한 맞춤형 광고 제공에 이용되고, 이용자 정보를 매개로 하는 자본의 이윤 창출에 대부분 기여하고 있다. 따라서 실제로 중요한 것은 얼마나 사람들이 인터넷에 접근할 수 있느냐의 문제가 아니라 얼마나 자본이 사람들과 관련된 데이터를 인터넷을 통해서 접근하고 관리할 수 있으며, 이를 직접적인 이윤 창출과 연결시킬 수 있느냐로 모아지고 있다.

감시는 디지털 미디어를 통해서 자본 증식의 가속화 논리가 어떤 식으로 이루어지는가를 설명한다. 디지털 미디어를 통해서 자본은 자기 증식의 속도를 올리게 되는데, 이는 이익 생성의 순환 과정을 좁혀서 필요 없는 시간 소모를 줄일 수 있게 할 뿐만 아니라, 디지털 미디어 이용 데이터를 통해서 가장 적절한 대상을 찾아내고 집중적인 상호 관계를 가능하게 한다(Manzerolle & Kjøsen, 2012). 예를 들어, 스마트폰을 통해서 근거리 무선 통신이 일상화됨에 따라 사람들이 거래에 필요한 시간을 극적으로 줄일 수 있게 되었을 뿐만 아니라, 스마트폰을 이용한 모든 행태 자료들을 통해서 표적 집단을 형성하고 보다 빠르고 효율적으로 마케팅의 대상을 검색할 수 있게 되었다. 이러한 자본의 증식 가속화는 결국 감시, 즉 디지털 미디어를 이용한 감시 체계가 있기 때문에 가능한 것이고, 감시는 디지털 자본이 별도의 소외 문제없이 효율적으로 이윤을 극대화할 수 있는 중요한 수단이 된다.

디지털 감시는 파놉티콘panopticon적 감시에 더해 사람들을 완벽하게 소외시킨다. 《자본론》에서도 감시는 자본의 착취를 원활하게 하는 통제 도구로 표현되지만(Marx, 1976), 디지털 미디어 시대에 들어오면 가치 증식 과정에서 보다 중심적 역할을 수행하면서, 사람들을 디지털 노동, 디지털 생산 수단과 디지털 생산품으로부터 완벽하게 소외시킨다(Marx, 2002). 사람들은 자신이 노동을 하고 있다는 생각을 하지 못하면서 흔쾌히 컴퓨터를 사용하고, 감시를 통해서 만들어지는 수용자 상품을 일상에서는 인식하지 못한다. 새로운 형태의 감시가 정착된 것이다.

디지털 감시가 물론 부정적인 의미로만 쓰이지는 않는다. 특히 권력에 대한 감시와 일반 사람들의 환경 감시 기능을 강화하는 것은 참여를 통한 민주주의 강화라는 측면에서 긍정적으로 해석할 수 있는 측면이다(Albrechtslund, 2008; Haggerty, 2006). 하지만 디지털 감시는 통제를 위한 파놉티콘 차원의 사회 분류social sorting와 디지털 구획 긋기digital enclosure를 통한 착취 수단의 강화라는 부정적인 의미가 더 광범위하게 받아들여지고 있다(Andrejevic, 2007; Gandy, 1993; Lyon, 1994). 디지털 자본은 감시를 통해서 생산소비자 상품을 효율적으로 이용할 수 있게 될 뿐만 아니라 사람들의 인터넷 이용 행태를 데이터베이스 상품화함으로써 이윤을 극대화하게 된다.

디지털 감시는 전통적인 감시 개념과 비교해 보았을 때, 통합성, 은밀성, 개별성, 편재성의 특성을 가진다(김영욱, 2018b). 디지털 감시는 생산소비자의 모든 일상을 통합적으로 감시하기 때문에 자본론의 감시 개념이 의미하는 것과 같이 생산력, 생산 수단, 생산품으로 분리하여 감시하지 않는다. 이와 함께 디지털 감시는 사람들이 디지털 미디어 이용 과정에서 감시를 인식하지 못할 정도로 매우 은밀한 형태로 이루어진다. 물론 이러한 은밀함은 개개인에 대한 개별적인 감시와 연결되어 더욱 강력한 힘을 발휘한다. 또한 디지털 감시는 영역을 따로 구분하지 않을 뿐만 아니라 사회 곳곳에 영역을 뛰어넘는 유동적인 형태로 이루어지기 때문에 한 분야나 장소에 머무르지 않는다(Bauman & Lyon, 2013).

디지털 감시의 이러한 특징은 결국 개인의 일상성을 지배하는 통제 시스템의 완성에 있다. 예를 들어, 온라인 맞춤형 광고의 경우에 인터넷 이용자들의 모든 이용 행위를 데이터베이스화해서 광고를 제공하고 상품 판매에 활용한다(김영욱, 2018a). 하지만 이런 가치 증식 과정에서 인터넷 이용자들은 일상적으로 소외된다. 인터넷 이용자들은 의도하지 않은 광고에 주목해야 할 뿐만 아니라 여가 시간의 모든 인터넷 행위도 착취의 대상이 된다. 광고와 콘텐츠의 경계가 무너지고, 노동과 여가의 경계 또한 무너진다. 이러한 일상성과 유동성은 디지털 감시 시스템을 통해서 완성된다.

디지털 자본은 디지털 감시를 통해서 더 촘촘한 가치 증식의 공식을 완성하게 된다. 물질 노동과 비물질 노동을 모두 포괄하는 디지털 노동은 감시를 통해서 노동 시간을 확장하고, 노동 시간의 확장을 사람들이 자연스럽게 수용하게 만든다. 다중들의 다양한 문화적 활동과 감정적 요소의 투자를 착취의 범위로 끌어들일 뿐만 아니라(Hardt, 1999; Lazzarato, 1996; Negri, 1991), 기존의 임금 노동에서 노동의 강도를 강화하는 역할 또한 담당한다. 예를 들어, 스마트폰을 통해서 사람들의 노동 시간이 늘어났을 뿐만 아니라 성과에 대한 압박이 언제 어디서든 주어진다. 사람들은 편안하게 쉴 수 없을 뿐만 아니라 언제든지 일상이 침범당할 수 있다는 위협에 시달린다.

디지털 감시의 성격은 기존 파놉티콘의 의미를 뛰어넘는다(Elmer, 2003). 디지털 파놉티콘은 기존의 개념에 비해 훨씬 광범위하고 지속적이다. 하지만 힘의 불균형을 유지하려는 시도라든지, 보상과 처벌을 통해서 대상을 순치시키려는 시도는 파놉티콘의 본래 의도와 유사하다. 인터넷 이용자들은 누가 나를 감시하는지 모르는 상황에서 자신의 행위를 노출시켜야 하고, 개인 정보를 내놓음으로써 인터넷 콘텐츠를 이용할 수 있는 보상이 주어진다. 디지털 감시가 차별되는 지점은 시각적인 감시가 아니라 알고리즘을 통한 감시라는 점이다. 알고리즘을 통한 감시는 시각적인 감시에 비해서 보다 자발적인 수용이 이루어지고, 보다 효율적인 감시가 이루어지게 만든다. 사람의 눈을 피해 갈 수 있는 것들도 알고리즘의 눈을 피해 가기는 어렵다. 이러한 감시에 대한 우려는 인터넷 사용 주체에 대한 실태 조사에서도 나타난다. 2021년 개인 정보 보호 실태 조사에 따르면, 인터넷 이용자들은 본인 인증, 인터넷 뱅킹, 상품 구매를 위해서는 개인 정보를 할 수 없이 내어 주어야 하고, 이러한 개인 정보가 어떻게 사용될 것인가에 대한 우려는 상당한 수준에 이르고 있다(한국인터넷진흥원, 2021).

이런 상황에서 보다 중요한 문제는 인간성의 상실이다. 디지털 감시는 일의 능률적인 수행을 위한 촘촘한 과학 기술에 기반하고 있기 때문에 사람의 문제가 개입할 여지가 없다. 사회가 이런 능률성에만 초점을 맞추게 되면, 모든 비효율적인 것들은 무시되고 오직 생산 수단을 독점하는 권력과 자본이 착취를 원활하게 할 수 있는 조건들만 숭상된다(Lyotard, 2005). 이러한 알고리즘 착취는 필연적으로 인간성의 상실을 초래할 수밖에 없게 된다(Hill, 2012). 따라서 디지털 감시는 모든 데이터를 착취를 위한 정보로 전환하고, 효율적이지 않은 것은 무시하며, 인간적인 고려는 사라지고 상품화할 수 있는 것만 추구하는 기계 중심의 몰인간적인inhumane 사회의 기반을 조성한다(Lyotard, 1991).

또한 가장 문제가 되는 것은 이러한 몰인간적인 사회 시스템을 스스로 받아들이고 내면에 정체화하는 사람들의 행태다(Gane, 2003). 디지털 미디어 시대에 오면 사람들은 스스로 디지털 자본주의의 속성을 받아들이고, 그곳에서 자신에게 유리한 조건을 만들어 내고자 노력한다. 즉 시스템을 고치려고 하기보다는 스스로 노동과 여가의 경계를 허물면서 자발적으로 시스템에 참여한다(Bauman, 2000). 이러한 디지털 미디어 감시 시스템으로의 자발적인 참여는 사회관계를 유지하기 위해 스스로의 정체성을 감시한다는 의미에서 정체성 감시identity surveillance라고 명명할 수 있다(김영욱, 2018b). 정체성 감시는 능동적이고 자발적으로 디지털 미디어 사회가 제시하는 사회관계 형성의 조건을 내면화하는 것이며, 스스로 그러한 사회의 정당한 일원이 되기 위해서 감시한다(Jansson & Christensen, 2014). 디지털 미디어 시대는 다른 사람들의 시선이 더 중요해지며, 스스로를 그러한 기준에 맞추기 위해서 감시한다. 이러한 사람들의 자발적인 내면화와 동화는 디지털 미디어 자본에게 마르지 않는 샘물과 같은 착취 기반을 제공한다. 이제 디지털 미디어 자본은 외적으로 몰인간적인 감시 알고리즘을 구축하고, 내적으로 스스로의 정체성을 감시하는 사람들을 포섭함으로써 매우 효율적인 착취 시스템을 완성한다. 자본의 입장에서 기술의 발전이 가져올 수 있는 자본주의의 위기를 피해갈 수 있는 방법을 찾아낸 것이다.

4. 디지털 미디어를 공유지로 만들기 위한 접근 방법

디지털 기술이 약속한 사회관계는 자본주의 생산관계 속으로 매몰된다. 따라서 인터넷과 소셜 미디어가 보여 주었던 공유지commons에 대한 기대는 자본주의 착취 구도 속에서 길을 잃고 만다(Dyer-Witheford, 1999; Fuchs, 2019, Hardt & Negri, 2017; Pasquinelli, 2009). 자본주의 착취 구도가 굳건한 상황에서는 디지털 미디어를 통해 이루어진 참여와 새로운 관계는 자본의 이윤 창출을 위한 도구로 이용되고, 민주적인 공론의 장에 대한 기대는 계급 투쟁을 잊게 할 정도로 맹렬한 주목과 이윤 추구의 장으로 변질된다. 디지털 기술을 통해 이루어지는 물질 노동은 많은 경우 취약한 노동의 형태로 나타나고, 경계를 알 수 없는 비물질 노동은 일상을 공장화하면서 자본의 착취 구도를 안정화시키는 데 기여하고 있다.

디지털 기술의 발달은 우리가 가졌던 이상적인 기대, 즉 아무런 사회 갈등이 없는 자본주의의 심화와는 완전히 다른 방향으로 진화하고 있다(Schröter, 2016). 디지털 기술의 발달이 사람들에게 여유 시간을 안겨주고, 더 많은 생산물이 적은 노동으로 생산되는 체제가 정착됨에 따라 노동과 여가의 균형이 이루어질 것이라는 기대는 여지없이 깨어지고 있다. 생산 현장에서 사람들의 노동력이 많이 필요 없게 되자, 실업 문제가 심각해지면서 사람들의 구매력이 떨어지게 되고 자본은 점점 더 초조함을 드러내고 있다. 점차 자본은 과잉 생산에서 비롯되는 자본주의의 위기를 타개하기 위해 계속해서 경쟁의 끝점에 위치하는 독점 형태를 강화하게 되고, 이는 사람들이 처한 노동 현실을 더욱 암울하게 하고 있다. 그나마 비좁은 일자리 기회를 확보하기 위해 노동의 현실은 더욱 열악해지고 있다. 이와 함께 자본은 디지털 공짜 노동과 감시를 통한 통제를 강화하면서, 이전에는 착취 대상이 될 수 없었던 모든 인지, 정동, 평판, 정체성의 영역이 가치를 만들어 내고 전유하는 영역으로 전화시키고 있다(Fuchs, 2010). 기존의 노동 환경은 더욱 열악해지고, 새로운 디지털 노동 영역이 만들어지면서 사람들의 모든 일상이 사회 공장으로 변모하는 디지털 자본주의의 끊임없는 변모를 목격하게 되었다. 디지털 미디어를 통해서 사람들의 참여가 늘어나고, 디지털 공유지를 통해서 민주주의가 한 단계 발전할 것이라는 기대는 자본 착취의 끊임없는 변신으로 인해 무력화되는 상황이 도래하고 있다.

디지털 미디어를 통한 공유지를 만들어 내기 위해서는 자본주의 착취 구도에서 벗어날 수 있는 새로운 시각이 필요하다. 디지털 기술을 기반으로 하는 물질, 비물질 노동이 모두 마르크스가 이야기했던 노동을 통한 잉여 가치 착취의 구도에서 벗어나지 않는 한, 공유지가 만들어질 가능성은 희박하다. 노동을 통한 잉여 가치 착취에서 벗어나기 위해서는 기본적으로 기술의 발달에 따른 혜택을 모든 사람이 공유할 수 있어야 한다. 디지털 기술의 발달과 일반 지성에 의해서 형성된 가치를 그것에 기여한 모든 사람에게 돌려줄 수 있다면, 노동의 취약성은 어느 정도 개선될 수 있을지도 모른다. 하지만 지금처럼 모든 가치가 디지털 대자본에 귀속되고, 커뮤니케이션 수단에 대한 독점이 나날이 심해져 가는 상황에서 디지털 공유지 형성은 불가능한 이상이다.

이런 상황을 극복하기 위해서는 자본이 독점하는 것을 빼어 와야 하고, 대안적인 디지털 체제에 대해서 고민할 필요가 있다. 주목 경제에 의존하지 않고 공공성에 기초한 미디어를 만들어 내고, 이윤 창출이 아니라 참여적인 민주주의를 실현하는 플랫폼을 구성하며, 노동을 제공하고 반대급부로 임금을 주거나 아예 공짜로 노동을 착취하는 체제가 아니라 무상으로 지식 공동체를 형성하고 그것을 통한 결과물을 공유하는 디지털 사회를 형성하기 위해 노력하는 것이 중요하다. 물론 이러한 체제의 변화는 사람들의 선한 동기가 모여서 되는 것이 아니라 취약한 노동 환경과 공짜로 제공되는 노동 환경에 대한 자각을 바탕으로 자본가들에 대해서 새로운 형태의 계급 투쟁이 이루어지는 것이 필요하다.

디지털 기술이 인류에게 어떤 세상을 가져다줄 것인지에 대해서는 낙관론과 비관론이 첨예하게 대립하고 있다. 낙관론은 기술의 발달이 생산성을 제고하고, 사람들에게 훨씬 더 많은 자유 시간을 선사함으로써 인간의 노동으로부터 비로소 자유로워질 수 있다고 예상하지만, 비관론자들은 그러한 기술의 발달이 일반 대중을 위해서 쓰이기보다는 자본이 더 노동을 착취하고 이윤을 극대화하기 위한 수단으로 사용될 가능성이 높다고 보았다(Dyer-Witheford, 1999). 마르크스는 이러한 낙관론과 비관론의 변증법적인 대립을 주장했다고 보아야 한다. 마르크스는 《자본론》 15장에서 기계의 발달은 필연적으로 생산력과 생산관계의 대립, 필요 노동 시간과 잉여 노동 시간의 대립을 가지고 온다고 보았다(Marx, 1976). 이는 기술의 발전이 생산력을 제고해서 사람들에게 자유로운 시간을 안겨줄 수도 있지만, 자본과 노동의 착취 관계가 변화되지 않는 한, 기술 발전은 자본의 착취와 증식을 위한 수단으로 전락할 위험성이 크다는 것을 말한다. 이러한 변증법적 대립을 생각한다면, 기술의 발전을 정태적으로 인간에게 당연히 주어지는 조건으로 삼기보다는, 계급 투쟁의 대상으로 인식하는 것이 바람직하다. 따라서 계급 투쟁을 통해서 자본의 이윤 독점 시도를 막고, 기술의 발전이 모든 사람의 복지를 위한 생산력으로 작용할 수 있도록 노력해야 한다.

디지털 기술과 이를 구현하는 디지털 미디어를 통해서 생산력은 증대되지만 생산관계는 여전히 자본주의의 틀을 벗어나지 못한다는 모순은 결국 자본주의의 위기가 디지털 환경에 내재되어 있음을 보여 준다. 분명 생산력이 증대되어 사회적 부가 늘어나고, 기계가 사람이 하는 일을 대신하게 되면, 사람들의 자유와 민주주의는 신장되는 것이 마땅하다. 하지만 생산관계는 여전히 자본의 지배라는 틀에서 벗어나지 않기 때문에, 자본은 어떤 방법을 사용해서라도 늘어난 생산력을 착취의 대상으로 삼으려는 기획을 멈추지 않는다. 디지털 미디어를 통해서 모든 사회 활동을 공장화하고, 사람들의 일상을 침범하며, 커뮤니케이션 수단인 디지털 미디어가 사람을 오히려 긴장시키고 억압하게 만드는 불합리가 통용되는 사회는 이런 기획의 산물이다. 여기에 대응하기 위해서는 노동이 자본에 대응할 수 있는 유일한 방법인 계급 투쟁에 나서는 수밖에 없다. 계급 투쟁을 통해서 노동이 스스로의 권리를 획득하지 않는다면, 자본은 착취의 구도를 넓히기 위한 기획을 멈추지 않을 것이다. 여기서 계급 투쟁은 더 이상 이데올로기 투쟁이 아니다. 디지털 자본이 사회 전체를 대상으로 착취를 주도하고 있기 때문에, 계급 투쟁은 시민이 인터넷 공유지를 회복하고 자신의 권리를 되찾기 위한 민주주의 시민운동의 성격을 가진다.

이러한 민주주의 시민운동에는 디지털 자본의 감시에 대한 통제권 강화, 소셜 미디어 활동에 대한 정당한 보상과 이익 배분, 인터넷 공유지를 만들기 위한 시민 펀드의 조성, 온라인 이용자 노조의 형성, 궁극적으로 디지털 기술이 자본의 이익 증진에 기여하는 것이 아니라 전체 사회 구성원의 복리 증진을 위해서 기여하게 하는 것, 클릭을 통해서 사회 정의 구현에 참여하는 행위 clicktivism 등을 모두 포함한다(Hardt & Negri, 2017).

인터넷 사이트 이용자 노조를 구성하는 것은 이용자의 권리를 찾고 인터넷 공유지를 구성한다는 의미에서 매우 실질적 수단이 될 수 있다. 우선 법적, 사회적 구성체로 인정받기 어려운 단계라면, 지식 노동자들을 위한 노동자 연합의 성격을 가지는 Ver.di와 UNI 같은 국제적인 조직의 예를 참조할 수 있다(Mosco, 2016). 이 두 단체는 모두 2000년대에 들어서 결성되었는데, 점점 국제적으로 변해 가는 IT 자본에 맞서서 커뮤니케이션과 미디어를 포함한 지식 노동자들의 연합을 통해서 자본의 횡포에 맞서 노동 조건 개선을 위한 협상과 컨설팅을 효과적으로 진행하고 있다. 이러한 단체들은 아직 법적으로 노조와 같은 지위를 보장받지는 못하지만, 많은 회원을 확보함으로써 글로벌 자본에 맞서는 압력 단체의 역할을 충분히 하고 있다. 인터넷 이용자 노조 또한 처음부터 법적으로 인정받는 노조로 기능하기는 어렵겠지만 이용자 단체의 결성을 통해서 자본에 압력을 행사하면서 점점 법적인 노조 구성을 위한 사회 환경을 조성해 나가는 것도 효과적인 접근 방법이라고 할 수 있다. 이용자 단체를 구성해서 제일 먼저 해야 할 일은 왜 IT 대기업들이 인터넷 이용과 관련한 모든 정책을 스스로 결정하는가에 대한 의문에서 시작해서, 이용 정책, 가격, 개인 정보 사용, 사회적인 기여 정도와 관련된 논의에서 이용자의 지분을 확보하려고 노력해야 한다. 인터넷은 일반 지성으로 이루어 낸 모두의 공유지인데, 왜 이것이 몇몇 IT 기업의 사유지가 되어야 하는가에 대한 심각한 반격이 시작되어야 한다.

디지털 자본은 계급 안에서 분열을 조장하기도 하는데, 예를 들어 유튜브와 같은 콘텐츠 제작자의 수입에서 보면, 서로 간에 엄청난 차이가 발생함으로 인해 마치 누구나 노력하면 큰돈을 벌 수 있다는 환상을 조작한다. 하지만 이런 수입의 차이는 유튜브 자본이 대부분의 이윤을 가져간다는 사실을 숨기고 노동 계급 안에서 경쟁을 부추기려는 자본의 기획에 해당한다. 점점 더 늘어나는 빈부의 격차, 비정규직을 통한 노동의 불안전성, 플랫폼 기술에 종속된 노동과 늘어나는 착취의 강도, 강제적인 감시에 노출된 인터넷 이용자의 무력감 등을 고려할 때 계급 투쟁의 필요성은 더욱 증가한다. 디지털 기술 환경을 자본에 넘겨주지 않으려면 개인이 나 혼자만이라도 이윤을 챙기면 된다는 생각에서 벗어나서 사회 전체의 발전과 인터넷 공유지를 추구하겠다는 패러다임 전환 차원의 생각을 가지는 것이 필요하다. 디지털 자본에 대한 계급 투쟁은 기술에서 인간성을 회복하기 위한 휴머니즘 기획이다.

온라인 이용자 노조를 만드는 것도 필요하지만, 정책적으로 규제 수단을 만들도록 여론을 조성하는 것도 중요하다. 예를 들어서, 페이스북이나 트위터상에서 광고를 제어할 수 있는 일정한 통제권을 이용자에게 부여하는 규제 정책 등은 디지털 자본의 독점을 규제한다는 측면에서 매우 효과적일 것이다. 지금은 디지털 플랫폼의 콘텐츠를 규제하거나 지적재산권을 지켜 주기 위한 규제가 대부분이지만 더 중요하게 고려되어야 할 규제는 본래 공유지를 목표로 탄생한 인터넷이 왜 디지털 자본의 이윤 독점과 계급 투쟁의 대상이 되어야 하는가에 대한 성찰에서 나와야 한다. 결국 디지털 자본이 광범위한 노동 착취를 통해서 이윤을 증식하는 것은 인터넷 공유지를 상품화함으로써 가능한 것이고, 이는 계급 투쟁과 비슷한 양상으로 공중이 노동 착취를 거부하고 본래 상품이 아닌 공유지를 본래의 자리에 되돌려 놓기 위한 투쟁에 나서야 한다는 것을 의미한다.

현실적으로 봤을 때, 디지털 자본의 독점 상황을 타파하기 위한 개인들이 협동해서 디지털 플랫폼을 구성하는 것은 경쟁력이 떨어진다. 구글이나 페이스북에 맞설 수 있는 서비스와 맞춤형 데이터를 제공하는 것은 불가능하다. 하지만 정부의 지원하에 공적 플랫폼public platform을 만드는 것은 실현 가능한 아이디어다(Srnicek, 2017). 정부가 지원하지만 소유와 운영은 공중의 자율에 맡겨 두는 방법은 실현 가능성이 충분하다. 처음에는 민간 자본에 비해서 서비스 경쟁력에서 밀리겠지만, 방대한 정부 데이터를 우선 사용하고, 효율적인 민간 통제 시스템을 접목한다면 디지털 자본의 독점적 횡포에 맞설 수 있는 대안 플랫폼 역할을 할 수 있다.

공짜 노동이 디지털 자본에 의해서 착취되고, 독점과 통제 상황이 강화되는 것에 대응하기 위해서는 현실적으로 두 가지 대안이 많이 거론된다(Wittel, 2016). 우선적으로 거론되는 것은 공짜 노동을 모두 임금 노동으로 만들어서 적절한 보상을 지급하는 것인데, 이것은 모든 디지털 공간을 감시의 대상으로 만들 수 있다는 위험성이 있다. 또한 자율적인 공간을 모두 착취가 가능한 공간으로 만들 수도 있다는 우려 또한 제기된다. 이러한 우려는 공짜 노동의 문제를 건드리는 것이 정치적으로 어떤 의미를 가질 수 있느냐에 대한 의문(Hesmondhalgh, 2010)과도 통한다. 그렇다면 현실적으로 생각해 볼 수 있는 대안은 임금 노동에 의존하는 사회 체제를 근본적으로 바꾸는 것이다. 예를 들어, 모든 사람에게 기본적으로 최소의 임금을 제공하는 기본 소득과 같은 구상이 그것이다. 하지만 기본 소득 논의에서도 주의해야 할 점이 있는데, 기본 소득의 제공이 자칫하면 이윤율 저하를 통해 발생하는 자본주의의 위기를 지탱하면서 디지털 자본의 독점을 유지시켜 주는 수단으로도 사용될 수 있다는 우려다. 결국 이러한 우려들은 디지털 미디어 자본의 독점을 뛰어넘어 인터넷 공유지를 형성하는 방법은 몇몇 제도의 효율성보다는 자본주의의 모순에 대한 성찰과 디지털 맥락에서 인간성을 회복하기 위한 패러다임 차원의 근본적인 인식 전환이 필요하다는 것을 우리들에게 역설적으로 보여 준다.

참고 문헌

김영욱 (2018a). 디지털 노동 착취와 감시의 상품화: 온라인 맞춤형 광고에 대한 커뮤니케이션 정치경제학 해석, 〈언론과 사회〉, 26권 1호, pp.34~78.

김영욱 (2018b). 디지털 프로모션에서 생산소비자와 감시의 작동 원리: 디지털 노동에 대한 감시사회의 착취구도 해석, 〈커뮤니케이션 이론〉, 14권 4호, pp.5~

57.
이창균 (2018. 12. 16). 유튜버 되면 돈 많이 벌까, 〈중앙일보〉, https://news.joins.com/article/23212027
채석진 (2016). 테크놀로지, 노동, 그리고 삶의 취약성, 〈한국언론정보학보〉, 79권, pp.226~259.
한국인터넷진흥원 (2020). 〈2020년 온라인광고 이용자 인식조사 보고서〉.
한국인터넷진흥원 (2021). 〈2021년 개인정보보호 실태 조사 보고서〉.

Albrechtslund, A. (2008). Online social networking as participatory surveillance, *First Monday*, 13(3).
Andrejevic, M. (2007). *iSpy: Surveillance and Power in the Interactive Era* (p.182). Lawrence: University Press of Kansas.
Andrejevic, M. (2009). Exploiting YouTube: Contradictions of user-generated labor, *The YouTube Reader*, 413(36).
Andrejevic, M. (2011). Surveillance and alienation in the online economy, *Surveillance & Society*, 8(3), 278~287.
Andrejevic, M. (2013). Estranged free labor, In T. Scholz (Ed.), *Digital Labor: The Internet as Playground and Factory*(pp.149~164). New York: Routledge.
Arriaga, P. (1984). On advertising. A Marxist critique, *Media, Culture & Society*, 6(1), pp.53~64.
Arvidsson, A. (2011). Ethics and value in customer co-production, *Marketing Theory*, 11(3), pp.261~278.
Bauman, Z. (2000). *Liquid Modernity*. Cambridge: Polity Press.
Bauman, Z., & Lyon, D. (2013). *Liquid Surveillance*. Cambridge, UK: Polity.
Bolin, G. (2011). *Value and the Media: Cultural Production and Consumption in Digital Markets*. Ashgate Publishing, Ltd..
Bueno, C. C. (2017). *The Attention Economy: Labour, Time and Power in Cognitive Capitalism*. London: Rowman & Littlefield.
Caraway, B. (2011). Audience labor in the new media environment: A Marxian revisiting of the audience commodity, *Media, Culture & Society*, 33(5), pp.693~708.
De Peuter, G. (2014). Beyond the model worker: Surveying a creative precariat, *Culture Unbound*, 6(1), pp.263~284.
Dyer-Witheford, N. (1999). *Cyber-Marx: Cycles and Circuits of Struggle in High-*

Technology Capitalism. University of Illinois Press.

Dyer-Witheford, N. (2015). *Cyber-Proletariat: Global Labour in the Digital Vortex*. Between the Lines. London: Pluto Press.

Elmer, G. (2003). A diagram of panoptic surveillance, *New Media & Society*, 5(2), pp.231～247.

Fisher, E. (2012). How less alienation creates more exploitation? Audience labour on social network sites. *Triple C: Communication, Capitalism & Critique, Open Access Journal for a Global Sustainable Information Society*, 10(2), pp.171～183.

Fuchs, C. (2010). Labor in informational capitalism and on the internet, *The Information Society*, 26(3), pp.179～196.

Fuchs, C. (2011). *Foundations of Critical Media and Information Studies*. New York: Routledge.

Fuchs, C. (2012a). Dallas Smythe today-The audience commodity, the digital labour debate, Marxist political economy and critical theory. *Triple C: Communication, capitalism & critique, Open Access Journal for a Global Sustainable Information Society*, 10(2), pp.692～740.

Fuchs, C. (2012b). Critique of the political economy of Web 2.0 surveillance. In C. Fuchs, K. Boersma, A. Albrechtslund, & M. Sandoval(Eds.), *Internet and Surveillance: The Challenges of Web 2.0 and Social Media* (pp.31～70). New York: Routledge.

Fuchs, C. (2014). *Digital Labour and Karl Marx*. New York: Routledge.

Fuchs, C. (2015a). *Culture and Economy in the Age of Social Media*. New York: Routledge.

Fuchs, C. (2015b). The digital labour theory of value and Karl Marx in the age of Facebook, YouTube, Twitter, and Weibo. In *Reconsidering Value and Labour in the Digital Age* (pp.26～41). Palgrave Macmillan, London.

Fuchs, C. (2016). *Reading Marx in the information age: A media and communication studies perspective on Capital volume 1*. New York: Routledge.

Fuchs, C. (2019). *Rereading Marx in the Age of Digital Capitalism*. Pluto Press.

Gandy, O. H. (1993). *The Panoptic Sort: A Political Economy of Personal Information*. Boulder, CO: Westview Press.

Gane, N. (2003). Computerized capitalism: The media theory of Jean-Francois Lyotard, *Information Communication & Society*, 6(3), pp.430～450.

Habermas, J. (1985). *The Theory of Communicative Action, Volume 2: Lifeworld and*

System: A Critique of Functionalist Reason. Boston, MA: Beacon Press.
Haggerty, K. D. (2006). "Tear down the walls: on demolishing the panopticon," In *Theorizing Surveillance* (pp.37~59). Willan.
Hardt, M. (1999). Affective labor, *Boundary*, 2(2), pp.89~100.
Harvey, D. (2003). *The New Imperialism*. Oxford: Oxford University Press.
Hardt, M., & Negri, A. (2000). *Empire*. Cambridge, MA: Harvard University Press.
Hardt, M., & Negri, A. (2017). *Assembly*. Oxford University Press.
Hesmondhalgh, D. (2010). User-generated content, free labour and the cultural industries, *Ephemera: theory & politics in organization*, 10(3/4), pp.267~284.
Hesmondhalgh, D. (2016). Exploitation and media labor. R. Maxwell (Ed.), *The Routledge Companion to Labor and Media*(pp.30~39). New York: Routledge.
Hesmondhalgh, D., & Baker, S. (2013). *Creative Labour: Media Work in Three Cultural Industries*. Routledge.
Hill, D. W. (2012). Jean-Francois Lyotard and the inhumanity of internet surveillance. In C. Fuchs, K. Boersma, A. Albrechtslund, & M. Sandoval (Eds.), *Internet and Surveillance: The Challenges of Web 2.0 and Social Media*(pp.106~123). New York, NY: Routledge.
Jakobsson, P., & Stiernstedt, F. (2010). Pirates of Silicon Valley: State of exception and dispossession in Web 2.0, *First Monday*.
Jameson, F. (2011). *Representing Capital: A Reading of Volume One*. London: Verso.
Jansson, A., & Christensen, M. (2014). *Media, Surveillance and Identity: Social Perspectives*. Peter Lang Publishing Group.
Jhally, S. (1987). *The Codes of Advertising: Fetishism and the Political Economy of Meaning in the Consumer Society*. London, UK: Frances Pinter.
Jhally, S. (2006). *The Spectacle of Accumulation: Essays in Culture, Media, & Politics*. New York: Peter Lang.
Lazzarato, M. (1996). Immaterial labor, *Radical thought in Italy: A potential politics*, 1996, pp.133~47.
Lebowitz, M. A. (1986). Too many blindspots on the media, *Studies in Political Economy*, 21(1), pp.165~173.
Lyon, D. (1994). *The Electronic Eye: The Rise of Surveillance Society*. Cambridge: Polity Press.
Lyotard, J. F., & Massumi, B. (1986). Rules and paradoxes and svelte appendix, *Cultural Critique*, (5), pp.209~219.

Lyotard, J. F. (1991). *The Inhuman: Reflections on Time.* Stanford University Press.

Lyotard, J. F. (2005). *The Postmodern Condition: A Report on Knowledge* (G. Bennington & B. Massumi, Trans.). Manchester, UK: Manchester University Press.

Manzerolle, V. R., & Kjøsen, A. M. (2012). The communication of capital: Digital media and the logic of acceleration, *Triple C: Communication, Capitalism & Critique. Open Access Journal for a Global Sustainable Information Society*, 10(2), pp.214~229.

Marx, G. T. (2002). What's new about the "new surveillance"? Classifying for change and continuity, *Surveillance & Society*, 1(1), pp.9~29.

Marx, K. (1973). *Grundrisse: Foundations of a Critique of Political Economy* (M. Niclaus, Trans.). London, UK: Penguin.

Marx, K. (1976). *Capital: A Critique of Political Economy* (vol. 1) (B. Fowkes, Trans.). London, UK: Penguin.

Marx, K. (1981). *Capital: A Critique of Political Economy* (Vol. 3) (D. Fernbach, Trans.). London, UK: Penguin.

Mosco, V. (2016). Working (or not) in the cloud: Chains of accumulation and chains of resistance. In R. Maxwell (Ed.), *The Routledge Companion to Labor and Media* (pp.18~29). New York: Routledge.

Negri, A. (1989). *The Politics of Subversion: A Manifesto for the Twenty-First Century* (J. Newell, trans.). Oxford, UK: Polity Press.

Negri, A. (1991). *Marx beyond Marx: Lessons on the Grundrisse.* (H. Cleaver, M. Ryan & M. Viano, trans.). London: Pluto.

Negri, A. (2005). *The Politics of Subversion: A Manifesto for the Twenty-First Century.* Cambridge: Polity Press.

Pasquinelli, M. (2009). Google's page rank algorithm: A diagram of cognitive capitalism and the rentier of the common intellect, *Deep search: The politics of search beyond Google*, pp.152~162.

Schröter, J. (2016). The internet and "frictionless capitalism". In C. Fuchs & V. Mosco (Ed.), *Marx in the Age of Digital Capitalism* (pp.133~150). Boston: Brill.

Smythe, D. W. (1977). Communications: Blindspot of Western Marxism, *Canadian Journal of Political and Social Theory*, 1(3), pp.1~27.

Smythe, D. W. (1981). *Dependency Road*. Norwood, NJ: Ablex.

Srnicek, N. (2017). *Platform Capitalism.* Cambridge: John Wiley & Sons.

Terranova, T. (2000). Free labor: Producing culture for the digital economy, *Social*

Text, 18(2), pp.33~58.

Terranova, T. (2004). *Network Culture: Politics for the Information Age*. New York: Pluto Press.

Vercellone, C. (2005). *The Hypothesis of Cognitive Capitalism*. London, Birkbeck College and SOAS, UK.

Wertheimer, A. (1996). *Exploitation*. Princeton: Princeton University Press.

Williams, R. (1980/2005). *Culture and Materialism*. London: Verso.

Wittel, A. (2016). Digital Marx: Toward a political economy of distributed media. In C. Fuchs & V. Mosco (Ed.), *Marx in the Age of Digital Capitalism* (pp.68~104). Boston: Brill.

2장

기술 과학 중심의 문화산업 자본의 시대, 신문화제국주의

최은경

1. 왜 '신문화제국주의 담론'인가

드디어 한국이 공식 선진국이 되었다. 2021년 7월 유엔무역개발회의(UNCTAD)는 195개 회원국 만장일치로 한국을 개발도상국 그룹에서 선진국 그룹으로 변경했다. 1964년 기구가 만들어진 이후, 회원국의 지위가 선진국으로 바뀐 첫 사례다(길윤형, 2021. 7. 4). 물론 한국은 경제와 외교 등 국제 사회에서 사실상 선진국으로 분류되고 있다. 국제통화기금(IMF)에 따르면 2020년 한국의 국내총생산(GDP)은 1조 5512억 달러로 세계 10위이며, 1인당 국민소득이 이미 3만 달러를 넘었다(한국무역협회, 2021. 1. 12). 수출 규모도 세계 7위여서 한국은 세계무역기구(WTO) 협상에서 개발도상국의 특혜를 주장하지 않겠다고 선언한 바 있다(길윤형, 2021. 7. 4). 한국의 문화산업도 최근 놀라운 성과를 내고 있다. 2020년 봉준호 감독의 〈기생충〉은 미국 아카데미에서 작품상, 감독상, 각본상과 국제영화상까지 4관왕을 했다. 국내 언론은 〈기생충〉이 세계 영화 산업의 본산인 할리우드에서 4관왕을 한 것은 101년 한국 영화 역사를 다시 쓴 것이라며 칭송했고, 투자·제작한 CJ ENM, 즉 모회사인 한국 기업 CJ그룹도 주목을 받았다(조재영, 2020. 2. 10). 한국인이 한국인의 이야기를 담은 한국 영화는 해외 유명 영화제에서 수상하면서 존재감을 드러냈는데, 2021년 한인 이민 가정의 정착 과정을 다룬 〈미나리〉 속 할머니를 연기한 배우 윤여정은 2021년 아카데미상 시상식에서 여우조연상을 비롯해 미국에서 개최되는 각종 시상식에서 연기상 13관왕을 하면서 'K할머니' 신드롬을 일으켰다(김예랑, 2021. 1. 19; 〈문화일보〉, 2021. 5. 3).

해외 대중문화 산업에서 한국 대중문화의 위상은 이뿐이 아니다. BTS는 5년 연속 빌보드 수상을 했고, 미주와 유럽 음악 시상식에서 이름을 알리면서 글로벌 인기 팝 스타 못지않은 인지도를 가지고 있다. 온라인 플랫폼에 발표한 뮤직비디오는 하루만에 조회수가 1000만, 2000만 회를 넘었고, 인기 팝스타의 춤과 노래를 온라인으로 관람하며 반응하는 동영상과 이들을 따라 하는 일명 커버댄스를 즐기는 팬들의 동영상은 소셜 미디어와 온라인 플랫폼에 넘쳐나고 있다. 20세기 후반 등장한 K문화[1] 산업은 대중음악 외에도 드라마, 예능 프로그램, 게임, e스포츠, 애니메이션, 웹툰, 패션, 한식, 뷰티 등 다양한 분야로 확산되면서 한국산

1 여기서 K문화는 중국에서 시작된 한국 문화 신드롬, 즉 한류Korean Wave를 의미하기보다, 한국인에 의해 혹은 한국인이 주도해 생산한 문화 상품과 서비스를 뜻한다.

made in Korea 브랜드로 세계인에게 인기를 얻고 있고, 막대한 사회적·경제적 가치까지 창출하고 있다.[2] 이는 제조업과 수출 중심의 경제 발전 중심주의가 지배했던 20세기와 비교하면 놀라운 성장과 변화다.

현대인들은 왜 문화를 소비할까? 20세기 대량 생산과 대량 소비문화가 만연해지면서 자본가와 물질 생산자들은 소비자의 나이, 성별, 직업, 국적, 인종, 종교, 거주지에 따라 다른 소비문화에 관심을 가져왔다. 그리고 물질적 풍요와 끊임없는 소비가 삶의 미덕이 되도록 소비를 계속 부추기고 있다. 문화 콘텐츠 서비스 시장도 예외가 아니다. 최근 소비자들은 신문과 방송 같은 전통적 매스 미디어보다, 글로벌 온라인 플랫폼을 선호한다. 정기 구독료를 지불하면서 타국에서 제작된 드라마, 영화, 음악, 게임, 웹툰을 즐기고, 낯선 패션과 해외에서 배송되는 상품을 소비함으로써 문화적 동질감을 느끼며 체험하는 것에 가치를 둔다. 특정 국가나 특정 기업이 생산한 것을 거부하는 방식의 소비자 운동

2 2018년 국내 콘텐츠 산업 수출액은 전년 대비 9.1% 증가한 96억 1,504만 달러(약 10조 5,000억 원)로 이는 같은 기간 국내 전 산업 수출액이 전년 대비 5.4% 증가한 것과 비교해 높은 성장률을 보였다. 수출액 규모는 게임 산업이 64억 1,149만 달러로 가장 많았는데, 게임 산업 수출액은 2014년 29억 7,400만 달러에서 연평균 21.2%나 증가했다. 게임에 이어 캐릭터(7억 4,514만 달러), 지식 정보(6억 3,388만 달러), 음악(5억 6,424만 달러) 등의 순으로 나타났다. 결국 한류의 영향으로 콘텐츠 산업 수출액은 지난 5년간(2014~2018) 연평균 16.2%의 높은 성장률을 유지했다(문화체육관광부, 〈2019 콘텐츠산업 통계조사〉).

은 이제 기업의 갑질, 혐오, 기만에 주로 대응하고 있다(《한국일보》, 2021. 5. 31).

특히 2000년대 이후 태어난 젊은 세대들에게 인터넷과 인공지능(AI) 기술이 접목된 장치를 이용해 소비하는 것은 낯선 문화가 아니다. 심지어 2020년 1월 창궐한 신종 코로나바이러스 감염증(코로나19)으로 세계 곳곳이 봉쇄되고 단절되었지만, 온라인을 이용해 문화 상품과 서비스를 소비하는 사람들은 증가하였다. 코로나 팬데믹이 장기화되면서, 사람 접촉이 없는 비대면 판매 시스템 '키오스크kiosk,' 스마트폰 앱으로 미리 주문해 줄을 서지 않아도 되는 '사이렌 오더siren order,' 영상으로 상품을 소개하고 채팅을 나눈 후 구매할 수 있는 '라이브 커머스live commerce' 등은 코로나 시대 적합한 언택트 소비 양식이 되었다. 혼자서 집에서 놀 수 있는 최신형 스마트폰과 대형 TV, 게임기 등은 필수 아이템이 되고 있다. 2020년 세계 한류 콘텐츠 소비 현황을 조사한 바에 따르면, 코로나19 발생 이후 한류 콘텐츠 소비는 증가했다. 인기 콘텐츠는 예능(48.0%), 드라마(47.9%), 게임(45.8%) 등의 순이었으며, 한국 문화 콘텐츠 접촉 경로로 지난 5년 동안 온라인·모바일·플랫폼을 가장 선호했다. TV와 공연 같은 오프라인보다 온라인 소비가 크게 높았다(한국국제문화교류진흥원, 2021. 1. 28).

지난 20년 동안 미국은 기술 과학과 문화 콘텐츠 산업을 융합해 플랫폼 비즈니스를 개발했고, 전례 없이 빠른 속도로 세계 시장을 장악하며 미래 혁신적 사업의 방향이 무엇인지 증명해 보였다. 기술 혁신의 변화를 거부한 제조업과 서비스업 분야의 강자들은 위기를 맞이했다. 반면 소비자, 판매자, 개발자, 이용자 모두가 생산에 참여할 수 있도록 혁신적 장sphere을 마련한 기업(대표기수로 미국의 구글, 아마존, 페이스북, 애플, 넷플릭스 등)은 글로벌 신흥 강자로 떠올랐다. 금융 위기 이후, ICT와 고급 인력의 중요성을 경험했던 우리나라도 기술 과학과 문화산업이 융합된 사업 모델들로 네이버, 다음카카오, 쿠팡, 배달의민족 같은 비즈니스가 등장했다.

'2020년 디지털 뉴딜 문화 콘텐츠 산업 성장 전략'을 보면, 코로나19로 인한 경제 위기 극복을 위해 고안된 '한국판 뉴딜 종합계획'의 정책 방향과 과제가 거의 반영되어 있다. 예컨대 '디지털 뉴딜'을 실현하기 위해 콘텐츠 산업의 비대면 기반(인프라)을 확충하고 차세대 고부가 가치 산업인 문화 콘텐츠, 즉 'K콘텐츠'를 정보 통신 기술ICT과 융합시켜 세계 시장에서의 경쟁력을 강화하도록 정부가 적극적으로 지원한다는 계획이다(문화체육관광부, 2020. 9. 24). 이것은 1990년대 세계인에게 한국을 설명할 수 있는 두 개의 키워드 즉 'IT 강국'과 '한류'가 등장한 이후 모든 정부가 채택해 온 정책 분야이기도 하다.

사실 일본의 36년 식민 지배와 해방 그리고 한국 전쟁, 32년 군사 정권과 1987년 민주화 운동에 이르기까지 그야말로 격동의 세월을 지나온 우리 근현대사를 돌아볼 때, 정치·경제·군사뿐만 아니라 문화적으로도 미국은 엄청난 영향을 주었던 국가다. 20세기 한국은 주변 강국을 따라 하거나 의존하면서 한국식 대중문화를 산업화시켰다. 물론 1998년 금융 위기 당시 한국에 수입된 할리우드 영화 〈타이타닉*Titanic*〉 불매 운동을 하며 세계화에 반대하기도 했고, 2006년 한미 자유무역협정(FTA)의 스크린 쿼터 축소 요구에 저항도 거셌다. 하지만 경제적 강국에 의해 불공정하게 거래되던 문화 세계화는 쉽게 멈추지 않았다. 오히려 신자유주의와 만나 이전보다 강해졌다.

내재화된 문화제국주의를 날카롭게 비판한 강준만(1991)에 따르면, 제3 세계에서 매스 미디어는 '문화제국주의의 가장 강력한 전위부대'로, 매스 미디어의 성장은 문화제국주의 성장사와 같은 궤도에 있었다. 그리고 제3 세계에 무차별적으로 도입된 미국산 광고와 영화는 미국식 자본주의를 흠모하고 동경하게 했을 뿐만 아니라 그들의 인생관과 세계관에 영향을 주었다. 한국 역시 근현대사에서 문화제국주의가 뿌리 깊게 자라면서 사대주의적 지식인을 키워 냈고 이들이 이끈 한국의 문화 정책은 전통문화 보호 정책보다 미국을 추종하기에 급급했다고 한다. 그런데 한국이 당시 문화 제국에 맞서 민족·민주 문화를 보다 적극적으로 보호했다면 지금의 K문화는 달라졌을지 혹은 역설적으로 K문화 자체가 신자유주의적 문화제국주의에 맞서 민족·민주 문화를 보호하고 있는 것인지 궁금해진다.

한편 김승수(2008)는 미디어의 문화적 영향력을 강조한 문화제국주의를 구 개념으로 정의하고, 2008년 글로벌 금융 위기 이후 등장한 신자유주의의 문화적 지배와 불평등을 '신문화제국주의'로 구분했는데 두 개념의 가장 다른 점을 시장 개방과 직접투자 허용으로 보았다. 이른바 NBC유니버설, 소니, 타임워너, 월트 디즈니, 뉴스코퍼레이션 같은 '글로벌 미디어 복합 기업'(전범수, 2007)들이 노골적으로 약소국의 시장을 개방시켰고 투자와 판매를 증대시키면서 문화제국주의가 변형·심화되고 있다는 것이다. 물론 김승수(2008)의 신자유주의적 문화제국주의, 특히 미국의 자본주의에 대한 비판에 반론을 제기한 연구(이경철·이상우, 2009)도 흥미롭다. 자본주의 체제에 대해 서로 다른 관점을 가지고 있다 보니, 같은 현상을 다르게 해석하고 있는 것이다. 이들은 과거 문화제국주의 연구자들이 주장한 문화제국주의에 의해 수탈되는 '약소국의 자국 문화'가 구체적으로 무엇인지, 또한 '수탈되는 문화' 혹은 '보호되어야 할 자국 문화'의 정체성에 대해 규명하고자 했다. 그 결과 자국 문화는 자국 내 다른 가치를 함양하는 원동력이자 삶의 질을 높이는 시대정신으로 기능하기 위해 다양한 문화와 소통하고 이를 주체적으로 수용한다. 따라서 타국의 문화가 소위 문화 제국이라 일컫는 미국의 문화라고 해도 이를 거부하고 보호하는 것보다 그 문화와 소통하고 주체적으로 수용하는 것이 바람직하다고 주장한다(156~157). 세계화를 거부하고 멈출 수 없다면 영리하게 협상하며 수용하는 것이 합리적 선택일 수 있다. 지배와 종속이란 이분법적 사고에서 벗어나 혼종성, 양가성, 제3 지대, 문화 횡단, 문화적 접근성과 수용자의 주체성 같은 개념으로 접근하는 것도 타당한 접근이다. 그렇다면 이러한 논의는 K문화의 세계화에도 적용되고 있을까?

사실 한국의 경제적 위상이 눈에 띄게 성장하고, 한류라는 이름으로 한국 문화산업이 빠르게 성장하면서 문화제국주의 특히 한국의 미국 문화 종속에 대한 비판과 논쟁 혹은 어떤 비평도 최근 찾아보기 힘들다. 일부는 다양한 문화 콘텐츠도 제대로 제작하지 못해 외화를 수입하고, 서방 통신사나 신문 뉴스를 베껴 쓰던 시절의 한국은 이제 경제 성장을 위해 제3 세계를 상대로 시장 개방을 요구하거나, 세계 소비자의 선택을 받기 위해 양질의 문화 상품을 가지고 수출 경쟁을 해야 하는 시대로 이동했다고 주장한다. 현실 정치와 경제에 충실한 주장이다. 다른 편에서는 문화제국주의라는 개념과 주장은 최대한 모든 사례를 수집하고 관찰해 실증적으로 규명해야 하는 사회과학적 연구의 기본에 충실하기 어렵다고 한다. 연구 방법의 신뢰와 객관성을 중시한다면 문화제국주의 연구는 한계가 명확하다.

그럼에도 불구하고 과거의 문화제국주의 논쟁이 보여 준 주요 담론들은 21세기 문화와 자본 특히 미디어와 4차 산업 핵심 기술이라고 하는 AI, VR, AR, IoT, 빅 데이터, 알고리즘 같은 기술과 융합해 진화하고 있는 문화산업을 설명하는 데 필요한 관점과 방향을 제시해 준다. 이를테면 지배 권력과 피지배 계급의 불균형과 불공정을 관찰하되 수용자의 종속성과 능동성을 이분법으로 주장하기보다 비물질적 공간에서 연대하고 협력할 수 있는 수용자의 변화를 통시적으로diachronic 또는 공시적으로synchronic 읽을 줄 알아야 한다. 결국 문화제국주의는 다양한 학술 논쟁과 실증적 사례로 재비판되며 형성된 담론들이기 때문에 고여 있지 못한다. 기술 중심의 문화자본주의도 시대에 따라 유동적으로 변화하고 있어 21세기 융합적 문화산업의 시대는 과거 문화제국주의 담론과 구분될 필요가 있기에 여기에서는 이를 '신neo문화제국주의 담론'으로 부르려 한다. 물론 이것은 김승수(2008: 54)의 신문화제국주의와 교차점이 있지만, 그가 집중했던 미국 중심의 글로벌 미디어 산업 자본의 위기와 몰락이 혁신과 창의 산업, 즉 소수 플랫폼 제국들에 의해 예상하기 힘든 새로운 국면을 맞이했다는 점에서 출발하려 한다. 온라인 네트워크를 기반으로 급성장한 플랫폼 기업들은 제품을 직접 생산하거나 소유하지 않고도 전통적 미디어, 엔터테인먼트, 제조, 금융, 유통 사업을 통합 흡수해 막대한 자본과 가치를 재생산하고 있다. 이들의 등장과 성장은 과거와 비교할 때 짧지만 그들은 이미 세계 정치와 경제를 비롯해 보건, 외교, 안보, 국방, 교육, 환경 등 거의 모든 영역을 포섭하고 있다. 전문가들은 이것을 4차 산업 혁명이라 부르며 재편성되는 글로벌 경제 시스템에 주목하고 있다. 이것은 분명 이전의 문화제국주의 담론의 시대와는 크게 차이가 있다.

2. 신문화제국주의 담론과 연구 특징

문화제국주의는 연구 범위와 시기 그리고 대상이 상당히 방대하다. 제국의 흥망성쇠기 동안 승자에 의해 기록된 역사부터 식민지의 입장에서 기억하는 통제와 감시, 강요된 개방. 어느 입장에서 논의하는가에 따라 이론과 규명하는 방법 및 사례가 다양하고 차이가 난다. 전통적 문화제국주의 담론은 신문화제국주의에도 큰 영향을 주었는데, 세계화 물결에 무방비 상태로 유입된 신자유주의를 적극적으로 도입했던 우리나라도 예외는 아니었다. 1997년 외환 위기 이후 국가와 소수 재벌 기업을 중심으로 육성된 조선, 전자, 자동차, 통신, 반도체 산업의 세계 점유율이 빠르게 성장했고, 2020년 코로나19 팬데믹에도 한국 경제 성장률은 주요 20개국(G20) 중에서 중국, 터키 다음으로 3위를 기록했다(곽민서, 2021. 3. 15). 일제의 식민 통치로부터 자주독립을 이룬 후 지난 76년 동안 제국의 잔재를 지우기 위한 한국만의 특별했던 역사가 있을 수 있다. 하지만 문화제국주의는 그렇게 일반화하기 힘들지만, 특별하지도 않은 보편적 정서와 공감이 담겨 있어 다양한 국가와 사회에서 여전히 재고되고 인용되고 있는 것 같다.

1) 문화 종속, 독립, 그리고 문화 역능의 불균형

1998년 10월 8일 김대중 대통령은 해방 이래 금기했던 일본 대중문화를 단계적이되 상당한 속도로 개방한다고 밝혔다. 1차 개방에서는 공동 제작한 영화, 한국 영화에 일본 배우가 출연한 경우, 4대 국제 영화제 수상작, 한·일 영화 주간 상영작과 일본어판 만화와 만화 잡지 등 일본의 영화 및 비디오 일부를 허용했다. 2001년 일본의 역사 교과서 왜곡 시정 거부에 대한 대응으로 추가 개방을 중단했지만, 2003년 노무현 대통령이 한·일 정상 공동 선언에서 '문화 교류 활성화를 위한 일본 대중문화 개방 확대'를 천명하면서 4차 완전 개방이 2004년 1월 1일부터 일본의 영화, 음반, 게임 분야 등으로 확대됐다(행정안전부 국가기록원, 2006. 12. 1).[3] 역사적으로도 지리학적으로 가까운 일본의 대중문화는 왜 차단되었을까. 1945년 해방 이후 우리나라는 일본과 교류를 중단했는데, 1965년 한일 국교 정상화 이후 경제 협력이 긴밀해지고 인적 교류가 활발해지면서 일본의 대중문화가 자연스럽게 소개됐다. 하지만 당시 우리나라의 국민 정서는 일제의 한국 통치라는 역사적 유산과 대일 감정을 고려해 왜색 문화의 침투를 경계하자는 입장이 강했기 때문에 일본의 대중문화 유입을 법으로 금지한 것이다. 하지만 1986년 아시안게임과 1988년 서울올림픽을 유치하면서 한국 사회는 경제 개방과 정치 사회적 세계화를 적극적으로 받아들였다. 그리고 음성적으로 널리 유포되던 일본 대중문화를 합법적으로 수입·개방하자는 의견이 받아들여진 것이다. 그렇게 국가 간 문화 교류는 세계화 시대 경제와 외교에 소프트 파워를 키울 중요한 도구로 이용되었다.[4] 때문에 문화는 개인과 사회의 전통과 삶의 양식을 넘어 국가 간 혹은 권력에 의한

3 일본 대중문화 4차 개방은 완전 개방을 원칙으로 하되 단 일본 방송과 극장용 애니메이션은 개방의 폭을 추후 결정하기로 했다(행정안전부 국가기록원, 2006).

4 미국의 할리우드 로비스트들은 1920년부터 '메시지 소년들message boys'로 불리며 국제 외교 통상 테이블에 참석했는데, 냉전 중에도 미키 마우스, 도널드 덕 같은 디즈니 대표 캐릭터를 내세워 할리우드 영화를 수출했다. 1950년 프로듀서였던 월터 와그너Walter Wanger는 2차 세계 대전 이후 유럽 동맹국의 재건과 원조 계획을 밝힌 미국의 마셜 플랜Marshall Plan은 사실상 "도널드 덕 외교Donald Duck Diplomacy"였다고 설명한다(Miller, 2008: 66～67).

관계 사이의 종속과 정복의 대상이 되었다.

종속이론을 주장한 대표 학자 프랭크는 서구 사회는 제3 세계를 착취하며 자본주의를 발전시켰고, 주변 제3 세계는 서구 발전에 기여했지만 저발전과 내적 모순을 피할 수 없었기 때문에 세계가 자본주의 체제로 통합될수록 지역 간 개발은 격차가 심화되었다(임현진, 1987; Barone, 1985; 임동욱, 2006: 119). 예컨대 과거 제국주의 국가들이 식민 국가를 통치하면서 남긴 문화적 흔적은 종속 국가의 사고와 전통에 너무 깊이 관여되는 바람에 부정하기 힘든 역사가 되었고, 일부는 그런 굴욕의 역사를 적극적으로 지우려 하며 일부는 자랑스러운 것으로 보존하려 하는 세상이 왔다. 하지만 이러한 문화적 종속과 독립은 20세기 세계화 물결 속에서 다르게 해석됐다. 치열하고 참혹했던 전쟁과 이데올로기 냉전에서도 국적을 위장하기 좋은 귀여운 동물 캐릭터들이 외교 협상에 이용됐고 이들의 생산지를 따지지 않고 자국에 수입하는 국가들이 세계화 확산만큼 빠르게 증가했기 때문이다. 사실 미국에서 생산된 상품의 유입과 방송 프로그램의 수입을 적극적으로 막지 못한 국가들이 대부분이었다. 결국 제국의 문화 종속과 신생 독립 국가의 제국 문화 저항은 20세기 문화 개념과 연구에 큰 영향을 주었다.

1960년대 영국 버밍엄 학파에서 전성기를 맞이한 문화연구 cultural studies는 이론과 방법론을 정교하게 구축했고, 1980년대 이후 새로운 학문적 패러다임을 제시하며 세계 곳곳에 소개됐다. 우리나라에는 1990년대에 수용되면서 문화에 대한 통념적 이해를 확장시켰다. 심광현(2004)은 문화의 의미를 크게 세 가지로 구별했다. 첫째, 18세기 말 서구 사회에서 시작된 예술에서 시작된 것으로 문화는 문학, 음악, 미술, 무용, 조각, 건축, 연극, 영화와 같은 예술 장르를 의미한다. 당시 문화는 평범한 사람들보다는 문화를 이해할 수 있고 조직하며 행할 수 있는 능력을 갖춘 엘리트들에게 허락된 것이라 '우아하고 세련된 취미'로 보았다. 둘째, 문화는 인간의 삶과 활동을 포괄적으로 이해하는 관점, 즉 '삶의 양식'이었다. 소수 엘리트만 소유하고 즐기는 것이 아니라, 사람이라면 누구나 영위하고 누릴 수 있는 대상이고 활동이 바로 문화라는 것이다. 예술은 특별한 능력과 높은 신분을 가진 사람들의 것이라면, 삶의 양식은 귀족과 평민, 부자와 빈자, 문명과 야만 등 어디에나 존재한다는 것이다. 때문에 문화는 많고 다양할 수밖에 없으며, 차이는 있을 수 있지만 우열은 없다. 셋째 문화는 개인과 집단의 발전 과정으로 문화적 행위란 자연에 대한 인간의 개입을 뜻하며, 인위적인 것으로 조작하는 것부터 자연을 돌보고 보살피는 의미를 담고 있다. 인간이 구축한 세계에서도 가장 높은 수준의 문화는 문명이 되는데, 역사적으로 문명을 일찍 이룩한 서구 유럽은 제국주의 세력을 확장시키며 식민 국가에게 우월한 문명을 주장하며 문화 개방을 강요했다. 그리고 20세기 미국은 서구 문명을 받아들이지 못하거나 다른 나라를 야만국이라 재단하며 일방적으로 징계 혹은 침공을 감행했는데, 대표적인 사례가 9·11 테러의 배후로 지목해 이라크를 침공한 일이다(심광현, 2004: 56~62). 논의된 세 가지 문화의 개념은 형성된 계기와 역사적 배경이 다르고 사회적 의미도 다르다. 문화를 삶의 양식, 발전과 문명, 그리고 예술로 보는 관점은 서로 밀접한 관련이 있고, 대립하기도 하며 상호 보완적이기도 하다. 그러나 이러한 관점은 무엇보다 문화를 단선적인 진화와 발전의 과정으로 보기보다, 동시적으로 존재하는 다양성으로 보고 있다. 문화 소비와 문화적 위험 사회를 논하는 20세기 문화는 따라서 좀 더 광의의 개념에서 주체적 태도로 다양성이라는 측면을 봐야 한다. 물론 근대 한국 사회는 서구 제국주의 영향을 많이 받았고 서구 근대 예술의 패러다임을 문화 모델로 받아들이기도 했다. 하지만 전통적 문화의 개념들로는 사회 발전을 설명하고 방향을 제시하는데 충분하지 않다. 심광현(2004: 65~66)은 현대 사회는 인간과 문화의 발전 중 정치적 권력, 경제적 부의 분배와 기회의 평등을 의미하는 수준의 민주주의를 넘어 국민 다수의 문화적 역능 cultural faculties[5]의 균형적 발전을 위해 문화 민주주의를 통한 문화사회, 예를 들면 문화 환경, 문화 콘텐츠, 사회 구성적 패러다임 그리고 정책과 제도가 잘 뒷받침된 그런 사회가 필요하다고 주장한다. 결국 영토를 정복해 식민 국가를 통치할 목적으로 서구 문명이 우월하다는 것을 일방적으로 주입하려던 제국의 문화 종속주의적 이론과 주장들은 제3 세계 국가들이 독립하고 신흥국으

5 문화적 역능이란 기호와 매체를 사용하여 세계와 인간에 대한 이해와 체험을 증진하고 표현과 소통을 진작시킬 수 있는 능력으로 소통 가능하고 전승 가능한 방식의 인간적 역능 계발을 의미한다(심광현, 2004: 65).

로 성장하면서 서서히 약화됐지만, 21세기에도 글로벌 패권을 유지하고 있는 선진국들은 기술적 생산 수단뿐만 아니라 풍부하고 다양한 경험에서 나온 문화적 역능까지 갖추고 있어 정치와 경제에서 여전히 세계 리더로 군림하고 있다.

2) 미국의 세계화는 지금도 진행 중

IMF와 GATT 이후 협정을 맺을 국가 간 상호 경제 이익을 공유하자, 1990년대 WTO, GATS, FTA 같은 국제 기구와 협정이 생겼다.[6] 이것은 회원국 간 장벽 없이 자유롭게 상품과 서비스, 자본이 흐르도록 보장하는 제도로서 글로벌 경제를 재구조화했을 뿐만 아니라 문화의 세계화도 빠르게 확산시켰다. 미국의 영화·음악·방송 프로그램 등이 수출된 국가들은 미국식 문화를 동경하고 선호하면서 미국산 상품조차 자국의 것보다 우수하다는 생각이 팽배해졌다. 미국 상품과 서비스가 수출된 국가의 문

6 국제통화기금(IMF: International Monetary Fund, 1944) 이후 1947년 세워진 관세 무역 일반 협정(GATT: General Agreement on Tariffs and Trade)은 세계무역기구(WTO: World Trade Organization, 1995)로 대체되었고, 서비스 무역에 관한 일반협정(GATS: General Agreement on Trade in Services, 1995)은 1995년 우루과이 라운드 협상의 결과로 발효된 WTO 조약이다. 자유무역협정(FTA: Free Trade Agreement)은 둘 또는 그 이상의 나라들이 상호 간에 수출입 관세와 시장 점유율 제한 등의 무역 장벽을 제거하기로 약정하는 조약이다. 미국이 주도한 협정으로 우리나라는 2007년 미국과 협약을 체결했다.

화 동질화 현상이 커지자, 문화의 세계화를 문화제국주의의 연장이라고 생각하는 관점도 설득력을 얻었다. 거대 자본을 축적하며 성장한 미국 기업들은 다양한 상품 대량 생산해 정치 체제나 이념에 상관없이 공격적으로 수출하면서, 세계 소비문화를 이끌었던 것이다. 예컨대 미국산 세제부터 햄버거, 음료수, 신발, 의류, 가전제품, 자동차 등 미국 상품이 일상생활에서 접하는 뉴스, 드라마, 다큐멘터리, 영화, 광고에서 항상 등장했고, 전 세계 어딜 가도 소비할 수 있을 만큼 보편화되면서 세계 소비 시장은 급속히 팽창했다.

세계화에 대한 논의는 세계화 확산 속도만큼 활발했는데, 문화의 세계화가 각 나라의 정체성을 해치고 문화의 동질화를 가속시킨다는 주장도 거셌지만 세계화가 일방적 문화의 침식만이 아닌 문화의 다양성에도 도움을 준다는 의견이 있었다. 문화는 세계 체제, 즉 자본주의 사회 틀에서 파악해야 할 이데올로기 투쟁의 장이라는 것이다(Wallerstein, 1986, 1990, 1991). 허버트 실러Herbert Schiller(2001)의 경우, 세계화는 거대 기업의 세계 지배를 의미하며 초국적 미디어 산업은 대중의 의식과 정서를 지배할 수밖에 없다고 믿었다. 따라서 초국적 자본은 국제 커뮤니케이션의 발전 수단을 통해 세계의 가난한 자들을 지배하고 있으며, 커뮤니케이션 기술, 문화 상품, 미디어 메시지가 모든 사람에게 혜택을 주는 것이 아니라, 다양한 방식의 불평등을 유발하고 있다고 비판했다(임동욱, 2006: 129~130). 스튜어트 홀Stuart Hall(1991: 27) 역시 문화의 세계화가 영국적인 것에서 미국적인 것으로 변화했고, 세계의 대중문화는 미국에 의해 지배당하고 있다고 보았다. 심지어 세계화의 야망을 품지 않는 지역 문화는 문화의 세계화에 의해 변화되고 파괴되기도 한다. 장피에르 바르니에Jean-Pierre Warnier(1999/2000)는 이러한 현상을 부정적으로만 보지 않았다. 그는 시장은 전 지구화된 교역의 수단으로 물건과 행동 방식의 교류를 세계화시키고, 여러 사회에게 무한히 다양한 재화를 공급해 준다고 주장했다. 결국 유입된 재화는 동일성identity을 만들어내는 데 사용된다는 것이다. J. B. 톰린슨J. B. Tomlinson(1991/1994: 301)은 세계화는 일관성이 없고 문화적 목표를 갖지 않는 과정으로 의도적으로 권력 중심에서 주변으로 확장할 목적을 가진 제국주의와 다르다고 주장하기도 했다. 이는 과거 C. J. 하멀링크C. J. Hamelink(1983: 3)의 문화적 동질화synchronization와 문화 다양성 훼손에 대한 주장을 구체적 사례와 과정으로 살펴보는 기회를 제공했다. 나아가 세계화로 인해 확산되는 문화 제국에는 “지배와 주변”(Barker, 1999) 또는 ‘중심과 주변 국가,’ ‘지배와 피지배 국가’라는 이분법적 사고로 설명될 수 없는 새로운 질서가 등장하는데, 그것은 경계가 사라지면서 복잡하고 분열하며 겹치는 혼종성으로 설명이 가능하다는 문화이론이 등장했다(Appadurai, 1996; Bhabha,. 1994; Pieterse, 1995; Ritzer, 1993). 하지만 일부 국가의 경우 유교주의, 공산주의 등의 지역적이고 전통적인 가치를 받아들이면서 현지화, 지역화하는 기업도 등장했다. 이것은 종속과 지배라는 이분법보다, 혼종, 협상, 중재, 적응 등 문화의 복잡성을 받아들인 초국적 기업들의 공격적이고 빠른 시장 확장으로 세계화가 정당화되기도 했고, 일부는 이들 기업의 이러한 잠재력의 위험을 우려하기도 했다(임동욱, 2009: 167; 이경철 · 이상우, 2009: 154).

세계화 담론은 경제 개념에서 출발해 정치경제학적 시각과 신자유주의적 또는 신보수주의적 시각으로 크게 구분된다. 마르크스의 영향을 받은 이마누엘 월러스타인Immanuel Wallerstein(1979)이 세계 체계 이론과 종속이론으로 경제결정론적인 세계 체제를 설명했고, 자유시장주의자 오마에 겐이치Ohmae Kenichi(1992)는 경제가 정치보다 절대적 우위에 있음을 주장했다. 로버트 길핀Robert Gilpin(1987, 2000, 2001)은 경제가 세계를 무대로 확대되지만 권력의 헤게모니는 여전히 국가에 있다고 주장했고, 조너선 페래턴Jonathan Perraton(1998)을 비롯해 뜻을 같이한 학자들은 국가의 영향력은 경제의 세계화에 따른 물량과 자본의 흐름이 커져 글로벌 경제 관계와 무역 관계가 국민 국가들과 권력 투쟁 관계에 놓이게 됐고, 국제 무대에서는 다국적 기업과 초국가적 기구 등 보이지 않는 다수의 행위자들로 인해 국가의 위상이 변할 수밖에 없게 되었다고 주장했다. 이러한 시각과 달리 워터스, 기든스, 벡, 로버트슨 같은 학자들은 세계화를 정치, 경제, 환경 등 거시적 측면에서뿐만 아니라, 개인의 사고 체계 같은 미시적 측면까지 영향을 미치는 다차원적 관점이 필요하다고 주장한다. 특히 앤서니 기든스Anthony Giddens(2002)는 케이블, 위성 같은 미디어를 매개로 하는 커뮤니케이션 기술의 접촉과 심화는 우리 생활의 구조를 변화시킬 것이라 강조했고, 롤런드 로버트슨Roland Robertson(1992)은 세계화의 지역성을 강조하며 글로벌과 로컬은 서로 상반된 개념이 아니라, 로컬을 글로벌의 한 구성 요소로 간주하기 때문에 동질화나 이질화를 거쳐 보완적이면서도 서로 영향을 주고 받는 것으로 봐야 한다고 주장한다. 경제학, 정치학, 사회학의 세계화 논의에서 영향을 받은 미디어와 커뮤니케이션 학문은 국제 커뮤니케이션을 연구 분야로 확장시켰는데, R. S. 포트너R. S. Fortner(1993)는 매클루언적 지구촌global village, 세계화를 현재로 규정했고, 과거 통용되던 '국가 간'의 개념을 '초국가적transnational'이라는 확장된 개념으로 사용한 앤드리아즈 헵Andreas Hepp(2006)은 세계화 이론, 시스템 이론, 문화연구를 국제(국가 간) 커뮤니케이션, 문화 간 커뮤니케이션, 발전 커뮤니케이션, 초문화적 커뮤니케이션과 연결시켜 분류했다. 헵(2012)은 미디어를 매개로 하는 커뮤니케이션 '미디어화mediatization'를 세계화 과정의 일부로 간주하며, 미디어 특히 컴퓨터를 매개로 하는 네트워크의 지속적 확산 현상에 주목했다(한수경, 2011; 최은경, 2014: 7~9). 이경철·이상우(2009: 156~157)는 자국 문화 존재 여부와 정체성, 타국의 문화가 이른바 문화제국이라 일컫는 미국의 문화라 하더라도 이를 거부하고 보호하는 것보다 그 문화와 소통하고 주체적으로 수용하는 것이 바람직하다는 수용자 역할을 강조한다. 임동욱(2009: 181~182)은 문화제국주의는 단선적이고 간단하지 않을뿐더러, 문화 유동의 종속과 지배, 문화제국주의의 종식과 진행에 관한 논쟁도 복잡하고 다층적으로 진화하고 있다고 본다. 특히 그는 국제적 문화 유동에서 미국과 초국적 미디어 기업의 지배력이 계속되고 있고, 복잡한 국제적 문화 유동의 과정과 원인은 지배적 관계들과 얽혀 있어, 문화(미디어)제국주의 현상이 끝났다고 보기 어렵다고 주장한다.

1980년대 미국과 영국은 신자유주의 개혁을 시도한 대표적인 국가로 당시 영국의 총리 마거릿 대처Margaret Thatcher는 침체된 영국 경제를 위해 공기업의 민영화, 공공 재정 지출 삭감, 기업을 위한 규제 완화를 단행했다. 이는 방송과 신문의 교차 소유 및 외국 자본의 투자를 정부가 독려하면서 해외 자본의 국내 방송·미디어 산업 장악이 본격적으로 시작됐다. 세계 언론 재벌 루퍼트 머독Rupert Murdoch의 뉴스코프는 영국에서 신문, 방송, 위성 방송, 독립 프로덕션 사업을 하면서 1990년대 이후 영국 정부와 여론에 상당한 영향력을 행사하게 됐는데, 신자유주의적 세계화를 앞장서 실천한 결과로 많은 부작용을 낳았다.[7] 최근 영국의 미디어 엔터테인먼트 시장을 보면, 시장의 규모는 커지고 있지만 상위 10위권 기업이 시장의 70%를 점유하고 있고, 40개의 기업은 22%, 나머지 50개의 기업이 시장의 8%를 두고 경쟁하고 있는 상황이다. 소수의 특정 기업에 의해 미디어 산업이 불균형적으로 발전하고 있는 것이다.

영국 내 가장 많은 수익을 내고 있는 3대 기업을 보면 더욱 절망적이다. 우선 리버티 글로벌Liberty Global은 미국의 미디어 재

7 2011년 뉴스 코퍼레이션의 자회사인 영국의 〈뉴스 오브 더 월드*News of the World*〉의 기자들이 9·11 테러 공격의 희생자 관련 전화 데이터를 불법 수집 및 도청한 일이 밝혀졌고 1년여 동안의 청문회 이후 폐간됐다.

표 1 영국의 미디어 기업 수익 순위

순위	기업	최근 연간 수익	이전 연간 수익	3년 평균 증가율 (CAGR)	연간 성장률
1	리버티 글로벌	14,768	11,955	24%	24%
2	WPP 그룹	14,389	12,235	6%	185
3	스카이	11,965	9,989	18%	20%
4	리드 엘스비어	6,895	5,971	1%	15%
5	BBC	4,827	4,805	2%	0%
6	피어슨	4,552	4,468	3%	2%
7	소니	3,388	2,936	21%	15%
8	ITV	3,064	2,972	11%	3%
9	데일리 메일 & 제너럴 트러스트	1,917	1,843	2%	4%
10	디즈니	1,836	1,581	7%	16%

출처: Deloitte, 2017: 8.

벌 존 멀론John Malone이 소유한 기업으로 2000년대 유럽에 미디어 시장에 진출해 케이블 사업 인수 합병뿐만 아니라, 헝가리, 체코, 슬로바키아, 루마니아에서는 위성 사업을 하는 통신 회사, 유료 방송 채널(셀로미디어Cellomedia)도 소유하고 있다. 2013년 영국의 최대 케이블 사업자 버진 미디어Virgin Media를 인수한 리버티 글로벌은 또한 2018년 5월 영국의 대형 통신사 보다폰Vodafone에 184억 유로(약 23조 5,600억 원)에 매각되면서 세계 최대 브로드밴드 사업자로 성장했다. 2018년 리버티 글로벌의 유럽 시장 지배력이 약화되면서 영국은 통신사 중심의 유료 방송 시장으로 재편성되고 있지만, 여전히 리버티 글로벌의 시장 자본력은 가장 높다.

리버티 글로벌 다음으로 영국에서 수익을 많이 내고 있는 WPP그룹은 런던에 위치한 글로벌 미디어 커뮤니케이션 서비스 기업으로 1971년 마틴 소렐Martin Sorrell 경이 설립해 현재 107개국에 2만 4,000개의 사무소를 운영하고 있다. WPP 세계 사무소의 직원은 13만 명으로, 1989년 미국의 광고대행사 오길비Ogilvy & Mather 그룹과 2008년엔 미디어 시장 조사 회사 TNS를 인수했다. WPP그룹은 IMF 경제 위기 이후 국내 대기업 계열의 광고 회사들에 대한 공격적인 인수·합병 추진으로도 유명한 회사로 초국적 미디어 기업이다.

마지막으로 스카이Sky plc는 글로벌 미디어 재벌 루퍼트 머독의 그룹에서 BSkyB라는 이름으로 영국 최대의 위성 방송 사업을 했으나, 2016년 21세기폭스가 인수, 2018년 9월 미국 케이블 방송·통신 기업 컴캐스트Comcast가 297억 파운드(약 43조 5,435억 원)에 매입해 사명을 스카이로 변경했다(Sky.com). 스카이는 영국, 아일랜드, 이탈리아, 독일, 오스트리아 등에서 방송 사업을 하고 있다. 또한 영국 프리미어리그와 미국 드라마 〈왕좌의 게임*Game of Thrones*〉 등 인기 콘텐츠를 공급해 2,250만 명의 케이블 TV 가입자를 보유하고 있다. 2018년 초 스카이의 인수·합병 논의 당시 21세기폭스는 스카이의 지분 39%의 나머지를 인수해 스카이를 자회사로 만들고자 영국 정부에 승인을 요청한 상태였다. 하지만 컴캐스트가 스카이의 인수·합병에 참여하면서 매입 가격은 상승했고, 21세기폭스를 인수하려던 월트 디즈니에도 타격을 줬다.

표 2 영국의 뉴스 미디어 기업 순위(2022)

		뉴스와 정보 분야 브랜드	뉴스와 정보 분야 연간 수익
1	리드 엘스비어	렉시스넥시스LexisNexis, 사이언스디렉트ScienceDirect, 〈이스테이츠 가제트*Estates Gazette*〉	72억 파운드 (약 11조 4,100억 원)
2	BBC	BBC 뉴스BBC News, BBC 스튜디오BBC Studios, 영국 내 지역 채널, 다양한 대형 프로그램	51억 파운드 (약 8조 824억 원)
3	ITV	ITV, 〈굿 모닝 브리튼*Good Morning Britain*〉	35억 파운드 (약 5조 5,467억 원)
4	스카이	스카이 뉴스Sky News, 스카이 스포츠Sky Sports, 스카이 아틀란틱Sky Atlantic	32억 파운드 (약 5조 713억 원)
5	뉴스 UK News UK	〈더 선*The Sun*〉, 〈타임스*The Times*〉, 〈선데이 타임스*The Sunday Times*〉, 토크스포츠Talksport, 토크라디오Talkradio, 토크TVTalkTV	20억 파운드 (약 3조 1,595억 원)
6	바우어 미디어 그룹 UK Bauer Media Group UK	〈그라치아*Grazia*〉, 〈엠파이어*Empire*〉, 〈코스모폴리탄*Cosmopolitan*〉, 앱솔루트 라디오 밴드Absolute Radio brands	19억 파운드 (약 3조 15억 원)
7	인포마Informa	CRC 출판사CRC Press, 인포마 마켓Informa Markets, 테일러 앤 프랜시스Taylor & Francis	18억 파운드 (약 2조 8,436억 원)
8	채널 4	채널 4 뉴스Channel 4 News, 필름 4Film 4, E4	9억 3400만 파운드 (약 1조 4,755억 원)
9	DMGT	〈데일리 메일*Daily Mail*〉, 〈메일 온 선데이*Mail on Sunday*〉, 메일 온라인Mail Online, 〈*the i*〉, 〈메트로*Metro*〉	8억 8,500만 파운드 (약 1조 3,981억 원)
10	리치Reach	〈데일리 미러*Daily Mirror*〉, 〈데일리 스타*Daily Star*〉, 〈맨체스터 이브닝 뉴스*Manchester Evening News*〉	6억 1,580만 파운드 (약 9,728억 원)

출처: *Press Gazette*, 2022. 8. 11.

표 3 국가별 온라인 비디오 서비스 선호 순위

순위	영국	미국	독일	프랑스	스페인	덴마크
1	BBC i플레이어	유튜브	유튜브	유튜브	유튜브	유튜브
2	유튜브	넷플릭스	ZDF 미디어테크	MyTF1	넷플릭스	넷플릭스
3	넷플릭스	아마존 프라임	아마존 프라임	넷플릭스	페이스북	DRTV/ dr.dk.tv
4	ITV 허브	훌루	넷플릭스	6플레이	아마존 프라임	비아플레이
5	All4	페이스북	ARD 미디어테크	페이스북	인스타그램	TV2플레이

출처: Ampere analysis Ltd., 2019.

전통적 글로벌 미디어 기업을 대표하는 디즈니가 21세기폭스를 인수하려던 것은 글로벌 미디어 시장을 빠르게 점령하고 있는 넷플릭스와 유튜브에 맞서기 위한 고육지책으로, 2018년 당시 세계가 주목했던 대형 인수·합병 제안이었다(《한경비즈니스》, 2018. 1. 9).

넷플릭스의 구독형 다시 보기 서비스Subscription video-on-demand가 글로벌 미디어 시장이 순식간에 점령하면서 시간과 공간의 장벽을 허물어 버린 미디어의 다시 보기 서비스 내용과 방식은 미디어 생태계에 대전환을 이끌었다고 해도 과언이 아니다. 그리고 미국의 온라인 비디오 서비스 플랫폼들이 독일, 프랑스, 스페인, 덴마크 같은 유럽 국가들에서도 활약을 하면서 자국 내 다시 보기 서비스 플랫폼을 유지 운영하기 힘든 상황이 됐다.

표 3의 국가별 온라인 비디오 서비스 선호 순위를 보면, 영국

은 1위가 BBC i플레이어지만, 미국, 독일, 프랑스, 스페인, 덴마크는 1위가 유튜브이고 5위 안에 넷플릭스, 아마존 프라임, 페이스북, 인스타그램이 있다. 모두 미국 플랫폼 기업이다.[8] 살펴보았듯이 미국 기업과 자본은 신자유주의적 세계화를 무기로 영국과 주요 유럽의 미디어 엔터테인먼트 시장을 잠식했고 첨단 과학 기술로 무장된 글로벌 기업은 정치와 경제, 사회에 큰 영향을 주고 있다. 2017~2018년을 변곡점으로 영국의 미디어 시장은 글로벌 미디어 기업의 영향력이 상당히 커졌는데, 2020년 영국의 미디어 기업 수익 순위에서도 WPP그룹, 리버티 글로벌의 수익이 최상위다(*Value Today*, 2020. 1. 1). 한편 코로나19로 영국 독자들에게 믿을 만한 뉴스와 정보 서비스를 제공해 주는 언론사에 대한 관심이 높아졌는데, 2022년 상반기 영국의 뉴스 미디어 회사 수익을 보면, 1위는 다국적 기업 리드 엘스비어(Reed Elsevier: RELX),[9] 2위 BBC, 3위 ITV, 4위 SKY는 모두 방송 뉴스 채널을 운영하는 기업으로 수입은 적지만 영국 언론사들이 선전하고 있다. 예를 들면 16위에 파이낸셜 타임스Financial Times[10]와 20위 가디언 미디어그룹Guardian

8 영국은 유튜브와 넷플릭스를 선호하지만, 선호하는 VOD 5위 안에 3개가 BVOD(Broadcaster Video-on-Demand)였다. 반면 미국과 스페인은 BVOD가 없고, SVOD와 소셜 온라인 VOD의 선호도가 높았다.

9 리드 엘스비어 그룹은 영국의 무역 서적 및 잡지 발행인 리드Reed International와 네덜란드의 과학 출판사인 엘스비어Elsevier가 1992년 합병한 기업으로 2015년 RELX로 브랜드를 변경했다.

10 파이낸셜 타임스는 〈파이낸셜 타임스〉, 〈파이낸셜 타임스〉 온라인판(ft.com),

Media Group[11]이 있다. 그런데 세계적으로 이용자가 꾸준히 증가하고 있는 OTT 산업의 SVOD 시장은 아마존 프라임, 디즈니 플러스, 넷플릭스, 애플TV가 주도하고 있다.

21세기 세계 자본주의는 첨단 기술과 거대 자본에 의해 더욱 복잡해졌고 소수 거대 자본의 패권이 불균형을 심화시키고 있어 세계화에 대한 재평가가 필요해 보인다. 세계화 이론은 실증적, 경험적 연구 방법과 연결시켜야 함에도 그 개념과 시각이 다양하고 개념조차 명확하게 규정하기가 쉽지 않다. 하지만 살펴보았듯이 미국이 주도하는 세계화는 그 수단 및 방법이 명확했기에 목적과 의도가 명확히 드러났고 설명할 수 있는 다양한 사례가 연구·발표되고 있어, 미국의 세계화는 21세기 문화산업과 자본을 탐구함에 있어 행간의 의미를 비판적으로 접근해야 한다.

3) 초국적 자본과 노동의 양극화

21세기 미국이 주도한 세계화는 전 지구적 개방을 의미한다. 상품과 서비스, 자본의 자유로운 이동이 인간의 삶을 개선한다고 주장하면서 노동과 정보를 다른 나라와 연결시켜 국가라는 장

유럽 스타트업 전문지 sifted.eu의 브랜드 자회사를 운영하며 연간 수익이 3억 1,980만 파운드(약 5,052억 원)이다.

11 가디언 미디어 그룹은 〈가디언*The Guardian*〉, 〈옵저버*The Observer*〉, 〈가디언〉 온라인판(theguardian.com)을 운영하며 연간 수익이 2억 5,580만 파운드(약 4,041억 원)이다.

벽을 허물고자 했다. 정보 통신 기술과 인프라가 구축되면서 국가 간 상품과 서비스 자본은 보다 쉽고 빠르게 이동하며 거대한 단일 시장으로 통합되었는데, 1990년대 국제 사회에는 각국 정부의 탈규제화 정책, 정보 기술의 도래와 인터넷의 확산으로 인한 초국적 상호 작용 증가, 금융 시장의 세계화를 중심으로 경제적 세계화가 급속히 진행됐다(Bonvin, 1997). 하지만 세계화가 도입된 국가의 이면에는 기술과 자본 그리고 정보가 집약된 국적을 초월한 글로벌 자본가들이 등장해 빠르게 세계 시장을 제패했는데 이로 인해 생존권에 위협을 받고 공동체가 파괴되거나, 빈부격차가 심화되는 현상도 나타났다. 미디어 기업의 세계화는 대표적 사례다. 1996년을 전후로 미디어의 소유 규제 완화와 신자유주의 시장 경쟁 정책에 따라 글로벌 복합 미디어 기업들이 급부상했다. 특히 규모의 경제와 합병 시너지 효과를 노린 통신 사업자는 미디어 사업에 진출했고, 인수와 합병을 통해 세계 미디어 시장을 호령했다. 타임워너와 AOL, 20세기폭스 영화사와 뉴스코퍼레이션, 소니와 콜롬비아, 디즈니와 ABC방송사, CBS와 바이어컴이 합병하면서 이들은 사업의 다각화를 위해 수평적·수직적 통합을 과감히 시도했다. 예상한 대로 이들은 독과점뿐만 아니라 카르텔을 형성하면서 세계 상업 미디어 시장을 확산·독점했다(설진아, 2007: 79~88). 미국의 미디어 기업은 특히 해외에서 최대의 이익을 목적으로 장소와 영역을 가리지 않고 사업을 팽창했는데, 일반 산업 자본과 결합해 '미디어-산업 복합체media-industrial complex'를 만들었다(Wayne, 2003: 67). 지구적 독점 자본 체제를 견고히 만들어 낸 미국은 세계를 상대로 자본을 투입하고, 자국의 상품과 서비스 팔며, 자원을 강점했다. 이런 생산 방식이 정보와 문화까지 확산된 것은 문화제국주의이며, 미국의 독점 자본에 의해 재편된 세계 시장은 승자가 독식할 수밖에 없는 구조적 차이가 심화되면서 냉전 체제의 문화제국주의가 신자유주의적 문화제국주의로 대체되었다(김승수, 2008: 80).

한편 초국적 기업과 초국적 금융 자본의 등장으로 세계적 규모의 분업이 증가하면서 자본주의 계급 관계도 세계적 규모로 확대·재생산됐다. 초국적 자본가 계급의 새로운 헤게모니 장악은 정보화와 세계화에 따른 '제국'의 형성과 깊은 관련이 있다. 마이클 하트Michael Hardt와 안토니오 네그리Antonio Negri(2000)는 '제국'은 생산 영역에서 발생한 기본 변화를 기반으로 형성되는데, 생산 영역은 경제적 탈근대화에서 나타나는 서비스화와 정보화가 변형된 것이고, 포디즘fordism과 포스트포디즘post-fordism으로 전환하면서 제국의 자본주의는 새로운 패러다임의 변화를 겪었다고 보았다. 생산의 근본 변화와 자본이 만들어 낸 전 지구적 경제의 탈근대화를 다음과 같이 설명한다. "부의 창조는 우리가 생체 정치적biopolitiacl 생산이라고 부른 것, 즉 생활 자체의 생산으로 더욱 향하는 경향이 있다. 생체 정치적 생산에서는 경제적인 것, 정치적인 것, 문화적인 것이 점점 더 서로 중첩되고 서로 스며든다"(Hardt & Negri, 2000/2001: 17~18). 거대 초국적 기업들이 생체 정치적 세계의 근본적인 연결 구조를 구축하면서, 자본은 전 지구적 영토를 무대로 구조화되었고 그 과정에서 국민 국가의 경계들은 파괴되거나, 쇠퇴한다는 것이다(Hardt & Negri, 2000/2001: 209, 434). 세계적 규모에서 자본주의가 균일화, 동질화, 전면화하는 경향을 나타내지만, 현실에서 자본 운동은 자본의 초국적화가 진행되면서 불균등성이 더 강화되고 있어, 초국적 자본가는 세계적 이윤을 극대화하기 위해 자본을 집중시키고 독점을 심화시키는 것을 정당한 경제 활동이라 주장한다. 예컨대 소수의 초국적 기업은 세계 경제를 초국적 기업 간의 '쟁투의 장,' '상호 협력의 장'으로 삼고 국민경제 내에서 보호되던 독과점적 지위를 허물거나, 세계적 독과점을 재형성하고 재편한다. 본연의 목적이 다른 상업 자본, 산업 자본, 은행 자본은 축적을 위해 국내 공간에서 국외로 공간적 편성도 새롭게 구축하는데, 임노동 없이 잉여 가치를 생산할 수 없는 자본은 지리적 불평등을 극복하지 않고, 심화시키고 있다(장시복, 2012: 24~25). 예를 들면 해외 직접 투자는 선진국에 집중되어 있고, 개도국에서도 중국과 동아시아에 집중되어 있는데, 아프리카 지역의 초국적 기업 진출은 상당히 낮았다(UNCTAD, 2010). 선진국과 후진국 간의 성장률 격차도 세계 자본주의가 발전할수록 커졌고, 노동자 임금 불평등도 심화되고 있다. ILO(국제노동기구)의 〈세계 임금 보고서Global Wage Report〉(2016/17)에 따르면, 세계 평균 임금은 2012년 1.6%에서 2015년에는 0.9%로 하락했으며, 2008년 세계 금융 위기 이후 개발 도상국의 성장세가 선진국에 비해 더 느렸기 때문에 임금 격차도 더 커지고 있다. 또한 생산과 서비스 공급 채널이 국제화되면서 가치 사슬은 더욱 복잡해지고 저임금의 비정규 노동이 증가하는 것도 세계적 추세다 보니 기업 간 기업 내 임금 불평등도 점점 심각해지고 있다(ILO, 2016). 특히 코로나19가 장기화되면서 직업 안정성을 보장받지 못한 비정규직 근로자, 프리랜서, 계약직 근로자, 이민자 같은 사회적 약자들, 프리캐리아(프레카리아트precariat)[12]도 증가하고 있다. 미국의 경우 코로나19 사태 직후 수주 만에 4200만 개의 일자리가 사라졌는데, 코로나19 이전으로 돌아가기 위해서는 지금의 줄어든 일자리로는 회복이 쉽지 않아 보인다.

프리캐리아는 개방적 자유 시장에 대한 비전과 함께 시작된 세계 자본주의의 초기 단계인 1980년대에 등장했다. 그 배경에는 세계 노동 시장에 20억 명에 달하는 노동자를 공급한 중국과 신흥국들이 있다. 이들의 임금은 OECD(경제협력개발기구) 회원국 노동자의 5분의 1 수준이었다. 신흥국 노동자들의 생산성이 급성장하면서 OECD 회원국 노동자들의 임금은 하향 압력을 받아왔다. 가이 스탠딩Guy Standing(2011/2014)은 이로 인해 노동 유연성이 강화되고 정보 통신 기술의 혁명적 발전도 가능해졌지만 생산 및 고용 비용이 가장 낮은 곳으로 재분배되는 일도 가능하게 되었다고 한다. 국가 위에 세계적 차원의 계급 구조가 중첩되는 현상이 발생하게 됐다는 것이다. 스탠딩은 프리캐리아가 사회적으로 최하 계층은 아니지만, 세계 자본주의가 필요로 하는 노동

12 프리캐리아는 불안정하다는 의미의 '프리캐리어스precarious'와 마르크스가 제시한 사회주의 혁명을 주도하는 '프롤레타리아proletariat'를 합성한 용어로 불안한 노동자라고도 한다.

력의 핵심적 특징을 가지고 있다고 주장한다. 그는 프리캐리아를 크게 세 가지 차원으로 정의한다. 첫째, 프리캐리아는 '생산'과의 관계가 독특하다. 물론 역사적으로 항상 불안정한 노동자들이 존재해 왔다. 또 프리캐리아보다 더 비자발적인 파트타임 근무도 있다. 이 밖에 단기 계약자, 고용주가 부를 때만 일할 수 있는 제로아워 계약zero-hours contract자, 인턴, 그리고 우버 운전자처럼 일반인을 모아 기업화한 컨시어지 경제concierge economy 등 잡다한 형태의 노동이 있다. 그러나 더욱 중요한 점은 프리캐리아는 직업적 정체성이 없다는 사실이라고 스탠딩은 지적한다. 이로 인해 프리캐리아에 속하는 노동자들은 실존적인 불안정에 시달린다. 많은 사람이 높은 수준의 교육을 받고서도 기대보다 못한 직업을 갖게 되는 일이 발생한 것은 역사상 처음이라는 것이다. 프리캐리아는 사람들로부터 인정받지 못하거나, 보수를 받지 못하는 근무를 많이 해야만 한다. 일터 밖에서, 근무 시간 이외에도 착취당한다. 즉 프리캐리아는 스스로 시간을 통제할 수 없다는 느낌을 갖게 된다. 둘째, 프리캐리아는 수입 구조 측면에서 보면 '분배'와의 관계가 독특하다. 프리캐리아는 대부분 현금으로 지급되는 임금에만 의존한다. 노동조합원에게만 부여하는 갖가지 이득은 얻지 못한다. OECD 국가 대부분에서 지난 30년 동안 실질 임금은 정체되어 왔기 때문에 프리캐리아의 실질 임금도 하락했다. 프리캐리아가 사회에서 상향 이동하는 가능성은 줄어들고 하향 이동하는 위험성은 커지고 있다. 게다가 프리캐리아는 빚더미에 시달리고 있다. 수입이 불안정하고 자주 변하기 때문에 이들은 늘 감당할 수 없는 빚을 내야 하는 위험에 노출되어 있다. 프리캐리아는 가난의 함정에 점점 더 깊이 빠져들어 벗어날 수 없게 된다. 당장 돈을 벌어야 한다는 압박에 시달리게 되므로 더 좋은 직장을 구하는 일을 포기한다. 결국 프리캐리아는 경제적 불확실성 속에서 살아가고 있으며, 만성적으로 감당할 수 없는 빚을 지고 살아가며, 사소한 충격이나 질병 때문에 최하 계층으로 전락하여 지탄받거나 조기 사망하는 경우도 있다. 셋째, 프리캐리아는 '국가'와의 관계가 독특하다. 프리캐리아는 역사상 처음으로 문화적·시민적·사회적·경제적·정치적 기득권을 상실하는 계급으로 선의와 자선을 구하고, 권위를 가진 인물들에게 아부하고 간청하는 인격모독을 경험하는 일을 하기도 한다(우태영, 2020. 6. 29). 심지어 인간의 노동을 대체하는 AI와 자동화 시스템을 도입하면서, 자본과 노동의 양극화는 문화제국주의 사회 상식처럼 받아들여지고 있다.

3. 신문화제국주의 시대 기수들

2000년 이후 인터넷 기반의 플랫폼 사업자들이 글로벌 미디어 강자로 등장하면서 기존 미디어 산업의 융합도 속도를 냈다. 포털과 모바일 시장에서 새로운 플랫폼 기반의 기업들이 콘텐츠 공급자로서 위상을 높였고, 시장 경제 사회에서 플랫폼은 기업의 제품을 판매하기 위한 수단으로서만 존재하는 것이 아니라 소비자와의 의사소통을 통해 그들의 취향을 파악하고, 제품의 유용성을 평가하며, 개발자와 활기차고 역동적인 생태계를 구축하는 도구이자 장소가 되었다. 미디어 생태계의 근본을 흔들고 있는 대표 플랫폼 기업은 구글Google, 애플Apple, 페이스북Facebook, 아마존Amazon이며 줄여서 GAFA로 부른다. 이들은 차별화된 플랫폼 비즈니스 모델을 구축한 글로벌 빅테크로 디지털 경제 사회의 기수[13]다(Galloway, 2015. 1. 20).

코로나19 중에도 성장하며 수익을 낸 GAFA는 스마트폰(애플), 검색 · 유튜브(구글), 페이스북 · 인스타그램(메타), 전자상거래 · 클라우드(아마존) 각 영역에서 전 세계 정보기술(IT) 시장을 장악했고, 2021년 GAFA의 매출액은 1조 2,112억 달러(약 1,452조 원)로 글로벌 GDP의 1%를 넘었고,[14] 세계 경제 14위인 스페인의 GDP(1조 2,804억 달러)와 거의 비슷하며, 세계 경제 규모 10위 한국(1조 6,382억 달러) GDP의 73%에 해당하는 규모가 됐다. GAFA는 미국 내에서도 독점적 지위가 커졌는데 2017년 국가 GDP의 2.9%를 차지했지만, 2021년 5.3%로 2배가 가까이 증가했다. 이에 2021년 6월 미국 하원은 '플랫폼 독점 종식법Ending Platform Monopolies Act'을 초당적으로 발의한 후 법제사법위원회를 통과시

13 기수란 기를 들고 신호하는 일을 맡은 사람旗手 또는 경마에서 말을 타는 사람騎手이란 뜻을 가지고 있어 GAFA가 빅테크 시장의 혁신 기업 리더이면서 거대 자본과 인재를 흡수하는 거인 기업으로 플랫폼 제국의 기수라는 뜻도 담고 있다.

14 2017년 0.7%에 불과하던 GAFA의 글로벌 GDP 비중이 2020년 1.1%, 2021년 1.3%로 증가했다.

켜 거대 플랫폼을 규제하기로 했다. 소수의 플랫폼 사업자가 자사에 유리하고 경쟁사에 불리하게 행동하지 못하도록 정부가 개입한다는 것인데, 첨단 과학 기술을 바탕으로 혁신적이고 창의적 경영을 먼저 시도하려는 GAFA의 특성을 고려할 때 독점을 종식하고 공정한 기회와 경쟁을 보장할 수 있을 것인가에 대해서는 논란이 많다.

21세기 플랫폼 경제의 시대 기수가 된 이들은 어떻게 정보통신 과학 기술 중심의 문화산업까지 제패하게 되었을까. 전통적인 거대 미디어 기업들이 규모의 공급 경제로, 수직적, 수평적 통합으로 시장 지배력을 높였다면, 오늘날의 신흥 글로벌 미디어 기업들은 '수요 측 규모의 경제demand-side economies of scale'(이한영, 2016: 116)를 추구하면서, 네트워크 효과를 구가하는 추세다. 플랫폼 사업에서 네트워크 효과는 기존의 가격 효과, 브랜드 효과와는 다르며, 자유로운 진입과 확장성을 바탕으로 가치 구축의 능력을 극대화시키고 있다(Simon, 2013: 74~78). 네트워크 효과는 임계질량critical mass이라 불리는 일정한 가입 비율이 달성된 후에 유의미하게 되는데 소셜 네트워킹 웹 사이트가 그 대표 사례다. 그 원리는 사이트(플랫폼)에 더 많은 사람이 등록할수록 그 웹 사이트는 더욱 유용해진다(Bertrand, 2011). 결국 인터넷 시대에 수요 측면에서 기업 가치는 물리적 인프라나 자본, 인적 자원 등에 있다기보다는 플랫폼에서 활동하는 커뮤니티의 네트워크 효과에서 나오며, 참여자를 위한 가치 창출 활동이 원활한 플랫폼 설계와 운영에 달려 있다는 것이다.

GAFA의 플랫폼 비즈니스에서 나타난 공통점을 살펴보면 다음과 같다. 첫째, GAFA는 독자적 OS 혹은 API를 개발해 운영하고 있으며, 둘째, 미래 혁신 사업으로 주목받는 신규 사업에 공격적으로 투자할 뿐만 아니라, 서비스를 간소화시키고 통합하는 방식으로 혁신을 제도화하는 경향이 있다. 이는 최근 GAFA가 4차 산업 혁명의 핵심 기술로 주목받는 AI, VR을 활용한 미래 산업 시장을 선점하기 위한 전략으로 볼 수 있다. 셋째, GAFA는 기존의 미디어 시장이 구축한 콘텐츠와 서비스 시장을 자사의 온라인 플랫폼으로 확장시키는 데 집중하고 있다. 넷째, 사용자의 경험(정보)을 빅 데이터로 중요하게 활용하는 GAFA는 수용자가 수익 모델 및 운영에 참여할 수 있도록 하면서 동시에 사용자들로 하여금 높은 충성도를 보이도록 지속적인 신제품 개발과 서비스로 유인하고 있다. GAFA의 공통적인 플랫폼 구성 요소는 시장 지배력을 높여 주고, 락인lock-in 현상의 토대를 제공하는 요소이며 플랫폼 비즈니스에서 네트워크 효과를 발생시키는 요인이다. 구글의 경우, 사용자 수와 참여 개발자 수가 증가하면서 네트워크 효과의 가장 큰 수혜자가 되었다. 인터넷 소프트웨어 기준이 더욱 개방적이 되면서 검색 시장을 리드하는 구글은 광고 수입 면에서 '승자 독식winner takes all'의 입지를 보이고 있다. 구글의 네트워크 효과는 사용자가 웹과 모바일에서 검색하면 할수록 머신러닝을 통해 사용자에게는 최적의 검색 결과를 제공하고, 광고주와 퍼블리셔에게는 광고 시스템의 효율성을 제공해 준다(Lohr, 2008. 7. 7). 플랫폼 사용자의 참여가 학습되는 것이 구글의

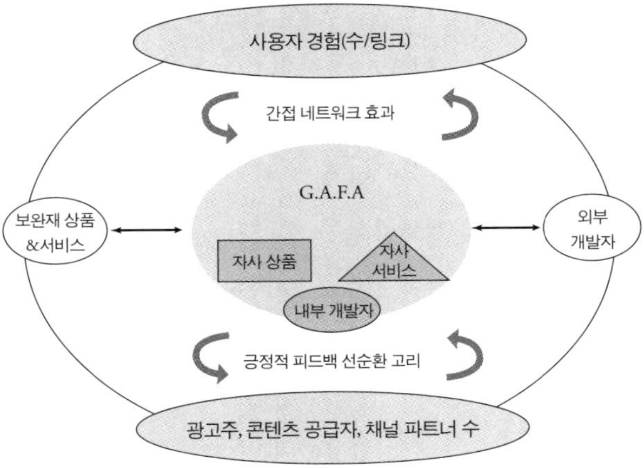

그림 1 GAFA의 다면 네트워크 효과와 지속적 유인 구조

출처: 설진아 · 최은경, 2018: 130.

가장 큰 기술적 장점 중 하나로 이러한 장점은 사용자들의 '경험 효과experience effects'를 제공함으로써 사용자와 광고주 등이 플랫폼 내에 지속적으로 머물게 하는 유인형 네트워크 효과를 발휘하게 한다(설진아 · 최은경, 2018: 126~127).

GAFA 플랫폼에 연결된 제품과 서비스 수의 증가는 소비자 유익과 생산자의 효율성을 증대시키는 간접 네트워크 효과를 발생시키고 있다. 전자상거래 플랫폼에서 출발한 아마존의 경우는 미국에서 전자상거래 소매업을 가장 선도할 뿐만 아니라, 기본적인 사용자 구매 데이터부터 에코를 통한 생활 습관 데이터, 클라우드 서비스를 통한 웹 로그 등 온갖 데이터를 수집해(Galloway, 2017), 소비자 및 판매자에게 유용한 직간접적인 네트워크 효과를 제공한다. 아마존은 특히 플랫폼 이용자가 다양한 서비스(도서, 전자책, 음악, 영화, 게임, 쇼핑 등)를 이용할수록 이익을 보는 간접 네트워크 효과를 획득하고 있다. 아마존 플랫폼의 경우, 쇼핑 공급자 수가 증가하면, 아마존 소비자의 효용이 증가하고 전자책 공급자 수가 증가하면 아마존 소비자의 효용이 증가하며, 게임 공급자 수가 증가하면 아마존 소비자의 효용 역시 증가하는 다면적인 간접 네트워크 효과가 발생한다(강정수, 2015: 65). 그러나 플랫폼 사업자들의 네트워크 효과는 단순히 사용자 수를 많이 확보한다고 해서 자동적으로 발생하지는 않는다. 사용자 수를 늘리는 것만으로는 네트워크 비즈니스는 성공할 수 없다. 이용자가 플랫폼에 머물면서 끊임없이 관계를 맺고 소비하며 자신의 취향과 일상, 나아가 생각까지 공유하면서 사업자들에게 기꺼이 필요한 '데이터'가 되어 줘야 가능하다. 포털 사이트에 접속한 모든 이용자가 동일한 콘텐츠를 소비했던 과거와 달리 지금은 포털 사이트가 접속하는 이용자에 따라 다른 콘텐츠와 광고를 전달하면서 개인화되어 자동 검색과 알고리즘 서비스라는 이름으로 감시자본주의surveillance capitalism 시스템에 갇히게 된다. 심지어 다양한 개인 정보를 제공하지 않으면 서비스를 이용할 수 없기 때문에 대부분이 플랫폼 기업에 개인 정보 이용에 쉽게 동의한다(강성호, 2021: 82~83).[15]

15 사람들은 대다수 개인 정보 보호가 중요하다고 생각하지만, 실제 행동은 개인 정보 제공에 매우 관대한데 이와 같이 개인 정보에 대한 사람들의 인식과 행동 사이

기존 이용자가 일탈하지 못하게 플랫폼 내에 묶어 두는 락인 전략은 GAFA에서 공통적으로 나타나는 것으로 시장 지배력을 높이는 데 중요한 핵심 기술과 전략이 되었다. GAFA는 이용자와 개발자들의 경험 데이터를 축적하고 빅 데이터 분석에 활용하면서 생산자는 이용자를 플랫폼에 묶어 두게 되는데, 바로 이와 같은 지속적인 유인형의 네트워크 형식은 쉽게 끊어지지 않고, 훼손되지 않는 강력한 스파이더 웹spider web 형태의 강력한 네트워크 효과를 나타내며 시장을 독점할 수 있다(그림 1을 참조하라).

흥미롭게도 GAFA와 같은 기수들은 계속 등장하고 있다. 중국의 메가테크 산업 기수들로 알려진 바이두Baidu, 알리바바Alibaba, 텐센트Tencent, 화웨이Huawei 일명 BATH는 중국 내 전자상거래, 제조업, SNS, 검색 서비스 산업을 독점하면서 글로벌 시장에도 진출했는데 최근 미국과 무역 전쟁이 시작됐다.[16] 미국과 중국의 신냉전 시대를 우려하며 GAFA와 BATH를 비교한 연구에 따르면 8개사에서 나타난 공통점은 이들 모두 플랫폼을 지향하고 있고, 빅 데이터와 AI의 결합을 추구하며 각 분야에서 디지털

에 괴리가 존재하는 현상을 '프라이버시의 역설Privacy Paradox'이라고 한다(강성호, 2021: 83).

16 "미국 우선주의America First"를 주장했던 도널드 트럼프 전 미국 대통령은 2018년 '불공정 무역 관행' 개선을 이유로 중국에 관세 등 무역 장벽을 세우면서 경제 갈등이 시작됐다. "미국이 돌아왔다America is Back"을 외치며 당선된 조 바이든 미국 대통령은 트럼프 대통령 시절 중국에 부과한 고율 관세를 철폐하는 방안을 검토했지만 최종 결정을 미루며 중국과 패권 경쟁을 하고 있다(VOA, 2022. 9. 8).

트랜스포메이션을 선도하며 고객 경험 관리를 최우선으로 여기고 있다(다나카 미치아키, 2020: 270). 이들은 플랫폼이나 인프라를 구축하기 위해 엄청난 비용과 시간이 필요하지만 성공하면 그 이익이 크고 시장을 독점할 수 있기 때문에 중장기적으로 기수들의 도전은 결국 불가피하다(다나카 미치아키, 2020: 279). 때문에 기수들은 언제라도 변할 수 있다. 미디어 생태계를 바꿀 만큼 세계 미디어 시장에 큰 영향력을 행사하고 있는 온라인 동영상 서비스(OTT) 사업자가 등장하면서 페이스북,[17] 아마존, 애플, 넷플릭스, 구글, 일명 FAANG이 등장했다. 승승장구하던 넷플릭스가 2022년 4월 구독자가 11년 만에 이탈하는 사건이 생기면서 새로운 기수로 PANDA(페이팔, 엔비디아NVIDIA, 디즈니, 알파벳Alphabet[구글의 지주회사]), MANTA가 주목받고 있다(MANTA는 마이크로소프트Microsoft, 애플, 엔비디아, 테슬라Tesla, 알파벳으로 플랫폼, 제조, 인프라, 디지털, 가상과 실물 중심 기술을 모두 가지고 있다).

과학적 데이터와 기술을 바탕으로 국경 없이 모든 이용자를 포섭하고 락인하려는 기업들이 등장하면서 인류가 경험해 보지 못한 새로운 문제들이 등장하고 있다. 예를 들면 유튜버는 철저하게 구독 수로 평가를 받는다. 다양한 창작자와 아티스트가 무한 경쟁을 하기 때문에 영상 콘텐츠를 공유하며 놀이하는 경우보다, 전문 직업으로 인식하며 노동을 하는 이들이 늘고 있다. 뿐

17 2021년 10월 사명을 페이스북에서 메타META로 변경했다.

만 아니라 OTT 시장이 급성장하면서 미디어 산업에서도 정보통신 기술을 활용할 줄 아는 전문 노동가를 필요로 한다.

다음으로 개인 정보와 안보에 대한 문제가 국가 간 분쟁 원인이 되고 있다. 플랫폼에 제공된 이용자의 모든 기록과 생체 정보를 기업이 사용할 수 있는 법적 근거와 범위에 대해 합의하지 못한 상황이라 혹은 합의가 불가능한 상황이라 이것은 경제 갈등을 유발하기도 한다. 트럼프 정부는 미국에서 사업을 하는 중국의 소셜 미디어 틱톡을 두고 미국 국민의 개인 정보 보호와 안보 보호라는 이유로 미국 기업에 매각하라는 행정 명령을 내리기도 했다. 틱톡은 마이크로소프트, 오라클과 매각 협상을 했으나 바이든 행정부가 매각 협상을 중단시켰다. 하지만 미국은 차세대 통신 기술 5G 장비 시장 점유율이 가장 높은 화웨이에 대해 '화웨이 금지Hwawei Ban' 정책을 고수하면서 플랫폼 패권 경쟁을 하고 있다. 21세기 미국과 중국의 플랫폼 전쟁을 예고하는 전문가들은 글로벌 경제를 정치politics, 경제economy, 사회society, 기술technology 분야를 동시에 전략 분석하는 PEST에 주목하고 있다. 즉 미·중 경쟁 구도는 '군사, 안전 보장을 포함하는 국력의 대결'로 정치 문제이고, '미국식 자본주의와 중국식 자본주의의 대결'은 경제 이슈다. '자유와 통제를 둘러싼 가치관의 대결'은 사회 체제에 대한 대립이며, '과학 기술 패권의 대결'은 기술 분야에 대한 이슈로 21세기 산업의 핵심 중 핵심이라 재차 강조해도 지나치지 않는다(다나카 미치아키, 2020: 288~289). 이 밖에도 인류는 대체 노동과 일자리, 데이터 노동과 소득, 데이터 주권과 재산권, 네트워크 소득에 대한 세금, 로봇세, 저성장과 불평등의 심화, 소유권과 혁신의 딜레마 같은 문제들은 이제 논의가 시작되었다. 뿐만 아니라 문화산업이 플랫폼 경제에 포섭되면서 예상하지 못한 성과와 문제를 발생시키고 있어 신문화제국주의 시대 정치와 경제 그리고 사회와 문화에 대한 연구는 새로운 시작이 필요해 보인다.

4. 기술 과학과 문화산업 자본의 미래

1960년을 전후로 미국의 제3 세계 전략은 쿠바 혁명(1959), 남베트남의 무장 투쟁, 한국의 4·19 같은 민족 운동에 의해 새로운 구상이 필요했다. 미국은 핵무기 독점만으로는 공산주의와 제3 세계를 지배할 수 없다고 판단해 '위대한 구상Grand Design'이라는 미국식 문화제국주의 전략을 만들었다. 예를 들면 제3 세계 지역의 폭동을 예방하고 비공산주의식 발전의 길로 이끌고 유도하는 다양한 방법을 모색한 것이다. 제3 세계의 지역 문제를 중시하면서, 군사적 전략과 경제적 근대화를 추진하고, 공산주의 확산과 제3 세계 민족주의에 대처하는 새로운 이념을 확산하는 데 노력을 기울였다. 특히 제3 세계 반공 근대화의 주체로서 군부와 지식인 엘리트를 양성하고 지원해 가며 부각시켰다.[18] 그런 연

18 미국의 케네디 정부는 경제학자이자 케네디 대통령 특별 보좌관을 지낸 월트 로스토 교수의 '경제 발전 근대화 이론'을 적극 수용해 세계 전략을 수정했는데, 핵

유로 지역학에 관련된 많은 사회과학자들과 아시아 학자들이 미국 카네기재단에서 지원받아 연구를 했고, 정부 고문으로 위촉 활동했다. 당시 한국의 5·16 쿠데타와 그 후의 군사 정권은 케네디 정권의 새로운 대외 전략과 월트 로스토Walt Rostow의 근대화론에 충실히 부합했다고 한다. 이처럼 미국의 대학 교수들과 학자들은 한국의 정치, 경제, 외교, 국방에 깊이 관여했고, 한국이 일본 독점 자본의 한국 진출과 월남 파병을 수용하도록 설득했다. 결국 한국의 근대화는 자립적 민족 경제를 건설하지 못하고 미국의 치밀한 문화제국주의와 일본의 자본주의 체제에 종속되었고 독점이 강화되는 것을 받아들일 수밖에 없었다(김정현, 1991: 179~183). 결과적으로 한국은 반세기 만에 폭발적으로 압축해 경제를 성장시켰고, 세계 수출 강국으로 도약해 한강의 기적을 이룬 명실공히 선진국 그룹의 일원이 됐다. 미국의 문화제국주의와 신자유주의 세계화가 국가 경제 발전에 얼마나 중요한 것인지 20세기 동안 몸소 체험했기 때문에 비록 미국의 문화제국주의가 국내 경제와 정치를 조정할 뚜렷한 목적이 있다고 해도 우리는 이것을 끝까지 거부하거나 저항하며 패권을 갖기 힘들었다. 물론 우리나라는 미국의 종속국 또는 산업 하청국으로 전락한 제3 세

심 내용은 지역학과 같은 사회과학은 반폭동 전략을 수행하는 데 핵무기 못지 않게 중요하기 때문에, 한 나라의 문화, 정치, 경제적 측면에 대한 사회과학 연구는 군사 계획에 기본적인 공헌을 제공하며, 폭동과 분쟁 대응력을 기르는 데 반드시 필요하다는 것이다.

계와 분명 다르다. 2021년 제46대 미국 대통령으로 취임한 조 바이든은 한미 정상회담 뒤 공동 기자 회견에서 반도체, 전기차 배터리 같은 미래 산업 발전 기술을 가지고 있는 한국 기업이 미국에 투자를 결정한 것에 대해 감사를 표시했다(선담은, 2021. 5. 22). 삼성, LG, SK, 현대차 같은 한국 기업이 미국에 진출해 일자리를 창출하며 도움을 줄 수 있기 때문이다. 미국의 이례적 행보는 동맹국 연대 전략일 수 있고, 중국의 '기술굴기'를 견제하기 위한 전술일 수도 있다. 하지만 우리는 21세기 기술 과학 중심의 문화산업이 미래 사회를 좌우하는 4차 산업의 시대를 맞이했다. 사물인터넷(IoT), 인공 지능, 로봇 기술, 생명과학, 빅 데이터, 블록체인 같은 3차 산업 혁명을 주도한 ICT 기반 기술 융합과 첨단 정보 통신 기술이 경제와 문화·사회 및 일상에 깊이 파고든 세상을 살고 있다.

코로나19 팬데믹으로 예상보다 빠르게 확산되고 정착한 비대면 소통 방식과 소비 경제는 개인의 일상을 점령해 버렸다. 매일 아침 등교하던 학생과 출근하던 직장인은 집과 개인 공간에서 공부를 하고 일을 하고 있으며, 동네 골목 맛집부터 카페까지 주문하면 모두 집 앞까지 배달된다. 한국의 플랫폼 서비스는 너무도 다양하고, 플랫폼을 이용할 수 있는 인터넷 환경은 세계에서 손에 꼽는다. 코로나 이전 한국인의 하루 평균 스마트폰 앱 사용 시간은 세계에서 1위로, 가장 오래 사용하는 앱은 유튜브, 카카오톡, 네이버, 다음, 인스타그램, 페이스북, 네이버 웹툰, 카카오 페이지, 틱톡, 넷플릭스 같은 온라인 플랫폼의 서비스였다(손경호, 2017. 5. 10; 〈동아일보〉, 2020. 11. 3). 코로나19로 쿠팡, 11번가, G마켓 같은 온라인 쇼핑이 증가했다. 특히 온라인 음식 배달 플랫폼 이용이 급증했는데 2020년 팬데믹 1년 동안 모바일 음식 서비스 거래액이 16조 원을 훌쩍 넘었다고 한다(〈뉴시스〉, 2021. 2. 22). 2019년 9조가 넘었던 것과 비교할 때 코로나19로 시장은 예측조차 불가능할 정도로 크고 강력한 기술 의존 환경으로 변했고, 우리 일상은 기술과 시스템에 락인되어 편리함에 모든 걸 맡긴 듯하다. GAFA와 같은 플랫폼 기업과 이들의 혁신 전략을 그대로 따라 하고 있는 한국의 유니콘 기업의 신규 서비스에 이용자는 쉽게 빨려들고 있다. 그런데 플랫폼 기업들은 직접 생산할 공장과 생산품이 하나 없이도 생산자와 소비자를 연결시켜 수익을 내는데, 이런 기업은 성장할수록 건당 수수료로 노동의 대가를 지급하는 단기 계약 노동자를 더 많이 고용한다(장지연, 2020). 우버, 카카오택시, 청소연구소, 배민라이더스 등 노동 시간과 실적에 따라 현금으로 바로 지급하는 인스턴트 급여 체계를 가지고 있는 플랫폼 기업들은 긱 경제Gig economy를 부추기며 노동자의 자율성을 보장한다며 시간제 비정규직 노동을 포장하기도 한다(HS Adzine, 2019. 10. 29). 플랫폼 노동자는 불안정한 고용 시장에서 시간과 노동을 언제든 착취당할 수 있고, 노동자의 복지나 권리 보호를 기대할 수 없는 상황에 처하게 된다. 부작용과 문제적 징후들이 이미 곳곳에서 나타나고 있다. 열악한 현장에 방치된 노동자들이 과로로 사망하거나 불안정한 고용으로 결혼과 출산을 계획하기 힘든 사람들이 늘고 있기 때문이다.

과거 문화제국주의 담론이 국가 간 정치와 경제 문화와 사회 변동같이 보이지 않는 힘의 지배와 종속을 고찰했다면, 시나브로 일상 깊이 스며든 기술 과학의 편리함과 온라인 플랫폼의 절대적 지배력에 길들여진 현대인이 문화제국주의를 비판적으로 이해한다는 것은 여간 어색하고 어려운 일이 아니다. 이용자가, 소비자가, 시민이 할 수 있는 역할이 없기 때문이라는 무기력함과 냉소가 복합적으로 작용하는 것일 수 있다. 또는 우리가 미국의 문화 식민지였다는 콤플렉스를 K문화 상품의 성공으로 일부 극복했다고 생각할 수도 있다. 젊은 세대는 특히 기성세대처럼 미국산 문화 상품으로 한국 것을 비교하며 깎아내리지도 않는다. 하지만 신문화제국주의가 가지고 온 화려한 편리함과 효율성의 멋에 취하기 전에 원점에서 질문을 해야 할 것 같다. 문화제국주의는 과거에만 존재할 뿐 더 이상 존재하지 않는가? 기술 과학 중심의 문화산업을 독점하고 있는 미국의 소수 플랫폼 기업들은 전통 문화제국주의적 전략을 포기했을까? 수많은 노동자와 영세 상인을 부리고 있는 이들은 세계 시민을 위해 정의로운 자본이 될 수 있을까? 친환경 첨단 미래 산업에 끊임없이 투자하고 개발해야 하는 한국은 21세기에도 어깨가 무거워 보인다. 무한한 성장 경쟁을 미덕으로 알고 앞만 보고 달려온 우리 안에는 제국의 잔재와 제국을 극복한 영광이 동시에 존재하기 때문이다.

참고 문헌

강성호 (2021).《플랫폼 경제와 공짜점심》. 미디어숲.

강정수 (2015). 세계 디지털 경제혁명과 한국 경제의 디지털 포석, 디지털사회연구소 자료집.

강준만 (1991). 한국의 대중매체와 문화제국주의. 〈월간말〉, 2, pp. 88～95.

김나은 (2022. 5. 11). 고유가 · 고물가시대...에너지주, 새로운 'FANNG'으로 뜬다. https://www.etoday.co.kr/news/view/2132523

곽민서 (2021. 3. 15). 한국경제, 코로나 국면서 세계 10위 탈환… 첫 9위도 가능?. 〈연합뉴스〉.

김승수 (2008). 문화제국주의 변동에 관한 고찰, 〈한국방송학보〉, 22(3), pp.51～85.

김예랑 (2021. 1. 19). 美 사로잡은 한국 할머니… 영화 '미나리' 윤여정, 13관왕. 〈한국경제〉.

김정현 (1991). 5 · 16 30년 특별기획 60년대 근대화노선 미국의 문화제국주의와 한국지식인. 〈역사비평〉, pp.178～190.

길윤형 (2021. 7. 4). UNCTAD, 한국 지위 '개도국→선진국' 변경… 57년 역사상 처음. 〈한겨레〉.

나현준 (2022. 2. 19). GAFA 매출액, 전세계 1% 돌파했다[나기자의 통계로 세상 읽기] 〈매경프리미엄〉. https://www.mk.co.kr/premium/special-report/view/2022/02/31537/

〈뉴시스〉 (2021. 2. 22). 코로나에 배달음식시장 호황… 작년 17조 달해.

〈동아일보〉 (2020. 11. 3). 한국인 가장 오래 쓰는 앱은 '유튜브'… 2위 카톡 · 3위 네이버.

다나카 미치아키 (2020). *GAFA & BATH*. 정승욱 옮김.《미중 플랫폼 전쟁》 세종.

〈문화일보〉(2021. 5. 3). "쿨하고 힙하다"… K-할머니 신드롬.

문화체육관광부 (2019). 〈콘텐츠산업 통계조사〉. https://www.korea.kr/news/policyNewsView.do?newsId=148872537

문화체육관광부 (2020. 9. 24). 디지털 뉴딜 문화콘텐츠산업 성장 전략 발표. https://eiec.kdi.re.kr/policy/materialView.do?num=205451&topic=

선담은 (2021. 5. 22). 바이든, "한국 기업 대표들 일어나달라"… 44조 원 대미 투자에 '반색'. 〈한겨레〉.

설진아 · 최은경 (2018). GAFA의 플랫폼 전략과 네트워크 효과 유형 분석. 〈방송통신연구〉, 통권 120호. pp.104～140

신수지 (2022.2.17). FAANG 시대 저물고 MANTA 시대 달려온다. 〈조선일보〉. https://www.chosun.com/economy/mint/2022/02/17/

L2DYVJLGZRDUJPRKRZHYYV4OQQ/
심광현 (2004). 문화사회를 위한 문화 개념의 재구성. 〈문화과학〉, 38호, pp.52~79.
손경호 (2017. 5. 10). 한국인 하루 모바일앱 사용시간 200분… 전 세계 1위. 〈ZDNetKorea〉.
HS Adzine, (2019. 10. 29). 직장이 사라진다?! 새로운 고용시장, 긱 이코노미. https://blog.hsad.co.kr/2808
우태영 (2020. 6. 29). 코로나19 사태로 드러난 '프리캐리아'는 누구?. 〈주간조선〉.
이경철 · 이상우 (2009). 보호되어야 할 문화의 정체성에 대한 고찰. 〈한국방송학보〉, 23(4), pp.128~163.
이한영 (2016). 《너 이런 경제법칙 알아?》. 21세기북스.
임동욱 (2006). 문화시장 개방의 정치경제학. 〈한국언론정보학보〉, 8, pp.114~146.
임동욱 (2009). 문화제국주의의 비판적 고찰: 단선적 문화제국주의에서 역동적인 국제적 문화 유동으로. <한국언론정보학보>. 2009. 45호. pp.151~186.
임현진 (1987). 《현대한국과 종속이론》. 서울대학교 출판부.
장시복 (2012). 세계자본주의의 불균등발전과 초국적 자본가계급의 구성. 〈마르크스주의 연구〉, 9(2), pp.12~38.
장지연 (2020). 플랫폼 노동 현장에 어떻게 대응할 것인가? 〈열린정책〉. 통권 5.
전범수 (2007). 글로벌 미디어 기업의 해외시장 진입 전략구조와 변화. 2007'미디어 경제와 문화'특별세미나. 서울 프레스센터.
조재영 (2020. 2. 10). '기생충' 작품상까지 4관왕… 92년 오스카 역사 새로 썼다(종합). 〈연합뉴스〉.
한광덕 (2022. 4. 22). 주가 35% 폭락 '넷플릭스 쇼크'…성장주 과신에 대한 경고등. 〈한겨레〉. https://www.hani.co.kr/arti/economy/finance/1039896.html
〈한겨레〉 (2021. 7. 4). [사설] 한국 '선진국 지위' 격상, 국제사회 책임도 커졌다.
한국무역협회 (2021. 1. 12). 한국 1인당 국민소득, G7 이탈리아 앞선 듯… 경제규모 세계 10위로↑.
〈한경비즈니스〉 (2018. 1. 9). 넷플릭스 · 유튜브의 '진격'… 초대형 M&A로 대응 나선 디즈니.
한국국제문화교류진흥원 (2021. 1. 28). '2021년 해외 한류 실태 조사(2020년 기준)' 코로나 시대 한국 문화콘텐츠 소비 늘었다… 방탄소년단 · '기생충' 가장 선호. 〈뉴스핌〉.
〈한국일보〉(2021. 5. 31). 소비자에게 찍히면 회사 접을 수도… '불매운동'에 떠는 유통가.
한수경 (2011). 세계화(지구화) 이론의 모순. 〈정치와공론〉 8권0호. pp.121~160.

행정안전부 국가기록원 (2006). 일본 대중문화 개방. https://www.archives.go.kr/next/search/listSubjectDescription.do?id=003027&sitePage=
최은경 (2014). 《글로벌 미디어와 문화경계》. 커뮤니케이션북스.

Ampere analysis Ltd. (2019). The UK VoD market: current status and future developments. p.7.
Appadurai, A. (1996) *Modernity at Large: Cultural Dimensions of Globalization*. Minneapolis, MN: University of Minnesota Press.
Barker, C. (1999). *Television, Globalization and Cultural Identities*. Buckingham: Open University Press.
Barone, C. A. (1985). *Marxist Thought on Imperialism*. Macmillan.
Bertrand, B. (2011). The development of social media: Proposal for a diffusion model incorporating network externalities in a competitive environment, *Recheche et Allplcations en Marketing-English Version*, 26(3), pp.7~22.
Bhabha, H. K. (1994). *The location of culture*. London: Routledge.
Bonvin, J. (1997). Globalisation and Linkages: Challenges for Development Policy, *OECD Development Centre Special Section*. London: Sage Publications.
Deloitte (2017). Media Metrics: The State of UK media and entertainment.
Fortner, R. S. (1993). *International Communication. History, Conflict and Control of the Global Metropolis*. Belmont: Wadsworth Publishing Company.
Galloway, S. (2015, 1, 20). The Four Horsemen: Amazon/Apple/Facebook & Google-Who Wins/Loses. URL: https://www.youtube.com/watch?v=XCvwCcEP74Q
Giddens, Anthony (2000). *The Third Way and its Critic*. [박찬욱 옮김. 《제3의 길과 그 비판자들》. 생각의나무. 2002].
Gilpin, Robert (1987). *The Political Economy of International Relations*. New Jersey: Princeton University Press.
Gilpin, Robert (2000). *The Challenge of Global Capitalism: The world economy in the 21stcentury*. New Jersey: Princeton University Press.
Gilpin, Robert (2001). *Global Political Economy. Understanding the International Economy Order*. New Jersey: Princeton University Press.
Hall, S. (1991). The Local and the Global: Globalization and Tthnicity. A King (ed.). *Culture, Globalization and the World-System*. Houndmills and London: Macmillan.

Hamelink. C. J. (1983). *Cultural Autonomy in Global Communication*. New York & London: Longman.

Hardt, A. & A. Negri (2000). *Empire*. Harvard University Press. [윤수종 옮김. 《제국》. 이학사. 2001].

Hepp, Andreas (2006). *Transkulturelle Kommunikation*. Konstanz.

Hepp, Andreas (2012). Mediatization and the 'molding force' of the media. *the journal Communications*.

ILO (2016). Global Wage Report 2016/17.

Lohr, S. (2008. 7. 7). Google, the new master of network effects. *The New York Tiems*. URL: www.nytimes.com/2008/07/07/technology/07iht-o7google.14282611.html

Miller, Toby (2008). Chapter 5. Anti-Americanism and Popular Culture, Richard Higgott & Ivona Malbasic. *The Political Consequences of Anti-Americanism*. Routledge.

Ohmae, Kenichi (1992). *Die neue Logik der Weltwirtschaft*. Hamburg.

International Labour Organization (2016). Global Wage Report 2016/17: Wage inequality in the workplace. https://www.ilo.org/global/research/global-reports/global-wage-report/2016/WCMS_537846/lang--en/index.htm

Perraton, J., Goldblatt, D., McGrew, A. (1998). "Die Globalisierung der Wirtschaft". In *Politik der Globalisierung*. U. Beck (Hrsg.), Frankfurt/Main: Suhrkamp, pp.134～168.

Pieterse, J. A. N. (1994). Globalization as Hybridization. In *International Sociology*, 9: 2.

Ritzer, G. (1993). *The McDonaldization of Society*. Sage Publications, Inc.

Robertson, Roland. (1992). *Globalization. Social Theory and Global Culture*. London, Thousand Oaks & New Delhi.

Schiller, Herbert I. (1996). *Information Inequality*. [김동춘 엮음. 《정보 불평등》. 민음사. 2001].

Standing, Guy (2011). *Precariat: The New dangerous class*. Bloomsbury. [김태호 옮김. 《프레카리아트: 새로운 위험한 계급》. 박종철출판사. 2014].

Miller, Toby & Maxwell, Richard M. (2005). 42-43 edited by Oliver Boyd-Barrett *Communications Media Globalization and Empire*. British Library.

Tomlinson, J. B. (1991). *Cultural imperialism : A critical introduction*. [강대인 옮김, 《문화제국주의》. 나남출판. 1994].

Tunstall, J. (1977). *The Media are American*. Columbia University Press.

Tunstall, J. (2007). *The media were American : US Mass Media in Decline*. Oxford University Press.

UNCTAD (2010). World Investment Report 2010.

Wallerstein, Immanuel (1979). The Capitalist World-Economy. New York and London: Cambridge University Press.

Wallerstein, I. (1986). *Cultural Imperialism*. [배손근 옮김. 《역사적 체제로서의 자본주의: 세계체제의 정치경제학》. 나남. 1986].

Wallerstein, I. (1990). Culture as the Ideological Battleground of the Modern World-System. M. Featherstone (ed.). *Global Culture, Nationalism, Globalization and Modernity*. London Newbury Park and Delhi : Sage.

Wallerstein, I. (1991). The National and the Universal : Can there be such a thing as world culture?. A. King (ed.). *Culture, Globalization and the World System*. Houndmills and London : Macmillan.

Warnier, Jean-Pierre (1999). *La mondialisatian de la culture*. [주형일 옮김. 《문화의 세계화》. 한울. 2000].

Wayne, M. (2003). *Marxism and Media Studies*. Pluto Press.

https://pressgazette.co.uk/uk-biggest-media-companies-revealed-top-50-ranking/

https://www.sky.com/

https://www.value.today/top-companies/top-media-companies-uk

https://www.voakorea.com/a/6736704.html

3장

커뮤니케이션 정치경제학의 개념적 기초를 위하여

서명준

* 이 글은 '한국방송학회 – 현대홈쇼핑 2020년도 신진학자 연구 지원 사업'의 지원을 받아 작성되었습니다.

> 문화의 경제적 형성(과정)이 아닌 문화 속에 있는 경제의 표현이 제시되어야 한다. 다시 말해, 문제는 아케이드의 모든 생활 현상이 발현되는 명백한 원형의 현상으로서의 경제적 과정을 파악하는 것이다.
>
> – 발터 벤야민Water Benjamin

'개념'이 연구자의 사회경제적 입장과 관련된 '진리관'에서 나오는 것이고 과학적 패러다임의 흥망성쇠도 사회경제적 국면과 맞물려 나타나는 현상이라고 전제한다면, 커뮤니케이션 정치경제학Politische Ökonomie der Kommunikation/political economy of communication의 경우도 그러할 것이다. 우선 커뮤니케이션 정치경제학은 자본주의 시장 경제와 이로부터 도출되는 사회 시스템의 발달에 따라 등장한 정치경제학과 맞물려 발달했다. 무엇보다 2차 세계 대전 이후 자본주의와 사회주의 냉전 체제가 이어지면서 나타난 서구 독점 자본에서 형성된 '커뮤니케이션 자본'을 개념적으로 파악하며 분석하기 위한 과학적 시도들이 나타났다(Prokop, 2000). 이것이 학문적 패러다임으로 성장한 결과 커뮤니케이션 정치경제학이라는 학문을 낳았다고 할 수 있다.

일반적으로 커뮤니케이션 정치경제학자들은 커뮤니케이션 개념이, 개인의 욕망이 아니라 인간의 물질적 조건인 노동에서 도출될 때 과학이 된다는 마르크스적 관점을 견지한다. 모든 지배에 대한 비판으로서의 마르크스의 비판은 커뮤니케이션 정치경제학을 다루는 이론가들에게 상당한 영향을 끼쳤다는 점에는 큰 이견이 없을 것이다.

직접적으로는 마르크스가 언론과 저널리즘에 대하여, 또, 커뮤니케이션과 세계화의 관계나 지식의 역할, 나아가 네트워크 사회 등에 대해서도 사유한 흔적을 볼 수 있다. 가령, 그는 언론을 두고 "공적 감시자이자 권력자에 대한 지칠 줄 모르는 밀고자"(MEW 6, 231)라고 하면서, "억압받는 자의 편에 서는 것이며, 기존 정세의 모든 기초를 뒤흔드는 것"(MEW 6, 234)이 언론의 의무라고 일갈했다. 자본의 세계화 과정에서 나타나는 커뮤니케이션 현상에 대해서는 "커뮤니케이션 도구를 통한 시공간의 압축"(MEW 16, 127)이라고 분석하면서 이 분야에 대한 사유의 단초를 보여 준다. 《정치경제학 비판 요강》에서는 "일반 지식"(MEW 42, 602)에 대해 고찰하면서 지식 경제의 가능성을 예측하고 있기도 하다. 한편, 슬라보예 지젝Slavoj Zizek은 "레닌이 월드 와이드 웹의 역할에 대한 이론을 개진한 것"이라고 말하지만(Zizek, 2002), 그러한 인터넷 미디어 현상에 대한 사유의 단초는 사실 마르크스에게서 나타난다. 그는 "각 개인이 다른 사람들의 일에 대해 서로 알리고," "접속"이 만들어지는 글로벌 네트워크의 가능성을 묘사하고 있다(MEW 42, 94).

그러나 커뮤니케이션 정치경제학을 논할 때, 이러한 그의 직접적인 미디어 커뮤니케이션 현상에 대한 언급보다는 대철학자로서 마르크스의 유물변증법적 사유에 기반을 둔 과학적 방법이 더 중요할 것이다. 이 장은 독일 커뮤니케이션 정치경제학의 흐름을 간략히 살펴보면서, 마르크스의 '방법'에서 커뮤니케이션 개념을 도출하는 시론적 성격을 갖는다. 과학의 실체Substanz/substance가 유물론적 관점에 가까운 것이라면, 수많은 커뮤니케이션 개념 가운데 유물론적 커뮤니케이션 개념을 소개하는 것이 이 장의 목적인 셈이다.

커뮤니케이션 정치경제학이 '정치경제학'이라는 마르크스적인 학문의 영향에도 불구하고 '마르크스적'임을 표방하는 커뮤니케이션 연구들이 노동과 커뮤니케이션의 통일성을 보지 못한 채 오히려 이를 유리遊離시키고 있는 건 아닐까. 만약 그렇다면 연구들이 갖는 비판적 의의에도 불구하고, 결과적으로 이른바 행정적administrative 연구들과 별반 다르지 않은 연구가 되어 버리는 우를 범할 수 있다. 커뮤니케이션이 노동과의 연관 속에서가 아닌, 노동과 유리된 독자적 영역으로서의 '상호 작용'으로서만 이해된다면 또 다른 '하나의 행정적 연구'가 되어 버릴지 모른다. 그러면 과학적 커뮤니케이션 개념과는 거리가 더 멀어진다. 이 글은 그러한 '이론의 함정'에서 벗어나기 위한 시도다.

1. 커뮤니케이션유물론의 흐름

먼저, 마르크스의 방법에 기반해 커뮤니케이션 문화이론을 전개한 독일의 이론가들을 살펴보자. 이른바 '문화산업론'을 제시한 프랑크푸르트학파의 거두인 T. W. 아도르노T. W. Adorno는 마르크스의 이론이 현대 사회 모든 이론의 기초를 제공하는 가장 진보한 이론이라고 보았다. 마르크스가 살았던 시대에도, 지금도, "인간에 대한 지배는 경제적 과정을 통해 관철되기"(Adorno, 1968: 360) 때문이다. 마르크스의 방법론에 기반하여 전개되는 문화산업론은, 다소 거칠게 요약하면, 문화산업이 생산하는 문화의 상품 가치가 수용자의 의식을 상품화된 의식으로 만들 뿐만 아니라, 문화 상품 자체가 자본 권력의 지배 목적을 위한 수단이 되면서 결국 지배에 대한 노동자의 저항력이 제거된다고 본다. 이런 논리적 전개는 미디어 상품의 '가치'가 '이데올로기'를 재생산하는 기제에 대한 연구로 이어졌다.[1]

한편, 커뮤니케이션 정치경제학이라는 학문 분과에서 다루어지는 중요한 논제 중 하나인 이른바 대안 언론에 대해서는 베르톨트 브레히트Bertolt Brecht, 발터 벤야민Walter Benjamin, 한스 마그누스 엔첸스베르거Hans Magnus Enzensberger, 오스카 넥트Oskar

1 불프 훈트Wulf Hund, 호르스트 홀처Horst Holzer, 크리스티안 푹스Christian Fuchs 등이 대표적인 연구자들이다. 이들의 연구 결과에 대해서는 뒤에서 좀더 살펴보고자 한다.

Negt와 알렉산더 클루게Alexander Kluge 등이 이론을 펼쳤다.

생산력과 생산관계, 나아가 상부 구조의 변증법적 통일성 속에서 (인간 커뮤니케이션과 같은) 사회 현상의 본질을 드러내는 것이 마르크스의 방법이라면, 그리고 위에서 언급한 커뮤니케이션 이론가들의 공통점이 바로 이러한 마르크스적 방법에 있다면, 보다 구체적으로는 그의 유물론적 연구 방법과 연관성이 있다고 할 것이다. 그가 보기에, '살아 있는 노동'은 상품으로 전화轉化하고 상품은 자본에 의해 매입되며, 잉여 가치 생산을 위해 사용된다. 노동과 생산 그리고 상품과 자본의 관계에 대해 경제학적인 관점에서 분석하면서 그는 자신의 유물론적 방법에 대해서도 밝히는데, 모든 과학은 구체적인 것에서 시작하는 것처럼 보이지만, 가령, 당시 고전 경제학의 경우에서처럼 인구, 국가 등과 같은 추상적인 개념에서 시작하고 있어 그 과학적 성격이 불명확했다는 것이다. 《정치경제학 비판 요강》 서문에서 "인구는 그것을 구성하고 있는 계급들을 도외시하면 하나의 추상"이며, "계급이라는 것도 역시 그것이 근거하는 요소들을 모른다면 공허한 말이다"라고 전제하면서, "가령 임금 노동, 자본 등과 같은 것들은 교환, 분업, 가격 등을 전제한다. 자본은 임노동이 없다면, 가치와 화폐와 가격 등이 없다면 아무것도 아니다"라며 정치경제학 방법론의 기초를 밝힌다.

독일에서 그의 이론을 계승 발전시켜 온 것으로 평가받는 연구자들은 무엇보다 이러한 마르크스의 개념 범주를 커뮤니케이션 분야에 적용하는 방식으로 커뮤니케이션 정치경제학적인 이론의 흐름을 형성했다. 이러한 이론사적 과정은 시행착오를 겪었다. 가령 1970년대 독일 커뮤니케이션 연구자인 프란츠 드뢰게Franz Droege와 그의 동료들은 《의식 없는 지식*Wissen ohne Bewusstsein*》을 집필하면서 커뮤니케이션 문제에 대해 직접적으로 마르크스의 이론을 적용시킨 최초의 이론적 저작을 선보였다. 다만, 이들은 독일 커뮤니케이션 정치경제학의 한 획을 긋는 저작을 냈음에도 불구하고, 마르크스적 '인상印象'에 사로잡힌 채 부르주아 사회의 커뮤니케이션을 해부하는 과정에서 결국 자신들이 '마르크스'와는 다른 또 하나의 다른 방향의 연구를 수행했다는 사실을 인식하지 못했다는 평가를 받는다. 마르크스의 방법론을 견지하는 커뮤니케이션 연구로서 중요한 함의를 지님에도, 가령, 언론 연구에서 중요하게 다루어지는 조작manipulation과 관련된 이론적 쟁점을 과학적으로 명쾌하게 밝히지 못한 한계를 지녔기 때문이었다. 정치경제학의 비판적 관점과 거리가 있는 기존의 이른바 주류 커뮤니케이션 이론의 견해인, 미디어 외부로부터의, 정치권력적 개입의 문제로만 '조작 개념'을 다루는 오류를 범한 것이다. 이는 커뮤니케이션 조작이 계급 의식으로서의 사회적 지식과 연관되어 있다는 점을 드러내지 못했기 때문이었다. 《의식 없는 지식》은 마르크스적 연구의 과학적 범주와 그 한계를 명백히 밝히는 중요한 차원의 연구 결과임에도, 마르크스를 거쳐야 하는 불가피한 과정을 이루지 못했던 것으로 보인다. (여기에서 별도로 언급하지는 않지만, 이는 어쩌면 마르크스적 커뮤니케이션 정치경제학을 표방하는 한국의 연구들 또한 빠져 버린 이론적 함정은 아닐지 돌아봐야 할 것이다.)

비판 커뮤니케이션 연구 패러다임에서 나타나는 '정치경제학적 접근'을 표방하지만, 일반 경제학과 구분이 안 되는 연구들도 있다. 독일의 경우, 베르너 호프만Werner Hofmann의 사례를 들 수 있다. 호프만은 국민 경제학의 입장에서 신문 산업을 비판적으로 검토한다. 그는 "신문은 영업이다. 수익을 목적으로 한다. 뉴스, 의견, 오락을 상품으로서 유통시키고 이로써 상품 생산의 법칙에 종속된다"라는 경제학적 접근을 시도하는데, 이것은 커뮤니케이션 정치경제학의 일반 명제와 구분이 안 될 정도다. 문제는 이 명제에만 집중하게 되면 마르크스적 미디어 커뮤니케이션 연구를, 커뮤니케이션 정치경제학을 막다른 골목으로 이끌 우려가 있다는 점이다. 만일 미디어 커뮤니케이션을 통한 의식 생산이 단지 상품 생산의 법칙에만 따르는 것이라면 많은 미디어 커뮤니케이션 현상은 설명될 수 없다. 이는 커뮤니케이션 정치경제학에 대한 오해를 불러일으키기도 한다. 가령, 미디어 자본(송신자) 분석에 경도되면 커뮤니케이션 정치경제학이 '경제주의'로 비춰지는 함정이 있다.

사실 호프만과 유사한 사례는 1800년대까지로 거슬러 올라간다. 1883년 출간된 《국민경제학》에서 카를 뷔허Karl Bücher는 이미 뉴스 상품에 대해 논한다.

> 근대 신문은 자본주의적 영업이다. 즉 뉴스 공장이다. 다양하게 분화된 노동 속에서 많은 사람(기자, 편집자, 교열기자, 특파원, 인쇄 인력, 광고 인력, 운송 배달 인력)이 단일 지도하에 임금을 받고 일하는,

그리고 중간 소매상, 우체국 등 유통업자를 사이에 두고 분리된 구독자를 위해 상품을 생산한다. (Aufermann, 1973: 125)

이는 마르크스의 방법을 거치지 않고도 미디어 산업에 대한 경제학적 접근이 가능함을 보여 주는 동시에, 비판적 커뮤니케이션 연구가 '노동과 커뮤니케이션'이라는 마르크스적, 유물변증법적 방법을 견지해야 할 이유에 대해서도 보여 준다.

생산 양식(생산력과 생산관계)으로부터 커뮤니케이션 이론을 도출하는 것이 그러한 방법에 합당한 접근이다. 인간이 사회적 지배 관계의 산물이라는 전제하에, 커뮤니케이션 정치경제학의 핵심은 커뮤니케이션 현실의 경험을 일반화해 이 모형을 변형하거나 지양하는 것에 있다기보다는 오히려 그것을 유물론적으로 재구성하는 데 있다.

이렇게 볼 때, 탁월한 극작가이자 커뮤니케이션과 경제의 관계로부터 미디어의 유토피아란 무엇인지에 대해 질문을 던진 독일 커뮤니케이션이론의 선구자인 베르톨트 브레히트를 언급하지 않을 수 없다. 브레히트는 마르크스의 방법을 수용하면서, 생산력의 혁명성 즉, 테크놀로지의 혁명성과 사회 해방의 가능성을 모색한 독일 최초의 커뮤니케이션 이론가라는 명성을 얻고 있다. 일반적으로 '해방'을 지향하는 미디어 이론들은 송신자-수신자 모델의 지양을 그 목적으로 한다. 그러나 브레히트의 경우 이보다는 부르주아 사회에서 필연적으로 발생하는 미디어의 무효능성Folgenlosigkeit을 지양하는 데 관심을 두었다. 그에 따르면,

문학, 교육, 연극, 그리고 더 나아가 정치, 행정 등 자본주의 사회의 문화적, 이데올로기적, 제도적 요소들이 정작 억압적인 자본주의 사회 질서의 지양을 도모하는 데 아무런 효과를 보이지 못하고 현상 유지Status Quo의 도구가 된다는 것이다. 자본주의 사회의 '부르주아 문화' 개념은 현상 유지의 목적만을 가지며, 더 이상의 '발전'을 내포하지도 않으며, 진정한 끊임없는 창조와는 무관한 것이다(GBA, 544). 브레히트가 살던 당대의 라디오 방송들도 가능한 한, 무해한 오락을 제공할 뿐 사회 변혁이라는 효과를 낼 수 있을 정도의 콘텐츠를 만들지 못했다.

본질적으로 노동과 커뮤니케이션으로 구성되고 일정한 지배관계를 갖는 인간 사회에서 일반적인 커뮤니케이션학이 발달시킨 송신자-수신자 모델은 구조 기능주의적 관점에서만 분석될 때 일면적인 결과로 이어질 수 있다. 따라서 사회의 커뮤니케이션은 물질적 생산관계 속에서 구체적으로 실천하는 인간으로서의 송-수신자를 분석할 때, 마르크스적 분석에 일치한다고 할 수 있다. 오늘날 양방향적인 디지털 플랫폼 시대의 커뮤니케이션 이론들이 무엇보다 이 모형의 현실 정합성에 대한 논의로 압축되는 것으로 본다면, 브레히트의 성찰은 매우 진보적이라고 할 수 있다. 이와 같은 맥락에서 발터 벤야민의 마르크스적 사유도 논의될 수 있다.

벤야민의 《기술 복제 시대의 예술 작품*The Work of Art in the Age of Mechanical Reproduction*》은 '토대'와 '상부 구조'라는 마르크스의 유물론적 사회 인식 방법을 그대로 수용한다. 그에 따르면, "상부 구조는 토대의 표현"이고, "문화의 경제적 형성(과정)이 아닌 문화 속에 있는 경제의 표현이 제시되어야 한다. 다시 말해, 문제는 아케이드의 모든 생활 현상이 발현되는 명백한 원형의 현상으로서 경제적 과정을 파악하는 것이다"(Benjamin, 1991: 573). 《기술 복제 시대의 예술 작품》은 브레히트의 문제의식을 계승하는 것으로 보이는데, 수용자의 지각 작용의 변화를 초래하는 복제 기술이 예술품을 대하는 수용자의 태도에도 거대한 변화를 가져온다고 진단하기 때문이다. 또한 브레히트가 자신의 서사극에서 제시한 수용자의 태도 변화에 대한 문제의식은, 전통적 수용자가 작품 속에서 자신을 동일시함으로써 신비적 일체감을 체험하는 반면, 복제 시대의 수용자는 작품과 일정한 거리를 둠으로써 분산적이고 비판적인 태도를 갖게 된다는 벤야민의 진단과 잘 맞물려 있다.

주지하다시피, 예술 작품이 갖고 있던 아우라는 자본주의 대량 복제 시대에 더 이상 존재하지 않으며, 음악 공연장, 연극 무대, 박물관 등 특별한 장소에 묶인 예술 작품이나 퍼포먼스는 사진이나 영화, 라디오 그리고 방송에서 누구나 일상적으로 수용할 수 있는 대량 복제품이 되었다. 그의 이론에 따르면, 미디어는 예술 작품을 창출할 수 있는 새로운 문화 영역의 가능성을 갖게 되었다. 사실, 오늘의 디지털 스마트 융합 시대에 미디어는 현대 대중문화 콘텐츠를 창출하는 기제가 되는 것으로 평가받고 있다. 콘텐츠 수용자를 넘어 플랫폼 이용자가 예술 향유의 방식과 시공간에 막대한 영향을 끼치는 현실이 전개되고 있다. 특히 광고, PR 분야는, 정치 영역을 포함하여, 이용자의 창조적, 예술적 능력이 집중적으로 요구되는 새로운 분야로 떠올랐다. 이 두 사상가가 보여 주는 수용자들에 대한 유물론적 사유는 수용자를 넘어 이용자들이 새로운 인지 형식(미디어)과 콘텐츠에 대해 비판적인 판단 능력을 갖게 되는지에 대한 것으로 집중된다고 할 수 있다. 이러한 문제의식은 이후 이른바 프랑크푸르트학파의 커뮤니케이션 비판이론, 문화산업론의 화두가 된다.

프랑크푸르트학파의 비판이론에서 아도르노와 막스 호르크하이머Max Horkheime는 문화산업이 모든 문화를 상품으로 만들 뿐만 아니라 각각의 상품들이 현존 질서를 광고하는 기능을 갖게 된다고 분석한다. 실제로, 오늘날 이러한 문화산업은 문화 콘텐츠 산업, 지식 경제, 창조 경제 등으로 불려왔다.[2]

'문화산업'은 아도르노와 호르크하이머가 1944～1947년에 걸쳐 쓴《계몽의 변증법*Dialektik der Aufklärung*》에서 처음 사용한 개념이다. 여기 중요한 것은 이들의 문화산업 비판이 단순히 문화가 공장의 컨베이어벨트에서 자동적으로 생산된다는 이른바 문화의 상업화에 대한 비판에 한정된 것이 아니라는 점이다. 문화를 방어하거나 비판하기보다는 오히려 자본의 논리가 사회 전체의 물질적, 정신적 삶을 규정하고 있어서 모든 생산과 실천의 영역을 우회하지 않고 곳곳에 스며든다는 것이다. 따라서 문제는 이른바 저질

2 한국문화체육관광부의 자료에 따르면, 산업 경제(1970～1980년대)를 거쳐 지식 경제(1990～2000년대) 그리고 창조 경제(2010～) 등으로 명명된 바 있다(문화체육관광부, 2012)

상업주의 문화를 비판하는 교양 부르주아의 문화 보수주의적 엘리트주의나 문화비관주의가 아니라, 문화산업으로 연결된 사회에서 나타나는 주체subject에 관한 것이다.

이들의 견해에 따르면, 오늘날 상품으로서 생산되는 신문·잡지 기사, 방송 프로그램, 영화, 스포츠 등의 콘텐츠를 소비하는 대중은 자유로운 삶과 자본의 규범을 동일시하게 된다. 노동의 소외가 문화 '소비'에서 해소되는 것처럼 보이지만, 소비를 통해 느껴지는 자유로움은 자본의 규범에 대한 동의가 되는 것이다. 더구나, 자본의 대량 생산 방식으로 쏟아져 나오는 광고와 브랜드는 인간 소외의 극복이 더 많은 소비를 통해 가능하다는 암시를 주면서 자유로운 삶을 보장할 것이라고 약속한다. 언제든 깨질 수 있는 이 약속은 매일매일 끊이지 않고 만들어진다. 아도르노에 따르면, 일터에서 나온 자유 시간도 결국 "후기 자본주의의 확장"이며, 이런 방식으로 "기계화한 노동에서 벗어나려는 사람들에 의해" 오히려 자본주의는 강화된다.

마르크스적 문제의식을 계승하는, 최근 활발히 활동하는 유럽의 커뮤니케이션 정치경제학자는 소셜 미디어의 정치경제적 접근을 시도하는 젊은 이론가인 크리스티안 푹스Christian Fuchs다. 오스트리아 출신인 그는 2021년 현재 영국 웨스트민스터대학교의 교수로 재직 중이며, 대표적인 마르크스적 소셜 미디어 연구자 가운데 한 명이다. 푹스에 따르면, 유튜브, 페이스북, 트위터 등과 같은 소셜 미디어는 자본주의적 이윤 추구의 규정을 받는 뉴 미디어 서비스인데, 무엇보다 개인 맞춤형 광고 마케팅을 통한 자본 축적 모델을 영업의 기반으로 한다. 앞서 간략히 언급한 브레히트와 벤야민의 수용자 논의에서 이용자 중심의 디지털 플랫폼 시대로 접어든 오늘날, 이용자 데이터는 상품으로서 광고주에게 판매되고 있다. 따라서 구글과 페이스북은 커뮤니케이션 기업이 아닌 광고 에이전시에 가깝다고 할 수 있다. SNS 이용자들은 자신이 생산한 데이터를 디지털 플랫폼에서 무료로 제공하는 셈이다.

푹스의 저서《소셜 미디어*Social Media: A Critical Introduction*》에 따르면, 자신의 시간을 투하하여 생성된 콘텐츠가 자신의 동의와는 무관하게 상품으로 유통·판매되는 현실을 경험하는 이용자들은 디지털 노동자인 셈인데, 이들에게 주어지는 경제적 대가는 전혀 없으므로 디지털 부불 노동不拂勞動에 해당한다는 비판이다. 다시 말해, 디지털 부불 노동을 하는 이용자는 단지 광고주의 잠재적 고객일 뿐이다. 푹스는 이렇게 '소셜 미디어의 정치경제학'을 구축해 나가고 있다. 소셜 미디어라는 새로운 플랫폼의 내적 모순을 변증법적 관점에서 밝히면서 네트워크와 사회경제적 헤게모니의 관계를 분석한다. 그는《디지털 노동과 카를 마르크스*Digital Labour and Karl Marx*》에서 이러한 디지털 노동이 글로벌 차원에서 노동 분업의 구조로 재편되고 있다고 지적한다. 디지털 네트워크에서 자본과 임금 노동의 관계는 더욱더 불균형의 상태로 나타나고 있는데, 가령 콩고의 노예 노동자가 전자 제품에 사용되는 광물을 추출하면 중국의 값싼 노동력이 PC, 노트북, 휴대폰을 조립하고, 인도의 소프트웨어 개발자와 서구 사회의 개발자 사이의 임금 격차는 뚜렷하게 나타난다. 오늘날 디지털 노동은 노예 노동, 산업 노동, 정보 노동이 중첩되어 연결된 글로벌 네트워크 노동이 되고 있다.

2. 손, 머리 그리고 입

마르크스적 방법에 기반한 커뮤니케이션 개념은 보다 구체적으로 어떤 것일까. '커뮤니케이션' 개념은, 가령, 이미 지난 1970년대 독일의 커뮤니케이션 이론가인 클라우스 메르텐Klaus Merten이 영미권과 독일어권 커뮤니케이션학계에 정립되어 있는 커뮤니케이션 개념을 수집·분석한 결과, 160여 개에 달하고 있음을 밝힌 바 있다. 디지털 플랫폼의 양방향성 시대에 오늘날 커뮤니케이션 개념은 이보다 더 많아졌을 것으로 보인다. 그러나 이렇듯 매우 다양한 개념적 정의에도 불구하고, 그것이 일종의 사회적 과정이라는 사실에 모든 커뮤니케이션 이론의 공통된 합의 지점이 있다는 점에는 이견이 없다.

거대한 커뮤니케이션 체계에 다가가기 위한 과학적 대전제는 커뮤니케이션을 개인이 아닌 사회적 과정으로 인식하는 것이다. 커뮤니케이션 개념을 '사회'로부터 도출시키는 것은 필수 불가결한 일이며, 이렇게 보면 사회를 구성하는 본질적 요소인 노동은 커뮤니케이션 개념 인식을 위한 불가피한 전제가 된다.

노동에 대한 유물론적인 이해는 그것이 자연과 맞서 인간의 필요와 욕구를 충족시키는 과정이라는 것이다. 노동이 정지되었을 때, 물질적 생산이 이루어지지 않을 때, 사회 구성원은 얼마 가지 못해 기아 상태에 빠지고 결국 사회는 붕괴될 것이다. 불프 D. 훈트Wulf D. Hund는 이러한 노동 과정의 근본적인 한 부분으로서 '커뮤니케이션'을 제시한다. 인간 기관 가운데 무엇보다 손과 머리로 이루어지는 노동은 서로 분리될 수 없는 하나의 단위이며, 이 두 기관에 의한 노동이 분리된 노동은 이루어질 수 없다고 지적한다. 지적으로 계획되고 특정한 목적을 추구하는 의식적인 과정으로서의 노동은 시공간적으로 고립된 개인의 행위처럼 보이더라도 조금 더 자세히 생각해 보면 오히려 사회를 구성하는 개인들의 협력 행위로 이루어진다는 것을 알 수 있다. 이러한 점은 정확히 마르크스의 노동 개념과 일치한다. 《임금 노동과 자본》에서 마르크스는 "생산하면서 인간은 단지 자연에만 영향을 끼치는 것이 아니라 서로에 대해서도 영향을 끼친다"면서, "인간은 특정한 방식으로 협력하고 자신의 행위를 서로 교환함으로써만 생산한다. 생산하기 위해서 인간은 상호 특정한 관계를 맺으며, 이러한 사회적 관계 속에서만 자연에 대해 작용을 가하고 생산을 한다"고 지적했다.

이러한 마르크스의 사유에 기대어 훈트는 커뮤니케이션 개념을 밝힌다. 노동 속에서 이루어지는 개인 간의 협력 행위가 커뮤니케이션의 본질이라는 것이다. 그는 손과 머리의 인간 기관으로 이루어지는 노동은 그 협력 과정에서 '입'을 필요로 하고 결국 입이 노동을 매개하는 필연적인 과정이 발생한다고 본다. 훈트가 인간 기관을 중심으로 하여 손 노동Handarbeit, 머리 노동Kopfarbeit, 입 노동Mundarbeit으로 표현하는 것은 다소 거친 표현으로 보이지만, 커뮤니케이션의 본질을 규명하는 데는 부족함이 없다. 이렇듯, 노동 과정의 일부로서의 커뮤니케이션은 인간의 전면적인 환경 적응이자 자아실현으로서의 노동과 결코 유리될 수 없는 변증법적 관계를 형성한다.

훈트는 더 나아가, 노동이 한편으로는 자연과, 다른 한편으로는 타인과 관계를 맺고 있음을 지적하면서 이러한 관계를 마르크스의 논리로 설명한다. 마르크스는 《자본론》에서 "노동의 이중성"에 대해 언급한다. 즉 노동은 한편으로 인간-자연의 소재적 측면과, 생산 과정에서 인간이 상호 맺게 되는 경제적 측면을 동시에 갖는다(표 1 참조).

> 처음 상품은 사용 가치와 교환 가치라는 이중성을 가진 물건으로 나타났다. 그 뒤 노동도 또한 이중성을 가지고 나타났다. 즉 노동이 가치로 표현되는 경우에는 더 이상 사용 가치의 창조자의 성격을 가지지 않는다. 상품에 투하되는 노동의 이중성은 내가 처음으로 지적하고 비판적으로 검토했다. (MEW, 23)

훈트가 분석한바, 노동의 일부인 커뮤니케이션은 노동이 이중성을 갖는 것과 마찬가지로 이중성을 갖는다. 즉 커뮤니케이션 역시 소재적인 측면과 경제적인 측면을 동시에 갖는데, 가령, 언어, 종이, 전파 등 모든 커뮤니케이션에 해당하는 여러 물리적 요

표 1 상품을 생산하는 노동의 이중성

상품	
사용 가치	가치
구체적 노동	추상적 노동
소재적 측면	경제적 측면
노동	

출처: W. Hund, Soziologie der Kommunikation에서 재구성.

소들은 그 소재적인 측면이며, 생산을 기준으로 노예, 봉건, 자본주의 등과 같은 특정한 경제적 사회관계는 그 경제적 측면에 해당한다. 따라서 '커뮤니케이션'은 본질적으로 '생산'과 분리되어 있지 않는 것임을 확인할 수 있다.

가령 인류의 건축 문화에 새겨져 있는 노동 과정을 떠올려보면, 커뮤니케이션을 통한 정보 교환이 노동과 하나의 단위를 이루고 있음을 알 수 있다. 이러한 관점은 또한, 사회경제적 구조에 따라 커뮤니케이션과 생산이 분리되는 현상에 대해서도 과학적인 이해를 제공한다. 인류 사회가 계급적인 분화를 겪는 역사적 과정에서 노동과 커뮤니케이션도 분화의 과정을 겪는데, 가령, 고대 노예제 사회의 대다수 노예는 생산에만 동원된 반면, 정치, 수사학과 같은 커뮤니케이션 분야는 소수의 지배 세력에 집중되는 현상이 나타난다. 그러므로 커뮤니케이션과 생산은 계급 분화 속에서 나타나는 역사적 산물인 셈이다. 이러한 논의를 토대로, 오늘에 이르기까지, 생산관계 속에서 나타나는 미디어 발달의 역사를 변증법적 관점에서 재구성할 수 있다(표 2 참조). 가령, 오늘의 후기 자본주의 시대에도 언어, 종이, 신문 등은 여전히 매스 미디어로서 사용되지만, 후기 자본주의의 문화 논리가 창출해 내는 디지털 가상 현실의 콘텐츠 산업은 주요 산업으로 자리 잡았다.

오늘날 자본주의 시장 경제 사회에서 이러한 분화는 보다 급격하게 진행되고 있다. 극심한 노동 분업 시스템 속에서 사무직이든 현장 노동자든 노동 시간에 적극적으로 발현되어야 할 커뮤니케이션에의 의지는 오히려 수동적이고 소극적으로 이루어진다. 자발적인 커뮤니케이션 환경과는 더욱더 멀어지고 있다. 자아실현의 도구인 노동이 오히려 커뮤니케이션 의지를 잃게 만들고 노동 시간에 이루어져야 할 '인간 커뮤니케이션'은 오히려 노동력의 교환으로 이루어지는 '상품 커뮤니케이션'으로 전도되고 있다. 이러한 자본주의 시장 경제적 미디어 커뮤니케이션의 현실은 송-수신자 모델의 한계를 드러낸다. 특히 커뮤니케이션 정치경제학이 수용자보다 미디어 자본 분석에 치중하는 경향이 늘어나고 있어 정보 자본, 정보생산자 연구에 경도될 우려도 있다. 사실, 훈트의 설명에 근거한다면, 수용자는 미디어 자본의 계급적 이데올로기에 의해 상품 의식을 갖게 되는 것이 아니라, 오히려 이미 자본주의적 사회 계급화/사회화의 영향을 받으며 형성된 다양한 사회 계층과 사회 집단에 속하면서 고유의 커뮤니케이션 태도를 갖게 된다(그림 1 참조). 기존의 '수용자'는 '매스 미디어'라는 외부

표 2 미디어 커뮤니케이션의 역사

	고대 (BC.1~A.D. 5세기)	중세 (6~15세기)	근세 (16~17세기)	근대 (18~19세기)	현대 (20~21세기)
주요 매체	언어	종이	편지, 신문, 전단지	사진, 영화, 전신, 전화	라디오, TV, 디지털 미디어
매체 분야의 역사적 특징	문자의 등장 (재산 관리/부기)	구텐베르크 인쇄 혁명 (1445)	인쇄 산업 공론장의 등장 아레오파지티카(1643)	광고 산업 신문 출판 산업 세계 주요 신문 창간	방송 산업 할리우드 시스템 엔터테인먼트 산업 인터넷 산업 콘텐츠 산업
생산관계	노예제	봉건제	상업자본주의	산업자본주의	독점자본주의 (후기자본주의)

* 훈트의 논의를 토대로 재구성.

의 개입이 없더라도, 이른바 미디어의 조작manipulation이 없더라도, 이미 상품 의식에서 자유로울 수 없는, 일상적으로 상품 커뮤니케이션을 경험하는 사회적 존재인 것이다.

3. 개념의 시작

인간 커뮤니케이션에서 상품 커뮤니케이션으로의 전도 현상이, 노동과 분리된(!) 개인의 정체성을 상실케 한다는 사실에 대해 마르크스는 《경제-철학 수고》에서, 자본주의 생산 과정에서 인간은 "노동할 때 타자로 느끼고 노동하지 않을 때 자아를" 느낀다고 말했다. 마르크스가 인간의 본질을 물질적 행위인 노동에서 찾았다는 사실은 널리 알려져 있다. 그리고 노동은, 즉 인간성의

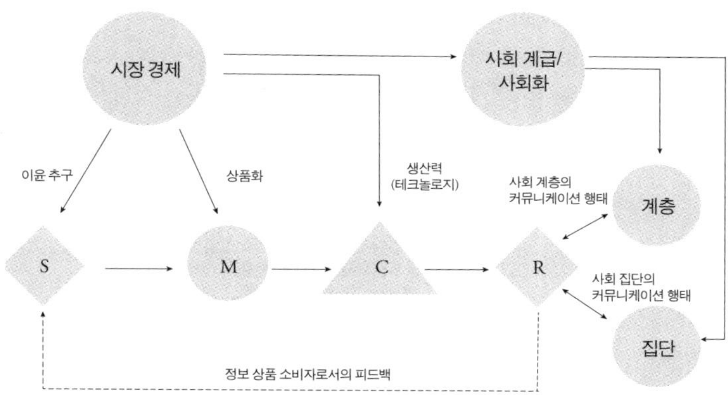

그림 1 자본주의 시장 경제 시스템에서의 미디어커뮤니케이션

* 훈트의 논의를 토대로 재구성

실현은 그 사회의 특성을 탐구할 때 비로소 파악할 수 있다는 것이 유물론적 명제다. 사정이 이렇다면, 커뮤니케이션 개념에 대한 접근도 동일한 경로를 거쳐야 한다. '커뮤니케이션'은 노동(경제적 과정)과의 변증법적 관계 속에서 규정될 때, 비로소 과학적인 성격을 획득할 수 있다. 커뮤니케이션 이론이 과학이 되고자 한다면, 다시 말해, 현상에만 얽매이지 않고 더욱더 의미 있는 연구가 되기 위해서는 커뮤니케이션이 이루어지는 바로 그 사회 체제의 특성에서부터 시작해야 한다. 즉 커뮤니케이션이 이루어지는 사회의 물질적 조건을 기반으로 하여, 현실적이고 경험적으로 확인 가능한 사실로부터 개념을 도출해야 하는 것이다.

커뮤니케이션 정치경제학은 바로 이러한 경제적 과정 속에서 나타나는 인간 커뮤니케이션, 즉 사회 커뮤니케이션의 문제를 다룬다. 이런 맥락에서 이 글은 커뮤니케이션 개념에 대한 과학적 접근, 유물론적 접근을 시도했다. 커뮤니케이션 정치경제학은 자본주의 시장 경제와 이로부터 도출되는 사회 시스템의 발달에 따른 정치경제학과 맞물려서 등장했다. 2차 세계 대전 이후 자본주의와 사회주의 냉전 체제가 이어지면서 나타난 서구 사회 독점 자본과 사회민주주의라는 사회 시스템 속에서 형성된 '커뮤니케이션 자본'을 개념적으로 파악하기 위한 과학적 요청에 따라 나타난 커뮤니케이션 정치경제학은 노동과 커뮤니케이션을 이론적으로 연관시켜 파악할 수 있는 인식론적 능력을 가져다주었다. 생산력과 생산관계의 모순을 사회 변동의 물질적 요소로 파악하는 유물론적 사회 인식 방법을 근거로 하는 이 과학은 오늘날 인간의 노동(력)과 결합한 테크놀로지의 현실에 대해서도 매우 의미 있는 분석을 가능케 한다. 생산력의 비약적인 발전과 사회적 생산관계의 조응을 고려하는 분석이 그것이다. 마르크스는 《철학의 빈곤》에서 "손절구는 봉건 영주를, 증기 제분기는 산업자본가의 사회를 양산했다"는 통찰을 보여 준다. 정보 기술(IT)에 기반을 둔 생산력 혁명이 일어나는 사회는 이른바 '정보 사회'로 부른다. IPTV, 스마트TV, 스마트폰, SNS 등 디지털 테크놀로지의 융합convergence 시대에 '디지털 손절구'가 가져올 사회(적 생산관계)가 어떤 것일지 많은 견해가 나온다. 가령, 세계 IT 업계 거장인 빌 게이츠Bill Gates는 자신의 저서 《미래로 가는 길*The Road Ahead*》에서 "마찰 없는 자본주의"의 가능성을 실현한다고 찬사를 보내기도 한다.

그러나 먼저 고려돼야 할 것들이 있다. 이 시대에 산출되는 지적 생산물들은 일단 생산되면 사실상 무한 재생산이 가능하며, 추가 생산을 하더라도 비용 부담이 거의 없다는 점, 따라서 한정된 재화에 따른 한정된 생산 때문에 근검절약을 신줏단지처럼 모셔야 했던 산업 자본의 시대가 옛날이야기가 되어 가고 있다는 점이다. 더구나 소프트웨어와 같은 지적 생산물은 흔히 인터넷 등을 통해 무료로 제공되는데, 이것은 자유로운 지식 공유를 위한 것이 아닌 돈을 받아 내기 위한 사전 포석에 불과하다. 여기에는 공동체의 이익이 아니라, 사유 재산으로 지정된 지적 생산물이 언젠가는 돈다발을 한 아름 가져다주기를 간절히 바라는 자본가의 소망이 담겨 있다. 가령, 오늘 점차 사회적 관심을 받고 있는 지적재산권은 이런 비판에서 아직 자유롭지 않다.

커뮤니케이션 정치경제학은 이렇듯 고전적인 산업 자본의 시대가 지식·정보 자본의 시대로 전환하는 사회 변동의 국면을 정확히 보여 줄 수 있다. 문화자본, 지식 자본, 창조 자본의 득세는 사실상 인간과 그 정신적 능력만으로 가치가 형성되는 또 다른 형태의 사회적 지배 관계의 등장을 예고하는 것일지 모른다. 디지털 커뮤니케이션 정치경제학이 풀어야 할 과제인 셈이다.

유물론적 과학은 마르크스가 말하듯 물질적 생산 과정에서 형성된 사회적 관계를 "물질적 산물보다 더 중요한 산물"로 인식한다. 나아가 "사유 과정에서 구체적인 것의 재생산"을 추구한다. 다양한 사회 현상들은 구체적인 노동·생산 체계와의 연관성 속에서 개념으로 구체화될 수 있는 것이다. 여전히 수백 가지의 내용들로 혼재돼 있는 커뮤니케이션 개념에서 벗어나려면 유물론적 방법이 요구된다. 노동과 커뮤니케이션을 이론적으로 연관시켜 파악하는 것은 '혼동의 커뮤니케이션 개념'을 극복할 수 있는 과학적 논의의 출발점이다. 인간의 커뮤니케이션은 물질적·계급적 조건 속에서 이루어지는 의식 공유의 과정이다. 바로 이 점이 커뮤니케이션 개념 논의에 있어서 반드시 요구되는 데시데라타 desiderata다.

참고 문헌

김성기 (2015). 미디어 유토피아의 계보: 브레히트의 '라디오 이론'에서 플루서의 '텔레마틱론'으로, 〈한국방송학보〉, 29권 4호, pp.5~32.

김형래 (2009). 브레히트의 라디오 이론 논쟁: 브레히트, 엔첸스베르거, 보드리야르를 중심으로, 한국브레히트학회, 〈브레히트와 현대 연극〉. 21권, pp.71~92.

서명준 (2019). 커뮤니케이션 정치경제학의 방향에 대한 소고, 〈글로벌정치연구〉, vol.12, no.2, pp.115~133.

서명준 (2021). 공영방송의 클리셰를 위한 레퀴엠: 유물론적 관점에서, 한국언론정보학회 2021봄철정기학술대회 KBS 후원세션 발표문.

Adorno, W. Theodor (1968). *Spätkapitalismus oder Industriegesellschaft?*. in: GS Bd. 8. Frankfurt a. M.

Alvater, Elmar (2012). *Marx Neu Entdecken. Das hellblaue Bändchen zur Einführung in die Kritik der politischen* Ökonomie. Hamburg.

Aufermann, Jörg[Hrsg.](1972). Gesellschaftliche Kommunikation und Information: Forschungsrichtungen und Problemstellungen; ein Arbeitsbuch zur Massenkommunikation. Frankfurt a. M.: Athenäum Verl.

Baran, Paul A., & Sweezy, Paul M. (1966). Monopoly Capital.: An Essay on the American Economic and Social Order. *Monthly Review Press.* [최희선 옮김. 《독점자본 미국의 경제와 사회질서》. 한울. 1984].

Benjamin, Walter(1991). *Gesammelte Schriften. Band I: Abhandlungen*. Frankfurt a. M.: Suhrkamp.

Benjamin, Walter (2002). *Medienästhetischen Schriften*. Frankfurt am Main: Suhrkamp Verlag [최성만 옮김. 《기술 복제 시대의 예술작품. 사진의 역사 외. 발터 벤야민 선집 2》. 길. 2007].

Fuchs, Christian (2008). *Internet and Society: Social Theory in the Information Age*. New York.

Habermas, Jürgen (1990). *Strukturwandel der Öffentlichkeit: Untersuchungen zu einer Kategorie der bürgerlichen Gesellschaft*. Frankfurt a. M.: Suhrkamp [한승완 옮김. 《공론장의 구조변동: 부르주아 사회의 한 범주에 관한 연구》. 나남. 2007].

Holzer, Horst (1994). *Medienkommunikation. Einführung in handlungs-und gesellschaftstheoretische Konzeptionen*. Opladen.

Hund, Wulf D., Kirchhoff-Hund, Bärbel (1980). *Soziologie der Kommunikation*. Rowohlt Verlag. [이정춘 옮김. 《커뮤니케이션 사회학》. 범우사. 1990].

Marx, Karl & Friedrich Engels. *MEW Werke*. Berlin.

Marx, Karl (1979). *Das Kapital. MEW Band 23*. Dietz Verlag. [강신준 옮김. 《자본 1-1》. 길. 2008].

Marx, Karl (1979). *Grundrisse der Kritik der politischen-Ökonomie. MEW Band 42*. Berlin: Dietz Verlag. [강유원 옮김. 《경제학-철학 수고》. 이론과실천. 2006].

Marx, Karl (1999). *Lohanarbeit und Kapital. MEW Band 6*. Berlin : Dietz Verlag. [김태호 옮김. 《임금노동과 자본》. 박종철출판사. 2003].

Prokop, Dieter (2000). *Der Medienkapitalismus: Das Lexikon der neuen kritischen Medienforschung*. VSA Verlag, Hamburg.

Zizek, Slavoj (2002). *Die Revolution steht bevor. Dreizehn Versuche über Lenin*. Frankfurt am Main. [정영목 옮김. 《지젝이 만난 레닌》. 교양인. 2008].

4장

디지털/정보화 사회의 커뮤니케이션 정치경제학 흐름과 전망

임동욱

1. 커뮤니케이션 정치경제학의 전개와 흐름

1) 커뮤니케이션 정치경제학과 미디어 정치경제학

커뮤니케이션 정치경제학은 정치경제학에서 파생했으며, 1970년대 이후 '커뮤니케이션 정치경제학,' '미디어 정치경제학'이란 이름으로 언론과 미디어 현상을 연구하는 학문으로 발전했다. 커뮤니케이션 정치경제학은 현대 자본주의에서 언론과 (매스) 미디어의 역할이 증대하면서 자본주의적 미디어 현상의 본질을 밝힐 수 있는 연구 방법으로 주목을 받았다.

커뮤니케이션 정치경제학은 기존의 정치학, 심리학, 사회학은 물론 주류 경제학에 자리하고 있었던 신고전주의와 행동주의 패러다임에 맞서는 경향을 보였다. 학문 연구에서 연구·조사를 위한 실증주의적 접근 방법이 사회과학에도 적용되는 때도 있는데, 이런 경향과 조류의 연구를 행태주의라 부른다. 이 행태주의 사례는 심리학(I. P. 파블로프I. P. Pavlov와 B. F. 스키너B. F. Skinner의 조건화 접근 방법), 사회학(Homan의 집단 행태 분석), 그리고 정치학(V. O. 키V. O. Key의 여론 연구) 등에 널리 걸쳐 있다. 행태주의는 여러 경로를 걸쳐 커뮤니케이션 연구 분야에 흘러들어왔는데, 폴 라자스펠드Paul Lazarfeld와 해들리 캔트릴Hadley Cantril 등의 연구가 대표적이다. 그들은 미디어를 통한 메시지에 대한 행태주의적 반응을 고찰함으로써 매스 커뮤니케이션을 사회과학화하려 했다(Mosco, 1996/1998: 96). 이러한 행태주의적 연구는 미디어 효과 연구에도 적용되었다. 1차 세계 대전과 2차 세계 대전 사이에는 매스 미디어가 강력한 영향을 미친다는 강효과powerful effect 이론과 탄환 이론bullet theoy이 위력을 떨쳤고, 2차 세계 대전 후에는 미디어 효과가 매우 제한적이라는 조지프 클래퍼Joseph Clapper의 한정 효과minimum effect 이론이 커뮤니케이션 연구에서 상당한 영향력을 발휘하였다(Curran et al., 1982: 11~12). 커뮤니케이션 정치경제학의 초기 연구는 경험 실증주의적 연구에 결코 반한 것은 아니었으며, 오히려 이들 연구는 자신을 경험주의나 행태주의와 차별화하려 했다. 초기 정치경제학의 연구 목적은 이론과 관찰된 행동 간의 변증법 관계에 바탕을 둔 폭넓은 분석으로 경험주의를 대치하려는 것이었다. 커뮤니케이션 정치경제학은 마르크스 정치경제학 이론에 매스 미디어를 위치시키려 했다(Mosco, 1996/1998: 96~97).

커뮤니케이션 정치경제학은 두 가지 차원을 중시한다. 첫째, 커뮤니케이션 정치경제학은 미디어와 커뮤니케이션 체계가 폭넓은 사회 구조와 어떠한 상관관계가 있는지에 관심을 기울였다.

바꾸어 말하면 미디어나 커뮤니케이션 시스템과 (그) 내용이 어떻게 현존하는 계급 및 사회관계를 보강해 주는지, 도전하는지 아니면 어떤 영향을 주는지 고심하였다. 둘째, 커뮤니케이션 정치경제학은 미디어-커뮤니케이션의 소유 통제, 지원 메커니즘(광고 등), 그리고 정부 정책이 어떻게 미디어의 형태와 그 내용물에 영향을 주는지를 구체적으로 고민했다. 이러한 연구는 커뮤니케이션의 생산, 배포, 소비에서 구조적 요인과 노동 과정에 역점을 둔다(McChesney, 1997/1998: 15).

초기의 (커뮤니케이션) 정치경제학 연구는 주로 커뮤니케이션 과정에서의 생산 측면에 대한 검토로부터 시작했다. 즉 미디어 사업체의 발전과 성장의 정치경제학적 연계성을 검토하는 데부터 시작했다. 그렇지만 정치경제학자들은 대량 소비 경제의 발전에 따라 소비의 사회적 관계와 조직 구조를 포함한, 가치 창출의 전 과정에 관심을 기울이지 않을 수 없었다. 그들은 대중적 인쇄 미디어, 전국적인 전신 전화 통신 체계의 확산, 그리고 무엇보다 라디오와 텔레비전의 확산이 구체적인 대량 소비를 부채질한다는 데 주목하였다(Mosco, 1996/1998: 89).

커뮤니케이션 또는 미디어 정치경제학은 커뮤니케이션을 주로 미디어나 언론의 개념으로 받아들여 미디어 기업의 소유와 통제 그리고 상업적 미디어가 생산하는 생산물의 경제적 측면에 주목하였다. 그들은 기존 미디어 연구와 언론 연구에서 주로 강조하였던 효과 연구와 행태주의 연구와의 차별화를 시도하며 미디어 기업의 경제적 측면과 생산적인 측면을 강조하기 시작했다.

이런 연구 경향은 커뮤니케이션 정치경제학을 문화연구와 구분짓기 시작했다. 문화연구는 미디어 텍스트와 수용자들의 상관관계, 그리고 미디어 텍스트 및 수용자와 현존 계급 및 사회관계와의 상관관계에 관심을 둔다. 문화연구는 미디어 내용을 생산하는 데 영향을 주는 구조적 요인을 연구하는 데는 별로 관심을 두지 않는다(McChesney, 1997/1998: 16).

크리스 바커Chris Barker는 《문화연구사전*The Sage Dictionary of Cultural Studies*》에서 문화연구와 정치경제학의 차이를 다음과 같이 설명한다. "문화연구는 담론 구성체로 파악할 수 있는데, 이는 이야기 방식을 제공하며, 특정한 사회 활동이나 제도적 장과 연합하여 작동하는 관념, 이미지, 그리고 실천의 집합체다. 즉 문화연구는 일정한 방식으로 대상에 대한 말하기에 의해 구성되며, 접합, 문화, 담론, 이데올로기, 정체성, 대중문화, 권력, 재현 그리고 텍스트를 포함하는 핵심 개념이나 사상, 그리고 관심사를 일관성 있게 결합시킨다"(Barker, 2004/2009: 123~124). 이에 반해, 정치경제학은 "권력 및 경제적 차원의 분배와 관련된 연구 분야다. 따라서 정치경제학은 경제, 사회, 문화 제도의 소유와 통제에 관한 문제를 다룬다. 정치경제학의 주된 관심은 문화산업의 기업 소유와 통제가 문화의 윤곽을 형상화하는 범위와 그 메커니즘의 연구와 관련되어 왔다"(Barker, 2004/2009: 291). 정치경제학은 미디어 기업의 소유와 통제 등 경제적인 측면에 집중하였고, 문화연구는 미디어 내용물의 담론 구성과 이야기 구조, 재현의 방식에 관심을 더 기울인다. 토대·상부 구조라는 은유에서 볼 때 정치경제학은 토대에 더 강조를 둔 반면, 문화연구는 미디어 기업이 생산한 내용물의 표현과 재현의 방식인 상부 구조 측면을 더 강조한다.

커뮤니케이션 정치경제학은 정치 권력 및 경제적 자원의 배분과 관련하여, 미디어를 둘러싸고 있는 경제, 사회, 문화 제도의 소유와 통제에 관심을 기울여 왔다. 주된 관심은 자본주의의 부정적인 측면이 공적 영역과 사적 기업에 가해지는 통제와 규제에 맞춰졌다. 자본의 논리가 어떻게 미디어 기업이 생산한 생산물인 상품을 통하여 나타나고 그 생산물의 소비가 사회에 어떤 영향을 미치는가에 관심을 기울여 왔다. 상대적으로 미디어 기업이 생산한 내용보다는 미디어 기업의 소유, 통제 그리고 미디어 기업의 생산적 측면에 초점을 맞추어 왔다. 지난 몇십 년 동안 급격한 발전을 해오며 시장의 확대를 지속해 온 자본주의는 유럽과 북미뿐만 아니라 중국을 포함한 다른 지역까지도 그 영역을 확대해 왔다. 세계화가 확대되며 시장의 세계화가 급격하게 진전됐다. 자본의 세계화, 상품 시장, 노동 시장의 세계화가 급속하게 확대됐다. 미디어 시장의 전 세계적 확장을 정치경제학 측면에서 다루는 분야인 문화제국주의나 미디어 종속론이 등장하기도 했다(임동욱, 2012). 미디어 시장에서는 문화산업이나 창조적, 지적 산업이 확대되고, 신기술이 미디어 산업과 결합하여 사회적 미디어가 등장했다. 미디어 산업도 그 규모를 키워 가며 미디어 산업의 매출액 규모도 급증하였다. 정치경제학은 전 세계적인 미디어 산업의 증대하는 역할과 그에 따른 자본의 영향력과 노동 과정 그리고 그에 따른 계급 관계에 관심을 기울이고 있다.

2) 비판적 미디어 정치경제학과 정보/문화의 정치경제학

정치경제학 연구가 자본주의의 구조적 모순을 밝혀내는 데 상당한 이바지했음에도 커뮤니케이션 정치경제학은 점점 더 복잡해지고 있는 현대 자본주의의 다양한 매스 미디어와 미디어 현상을 밝히는 데 한계가 있다는 지적이 있었다. 이런 흐름과 관련해서 정치경제학 연구를 포함해서 매스 미디어 연구에서 신수정주의 흐름이 나타나고 있다는 주장이 제기됐다. 제임스 커런James Curran은 자신의 연구를 포함해서 비판적 미디어 연구 전반과 정치경제학 연구에도 신수정주의 흐름이 나타났다고 주장했다. 그가 주장하는 수정주의 경향이란 비판적 미디어 연구뿐만 아니라 정치경제학 연구에서도 정통적인 마르크스 연구 전통에서 벗어나서 '창의성,' '수용자의 재개념화,' '대중적 미학에서의 다원적 주체' 등의 다양한 '다원적' 주제를 다루고 있음을 지적한다.

> 가장 중요하고도 의의 있는 전면적 전환은 급진 연구 전통 내부에서 다원적인 주제들이 꾸준히 불거져 나왔다는 사실이다. 특히 마르크스주의의 총체적 설명력의 틀에 대한 거부, 창의적이고 능동적인 존재로서의 수용자 재개념화, 그리고 정치적인 것에서부터 대중적 미학으로서의 전환에 대한 다원적 주제 등이 그것이다. (Curran, 1990: 157~158)

수정주의란 마르크스-레닌주의에서 혁명적 정치 방침과 전략 전술을 수정한 것을 말한다. 이는 마르크스주의가 노동자 계급의 혁명 운동에 있어서 마르크스주의를 가장하고 있다는 비판에서 시작된 것이다. 그 발생은 마르크스주의가 노동자 계급 안에서, 비프롤레타리아적 입장의 모든 사회주의(프루동주의, 라살레주의, 무정부주의)에 대해 승리하던 시기인 19~20세기에 나타났다. 이 시기는 자본주의가 제국주의 단계로 이행한 때이기도 하다. 이 조류의 사회적 기반은 제국주의 부르주아의 영향에 있고, 제국주의에 의해 프티 부르주아가 몰락하여 노동자 계급으로 흘러 들어가면서 노동 귀족이 매수되고 양성되었다. 수정주의는 마르크스주의의 혁명적 성격을 제거하고 노동 운동 안에 부르주아 사상을 끌어들여 부르주아의 이익에 봉사하는 것을 말한다(철학사전편찬위원회, 2009: 515). 그런데 커런은 이런 수정주의 경향이 미디어 연구 분야, 특히 비판적 미디어 연구 분야와 정치경제학 연구에서도 발생했다고 주장했다. 커런은 "계급 갈등 사회 모델과의 결별은 이전 입장으로부터의 후퇴"를 가져왔다고 주장하며, "정치경제학 접근 방법이…… 맨 먼저 휘청했다"고 보았다(Curran, 1990: 157~158). 커런의 정치경제학에 대한 비판은 영국의 정치경제학을 이끌어왔던 그레이엄 머독Graham Murdock과 피터 골딩Peter Golding의 연구 경향에 변화가 일어났다는 것을 지적함으로써 시작됐다. 커런에 의하면, 골딩은 영국의 타블로이드 신문들의 복지후생 수혜자들에 대한 공격의 원인을 언론 소유와 통제가 아닌 이데올로기 관리와 언론인의 개인적 가치관으로 설명했다는 것이다. 머독 또한 1981년 영국에서 발생한 인종 폭동의 취재 보도를 설명하는 데 소유 통제와 경영 관리 측의 알력보다는 정보 제공원과 담론 분석 쪽으로 돌아섬으로써 정통 마르크스주의로부터 후퇴했다고 주장했다(Mosco, 1996/1998: 146). 이에 대해 골딩과 머독은 커런의 비판이 자신들 연구의 다양한 분야를 고려하지 않은 것이라면서, 자신들의 연구는 정치경제학적 접근 방법의 기존 원리로 되돌아가는 것이라고 주장했다(Golding & Murdock, 1991). 커런의 비판은 정치경제학의 범위에 대한 해석의 문제를 일으켰다. 머독과 골딩의 연구 주제는 기존의 미디어 기업의 소유와 구조, 통제에 더해 계급, 미디어 상품의 소비와 유통 경로 그리고 공공 미디어와 미디어의 보도 경향까지를 포괄하는 광범위한 영역이다.

커런은 정치경제학의 비전과 범위에 대한 명시적인 개념을 내놓지 않으면서, 머독과 골딩의 연구를 신수정주의라고 비판한다. 커런이 '신new'이라는 단어를 붙이긴 했지만, 수정주의란 용어를 사용한 것은 정통 마르크스주의에서 강조하는 계급적 관점이 빠졌다는 점을 지적한 것이다. 특히 미디어 연구에서 텍스트의 이념성을 강조한다든지 수용자들의 의미 구성에 대해 강조를 함으로써 수정주의에 대한 논쟁이 가열되었다. 가령 안토니오 그람시Antonio Gramsci와 루이 알튀세르Louis Althusser의 문제의식에 영향을 받아, 이데올로기의 분석 내지는 의미 영역에서의 투쟁과 같은 상부 구조적 차원에 치중하는 방식의 '문화연구'는 전통적 마르크스주의에서 벗어나서 수정주의적 전통을 따른다는 비판이 있었다(임영호, 1992: 63). 그러나 커런은 "그것이 정치경제학 분석에서 지금까지 결여되었던 진지한 논의를 터줄 기회를 열어 주기 때문"에 상당한 의미를 지닌다고 주장해 정치경제학에 대한 범위와 적용에 혼선을 불러일으켰다. 커런의 비판은 정치경제학과 문화연구의 상관관계, 정치경제학과 마르크스주의 이론과의 상관관계 그리고 정치경제학과 커뮤니케이션 연구 전반에 걸친 광범위한 접근법의 상관관계를 포함한 정치경제학적 접근법의 중심 문제를 제기했다고 할 수 있다(Mosco, 1996/1998: 149~150).

골딩과 머독은 이런 비판에 대응하여 '비판 정치경제학critical political economy'을 제시했다. 그들은 비판 정치경제학을 '미디어의 의미 구성과 소비'에 중점을 두는 문화연구와 구별되고 미디어 산업의 경제적 조직 구조만을 다루는 '미디어 경제학'과도 차별화하는 것이라 했다(Golding & Murdock, 1991). 커뮤니케이션 정치경제학에 대한 비판에 대응하여 커뮤니케이션 연구를 성찰하자는 흐름도 나타났다. 이는 빈센트 모스코Vincent Mosco의 저술에서 잘 드러난다. 모스코는 "정치경제학에 대한 성찰은 수정주의·기회주의적인 봉합과 사실상의 거부로부터 나오는 변혁 사이의 어딘가에 위치한다. 그러한 성찰은 정치경제학적 접근 방법의 중심 원리와 여러 가지 표현을 비판적으로 시인하는 데서부터 시작한다"고 했다(Mosco, 1996/1998: 176). 그는 비판 정치경제학의 방향과 영역을 인식론적으로 그리고 존재론적으로 접근할 것을 제시한다. 인식론적으로는 포괄적이고 비환원주의적 접근 방법과 결정론에 대한 거부를 제시한다. 존재론적으로는 커뮤니케이션 또는 미디어의 "상품화," "공간화," "구조화"를 제시한다(Mosco, 1996/1998; Mosco, 2006).

머독과 골딩은 정치경제학을 보완하기 위해 비판적 정치경제학을 제시한다. 그들에 따르면, 비판 정치경제학은 전통적 정치경제학과 네 가지 측면에서 다르다고 주장한다. 첫째, 그것은 총체적이다. 둘째, 그것은 역사적이다. 셋째, 그것은 자본주의적 기업과 공적 개입 사이의 균형과 중요한 관계가 있다. 마지막으로 정의, 평등 그리고 공공재의 기본적인 도덕적 질문에 관여하는 효율성의 기술적 쟁점을 뛰어넘는 것이다(Murdock & Golding, 2005). 이는 가장 중요한 점이다. 재닛 와스코Janet Wasco, 머독, 헬레나 소사Helena Sousa는 '비판 정치경제학'의 다음 네 가지 과제를 거듭 수정 보완하여 제시했다. 첫째는 총체적이다. '경제'를 특별하고 제한된 영역으로 취급하기보다는, 비판 정치경제학은 경제적 실천과 사회적, 정치적 기구 사이의 관계에 초점을 맞춘다. 둘째는 역사적이다. 단독으로 또는 주로 즉각적 사건에 집중하기보다는 비판 정치경제학은 현대적 변화의 충분한 이해는 시간의 긴 고리 동안 펼쳐진 변화, 변이, 모순의 분석에 기반을 두어야 한다. 셋째, 객관적 과학 그 자체를 제시하려는 노력 속에서 도덕 철학과 함께 역사적 연결에 복무하는 경제학과 달리, 비판 정치경제학은 사회적 정의와 민주적 실천에 기반을 둔 문화와 커뮤니케이션 산업 조직과 상품 사회의 구성 사이의 관계에 주된 관심을 두어야 한다. 넷째, 비판적 분석은 변화를 위한 실천적 행동을 통한 분석 논리를 따르는 의무에 복무하는 실천을 강조한다(Wasco, Murdock & Sousa, 2011: 2). 머독은 비판적 정치경제학에 대한 구체적인 대안으로서 '상품, 선물, 그리고 공공재로서의 도덕 경제'를 제안한다. 그는 그 글에서 정치경제학에 '정치'를 집어넣고, '소유와 탈소유로서의 상품,' '공유지를 재주장하는 공공재,' '호의를 추구하는 선물,' 그리고 '디지털 공유지'와 '디지털 선물'의 개념을 넣을 것을 제안했다(Murdock, 2011).

니콜라스 간햄Nicholas Garnnham은 "정치경제학의 재방문"이란 글에서 커뮤니케이션(소통), 미디어, 문화, 정보의 개념을 재정리하여 '정치경제학'의 방향과 영역을 새롭게 정립할 것을 제안한다. 그에 따르면, '커뮤니케이션' 또는 '미디어'라는 용어가 상호 관계적 커뮤니케이션으로 모델화할 수 있는 커뮤니케이션의 채널과 그 과정, 그리고 특히 다른 중요한 관계와 동학을 가로막는 신문과 방송인 매스 미디어 분야에만 초점이 맞춰진 협소한 개념이라는 것이다. 그는 '커뮤니케이션 정치경제학'이나 '미디어 정치경제학' 용어의 사용이 적당치 않다고 본다. 문화 영역의 사적 유물론의 연구 전통 — 커뮤니케이션 채널과 과정 그리고 매스 미디어의 모든 영역이 하위 영역을 포괄하는 상징적 형태의 생산, 유통 그리고 소비 — 분야를 간햄은 강조한다. 그는 이 연구 전통을 '문화 정치경제학political economy of culture'이라고 하겠지만, 이 또한 충분치 않다고 말한다. 간햄은 오늘날 문화의 개념이 협소하게 쓰인다고 지적하면서 이는 정보, 정보 경제, 그리고 정보 사회라는 용어에 갇혀서 비물질 생산 상품과 서비스 시장 그리고 비물질 노동과 비물질 상품의 동적인 효과를 무시하는 결과를 초래한다고 말한다. 그는 궁극적으로 '정보 정치경제학political economy of information'을 제안한다(Garnnham, 2011: 41). 그에 따르면, '정보 정치경제학'으로의 변환은 세 가지의 주요 변화를 수반한다. 첫째, 기술 기반의 재생산과 유통 시스템에 근거한 문화생산에 대한 근대의 인식은 네트워크 경제와 규제에 대한 기술 발전에 초점을 맞추었다. 둘째, 비물질 문화 노동의 특수성에 대한 인식은 정보 또는 지식 노동자 그리고 증가하는 서비스 영역 내에서의 일반적 생산성의 문제로 이르게 한다. 셋째, 상징 상품과 서비스 시장에서의 특수성과 불안정성에 대한 인식은 광범위한 정보의 정치경제학으로 이끈다. 세 영역에서의 발전 효과는 단호하게 최종적 욕구로서의 문화연구를 정보 상품과 서비스 그리고 주요 생산 상품과 서비스로서의 커뮤니케이션 네트워크, 그리고 가정의 문화 욕구가 아닌 일반적 생산 내에 있는 동학에 의해 추동되는 발전의 연구로 초점 변환을 하게 한다(Garnnham, 2011: 52).

간햄이 커뮤니케이션 개념을 미디어나 언론에 국한하는 것에서 벗어나서 문화나 정보의 개념으로 확대하자는 것은 적절한 주장이나 이로는 충분치 않다. 커뮤니케이션을 미디어의 개념에서 벗어나서 문화나 정보의 개념으로 이해하는 것은 타당하나, 커뮤니케이션 혹은 소통이 이 세계에 접속한다는 것, 소통이 몸의 체화라는 소통의 포괄적인 개념에까지는 다가가지 못하고 있다. 지식, 서비스, 인지, 정보, 감정이 점점 중요해지는 사회에서 소통은 단순히 미디어와 언론의 역할을 벗어나서, 그 역할과 기능이 더욱 퍼지며 그 중요성이 더해 가고 있다. 소통이 또한 욕망을 부추기는 욕망 자본주의와 소비자본주의에서의 자기표현으로 확장되고 있다는 사실을 인지하지 못하고 있다.

3. 디지털/정보화 시대, 커뮤니케이션 정치경제학의 현황과 쟁점

1) 디지털/정보 시대의 가치 변화와 정치경제학의 재해석

산업화의 과정은 농업과 광업에서 공업으로의 이동으로 본다면, 정보화 과정은 공업에서 지식, 정보, 서비스 산업으로의 이동이라 할 수 있다. 이 과정에서 지식과 정보, 서비스 직종에 종사하는 사람들이 대폭 늘어났다. 특히 서비스 직종에 종사하는 사람들이 늘어났다. 여기서 서비스라는 용어는 교육, 금융, 보험, 회계, 병원과 약국에 종사하는 사람을 포함한 건강 관리, 운송, 연예·오락, 광고에 걸쳐 광범위한 범위의 활동들을 포괄한다. 이 활동들은 비물질 노동이며, 지식과 정보, 서비스 노동, 돌봄 노동, 감정 노동, 정동 노동[1]을 포함한다.

1 자율주의자들은 비물질 노동의 하나로 '정동 노동'을 강조한다. '정동'이란 개념은 질 들뢰즈Gilles Deleuze가 스피노자를 빌어 개념화했다. 들뢰즈는 스피노자가 affecto(affection)를 정서로 변역하는 것과 달리, affectus(affect)를 정동으로 번역하는 것이 더 낫다고 하며, 정동 개념을 사용했다. 들뢰즈에 의하면, 스피노자는 정동을 "정서가 봉인하는 어떤 것"이라 했다. 스피노자는 정서는 정동을 봉인한다고 했다. 정서는 문자 그대로 효과effect임을 기억하는 것이다. 정서는 나에게 가해지는 어떤 사물의 이미지의 순간적인 효과다. 나의 행위와 연결되어 있는 사물들의 이미지가 정서인데, 정서는 봉인하고 함축하는 것이다. 봉인한다는 것은 그것들을 물질적 은유로 받아들이는 것이기 때문에 정서 안에 정동이 존재한다고 하였다. 정동은 정서에 의존하는 것이 아니고, 정서 안에 정동이 존재한다(Deleuze, 1981/2005: 84~85).

기계가 도입되고 컴퓨터로 인한 자동화가 진전되면서 지식과 정보, 서비스의 역할이 중요해졌다. 노동 시간의 연장으로 이루어지던 자본의 노동에의 형식적 포섭이 기계나 자동화로 인해 실질적 포섭으로 바뀌고 있다. 노동 과정에서 근본적 변화가 일어난 것이다. 노동 과정과 노동관계에서의 근본적 변화는 '가치 법칙'에 대한 부정으로 이어지고 이는 정치경제학에 대한 재해석으로 이어졌다. 기계화와 자동화, 정보화는 제조업 공정을 재정의하고 노동 과정을 변화시키면서 사회 전반에 큰 영향을 주고 있다. 예를 들어 산업 공정 내부에서 인지화, 정보화가 진척되면서 정보 네트워크들을 산업 공정 전반에 도입하고 있다.

지적 노동과 인지 노동, 감정 노동이 중요해지면서 생산 과정의 변화와 가치 법칙의 변화가 일어난다. 이 변화는 실질적 부의 창출이 소비된 직접적 노동 시간에 비례하지 않고 과학의 전반적 상태와 기술 진보 혹은 생산에 대한 과학의 적용에 더욱 의존하게 됨을 의미한다. 임금의 가치로부터의 유리 가능성은 일차적으로 생산 과정의 이러한 변화로부터 주어진다(이원영, 1997: 35). 생산 과정의 변화는 전자 기술, 노동 과정의 탈중심화와 유연화, 생산 과정에서의 지식과 정보, 의사소통의 증대, 노동자의 기계로 대체에 따른 노동자의 배제라는 포스트포드주의에서 나타난다. 포스트포드주의는 컴퓨터 기술과 정보 통신이라는 정보적 구조 변화 때문에 가능한 것이었다. 자본의 '유연적 축적'이 가능해지는 노동의 유연성, 생산의 유연성, 소비의 유연성은 그 이전의 체제와는 다른 모습으로 나타난다. 이 유연성은 첫째, 다중 숙련multiskilling, 탄력 근로제와 같은 노동의 유연성, 둘째, 적시just-in-time 체제와 같이 융통성 있고 비용을 절감할 수 있는 생산의 유연성, 셋째, 전자통신 기술로 인해 소비자의 변화하는 생활 양식과 성향을 반영할 수 있는 소비의 유연성으로 구체화한다(Webster, 2014/2014: 203~206). 1970년대 이후, 컴퓨터와 인터넷의 대중화에 따른 지식 기반 경제가 활성화면서 생산 과정과 노동 과정에서의 급격한 변화가 일어난 것이다. 포스트포드주의의 생산에서는 노동자를 기계로 대체함에 따라 나타나는 '사회적으로 필요한 노동 시간'의 급격한 축소 현상이 나타난다.

가치는 교환 관계 속에서 구체화하는데, 교환 관계 안에서의 노동은 사회관계를 통해서 표현된다. 생산관계는 생산 과정 내에서 인간관계, 특히 생산 수단의 소유관계, 행위와 작업, 노동의 교환 관계, 협업·분업 관계, 생산 과정에서 다양한 사회 집단과 계급이 차지하는 위치 및 분배 관계 등을 포괄한다. 이러한 다양한 관계의 본질적인 구조에 의해 사회 전체의 성격이 결정된다. 생산관계는 기본적 사회관계를 결정하며, 역사적·사회적 생산관계의 구체적 형태는 생산력의 발전 정도에 의해 규정된다. 생산관계는 생산력의 발전을 촉진하거나 저해하는 작용을 하며, 생산력과 함께 사회의 발전 정도를 나타낸다.

생산력의 급격한 진전에 따라 가치의 척도도 달라진다는 주장이 제기됐다. (사용 가치뿐만 아니라 교환 가치의 측면에서도) 가치가 척도를 벗어나 가치 측정이 어렵다는 문제 제기가 끊임없이 제기돼 왔다. 특히 정보, 서비스, 감정, 정동이 중심이 되는 사회의 가치

측정이 어렵다는 주장이 대두되었다. 감정이나 정동은 측정하기 어려운 측면이 있으므로 새로운 생산 국면에 돌입한 비물질 생산과 노동에서의 가치 측정이 어렵다는 것이다. 가치 측정은 노동 가치 측정에 대한 논란으로 이어진다.

안토니오 네그리Antonio Negri는 고전 가치론과 마르크스의 노동 가치론을 다시 평가해야 한다고 주장한다. 그는 첫째, 노동 가치 척도의 측정 불가능성, 둘째, 화폐적 측정의 불가능성, 셋째, 노동력의 가치의 무장소적 성격과 이 측정의 불가능성을 내세우며 '가치 법칙' 측정에 대한 변경을 요구한다(Negri, 1999/2005: 169~170).

노동 시간의 감소는 자율주의자들과 포스트자본주의, 인지·정보 사회를 주장하는 자들의 '노동 사회의 소멸'에 대한 실마리를 제공하며, '가치 법칙'이 수정되거나 거부되는 근거가 된다. 자율주의자들은 탈근대화와 정보 사회와 정보 혁명에 대한 개념을 정리하면서 정치경제학에 대한 재해석을 시도한다. 그들은 지식과 정보 혁명으로 이루어진 정보화 시대에서 비물질 생산, 지적 생산, 서비스 생산에 주목했다. 또 지식, 인지, 정보, 소통의 중요성을 강조하기 위해 비물질 생산과 비물질 노동의 개념을 도입했다. 자율주의자들은 기존의 마르크스 정치경제학에서 강조했던 '경제'만의 강조보다는 인지와 정보, 소통 등의 '비물질'을 강조한다. 네그리에 의하면, "우리는 가치-정동이라는 주제를 정의하기 위해 정치경제학에 대한 무시로부터 출발할 필요가 있다"며 "정치경제학으로 돌아가기"(Negri, 1999/2005)를 주장한다. 네

그리는 노동을 측정할 가능성이 줄어들었기 때문에, 고전 가치론과 마르크스의 노동가치론을 다시 평가해야 한다고 말한다. 노동 시간의 감소와 '공짜 기계'의 출현은 '한계 비용 제로 사회'와 '노동 사회의 소멸'에 대한 실마리를 제공하며, '가치 법칙'이 수정되거나 거부되는 근거가 된다.

자율주의자들은 인지·정보 사회에서의 문화와 인지적, 정보적인 것 그리고 소통의 중요성을 강조했다. 그들은 토대/상부 구조 논의에서도 기존의 '정치경제학'에서 경제를 강조했던 것에서 나아가서, 문화적이고 지적인 것 그리고 소통적인 것에 더 강조를 두거나 양자의 관계를 자세히 들여다보자고 주장한다. 그들은 기존의 마르크스주의 정치경제학이 과도하게 경제적인 측면을 강조하는 것을 경계하며, 인지·정보 시대에는 지식과 정보 그리고 소통 등 문화 전반적 상황에 주목해야 한다고 했다. 자율주의자들은 정치경제학을 (과도한) 경제 중심에서 경제와 문화의 상호 교류interface라는 관점에서 볼 것을 주문했다.

자율주의자들은 정보화 시대에서 서비스 노동과 감정 노동에 주목하며, '정동'의 개념을 만들어 냈고 정동 노동의 중요성을 강조했다. 이 과정에서 이들은 문화와 상부 구조의 역할 그리고 소통의 역할과 기능에 주목했다. 그리하여 이들은 정치경제학에 대한 '재해석'을 주장했다. 이들은 정치경제학에서의 토대와 상부 구조 논쟁에서 문화의 역할을 강조하며 생산 과정에서의 소통과 언어의 역할을 강조했다. 이런 강조는 정치경제학에 대한 재해석 또는 정치경제학에서의 비경제적인 것(또는 문화적인 것과 인지적인 것)의 강조로 이어졌다. 이들은 소통을 정치경제학과 미디어 연구의 중심적인 주제와 과제로 끌어올렸다. 그러나 '포스트 자본주의'를 주장하는 폴 메이슨Paul Mason은 정보 사회에서도 가치 법칙이 여전히 유효하다고 주장한다(Mason, 2015/2017).

이들의 가치 측정의 어려움에 대한 강조는 물질 노동자와 비물질 노동자들의 공짜(부불) 노동, 감정 노동, 그림자 노동에 대한 가치를 측정하는 데 어려움을 불러일으킨다. 이들의 인지·정보적 생산과 정동 노동 등에 대한 강조는 인지·정보 산업이나 소통 산업 그리고 문화산업에 종사하는 종사(노동)자들의 생산 과정이나 노동 과정을 살피는 데는 아주 유용하다. 하지만 여전히 중요한 임무를 수행하는 물질 노동자의 공짜 노동 그리고 비정규직 노동자, 산업예비군의 노동(또는 일이나 작업)을 살피는 데 소홀할 수도 있다. 그런데도 이들이 인지 노동과 감정 노동에 관심을 기울이며, 비물질 생산 과정과 비물질 노동의 특성에 주목하고 그 과정에서 소통의 역할을 강조한 것은 높이 살 만하다. 특히 소통을 단순히 미디어나 언론의 개념으로만 보지 않고, 소통 과정 그 자체, 노동 과정에서의 소통의 역할과 특징을 자세히 들여다본 것은 더더욱 주목할 만하다.

2) 플랫폼/긱 경제[2]의 감정 노동과 그림자 작업

'일반 지성'[3]과 '사회적 지식'은 기계의 도입에 따라서 고정 자본과 사회의 생산력이 급격하게 변하는 현상을 잘 설명하지만, 이는 과학적 지식, 사회적·대중 지식, 인지·정보 능력, 서비스, 감정(정동) 노동, 유령 작업이나 그림자 노동 그리고 이와 관련된 의사소통(행위)에 관련된 논의로 이어진다.

인지·정보적 생산과 비물질 노동에서는 감정과 '정동'이 중요해졌다. 하트와 네그리는 지식 노동과 서비스 노동의 특징을 설명하기 위해 '정동 노동'을 개념화했다. 그들은 비물질 노동의 하나인 돌봄 노동caring labour이나 친족 노동kin work 그리고 감정 노동을 정교하게 설명하기 위해 정동 노동의 개념을 사용했다(Hardt, 1999/2005: 140~141). 인지·정보화 과정에서 지식과 정보, 서비스 직종이 늘어나면서 지식 노동과 감정 노동이 중요해졌다.

오늘날 인지·정보 사회, 디지털 경제, 플랫폼 생산, 온디맨드on-demand 생산에서 유령 작업 또는 그림자 노동이 중요한 작업

2 긱 경제gig economy는 비정규 프리랜서로 계약을 맺어 일하는 근로 형태 전반을 일컫는다.

3 일반 지성은 마르크스가 기계에 의한 노동의 점취를 설명하기 위해 《정체경제학 비판 요강*Grundrise der Politischen Ŏkonomie*》에서 언급한 것을 이탈리아의 자율주의 철학자들이 발전시켰다. 마르크스는 인간의 지적 행위 전반을 일컬을 때 '일반 지성'이라는 표현을 썼다. 이런 의미에서 우리는 모두 비노동 시간에 해당하는 소통(기술)과 일반 지성 그리고 언어 구사 능력을 자신의 내부에 포함하고 있다.

의 한 형태로 떠오르고 있다. 메리 그레이Mary Gray와 시다스 수리Siddharth Suri는 '온디맨드 경제'에서는 일과 직업의 경계가 사라진다면서, 그 실체로서 유령 작업을 제시한다. "대다수의 모바일 애플리케이션, 웹 사이트, 인공 지능 시스템을 운영하는 데 투입되는 인간 노동은 겉으로 잘 드러나지 않으며, 사실 의도적으로 감춰지는 경우가 많다. 이렇게 불투명한 고용 분야를 우리는 '고스트 워크ghost work'라고 부른다." 유령 작업은 인공 지능이 실수를 하거나 맡은 일을 완수하지 못할 경우, 기업이 사람에게 맡겨서 조용히 그 일을 완수하게 하는 일이다(Gray & Suri, 2019/2019: 10~11).

최근 그림자 노동의 전형이라 할 수 있는 '데이터 라벨링' 또는 '데이터 라벨러'의 숫자가 급증하고 있다. 2021년 1월 초, 인공 지능 학습 데이터 플랫폼 기업인 크라우드웍스가 '2020년 데이터 수집·가공 실적'을 발표했다. 이 기업은 온라인 플랫폼을 이용해 데이터를 수집하고 가공하는 회원(데이터 라벨러)의 숫자가 20만 명을 넘어섰다고 발표했다. 2020년 1월부터 8월까지 '크라우드웍스'가 271건의 데이터 라벨링 프로젝트를 했는데, 프로젝트당 평균 데이터 라벨링 수는 8만 7500여 개였다. AI 개발 기업은 데이터 라벨러를 고용하기도 하고, 크라우드웍스 같은 업체에 데이터의 수집, 가공을 의뢰하기도 한다. 크라우드웍스는 프로젝트를 수주하여, 작업을 세분화한 후 일감 목록을 온라인 플랫폼에 올린다. 회원들이 접속해서 데이터 라벨링을 하고 건당 돈을 받는다. 데이터 라벨링 작업은 '단순, 반복'이 기본이지만, 어떤 작업은 '섬세함, 생각'이 더해져야 가능하다(차형석, 2021. 2. 2).

이들 유령 노동자는 인공 지능의 부족한 부분을 찾아내어 당연하게 자동화되었다고 생각하는 시스템 뒤에서 일하는 노동자다. 그런데 이들의 작업이 인공 지능이 해결할 수 없는, 예를 들어, 고객의 취향과 기대에 부응하고, 평균적인 고객의 관점에서 해결해야만 하는 일을 해야 한다는 것이다. 이들 인간과 인공 지능의 조합은 정해진 규정 내에서 풀타임으로 교대 근무하는 제조업 공장의 틀에 박힌 운영 방식과 달리, 소득세 신고서를 고쳐 주고, 실시간으로 동영상을 번역하거나 자막을 넣는다든지, 자신의 음경을 찍은 성인물 사진을 '성인물 등급' 사진으로 솎아 내야 한다든지 하는 일들을 수행한다. 이들의 작업은 대부분 인간의 분별력과 통찰력, 창의성에 기반을 둔 일들을 수행한다(Gray & Suri, 2019/2019: 12～16). 눈에 보이지 않는 직업도 속출하고 있다. 최근 들어 초소규모 사업, 임시직, 자유 계약직, 자영업 등이 보편화하면서 전통적인 직업 개념이나 측정 기준이 모호해진다. 그에 따라 이들이 행하고 있는 작업이나 일들이 고용 상태인지 실업 상태인지를 가늠하기가 어려워지고 있다. 특히 디지털 경제, 플랫폼 경제, 블록체인 경제가 확대되면서 일과 작업, 놀이, 노동의 경계가 분명하지 않다(Sundararajan, 2016/2018).

공유 경제나 긱 경제에서도 노동의 형태는 상당히 불안정하다. 알렉산드리아 J. 래브넬Alexandria J. Ravenelle은 에어비엔비, 키친서핑, 태스크래빗 등 대표적 공유 경제 플랫폼 노동자의 근로 형태를 설문 조사했다. 그는 조사에서 공유 경제 플랫폼 노동자의 삶은 아주 불안하며, '공유 경제 안에서 공유하기란 힘들다'는 모순적 상황을 발견했다. 기업이 말하는 '공유 경제'의 핵심은 노동과 작업의 공유다. 그러나 긱 경제에서는 노동과 작업의 공유가 이루어지기보다는 작업이 비정규화되고 위험이 전가되고 있다. 예전에는 2차 노동 시장에만 국한됐던 위험이 이제는 직접 노동자에게 전가되고 있다. 또한, 이른바 위험과 책임의 외주화가 관리직과 전문직에까지 전이되는 것을 발견했다(Ravenelle, 2019/2020: 69~78). 이런 현상은 이른바 프레카리아트precariat가 늘어나는 사실에서 잘 나타난다. 이들은 육체노동자 집단의 밑에 있지만, 실업자나 소외된 사회 부적응자 위에 있는 고용 안정성이 위태하고 불안정한 계층이다. 노동 시장이 세계화되면서 외국인 노동자가 늘어나고, 어린이와 여성, 그리고 취약 계층이 이런 불안정한 시장에 편입해 들어간다. 노동자는 갈수록 고용이 더 불안정해져 가는 일이나 위험한 일에 종사하게 된다. 공유 경제와 긱 경제 또는 플랫폼 노동이라는 신기술 덕에 공적 영역과 사적 영역, 직장과 가정 간의 경계가 허물어지고 있다. 일자리에서의 작업 환경과 일정 그리고 가정생활과 사생활의 경계 또한 모호해지고 있다. 긱 경제와 플랫폼 노동은 불안정한 노동 시장에 불안을 더 가중한다. 래브넬은 긱 경제는 우리가 생각하는 공유 경제의 장밋빛 전망과는 사뭇 달랐다고 본다. 공유 경제에서 종사하는 긱 노동자들은 불안정한 삶을 살아가고 있다. 대다수 노동자는 노동력은 지니고 태어나나 자본은 가지고 태어나지 않는다. 그러나 공유 경제와 플랫폼 경제에서 영향력을 발휘하는 것은 노동력이 아니라 자본이다. 자본은 노동만큼 공정하게 분배되지 않는다.

각 경제에서 성공할 확률이 가장 높은 노동자는 사회적·경제적 자본을 가진 이들이다(Ravenelle, 2019/2020: 300～301).

음악, 방송, 잡지 산업에 종사하는 창의적 산업에서의 노동도 '좋은 노동'과 '나쁜 노동'이 구분된다. 데이비드 헤스먼달치David Hesmondhalgh와 사라 베이커Sarah Baker는 음악, 방송, 잡지 산업에 종사하는 창의 노동(자)에 대한 연구에서 좋은 노동과 나쁜 노동을 구분하며, 좋은 노동의 조건으로 '좋은 상품의 생산,' '자율성,' '자아실현'을 제시했다. 좋은 상품은 관련 노동자가 상품 생산을 통해 느끼는 기쁨과 만족이 담긴 텍스트나 콘텐츠다. 이와 상대적으로 나쁜 생산품은 노동자의 좌절과 실망감이 담긴 텍스트나 콘텐츠다(Hesmondhalgh & Baker, 2011/2016). 그들은 마르크스의 노동 소외 개념을 빌려와 창의 노동이 때로는 '그 일 자체가 좋아서 하는' 예술 노동자, 그리고 '객관적인 의문'을 풀어 가는 과학자 같은 직업군을 이상적으로 표현하는 데 쓰였다고 보며, 창의 노동의 이와 같은 특성이 노동자의 착취를 이끌 것이라는 가능성을 지적했다(Hesmondhalgh & Baker, 2011/2016: 333).

건강 서비스, 안내 서비스 등은 정서적 노동에 의지하며, 또한 유령 작업이나 그림자 노동은 인간의 보편적 분별력과 상식에 기초한 판단력이 필요하다. 이는 이들의 노동에서 지적 능력의 추상이라 할 수 있는 일반 지성이 중요한 위치를 차지하며, 또한 인간적 접촉과 상호 작용이 중요해진다는 것을 의미한다. 이들 노동이나 작업 또는 행위들은 인간적 상호 작용과 의사소통 행위에 기반을 둔 것이다. 이 노동은 편안한 느낌, 만족감, 행복감, 흥분, 열정을 수반하는 대인 서비스나 근접 서비스를 수반한다. 이들 노동이나 작업은 모두 경제 활동이지만 인간의 상호 작용과 소통 행위와 깊은 관련이 있다. 가치 법칙에서도 이익이나 잉여 가치가 어디서 발생하는지, 그것이 지급된 노동인지, 부불 노동인지, 생산적 노동인지, 비생산적 노동인지가 불투명하다. 일과 작업 때로는 일과 여가, 일과 놀이의 구분이 아주 모호해지고 있다. 일터와 작업장 그리고 휴식 공간의 구분이 모호해지며, 개인 생활과 공적 생활의 구분도 어려워진다. 플랫폼 노동자와 긱 노동자가 급증하며 이런 현상은 더욱 증대하고 있다.

3. 디지털 자본주의의 비물질 생산과 소통

1) 디지털 자본주의의 비물질 생산

디지털 자본주의는 한 국가나 기업 또는 개인이 인터넷을 이용하고 네트워크 시스템을 활용해서 이익을 추구하는 사회 체제다. 정보, 지식, 서비스의 생산이 확대되어 디지털 기술과 극소 전자 기술에 기반을 둔 인터넷과 네트워크 사회가 구축되는 사회다. 인지·정보 사회[4]에서는 인터넷과 컴퓨터 기술에 기반을 둔 디지

4 인지 자본주의는 베네치아, 제노바, 네덜란드 등에 의해 표상되는 상업 자본주의, 영국과 독일, 그리고 20세기 후반의 미국에 의해 표상되는 산업 자본주의에 이어

털 기술과 네트워크 체제가 사회 구조와 노동 구조를 바꾼다. 데이터, 정보의 양과 깊이가 폭을 더하고 컴퓨터 네트워크와 플랫폼의 양이 급증함에 따라 디지털 자본주의는 대규모로 시장을 넓히고 그 효율성을 높이고 있다. 디지털 자본주의는 급격한 사회적, 기술적 변화를 통하여 자본주의의 물질적·비물질 생산과 노동 과정도 급격히 변화시키고 있다.

지식과 정보, 서비스, 감정, 정동이 중요시되는 인지·정보 사회와 디지털 사회에서의 노동은 예전의 공장 노동과 다른 성격을 지닌다. 프랑코 베라르디Franco Berardi는 디지털 기술은 노동에 관한 완전히 새로운 시각을 제시한다고 했다.

> 디지털 테크놀로지는 노동에 대한 완전히 새로운 시각을 제시한다. 첫째, 이것은 개념과 실행의 관계, 그리하여 노동의 지적 내용과 그것의 물질적 실행의 관계를 변형시킨다. 육체노동은 자동적으로 명령받은 기계들에 의해 수행되기에 이르고, 혁신적인 노동, 즉 효율적으로 가치를 생산하는 노동은 정신노동이다. 변형되어야 하는 물질은 디지털 시퀀스에 의해 시뮬레이션된다. 생산

나타난 제3기의 자본주의를 지칭한다(조정환, 2011: 32~33). 이탈리아의 자율주의자들은 현대 자본주의에서 인지·정보의 중요성을 강조하기 위해 '인지 자본주의'라는 용어를 사용한다. 이들의 주장은 현대 자본주의에서 인지·정보의 중요성을 강조한다는 점에서는 의미가 있지만, 물질(육체)적 생산 과정과 육체노동의 중요성 그리고 이와 관련된 인지·정보적 관계를 간과한다는 비판을 받기도 한다. 따라서 나는 인지 자본주의라는 용어보다는 인지·정보 사회라는 용어를 사용하고자 한다.

노동(가치를 생산하는 노동)은 컴퓨터화된 자동 기계가 이제 재료에 이전하는 시뮬레이션을 수행하는 것으로 이루어진다. (Marazzi, 2008/2013: 58~59)

디지털 기술은 노동의 내용과 물질적 실행의 관계를 변형시킨다. 육체노동은 자동화한 기술과 지능화한 기술에 의해 변형되고, 가치를 생산하는 주된 노동은 지적인 노동이 된다. 디지털 기술에 의해 노동의 성격이 바뀌고 있다. 생산과 노동의 형태가 완전히 바뀐 이런 사회가 인지 자본주의인지 디지털 자본주의인지 아니면 플랫폼 자본주의인지, 그 이름이 어떠하더라도, 21세기 자본주의는 새로운 방식의 생산과 노동 과정을 창출한다. 지식, 인지와 정보가 중심이 되는 인지 자본주의 또는 디지털 자본주의는 바로 데이터에 기반을 둔 경제다. 닉 서르닉Nick Surnick은 《플랫폼 자본주의*Platform Capitalism*》에서 데이터는 생산 수단의 하나인 원료라고 했다. 그는 (어떤 것이 일어났다는) 데이터와 (어떤 것이 왜 일어났는지에 관한 정보인) 지식은 구분되어야 한다고 본다. 그에 의하면 데이터는 지식을 수반할 수 있지만, 이는 필수적 조건이 아니다. 데이터는 기록을 동반하기 때문에 어떤 형태건 물리적 매체가 필요하다. 이는 데이터 센터의 소비 전력만 보더라도 쉽게 알 수 있는데, 인터넷 전체는 전 세계 전력 가운데 9.2%를 소비한다. 데이터 대부분은 사용하기 전에 표준화된 형태로 정리되고 조직되어야 한다. 마찬가지로 학습 자료는 수동으로 입력되지 않으면, 시스템에서는 적절한 알고리즘이 생산되지 않는다. 이런 의미에서 데이터는 추출해야 하는 원료이며, 이용자의 활동은 그 활동의 천연자원으로 여겨져야 한다. 서르닉은 데이터를 마르크스가 제시한 노동 수단의 하나인 원료로서 바라본다. 원유와 마찬가지로 데이터는 이런저런 방식으로 추출·정제·사용되는 재료인 것이다(Surnick, 2016/2020: 45~46).

원유가 지구에 매장된 것에서 추출하는 자연적인 천연 원료라면, 데이터는 인간이 추출하고 가공한 인공적인 원료다. 이는 마르크스가 정의한 노동 과정인 노동 대상의 원료다.

> 인간을 위하여 최초부터 식량 또는 생활수단을 마련해 주고 있는 토지(경제학적 관점에서는 물水도 포함된다)는 인간과는 독립적으로 존재하며 인간 노동의 일반적 대상으로서 존재한다. 노동에 의하여 자연환경과 직접적 연결로부터 분리된 데 불과한 물건들도 모두 천연으로 존재하는 노동 대상이다. 예를 들면, 그 자연환경인 물로부터 떨어져 나와 잡힌 물고기, 원시림에서 벌목된 원목, 광맥에서 채취된 광석이 그러한 것들이다. 이와는 반대로, 만약 노동 대상 그 자체가 이미 말하자면 과거의 노동에 의하여 여과되어 있다면, 우리는 그것을 원료라고 부른다. 예를 들면, 이미 채굴되어 세철洗鐵 과정에 들어가는 광석이 그것이다. 원료는 모두 노동 대상이다. 그러나 모든 노동 대상이 다 원료인 것은 아니다. 노동 대상이 원료로 되는 것은 그것이 이미 노동에 의하여 어떤 변화를 받은 경우만이다. (Marx, 1867/1989: 229)

이런 의미에서 데이터는 정보 사회와 디지털 사회의 원유라 부를 수 있다. '정제된 데이터'는 각종의 플랫폼 사업에 쓰이고, AI 사업의 기초가 된다. 데이터는 미래의 아주 중요한 원료다. 누가 데이터를 확보하고 장악하느냐에 따라 사업의 성패가 갈리게 된다. 전통 산업에서는 원료로서의 데이터 사용과 추출은 특별히 뛰어나지 않았다. 그러나 플랫폼 사업이나 AI 사업에서는 데이터 자체가 핵심 원료로 쓰이고 있다. 데이터를 원료로 사용하여 새로운 모델과 사업으로 등장시킨 것이 플랫폼 사업이다. 플랫폼은 대체로 데이터를 처리해야 하는 내부 수요에서 출발하지만, 순식간에 쌓이는 막대한 데이터를 독점하고 추출 및 분석, 활용하는 효과적인 방식으로 발전하기 시작했다. 플랫폼은 복수의 집단이 교류하는 디지털 인프라 구조다. 따라서 플랫폼은 소비자, 광고주, 서비스 제공자, 생산자, 공급자, 심지어 물리적 객체[5]까지 서로 다른 이용자를 만나게 하는 매개자 위치를 차지한다(Surnick, 2016/2020: 49～50). 서르닉은 플랫폼 사업을 광고 플랫폼, 클라우드 플랫폼, 산업 플랫폼, 제품 플랫폼, 린 플랫폼 등 다섯 가지 유형으로 구분한다(Surnick, 2016/2020: 55～95).

AI 사업 또한 데이터를 원료로 하여 사업을 확장한다. 인공지능은 인공적으로 만들어진 지능을 지닌 기계나 시스템을 말한다. 인공 지능은 기계가 기존에 입력한 내용(데이터)에 따라 학습

5 이용자는 기계 장치도 포함한다. 사물 인터넷을 고려하면 중요한 추가 사항이다.

한 것을 조정하여 사람과 같은 방식으로 과제를 수행할 수 있도록 한 것이다. 따라서 인공 지능이 기능하려면 수많은 단어나 음성, 이미지, 텍스트 등의 데이터, 즉 원료가 필요하다. 인공 지능은 입력된 데이터를 일정한 알고리즘에 따라 인간처럼 사고하고 행동할 수 있게 해 준다. 인공 지능은 입력한 데이터를 기반으로 하여 기계가 인간의 학습 능력과 추론 능력, 언어 능력을 따라 할 수 있도록 컴퓨터 프로그램화한 것이다. AI 사업이나 플랫폼 사업 모두 데이터라는 원료를 사용한다.

스마트 기계와 컴퓨터를 사용하는 일반 대중은 스스로 데이터를 만들거나 가공하지만, 데이터를 소비하기도 한다. 디지털 기술과 스마트 기술은 데이터 생산과 가공, 처리, 소비 과정을 통해 지식과 정보 교환을 하지만 정서, 감정, 정동에 기반을 둔 교류와 소통이 함께 이루어진다. 전통적 산업에서 구축되었던 일반적 형식의 생산과 소비 형태가 지식, 정보, 데이터 기반 사회에 이르게 되면 이른바, '벽 없는 공장'이 탄생한다. 벽 없는 공장은 곧 정보 공장을 의미하며, 생산 과정이 컴퓨터, 정보 통신, 네트워크를 통해 연결된다. 인지 정보 사회의 자본은 더 확장된 네트워크를 활용하여 인지 정보, 문화, 소통, 감정과 정동, 서비스, 데이터 사업을 더욱 확장한다. 데이터, 지식, 정보에 기반을 둔 플랫폼 생산이 노동 과정을 변형시키고 있다.

2) 비물질 생산과 소통의 역할

물질적 생산에서도 그렇지만 비물질 생산에서는 지성과 지식의 역할이 더욱 중요해지고, 특히 소통(커뮤니케이션)의 역할이 중요해진다. 자본은 잉여 가치의 확대와 노동 탈취를 위해 과학 기술과 지성, 지식의 역할을 늘려간다. 특히 공장에서의 노동 통제를 위해 소통의 강화를 시도한다. 비물질 생산에서는 정보와 지식의 지속적인 교환을 시도한다. 지식과 정보, 서비스의 생산은 물질적 재화와 내구재 생산과 달리 비물질적인 것들을 생산하는 것이다. 정보와 지식의 교환은 기계와 기계 사이에도 필요하지만, 인간과 기계, 인간과 인간 사이에도 필요하다. 오늘날 비물질 생산은 컴퓨터와 인터넷에 상당히 의존하고 있다. 노동자의 인터넷과 컴퓨터(오늘날은 주로 스마트폰)의 사용은 기존의 노동 관행과 관계를 급격하게 바꿔 놓고 있다. 기계와 기계, 인간과 기계 그리고 인간과 인간 사이의 상호 관계가 급증한다.

자본은 사회를 좀 더 효과적으로 통제하고 종속시키기 위해서 이전보다 더 확장된 네트워크를 통해서 컴퓨터, 정보 통신, 미디어를 서로 연결했다. 과거 노동자들이 공장의 일관 조립 라인에서 노동했다면, 인지 정보 사회의 노동자들은 컴퓨터와 인터넷, 스마트폰으로 연결된 단말기와 플랫폼에서 일한다. 생산성 증대는 단순히 생산에서 노동자들이 차지하는 위치에 의해서가 아니라 문화, 정보, 감정적 가치들과 체계의 총체성에 의해서 발생한다. 정보 기술과 전산화에 의해서 발생하는 자본의 재구조화가 가속화된다. 노동자는 실질적 포섭 시대에서 지적인 노동력을 지닌 사람들로 구성된다. 그들의 지식이 기계와 정보화, 자동화에 포섭되어 있기는 하지만, 그들은 본질에서 지적인 노동력을 지닌 사람들이다. 따라서 그들은 지적인 협력과 소통을 생산할 수 있는 능력을 지니고 있다.

마우리치오 라자라토Maurizio Lazzarato는 노동 과정에서 소통의 문제, 특히 생산 과정에서 발생하는 자본가(경영자)와 노동자의 상호 관계에 주목한다. "'의사소통의 주체가 되라'는 경영진의 명령은 이전의 정신노동과 육체노동의 (구상과 집행의) 엄격한 분리보다 훨씬 더 권위주의적일 위험이 있다. 왜냐하면 자본주의는 노동자의 개성과 주체성까지도 가치의 생산 내부에 포함하려 하기 때문이다"(Lazzarato, 1996/2005: 185). 라자라토는 자본주의적 노동 과정에서 자본가와 경영진의 명령이 더 권위주의적으로 변하는 것은 자본가들이 노동자의 개성과 주체성까지도 가치의 생산 내부에 포함하기 때문이라고 설명한다. 이는 '정신노동과 육체노동의 (구상과 집행의) 엄격한 분리'라는 기존의 개념을 무너트린다. 지적 노동과 감정 노동 등의 비물질 노동에서는 (구상이 주가 되는) 정신노동과 (집행이 주가 되는) 육체노동의 분리가 엄격히 되기보다는 오히려 통합이나 융합되는 경향이 있기 때문이다. 인간의 정신적 행위나 육체적 행위는 이를 분리해서 생각할 문제가 아니다. 인간의 행위를 물질적(육체적), 비물질적(정신적) 행위 또는 구상과 집행 등의 이분법적 행위로 분리할 수는 없다. 인간은 그것이 물질적이든, 비물질적 행위이든 간에 구상과 집행을 따로 분리해서

행하지는 않는다. 우리가 분석의 단위에서는 인간의 행위를 육체적 행위와 정신적 행위로 분리해서 사고할 수는 있지만, 우리가 행위를 할 때 이를 정신적이거나 육체적인 것으로 분리하지는 않는다. 우리의 행위는 정신적·육체적 행위가 동시에 작용하여 이뤄진 결과다.

노동 과정을 순전히 개인적인 과정으로만 파악할 때는, 노동의 구상과 집행을 구분하는 것이 의미가 없어진다. 한 개인이 자신의 생활을 영위하기 위하여 행위와 노동을 할 때는 자기 자신이 활동의 주체가 된다. 개별적 인간이 각자의 행위와 노동을 할 때는 자신의 육체와 근육 그리고 생각을 자기 통제 속에서 한다. 자연계에서는 머리와 손이 한 짝이 되어 활동하지만, 인간의 개별적 노동이나 행위에서는 정신적 노동과 육체적 노동이 분리되지는 않는다. 그러나 노동의 성격이 사회적으로 될 때는 사정이 완전히 달라진다. 노동 과정이 사회적으로 되고 기계가 도입되면서부터는 자기 통제가 아닌 누군가의 통제를 받아야만 한다. 사회적 노동에서는 내가 주체가 아니라 통제를 당하는 객체나 타자의 역할을 해야만 한다. 이런 상황에서는 구상(정신)과 집행(육체)을 분리하거나 통합하는 것이 무의미해진다. 어떤 경우에는 이 두 가지의 기능을 적대적이거나 대립하게 만들어 버린다. 정신노동과 육체노동 또는 기획과 구상의 분리와 통합이 자체 통제에서 벗어나게 된다. 기계와 자동화가 도입되면서 자본이 노동을 포섭하고 대상화하는 것이 아주 자연스러운 현상이 된다. 특히 기계가 도입되고 자동화가 구현되면서 자본의 형식적 포섭이 실질적 포섭 자본이 된다. 기존의 노동에서는 노동자가 스스로 생각(구상)하고 자신을 통제할 수 있는 여력이 있었으나 이제는 기계와 컴퓨터를 장악한 자본가가 모든 노동 과정을 관리하고 통제하게 된다. 그래서 구상과 집행을 통합할 것이냐 또는 이를 분리할 것이냐의 문제는 전적으로 자본가의 몫이 된다. 노동 과정에서 노동자가 배제되고 자본이 생산 과정과 노동 과정 전반을 관리한다. 노동 과정에서 노동자의 소외는 가속되고 주체성의 상실로 이어진다. 생산 과정과 노동 과정에서 소통의 기능과 역할이 중요해졌다. 즉 소통 관계가 핵심 과제로 등장한다. 노동자와 자본가의 관계, 노동자와 경영자 또는 관리자의 관계, 노동자끼리의 관계가 중요해진다. 이 관계들이 수평적 또는 수직적 관계냐, 또는 권위주의적인 소통이냐 민주적 소통이냐, 개방적 소통이냐 폐쇄적 소통이냐 하는 소통 관계가 핵심적인 과제로 부상한다. 이런 의미에서 소통(커뮤니케이션)의 개념은 확대되어야 한다. 컴퓨터와 스마트폰, 최근에는 인공 지능의 작동 원리가 생산과 노동 과정에 깊숙이 스며들고 있다. 예전의 굴뚝이 있는 공장에서 생산되던 재화들이 이제는 컴퓨터와 스마트폰 그리고 인공 지능에 기반을 둔 생산으로 바뀌고 있다. 이전에는 노동자들이 어떻게 기계를 다루는가를 배우는 것이 필요했다면, 이제는 어떻게 컴퓨터와 스마트폰을 잘 다루느냐가 중요해졌다. 일반 지성 또는 사회적 지식이 노동 과정에 흡수되어 이제는 기계와 컴퓨터처럼 생각하여야만 한다. 이 모든 것이 소통의 상호 관계다.

4. 지평의 확대를 위한 소통의 정치경제학

인간은 존재와 존재를 연결하기 위해 소통을 시도하고 소통을 매개하는 인공물(미디어)을 만들어 냈다. 사회적 동물인 인간은 다른 동물들과 구별되는 인간 형질의 형성과 문화적 진전을 위해 소통 수단을 진화시켰다. 인간은 자신의 몸을 직접 활용하거나 자연을 이용해 인공물을 만들어 내며 소통을 시도했다. 직접 말하거나 글을 쓰기도 하지만 인간 자신이 만들어 낸 인공적인 매개물인 종이, 책, 신문, 영화, 라디오, 텔레비전을 활용하기도 한다. 인간은 자연과 관계하면서 존재와 존재를 연결하고 소통하기 위해 여러 가지 미디어를 만들어 냈다. 인간이 만들어 낸 미디어도 진화하고 발전하며 최근에는 SNS 등의 사회적 미디어도 탄생했다. 소통 양식은 소통하는 과정에서 발생하는 사회관계의 총칭이다. 소통 수단은 존재가 인식하고 인식한 것을 표출하기 위한 수단과 방식의 하나다. 언어는 인간이 만들어 낸 소통 수단의 하나다. 소통 수단은 존재와 존재를 연결하고 인간과 인간을 연결해 준다. 소통 수단을 만들어 내는 것이 소통의 생산이다. 인간은 자신의 몸을 활용하거나 다른 인공물을 만들어 소통한다. 소통 양식은 소통의 생산, 소통의 유통과 분배, 소통 관계를 총체적으로 바라보는 개념이다.

소통의 의미를 어떻게 규정하고 강조하느냐에 따라, 소통 양식, 지식·정보·기술 양식, 미디어 양식 등의 다양한 개념으로 사용할 수 있다. 소통 양식과 비슷하지만 주로 인간의 지적 행위나 정보 생산 그리고 비물질 노동과 국한해서 정보 양식이라는 개념을 사용할 수도 있다. 소통을 매개하는 수단과 미디어에 따라, 미디어 양식이라는 개념도 사용할 수 있다. 소통 양식은 인간의 소통 행위를 어떻게 보느냐에 따라, 그 의미가 아주 다양하게 다가온다. 소통의 의미를 아주 폭넓게 해석하여 존재가 존재를 인식한다고 하는 것에서부터, 아주 한정적으로 해석하여 인간의 언어 사용 행위에 국한하여 사용할 수 있다. 따라서 소통 양식은 존재가 자기를 드러내고, 표현하며, 세계와 접속하고 소통하는 방식과 관계 등을 논하는 것이다. 산업 사회 이후의 소통 양식은 정보와 지식, 서비스, 소통과 감정이 중요해지는 사회적 변화를 추적해야 한다. 자본주의적 생산 양식이 가치와 잉여 가치의 창출, 이윤 추구, 가치 법칙을 중시한다면, 자본주의적 소통 양식은 소통의 물질적인 것과 비물질적인 것의 생산과 소비 모두를 들여다보되, 그중에서도 인지적이고 지적인 것, 정보적인 것, 서비스적인 것, 감정적인 것이 어떻게 물질적인 것과 결합하는지에 주목해야 한다.

소통의 정치경제학은 지식, 정보, 서비스가 중요해지는 사회에서 지적, 문화적, 비물질 상품의 생산과 소비가 소통과 어떤 관련을 맺고 있는지, 그리고 소통이 자본주의적 생산에서 어떤 의미가 있는지를 살펴보는 것이다. 수렵·채집 사회의 생산 양식과 소통 양식, 농업 사회의 생산 양식과 소통 양식, 산업 사회의 생산 양식과 소통 양식, 그리고 자본주의 사회의 생산 양식과 소통 양식은 서로 다르다. 소통의 정치경제학은 서로 다른 생산 양식에서 어떻게 소통 양식이 다른 것인가를 살펴보는 것이다. 자본주의 사회에서는 농업 사회나 산업 사회와 달리 비물질 노동이나 지적 생산이 늘어나고, 소통(상품)의 생산, 유통, 소비에 대한 비중이 높아졌다. 특히 인지 자본주의 사회에서는 인지적 기능이나 일반 지성, 소통과 감정, 정동, 서비스 등이 중요한 역할을 한다.

자본주의를 하나의 생산 양식이라고 할 때 과연 정보 사회는 다른 생산 양식을 지닌 새로운 사회인가가 논란이 되고 있다. 학자에 따라 약간의 차이는 있지만, 대체로 인류가 겪는 문명과 생산 양식을 원시 공동체 사회, 고대 노예제 사회, 봉건주의 사회, 자본주의 사회라고 부르는 데는 큰 이의가 없다. 그렇다면 자본주의를 하나의 생산 양식이라고 볼 때, 정보(탈산업) 사회는 과연 자본주의와는 또 다른 새로운 생산 양식의 하나인가? 소통의 정치경제학은 소통 양식의 변화를 정치경제학적 방법에 따라 분석하는 것이다. 소통 양식이란 인간의 생활 양식을 소통의 관점에 따라 분석하는 것이므로 인간 소통 양식의 변화는 인간의 정치, 경제적, 문화적 행위와 관련이 있다.

새로운 유형의 사회, 즉 정보 사회가 출현했다고 하는 주장이 상당히 받아들여지고 있지만, 이에 반대하는 의견도 만만치 않다. 정보 사회를 주장하는 사람들은 산업 사회가 저물고 탈산업 사회 또는 정보 사회가 도래했다고 주장한다. 정보 사회와 탈산업 사회는 동의어로 사용되고 있다. 인류가 겪은 몇 차례의 혁명적 변화를 일컬어 농업 혁명, 산업 혁명, 정보 통신 혁명이라 부를 정도로 정보 통신 영역이 상당히 커지고 중요해졌다는 데는 누구나 동의한다. 그러나 이러한 변화가 과연 사회 양식과 생산 양식을 바꿀 정도의 큰 변화인가에 대해서는 많은 논란이 있다. 이런 논의는 포스트자본주의, 정보 자본주의, 인지 자본주의와 맞물려 논란을 불러일으키고 있다.

참고 문헌

이원영 (1997). 오늘날의 계급 구성과 '자율성' 개념의 발전, 쎄르지오 볼로냐 · 안또니오 네그리 지음, 이원영 편역 (1997). 《이딸리아 자율주의 정치철학》. 갈무리.

임동욱 (2012). 《세계화와 문화제국주의》. 커뮤니케이션북스.

임영호 (1992). 수정주의적 전통과 한국의 비판 커뮤니케이션 연구. 한국사회언론연구회 엮음. 《포스트 시대의 비판언론학》. 한울.

조정환 (2011). 《인지자본주의》. 갈무리.

차형석 (2021). 똑똑한 인공지능 뒤에 진땀나는 노동 있더라, 〈시사IN〉(2021. 2. 2) VOL 698.

철학사전편찬위원회 (2009). 《철학사전》. 중원문화.

Barker, C. (2004). *The Sage Dictionary of Cultural Studies*. [이경숙 · 정영희 옮김. 《문화연구사전》. 커뮤니케이션북스. 2009].

Curran, J. (1990). The New Revisionism in Mass Communication Research: A Reappraisal, *European Journal of Communication*, Vol 5.

Curran J. et al (1882). The study of the media: theoritical approaches, in Gurevitch, M. Bennet T. Curran, J. Woollacott. J. (eds). *Cuture, Society And The Media*. London & New York:Mehuen & Co. Ltd.

Deleuze, G. (1981). Lecture Transcripts on Spinoza's Concept of Affect, [서창현 외 옮김. 《비물질 노동과 다중》. 갈무리. 2005].

Garnnham, N. (2011). The Political Economy of Communication, Revisited, In Wasco, J. G. Murdock and H. Sousa (eds). *The Handbook of Political Economy of Communications*. Blackwell Publishing Ltd.

Golding, P. & Murdock, G. (1991). Culture, Communication, and Political Economy.

in James Curran & Michael Gurevitch (eds). *Mass Media and Society* (3rd Edition). London: Edward Arnold.

Gray, M. L. & Suri, S. (2019). *Ghost Work*. [신동숙 옮김. 《고스트워크》. 한스미디어. 2019].

Hardt, M. (1999). *Affective Labour*. [자율평론 번역모임 옮김. 《비물질 노동과 다중》. 갈무리. 2005].

Hesmondhalgh, D. & Baker, S. (2011). *Creative Labour, Media work in three cultural industries*. [안채린 옮김. 《창의 노동과 미디어 산업》. 커뮤니케이션북스. 2016].

Lazzarato, M. (1996). 비물질 노동. [서창현 외 옮김. 《비물질 노동과 다중》. 갈무리. 2005].

Marazzi, C. (2008). *Capital and Language*. [서창현 옮김. 《자본과 언어》. 갈무리. 2013].

Marx, K. (1867). *Capital*. [김수행 옮김. 《자본론 I [상]》. 비봉출판사. 1989].

Marx. K. (1857). *Grundrise der Politischen Ökonomie*. [김호균 옮김. 《정치경제학 비판 요강 II》. 그린비. 2007].

Mason, P. (2015). *Post capitalism*. [안진이 옮김. 《포스트자본주의》. 더퀘스트. 2017].

McChesney, R. (1997). 글로벌 커뮤니케이션 정치경제학 in McChesney R. et al (eds.) *Capitalism and the Information Age – The Political Economy of the Global Communication Revolution*. [김지운 옮김. 《커뮤니케이션 기술혁명의 정치경제학》. 커뮤니케이션북스. 1998].

Mosco, V. (1996). *The Political Economy of Communication*. [김지운 옮김. 《커뮤니케이션 정치경제학, 성찰과 새 출발》. 나남출판. 1998].

Murdock, G. (2011). Political Economies as Moral Economies, In Wasco, J. G. Murdock & H. Sousa (eds). *The Handbook of Political Economy of Communicati-ons*. Blackwell Publishing Ltd.

Murdock, G. & Golding, P. (2005). Culture, Communication, and Political Economy, in James Curran and Michael Gurevitch (eds). *Mass Media and Society* (4th Edition). London: Hodder Arnold.

Negri, A. (1999). 가치와 정동. [서창현 외 옮김. 《비물질 노동과 다중》. 갈무리. 2005].

Ravenelle, A. J. (2019). *Hustle and Gig: Struggling and Surviving in the Sharing Economy*. [김고영 옮김. 《공유경제는 공유하지 않는다, 긱이코노미의 민낯과 무너지는 플랫폼 노동자》. 롤러코스터. 2020].

Wasco, J., Murdock, G. & Sousa, H. (2011). Introduction: The Political Economy of Communications, Core Concerns and Issues In J. Wasco, G. Murdock & H. Sousa (eds). *The Handbook of Political Economy of Communications*. Blackwell Publishing Ltd.

Webster, F. (2014). *Theories of Information Society* (4th edition). [조동기 옮김. 《현대 정보사회 이론》. 나남. 2014].

Sundararajan, A. (2016). *The Sharing Economy*. [이은주 옮김. 《공유경제》. 교보문고. 2018].

Surnick, N. (2016). *Platform Capitalism*. [심성보 옮김. 《플랫폼 자본주의》. 킹콩북. 2020].

5장

디지털 미디어 저널리즘의 정치경제학

이진로

1. 디지털 미디어 기술의 발달에 따른 저널리즘의 변화

저널리즘은 사회의 형성과 유지·발전에 필요한 뉴스(정보)의 생산과 유통, 소비 활동을 총칭한다. 최근 미디어의 디지털화로 저널리즘 영역에서 디지털 미디어의 역할이 점점 더 커지고 있다. 인터넷과 컴퓨터가 결합한 디지털 미디어 기술의 발달은 기존의 저널리즘과는 상당히 다른 디지털 미디어 저널리즘을 등장시킨 것이다. 포털과 소셜 미디어 등 미디어 플랫폼을 통해 뉴스가 생산·유통·소비되는 디지털 미디어 저널리즘이 기자와 수용자에게 가져온 변화는 무엇인가? 또 그러한 변화는 긍정적인가?

디지털 미디어 저널리즘의 긍정적인 측면은 정보를 공유하는 개방된 공간이 제공됨으로써 뉴스 민주주의 실현 가능성이 높아진다는 것이다. 실제로 인터넷 포털이 제공하는 뉴스와 언론사 홈페이지의 뉴스 웹 사이트 그리고 소셜 미디어(카카오톡, 네이버

밴드, 페이스북, 트위터, 유튜브, 인스타그램 등)에서 유통되는 뉴스의 엄청난 규모는 낙관적 견해를 지지하는 사례로 제시된다.

컴퓨터와 통신 기술의 발달이 뉴스의 생산과 소비에 가져온 가장 큰 변화는 편리성, 경제성, 개방성 등이다. 편리성은 뉴스 원고의 작성은 물론 전달과 소비, 그리고 수용자의 반응 등이 즉각적이고, 누구나 쉽게 뉴스 인프라에 접근함을 의미한다. 경제성은 이와 관련된 비용이 기존의 신문과 방송 등에 의존할 때보다 매우 저렴해졌음을 말한다. 개방성은 뉴스의 생산과 소비의 주체가 비교적 폭넓게 열려 있고, 오늘날 시민 기자라는 표현에서 보듯이 누구나 기사 생산의 주체가 될 수 있음을 가리킨다.

하지만 기자가 뉴스를 작성하는 데 미치는 디지털 미디어 환경의 영향이 긍정적인 것만은 아니다. 기자의 노동 여건에서 회사 경영자는 물론 수용자의 간섭과 통제 의도에도 직면하는 점에서 자율성과 독립성이 위협받을 수 있다. 또한 기자는 양질의 기사 작성을 위해 광범위한 자료를 수집하고, 심층적으로 분석하여 통찰력 있는 뉴스를 제작해야 하지만 제한된 시간에 더 많은 뉴스 생산을 요구받는다.

이처럼 디지털 미디어 저널리즘의 긍정적 측면에서도 불구하고, 실제 기자의 작업 여건이 개선되었다고 보기 어렵다. 오히려 기자의 노동 조건은 치열한 시장 환경에서 생존하도록 노동 시간이 늘어나고 촘촘한 조직의 감시와 수용자의 클릭 수에 따른 평가 시스템으로 노동 강도는 더 강화되고 있다.

전통적으로 뉴스의 생산자는 저널리스트(언론인), 생산과 유통을 담당하는 기관은 미디어(언론사), 뉴스를 이용하는 소비자는 수용자로서 인쇄 미디어의 경우 독자, TV의 경우 시청자, 라디오의 경우 청취자, 유료 채널의 경우 가입자, 그리고 인터넷과 스마트폰의 경우 이용자 등으로 각각 불린다. 레거시 미디어인 방송과 신문은 시민에게 정보를 제공하는 일 대 다의 일방향 매스 미디어다. 이와 달리 인터넷과 소셜 미디어 등 뉴 미디어는 언론사와 언론인, 시민이 상호 정보를 제공하면서 동시에 수용하는 다 대 다의 쌍방향 멀티미디어다. 쌍방향 멀티미디어는 시각과 시청각, 청각 등의 다양한 표현 방식을 비롯해 상호 작용성, 동시성과 비동시성, 1인 미디어, 특정 및 불특정 수용자 등 다양한 특성을 지닌다. 이러한 특징은 민주주의 실현에 필요한 다양한 토론과 합의 창출 공간을 제공할 것으로 기대된다.

저널리즘 변화의 바탕에는 디지털 미디어 기술의 발달을 비롯해 4차 산업 혁명이 초래하는 사회 구조의 변화가 있다. 디지털 미디어 저널리즘은 기존 저널리즘의 성격은 물론 사회 전반의 특징에 영향을 준다. 디지털 미디어가 초래한 폭넓은 변화의 이해를 위해서는 정치경제학적 접근을 통한 총체적이고 변증법적 접근과 분석이 필요하다. 정치경제학적 접근은 자본주의 사회에서 미디어가 이윤을 추구하고, 지배 체제를 공고히 유지하는 역할을 극복하여 시민의 참여와 언론인의 진실 보도를 통해 민주주의 발전에 기여하는 방안을 모색한다.

2. 저널리즘의 현실과 정치경제학적 분석

1) 디지털 미디어 시대 언론 산업 자본의 순환

언론 산업 자본의 순환 모델

디지털 시대의 상품으로서 뉴스 생산은 인터넷으로 연결된 온라인 공간에서 대부분 이루어진다. 종이 신문과 지상파 방송이라는 레거시 미디어는 여전히 존재한다. 하지만 전체 미디어 시장(광고 시장 포함)에서 차지하는 레거시 미디어의 비중이 계속 감소하면서, 그 영향력의 상당 부분이 디지털 미디어로 이전되고 있다. 대체로 컴퓨터와 스마트폰이 뉴스 미디어로 활용되는 비중이 점차 커지고 있음은 이러한 변화를 잘 보여 준다. 특히 키보드와 카메라를 이용해 누구나 뉴스를 쉽고 편리하게 보도할 수 있는 뉴스 미디어의 낮은 진입 장벽이 언론 산업 전반의 경쟁을 격화시키고, 디지털 미디어에 기반을 둔 뉴스 생산의 기회와 성장 가능성을 높였다(캐플란, 2020: 29).

오늘날 디지털 미디어 시대 언론 산업 자본의 순환은 이전과 다르게 플랫폼 노동에서 나타나는 임금을 지불하지 않는 노동의 잉여 가치가 포함된다. 이런 맥락에서 뉴스 상품의 가치 증식 과정을 크리스티안 푹스Christian Fuchs(2014)의 모델을 통해 알아본다.

그림 1은 산업 자본이 세 가지 단계를 거쳐서 가치 증식의 반복 운동을 하고 있음을 보여 준다. 1단계인 구매 단계에서 자본가는 생산 수단(PM)과 노동력(AK)을 구매하여 화폐 자본을 생산 자

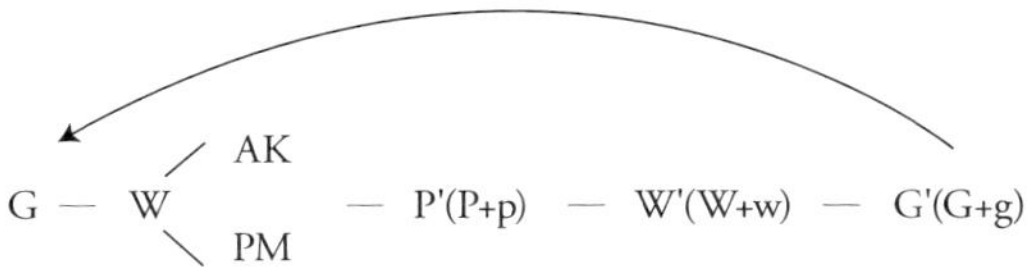

G: 화폐, W: 상품, AK: 노동력, PM: 생산 수단, P: 생산 과정(디지털 이전의 경제), p: 플랫폼 부불 노동, P': 디지털 시대 부불 노동이 포함된 생산 과정, w: 상품화된 잉여 가치, W': 잉여 가치를 포함하는 상품, g: 화폐화된 잉여 가치, G': 잉여 가치를 포함하는 화폐

그림 1 디지털 미디어 시대 가치 증식 과정의 변화와 언론 산업 자본의 순환

출처: Fuchs, 2014에서 수정.

본으로 전환시킨다. 생산 수단 중 고정 자본인 기계의 중요성은 과학 기술 성과의 경제적 가치 결정에 따라 점차 감소된다. 예를 들어, 애플과 같은 기업의 주식을 결정하는 요인으로 기계와 토지 등의 물질적 자산 대신 기업의 연줄contact, 마케팅 네트워크의 잠재력, 매출의 견고성, 경영자의 조직 능력, 직원의 창의력 등 무형 자산이 더 중요시된다(Marazzi, 2011/2014: 127). 앨빈 토플러Alvin Toffler(1991)는 이에 대해 자본이 급속히 초기호화super-symbolic된다고 말한다.[1] 2단계는 생산 단계로 자본가는 구매한 생산 수단과 노동력을 생산에 투입하는데, 생산 자본은 잉여 가치를 포함한 상품 자본으로 전환된다. 3단계는 자본가가 상품 판매 이후 잉여 가치가 화폐화됨으로써 증식된 화폐 자본으로 전환한다. 산업 자본

1 여기서는 고정 자산에 대한 논의는 가급적 최소화한다.

의 현실적 순환 운동은 유통 과정과 생산 과정이 통일된 3단계의 순환이다.

디지털 미디어 산업의 플랫폼 노동

디지털 미디어 시대의 뉴스를 비롯한 콘텐츠 생산, 유통, 소비 그리고 이를 수용하는 장치device 시스템이 사회 전반으로 분산되었기에 제조업 공장이 사회적으로 분산되고, 벽이 사라진 현상이 그대로 미디어에 대해 적용될 수 있다(Negri, 1989; Dyer-Witherford, 1999/2003; 김동원, 2015). 미디어 플랫폼은 안정적 규모의 이용자를 확보해 콘텐츠 제작자와 수용자의 커뮤니케이션을 위한 유무형의 시공간 시스템이다(공공미디어연구소, 2013). 여기에는 포털과 소셜 미디어, 유료 방송 플랫폼 등이 포함된다.

플랫폼 노동은 SNS나 애플리케이션 등 디지털 플랫폼을 통해 노동력이 거래되는 근로 형태다. 인터넷으로 연결된 스마트폰의 보급이 확대되면서 일상화된 플랫폼 노동에서 노동자는 사용자에게 종속되지 않은 자영업자로서 디지털 네트워크를 통해 선착순과 인접한 장소, 가격 등 노동 조건의 선호 순위를 반영한 알고리즘 방식으로 거래가 조율되는 점에서 특수 고용 노동자(특고), 사이버 노동자, 크라우드 워커crowd worker 등으로 불린다. 이는 배달, 배송, 운전 등에서 대표적으로 나타나고, 음식 조리와 접객, 판매, 통·번역 서비스 등에서도 확산되고 있다. 플랫폼 노동에서 고용주의 필요에 따라 주로 일회성 업무를 수행하기 위해 디지털 플랫폼을 통해 초단기로 계약을 맺는 노동자를 긱 워커gig worker

라고 부른다. 이는 프리랜서 가수가 장기적 지속성을 보장 받지 않은 채 한 곡의 노래를 녹음하거나 공연하는 경우가 해당한다.

플랫폼 노동을 선호하는 이유는 자본의 잉여 가치 증식 과정에서 불변 자본에 해당하는 건물과 토지, 생산 장비 등의 고정 투자를 디지털 플랫폼이 대체하여 최소화하고, 가변 자본인 노동자의 구매에서 노동력의 재생산에 필요한 휴식 시간에 지급하는 비용을 제외하여 인건비를 최소화하기 때문이다. 예를 들어, 디지털 미디어 플랫폼인 유튜브에서 영상 콘텐츠 생산과 소비가 이루어지는 과정은 영상 콘텐츠 제작의 장벽이 없기에 누구나 참여하고, 이용자의 콘텐츠 소비 과정은 키워드와 시청 시간에 기반을 둔 추천 알고리즘의 사용을 통해 이루어진다. 유튜브 운영 기관은 영상 콘텐츠의 생산과 소비에는 직접 관여하지 않은 채 디지털 플랫폼 시스템의 구축과 운영에 개입하면서(불변 자본의 최소화) 구독료와 광고를 통해 수입을 확보하고, 그에 비해 상대적으로 작은 규모의 콘텐츠 확보 비용을 조회 수 등에 따라 제공함으로써(가변 자본의 최소화) 고도의 잉여 가치를 실현시킨다(Marazzi, 2011/2013; 신현우, 2021).

플랫폼 노동자 중에서 인터넷과 소셜 미디어를 무대로 활동하며 일정한 수용자를 확보하게 되면 팬덤 기반의 공동체에서 유명 인사가 되기도 하는데, '미시적 명사micro celebrity'(Marwick, 2015; Senft, 2008, 2012), '인터넷 명사internet celebrity'(Abidin, 2018), '하위문화 미시적 명사micro celebrity'(Raun, 2018) 등으로 언급하기도 한다. 이들은 온라인과 현실 공간의 괴리로 어려움을 겪으며 이 간격을 줄

이기 위해서는 진정성과 친밀성을 상품화하는 정동 노동affective labour'을 요구받는다(Marwick, 2015). 이러한 인터넷 명사를 플랫폼 생산자 측면에서 접근한 김예란(2020)의 설명에 따르면 브이로거는 기존 상업 미디어 생산자와 다른 특성을 보인다. 상업 미디어는 수익 최대화를 추구하면서 미디어 조직 구성원의 결집력이 강하고, 제작자 집단이라는 정체성을 강조해 외부에 대해 배타적인 성향을 드러낸다. 하지만 이와 달리 플랫폼 생산자인 브이로거는 자신의 콘텐츠 제작이 지속되는 범위 내에서 외부 기관과 단체의 협력 요청과 기업의 광고 요구에 대해 유연하게 수용한다. 이처럼 브이로거가 정체성을 유지하면서 외부에 대해 선택성과 자율성을 발휘하는 특성은 개인의 일상 표현을 넘어 문학을 비롯해 노래, 춤, 연극, 뮤지컬, 드라마, 영화 등의 다양한 문화산업 영역과 연결되고 확장할 가능성을 지닌다(김예란, 2020).

디지털 미디어 시대의 가치 창출 방식에서 미디어 노동자 외에도 미디어를 소비하는 수용자의 노동이 포함된다. 그 방식은 단순한 수용 행위 외에 수용과 관련한 자료가 다양한 상품과 서비스로 활용되는 형식이다(김동원, 2015). 플랫폼 노동은 공급자-노동과 이용자-노동의 이중 노동이 특징이다. 플랫폼 노동자는 프레카리아트precariat(불안한 노동자)로서 불안정 무산자이자 노동을 착취당하는 불안정 노동자다. 이들은 플랫폼 자본에 의해 구매되는 임금 노동의 제공자다. 이들의 한 사례인 외부 프리랜서는 자신의 역할이 반드시 필요한 업무에 단기간 종사하면서 비교적 낮은 수준의 임금을 제공받는다. 외부 프리랜서들이 수행하는 특화된 역할은 플랫폼 노동이 도입되기 전에는 상시적인 개별 구매가 곤란했기에 대체로 정규직 채용을 통해서만 가능했다. 외부 프리랜서 이전의 정규직 특화 노동자의 임금에는 자신의 노동 수준을 향상시키고, 재충전하고, 대기하는 시간의 임금이 포함된다. 하지만 플랫폼 시대 자본과 노동은 큰 변화를 겪는다. 플랫폼 자본은 특화된 업무를 수행하는 플랫폼 노동의 제공자를 외부 프리랜서로 재설정하기 때문이다. 외부 프리랜서의 구매에 소요되는 비용은 시간과 역할 단위로 결정되고, 기존의 정규직에게 제공하는 임금 수준을 크게 하락시킨다. 이처럼 플랫폼 자본은 공급자-노동 측면에서 외부 프리랜서를 활용하여 비용을 줄인다. 이와 더불어 불특정 다수의 플랫폼 이용자들이 해당 플랫폼이 제공하는 콘텐츠와 서비스에 대해 의견을 제시하고 만족하는 태도를 보임으로써 플랫폼 자본의 가치 상승에 기여하는 점에서 이용자-노동을 폭넓게 전유(착취)한다. 이처럼 플랫폼 자본은 공급자-노동의 측면에서 그리고 이용자-노동의 측면에서 자본이 전유 수준을 높여서 가치를 증식시키므로 자본 형태의 진화로 불린다(곽노완, 2020).

플랫폼 노동자는 노동 시장에서 정규직과 비정규직의 이중화 구조에서 상호 대립하고, 이들은 노동 조건을 비롯해 법적 보호 수준 및 정치적 이해의 대변 방식과 내용에서 첨예한 양극화 현상을 보여 준다. 노동의 작은 단위로 세분화되어 플랫폼을 통해 거래되고 노무 제공의 대가로 임금 대신 수수료가 제공됨으로써 형식적으로 고용 관계가 사라졌지만, 실질적으로 노동의 강도가 심화된 반면에 보호와 권리, 처우는 취약해진 것이 플랫폼 노동의 특징이다(김주호, 2021). 미디어 플랫폼인 뉴스가 포털 사이트에서 제공될 때, 플랫폼 노동의 특징이 포털 뉴스에서 비슷하게 재현된다. 포털 사이트는 다양한 언론사가 취재한 뉴스를 한자리에 모아서 포털 이용자에게 무료로 제공하여 뉴스 이용 목적으로 해당 포털을 방문하는 효과를 거둔다. 포털의 수입은 이용자가 뉴스를 검색하는 과정에서 보는 광고를 비롯해 관심 있는 광고를 클릭하여 직접 제품을 구매하도록 연결하는 기능을 통해 이루어진다. 또한 뉴스 이용 목적으로 특정 포털을 방문한 이용자는 자신이 원하는 제품 구매를 위해 검색하는 과정에서 포털이 제공하는 광고와 쇼핑몰을 이용하는데, 이때 소비자에게 제품 정보를 제공하고 판매하는 기업은 광고 등 수수료를 지불하게 된다. 이처럼 뉴스는 포털의 주요 수입을 창출하는 광고와 연계시키는 정보이자 근거로서 기능한다.

이러한 과정에서 포털이 언론사의 뉴스 제공 대가로 제공하는 비용은 언론사의 요구와 기대에 비해 매우 낮은 수준이다. 또한 언론사의 뉴스에 담긴 허위 조작 정보와 오보 등에 따른 피해가 발생해도, 유통을 담당한 포털이 법적 및 경제적 책임은 지는 경우는 드물다. 포털은 피해를 발생한 뉴스와 언론사에 책임을 돌리기 때문이다.

포털 사이트의 뉴스 지배 구조에서 개별 미디어 뉴스에 의존해 온 레거시 미디어 시대의 충성스러운 뉴스 수용자는 점차 사라진다. 포털 사이트에서 뉴스 수용자의 뉴스 선택에 영향을 미치는 가장 큰 요인은 포털과 뉴스 배열이다. 일부 포털 사이트의 경우 이러한 비난에서 벗어나기 위해 포털뉴스제휴위원회를 설치·운영하거나 포털 사이트에서 뉴스 배열의 선택권을 이용자에게 제공하는 특정 언론사의 뉴스 구독 시스템을 운영한다. 하지만 이런 제도는 자신이 선택하지 않은 언론사가 제공하는 신속한 보도, 단독 뉴스, 차별적 기획 기사 등을 배제한다. 따라서 뉴스 이용자에게 미치는 특정 언론사 뉴스의 선택 시스템의 비중과 영향이 제한되는 측면에서 미디어 플랫폼은 막대한 영향력을 행사하며, 큰 수익을 얻는다. 하지만 이들 미디어 플랫폼은 뉴스로 인한 피해의 책임에서 벗어나는 포털 사이트 뉴스 지배의 문제점을 해소하기에는 한계가 있다.

2) 저널리즘 영역에서 뉴스 상품의 생산 과정

기자의 위상

뉴스 상품을 생산하는 조직은 디지털 시대에 들어 대기업, 소기업, 1인 단위로 유연해지고 있다. 이러한 과정에서 생산 조직의 존립과 발전을 위한 영리 추구라는 경제적 측면의 영향을 알아보자. 먼저 지상파 방송, 케이블 방송 종합 편성 채널, 일반 PP 채널, 주요 일간 신문 등은 여전히 대기업 단위로 활동한다. 이들 언론 기업은 건물, 시설과 장비 등의 생산 수단, 그리고 기자와 PD 등 언론인과 제작 지원 인력, 행정 인력 등을 고용해 상품으로서 뉴스와 콘텐츠를 생산한다.

기자는 뉴스 상품의 생산 과정에서 경쟁이 심한 시장 환경에서 독자와 시청자 등 수용자의 선택을 받는 뉴스 제작을 요구받는다. 예측하기 어려운 사건과 사고를 포함하는 뉴스를 취재, 보도하기 위한 언론인의 노동 시간은 명확하게 한정하기 어렵다. 이로 인해 기자의 노동 시간은 부지불식간에 연장될 가능성이 높다. 또한 기자는 취재와 보도 등에서 요구되는 역량(고도의 지적 활동에 따른 분석력과 논리적 서술, 창의성, 정확성 등)으로 존중받았다. 하지만, 디지털 미디어 환경은 예측하기 어려운 새로운 사건과 사고의 보도에서 신속성이 수용자 확보에 유리하므로 첫 보도를 놓친 많은 기자가 유사한 내용을 충분히 확인하지 않은 채 보도하여 간혹 첫 보도의 오류가 반복되기도 한다.

특히 디지털 기술 발달은 이메일 외에도 문자와 소셜 미디어를 통해 업무상 연결의 한계를 사라지게 했다. 디지털 시대의 무한 뉴스 경쟁 환경에서 기자의 기사 취재 활동에 대한 감시와 감독은 조직의 상사에 그치지 않는다. 언론 기업의 홈페이지와 인터넷 포털을 통해 기사가 제공되고, 방문자 수부터 페이지 뷰와 체류 시간 등이 기록되며 이는 뉴스 상품의 가치를 판단하는 기준으로 작용한다. 한 가지 사안에 대해 취재하는 기자가 대기업부터 중소기업, 개인 단위로 무한대에 가까운 상황에서 뉴스 취재를 위해 관심과 주의, 집중력을 유지해야 한다는 점에서 노동 강도가 매우 강하고 점점 더 심해진다.

뉴스 상품의 가치 구성 방식

독자와 시청자의 관심을 끄는 상품성이 높은 기사의 조건은 일반적으로 흥미성과 유용성, 희소성, 높은 분석 수준 등이다. 먼저 흥미 위주의 뉴스는 이슈 자체와 더불어 기사 작성 방식에서 나타난다. 정치 기사의 경우 여야 정당과 정치인이 다투는 이슈를 상호 비난과 비방, 비판에 초점을 맞추거나 이슈 자체의 흥미성이 부족하더라도 가십 등 작은 행동과 표현 등 에피소드에 초점을 맞추는 방식이 즐겨 활용된다.

유용성은 수용자에게 도움이 되는 경제 정보, 생활 정보, 건강 정보가 해당되는데, 자연스럽게 눈길을 가도록 제목에서 자극적이고, 선정적인 표현이 종종 사용된다. 이 과정에서 뉴스의 제목과 본문 내용에 관련성이 약하면 독자는 '제목에 낚였다'는 표현으로 실망감을 드러내기도 한다.

희소성은 다른 언론에서 보도되지 않은 독자적인 취재 기사가 갖는 뉴스의 가치로 이른바 '단독'이란 표현과 함께 전달된다. 뉴스 취재에 많은 시간이 소요되던 디지털 미디어 이전 시대에 단독 뉴스는 희소성으로 높은 평가를 받았고, 해당 기자는 취재 분야의 우수성을 인정받아 한 달 또는 한 해 단위로 선정되는 '기자상'을 수상하기도 했다. 하지만 디지털 미디어 시대에 들어 단독 뉴스가 지니는 희소성을 유지하는 시간은 매우 짧다. 왜냐하면 공개된 뉴스의 주요 내용을 그대로 또는 최소한의 보충 취재를 거쳐 생산하는 이른바 '복붙 뉴스'[2] 작성이 쉬워졌기 때문이다. 이처럼 다른 기자의 뉴스 복제와 편집을 통한 기사 작성이 쉬워지면서 현장에서 발로 뛰며 어렵게 취재하는 기자의 노고는 충분한 평가를 받기 어려워진다. 반면에, 다른 기자의 기사를 복제, 편집하고 독자의 흥미를 끄는 선정적 내용으로 제목을 일부 수정한 기자는 상대적으로 적은 노력으로 높은 조회 수를 기록할 수 있다. 이런 현상은 뉴스 시장에서 악화가 양화를 구축하는 그레셤의 법칙Gresham's Law이 적용되는 것을 보여 준다.

뉴스를 상품의 관점에서 볼 때, 정보의 가치와 활용 측면에서 우월성을 평가하여 우수한 기사와 일반 기사로 구분할 수 있다. 우수한 뉴스는 깊이 있는 분석을 바탕으로 겉으로 드러난 현상의 안에 숨겨진 원인을 정확하게 제시함으로써 뉴스 이용자의 삶에 긍정적 영향을 미친다. 이처럼 높은 가치를 지닌 뉴스의 취재와 작성 과정에는 더 많은 시간과 노력, 그리고 통찰력과 같은 축적된 지적 수준을 요구한다. 대체로 단순한 보도 수준을 넘어선 탐사 보도와 기획 기사 또는 전문성을 인정받은 언론인과 전문가의 칼럼 등이 해당한다. 이들 양질의 기사는 이를 제공하는 미디어의 위상을 높이고, 온라인 구독으로 이어지는 근거가 된다. 최근 유튜브의 동영상 콘텐츠는 이용자가 선호하는 콘텐츠로 평가되면 구독으로 이어지고, 이는 다시 광고 수입을 늘리는 점에서 뉴스 가치의 실현이라는 긍정적 가능성을 내포한다. 하지만 반대의 사례도 빈번하게 존재한다. 뉴스 이용자를 더 많이 확

2 기존의 뉴스 내용 중에서 일부를 키보드로 복사하여 붙여 넣는 방식으로 작성한 기사를 말한다.

보하기 위해 선정적 이슈를 자극적으로 표현하는 데 치중하는 현상이다. 정치 뉴스의 경우 정치인의 실언을 비롯해 혐오와 차별 표현을 부각시키면서 보수와 진보 정당의 적대감을 심화하는 보도로 나타난다. 이처럼 정치인과 시민의 이슈에 대한 양극화를 가져오는 정치 뉴스는 정치적 염증과 피로감을 증폭시켜 민주주의를 저해한다.

언론 기업 소유·경영의 영향

언론 기업의 소유·경영 주체는 뉴스 상품의 생산 과정에서 뉴스 내용에 개별 이익 또는 공동 이익을 포함시킨다. 개별 이익의 경우 특정 집단의 수용자가 필요로 하는 정보를 주로 제공하고, 그들의 사상과 의견을 확산시켜 여론 형성에 반영할 목적이 있다. 이때 뉴스 상품의 생산과 판매가 원활하게 이루어지면 이윤 추구라는 경제적 목적과 더불어 의도한 정치적 입장의 유포와 확산이라는 이데올로기 목적 두 가지를 달성하게 된다. 언론 기업의 공동 이익 추구는 주로 공영 방송 등 공익 추구를 표방한 미디어를 통해 이루어지고, 재원은 수신료와 기부금, 공적 지원 등에 의해 조성된다. 이 밖에도 공익 추구를 표방한 언론 기업 중에서 실제로는 영리 추구와 특정 집단의 이익 추구 등 개별 이익을 표방하는 경우도 빈번하다. 왜냐하면 언론 기업이 특정 정파나 집단 등을 대변한다는 개별 이익 표방을 공표하는 순간 해당 집단의 지지가 강화되지만 다른 집단의 지지를 받기 어려워지기 때문이다. 또한 언론 기업이 특정 집단의 개별 이익을 추구함을 명시적으로 밝히면, 뉴스의 가치를 구성하는 객관성, 중립성, 공정성, 신뢰성 등을 의심하게 만들어 장기적으로 언론의 존립과 발전을 위협하기 때문이다. 따라서 상당수의 언론은 한편으로 겉으로는 모든 사회 구성원의 이익을 추구하는 보편 이익 또는 공익 추구를 표방하지만, 안으로는 은밀하게 특정 정파와 집단의 개별 이익을 대변하고, 강화하고, 확산시키는 이중적 태도를 보이면서 충성 독자의 유지와 사회적 영향력 강화를 추구한다. 이러한 언론의 이중적 태도에 대해 커뮤니케이션의 정치경제학은 자본주의 사회에서 언론이 수용자의 유지와 확대가 가져올 구독료와 광고 수입 증가 등을 통해 이윤을 추구하는 경제적 역할과 언론 기업의 존립과 유지와 밀접하게 관련된 특정 집단에 유리한 사상을 확산하는 이데올로기적 역할을 동시에 수행하고 있음을 비판적으로 분석하는 데 초점을 맞춘다.

3) 저널리즘의 유통 과정: 플랫폼과 이윤

디지털 시대의 뉴스 유통은 인터넷 플랫폼이고 개별 언론사의 홈페이지와 포털이 주요 창구가 된다. 이 중에서 포털은 많은 언론사의 뉴스를 종합하여 선별 제공하는 점에서 수용자에게 다양한 언론사의 정제된 뉴스 선택 기회를 제공한다. 인터넷 홈페이지와 포털을 통한 뉴스 유통은 신문의 오프라인 유통 비용 감소와 실시간 방송 시청의 한계를 극복할 수 있는 차원에서 긍정적이다.

하지만 언론 뉴스 상품의 유통 환경 변화는 신문과 방송 모두에 변화를 초래했다. 신문의 경우 온라인 이용으로 오프라인 종이 신문의 구독이 감소했고, 이에 따라 신문의 구독 부수가 작은 지역부터 단독 보급소가 사라지거나 공동 보급소로 통합되는 현상이 나타났다. 어떤 결과이든 개별 신문의 힘이 약화되어 신문 산업 전반에 구독료 수입 감소와 위상 저하를 가져온다. 방송 역시 인터넷과 포털을 통해 동영상이 제공됨으로써 실시간 시청의 필요성이 감소한다. 이는 광고주에게 광고 효과 측면에서 TV의 매력이 감소한 반면 이를 대체하는 포털 광고로 이동할 필요성을 만든다. 포털 뉴스에 실린 신문과 방송 뉴스는 고정 인건비를 투여한 기자들이 생산한 고가의 지적 산물이다. 이러한 뉴스는 포털이 수용자를 확보하고, 광고를 통해 수입을 확대하는 주요 상품의 하나다. 하지만 포털이 언론에 제공하는 뉴스 제공 비용은 매우 적은 편이다. 언론사가 자사의 뉴스를 포털에 제공하지 않는 것이 유리한 것도 아니다. 현실적으로 뉴스 유통의 중심 통로로 포털이 위상을 확립한 현실에서 뉴스를 제공하지 않는 언론사가 오히려 수용자로부터 외면당해 브랜드 가치와 영향력이 저하될 수 있다. 이러한 점에서 포털이라는 뉴스 유통 창구를 외면할 수도 없다.

포털은 메인 화면 또는 이어진 초기 화면의 공간 제한에 따라서 매우 제한된 수량의 뉴스를 해당 기업이 설계한 알고리즘을 적용하여 우선순위를 추출해서 제공한다. 먼저 여기에 포함되는 대규모 언론사는 모든 포털 방문자라는 폭넓은 수용자의 확보 기회를 부여받는다. 반대로 포함되지 못하는 중소 규모 언론사는 수용자 확보 측면에서 큰 불이익이 있다고 불만을 토로한다. 언론사의 뉴스 방문자 수(클릭 수, 페이지뷰 수, 체류 시간)는 해당 미디어의 영향력을 보여 주고, 광고 수입 등에 직접 영향을 주기 때문이다. 최근 미국과 유럽의 주요 미디어는 포털에서 노출된 뉴스라도 유료 구독자에게 전체 기사를 열람할 기회를 제공하는 추세다. 이런 상황에서도 기존 구독자가 포털을 통해 뉴스의 존재를 파악하고, 신규 구독자를 확보하는 측면에서 포털의 뉴스 노출 기회는 매우 중요하다.

포털의 뉴스 선별 알고리즘은 영업 비밀로 간주되어 공개 대상은 아니다. 하지만 일반적으로 언론사의 브랜드와 독자의 뉴스 선호도가 고려된다면, 이는 기존의 주요 신문과 방송 등 레거시 미디어의 뉴스에 대해 유리하게 적용된다고 볼 수 있다. 이와 함께 포털 이용자가 선호하는 뉴스를 제공하는 특화된 정보를 제공하는 중소 언론사에게도 포털 뉴스 게재의 제한적 기회가 주어진다. 따라서 비교적 폭넓은 수용자를 확보하는 뉴스부터 특정 집단의 선호도가 높은 정치성이 강한 뉴스 등이 포털 뉴스에 등장한다.

포털의 뉴스 선택 역할과 알고리즘 사용은 언론사와 기자에게 일정한 영향을 준다. 즉 뉴스가 포털의 메인 화면 등장 여부에 따라서 언론사와 기자의 평가가 좌우된다. 물론 특정 기자의 기사가 메인 화면에 등장하지 않더라도 그 기자가 소속된 언론사의 다른 뉴스를 통해 노출되고, 독자의 선택을 받을 수 있다.

또는 포털 이용자의 검색 등을 통해 제목을 본 이용자가 방문하기도 한다.

이상에서 수용자의 뉴스 선택에서 유통 창구로서 포털의 역할이 확대되는 과정에서 언론의 포털 의존도가 커진다. 또한 뉴스를 생산하는 기자는 포털 유통에 유리하도록 독자의 흥미 충족 등 포털의 뉴스 선별 기준(알고리즘)을 중요한 가치로 생각하고, 이 과정에서 가급적 많은 수용자 또는 최소한의 수용자를 확보하기 위해 주제와 내용에서 특정 집단의 입장을 반영하거나 영합하는 내용을 작성할 가능성이 커진다.

4) 저널리즘 수용 과정

뉴스 수용은 뉴스 상품의 수용이자 수용한 시청자가 TV 시청률이라는 조사 결과로 광고주에게 판매되는 점에서 시청률이라는 파생 상품의 생산 과정이라는 시각이 댈러스 스마이드 Dallas Smythe(1981)부터 시작됐다. 이러한 시각을 이은 빌 리반트Bill Livant(1982)는 시청 행위가 일종의 노동 시간이라면서 미디어가 수용자에게 판매한 필요 시청 시간neccessary watching time과 미디어가 광고주에게 판매한 잉여 시청 시간surplus watching time으로 각각 구분했다(Livant, 1982). 섯 잴리Sut Jhally(1990/1996)는 스마이드 등이 매스 미디어를 의식 산업consciousness industry으로 보는 시각은 의식 부분에 주목한 점에서 부분적 진실을 담고 있다고 지적하고, 이를 발전시켜 텔레비전 미디어가 수용자로부터 의식 형성의 적극적 기능을 수행하는 점에서 잉여 시청 시간을 전유한다고 본다. 섯 잴리의 시각을 뉴스에 적용하면 언론사는 뉴스가 전달하는 메시지를 독자와 시청자가 단순히 수용하는 단계에서 절대적 전유를 달성하고, 나아가 수용자가 뉴스를 통해 영향을 받고 특정한 가치와 신념을 형성하고 공유하는 단계에서 상대적 전유가 실현된다고 볼 수 있다. 이처럼 미디어 수용자가 자본의 가치를 증식시키는 상품이라고 접근하는 시각은 수용자상품론으로 불린다.

그런데 마이클 리보위츠Michael Lebowitz(2009)는 수용자상품론이 수용자가 자발적으로 미디어 자본의 논리에 편입되어 순응한다는 논리로 이어지므로 자본주의 시스템을 인정하는 데 그치고, 저항과 개혁의 가능성을 배제한다는 점에서 비판한다. 왜냐하면 자본주의 미디어 뉴스의 생산 과정은 외형적으로는 언론인의 자율성과 수용자의 자발적 선택성을 보여 주지만, 실제로는 미디어 자본에 저항하는 노동자를 억압하고, 뉴스 내용에서 자본가와 정치적 지배 집단의 이해관계를 충실히 반영함으로써 수용자에게 자발적으로 자본가에 순응할 것을 요구하기 때문이다. 그래서 리보위츠는 수용자상품론의 시각으로 접근하면 뉴스 내용이 정치적 및 경제적 억압의 현실임으로 파악하지 못하도록 하고, 궁극적으로 자본의 물신화를 초래한다고 비판한다.

P. 비르노P. Virno는 미디어 이용 활동을 노동으로 볼 수 있는가에 대해 아리스토텔레스와 아렌트가 구분했던 노동, 정치적 행위, 지성 분야가 노동으로 수렴되면서 '수행 노동'이 된다고 본

다. 이는 인터넷 뉴스에 대한 댓글과 소셜 미디어에서의 전달 활동과 유사하다는 것이다(Virno, 2003/2004). 비르노의 시각에서 미디어 이용 활동은 가치 증식 과정의 하나이면서 이용자의 적극적 저항이 개입할 수 있는 공간으로 나타난다. 푹스와 S. 세비그나니S. Sevignani(2013) 역시 비르노와 비슷한 입장이다. 이들은 일work과 노동labour을 구분한다. 디지털 시대의 노동 형태는 임금을 받고 자본의 가치를 증식시키는 명시적인 업무를 수행하는 임금노동에 그치지 않는다. 디지털 환경에서 콘텐츠 수용자 역시 임금을 받지 않는 일을 하는데, 스스로 아이디어를 내고, 다른 사람과의 커뮤니케이션을 통해 의미를 부여하고, 다른 팀과의 협업 활동을 통해 새로운 콘텐츠를 생산하는 단계 등을 거치면서 순차적으로 처음 수용한 콘텐츠의 판매와 광고 수입 증가, 콘텐츠 제작자의 지명도 제고를 가져오는 등 가치 증식과 실현에 기여한다. 하지만 푹스와 세비그나니는 이러한 과정에서 비르노가 충분히 언급하지 않은 노동의 소외와 자본의 철저한 노동 지배에 주목한다. 왜냐하면 디지털 시대 수용자의 정보 수용 과정이 해당 정보를 적극적으로 수용하여 그 가치 증식에 참여하지 않으면 마치 트렌드에 뒤떨어지고, 손해를 보거나 피해를 입게 된다는 사회적 분위기에서 이루어진다고 보기 때문이다. 그래서 디지털 콘텐츠의 수용 행위는 미디어 자본의 심리적 강요와 통제의 범위 안에 있기에 소외된 노동이고, 자본의 철저한 지배에 있음을 강조한다.

디지털 미디어 수용자가 이용한 콘텐츠를 상세하게 보여 주는 통계 데이터 역시 일종의 정보 상품이면서 새로운 콘텐츠 생산을 위한 원료로 활용되어 미디어 자본의 이윤 증식에 기여한다. 방송 콘텐츠 시청률 조사 자료는 광고주인 기업이 어떤 미디어와 콘텐츠와 결합해 특정 수용자 집단을 대상으로 광고를 집행하고, 마케팅 효과를 제고하는 데 활용되는 점에서 자본재가 된다(Meehan, 1984; Gandy, 2004). 또한 특정 장르의 콘텐츠를 선택하는 수용자 집단의 특성을 보여 주는 양화된 데이터는 미디어 콘텐츠 생산에서 수용자의 선택 가능성을 높이는 데 활용되는 일종의 파생 상품이다(Mosco, 2009).[3]

뉴스의 수용은 개인적 및 집단적으로 이루어진다. 개인적 뉴스 수용이 포털의 뉴스라면 다른 사람과 집단의 영향에서 벗어나 비교적 다양한 수용이 가능하다. 하지만 집단적 뉴스 수용은 카카오톡과 페이스북, 유튜브 등 소셜 미디어를 통해서 다양성이 감소된다. 단체방과 친구 관계 등을 통해 각자의 공동체에 소속된 수용자는 특정 주제에 대해 스스로 선택한 뉴스를 전달하고, 이에 대한 반응을 공유하기 때문이다. 하지만 이슈와 입장에 대한 일치도가 높은 공동체에서 선택적 노출과 선택적 지각, 선택적 수용이 나타나면 집단 사고에 빠지고, 사고의 극단화 현상이 발생하고, 사회적으로 양극화 현상이 심화된다.

집단 사고와 사회 양극화 현상은 민주주의 사회에 필요한

3 미디어 산업 자본의 가치 증식에 주목하는 이 장의 주제를 벗어나므로 자세히 다루지 않는다.

다양한 의견의 자유로운 소통을 통한 사회적 합의 창출을 저해할 우려가 있다. 다양한 의견이 소통되지 않고 폐쇄 상태에 머물면서 이해를 가로막고, 오해를 증폭시켜 사회적 분열을 심화시킬 수 있다. 언론의 자유를 허용하는 이유는 권력과 자본의 부정부패를 감시함으로써 사회를 건강하게 유지하고 발전시키기 위한 것이다. 하지만 언론의 자유가 집단 간의 분열과 상호 비방과 혐오의 자유에 그친다면 이는 신뢰라는 사회적 자본을 약화시켜 사회 발전을 가로막고, 퇴행시킬 것으로 우려된다.

디지털 시대 뉴스 소비에서 시민은 기자의 뉴스를 받아들이는 수용자이고, 소셜 미디어를 통해 주변에 전달하는 유통자이고, 이러한 뉴스에 대한 찬성과 반대 의견을 제시하는 생산자로서 역할을 한다. 이들은 뉴스에 부가된 댓글에서 오탈자는 물론 잘못된 정보를 지적하여 정정하면서 뉴스를 작성한 기자의 잘못과 부족함을 지적한다. 실제로 해당 기자가 지적에 따라 뉴스를 수정하는 경우가 종종 눈에 띈다. 기존에 신문과 방송의 뉴스는 그 자체가 신뢰할 만한 정보로 인식됐고, 뉴스를 작성하는 기자의 전문성에 대한 긍정적 평가와 존경심이 당연하게 여겨졌다. 하지만 수많은 언론과 기자 사이에 속보 경쟁이 있으므로 기자는 뉴스 작성 시간의 단축을 요구받는다. 이에 따라 뉴스 내용에서 오탈자는 물론 잘못된 지식과 정보가 포함될 여지가 많아졌다. 이에 더해 집단 사고에 매몰된 수용자는 자신의 정치적 성향과 다른 뉴스를 작성한 기자의 작은 잘못도 크게 보면서 '기레기(쓰레기 같은 기자)'라고 비난하는 일이 늘어났다. 수용자가 뉴스 작성자인 기자에 대한 감사와 존경이 사라진 자리에 비난과 적대감이 들어선 것을 되돌리기란 쉽지 않다.

기레기라는 기자에 대한 폄하된 호칭은 세월호 관련 오보에서 출발했다. 이는 속보(단독) 경쟁에 치중하고, 사실 확인에 소홀하고, 현장 진실의 왜곡(오보)을 가져오고, 클릭 수를 높이는 자극적 표현의 빈번한 사용 등에 원인이 있다(이상기 · 이정민, 2020). 기레기 현상은 진실을 추구하고, 보도 내용에 대한 책임과 신뢰를 요구받는 언론의 본분에서 벗어난 기자가 직면하는 용어다. 이는 기자가 출입처 제공 자료에 대한 지나친 의존에서 탈피하고, 스스로 확인한 내용을 전달하고, 현장 취재를 통한 사실과 진실 위주의 비판적 자세를 견지하고, 오보에 대해 사후 사과와 수정 보도를 하는 등 무기력과 정치적 양극화를 극복하고, 이와 함께 언론과 기자를 감시하는 시민의 자성과 노력에 의해서 해결될 것이다(이상기 · 이정민, 2020).

4. 뉴스 상품의 생산, 유통, 소비를 통해 본 언론의 정치경제학

디지털 시대 저널리즘의 정치경제학은 뉴스 상품의 생산, 유통, 소비를 통해 언론의 본질을 해명한다. 산업 자본의 순환 과정을 미디어 내부와 외부 주체에 따라 순서대로 살펴보면 다음과 같다.

표 1 언론 산업 자본의 순환에 나타난 경제적 및 이데올로기적 역할

구분	특징	경제적 측면	이데올로기 측면	미디어 주체	사회 주체
생산	노동 시간 증가: 뉴스 발생의 예측 불가에 기인	비용 감소	상시 업무 대기 심리	소유 · 경영인	자본: 광고 집행
	노동 강도 강화: 무한 경쟁 상황에서 신속한 보도 요구에 기인	비용 감소	경쟁에 취약한 심리	이윤 추구와 여론 영향력 확대 추구	
	고용 구조 악화: 정규직과 비정규직의 이원화 구조에서 불안정성 심화에 기인	비용 감소	고용 불만 차단과 노노 갈등 요소	조직 구조: 인사권 통제로 경영 방침 내면화	국가: 제도, 법
	실질 임금 정체: 수입 구조 악화와 비용 절감 추구로 임금 상승 제한에 기인	비용 감소	평가 취약 상황에서 노동 순응성 강화	조회수 등 양적 평가와 댓글의 기자 평가로 통제 용이	시민: 구매 의사 표현
유통	댓글: 수용자가 생산한 뉴스의 파생 상품, 추가 수용자 확보로 광고 수입 확대 기대	비용 감소, 수입 증가	뉴스의 수용자 중심 사고와 기자에 대한 호감/적대감 표출	인터넷 포털: 뉴스 제공 비용 최소화, 댓글 확보	자본: 광고 집행 / 국가: 제도, 법
	전달: 수용자의 뉴스의 유통 참여로 비용 절감, 조회 수 증가로 광고 수입 증가에 기여	비용 감소, 수입 증가	선택적 뉴스 유통의 자유에 따른 양극화 현상 심화	소셜 미디어: 유통 창구로 비용 최소화, 이용 확대	시민: 생산 유통 참여
소비	프로슈머: 뉴스 소비 행위와 생산의 동시화로서 뉴스 반응 상품인 댓글 생산 노동 제공	비용 감소, 수입 증가	'기레기' 표현은 뉴스와 기자 불신 증가로 탈정치화 및 정치와 언론 피로감 유발	프로슈머 수용자: 기사의 호평 또는 실수와 부정확한 내용 비판으로 영향을 주는 데 비판이 우세함	자본: 상품 판매 기대
	다양성, 공개성: 다양하고 정확한 기사의 공개적 선택과 비판적 수용	사회적 효용 증가	사회 이슈의 논의 참여로 민주주의에 기여.	집단 지성: 현실 인식의 정확성과 수준 제고	국가: 저항 방지 순응 기대
	편향성, 폐쇄성: 편향적 뉴스의 갈등 유발과 혐오 사상 확산	수입 증가, 사회적 비용 증가	편향적 뉴스 유통 확대로 집단 갈등과 적대감 증폭. 민주주의 위협	집단 사고: 폐쇄적 기사 소비로 현실 오판	시민: 민주주의 실현/실패

1) 뉴스 생산 과정에 나타난 기자의 경제적 및 이데올로기 성격

먼저 생산 과정에서 노동자인 기자는 언론사 소유주와 경영진에 의해 채용(노동력의 판매)되어 뉴스를 생산(작성)하는 과정에서 엄격한 인사권 행사에 따라 소유주의 뉴스 편집 방침을 내면화한다. 뉴스가 플랫폼인 포털의 메인 화면과 언론사 홈페이지 개별 웹사이트를 통해 이루어진 조회 수, 페이지 뷰, 체류 시간 등 양적 평가와 댓글을 통해 이루어진 기사 내용에 따라 평가되고, 이러한 결과가 장기간 누적되면서 경영진으로부터 용이하게 통제된다. 구체적인 통제 방식은 노동과 고용 측면에서 다음 네 가지로 나타난다.

첫째, 노동 시간의 증가. 1일 8시간의 근무 조건에도 불구하고, 뉴스의 대상인 사건, 사고 등 일부가 예측 불가능하므로 사실상 항시 대기 상태에서 유사 노동 환경에 처하게 된다. 이에 대한 대가인 추가 임금이 부재하므로 언론인은 경제적 측면에서 임금 감소 효과가 발생하고, 이데올로기 측면에서 회사가 지향하는 편집 방향의 심리적 내면화가 지속된다.

둘째, 노동 강도의 강화. 포털의 메인 화면에 등장하는 뉴스의 수량이 제한됐지만, 이를 공급하는 언론사가 상당히 많다는 점에 무한 경쟁 상황이 전개되는 가운데 언론인은 시간적으로 신속한 보도를 추구하게 된다. 이 과정에서 언론인의 강도 높은 노동에 따른 신체적 피로와 질병 발생에 대한 언론사의 보상이 충분하지 않다. 따라서 언론인은 경제적 측면에서 생활 수준을 유지하기 어려울 정도의 임금을 받게 되고, 이데올로기 측면에서 경쟁에 취약한 기자의 심리 상태와 자신감 부족에 따라 언론사의 지시와 통제에 대한 순응성이 높아진다.

셋째, 고용 구조의 악화. 언론사의 정년 보장 정규직과 단기 계약직 비정규직이라는 이원화된 노동 구조는 비정규직에 저임금을 지급함으로써 경제적 측면에 비용 감소를 가져온다. 이는 노동자의 단결과 단체 교섭, 단체 행동을 분열시키고, 노노 갈등의 잠재적 요소를 방치함으로써 사용자인 경영진은 기자 임금 등에 대한 불만을 차단하고, 편집 방침에 순응하는 구조를 강화한다.

넷째, 실질 임금 정체. 언론사 경영 현장에서 치열한 경쟁으로 인해 레거시 미디어의 광고가 소셜 미디어 광고 등으로 이탈하기 때문에 매출액의 증가가 어려워지고 이에 따라 비용 절감 측면에서 언론인의 임금 상승이 제한될 가능성이 커진다. 이에 따라 언론사는 경제적 측면에서 비용 감소가 나타나고 이데올로기 측면에서 낮은 수준의 평가를 받기 쉬워진 기자들이 노동자의 권리 주장을 강하게 주장하지 못하고 상대적으로 순응성이 강화된다.

2) 유통 과정에서 수용자가 생산한 뉴스 파생 상품의 경제적 및 이데올로기 성격

유통 과정에서 노동자인 기자는 언론사 소유주와 경영인에 의해 채용(노동력의 판매)되어 뉴스를 생산(작성)하는 과정에서 엄격한 인사권 행사에 따라 소유주의 뉴스 편집 방침을 내면화한다. 기자는 자신이 작성한 뉴스가 플랫폼인 포털의 메인 화면에 선정되거나 언론사 홈페이지 개별 공간에 게시된 뉴스가 충분한 수용자로부터 선택될 것을 기대한다.

그런데 디지털 시대 뉴스 유통 과정의 특징은 수용자가 뉴스를 읽고, 시청하는 행위 여부와 정도, 수준 등이 뉴스의 가치 증식 또는 감소에 영향을 준다는 점이다. 왜냐하면 수용자의 반응 정도가 기자의 뉴스를 평가하는 기준이 되기 때문이다. 즉, 많은 수용자가 특정 뉴스를 (실질적 체류 시간 측면에서) 장시간에 걸쳐 읽으면 그만큼 해당 기사와 연관된 광고의 효과가 높아지고, 수입 증대에 기여한다. 따라서 수용자가 댓글을 통해 긍정적 반응을 보이고, 이 뉴스를 소셜 미디어를 통해 자신의 친구와 단체방에 적극적으로 전달하면 해당 뉴스를 작성한 기자는 성과 측정에서 더 높은 평가로 이어지고, 이는 해당 뉴스를 작성한 기자의 임금 수준과 지위에 영향을 준다. 뉴스 가치 증식의 구체적인 내용을 댓글과 전달 행위를 통해 살펴보자.

첫째, 댓글은 기자가 생산한 뉴스에 대해 수용자의 반응을 첨부함으로써 생산되는 파생 상품의 일종이다. 댓글은 수용자가 최소한 읽었음을 보여 주며, 뉴스에 담긴 독특한 자료와 시각에 공감하고, 이러한 반응이 축적되면 우수한 뉴스로 인식된다. 이와 반대로 뉴스에 달린 댓글이 부족하거나 그 내용에서 뉴스에 포함된 잘못된 지식과 정보, 논리, 오탈자 등이 지나치게 지적되고 이러한 반응이 축적되면 열등한 뉴스로 인식된다. 물론 이러한 댓글의 반응은 뉴스에 대한 단순한 상황을 전제로 한 것이다. 이와 달리 수용자가 뉴스에 대해 위장된 반응을 보이는 행동도 충분히 예상할 수 있다. 특히 오늘날 뉴스 수용자 집단의 이데올로기 측면에서 양극화 현상은 뉴스의 우수성보다는 자신이 속한 집단과 이데올로기에의 부합 여부가 판단 기준이 될 수 있기 때문이다. 따라서 수용자의 뉴스 댓글 행위를 정확하게 분석하려면 이러한 점들을 고려해야 한다. 그럼에도 불구하고 이처럼 뉴스와 댓글의 가치 증식은 각각 기자와 수용자의 노동 행위를 전제로 하며, 수용자의 뉴스 수용과 댓글 생산은 디지털 시대 언론 산업 자본의 순환 중 유통 과정에서 나타나는 첫 번째 특성이라고 할 수 있다. 여기서 나타나는 뉴스의 경제적 성격으로 비용 감소와 수입 증가를 그리고 이데올로기 성격으로 뉴스의 수용자 중심 사고와 기자에 대한 호감/적대감 표출을 각각 들 수 있다. 구체적으로 경제적 성격은 디지털 환경에서 수용자가 언론 산업의 이윤 추구 수단 성격이 강화되는 현상이 나타난다. 그리고 이데올로기 성격은 언론 자본의 이익 추구가 본질이고, 수용자는 수단화되었음에도 불구하고, 겉으로 댓글의 존재 방식이 수용자 중심으로 해석되고, 수용자의 호감과 적대감을 그대로 반영한다는 허위의식이 작동함을 각각 의미한다.

둘째, 전달은 기자가 생산한 뉴스에 대해 수용자의 긍정적 또는 부정적 반응을 친구와 집안에 전달함으로써 생산되는 자발적 유통 행위의 일종이다. 전달된 뉴스는 유통 기회의 확대로 인해 뉴스 가치의 양적 실현에서 유리하다. 왜냐하면 정보재의 특성상 생산에 투여된 일정한 비용이 추가로 유통되는 과정에는 매우 낮은 비용이 소요되어 수용 규모에 따라 뉴스 가치의 양적 실현이 커지기 때문이다. 수용자의 뉴스 전달 행위는 해당 뉴스의 유통 노동을 수용자가 수행하는 점에서 뉴스 가치의 증식에 수용자가 참여한 것이다. 여기에 덧붙여 전달된 뉴스는 광고의 구전 효과처럼 '수용자의 검증을 거친 뉴스'라는 파생 상품의 성격을 띤다. 좋은 제품의 구전 효과가 제품 구매에서 유료 광고와 다르게 순수한 평가로 공감을 얻는 것처럼 좋은 뉴스라는 전달된 뉴스는 디지털 환경에서 소셜 미디어 친구와 공동체에서 공감을 얻기가 더 쉽다. 물론 구전 효과에서 나쁜 제품의 경우 부정적으로 작용하듯이 뉴스의 전달에서 나쁜 뉴스 역시 부정적 이미지가 부각되는 효과가 나타난다. 이처럼 소셜 미디어 환경에서는 기자의 뉴스 작성에서 이루어지는 뉴스 상품 생산 과정의 가치 증식과, 수용자에게 뉴스가 전달되면서 이루어지는 뉴스 상품 유통 과정의 가치 증식이 결합하는 것은 디지털 시대 언론 산업 자본의 순환이 보여 주는 두 번째 특성이다. 여기서 뉴스의 경제적 성격으로 비용 감소와 수입 증가가 나타나며, 이데올로기 성격으로 뉴스의 수용자 중심 사고와 기자에 대한 호감/적대감 표출이 나타난다. 경제적 성격에서 보면 디지털 환경에서는 수용자를 언론 산업의 이윤 추구 수단으로 본다. 이데올로기 성격은 수용자가 뉴스 선택에서 자유를 누린다는 외적 표방에도 불구하고, 현실적으로 미디어별 차이에 따른 뉴스 내용의 양극화 현상이 심화되고, 자신과 다른 입장이 원천적으로 차단되는 구조가 강화된다. 그럼으로써 다양한 정보와 의견을 담은 뉴스의 '자유로운 선택'은 제한되는 것으로 나타난다.

뉴스 포털이 댓글과 전달 활동을 통해 이윤을 추구하는 것은 수용자의 자유노동(부불 노동, 임금을 받지 않은 노동 성격의 자유로운 활동)으로 만든 공유지commons에 대한 플랫폼 자본의 인클로저enclosure[4]와 비슷하다(곽노완, 2020). 댓글과 전달이 자본의 강제와 통제 범위 밖에서 수용자(이용자)에 의해 아무런 임금을 받지 않고, 자유 의지에 의해 이루어진 활동이란 점에서 자유노동이다. 또 이렇게 만들어진 댓글 데이터와 전달에 따른 확산 효과는 수용자 모두의 재산인 공유지인데 이를 포털 기업이 사적 이익을 위해 전유한다. 이러한 논리는 생산자에 대한 정당한 수익의 배분 문제와 연관된다. 포털과 인터넷 홈페이지 등에서 뉴스를 이용하고 댓글을 달고 전달 활동을 통해 확산시킨 모든 수용자에게 포털과 언론사가 얻는 수익을 노동의 기여도에 따라 보상하는 것으로 마치 유튜브가 동영상 콘텐츠 제공자에게 지급하는 보상과 유사한데, 이를 수용자의 댓글과 전달 활동이라는 자유노동에 적용시킬 수 있기 때문이다(곽노완, 2020: 114). 포털 등의 플랫폼 기업에 부담할 적정한 보상 금액 산정의 공정성에 대한 기준과 개인별 분배 금액 산정 방식(강남훈, 2016, 2019)은 이 글의 범위를 벗어나므로 추가로 논의하지 않는다.

4 15세기 중엽 이후 영국에서 영주나 대지주가 양의 목축과 농장 경영을 위해 공유지를 울타리로 둘러싸 사유화했다.

3) 뉴스 소비 과정에 나타난 디지털 미디어 사회의 경제적 및 이데올로기 성격

끝으로 소비 과정에서 뉴스는 수용자에 의해 생산되는 과정을 거치는데 여기서는 '프로슈머prosumer(생산소비자)'를 비롯해 집단 지성, 집단 사고 세 측면에서 알아본다. 먼저 프로슈머 개념은 포털 사이트에서 뉴스와 댓글이 공존하고 상호 작용하는 측면에서 수용자가 뉴스를 소비하여 다시 댓글을 생산하고, 이들 댓글은 또 다른 댓글의 생산과 소비에 영향을 주는 생산자와 소비자로서 뉴스 수용자의 이중적 위상을 설명한다. 이에 따라 언론사가 기자의 기사와 수용자가 생산한 의견과 정보가 담긴 메시지를 뉴스 상품 또는 파생 상품, 뉴스의 재료 등으로 활용할 여지가 커졌음은 소비 과정이 가치를 증식함을 의미한다. 수용자의 프로슈머 역할은 경제적 측면에서 비용 감소와 수입 증가 효과가 발생하고, 이데올로기 측면에서 '기레기' 표현이 나타내듯이 뉴스와 기자에 대한 불신을 증가시켜 수용자인 시민의 탈정치화 및 정치와 언론 피로감을 유발함으로써 민주주의에 기여하지 못한다는 우려를 일으킨다.

기자와 수용자의 차이는 정보와 지식이 제한된 상황에서 전문가와 일반인이라는 점에서 격차가 컸다. 하지만 점차 정보와 지식의 접근과 수용 역량이 향상되면서 전문가 기자(언론인)와 일반인 수용자(시민)의 차이가 감소한다고 지적됐다(Bruns, 2005; Jenkins, 2006). 개인과 개인이 디지털 미디어로 촘촘히 연결된 네트워크 시대에 언론사의 정보 독점이 불가능해지고, 사회와 산업, 기술의 변동성, 복잡성, 예측불가능성, 모호성 등은 언론사가 내부 인력으로 해결하기 어려운 문제에 직면하면서 외부 수용자의 도움을 받을 여건을 조성했다. 오히려 이런 상황에서 언론이 수용자의 관심 사항을 파악하여 수용자와 협력을 강화하면서 뉴스를 생산하는 과정에서 수용자의 만족도를 제고하고, 충성도 높은 독자 확보 효과도 기대된다(김재영, 2014).

둘째, 집단 지성collective intelligence 또는 집단 지혜wisdom of crowds는 다수의 시민이 디지털 미디어의 적극적인 활용으로 개인의 지적 한계를 극복하여 더 현명하고, 올바른 지식과 판단, 행동으로 이어진다는 점에서 민주주의 실현에 기여하는 현상을 말해 준다(Levy, 1999/2002; Surowiecki, 2004/2005). 현대 사회가 직면한 위기와 위험의 대처 과정에서 트위터와 페이스북 등의 소셜 미디어가 유용한 정보 수단으로 등장한다(White, Plotnick, Kushma, & Hiltz, 2009). 짧은 시간에 신속하게 정보를 수집, 분석함으로써 집단 지성이 원활하게 작동하도록 해 준다(Hermida, 2010; Bruns & Burgess, 2012). 소셜 미디어 이용자들의 관심은 구체적으로 트위터 뉴스에 해시태그, 시각화 등을 활용한 정보 검색과 분석, 정보 제공자의 신뢰 확인, 정보의 맥락화contextualization를 통한 뉴스 스토리 생산 시스템 등을 응용하여 소셜 미디어의 실용성 제고에 집중된다(홍석경·오종환, 2015: 75).

집단 지성의 사례로 2008년 이명박 정부 당시 촛불 집회에 참여한 시민들과 이들의 활동을 뉴스로 전달받은 일반 시민들이 상호 공감대를 형성하면서 네트워크 운동으로 진화한 것을 들 수 있다(송경재, 2009: 75). 당시 촛불 집회에 참여한 시민들은 1인 미디어인 인터넷 블로그, 게시판에서 글과 동영상, 생방송 등의 형식으로 소통했고, 관심을 가진 개인과 집단의 네트워크를 형성했기에 매우 큰 사회적 반향을 가져왔다. 또한 뉴스 생산 과정에 광범위한 독자의 아이디어와 콘텐츠를 수집, 활용하는 크라우드소싱crowdsourcing 저널리즘은 뉴스 취재에서 기자와 시민의 자발적 협력을 통해 집단 지성을 실현하는 저널리즘이다(이성규, 2010; 김재영, 2014).

집단 지성의 발휘는 경제적 측면에서 사회적 효용이 증가하고, 정신적 역할 측면에서 시민이 사회 이슈 논의에 참여함으로써 민주주의에 부합되므로 부정적 의미를 내포한 이데올로기가 작용하지 않는다. 하지만 집단 지성을 제약하는 내외 요인에 의해 현실 속에서 장기간에 걸친 구조적 영향력의 발휘가 쉽지 않다.

셋째, 집단 사고group think는 다수의 시민이 디지털 미디어를 통한 정보의 폐쇄적 교류로 사고의 편향성이 심화되어, 현실에 대한 정확하고 올바른 인식에 실패하는 점에서 민주주의에 역행하는 현상을 말해 준다. 미국의 심리학자 어빙 제니스Irving Janis(1971; 1982)가 제안한 집단 사고 이론은 선형 모델로 '선행 조건-집단 사고의 증상-결함 있는 의사 결정-빈약한 의사 결정으로 정책 결정에 실패' 순으로 인과 관계 과정을 거치는데, 앞의 세 단계를 보여 주는 요소로 그림 2와 같이 제시된다.

집단 사고 이론은 인터넷과 소셜 미디어 공동체에서 동질적

그림 2 집단 사고 모델

출처: Janis, 1982: 244.

인 집단이 인식과 태도, 행동에서 응집도를 높이면, 반대 의견을 억압하거나 외면하고 그 결과 상식과 과학에 벗어난 행동으로 엄청난 피해를 초래하는 상황을 잘 설명해 준다. 집단 사고의 폐해를 방지하려면 다양한 이견을 허용하고, 리더는 초기에 자신의 의중을 드러내지 말아 동료들이 영향을 받지 않도록 해야 하고, 소집단별 토론을 진행하고, 반대자의 입장에서 논리를 제시하는 악마의 대변자devil's advocate를 선정해 예상되는 위험을 상정한 반대 논리를 제시하고 응답하도록 하는 방법 등이 권장된다. 집단 사고는 경제적 측면에서 사회적 비용을 증가시키는데 양극화 집단을 겨냥한 뉴스를 제공하는 언론사의 수입 증가 전략에 따른 것일 수도 있다. 또한 집단 사고는 이데올로기 측면에서 편향적 뉴스 유통 확대로 집단 갈등과 적대감 증폭에 의해 민주주의를 위협하므로 심각한 폐해를 가져온다.

편향적 뉴스의 극단적 형태인 가짜 뉴스fake news는 진실하지 않은 허위의 내용 또는 부분적 사실을 왜곡하여 기만하는 정보로서 2016년 미국 대통령 선거에서 지지자들 사이의 대립이 심화되면서 폭발적으로 늘어났고, 우리나라 언론에서 계속 증가했다. 가짜 뉴스는 오보와 달리 타인을 속이려는 분명한 의도를 내포한 디지털 저널리즘이 극단적으로 타락한 형태에 해당한다. 가짜 뉴스의 배경은 언론의 공공성과 책임 의식이 줄어든 대신 상업성과 관심 유발이 늘어난 환경에서, 그리고 정파적 갈등의 심화가 정치적 지지 집단의 양극화를 가져온 상황에서 미디어 기업과 언론인이 진실이 아니라 허위의 내용을 보도함으로써 시민의 계몽과 주체성을 포기하는 대신, 오도mislead와 노예성을 강요하는 점에서 심각한 문제를 제기한다.

어뷰징abusing 뉴스는 포털 사이트 이용자의 뉴스 검색을 위해 주제어를 입력할 때, 특정 미디어와 기자의 관련 기사가 웹 페이지 상단에 제시되도록 비슷한 기사를 반복적으로 송고하는 행위로 뉴스의 중요성 평가를 인위적으로 조작하고, 수용자의 해당 뉴스에 대한 평가와 판단에 부당한 영향을 주는 점에서 포털 뉴스의 문제점으로 지적된다. 뉴스 어뷰징의 위험성은 특정 키워드와 관련된 동일하거나 유사한 뉴스의 과도한 생산으로 사회적 여론의 편향과 왜곡을 가져오고, 뉴스 이용자의 선택권을 훼손하는 점이다(함민정 · 이상우, 2018).

5. 저널리즘의 정치경제학과 전망

자본주의 사회에서 개인과 조직의 활동에 필수적인 정보와 의견을 전달하고 여론을 형성하는 언론은 사적 기업 형태로 존재한다. 사적 기업은 산업 자본을 투하해 노동자를 고용해 상품을 생산, 유통, 판매하는 과정에서 가치를 증식시킨다. 다시 말해 화폐자본–생산 시설과 노동력 등 생산 수단의 구매(상품)–생산 과정(가치 증식 과정)–가치가 증식된 상품–가치가 증식된 화폐 등으로 이루어진 산업 자본의 순환을 구현한다. 언론 산업 자본의 순환에서 이루어지는 경제적, 이데올로기적 역할을 생산 과정, 유통 과정, 소비 과정 등으로 나누어 살펴보면 저널리즘의 정치경제학적 측면이 잘 나타난다. 특히 전통적 미디어 시대에 신문과 방송은 대부분 1일(24시간) 간격으로 뉴스 상품을 생산, 신문 보급소와 자체 네트워크를 통해 직접 유통했으나 디지털 미디어 환경에서 신문과 방송이 인터넷 홈페이지와 포털을 통해 뉴스를 공급하는 구조로 변화하고, 이는 기자, 뉴스 상품, 수용자 등과 관련해 언론 산업 자본의 경제적, 이데올로기 성격 변화에 영향을 준다.

$$G - W\langle \begin{matrix} AK \\ PM \end{matrix} \rangle - P'(P+p) - W'(W+w1+w2) - G'(G+g) - \langle \begin{matrix} CI \\ GT \end{matrix} \rangle U$$

구분	G	AK	PM	p	W	w1	w2	CI	GT	U
내용	미디어 자본	노동력 (기자)	생산 수단 (기계)	플랫폼 노동	뉴스 상품	댓글(시민)	전달 (시민)	집단 지성	집단 사고	시민
경제	이윤 추구	생산성 증가 압력	영향력 축소	저임금	경쟁과 복제	파생 상품 생산	유통 효과 제고	사회적 효용 증가	사회적 비용 증가	잉여 가치 실현 기여
관념	지배 관념 확산	위상 저하	초기 호화 현상	자유, 사사화	비판성 부족	그레셤의 법칙	항시적 저널리즘	크라우드 소싱 저널리즘	혐오 우려	민주적 공동체 지향

G: 화폐, W: 상품, AK: 노동력, PM: 생산 수단, P: 생산 과정(디지털 이전의 경제), p: 플랫폼 부불 노동, P': 디지털 시대 부불 노동이 포함된 생산 과정, w: 상품화된 잉여 가치로 w1(댓글)과 w2(시민), W': 잉여 가치를 포함하는 상품, g: 화폐화된 잉여 가치, G': 잉여 가치를 포함하는 화폐, CI: 집단 지성, GT: 집단 사고, U: 이용자(수용자)로서 시민, 관념: 이데올로기

그림 3　디지털 미디어 자본의 순환을 통해 본 저널리즘의 정치경제적 성격

먼저 언론의 뉴스 상품 생산 과정에 참여하는 기자는 디지털 미디어 환경에서 언론 대기업부터 1인 미디어까지 뉴스 공급자가 매우 많은 치열한 경쟁 환경에서 장시간의 강도 높은 노동에 종사하는데, 독자의 선택을 받기 위해 신속성과 선정적 표현 방식을 추구하게 된다. 이처럼 디지털 미디어 환경에서 시간적 제약으로 신속성, 선정성, 단순성 등을 중시하는 뉴스는 숙의 민주주의가 요구하는 숙지된 시민을 위한 심층 분석 정보와 통찰력 제공 요구를 충족하기 어렵다. 이와 함께 언론 산업 자본이 개별 이익 추구를 위해 특정 집단의 수용자를 표적target으로 한 뉴스 생산 전략을 추구하게 되면 공익 추구와 사회 단합에 기여하

지 못하고 사회 분열과 양극화에 따른 갈등 심화의 요인이 될 것으로 우려된다. 디지털 미디어 산업에서 기계와 같은 생산 수단의 보유는 기존의 차별적 경쟁력 확보에 영향을 주지 못하고, 기업의 가치는 인적 역량과 창의적 콘텐츠의 제작과 마케팅 문화 등에 더 큰 영향을 받는 점에서 초기호화 현상이 강해진다. 요컨대 언론 산업 자본의 생산 과정은 경제적 측면에서 잉여 가치 증식(이윤 추구)을 위해 기자의 노동 강도 강화를 통한 생산성 증가와 저비용, 불안정 상태의 플랫폼 노동자를 통한 비용 감소를 추구한다. 하지만 이데올로기 측면에서 기자의 위상은 노동 조건이 악화한 상황에서 소유자의 통제에 취약해지고, 비정규직 노동자와의 분리와 갈등 구조로 인해 사회 정의를 추구하는 기자 정신을 발휘하기가 점점 어렵게 된다.

언론의 뉴스 유통 과정에서 포털의 영향력이 커지면서 포털 이용자들이 선호하는 흥미와 갈등 요소에 입각한 뉴스가 선호된다. 또한 포털 뉴스의 댓글(일종의 파생 뉴스)과 소셜 미디어를 통한 뉴스 전달(일종의 파생 유통)이 수용자의 적극적인 참여로 이루어지고, 재난 등 비상시에 카카오톡, 페이스북, 트위터의 정보 공유 기능을 활용에 언론의 공백 상태에 따른 혼란을 최소화하는 현상은 수용자의 뉴스 가치 증식 역할을 보여 준다. 하지만 댓글의 내용에 부정적이고, 비생산적으로 귀결된다면 뉴스 생태계에 나쁜 댓글이 좋은 댓글을 몰아내는 그레셤의 법칙이 작용하고, 악성 뉴스와 의견을 무분별하게 전달하면 공동체의 혼란과 붕괴를 초래할 것으로 우려된다. 요컨대 언론 산업 자본의 유통 과정에서 수용자의 댓글과 전달 활동 참여는 경제적 측면에서 파생 상품의 생산으로 뉴스 가치와 수입 증가 그리고 유통 비용 감소에 기여한다. 하지만 이데올로기 측면에서 대체로 댓글을 통해 기자에 대한 비하적 인식이 '기레기' 표현에 나타나고, 전달 활동이 소셜 미디어 활용 집단의 인식 편향성과 양극화 현상을 강화시키므로 이러한 현상을 경계하고 피해를 예방·최소화하는 방안이 요구된다.

언론의 뉴스 소비 과정에서 댓글 작성과 전달 활동은 소비자이자 생산자라는 프로슈머 측면을 비롯해 다양성 확보로 올바른 인식과 판단, 행동으로 이어지는 집단 지성과 폐쇄성에 따른 편향된 인식과 잘못된 인식, 판단, 행동으로 이어지는 집단 사고의 가능성을 내포한다. 집단 지성은 시민의 이슈에 대한 전문성과 정보 수준에서 기자와의 차이가 사라지는 상황에서 기자의 부족한 측면을 보완하는 점에서 긍정적이다. 하지만 집단 사고가 폐쇄적 인식과 혐오 표현은 사회적 갈등을 증폭시키는 점에서 부정적이다. 요컨대 사회적 디지털 미디어 환경에서 언론 산업 자본의 소비 과정은 경제적 측면에서 시민이 프로슈머가 되어 뉴스 상품의 적극적 활용으로 이익 실현을 지원하면서 수익 증대에 기여하는 과정이 두드러진다. 이데올로기 측면에서 시민은 현실의 정확한 인식을 바탕으로 하여 언론과 협력하는 크라우드소싱 저널리즘 등을 통해 문제점을 해결, 개선하고 집단 지성을 통해 민주적 공동체를 지향하고 사회 변혁의 희망을 찾을 수 있다.

민주주의와 저널리즘의 역할에 관한 질문은 매우 중심적인 것으로 커뮤니케이션 이론을 연구하는 학자와 현장에서 활동하는 언론인에게 당연한 일이지만, 오늘날 정보 기술information technology부터 글로벌 경제에 걸쳐 일어난 엄청난 변화로부터 도전을 받고 있다(Christians et al., 2009). 최근 30여 년간 언론의 내부와 외부 환경은 이러한 구조의 변화 가능성을 내포했다. 먼저 언론 내부의 가장 큰 변화는 기술의 발전과 미디어 시장의 경쟁 심화다. 미디어 정보 통신 기술 측면에서 인터넷과 컴퓨터의 확산은 멀티미디어 시대를 열었고, 오늘날 상당수의 나라에서 스마트폰의 확산으로 페이스북과 유튜브, 인스타그램 등 소셜 미디어를 통한 정보의 생산과 유통, 소비가 양적으로 급증했다. 이에 따라 뉴스와 정보 시장의 경쟁이 심화됐는데, 한편으로 구글, 애플, 페이스북, 아마존, 인스타그램 등 대기업의 콘텐츠 경쟁력을 바탕으로 한 시장 확대가 다른 한편으로 소규모 또는 1인 저널리스트의 비용 절감에 의한 콘텐츠 다양화가 언론 산업의 특징이 됐다. 이러한 변화는 전통적 미디어인 방송과 신문에서 보인 대기업의 지배 구조에 맞서는 소규모 및 개인 미디어의 롱테일 효과가 영향을 줄 것을 시사한다.

언론 외부의 가장 큰 변화는 정치적 탈규제와 플랫폼 경제의 성장, 예측하기 어려운 뷰카VUCA[5] 사회의 전개다. 전통적으로 방송의 공공성과 사회적 책임을 강조하면서 규제를 중시해 온 미디어 정책은 케이블 방송과 위성 방송에 이은 인터넷을 통한 동영

5 변동적이고Volatile 불확실하고Uncertain, 복잡하고Complex, 모호한Ambiguous.

상 전송의 확산으로 탈규제 정책으로 전환했다. 이에 따라 미디어 산업의 성장을 가져왔다. 또한 정보 통신 기술의 발달은 인터넷을 매개로 전개되는 온라인 구매와 배송 시스템을 통합한 세계적인 플랫폼 기업의 급속한 성장을 가져왔다. 그리고 2020년 코로나19에 의한 팬데믹에서 보듯이 뷰카 사회에서 국가와 기업, 개인의 신속하고 창의적인 대처가 요구되는 상황에서 언론은 생활에 필수적인 정보 획득의 창구로서 그 중요성이 더욱 커졌다. 언론 외부의 변화는 미디어 산업이 국내와 국제 유통 산업과 연계가 강화되고, 국가와 사회의 유지와 발전에서 매우 중요한 존재임을 보여 준다.

이러한 현실 인식을 바탕으로 저널리즘의 미래 변화에 대처해야 할 방향으로 기자의 시대적 역할 모색과 역량 강화를 비롯해 수용자인 시민의 주체적 역할 확대, 그리고 언론 자본의 공공성 제고 등을 제시한다. 이러한 측면은 전통적으로 언론 연구자들이 주장한 언론의 역할 또는 기능으로 제시된 환경 감시 기능, 정보 제공 기능, 사회 통합 기능, 사회 변화(대중 동원, 캠페인) 기능 등에서 찾을 수 있다. 이러한 역할을 제대로 수행하는 환경 조성을 위해 기자의 경우 현재의 열악한 위상을 향상시켜 안정된 조건에서 강화된 역량을 갖추도록 엄격한 선발을 거친 후에는 처우 개선을 비롯해 교육과 연수 등을 실시할 것이 요구된다. 이러한 제안은 기자의 역할이 의사, 변호사, 교사, 공무원 등 공익적 전문가와 유사하므로 그와 비슷한 권리와 의무, 처우 등을 고려할 필요가 있기 때문이다. 수용자인 시민은 뉴스의 생산, 유통,

소비의 주체인 만큼 기자에 준하는 지식과 태도가 요구된다. 자동차 등장 초기에는 매우 제한된 면허취득자만이 차량을 운전했지만, 현재 대부분의 사람들이 면허를 취득하듯이, 디지털 미디어 활용과 윤리에 대한 교육과 준수가 이루어지도록 인식의 변화가 요구된다. 언론 자본의 경우 언론의 공공성에 주목하여 공공미디어의 확대와 지원 강화로 사익 추구에 따른 부작용을 방지하고 집단 사고를 벗어나 집단 지성을 추구하도록 지원하는 방안이 바람직하다.

참고 문헌

강남훈 (2016). 인공지능과 기본소득의 권리. 〈마르크스주의 연구〉, 제13권 제4호.

강남훈 (2019). 《기본소득의 경제학》. 박종철출판사.

공공미디어연구소 (2013). 미디어 플랫폼의 개념과 함의. 〈공공미디어연구소 커뮤니케이션 리포트〉, 제8호. http://www.mediapub.or.kr/board/list.php?bbs_id=info05

곽노완 (2020). 플랫폼 자본주의 시대의 프레카리아트와 기본소득의 확대 : 플랫폼 자본의 인클로저 vs. 플랫폼 공유지배당. 〈마르크스주의 연구〉, 17(1), pp.98 ~119.

김동원 (2015). 이용자를 통한 미디어 자본의 가치 창출. 〈한국언론정보학보〉, pp.165~188.

김예란 (2020). 플랫폼 생산자와 일상성: 일상 브이로거의 삶과 노동. 〈한국언론정보학보〉, 101, pp.153~199.

김재영 (2014). 크라우드소싱 저널리즘의 성과와 과제. 〈사회과학연구〉, 25(3), pp.205~224.

김주호 (2021). 플랫폼 노동 앞에 멈춰 선 시민권: 시민권의 관점에서 본 플랫폼 노동, 그리고 법의 한계. 〈현상과인식〉, 45(3), pp.205~242.

송경재 (2009). 네트워크 시대의 시민운동 연구. 〈현대정치연구〉, 2(1), pp.55~83.

신현우 (2021). 디지털 방송영상 플랫폼에서의 유령노동 연구. 한국방송학회 학술대회 논문집, pp.201～205.
이상기 · 이정민 (2020). 기자다움에 대한 반문(反問): 기레기. 〈지역과 커뮤니케이션〉, 24(3), pp.123～148.
이성규 (2010). 2010 해외 미디어 동향: 미디어 기업의 독자 활용 전략 (조사분석 2010-03). 한국언론진흥재단.
캐플란, 제레미Caplan, Jerremy (2020). 《저널리즘의 파괴적 변화》. 삼성언론재단 저널리즘 총서 04. 삼성언론재단.
함민정 · 이상우 (2018). 온라인 뉴스에서 발생하는 어뷰징 행태 분석. 〈정보사회와 미디어〉, 19(2), pp.91～120.
홍석경 · 오종환 (2015). SNS를 통한 현실인식 가능성에 대한 고찰. 〈커뮤니케이션 이론〉, 11(1), pp.46～93.

Abidin, C. (2018). *Internet celebrity*. Bingley, UK: Emerald Publishing.
Bruns, A. (2005). *Gatewatching: Collaborative online news production*. New York: Peter Lang.
Bruns, A. & Burgess, J. (2012). Researching newsdiscussion on Twitter: New methodologies. *Journalism Studies*, 13(5-6), pp.801～814.
Christians, C., T. Glasser, D. McQuail, K. Nordenstreng, & R. White (2009). *Normative theories of the media: Journalism in democratic societies*. Chicago: University of Illinois Press.
Dyer-Witherford, N. (1999). *Cyber-Marx*, [신승철 · 이현 옮김. 《사이버－맑스》. 이후. 2003].
Fuchs, C. (2014). *Digital labour and Karl Marx*. New York, NY: Routledge.
Fuchs, C., & Mosco, V. (eds) (2012). Marx is back: The importance of Marxist theory and research for critical communication studies today [Special issue]. *triple C: Communication, Capitalism & Critique*, [On-line], 10(2). Retrieved from: http://www.triple-c.at/index.php/tripleC/issue/view/25
Fuchs, C., & Sevignani, S. (2013). What is digital labour? What is digital work, What's their difference? And why do these questions matter for understanding social media? [On-Line]. *tripleC*, 11(2). Retrieved from http://www.triple-c.at/index.php/tripleC/article/view/461
Hermida, A. (2010). Twittering the news: The emergence of ambient journalism. *Journalism Practice*, 4(3), pp.297～308.
Janis, I. (1971). Groupthink. *Psychology Today*, 5(6): pp.43～46, 74～76.

Janis, I. (1982). *Groupthink: Psychological studies of policy decisions and fiascoes* (2nd ed.). Boston: Houghton Miffin.

Jenkins, H. (2006). *Convergence culture: Where old and new media collide*. New York: New York University Books.

Jhally, S.(1990). *The codes of advertising: Fetishism and the political economy of meaning in the consumer society*. [윤선희 옮김. 《광고 문화: 소비의 정치경제학》. 한나래. 1996].

Lebowitz, M. (2009). *Following Marx: Method, Critique, and Crisis., Historical Materialism Book Series*, Chicago. IL: Haymarket Books.

Levy, P. (1999). *Collective intelligence: Mankind's emerging world in cyber space*. [권수경 옮김. 《집단 지성: 사이버 공간의 인류학을 위하여》. 문학과지성사. 2002].

Livant, B. (1982). Working at watching: A Reply to Sut Jhally. *Canadian Journal of Political and Social Theory*, 6(1-2).

Marazzi, C. (2011). Capital and affects: the politics of language economy. *Semiotext(e)*, Cambridge, MA. [서창현 옮김. 《자본과 정동: 언어 경제의 정치학》. 갈무리. 2014].

Marazzi, C. (2011). The violence of financial capitalism. *Semiotext(e)*, Cambridge, MA. [심성보 옮김. 《금융자본주의의 폭력》. 갈무리. 2013].

Marwick, A. (2015). You may know me from Youtube: (Micro)-celebrity in social media. In P. D. Marshall & S. Redmond (Eds.), *A companion to celebrity* (pp.333～349). Hoboken, NJ: John Wiley & Sons Inc.

Meehan, E. (1984). Ratings and the institutional approach: A third answer to the commodity question. *Critical Studies in Mass Communication*, Vol.1

Mosco, V. (2009). *The political economy of communication*, 2nd Edition. London: Sage.

Negri, A. (1989). *The politics of subversion: A manifesto fot the twenty-first century*. Cambridge: Polity Press.

Raun, T. (2018). Capitalizing intimacy: New subcultural forms of micro-celebrity strategies and affective labour on YouTube. *Convergence: The International Journal of Research into New Media Technologies*, 24(1), pp.99～113.

Senft, T. M. (2008). *Camgirls: Celebrity & community in the age of social networks*. New York, NY: Peter Lang.

Senft, T. M. (2012). Microcelebrity and the branded self. In J. Burgess & A. Bruns (Eds.), *Blackwell companion to new media dynamics* (pp. 346～354). Oxford, UK: Blackwell.

Smythe, D. (1981). *On the audience commodity and its work, in Dependency Road: Communication, Capitalism, Consciousness and Canada*, Norwood: Ablex.

Surowiecki, J. (2004). *The wisdom of crowds*. [홍대운 · 이창근 옮김. 《대중의 지혜》. 랜덤하우스중앙. 2005].

Toffler, A. (1991). *Power shift: knowledge, wealth and violence ant the edge of the 21stt century*. NY: Bantam.

Virno, P. (2003), Gramática de la multitud. [김상운 옮김. 《다중: 현대의 삶 형태에 관한 분석을 위하여》. 갈무리. 2004].

White, C., Plotnick, L., Kushma, J., & Hiltz, S. R. (2009). An online social network for emergency management. *International Journal of Emergency Management*, 6(3), pp.369~382.

6장

재앙의 정치경제학 : 연결성, 기후와 코로나바이러스

그레이엄 머독

임동욱 옮김

이 장은 Graham Murdock (2021). The Political Economy of Catastrophe: Connectivity, Climate and Corona virus를 옮긴 것이다.

우리가 의존하는 자연 자원과 환경과 함께 더불어 살아가는 여러 다른 종species과의 관계에서 볼 때 결정적 시점에 도달했다고 하는 것은 전혀 과장이 아니다. 냉철한 경제 분석을 싣는 출판물인 〈이코노미스트〉(2021. 7. 24)의 사설은 평소보다 더 과장된 언어로 "안전한 곳이 없다"는 제목 아래 몇 주간에 걸쳐 세계적으로 극한적인 기후 사건들이 기록되었음을 우려하는 목소리를 전했다.

> "독일의 에르프스타트 마을 지하는 홍수로 인해 휴지처럼 찢겨져 있었다. 브리티시 컬럼비아의 리튼은 기상천외한 온도를 기록한 지 하루 만에 지도에서 사라져 버렸다. 중국 정저우鄭州의 도로와 운하에는 차들이 마치 죽은 물고기처럼 떠다닌다. 모든 세계는 위험에 직면해 있다." (*The Economist*, 2021: 9)

우리는 냉혹한 선택 앞에 서 있다. 우리는 그동안 해온 대로 계속 자연계를 착취하면 점점 더 파괴된 자연이 삶을 위협할 것이다. 우리의 미래는 예상하거나 예상하지 못한 위험한 모습으로 펼쳐질 것이다. 아니면 급격한 변화의 필요성을 인식하고 사회적, 환경적으로 지속 가능한 미래를 창조할 책임을 받아들일 수도 있다.

멀리 있는 북극의 얼음이 녹는 사진에서도 알 수 있듯이 이전부터 지난 수년 동안 기후 변화는 천천히 전개되어 왔다. 이제 기후 변화의 즉각적이고 명백한 위협으로 전 세계인을 감염시키고 죽게 하는 치명적인 코로나19 팬데믹이 합류했다.

이러한 긴급 사태는 우리가 최근 조직한 커뮤니케이션 체계와 밀접한 관계를 맺고 있다. 가능한 범위 내에서 나는 이들 연관성에 대한 윤곽을 그리고 커뮤니케이션 학자이자 실무자로서 우리가 지속할 미래를 지키기 위한 투쟁에 헌신할 방법을 제안하고자 한다.

디지털 자본주의: 네트워크와 시장

UN기후변화에대한정부간협의체(United Nations Intergovernmental Panel on Climate Change: IPCC)는 2020년 우리가 취할 수 있는 과학적 증거들을 담은 가장 권위 있는 요약본이라 할 수 있는 보고서를 냈다. 이 보고서는 우리가 가속화되는 기후 위기에 맞설 수 있는 시간이 불과 몇십 년밖에 남지 않았다고 결론지었다. 그 이후에도 우리가 단호하게 행동하지 않으면 지구의 날씨, 해류 및 육지 온도를 제어하는 시스템이 예측할 수 없는 방식으로 변화하며 상호 작용하여 온도의 지속적인 상승을 통해 파괴적인 연쇄 반응이 일어나는 매우 위험한 상황에 직면하게 될 것이다.

이러한 위기는 산업 시대의 초기, 특히 북반구의 자본주의 사회가 재생 가능한 에너지 자원에서 석탄과 나중에는 가스와 석유의 탄소 퇴적물에 갇혀 있던 압축된 에너지에 의존하게끔 전환한 시점으로 거슬러 올라간다. 이들 화석 연료는 새로운 제조 및 운송 기계를 작동시켰다. 처음에는 증기로, 나중에는 석유와 디젤로 작동되던 엔진은 산업 사회 이전 시대의 풍차, 물레방아, 쟁기 말, 마차 등을 대체했다. 이 근본적 변화는 경제적 생산성과 소비를 증가시키고, '진보'의 척도로 여겨졌다. 하지만 탄소 퇴적물에 저장되었던 에너지의 방출은 수십 년간 대기 중에 머물렀던 이산화탄소(CO_2)의 배출물을 누적시켰다. 이들 배출물은 지구 표면에 마치 담요를 덮은 것처럼 열이 다시 대기로 빠져나가는 것을 막아서 내륙과 해양 온도가 꾸준히 상승하게 만들었다.

그동안 연구에 따르면 제2빙하기부터 안정적 상태를 유지하였던 지구의 평균 온도는 산업자본주의가 처음 등장한 1750년경부터 점진적으로 상승했다. 그러나 최근 연구들은 1980년 이래 급격한 온도 상승을 보여 준다. 이 상승은 경제 활동의 근본적인 재편에 의해 가속화된다.

1980년대는 전 세계 국가가 공공 소유와 국가 관리 및 규제에서 벗어나 시장, 경쟁 및 이윤 창출을 중심으로 경제를 재편하면서 경제 조직의 주요 변화를 보였다. 시장 체제로의 전환은 개인의 권리를 우선시하는 자유주의 강조가 부활하면서 이데올로기적으로 뒷받침되었다. 신자유주의는 자유주의의 새로운 변종으로 기업가에게는 이익 추구의 영역을 모든 분야로 넓히는 특권을 부여했고, 개인에게는 소비자 선택이 자신의 개성을 표현하고, 삶의 질을 개선시키는 권리라고 믿게 했다. 여러 경제적 영역에서 발생하는 이러한 변화의 이유와 범위는 다양하다.

서구 산업자본주의의 주도국에서 1970년대 중반부터 축적된 모멘텀momentum에 의해 일어난 구조적 위기가 지나치게 폭넓은 분야에서 관리하고 규제한 정부에게 책임이 있다는 주장으로 이어졌고, 이는 영국과 미국의 정권 교체를 가져왔다. 이 주장들은 보호된 시장의 개방(자유화)을 의도하고, 공공 자산을 매각하고(민영화), 기업 활동에 대한 규제를 완화하며, 조직화한 노동력을 약화하는 것이었다. 이러한 시장화의 특징은 높은 수준의 이산화탄소를 배출하는 석탄 에너지로 주로 구동되는 산업 기반을 확장하는 전략을 채택하여 발전의 동력으로 삼고 있는 신흥 경제국으로 전파되었다. 개방된 시장과 관련하여 재편을 서두르는 몇몇 국가에서는, 서구의 금융 기구로부터 대출받는 조건으로 시장 개방을 재편하도록 강제하였다. 외환 위기 이후 한국 경제의 변화가 대표적이다. 다른 나라, 특히 인도 같은 국가의 시장 체제 전환은 국가 재건을 위한 경제적 자립에 대한 이데올로기적 약속의 과도한 소진으로 가속화되었다. 소비에트 체제의 붕괴로 러시아와 구 동구권 국가에서 생긴 공백은 투기꾼과 종종 부패한 기업가에게 길을 열어 주었다. 그리고 중국에서는 마오쩌둥 사후에 도입된 개혁이 기업, 경쟁, 이윤을 위한 새로운 공간을 창출했다.

이러한 시장화 과정을 분석의 중심에 두는 것은 기후 비상 사태를 가속화하고 팬데믹 상황을 초래하는 데 디지털 미디어의 광범위한 역할을 설명하는 첫 번째 단계다. 불행하게도 디지털화에 대한 논의는 기술결정론의 범주에 머물러 있다. 그들은 새로운 혁신, 스마트폰, 가상 현실, 인공 지능의 도래로 시작하여, 기술 역량을 항목화하고 사회적 영향을 추적한다. 디지털화 시대가 시장화의 시기라는 점, 즉 두 과정이 동시에 출현하고 불가분의 관계에 있다는 사실을 받아들이면, 우리는 권력과 책임의 분배에 대해 질문을 할 수 있다. 어떤 디지털 혁신이 개발되고 어떻게 그것들이 설계, 제조 및 판매될 것인지를 누가 통제하는가? 어떤 가능한 애플리케이션이 촉진되고 어떤 것이 억제될지를 누가 결정하는가? 디지털 미디어가 수익을 창출할 수 있도록 하는 비즈니스 모델은 누가 고안하는가? 그리고 누가 이러한 다양한 결정에 대한 부정적인 사회적, 환경적 영향에 대한 책임을 질 것인가?

자본주의 경제에서 가장 대중적인 인터넷의 일상 사용에 대한 통제는 이제 모두 미국에 기반을 둔 다섯 기업(페이스북, 구글, 마이크로소프트, 애플, 아마존)의 손에 달려 있다. 공공 커뮤니케이션 조직에 대한 전례 없는 통제는 시장화의 직접적인 결과다. 그들은 공공의 연구로 주도되어 개발된 근본적인 기술 혁신을 유용하고 있으면서도, 일반 과세 기준에서 세금을 책정하기 때문에 세금을 한 푼도 내지 않거나, 그들의 막대한 이윤을 공적인 관리 감독에서 자유로운 역외 계정으로 이전하는 것이 허용된다.

신문이나 잡지 등 발행업체가 아닌 통신 사업자(전화 시스템처럼)로 분류되도록 성공적으로 로비한 페이스북과 구글, 유튜브는 기존 미디어에 부과된 규제와 편집권 통제에서 벗어날 수 있었다. 그 결과 그들은 자신의 사이트에 게시된 거짓말, 음모론 및 사회적으로 유해한 콘텐츠가 널리 유포되는 것을 막지 못했다. 그들은 또한 신문과 방송에서는 제한되는 광고의 양과 형태에서 벗어남으로써 제품 홍보가 제품 홍보로 채워지는 미디어 환경을 만들어 낸다.

페이스북과 구글은 주로 광고 판매에서 수입이 발생한다. 이들 기업은 보다 정확하게 직접 어필할 수 있는 기회를 제공하기 때문에 광고주는 전통적인 언론 영역에서 광고 예산을 삭감하거나 없애는 일이 일어난다. 그들의 목표는 온라인 상호 작용을 통해 생성하는 모든 개인 정보에 대한 독점권을 대가로 사용자에게 디지털 플랫폼에 대한 무료 액세스를 제공하는 새로운 비즈니스 모델에 의존한다. 독점에 대한 이러한 주장은 민영화의 또 다른 예다. 개인에 대한 디지털 데이터는 예를 들어 의료 서비스를 제공하는 데 공공적인 많은 잠재적 용도가 있지만 현재로서는 플랫폼 기업의 독점적이고 법적으로 보호되는 지적 재산이다. 판매 촉진을 위해 개인을 분류하고 타기팅targeting(표적화)하기 위해 그들이 활용하는 알고리즘 또한 상업적으로 특권화된 것에다, 공적 감시를 막고 있어서 그들을 떠받치는 사회적인 추정들에 도전하는 것도 불가능하다.

시장화에 대한 기업가적 야망에 대한 칭송과 공공 규제에 대한 적대감으로 인해 부여된 경제적 특권은 주요 디지털 기업을 세계 경제의 선두 기업으로, 그 소유주는 지구상에서 가장 부유한 개인으로 자리 잡았다. 그들에게 실질적으로 유일한 글로벌 경쟁사는 검색을 제공하는 바이두Baidu, 온라인 쇼핑을 제공하는 알리바바Alibaba, 페이스북의 다양한 소셜 미디어 옵션을 능가하는 텐센트Tencent 등 보호 장벽 아래 [미국의] 핵심 기능을 복제하도록 설계된 중국의 주요 디지털 기업이다.

주요 디지털 기업이 운영하는 방식을 정의하는 두 가지 특징은 최근 수십 년 동안 기후 및 환경 위기가 악화하고 코로나 팬데믹이 발생한 이유를 이해하는 데 핵심적이다. 그 두 가지 특징은 디지털 기기의 제조, 사용, 폐기 과정에서 발생하는 탄소 발자국과 사용자의 스크린을 가득 채우는 포화 상태인 제품 홍보다.

파괴적 기기: 탄소 발자국 측정하기

커뮤니케이션 연구는 거의 배타적으로 미디어 산업, 콘텐츠 및 수용자에만 초점을 맞추는 경향이 있었다. 그렇지만 거기에는 지금까지 눈감아 온 그들의 물질적 토대라는 네 번째 차원이 있다. 우리가 사용하는 통신 기기와 이를 연결하는 전선, 위성, 중계망 등의 네트워크는 금속과 기타 물질로 이루어져 생산과 사용에 에너지를 소모하며, 사용을 중단하거나 폐기하면 폐기물이 발생한다. 이러한 제품의 라이프 사이클 구성 방식은 이산화탄소량을 증가시킨다.

디지털 미디어의 개인화로 인해 유통되는 통신 기기의 수가 꾸준히 증가했다. 우리는 한 대의 텔레비전 수상기 주위에 가족들이 둘러앉아 보거나 영화관에서 수백 명의 사람이 스크린을 보던 집합적인 시청에서 개인이 랩톱, 태블릿, 게임 콘솔, 스마트폰 등 여러 기기를 소유하는 방식의 시청으로 변화하고 있다. 각 기기들을 생산하기 위해서는 광산업과 추출 산업이 관계되고 금속과 재료를 조립할 공장이 필요하고, 생태를 파괴하는 교통수단인 컨테이너 선박을 통해 소매점으로 운송한다. 또한 기기는 수명이 다되면 버려져 거대한 전자 쓰레기 더미를 이룬다. 애플의 자체 집계에 따르면, 이들 기기의 탄소 발자국의 77%는 그것이 궁극적 이용자들에 도달하기 전에 이미, 이들 생산에 관여된 광산과 공정 과정에서 발생한다(Compare and Recycle, 2020). 결과적으로 기후에 끼친 영향을 평가할 때 우리는 이들 각각의 연결 사슬이 남긴 탄소 발자국을 고려해야 한다.

커뮤니케이션 기기 수가 증가하는 것 외에도 디지털화는 디지털 네트워크에 전송되는 정보의 양과 다양성을 크게 증가시키고 있다. 최근까지 기업 또는 일상적인 인터넷 활동에서 생성된 데이터는 사용자가 소유하고 제어하는 전용 하드 드라이브 또는 디스크에 저장되었다. 이제 사용자들은 데이터를 저장하기 위해 주요 디지털 기업이 소유한 마치 복합 단지와 같은 광대한 공장인 클라우드 컴퓨팅 시스템을 점점 더 많이 이용하고 있다. 이들 저장 설비는 냉각을 위해 엄청난 양의 에너지와 물이 필요하다. 최종적인 사용자가 데이터를 주고받는 것은 에너지 공급과 이산화탄소 배출량 상승을 추가적이고 급격히 증가하게 한다. 개인의 음악 소비 변화는 유익한 실례를 제공한다. 레코드판, 카세트

테이프, CD 등 잇따르는 형식의 제조 및 사용으로 인한 [이산화탄소] 배출량은 1억 4000만에서 1억 5700만 킬로그램 정도다. 2016년 들어 스트리밍 서비스는 약 두 배가량 뛰어오르며 [이산화탄소 배출량] 3억 5000만 킬로그램을 발생시켰다(Divine, 2019를 보라). 비디오는 훨씬 더 많은 에너지를 필요로 하며 영화 및 텔레비전의 스트리밍 서비스, e-스포츠, 온라인 게임의 급속한 성장과 함께 빠르게 [에너지 소비가] 팽창되고 있다. 한 추정에 따르면, 2030년까지 비디오는 전체 데이터 통신량의 89%를 차지할 것이라고 한다. 2030년에 통신 기술은 전 세계 전력 수요의 51%, 총 온실가스의 23%를 차지할 것으로 예상된다고 한다(Andras & Thomas, 2015를 보라). 자율주행차의 보급, 사물 인터넷과 스마트 기기의 확산, 생산·유통의 자동화 증가를 비롯해 스마트 시티의 등장과 함께 도시 생활을 관리하는 데 디지털 기술의 적용 등으로 추가적인 수요가 가중될 것이기 때문에 그 예측은 과소평가된 것일 수 있다.

우리가 사용하고 의존하는 디지털 기기의 탄소 발자국 팽창은 디지털화가 기후 위기를 심화시키는 데 어떻게 연관되는지를 이해하기 위한 핵심적인 실마리를 제공한다. 이러한 [디지털] 기기가 과잉 소비라는 일반적인 문화의 조성에서 어떻게 중추적 역할을 했는지에 대해 충분히 분석해야 한다. 그것은 천연자원을 지속 불가능하게 한다. 가장 최근의 예인 코로나19는 생태 재앙과 주기적인 팬데믹 상황을 만든다.

코로나 소비: 패스트푸드와 사라지는 숲

1970년대 선진 자본주의 사회의 구조적 경제 위기는 부분적으로 과소 소비로 인한 위기였다. 2차 세계 대전 이후 경제 성장을 이끈 대량 생산-대량 소비 체제는 벽에 부딪혔다. 사람들은 생활을 보다 편리하게 하고 즐겁게 해 주는 가전제품, 냉장고, 세탁기, 텔레비전 등을 사들였고 점점 더 많은 사람이 차를 구입했다. 이 제품들은 주요 소비 지출 품목이었고 사람들은 오랫동안 이를 사용하길 기대했다. 고장이 나면 손상된 부품을 교체하거나 수리해 주는 지역 소매상인들도 있었다. 위기를 해결하려면 새로운 소비 체제가 필요했다. 사람들이 더 많이, 더 자주 소비하게 하고 정기적으로 품목을 교체하도록 설득해야 했다. 소비를 확대하고 강화하는 것은 마오쩌둥 이래 국가 주도에서 시장 지향적 경제로 이행해 온 중국의 경제 성장 전략의 핵심이었다. 새로운 중산층의 실질 소득 증가가 가져온 새로운 소비문화는 광고가 자금을 대는 텔레비전 서비스와 모든 마을과 도시에 들어선 쇼핑몰에 의해 뒷받침됐다.

중국과 서구에서 스마트폰과 관련된 디지털 미디어의 급격한 증가는 소비 체제를 만들고 강화하는 데 두 가지 중요한 역할을 한다.

첫째, 스마트폰의 개발 및 마케팅 관행은 우리가 의존하는 이전 버전의 기기가 더 이상 우리가 원하는 모든 이점을 제공하지 못해 최신 모델을 조기에 구입할 수 있는 기대를 키우는 데 앞장서 왔다. 애플의 아이폰은 이런 작동의 원리를 보여 주는 실질적 사례다. 매년 새로운 버전은 카메라 기능 개선, 지문 보안, 새로운 케이스 디자인, 더 빠른 속도와 같은 추가 및 수정 사항을 약속했다. 사용자로서 우리는 다음 버전이 훨씬 더 좋아질 것이기 때문에 우리가 가지고 있는 버전에 결코 만족하지 못한다. 그 결과는 가속화된 일회성에 기반을 둔 소비문화다.

둘째, 이러한 과잉 소비주의는 디지털 미디어에서 제품 홍보의 편재성으로 집요하게 일반화된다. 전통적으로 서구의 지상파 방송 광고는 일정한 광고 시간에 제한돼 있고, 판매 촉진의 양과 형태에 대한 강력한 규제 때문에, 편성으로부터 분명하게 분리돼 있다. 어린이에 대한 광고는 추가 제한을 받았다. 스폿 광고(프로그램 사이의 토막 광고)에 대한 제한은 판매를 촉진하는 마케팅 메시지를 게재할 추가적인 공간을 확보하려는 통합 마케팅 활동 경향을 더욱 부채질했다. 후원 계약을 통해 기업은 인기 있는 프로그램에 자신의 이름을 붙일 수 있으며 프로그램의 시각 영역과 스크립트에 브랜드 상품이 삽입되면 제품 배치 이용이 증가한다. 통합 판매 촉진의 가정은 시청자가 동경하는 캐릭터 및 유명인에 대한 정서적 애착과 그들의 라이프 스타일을 닮고 싶은 욕구가 그들이 사용하고 즐기는 제품에 전달된다는 것이다.

소셜 미디어는 그들이 전달하는 광고에 대한 효과적인 규제가 거의 (또는 전혀) 없이 확장되었기 때문에 내재된 설득 동력을 더욱 가속화할 수 있었다. 그들은 일상생활의 모든 영역에서 빠른 소비문화를 촉진하는 데 중심적인 역할을 하는 새로운 형태[의 광괴를 만들어 내고 있다. 기업은 자신의 로고와 브랜드가 포함된 무료 게임을 인터넷에 게시하기 위해 비디오 게임의 인기를 점점 더 많이 활용하고 있다. 이러한 광고성 게임은 특히 어린이를 겨냥하고 있다. 최근 몇 년 동안 기업이 메시지 보드나 짧은 동영상에 추천인을 게시하기 위해 돈을 주는 비전문가인 '인플루언서'가 폭발적으로 증가했다. 다시 말하지만, 이러한 소구는 특히 어린이와 청소년을 겨냥한 것이다. 이들은 자신처럼 보이고 행동하는 가상 친구로 환영받는 설명자들presenters과 동일시될 것이라고 희망을 품고 있다. 2020년 구글의 유튜브 플랫폼에서 가장 많은 유료 구독자를 지닌 인플루언서 10명 중 9명은 젊은이 또는 어린이였다. 1위는 텍사스에 거주하는 아홉 살인 라이언 카지Ryan Kaji가 차지했으며, 장난감과 자신의 브랜드 의류를 홍보하는 사이트에서 2,950만 달러를 벌어들였다. 다른 주요 인플루언서들은 비디오 게임과 화장품에서 두각을 나타냈다(Berg & Brown, 2020. 12. 18).

젊은 인플루언서와 광고성 게임도 햄버거, 치킨 너겟, 즉석 피자와 같은 패스트푸드 홍보에 크게 관여하고 있다. 영양가가 낮아 종종 '정크 푸드junk food(햄버거와 피자 같은 고칼로리 저영양가의 즉석식품)'로 불리는 이러한 음식은 반복적이고 중독적인 일회용 소비문화의 소구가 어떻게 우리의 일상을 지배하게 되었는지를 잘 보여 준다. 그들은 만족하지 않고 소비자가 항상 더 많은 것을 원하도록 기획한다. 디지털 미디어는 어린이를 이용하여 이러한 소구를 강화하는 데 핵심 역할을 한다. 미국에서 어린이 인플루언서(3~14세)가 등장하는 유튜브 채널 중 가장 많이 시청한 채널

5개의 연구에 따르면 음식과 음료에 대한 광고 시 맥도날드는 게시물의 90% 이상 등장한다(Airuwaily et al., 2020). 미국의 한 연구에 따르면 패스트푸드는 광고성 게임에서 두드러지게 나타난다. 한 달 동안 100만 명의 어린이가 게임을 하고 정크 푸드와 스낵 소비가 눈에 띄게 증가했다고 한다(Orcian, 2012).

음식은 미국 가정의 총 탄소 발자국의 10~30%를 차지한다. 이는 정크 푸드에 의존하는 가난한 가정에서 가장 높다. 그러나 대부분의 음식으로 인한 탄소 배출량은 제품을 소매점으로 배송하는 생산 과정(68%) 및 운송(5%)에 의해 발생된다(Centre for Sustainable Systems, 2020). 정크 푸드는 육류와 야자유라는 두 가지 기본 재료에 의존한다.

신흥 경제국에서 각 가구의 실질 소득이 증가하게 되자 간헐적으로 이루어지던 육류 소비가 증가하게 되었다. 유엔의 지원으로 진행된 연구에 의하면, 만약 현재의 추세대로 가면 세계적인 육류 소비는 이번 세기의 중반까지 76%까지 팽창할 것으로 예상한다(Godfrey, 2018). 주요 육류인 소고기, 돼지고기, 닭고기는 채소나 곡식보다 훨씬 높은 탄소 발자국을 지니고 있다. 햄버거의 주요 성분인 소고기는 쌀의 0.16과 당근의 0.07에 비해 파운드당 탄소 배출이 6.61로 가장 높다(Centre for Sustainable Systems, 2020). 세계에서 가장 널리 쓰이는 팜유는 즉석 음식을 제조하는 데 가장 기본적인 재료다. 팜유의 매력은 다용성이다. 이는 튀긴 음식을 파삭파삭하게 해 준다. 또한 팜유는 빵과 케이크와 준비된 음식의 긴 유통 기한을 보장하는 자연 방부제다. 그리고 팜유는 초콜

릿과 빵에 바르는 버터나 잼 등의 주요 원료다.

팜유와 쇠고기 수요가 증가하면서 산림이 대량 파괴되고 개간된 토지를 목초지와 농장으로 전환해야 했다. 1978년에서 2018년 사이에 팜유의 주요 생산지인 동남아시아에서는 삼림 면적의 30%를 잃었다(Afelt, Frutos & Deveaux, 2018: 2). 아마존 분지에 있는 세계 최대의 열대 우림은 벌목, 채광을 비롯해 가장 광대한 가축 목장을 위한 토지 개간이 가속화되었다. 2019년 7월과 8월 사이에 거의 10%(9.5%)의 숲이 사라졌다(BBC, 2020).

최근 세계적 감사 보고서는 2019년에 축구장 크기의 원시림이 6초마다 전 세계 어딘가에서 사라져가고 있다고 추산했다(Weisse & Goldman, 2020). 이는 생태적, 기후적인 대재앙이다. 숲은 이산화탄소를 흡수함으로써 온난화를 줄여주는 '이산화탄소 흡수계(지구 온난화를 줄이는 데 도움이 되는 넓은 삼림 지대)' 역할을 한다. 숲이 없어지면 이는 이산화탄소 배출로 변환된다. 그것은 또한 지구의 생태계를 균형 있게 유지하는 여러 곤충과 식물 종들을 멸종으로 몰고 가는, 즉 생물 다양성의 대량 손실을 초래한다. 게다가 축산업으로 전환된 토지는 소들이 배출하는 메탄가스로 인해 화석 연료보다 86배 더 강력한 지구 온난화의 잠재력을 갖고 있다(Jackson et al., 2020을 보라).

삼림 벌채는 또한 팬데믹 질병의 주요 원인이기도 하다. 이전에는 자율적으로 조절되는 숲의 내부에만 머물렀던 동물 종들이 가장자리로 밀려나 이제는 점점 더 인간과 가깝게 접촉하고 있다. 그러한 동물로는 박쥐가 다른 어떤 종보다 많고 새로운 서식지에 매우 잘 적응한다. 그 박쥐는 새로운 가축 목장을 위해 지어진 헛간과 건물들에 대량 서식하며 인간 거주지에서 풍부한 먹잇감을 찾고 있다. 박쥐는 또한 다른 어떤 종보다 더 많은 범위의 병원균을 자신들에게 해를 끼치지 않고 옮길 수 있다. 사스, 메르스, 코로나19 등 코로나바이러스로 최근 발생한 세 가지 유행병 모두 처음에는 박쥐가 옮긴 중간 동물 숙주를 통해 인간에게 전염됐다. 거대한 군집을 이루는 박쥐의 배설물은 다양한 다른 종들에게 영양분을 공급하여 질병을 전파할 수 있는 또 다른 경로를 만든다.

최근 한 연구에서 지적했듯이, 신종 질병의 유력한 발생 가능 지역에 사는 야생 동물에는 170만 개의 미발견 바이러스가 존재하기 때문에 토지 이용, 농업, 식량 생산의 형태가 변하지 않는다면 앞으로 팬데믹은 피할 수 없다(Daszak, 2020). 맥도날드와 KFC 매장의 정형화된 인테리어는, 세계의 숲이 급격하게 사라지게 하고 기후 위기를 가속화하고 점점 더 빈번해지는 치명적인 팬데믹 전염병을 일으키는 패스트푸드와 디지털 플랫폼에서 늘 만나는 광고를 연결하는 사슬의 마지막 연결 고리다.

지속가능성의 조건

지속가능성을 위한 조건을 생각하면서 나는 유용한 출발점이라 할 수 있는 급진적 정치경제학자 케이트 레이워스Kate Raworth(2017)가 제안한 도넛의 이미지를 발견했다. 전통적인 도넛은 반죽으로 동그라미를 만들어 설탕을 뿌린 것이다. 그 모양을 유지하려면 가운데 구멍을 둘러싸고 있는 안쪽 고리와 바깥쪽

고리가 안쪽으로도 밀리지 않고 바깥쪽으로도 밀리지 않는 상태로 유지되어야 한다. 레이워스는 우리가 지구에서 살 수 있는 공간을 도넛 모양으로 생각할 것을 제안한다. 바깥 고리는 우리가 지켜야 할 다양한 환경 제한을 보여 준다. 안쪽 고리는 모든 사람이 존엄과 기회를 누릴 수 있도록 하고 가난, 차별과 멸시에 빠지지 않게 하는 경제적, 사회적 조건을 마련해 주는 것이다.

따라서 지속 가능한 미래를 위한 투쟁은 생태적 안정과 거주 가능한 지구를 위한 투쟁일 뿐만 아니라 사회적 정의와 존중을 위한 투쟁이다. 그 둘은 서로 연결되어 있다. 시장화는 소득과 부를 이미 특권층에게 재분배하여 빈부의 격차를 더 크게 만들었다. 이는 빈곤 계층을 더욱더 경제적 압력에 취약하고 환경 위기 대처에 무기력하게 하여 그들을 사회적 밑바닥으로 밀어 넣는다. 현재의 위기에 대한 대처 방안을 고민할 때 우리는 디지털 생산 과정과 관련된 종종 착취적이고 불리한 노동 조건을 시급히 해결해야 한다. 우리는 콩고에서 위험에 노출된 채 광산에서 코발트를 캐거나, 거대한 전자 쓰레기 더미에서 재사용 가능한 것을 줍는 아이들을 기억해야 한다. 그리고 조립 공장에서 겨우 먹고 살 수 있는 임금만을 받으며 일하는 젊은 여성과 안전장치가 전혀 없는 운송선에서 일하는 선원을 잊지 말아야 한다.

그러나 내가 여기에서 언급한 바와 같이 지속가능성을 확보하는 데는 현대의 경제 조직 방식뿐 아니라 우리가 그것을 정당화하기 위해 사용하는 이데올로기에 대한 중대한 변화가 수반된다. 우리는 끊임없이 증가하는 소비 수준에 의해 유지되는 경제

성장을 위한 경쟁을 '진보'라고 여기는 것을 멈추고, 모든 사람이 적절한 삶의 질을 누릴 수 있는 여건을 확보하기 위한 약속으로 재정의해야 한다. 이러한 방향 전환은 현재 우리와 자연 세계의 관계에 근본적인 변화를 요구한다. 천연자원이 소유되거나 상업적으로 최대한 이용되어도 무방한 공짜 선물이라는 인식은 중단돼야 한다. 대신 그것은 보존되고, 보충되어야 하는 필수적인 생명 유지 시스템으로 간주돼야 한다. 이처럼 자연환경을 보호하고 돌보는 정신은 항상 토착민의 우주론에 영향을 미쳤다. 그리고 최근 토착민들이 토지와 자원을 약탈하는 기업과의 투쟁에서 종종 최전선에 나선 것은 우연이 아니다(Murdock, 2017).

최근 증가하는 디지털 미디어에 대한 중요성은 커뮤니케이션 학자들과 연구자들을 논쟁의 중심에 서게 하며 지속 가능성을 위한 투쟁에 기여할 특별한 책임을 부여하고 있다. 행동에 대한 포괄적 의제를 제시하는 것은 이 글의 범위를 벗어나긴 하지만, 나는 결론적으로 시작을 위해 가능한 몇 가지를 제안하고자 한다.

첫째, 공공기관에서 일하는 우리는 일상적인 미디어 관행의 물질적 기반을 바꾸는 것이 가능하고 실행 가능하다는 것을 입증하는 데 앞장서야 할 특별한 책임이 있다. 우리는 생산 시 탄소 중립적이며 복구 및 재활용이 가능한 재생 가능한 에너지와 커뮤니케이션 인프라 및 기기를 기반으로 하는 탄소 제로 사회로 가능한 한 빨리 옮겨가야 한다.

둘째, 연구자, 저자 및 미디어 실무자로서 우리는 매일 사용하는 디지털 기술의 사회적 및 생태학적 비용에 대해 권위 있는 분석을 제공하는 한편, 기후 및 환경 위기를 해결하기 위해 발 빠르게 대처하지 않는 경우 급증하는 위험을 명확히 설명함으로써 공적 논의가 될 수 있게 적극적인 역할을 해야 한다. 그러나 상황이 악화된다는 경고를 계속하는 것은 너무 쉽게 무력감과 체념을 불러일으킬 수 있다. [이러한 점을 고려해] 우리 일상생활과 특정 지역 사회의 안녕과 복지에 분명한 변화를 가져온 성공적인 해결책에 대한 설명으로 균형을 맞춰야 한다.

공공 커뮤니케이션은 또한 기후 위기와 팬데믹 그리고 그에 따른 일상생활에 미치는 영향을 해결하기 위한 적용 가능한 방법에 대한 논의에 대중이 참여할 수 있는 새로운 공간을 제공해야 한다. 상업 기반의 소셜 미디어는 이데올로기적 분열을 강화하고 음모 이론을 유포한다. 최근 시민 법정과 심의 포럼의 부활은 공통점을 찾기 위한 우선순위와 정책에 대한 집단 토론을 조직하는 대안적 방법의 실행 가능성과 가치를 보여 준다.

내가 여기서 설명한 사례는 종종 디지털 기술에 대해 역방향적이고 적대적인 것으로 잘못 보일 수 있다. 이는 논쟁을 뒤집는 것이다. 우리는 이러한 기술의 잠재적인 용도를 현재 조직되고 통제되는 방식에서 분리할 필요가 있다.

내가 서두에서 주장했듯이, 서구 자본주의의 디지털 혁신은 시장화에 의해 열린 새로운 이익 창출의 영역을 최대한 이용하려는 소수 기업에 의해 광범위하게 제멋대로 사용되고 있다. 우리는 이러한 기업의 합병에 반대해야 하고 디지털 시스템을 사회적 및 환경적 지속가능성을 위해 효율적으로 사용할 공공 자원으로 재정의해야 한다.

과거 경험에 따르면 기업 활동에 대한 공적 규제를 다시 도입하는 것이 현재의 남용을 억제하는 데 절대적으로 필요하지만 그 자체로는 충분하지 않다. 결연하게 이루어지는 정치적인 로비는 허점을 찾아내고 규제를 회피할 방법을 만들어 낼 것이다.

우리는 주요 커뮤니케이션 인프라를 상업적 자산이 아닌 공공재로 재정의하고 공공 서비스 미디어의 이상을 재창조함으로써 강력한 대안을 제시해야 한다. 즉 이러한 미디어는 어떤 형태로든 광고를 싣지 않으며, 사용 지점에서 모든 사람에게 똑같이 무료로 제공해야 한다는 것이다. 이들 기업의 재원은 디지털 플랫폼이 사용자의 개인 데이터를 독점 통제하고 판매함으로써 얻는 초과 이윤으로부터 조성될 수 있다.

내가 다른 곳에서 주장했듯이, 만약 디지털 커뮤니케이션의 현 체제가 기업 합병과 상업화를 중심으로 구축된다면, 분명한 대안은 공공재의 정치경제(학)와 자발적인 협력적 주도를 유지하는 선물gift 관계를 결합한 디지털 공유지digital commons다(Murdock, 2013). 이 커뮤니케이션 공간이 어떻게 조직될지 상상하고, 사회적으로 평등하고 환경적으로 지속 가능하며, 그것을 집단생활의 중심에 설치하기 위한 실질적인 조치를 강구하는 것은 우리가 직면한 가장 큰 도전이자 가장 큰 기회다. 이는 커뮤니케이션을 구조적으로 조직화하는 것뿐만 아니라 사회관계의 창조적인 토대를 만들어 내는 데도 필요한 개입이다.

상업 미디어는 시청자와 이용자를 소비자로서 인식하며 접근

한다. 상업 미디어는 우리에게 지속적으로 개인의 시장 선택을 개인의 만족과 사회적 표현의 주요 공간으로 보도록 고무하며, 과잉 소비와 일회용품이라는 환경 파괴적 문화를 강력하게 강화한다. 반면에 디지털 공유지는 참여자를 다른 모든 사람과 함께, 그들이 유지하고 기여하는 공공 생활의 질에 함께 결부된 사회적, 도덕적 공동체의 일원으로 바라본다. 기후와 코로나의 위기 상황이 치명적으로 위험하다는 것을 명료하게 보여 줌에 따라 다른 사람과 함께 잘사는 집단적 복지에 대한 우리의 책임이 전 지구적으로 다가온다. 안전지대도 탈출구도 없지만, 가장 심각한 영향을 받는 이들은 가난하고 아무것도 가진 것이 없는 사람들일 것이다. 그들의 삶의 질을 획기적으로 개선하고, 기회를 보장할 수 있는가 하는 점이 사회 정의와 자연 세계의 돌봄에 기초한 지속 가능한 미래를 향한 진보에 대한 궁극적인 시험이 될 것이다.

참고 문헌

Afelt, A., Fruton, R. & Devaux, C. (2018). Bats, coronaviruses and deforestation: Toward the Emergence of Novel Infectious Diseases?, *Frontiers of Microbiology*, Vol 9, April, Article 702, at https://www.frontiersin.org/articles/10.3389/fmicb.2018.00702/full [accessed December 28 2020]

Airuwaily, Amal et al. (2020). Child Social Media Influemcers and Unhealthy Food Product Placement, *Pediatrics*, Vol.146, No.5 https://doi.org/10.1542/peds.2019-4057.

Andrac, Anders & Edler, Thomas (2015). On global electricity usage of communication technology: Towards 2030, *Challenge*, Vol 6 No 1, pp.117～157.

BBC (2020. 11. 30). Brazil's Amazon: Deforestation 'Surges to a 12 year high', *BBC News*, 30 November https://www.bbc.co.uk/news/world-latinamerica-55130304

Berg, Madeline & Brown, Abram (2020. 12. 18). The Highest -Paid YouTube Stars of 2020, *Forbes*, December 18 https://www.forbes.com/sites/maddieberg/2020/12/18/the-highest-paid-youtube-stars-of-2020/?sh=e43a63e6e508

Centre for Sustainable Systems (2020). Carbon Footprint Factsheet. University of Michigan Centre for Sustainable Systems. css.umich.edu/factsheets/carbon-footprint-factsheet.

Compare and Recycle Blog (2020. 5. 27). iPhone Lifecycle: What is the Carbon Footprint of the iPhone. https://www.compareandrecycle.co.uk/blog/iphone-lifecycle-what-is-the-carbon-footprint-of-an-iphone

Daszak, Peter (2020. 6. 9). Ignore the conspiracy theories: scientists know Covid-19 wasn't created in a lab, *The Guardian*. https://www.theguardian.com/commentisfree/2020/jun/09/conspiracies-covid-19-lab-false-pandemic [accessed December 28 2020]

Devine, K. (2019). *The Political Economy of Music*. Cambridge. Mass: MIT Press.

Godfrey Charles et al. (2018. 7. 20). Meat Consumption, Health and the Environment, *Science*, Vol 361, Issue 6399. https://science.sciencemag.org/content/361/6399/eaam5324/tab-pdf

Jackson, R. B., Saunois, M., Bousquet, P., Canadell, J. G., Poulter, B., Stavert, A., Bergamaschi, P., Niwa, Y., & Segers, A. (2020. 7. 15). Increasing anthropogenic methane emissions arise equally from agricultural and fossil fuel sources, Environmental Research Letters, Vol 15, at https://iopscience.iop.org/article/10.1088/1748-9326/ab9ed2 [accessed December 28 2020]

Murdock, Graham (2013). Communication in Common, *The International Journal of Communication*, 7, pp.154～172.

Murdock, Graham (2017). One month in the life of the planet' : carbon capitalism and the struggle for the commons in Benedetta Brevini & Graham Murdock (eds). *Carbon Capitalism and Communication: Confronting Climate Crisis*. London. Palgrave Macmillan, pp.207～219.

Orcian, Megan (2012). Food company computer games increase junk food consumption, *Yale News*, January 9th.

Raworth, Kate (2017). *Doughnut Economics: Sven Ways to Think Like a 21st-Century Economist*. London: Random House Business Books.

The Economist (2021). No Safe Place, *The Economist*, July 24th,p9.

Weisse, Mikaela & Goldman, Liz (2020. 6. 2). We lost a football Pitch of Primary Rainforest every 6 seconds in 2019, *Global Forest Watch*, at https://blog.globalforestwatch.org/data-and-research/global-tree-cover-loss-data-2019 [accessed December 28 2020]

손에 잡히는 생활법률

-판례중심-

이 순 우

문우사
MoonWoo

머리글

인간만이 자신의 존재 가치를 승화해 가면서 삶을 영위한다. 그렇기에 모든 인생은 고귀한 가치를 지닌다. 그런데 치열한 생존경쟁으로 피곤하다. 생활의 달인이 되지 않고는 내 권리를 억울하게 침해당할 수 있다. 자존심을 지키면서 침해당할 또는 침해당한 권리를 예방하거나 되찾으려면 법에 호소할 길 밖에 없다. 이 길을 알아야 '생활의 달인'반열에 오를 수 있다.

법이란 무엇인가? 법이란 국가운영을 위해 국민이 합의한 헌법과 법률에 따라 법관이 재판하고 그 집행이 이루어질 수 있게 하는 근원이라고 말할 수 있다. 다시 말하면 재판이란 실정법이 정하는 구성요건인 법률사실에 대하여 결론으로서 관련 법령을 적용하여 법과 일치하는 상태로 되돌려 놓는 일련의 작업과정이다. 법은 법치국가에서는 국가를 움직이는 가장 중요한 시스템이다.

'사회가 있는 곳에 법이 있다'는 법언(法諺, legal maxim, 보통 법관들이 사건을 판결함에 있어 고려할 법적 방침이나 이념을 공식화해 표현하는 것)이 있다. 이 같은 법언은 판례 속에 녹아 있다. 판례(判例)란 재판이 논리적으로 의지했던 법칙이나 규범을 가리키기도 하고. 또는 재판상의 선례(judicial precedent, 先例)를 말하기도 한다.

판례는 유사한 사건에 대한 재판에서 유사한 결론을 내리게 할 수 있는 근거를 제공해 준다. 특히 대법원 판례는 사실상 후속 재판을 구속한다. 그렇기 때문에 '판례집'이 갖는 의미는 매우 크다고 할 수 있다. 판례를 통해 내가 당한 사건 또는 사고에 대한 법적 보호 정도를 미리 예견할 수 있고 재판 진행 중에 그 결과를 예단할 수 있기 때문이다.

그러나 실생활에 들어가 막상 법 앞에 서면 법의 세계가 잘 이해가 안 되고 멀게만 느껴진다. 각종 범죄를 비롯하여 헤아릴 수 없이 많고도 많은 문제들, 예를 들면 남녀관계, 성(性) 문제, 교육, 재산, 상속, 교통 및 의료사고 등의 문제, 노동, 세금, 보험, 병역 관련 문제 또는 나홀로 소송을 준비할 때 등등에서 실제로 어떤 일이 일어나면 어찌 할지 갈피를 잡을 수가 없다. 해결책이 내 손안에 들어오질 않는다. 그렇지만 참을성 있게 판례를 정독하면서 살펴보면 그 속에 해답이 있음을 알게 된다. 백문백답이랄까 또는 퍼즐퀴즈 풀기처럼 신기하고도 시원하게 궁금증을 풀어 낼 수 있다.

국가에서도 법률 문외한을 위해 여러 형태의 법률서비스를 제공하고 있다.

필자는 서울고법 상설조정위원이다. 사회봉사차원에서 조정위원으로 활동하고 있는데 조정하기 위하여 서초동 법원 청사를 자주 방문하는 편이다. 갈 적마다 사법부가 분쟁으로 고통 받는 국민을 위하여 많은 배려를 하고 있다는 것을 새삼 느끼곤 한다. 그 중 하나가 법원 청사(본관 1층)에 마련된 종합민원실의 '민원상담센터'이다. 민원상담코너와 법률상담코너로 나뉘는데 전자는 각종사건의 신청에 관한 안내, 절차법규에 관한 설명, 진행 중인 사건에 대한 안내를 해준다. 후자는 사적분쟁에 대한 법적판단과 법률정보제공, 소송단계 이전의 법률문제에 대하여 상담을 해 준다. 그러나 판례 정보까지 기대할 수는 없다.

한편 대법원(서초동 대법원 청사 1층 '종합법률정보'코너)에서도 대민 봉사차원에서 판례에 관하여 상세정보를 제공해 주고 있다. 인터넷으로도 검색할 수 있다. 그런데 문제점은 실제로 알고자 하는 판례에 대하여 해당 사건번호와 사건명을 입력해야 전산 서비스를 받을 수 있다. 다시 말하면 현재 몰라서 알고자 하는 것을 오히려 입력하라는 얘기와 같아 머뭇거리게 된다. 막연한 검색어 몇 마디로는 검색이 거의 불가능하다. 법률전문가에게 상세정보를 제공하기 위한 서비스 코너라고 보여 진다.

준사법적 기능을 수행하는 사단법인 대한상사중재원에서도 무료로 대민 법률상담을 하고 있다. 필자가 여러 해에 걸쳐 원장을 지냈던 곳이다. 매년 수천 건의 상담 실적을 올리고 있다. 그러나 이곳 역시 소송으로 가기 전에 소송 또는 중재신청 여부를 결정하는데 조력을 해 줄 수 있지만 판례 서비스는 제공하지 않는다.

그래서 이 책의 효용성을 절실하게 피부로 느끼게 된다. 이 책을 통하면 상대방에게 어떤 위법행위가 있었음을 가정할 때 형사상으론 어떤 죄로 어느 정도 형사 처벌을 받게 되며 민사상으로는 손해배상 또는 보상을 받을 수 있는 조건이 되는지 또는 금액이 어느 정도가 될지를 대체로 가늠해 볼 수 있다. 또는 남편에게 이런저런 비행이 있는데 이 사유로 이혼이 가능한지, 또는 어떤 사고를 당했는데 보험을 탈수 있는지, 또는 어떤 불행한 일이 있었는데 국가로부터 보상을 받을 수 있는지 등등 법적으로 궁금한 거의 모든 것에 대한 해답을 찾을 수 있다. 궁금한 것이 한두 가지가 아닌데 일일이 변호사한테 문의하는데 여러 부담이 따르기 때문에 쉽지가 않다. 이럴 때 이 책에서 해당 부분을 찾아보면 요긴하게 정보를 얻게 될 것임을 필자는 바라고 있다. 그것이 바로 이 책의 발간 목적이기도 하다.

이번에 출간한 책은 '판례로 보는 생활법률'(법문사, 2011년 발행)의 후속편이다. 이 책은 판례에 대한 '판결 이유'설명을 비교적 상세히 했다. 또 판례 전체가 갖는 의미에 대하여 가급적 해설을 붙였다. 많이 사용되는 법률용어는 대부분 이 책의 맨 뒷부분에 있는 '중요법률용어 해설'에서 간략하게 설명했다. 이 책은 법체계나 형식보다는 일상생활에서 시시각각으로 부딪히는 다툼현상에 대한 법적 실체부분에 대하여 언급하려고 노력했다. '실용적 법학개론'의 책이라고 보면 좋을 것 같다. 법에 대한 예측가능성과 법적안정성을 높여 주는데 초점을 맞추었다. 대학 강의용 참고교재로 사용할 것을 권장하고 싶다.

끝으로 출판을 맡아주신 문우사 김영훈 사장님과 탁월한 기획력을 발휘해 준 전영완 과장, 책의 품위를 격상시켜 준 김병성 과장께 진심으로 감사드린다.

2014년 가을

편저자 씀

차례

제 1 장

테마별 생활법률

1. 가족관계
2. 가정관계
3. 성(性)관계
4. 교육관계
5. 재산관계
6. 일신상 사고

01 가족관계

가. 출산

1 부모, 태아 성별 알 권리 있다

태아성별 고지로 면허정지 처분을 받은 산부인과 의사 등이 "태아의 성별을 부모에게 알려줄 수 없도록 한 의료법 조항은 위헌"이라며 낸 헌법소원에 대해 **헌법불합치 결정**을 내렸다.

➥ 헌법재판소(2008년) 재판부는 "태아성별 고지를 금지한 관련 조항은 성별을 이유로 한 낙태를 방지해 성별 비례의 불균형을 해소하고 태아의 생명권을 보호한다는 측면에서 법을 만든 정당성은 인정되지만 낙태가 불가능한 임신후반기까지 전면금지하는 것은 지나치다"고 판시했다. 또 "임신기간이 통상 40주라고 할 때 28주가 지나면 낙태 그 자체가 너무 위험해지기 때문에 이때는 태아의 성별을 부모에게 알리더라도 성별을 이유로 낙태할 위험은 거의 없다"고 덧붙였다.

해설 **'헌법불합치 결정'**이라 함은 단순위헌 결정을 내릴 경우 그 순간부터 법률이 무효가 되어 법률 공백으로 사회적 혼란이 발생할 수 있다. 이를 피하기 위해 입법기관이 특정 시점까지 법을 개정하도록 하면서 그 시점까지 현행 법률을 유지시키도록 하는 위헌결정 제도이다. 참고로 낙태 건수는 연간 34만 건(2008년)이라 알려지고 있으나 낙태가 불법이기 때문에 감추어져서 정확한 통계라고 보기 어렵고 그 이상일 수도 있다.

2 다문화가정 이혼모 양육자 변경 심판청구, 자녀 장래 위해 기각

베트남 출신 T(여 · 26)씨는 이혼남 한국인 B(53)씨와 결혼하고 2년 동안 딸 둘을 낳았다. 남편 B씨는 딸이 태어나자마자 둘 다 전처에게 보내 기르도록 했다. '씨받이'로 전락한 아내 T씨는 둘째 딸이 태어난 뒤 이혼했다. B씨는 이혼한 뒤 20여일 만에 전처와 재결합했다. T씨가 전남편 B씨를 상대로 양육자 변경 심판청구를 냈다.

➡ 서울가정법원(2009년) 재판부는 T씨의 청구를 기각했다. 재판부는 "아이들이 새어머니와 아버지 등과 맺고 있는 현재 관계를 고려할 때 아이들 장래를 위하여 상황을 바꾸기가 어려워 청구를 기각한다"고 결정 이유를 설명하면서 "다만 친어머니로서 매월 셋째 주 토요일 오후 2시부터 6시까지 B씨의 집에서 아이들을 만날 **면접교섭권**을 인정한다"고 덧붙였다.

해설 **'면접교섭권'**이란 부모의 이혼 후 비양육자가 미성년인 자녀와 면접, 교통, 방문, 숙박 등을 할 수 있는 권리와 미성년 자녀가 비양육자인 부 또는 모와 면접, 교통, 숙박 등을 할 수 있는 권리를 말한다. 1990년에 신설된 제도이다.

3 조산원 실수로 뒤바뀐 아이, 찾을 수 있을까?

고교생 딸의 엄마 P씨는 딸의 혈액형이 A형이라는 사실을 알고 자기와 남편이 모두 B형인 것을 생각하면 절대 A형이 될 수 없어 큰 충격을 받았다. 생물학적으로 B형 부부에게는 B형 또는 O형 아기만 태어나기 때문이다. 유전자 검사결과 친자가 아니라는 것이 확인됐다. P씨는 출산과정에 문제가 있었을 것으로 생각하고 출산병원을 찾아 조사한 결과 간호사의 실수인 것을 확인했다. 그런데 출산 당일 태어난 아이 모두의 유전자 검사를 권유하기 위하여 당일 출산한 산모들에 관한 정보를 공개할 것을 요구했으나 병원은 분만기록공개는 의료법 위반이라고 거부했다. P씨는 분만기록정보 공개와 정신적 피해에 대한 손해배상 청구소송을 냈다.

➡ 서울중앙지방법원(2009년) 재판부는 "병원은 **정신적 손해**에 대한 위자료로 P씨 가족에게 모두 7000만원을 지급하라"고 원고 승소 판결하면서 "P씨와 가족들이 16년가량 서로를 친가족으로 알고 지내다가 어느 날 갑자기 그렇지 않다는 사실을 알게 돼 충격을 받았을 것으로 보인다"며 판결 이유를 설명했다. 하지만 "분만기록정보 공개는 의료법에 저촉되고, 다른 산모들의 사생활을 침해할 수 있다"며 거부했다.

해설 **'정신적 손해'**란 타인의 위법한 행위로 인하여 고통이나 슬픔 등과 같이 무형의 손해를 입는 것을 말한다. 거의 모든 경우에 정신적 손해에 대한 금전적 배상이 인정된다.

4 (외국) 숨진 남편 정자로 낳은 아이, 상속권 있나?

미국 LA에 사는 가브리엘라 버노프(Vernoff)는 남편이 사고로 숨지자 의사의 도움으로 사후 30시간 내에 남편의 정자를 채취해 냉동해 뒀다. 3년 뒤 이를 인공 수정해 딸을 낳는 데 성공했다. 그녀는 연방사회보장국에 딸의 유족수당을 신청했는데 거부당하자 소송을 제기했다. 1심에서 패소하자 항소했다.

➡ 제9연방순회항소법원(2009년) 재판부는 "남편이 자기의 정자를 임신에 이용하겠다는 것에 대하여 서면으로 동의한 증거가 없기 때문에 수당지급은 안 된다"며 1심 판결을 재확인했다. 다시 말하면 생물학적으론 부녀관계가 맞지만 법적으론 **상속권**을 인정할 수 없다는 논리이다.

> **해설** 우리 민법은 상속인이 상속을 받으려면 상속개시의 시점에 이미 출생하여 생존하고 있어야 한다. 그런데 태아에 관하여는 예외조항을 두어서 '상속에 관하여 태아는 이미 출생한 것으로 본다'고 규정(민법 제1000조 3항)하고 있다. 따라서 태아가 출생하면 아버지 사망 당시로 소급하여 상속권을 갖게 되고 상속순위가 결정된다. 미국도 동일한 것으로 알려지고 있다. 그런데 이 판례는 아버지 사망 당시에 태아가 아니기 때문에 특별히 남편(피상속인) 동의가 필요하다는 것이다.

5 (외국) 기증받은 정자로 태어난 자녀, 친부 상속권 있나?

정자 기증으로 태어난 3명의 자녀는 정자를 기증한 윌렘 씨가 사망한 직후 변호사를 영안실에 보내 고인의 눈썹을 하나 뽑은 뒤 **DNA 검사**를 통해 자신들이 윌렘 씨의 자녀라는 것을 입증한 뒤에 유산상속 소송을 냈다.

➡ 호주 뉴사우스 웨일스주 최고법원(2007년)은 사망한 윌렘 씨가 정자를 기증해 태어난 자녀 3명이 윌렘 씨의 유산을 상속받아야 한다고 판결했다. 판결 이유로는 50만 달러 상당의 부동산을 소유했던 윌렘 씨가 유언장도 남기지 않고 세상을 떠났다는 점과 정자 기증으로 태어난 3명의 자녀가 윌렘 씨를 만났을 때 "그가 도와주고 싶다"는 말을 했다는 점을 내세웠다.

이들 3명의 자녀는 모두 설리번이라는 한 남성의 가정에서 태어났다. 설리번 씨의 부인이 윌렘 씨의 정자를 몰래 기증받아 자녀를 3명이나 낳은 것이다. 설리번 씨는 사망할 때까지 이들이 자신의 자녀가 아니라는 사실은 물론 자신이 불임이라는 것조차 몰랐다.

해설 **'유전자(DNA)검사'**는 세포조직의 일부에서 특정DNA(디옥시리보핵산)를 분리 · 분석해 친생자 여부 등을 밝혀내는 것이다. 사람을 구성하는 각각의 세포에는 핵이 있다. 핵 안에는 유전정보 기록을 담은 DNA가 있어 고유한 형질을 만들어 나간다. 일란성 쌍둥이를 제외하고는 모든 사람이 자신만의 유일한 DNA염기서열을 갖고 있기 때문에 신원을 구별해 낼 수 있다. DNA는 모근이나 혈액, 손발톱, 입 안의 점막세포 등 사람의 모든 세포에 존재한다. 그중 모근이 가장 흔하게 사용된다.

6 (외국) 백인 부부가 흑인 쌍둥이 낳아, 친자식 될 수 있나?

영국에서 백인 남편을 둔 백인 여성이 체외 수정을 통해 아이를 낳았는데 흑인 쌍둥이가 태어났다. 백인 A씨 부부가 불임문제 때문에 시험관 수정을 의뢰했는데 잉글랜드 북부 국민건강보험(NHS)산하 병원인 '리즈 제너럴'의료원 측이 착오로 흑인 남성 B씨의 정자를 백인 A씨의 부인 난자에 주입했기 때문에 발생한 것이다.

➡ 영국 고등법원(2003년)은 "쌍둥이의 생물학적인 아버지는 정자를 제공한 흑인 B씨이고, 그가 곧 법적인 아버지"라고 판결했다. 따라서 산모의 남편인 백인 A씨는 사회적 · 심리적 아빠 밖에는 될 수 없다는 것이다. 담당 버틀러 슬로스(Sloss)판사는 여성판사 중 최고령 · 최고참으로 "백인 A씨 부부는 쌍둥이를 입양하는 절차를 밟아 친자식으로 데리고 살라"고 덧붙였다.

해설 당사자인 A · B씨와 영국사회는 "가족의 삶을 존중한 가장 공정한 판결"이라고 반응했다.

나. 가족관계등록부(호적)

1 기혼 남성이 성전환 후 가족관계등록부 정정소송, 못 바꾼다

성(性)전환자 J(38)씨는 가족관계등록부(옛 호적)에 남성으로 기재된 성별을 여성으로 정정해 달라며 소송을 냈다. 19세에 결혼해 아들이 있다. 그러나 결혼 4년 만에 성 정체성 때문에 고민하다가 이혼했다. 32세 때 성 전환 수술을 받았고 현재는 여성 호르몬제를 맞고 있다. 생물학적으로 여성이 된 지 3년이 된다. 1 · 2심 법원은 “혼인을 한 적이 있고 미성년자인 아들을 뒀기 때문에 법적으로 성별을 정정하면 신분관계에 중대한 변동을 초래할 수 있다”며 기각했다.

➥ 대법원(2011년) 재판부는 기각한 원심 판결을 확정했다. 재판부는 “현재 혼인 중에 있는 성 전환자에게 성별 정정을 허용하면 법이 허용하지 않는 동성혼을 결과적으로 인정하는 것이 되고 미성년자인 자녀가 있는데도 성별 정정을 허용하면 아버지가 여성으로, 어머니가 남성으로 뒤바뀌는 상황에서 자녀가 정신적 혼란과 충격을 받을 수 있다”고 판결 이유를 설명했다.

> **해설** 그러나 미성년 자녀의 존재를 절대적인 기준으로 삼는 것은 성 전환자의 행복추구권을 침해하는 것이라는 소수 의견도 있다.

2 친부모 동의 없는 입양을 불허한 민법 조항, 합헌인가?

K(여)씨는 L씨와 재혼하면서 두 아들을 데려갔다. L씨는 이들을 친양자로 입양하려고 법원에 입양 청구했다. 1심 법원은 받아드려 L씨의 가족관계등록부에 친생자로 기재할 수 있게 됐다. 그러면 양자라는 사실을 알 수 없게 된다. 그러나 친아버지 P씨가 ‘친부 동의 없이 친양자 입양 신청한 것은 무효’라며 항소했다. L씨는 패소했다. 이에 L씨는 판결이 생부(生父)의 친권 남용을 묵인한 것이라 위헌이라며 헌법소원을 냈다.

➥ 헌법재판소(2012년) 재판부는 합헌 결정을 내렸다. 재판부는 “친족관계는 ‘천륜지간’이라는 윤리의식이 우리 사회에 보편적으로 존재하는 상황에서 친부모의 의사에 반해 친부관계를 단절하는 것은 극히 예외적인 경우가 아닌 한 허용할 수 없다”며 결정 이유를 밝혔다.

> **해설** 현행 민법(제908조의 2)은 친양자 입양 요건으로 ‘친생부모가 친양자 입양에 동의해야 한다’고 규정하고 있다. 다만 친생부모가 친권상실 선고를 받거나, 소재를 알 수 없거나, 그 밖의 사유가 있는 경우에 동의를 받지 않아도 되도록 예외규정을 두고 있다.

3 남의 아내로 이용됐다면, 위자료 받을 수 있나?

현재 남편과 자녀 등을 두고 있는 K(여 · 64)씨는 가족관계등록부를 보고 놀랐다. 자신이 서류상으로 전혀 모르는 L(67)씨의 아내로 기재돼 있고 L씨와의 사이에 자식을 뒀고 뒤에 사망한 것으로 돼 있기 때문이다. 사건의 발단은 L씨가 현행 민법이 동성동본 결혼을 금지하고 있어 혼인신고를 못해 오던 중 우연히 K씨의 인적 사항을 알게 되자 L씨는 자기 자녀 입학을 위하여 K씨와 혼인한 것으로 신고하고 K씨의 자녀로 입적한 것이다. 그런데 1988년 한시적으로 동성동본 부부의 혼인신고를 허용한 **'혼인에 관한 특례법'**이 발효하자 K씨를 사망신고하고 진짜 아내를 호적에 올린 것이다. K씨는 L씨를 상대로 위자료 청구소송을 냈다.

➡ 청주지방법원(2011년) 재판부는 K씨에게 패소 판결했다. 재판부는 "K씨의 위자료 청구권은 사망 신고가 이뤄진 1988년 12월 12일부터 10년까지로 돼 있어 이미 시효가 소멸됐다"고 판결 이유를 설명했다.

해설 **'혼인에 관한 특례법'**은 민법 제809조(근친혼의 금지)의 규정을 위반하여 혼인 또는 사실상의 혼인관계에 있는 자의 혼인에 관한 특례를 규정하는 것을 목적으로 제정되었다. 1977년 12월 31일 법률 제3052호로 1차 제정되어 1978년 12월 31일까지 효력을 갖는 한시적 특례법으로서 동성동본인 혈족 사이의 혼인 또는 사실상의 혼인관계에 있는 자에 대해 혼인신고를 할 수 있도록 허용했다. 이후 1987년 11월 28일 법률 제3975호로 제정되어 1년간 시행되었으며, 1995년 12월 6일 법률 제5013호로 3차 제정되어 1996년 12월 31일까지 시행되었다.

다. 종중

1 여성 회원에 대한 종중재산 차별 분배, 무효다

'성주 이씨' C공파 후손인 Y종친회는 임시총회를 열어 토지보상금 430억원을 남성 100%, 여성 40%, 며느리와 취학 미성년자 각 18%, 미취학 미성년자 11% 비율로 분배키로 결의했다. 이에 반대하여 L씨 등 여성 종중회원 80여명이 '여성 종중회원들에게 남성보다 현저히 불공평하게 종중재산을 분배한 종친회 결의는 무효'라며 종친회를 상대로 종중총회결의효력정지 가처분 신청을 냈다. 법원은 L씨 등의 신청을 받아들였다.

➡ 수원지방법원(2008년) 재판부는 "종중총회 결의내용을 보면 종중의 발전이나 재산의 보존 또는 종중에 기여한 정도, 세대주로서 가족부양 여부, 배우자 종중의 재산분배 여부 등을 전혀 고려하지 않고 오로지 여성이라는 이유만으로 남성 종중원보다 낮은 비율로 재산을 분배한 것이 인정된다"며 "이는 우리나라의 종중의 실정상 남성 종중원이 더 많은 재산을 분배받을 수 있다 해도 남성 종중원보다 절반에도 미치지 못하게 분배하는 것은 그 차별 정도가 현저히 불공평해 무효"라고 판결 이유를 밝혔다.

> **해설** 우리 민법(제104조)은 "현저하게 공정을 잃은 법률행위는 무효로 한다"고 명시하고 있다.

2 여성 회원에게 통보 안 한 종중회의 결의, 무효다

S씨 종중은 S씨의 아버지와 S씨를 포함한 자녀 4명으로 구성된 작은 규모이다. S씨 아버지가 사망하자 바로 그 다음날 자녀 한 명이 자신이 종중 대표인 것처럼 서류를 꾸며 종중 소유의 토지를 C(50)씨에게 팔아넘겼다. 이를 뒤늦게 알게 된 S씨는 종중을 대표해 C씨 등을 상대로 토지계약을 말소하라는 소송을 냈다. 1 · 2심 재판부는 "말소절차를 이행하라"며 S씨에게 승소 판결했다.

➡ 대법원(2009년) 재판부는 원심을 깨고 대전지방법원으로 돌려보냈다. 재판부는 "S씨가 종중 대표로 선출될 당시 종중원인 여성 2명의 의견이 반영되지 않았기 때문에 '대표권한이 없는 사람이 부적합하게 제기한 소송'이다"라고 패소 판결 이유를 설명했다. 재판부는 "S씨 아버지에게 딸이 있었는데도 종중은 이들을 종중회의에 소집하지 않은 채 대표를 뽑았기 때문에 대표선정 절차상 결함으로 대표자격이 없는 사람이 낸 소송임으로 그 자체가 부적법하다"고 덧붙였다.

> **해설** 대법원은 남성만 종중 회원으로 인정해 온 관습과 판례를 2005년 7월 대법원 판례를 통하여 깨기 시작했다.

3 추천권자인 종손의 추천 없는 회장 당선, 무효다

K(56)씨가 '종손의 추천을 받지 않은 사람을 회장으로 선출한 행위는 무효'라며 '안동 K씨'의 모 종중을 상대로 낸 회장선임결의무효 확인소송에서 대법원은 원고 승소한 원심을 확정했다.

➡ 대법원(2008년) 재판부는 "종손에게 회장 후보자 추천권과 종무위원 선출권을 함께 부여하고 있는 종중 회칙이 종중의 본질이나 설립 목적에 크게 반한다고 볼 수 없다"며 판결 이유를 설명했다. 또 "종중에 대해서는 가급적 독자성과 자율성을 존중해주는 것이 바람직하고 종중 규약은 종중의 설립 목적에 크게 어긋나지 않는 한 인정해야 한다"고 덧붙였다.

> **해설** 종중에서 발생하는 분쟁이나 법적 갈등의 1차적 해결 잣대는 종중 규약이다. 따라서 종중은 자기 종중이 갖고 있는 특수한 여건이나 분쟁 발생 가능성이 있는 부분의 해결방안을 사전에 면밀하게 규약에 반영해 둬야 한다.

4 종중 공동 재산, 대표 명의 소송은 안 돼

남원 Y씨 D공파 종중 대표자인 Y(70)씨가 종중 땅과 관련해 국가를 상대로 소유권 말소등기 소송을 냈다.

➡ 대법원(2005년) 재판부는 "종중의 구성원에 불과한 원고 개인인 Y씨가 종중 재산에 관한 소송을 제기한 것은 적합하지 않다"며 원고 승소 판결한 원심을 깨고 사건을 전주지법으로 돌려보냈다.

재판부는 "단체의 대표자 개인 또는 구성원 일부가 민법상 **총유(總有)** 재산 보존을 위한 소송을 제기할 수 있다고 본 기존 판례를 변경한다"며 "총유재산에 관한 소송은 단체가 그 명의로 총회의 결의를 거치거나 구성원 전원이 당사자가 돼 공동소송을 제기해야 한다"고 판결 이유를 밝혔다.

재판부는 "민법상 총유는 **공유(共有)**나 **합유(合有)**와 달리 구성원 각자가 보존행위를 할 수 있다는 규정이 없다"며 "이는 총유가 공유나 합유에 비해 단체성이 강하고 구성원 개인의 지분권이 인정되지 않는 데 따른 것"이라고 덧붙였다.

> **해설** **'총유'**란 법인 아닌 사단의 공동소유형태(민법 제275조 1항)를 말한다. 총유의 주체는 법인이 아닌 사단, 즉 법인격 없는 인적 결합체인 '권리능력 없는 사단'을 말하며 종중이 그 예이다. **'공유'**란 물건이 지분에 의하여 수인의 소유로 된 때의 소유관계(민법 제262조 1항)를 말한다. 즉 한 개의 소유권이 분량적으로 분할되어 수인에게 속하는 것이라고 보는 것이 통설 · 판례이다. 반면에 **'합유'**는 법률의 규정 또는 계약에 의하여 수인이 조합체로서 물건을 소유하는 때의 그 공동소유(민법 제271조 1항)형태를 말한다. 합유에 있어서도 공유에 있어서와 같이 합유자는 지분을 가진다. 그러나 합유자의 지분은 자유로이 처분하지 못한다는 점에서 공유지분과 다르다.

02 가정관계

가. 연인

1 결혼 전제로 빌려 쓴 돈 안 갚은 티켓다방 종업원, 갚아야 한다

L(40)씨는 티켓다방 종업원 J씨와 결혼을 전제로 교제했다. J씨가 티켓다방에서 미리 받아쓴 선불금을 갚아주고 J씨의 휴대전화 요금, 병원비 등도 갚아 줬다. J씨는 다방 일을 그만뒀다. 그러나 "빌린 돈을 갚겠다"는 문자 메시지만 보내 왔을 뿐 동거를 거부했다. L씨는 J씨를 상대로 빌려 준 돈을 갚으라는 소송을 냈다. 1심 재판부는 "J씨가 돈을 갚을 책임이 없다"고 판결했고 2심 재판부는 1심 판결을 뒤집었다.

➥ 대법원(2011년) 재판부는 항소심 판결을 확정했다. 재판부는 "L씨가 결혼을 전제로 동거하는 조건으로 J씨에게 돈을 보냈으므로 J씨가 이 약속을 안 지켰다면 돈을 갚아야 한다"며 "티켓다방 종업원 생활을 청산하고 동거하겠다는 조건을 전제로 하여 돈을 준 것은 **선량한 사회질서**에 어긋나 무효가 되는 법률행위가 아니다"라고 판결 이유를 설명했다.

> 해설 **'선량한 사회질서'**란 민법 제103조의 "선량한 풍속 기타 사회질서에 위반한 사항을 내용으로 하는 법률행위는 무효로 한다"고 규정한데서 유래한 것으로서 모든 국민에게 지킬 것이 요구되는 최소한의 도덕률을 말하며 이것을 그르친 행위는 무효로 한다는 것인데 이 사례는 오히려 그에 반대되는(선량한) 행위로 간주된다고 볼 수 있다.

2 애인에게 교제기간에 준 돈, 돌려주지 않아도 된다

Y(44)씨는 수년 전 부인이 사망한 뒤 유흥주점 종업원 G(여 · 29)씨를 알게 되어 연인 사이로 발전했다. 그런데 Y씨는 G씨가 다른 남자를 만난 문제로 다투어 사이가 벌어졌다. Y씨는 G씨와 그 가족을 상대로 교제기간 동안 빌려준 돈을 갚으라며 대여금 반환 소송을 냈다.

➡ 수원지방법원(2011년) 재판부는 원고 패소 판결했다. 재판부는 "Y씨가 G씨와 결혼을 생각할 정도로 호감을 느꼈고 송금한 돈은 대부분 G씨의 성형수술비, 학원등록비, 차량유지비, 오피스텔 관리비 등 단순 소비자금으로 사용해 호의에 의한 **증여**로 봐야 한다"며 "Y씨가 G씨와 그 가족들이 자신에게 돈을 갚아야 한다고 주장하지만 빌려준 것이라 인정하기 어렵고 갚기로 약속했다는 증거도 없다"고 판결 이유를 설명했다.

> 해설 **'증여'**란 당사자의 일방(즉 증여자)이 무상으로 재산을 상대방(수증자)에게 준다는 의사를 표시하고 상대방이 이를 승낙함으로써 성립하는 계약(민법 제554조)을 말한다.

3 연인 사이라도 허락 없이 이메일 훔쳐보면? 위법이다

S(28)씨는 여자 친구 L씨의 허락 없이 L씨가 다른 남자와 사귀는지 감시하기 위해 80여 통의 이메일을 훔쳐봤으며 휴대전화 통화내역도 여러 차례 조회한 혐의로 L씨의 고소로 불구속 기소됐다.

➡ 서울중앙지방법원(2002년) 재판부는 S씨에 대해 **통신비밀보호법** 위반죄 등을 적용하여 징역 8월에 집행유예 2년을 선고했다. 재판부는 "연인관계에 있다 하더라도 본인의 승낙 없이 이메일을 훔쳐보는 것은 명백한 위법이다"라고 판결 이유를 설명했다.

> 해설 **'통신비밀보호법'**은 이메일 불법 열람자에 대해 3년 이하의 징역 또는 3000만원 이하의 벌금에 처하도록 규정하고 있다.

나. 혼인

1 사실혼 중 혼인 파탄 책임 있는 쪽, 상대방에 위자료 줘야 한다

남편 L(37)씨와 아내 K(35)씨는 결혼신고 없이 함께 살고 있다. 그런데 L씨는 이 사실혼 기간에 대학후배와 하루에도 수차례 통화하여 K씨 마음을 상하게 했다. 마침내 아내 K씨는 L씨가 후배와 통화하고 바람을 피우며 자신을 냉대했다며 L씨를 상대로 위자료 청구소송을 냈다.

➥ 서울가정법원(2011년) 재판부는 K씨에게 승소 판결했다. 재판부는 "남편 L씨가 결혼 전부터 친하게 지낸 대학 후배와 부적절한 관계를 유지하면서 아내 K씨를 냉대했고 갈등해결을 위한 별다른 노력도 없이 일방적으로 사실혼 파기를 통보하는 등 **혼인 파탄의 주된 책임**이 L씨에게 있다"며 "L씨는 K씨에게 위자료 3500만원을 지급하라"고 판결 이유를 설명했다.

> 해설 **'혼인 파탄 책임'**은 민법(제840조 6호)에 명시돼 있다. 애정과 신뢰가 없고 갈등이 지속되는 상태를 야기해 피해를 보는 일방 배우자(이 사례에선 K씨)는 상대방(L씨)에게 이혼과 위자료 청구소송을 제기할 사유가 된다고 법이 인정해 주고 있는 원칙을 말한다.

2 아이 둘에 이혼사실 숨기고 재혼, 결혼 취소사유 되나?

J(여 · 48)씨는 21세 때 결혼해서 아이 둘을 낳았으나 별거하게 됐다. 별거 중에 P(45)씨와 만나 동거하다가 재혼했다. 그런데 '전 남편과 합의 이혼했고 아이가 둘 있다는 것'을 감췄다. 재혼 13년 만에 이웃 주민의 투서로 감췄던 사실을 P씨가 알게 됐고 가족관계등록부를 떼어보고 재확인하면서 결혼취소 청구소송을 냈다.

➥ 서울가정법원(2011년) 재판부는 결혼을 취소하고 J씨는 위자료 1000만원을 P씨에게 지급하라고 판결했다. 재판부는 "아이 둘을 낳은 유부녀라는 사실은 초혼인 데다 J씨보다 세 살 어린 P씨가 혼인을 결정할 때 무엇보다도 중요한 참작할 사항이었고 J씨가 가명을 쓰는 등 적극적으로 P씨를 속인 점도 인정된다"고 하면서 "재혼기간 중 J씨가 아르바이트로 가사를 전담해 온 점을 감안해 재산의 50%인 3000만원을 J씨 몫으로 인정한다"고 판결 이유를 설명했다.

3 혼인 신고했어도 혼인 의사 없는 결혼, 무효이다

K(43)씨는 중국 국적의 L(여 · 30)씨를 만나 혼인신고를 하고 결혼식을 앞두고 한 달가량 동거를 했으나 L씨에게 외국인 등록증이 나오자 L씨는 집을 나가버렸다. K씨는 혼인무효 소송을 냈다.

➥ 인천지방법원(2012년) 재판부는 K씨에게 승소 판결했다. 재판부는 "한 쪽이 참된 부부관계 설정을 바라는 의사가 없다면 혼인신고 자체에 대한 뜻은 상호 일치했더라도 **혼인에 대한 합의**는 없는 것이어서 무효로 봐야 한다"고 판결 이유를 밝히면서 "L

씨는 K씨의 집에서 혼인생활과 유사한 행태를 잠시 보였지만 이는 한국에 입국, 취업하기 위한 방편으로 보인다"고 덧붙였다.

해설 **'혼인에 대한 합의'**란 사회 관념상 부부라고 인정되는 정신적, 육체적 결합을 하려는 의사의 합치를 말한다. 따라서 부부로서 결합할 의사 없이 어떤 목적을 위한 가짜 혼인은 혼인의 의사가 있었다고 볼 수 없어 무효다.

4 혼인 파탄 책임 있는 쪽, 예단비 돌려받지 못한다.

아내 K(30)씨와 남편 L(31)씨는 결혼 5개월 만에 종교문제와 성격차이 등으로 갈등이 생겼다. L씨가 먼저 집을 나가버려 K씨도 이혼하기로 결심했다. 둘은 서로 상대방에게 이혼책임이 있다며 맞소송을 냈다. 아내 K씨는 시댁에 보낸 예단비(10억원)와 아파트 인테리어비용(4000만원)과 위자료를 요구했다. 남편 L씨는 봉채비(혼인 전 신랑집에서 신부집으로 보내는 예물 비용) 2억원과 L씨 어머니가 며느리에게 준 스포츠센터 회원권(6000만원)의 반환을 요구했다.

➡ 서울가정법원(2011년) 재판부는 남편이 아내에게 예단비용과 위자료 등을 합해 8억 7000만원을 지급하라고 판결했다. 재판부는 "혼인과정에서 주고받은 예단은 혼인이 성립하지 않으면 반환하기로 **조건이 붙은 증여**와 성격이 유사하다"면서 파탄의 책임이 대부분 남편 L씨에게 있는 만큼 예단비 8억원(봉채비 2억원 탕감)과 인테리어 비용(4000만원)과 위자료(3000만원)을 아내 K씨에게 지급하라"고 판결 이유를 설명했다. 한편 "신랑 측에 혼인 파탄의 책임이 있기 때문에 스포츠센터 회원권의 반환요구는 받아드리지 않았다"고 덧붙였다.

해설 **'조건이 붙은 증여'**란 부담부 증여(민법 제559조 2항 및 제561조)를 말하는 것으로 수증자(남편 L)가 증여(예단비 등)를 받는 동시에 일정한 급부(원만한 혼인생활)를 하여야 할 채무를 부담하는 것을 조건으로 하는 증여를 말한다. 증여로서 무상성(無償性)이 후퇴되므로 증여자의 부담의 한도에서 매도인과 같은 담보책임을 진다(민법 제559조 2항). 또 증여의 규정 외에 쌍무계약(雙務契約)에 관한 규정이 준용된다(민법 제561조).

'혼인 파탄의 책임'; 〈혼인 1〉 해설 참조

5 딴 남자친구 아이 임신 속이고 결혼, 출생아 얼굴 닮은 데 없네?!

K(29)씨는 대학에서 만난 여자 친구 L(26)씨와 결혼하기로 약속하고 부모에게 인사까지 시켰다. 그러나 다른 남자도 사귀어 왔던 L씨는 K씨와 성관계를 가진지 이틀 만에 다른 남자 친구와 성관계를 가졌고 임신했다. 얼마 뒤 K씨는 자신의 아이를 가졌다는 말을 듣고 부모의 허락 아래 동거에 들어갔고 혼인신고까지 마쳤다.

그런데 태어난 아이가 자라면서 K씨를 별로 닮지 않은 것이 드러났다. 주변 친척들도 누구를 닮았는지 모르겠다면서 수군거렸다. K씨는 부인 L씨 몰래 유전자 검사를 해 본 후 K씨가 아이의 유전적 친부가 될 수 없다는 의사의 소견서를 받았다. 아내 L씨는 병원에서 아이가 바뀐 것 같다는 시아버지의 말이 맞을 것 같다고 주장했다. K씨는 병원에 책임을 물으려고 소송절차를 밟기 시작했다. 그때서야 아내는 사실을 고백했다. K씨는 혼인취소 및 친생자관계 부인소송을 냈다.

➡ 서울가정법원(2004년) 재판부는 "두 사람은 이혼하고 아내는 남편과 시부모에게 결혼 및 출산비용을 고려해 위자료 5000만원을 지급하라"고 판결했다. 재판부는 "혼인 당시 다른 남자의 아이를 가져 부부생활을 계속할 수 없는 중대한 사유가 있었던 사실을 남편이 몰랐기 때문에 혼인취소 사유에 해당한다"고 판결 이유를 설명했다.

해설 '혼인취소 사유'로서 '배우자의 부정행위'가 있다. 그 밖에 악의의 유기, 부당한 대우, 자기 직계존속이 배우자로부터 심히 부당한 대우를 받았을 때 등도 해당한다. 또 동의 얻지 못한 미성년자의 혼인, 중혼, 재혼금지기간 위반의 혼인, 악질(惡疾) 등 사유가 있는 혼인, 사기 · 강박에 의한 혼인 등도 해당된다. 혼인취소를 하려면 가정법원에 취소를 위한 조정 신청을 우선하여야 한다(가사소송법 제2조 1항 나호).

6 임신이라 속여 결혼, 혼인취소 사유된다

K(30)씨는 L(여 · 29)씨를 한 모임에서 만나 교제해 왔다. L씨는 얼마 후 K씨의 아이를 임신했다고 말했다. 곧바로 혼인을 전제로 동거하다 혼인신고도 마쳤다. 그러나 아내 L씨는 당초 임신했다고 한 아이의 출산 예정일이 지나간 후에 남편 K씨에게 교제 당시 임신한 것이 아니고 동거를 시작한 후에 임신했다고 실토했다. 그런데 L씨는 임신하더라도 산후증후군을 앓고 있어 임신하는 것 자체가 위험한 체질을 갖고 있다는 사실을 남편에게 알리지 않았다. 뒤에 남편 K씨는 이 사실을 알게 된 뒤 곧바로 아내와 별거한 후 혼인취소 소송을 제기했다.

➡ 부산지방법원(2008년) 재판부는 "피고 L씨가 원고 K씨의 아이를 임신했다고 적극적으로 속여 혼인한 것이 인정되고, 이후 피고가 실제 임신을 했지만 임신상태를 유지하기 힘든 산후증후군을 앓고 있었다"며 "만일 원고가 이러한 사실을 미리 알았더라면 혼인신고를 하지 않았을 것이라고 보여 짐으로 두 사람의 혼인을 취소한다"고 판시했다.

7 회사 · 학력 · 재산 모두 거짓인 신랑의 사기 혼인, 혼인취소 사유다

K(여 · 35)씨는 영화관람동호회에서 두 살 아래의 L(33)씨를 만나 결혼했다. 유명 사립대학을 나와 무역회사에 근무하고 있는 L씨는 2억 5000만원짜리 전셋집을 신혼집으로 얻어 결혼생활을 시작한 지 3개월이 된다. 중형 아파트 한 채가 더 있는 능력 있는 청년으로 K씨는 알고 있다. K씨는 일본 출장을 다녀오겠다고 집을 나갔다. 그런데 여권도 갖고 가지 않은 것을 이상하게 생각하고 있었는데 L씨의 형으로부터 '보험사기로 동생이 구치소에 수감됐다'는 얘기를 들었다. L씨는 재판받는 날 법정 구속이 됐다. 그때서야 K씨가 확인해 보니 신혼집도 사글세였고 학력도 직장도 거짓이었다. K씨는 이혼 소송을 냈다.

➡ 서울가정법원(2012년) 재판부는 K씨의 L씨와의 혼인을 취소한다고 K씨에게 승소 판결했다. 재판부는 "사기에 따른 혼인임으로 혼인취소 사유에 해당한다"면서 "남편 L씨는 아내 K씨에게 위자료 5000만원을 지급하고 K씨가 지불한 결혼비용과 예물비로 쓴 6700만원도 물어주라"고 판결 이유를 밝혔다.

8 신부 돈 떼어 먹으려고 사기 결혼했다면?

K(여 · 41)씨는 결혼소개업소를 통해 신학대학원에 다닌다는 L(41)씨를 소개받았다. K씨는 만나는 첫날부터 L씨가 적극적으로 구애하여 오는데 호감을 갖게 됐다. 만난 지 이틀 만에 성관계까지 가졌다. 그 후 자주 만났다. L씨는 버스에서 신용카드를 잃어버렸다고 말해 K씨는 자신의 신용카드를 빌려줬다. L씨는 이 신용카드로 500만원을 인출했다. 의심하는 K씨를 안심시키기 위해 L씨는 만난 지 한 달 만에 혼인신고까지 마쳤다. 곧바로 두 사람은 신혼여행을 떠났다. 그러나 K씨가 호텔 방에서 샤워를 하는 동안 신랑 L씨는 신부 K씨의 손가방에서 현금 2000만원을 꺼내 가지고 도망가 버렸다.

K씨는 그제야 사기결혼을 당했다는 사실을 깨달았다. 뒤에 알고 보니 L씨는 교회 임원이라고 사람들을 속인 뒤 기도하러 온 부녀자들을 강간하고 금품을 빼앗는 등 전

과 10범이었다. K씨를 만나기 불과 한 달 전에 교도소에서 출감한 상태였다. K씨는 법원에 혼인취소 소송을 냈다.

➡ 서울가정법원(2003년)은 "L씨가 결혼생활의 목적은 전혀 없이 오직 돈을 편취할 목적으로 혼인신고를 한 만큼 결혼은 무효"라고 판결했다.

해설 민법(제823조)은 사기로 인한 혼인은 혼인 취소 소송을 제기할 수 있되 다만 사기를 당한 결혼인 것을 안 날로부터 3개월 이내에 취소 소송을 내야 한다고 규정하고 있다. 강박에 의한 결혼도 마찬가지인데 두 경우 모두 시한(時限) 3개월을 넘기면 취소가 안 된다는 것을 잊지 말아야 한다.

9 유부남의 사기청혼, 죄 값은?

아내와 자식이 있는 사실을 숨긴 C(37)씨는 미혼녀 P(여 · 34)씨와 결혼을 전제로 2년 전부터 만나기 시작했다. 몇 달 전 C씨는 P씨에게 청혼하였고 함께 여행을 다녀왔다. P씨는 결혼하기 위하여 4년간 다니던 직장을 그만뒀다. 결혼식 날짜까지 잡았다. 그런데 신혼여행을 준비하는 과정에서 C씨가 유부남인 사실을 알게 됐다. P씨는 C씨를 상대로 손해배상 청구소송을 냈다.

부산지방법원(2008년) 재판부는 "C씨는 P씨에게 1억 5000여만원을 지급하라"며 원고 승소 판결했다.

➡ 재판부는 "C씨는 P씨를 속여 결혼을 전제로 교제하는 등의 불법행위를 저질렀으므로 이에 대한 손해를 배상할 책임이 있다"고 판시하면서 "주방용품, 상견례 의복, 예복, 이불, 스튜디오 계약금 등 결혼준비금과 결혼 이후 사용할 차량구입비, 퇴직으로 잃어버린 P씨의 소득 1억 2300여만원, 위자료 2000만원 등을 손해배상금으로 산정했다"고 판결 이유를 밝혔다.

10 결혼기념사진 분실, 정신적 피해에 대한 금전적 가치는?

예식장에서 결혼식을 올린 신혼부부는 식을 올린 지 몇 달이 지나도록 결혼식기념사진을 받지 못했다. 지연원인을 알아 본 결과 식장의 부주의로 결혼식 사진 원판을 분실했기 때문이었다. 이 예식장에서는 지정된 업체만이 결혼식 사진을 촬영하도록 했기 때문에 다른 사람이 찍어 둔 사진은 전혀 없다. 이 신혼부부는 결혼식 직후에 호주로 유학을 떠난 상태였고 외국에 거주하는 일가친척도 촬영사진 속에 포함되어 있었다. 신혼부부는 예식장을 상대로 다시 촬영할 경우에 외국거주 친척의 항공료 · 숙박비 등을 포함하여 1억원의 위자료 청구소송을 냈다.

➡ 서울중앙지방법원(2008년) 재판부는 "예식장의 부주의로 사진원본 파일이 삭제되어 정신적 피해를 야기한 것이므로 예식장측은 700만원을 배상하라"고 **조정**을 통한 합의로 결정했다.

> **해설** **'조정'**이란 분쟁해결을 위하여 법관이나 조정위원이 분쟁당사자 사이에 개입하여 화해로 이끄는 절차를 말한다. 서로 양보하여 조리(條理)에 맞게 타협하는 절차이며 합의에 이르면 확정판결력이 발생하여 간이 · 신속하게 분쟁해결에 이르는 장점을 갖고 있다.

11 혼인빙자간음죄, 국가형벌권의 과도한 규제로 위헌이다

Y씨는 결혼할 것을 거짓 약속하고 성행위를 갖는 이른바 **'혼인빙자간음'**이 남녀의 성적(性的)결정권을 국가형벌권이 과도하게 간섭 · 규제하는 것이라 위헌인지를 심사해 달라는 헌법소원을 냈다. 헌법재판소는 이에 대하여 '과도한 규제로 위헌'이란 결정을 내렸다.

➡ 헌법재판소(2009년) 재판부는 "개인의 내밀한 성생활 영역을 형사 처벌대상으로 규정함으로써 남성의 성적 자기결정권, 사생활의 비밀과 자유라는 기본권을 지나치게 제한한다"면서 "국가는 최대한 간섭을 자제해야 한다"고 위헌결정 이유를 설명했다. 또한 재판부는 "최근 우리 사회는 성(性) 개방적 사고가 급속히 확산되면서 성과 사랑은 법이 통제할 사항이 아닌 사적(私的)문제라는 인식이 커지고 있다"면서 "국가는 성인 여성의 성적 의사결정에 폭행 · 협박 · 위력 같은 강압적 요인이 개입해 사회적 해악을 초래할 때만 가해자를 처벌하면 족하다"고 덧붙였다.

> **해설** **'혼인빙자간음죄(婚姻憑藉姦淫罪)'**란 혼인을 빙자하거나 기타 위계로써 음행의 상습 없는 부녀를 기망하여 간음하는 죄로 형법(제304조)에 명시되어 있었다. 하지만 헌법재판소의 위헌결정(2009년 11월 26일)으로 본 조항은 효력을 잃었다. 따라서 이 '혼인빙자간음죄'로 유죄판결을 받은 사람은 재심청구절차를 통하여 '무죄'로 구제될 수 있다.

12 결혼식 직후 도망간 이주여성으로 손해발생, 결혼중개회사도 책임 있다

K(49)씨는 결혼정보회사에 결혼중개요금으로 약속한 1400만원 중 1300만원을 지불한 후 베트남에 가서 베트남 신부 R양을 소개받고 현지에서 결혼식을 거행했다. 그리고 귀국해서 혼인신고까지 마쳤다. 그런데 신부 R양은 한국에 입국한 지 10일 뒤에 베트남으로 출국해 버렸다. K씨는 중개업체가 진정한 혼인의사가 있는지도 확인하지 않은 과실이 있다며 결혼비용과 베트남 여행경비, 위자료 등 1900만원의 손해배상 청구소송을 냈다.

➡ 울산지방법원(2012년) 항소심 재판부는 결혼정보회사는 K씨에게 300만원을 반환하라고 K씨에게 일부 승소 판결했다. 재판부는 "결혼중개업체는 원고와 베트남 여성 사이에 사회통념상 부부라고 인정될 만한 정신적 · 육체적 결합이란 주관적 요건과 부부공동생활이란 객관적 요건 모두 갖추어지도록 해 줄 의무가 있는데 이를 이행하지 못했다고 봄이 타당하다"고 판결 이유를 밝혔다. 따라서 "중개업체의 필요비에 해당하는 결혼비용 등 1000만원을 제외한 나머지 300만원은 반환하고 베트남 여행경비 등 나머지 손해액에 대해서는 업체 측이 고의 또는 과실로 손해를 입혔다고 인정할 증거가 없어 받아들이지 않는다"고 덧붙였다.

해설 손해배상의 요건에는 행위자의 고의 또는 과실이 필수 요건이다.

13 중국 여성→위장결혼→진짜 사랑→체류허가기간 연장 판결

중국여성 K(40)씨는 브로커를 통해 한국남성 J씨와 위장결혼을 했다. 그리고 혼인동거 체류자격(F-2)을 받고 입국했다. 입국한 직후 일단 같이 살았다. 살면서 둘 사이에는 실제로 애정이 싹텄다. 그러나 이들의 위장결혼이 적발되면서 출입국관리사무소는 체류 기간 연장 허가를 거부했다. K씨는 체류기간 연장불허 결정취소 소송을 냈다.

➡ 서울행정법원(2009년) 재판부는 K씨에게 승소취지로 판결하고 벌금 300만원을 선고유예하면서 "위장결혼은 출입국관리법상 체류허가 취소사유에 해당하지만, 이들이 실질적으로 유효한 혼인생활을 유지해 왔고 K씨가 출국하면 지금까지 이룬 혼인생활이 파탄 위험에 놓이게 되므로 체류기간 연장을 거부한 처분은 재량권을 일탈 · 남용한 위법이 있다"고 판결 이유를 밝혔다.

해설 여성결혼이민자의 경우 국내법이 정한 국내체류자격요건 중 F-2(거주)자격으로 결혼생활을 시작해 2년이 지나면 F-5(영주)자격을 신청할 수 있다. 이때부터 국적취득 자격이 주어진다. 혼인기간이 3년 이상이고 국내에 1년 이상 계속 거주한 경우에도 가능하다. 혼인으로 인한 귀화는 '간이귀화'로 분류하며, 원칙적으로 필기시험과 면접시험이 면제된다. 혼인신고를 하지 않고 동거하는 경우는 '간이귀화'의 혜택을 받을 수 없으며, '일반귀화'와 마찬가지로 5년 이상의 거주기간을 채워야 한다.

14 (외국) 처녀막 훼손에 대한 정신적 위로금, 얼마쯤 될까?

중국 상하이의 직장여성 첸첸은 회사 인근 병원에서 건강검진을 받았다. 산부인과 검사를 받던 중 병원 인턴의 실수로 처녀막을 훼손당했다. 결혼을 앞두고 정신적 피해를 입었다고 주장하면서 첸첸은 병원 측을 상대로 정신적 위로금 5만위안의 손해배상 청구소송을 제기했다.

➡ 상하이 징안(靜安)법원(2009년) 재판부는 "전문의가 아닌 **인턴**에게 건강검진을 하게 하는 등 병원 측의 과실이 인정된다"며 첸첸에게 2만 2000위안(약 400만원)을 배상하라고 판결했다.

해설 **'인턴'**이란 의사시험에 합격한 뒤 수련병원에서 내과 등 여러 진료 분야를 두루 경험하고 배우는 과정에 있는 의사를 말하고 **'레지던트'**란 인턴을 마친 뒤 임상과를 선택하여 그 분야의 치료를 집중적으로 배우는 과정에 있는 의사를 말한다. '전문의'란 전문의 자격을 획득하고 전문적인 분야의 공부를 하기 위하여 병원에 남아 연구하는 사람으로 의사가 되거나 교수가 될 수 있다.

15 (외국) 시아버지와 며느리의 금혼, 인권침해인가?

이혼남인 영국인 B(60)씨는 아들이 가출한 뒤에 20세 이상 연하인 아들의 전 부인 A씨와 결혼하려고 절차를 밟으려 했으나 당국이 허가를 하지 않자 유럽인권법원에 소송을 제기했다.

➡ 유럽인권법원(2005년) 재판부는 시아버지와 전(前) 며느리 A씨의 결혼을 금지하는 것은 인권침해라고 판결했다. 재판부는 "영국 당국이 가족의 고유한 모습을 보호

하려는 차원에서 결혼허가를 거부한 것은 정당한 판단이지만 이들의 결혼으로 누구에게도 피해를 주지 않는다면 결혼을 허가해야 한다"고 판결 이유를 설명했다.

> **해설** 피해가 없다는 것은 위법행위가 아니라는 뜻을 의미한다. 그러나 마치 살인의 피해자는 피살자 본인뿐만 아니라 그 친족도 피해자로 봐야 한다(민법 제752조)는 입장에서 보면 아들이 사회적 관념에서 볼 때 피해자로 봐야 하는 것은 아닌지 의심스럽다.

16 (외국) 근친혼(자매결혼) 금지조항, 위헌인가?

파트릭 슈튜빙(31)은 부모에게 생긴 사정으로 4세 때 다른 가정에 입양됐다. 성인이 된 후에 독일 라이프치히에 살고 있던 생모를 찾아갔다. 홀어머니는 여동생 수잔(23)과 함께 살다가 병사했다. 슈튜빙은 당시 미성년자였던 여동생과 사랑에 빠져 네 아이를 낳았다. 슈튜빙은 근친혼 금지조항을 어겼다는 이유로 형법상 범죄자로 기소돼 징역 30개월을 선고받았고 수잔은 같은 혐의로 보호관찰 처분을 받았다. 슈튜빙은 근친혼 금지조항은 위헌이라며 헌법소원을 냈다.

➡ 독일연방헌법재판소(2008년) 재판부는 근친혼 금지 조항은 합헌이라는 결정을 내렸다. 재판부는 "근친혼은 윤리적으로 사회에 나쁜 영향을 미칠 수 있고 우생학적으로 자식들에게 좋지 않은 결과를 가져올 수 있다"며 합헌결정 이유를 설명했다.

> **해설** 슈튜빙의 변호인들은 "근친혼 금지조항은 낡은 역사적 유물이며 이들의 결혼은 아무에게도 피해를 끼치지 않았다"고 항변했다.

17 (외국) 순결은 결혼의 필수 조건인가?

프랑스 북부 도시 릴에서 결혼한 한 무슬림 부부의 남편이 "아내가 결혼 당시 순결하다고 거짓말을 한 뒤 나중에 거짓임을 시인했다"며 결혼무효 소송을 제기했다.

➡ 릴 지방법원(2008년) 재판부는 "결혼할 당시 무슬림인 신부가 남편에게 순결하다고 거짓말을 한 것은 부부가 되기 위한 필수요건을 위반한 것이기에 결혼은 무효"라고 판결했다.

해설 프랑스 언론들은 "이번 판결로 이제 많은 무슬림 여성들이 처녀막 재생 수술을 하러 병원으로 갈 것"이라며 판결을 비꼬았다. 이에 대해 프랑스 사법부는 "릴 법원의 판결은 순결을 잃었다는 도덕적 문제에 대한 것이 아니라 신부가 거짓말을 했다는데 근거를 둔 판결"이라며 "이는 부부가 되기 위한 필수요건의 결격사유를 규정한 프랑스 민법 제180조를 위반한 것"이라고 해명했다.

18 (외국) 청혼거절에 염산 뿌려 실명시켜, 판결 "똑같은 방법으로 실명시켜라"

이란 청년 마지드(27)는 짝사랑하던 아메네흐(여)에게 청혼했다가 거절당했다. 이에 앙심을 품고 그녀의 얼굴에 염산을 뿌린 혐의로 기소됐다. 얼굴에 심한 화상을 입고 양쪽 눈의 시력까지 잃게 된 그 여성은 합의금을 거절한 채 마지드도 같은 형벌을 받아야 한다고 소송을 냈다.

➡ 이란 법원(2008년) 재판부는 "피고 마지드도 같은 방법으로 실명에 이르도록 해야 한다"고 판결했다.

해설 피고는 **'눈(眼)에는 눈, 이(齒)에는 이'**란 이슬람 율법에 따른 형벌을 받게 됐다.
이슬람 율법(샤리아)의 목적은 두 가지다.
첫째는 정의 실천과 둘째는 인간복리 증진이다. 샤리아에서 정의는 3가지 원칙에 의해 이행된다. 첫 번째는 동형 · 동태의 원칙으로 피해자가 가해자에게 당한 만큼의 대가를 지불하라는 것이다. '누구든 너희에게 불법을 행하면 너희는 상대에게 그만큼 응징하라'(코란 2:194)는 것이다. 위 사례(혼인 18)가 여기에 해당된다.
두 번째 원칙은 '바른 행실은 권하고 추한 행실은 금하라'(코란 7:157)로 표현된다.
세 번째 원칙은 동형 · 동태의 원칙이 적용되는 상황에서 보다 큰 선(善)을 위해 포기하라는 것으로 '용서도 잘하고 화해도 잘하는 자에게는 알라로부터 보상이 있으리라'(코란 42:40)로 표현된다. 따라서 샤리아가 세간에는 무자비한 율법으로만 이해되고 있는 것 같지만 배경을 이해하면 그렇지만은 않다.

다. 부부

1 오직 성관계의 부재, 혼인의 심각한 파탄사유 아니다

남편 K(37)씨와 부인 L(36)씨는 결혼한 후 남편이 몇 차례 성관계를 시도하다 실패한 다음부터 8년 동안 부인 L씨가 납득할 만한 이유 없이 성관계를 거부해 한 번도 성관계를 가져 본 적이 없다. 남편 K씨는 부인 L씨의 안일한 경제관념과 사치 때문에 고통을 받았으며 시가(媤家) 쪽 일에 무조건 반감을 가져 갈등을 일으킨다면서 이혼 소송을 제기했다. 부인 L씨는 "신혼 초 남편이 성관계를 시도했으나 실패한 이후 내가 노력했음에도 남편이 성관계를 의도적으로 회피했고 아이를 갖자고 해도 경제적인 이유로 반대했다"고 주장했다.

➥ 서울가정법원(2009년) 재판부는 남편의 이혼 청구를 기각했다. 재판부는 "다정하게 지내다가 남편이 시가 쪽 식구들에게 성관계를 하지 않았다는 사실을 말한 후 부인이 시가로부터 외면당했고 결국 이혼 소송이 제기됐다"며 "그전까지는 성관계의 부재가 결혼 파탄의 원인이 됐다고 보기 어렵고, 성관계가 없는 책임이 부인에게만 있다고 볼 자료도 없다"고 판시하면서 "부인이 전문가에 의한 상담과 치료 등 모든 노력을 할 의사를 밝히고 결혼생활을 강력히 희망하는 만큼 두 사람의 노력에 따라 파국을 피할 수 있을 것으로 판단된다"며 판결 이유를 밝혔다.

해설 재판상 이혼사유에는 배우자의 부정행위, 배우자가 악의로 유기할 때, 자기의 직계존속이 배우자로부터 심히 부당한 대우를 받았을 때, 배우자의 생사가 3년 이상 분명하지 아니한 때, 기타 혼인을 계속하기 어려운 '중대한 사유'가 있을 때에 한하여 가정법원에 이혼을 청구할 수 있다(민법 제840조). 이 사례(부부 1)는 '성관계 부재'가 '중대한 사유'에 해당하지 않는다고 본 판례이다.

2 혼인신고 했다면 참다운 부부관계 없어도, 이혼사유 안 된다

K(30)씨와 Y(여 · 30)씨는 결혼 약속을 굳게 했다. 양가 상견례를 했고 결혼식 날짜도 잡아놓고 신혼살림집을 구하던 중 SH공사에서 신혼부부에게 장기전세주택을 우선 공급한다는 광고를 보고 주택마련을 위하여 혼인신고를 먼저 했다. 그리고 주택청약을 했다. 그러나 선순위에 밀려 결국 분양을 받지 못했다. 그런 사이에 불화가 생겨 결혼관계를 유지할 수 없게 됐다. K씨는 미리 혼인신고는 했지만 단 하루도 동거하지 않았고 혼례식도 못 올린 상태라며 Y씨를 상대로 혼인무효 소송을 냈다.

➥ 서울가정법원(2012년) 재판부는 K씨에게 패소 판결했다. 재판부는 "K씨와 Y씨는 적어도 혼인신고 당시에는 참다운 부부관계를 설정할 뜻이 있었다"며 "아파트 청약은 부차적인 이유였을 뿐"이라고 원고에게 패소 판결한 이유를 설명했다. 또 "결혼은 서로 혼인할 의사에 따라 혼인신고가 이뤄지면 성립하는 것"이라며 "신고 후 실제로 반드시 참다운 부부관계가 만들어질 필요는 없다"고 덧붙였다.

해설 혼인이 무효로 되는 경우는 혼인 의사가 없거나 혼인 신고 없이 가족관계등록부(옛 호적)에 혼인한 것으로 기재된 경우 등이다.

3 부부간 강간죄, 성립하는가?

남편 J(40)씨는 경제문제로 아내 L(40)씨와 갈등을 빚고 있던 중에 아이들에게 밥을 차려 주지 않고 잠을 자는 것에 격분해 술을 마셨다. 그리고 과도로 위협한 뒤 강간한 혐의로 기소됐다.

➥ 서울고등법원(2011년) 재판부는 남편 J씨에게 징역 2년 6월에 집행유예 3년을 선고했다. 재판부는 "형법에서 강간죄 대상을 '부녀'로 규정하고 있을 뿐 다른 제한을 두고 있지 않으므로 법률상 부인이 강간죄 대상에서 제외된다고 볼 수 없다"며 "부부 사이에 한쪽이 성적 요구에 응할 의무가 있다고 하더라도 폭행을 당하면서 강압적으로 성관계를 요구받은 경우는 의무의 한계를 벗어난 것"이고 "국가형벌권을 발동해 배우자의 성적 자기결정권을 보호할 필요가 있는 것은 명백하다"고 판결 이유를 설명했다.

해설 부부간에 강간죄가 성립하느냐에 관하여 긍정론은 "아내의 성적 자기결정권을 부당하게 침해해서는 안 된다"는 것이고 부정론은 "제3자가 판단하기 힘든 부부생활의 내밀한 영역까지 국가가 개입하고 법으로 해결하려는 것은 온당하지 않다"는 것이다. 대법원의 입장은 강간죄가 성립하지 않는다는 쪽에 가깝다. 반대로 미국, 프랑스, 영국, 독일 등 선진국은 강간죄를 인정함은 물론이고 강제추행죄도 인정한다.

4 성기능 장애 숨기고 결혼한 남편, 이혼하고 위자료 줘라

K(여 · 30)씨와 남편 L(34)씨는 중매로 만나 반년동안 교제하다 결혼했다. 그런데 신혼여행에서부터 발기부전으로 정상적인 성관계를 갖지 못했다. K씨는 이 사실을 양가 부모에게 알리고 또 L씨에게 병원 진찰을 받자고 권유했으나 L씨는 거부했다. K씨는 L씨가 성기능장애 사실을 속이고 결혼했고, 이로 인해 혼인관계가 파탄됐다며 위자료 청구소송을 냈다.

➡ 부산가정법원(2012년) 재판부는 두 사람은 이혼하고 L씨가 아내에게 위자료 2000만원을 지급하고 K씨가 가져온 예물, 혼수품을 인도해 주라며 원고 승소 판결했다. 재판부는 "L씨가 자신의 성적 결함을 미리 아내에게 알리지 않았고 사후에라도 아내의 협력을 구하지 않았을 뿐만 아니라 치료를 거부해 아내에게 정신적 고통을 주는 등 **혼인 파탄**의 책임이 있다"고 판결 이유를 밝혔다.

해설 **'혼인 파탄'**의 책임이 있는 쪽의 상대방이 이혼을 청구할 수 있고 승소할 수 있는 사유 중 가장 많이 인용되는 사유이다.

5 주민등록 주소지에 함께 등록한 적 없다면 사실혼 아니다

P씨는 동거하던 K(여)씨의 차를 몰다 사고를 냈다. P씨는 사실혼관계에 있는 배우자에게도 보험금을 지급하도록 한 약관을 들어 보험금 지급을 요청했으나 보험사가 거부하자 소송을 냈다. 1심에선 승소했으나 항소심에서 1심판결을 깨고 원고 패소 판결했다.

➡ 서울고등법원(2007년) 재판부는 "**사실혼** 관계가 성립하기 위해서는 당사자들 사이에 혼인 의사가 있어야 하고 부부공동생활을 인정할 만한 혼인생활의 실체가 존재해야 한다"고 전제하면서 "P씨와 차량주인 K씨는 헤어질 때까지 결혼할 것을 약속만 했을 뿐이고 주민등록상 주소지를 함께 한 적이 없고 일상적으로 동거를 하는 것도 아니었고 한 달에 15일에서 20일 정도 같이 지내는 정도였음으로 K씨를 배우자로 인정할 수 없다"고 판결 이유를 설명했다.

해설 **'사실혼'**이란 혼인의사를 가지고 동거하면서도 혼인신고를 하지 못한 경우를 말한다. 당사자에게 명백하게 혼인의 의사가 있어야 하고, 주위의 사람들로부터 부부로서 인정받을 정도로 공동생활을 하고 있어야 한다.

6 사실혼 관계가 유지됐다면, 군인유족연금 지급돼야 하나?

육군중령 P씨는 부인 K씨와 결혼하고 2남 2녀를 낳았다. 그런데 K씨는 상습사기죄 혐의로 검찰수사를 받게 됐다. 남편 P씨의 군 생활에 피해줄 것을 염려해 협의 이혼했다. 그 뒤 K씨는 징역 3년에 집행유예 5년을 선고받고 출소한 뒤 남편 P씨의 집으로 들어가 함께 살았다. 얼마 뒤 P씨가 사망했다. 유족연금을 못 받게 될 것을 우려한 K씨는 P씨의 사망일을 한 달여 뒤로 미뤄 신고하면서 그 사이에 혼인신고를 했다.

그러나 P씨 막내딸이 아버지의 사망일이 늦춰 졌으며, 혼인신고도 엄마가 일방적으로 한 것이라고 민원을 제기했다. 국방부는 연금지급을 중지하고 그간 지급된 연금을 환수처분 했다. 이에 불복한 K씨는 소송을 제기했다.

➡ 서울행정법원(2007년) 재판부는 원고 K씨에게 승소 판결했다. 재판부는 "K씨가 P씨와 협의이혼한 뒤에도 같은 주소지에 살았고 상습사기 사건으로 구속된 후 집행유예로 출소한 뒤에도 P씨와 같이 거주한 점 등에 비춰볼 때 K씨와 P씨는 협의이혼 후 남편이 사망했어도 사실혼 관계에 있었던 점이 인정되어 연금을 계속 지급해야 한다"고 판결 이유를 설명했다.

7 혼인 중에 부부간의 재산분할, 가능한가?

남편 A씨는 자신의 월급과 아내 L씨의 퇴직금 등을 합쳐 아파트 한 채를 구입했다. 이 아파트가 재건축에 들어가면서 조합원 자격을 얻은 A씨는 자신의 지분 절반을 부인 L씨에게 넘겼다. 뒤에 A씨 부부는 각자의 지분을 제3자인 H씨에게 이전했다.

그러나 재건축조합은 지분을 취득한 H씨 부부를 조합원으로 인정할 수 없다고 통보했다. 재건축아파트 지분의 전매는 한 번만 허용되는데 H씨 부부가 가진 지분 중 절반은 A씨에게서 아내 L씨에게로, L씨에게서 다시 H씨 부부에게로 두 차례의 전매가 이뤄졌다는 것이 그 이유였다. H씨 부부는 재건축조합을 상대로 조합원지위 확인 소송을 냈다.

➡ 서울행정법원(2006년) 재판부는 "**재건축조합**은 H씨 부부를 조합원으로 인정하라"고 원고 승소 판결했다. 재판부는 "애초 A씨가 L씨에게 지분을 넘긴 행위는 전매가 아니었다"고 판시하면서 "A씨는 혼인 중 취득한 공동재산에 대해 부인 L씨가 재산형성에 기여한 부분을 돌려주기 위해 부인에게 지분의 절반을 이전한 것으로 봐야 한다"며 "따라서 이 같은 행위는 실질적으로는 부부 공동소유이나 편의상 남편의 명의로 해 둔 재산에 대해 부인이 남편에게 해 놓은 명의신탁을 해지한 것으로 볼 수 있

다"며 "이는 부부가 이혼 후 재산분할을 하는 것과 본질상 동일하다고 봐야 함으로 전매행위로 볼 수 없다"고 판결 이유를 설명했다.

해설 **'재건축조합'**이란 정비기반시설은 양호하나 노후 · 불량건축물이 밀집한 지역에서 주거환경을 개선하기 위하여 시행하는 사업으로서 토지 등 소유자들이 조합을 설립하여 노후불량 주택을 철거하고 새로운 주택을 건설하는 조합을 말한다.
투기과열지구 내 재건축 조합원에 대해서는 조합원 지위양도를 금지하는 규정을 둬 투기과열을 막아 왔는데 어떤 사정으로 조합설립 · 사업시행인가 또는 착공일로부터 장기간 후속절차가 진행되지 않는 경우에는 주민의 재산권침해 가능성이 있어 일정기간 사업이 진행되지 않는 경우에는 예외적으로 조합원자격의 이전이 가능하도록 하여 재산권 침해소지를 제거했다.

8 납북된 남편 동의 없이 남편 소유 토지 부인이 팔면? 무효이다

L씨는 남한에 부인 J씨와 두 딸을 두고 1951년 납북되어 현재 북한에 살고 있다. L씨는 부인 J씨의 신고로 1977년 실종선고를 받았다. 그러나 L씨는 2004년 대한적십자사가 주관한 이산가족 상봉을 통해 재회에 성공해 실종선고가 취소됐다. 두 딸을 부양하고 살면서 경제적으로 어려운 J씨는 남편 명의의 땅(480 m^2)을 1968년 친척 M씨에게 팔았고 M씨가 숨진 뒤 그 자녀들에게 상속됐다가 제3자에게 매도됐다. 이 사실을 알게 된 L씨는 2007년 "아내 또는 M씨 등에게 소유권을 이전한 사실이 없다"며 소유권이전등기 무효 소송을 남한에 사는 자신의 소송대리인을 통해 냈다.

➡ 1심(2008년)에선 "소유권 이전등기는 원인 무효"라며 L씨 측에 승소 판결했다. 그러나 항소심은 "원고가 납북된 상태이기 때문에 아내가 남편을 대리할 권한이 있었고 두 딸을 어렵게 부양하며 살아온 점을 고려할 때 계약은 유효하다"고 L씨 측에 패소 판결했다.

➡ 대법원(2011년) 재판부는 원고 L씨에게 승소 판결한 원심을 확정했다. 재판부는 "2009년까지 다시 17년간 연락이 두절돼 있는 L씨가 매매계약에 대한 대리권을 J씨에게 줄 수 없음을 쉽게 알 수 있다"며 판결 이유를 설명했다.

> **해설** **'대리권'**이란 대리인이 의사표시를 하거나 받는 것에 의해 그 효과를 직접 본인에게 귀속시킬 수 있는 법률상의 지위 또는 자격(권한)을 말한다. 대리권은 본인의 의사에 의해 발생되는 임의대리권과, 본인의 의사와는 관계없는 법정대리권이 있다. 이 판례(부부 8)는 임의대리로서 대리권을 수여하는 본인(L)의 수권(授權)행위가 있어야 한다.
> 북한 거주 주민의 남한 소재 재산의 소유권을 인정하고 있음을 알 수 있다. 문제의 토지를 산 사람은 J씨 등에게 '불법행위에 따른 손해배상을 청구하는 방식'으로 토지매입대금을 돌려받을 수 있다.

9 부인이 남편 명의 도용해 대출받았다면, 남편은 상환 책임 없나?

L씨의 부인 K씨는 남편을 가장한 한 남자 A씨와 함께 은행을 찾아와 남편 L씨 명의로 7000만원을 대출받았다. 부인 K씨는 당시 남편 L씨가 2개월 전 분실신고한 주민등록증을 제시했지만 은행원은 동행한 남성 A씨를 남편이라고 믿고 7000만원을 부인에게 대출해 준 것이다. 은행은 남편이 부인과 함께 와서 대출을 받은 만큼 사기대출에 대한 책임이 없다며 L씨에게 대신 갚으라고 독촉하면서 소송을 냈다.

➡ 서울고등법원(2005년) 재판부는 은행에 패소 판결했다. 재판부는 "은행은 분실된 주민등록증인지 확인하지도 않았고 통장에 찍힌 도장과 대출거래 약정서상 도장, 서명이 서로 다르다는 점에서 L씨가 부인 K씨와 함께 대출을 신청했다고 보기도 어렵다"고 판결 이유를 설명했다.

10 생활비 못 대는 '기러기' 아빠에 아내의 외도, 결혼 파탄 책임 쌍방에 절반씩

회사원 K씨는 두 자녀를 외국으로 유학 보내면서 아내를 함께 보내 뒷바라지를 하도록 했다. 한국에 혼자 남은 K씨는 벤처기업에 거액을 투자했다가 부도로 투자금 전액을 날리면서 경제적으로 어려워졌다. 기초 생활비만 간신히 송금해 왔다.

아내는 자녀들이 현지에 적응하는 대로 귀국할 예정이었던 당초 계획을 바꿔 계속 외국에 머무르면서 빚을 얻어 살다가 주소를 친정으로 옮기는 등 이혼절차를 밟기 시작했다. 그 후 아내가 다른 남성과 동거한다는 소식이 들리자 이혼과 함께 재산분할 청구소송을 냈다. 아내도 위자료를 요구하며 맞소송을 냈다.

➡ 서울가정법원(2005년) 재판부는 "자녀의 유학으로 떨어져 있으면서 경제적으로 어려워지자 서로 혼인관계를 회복하려는 노력을 하지 않아 혼인 파탄에 이르게 된 것

으로 보인다. 여기에는 동등한 책임이 인정되므로 두 사람은 이혼하고 재산은 절반씩 나눠 갖도록 하라"고 판결했다.

해설 **'혼인 파탄 책임'**; 〈혼인 1〉해설 참조

11 남편 몰래 술 끊는 약 먹인 아내와 처방전 발급한 의사, 손해 배상하라

주부 H(45)씨는 남편 L(45)씨가 술을 마시면 폭력을 행사해 가정불화가 심하다며 의사 P(59)씨에게 술 끊는 약을 처방해 달라고 간절히 부탁했다. 의사 P씨는 환자를 직접 진찰하지 않고 알코올 중독 치료제인 **알코올스톱정** 15일분을 처방해 줬다.

H씨는 이 약을 남편 모르게 매일 아침 복용시켰고 몇 달 간격으로 서너 차례 반복했다. 이로 인해 남편 L(45)씨는 술을 마시다 약물 부작용으로 정신을 잃고 쓰러져 응급치료를 받는 등 두통, 구토, 어지러움 등으로 100여만원의 치료비를 지출했다. L씨는 약물 부작용이 부인 H씨의 소행으로 확인되자 이혼 소송을 내고 형사고발했다.

➡ 광주지방법원 순천지원(2008년) 재판부는 "남편 동의 없이 '술 끊는 약'을 먹인 주부 H씨와 직접 환자를 진찰하지 않고 처방전을 발급한 의사 P씨의 행위는 불법행위로서 손해배상 책임이 있다면서 치료비와 위자료 400만원을 배상하라"는 판결을 내렸다.

해설 **'알코올톱정'**(Alcoholstop Tab.)이란 만성 알코올 중독에 대한 항주(抗酒)요법 약으로 취침 전에 1–2주 동안 계속 복용한다. 설사, 식욕부진, 복통, 변비 등의 증상이나 우울, 환각 등이 나타나는 경우는 즉시 투여를 중지해야 한다. 또는 졸음, 두통, 권태감, 어지러움, 이명, 수면장애 등의 증상이 나타나는 경우에는 투여량을 감소시켜야 한다.

12 잦은 불화를 일으킨 정신질환 아내 살해, 그 죗값은?

정신질환을 앓는 아내 L씨는 주변 사람들과 잦은 불화를 일으켰다. 남편 G(44)씨는 마음 고생을 참을 수 없어 L씨에게 함께 죽자고 했다. 그러나 L씨가 거절하자 G씨는 아내 L씨의 목을 졸라 살해했다. G씨는 살인혐의로 기소됐다.

➡ 대구고등법원(2009년) 재판부는 1심 **국민참여재판**에서 법정 최저형인 징역 2년 6월을 선고받은 남편 G씨에 대한 검사의 항소를 기각했다. 재판부는 "피해자의 정신

분열 증세로 고통을 겪은 피고인을 비롯한 가족들의 육체적, 정신적 고통 등을 참작하면 1심 형량은 적정하다"고 판결 이유를 설명했다.

> 해설 **'국민참여재판'**이란 사법의 민주적 정당성과 신뢰를 높이기 위해 국민 중에서 선정된 배심원(형사재판에 참여하도록 선정된 사람)에 의해 형사재판에 참여하는 제도를 말한다. (국민의 형사재판참여에 관한 법률 제1조 및 제2조)참조

13 로또 당첨금을 별거 중인 아내 계좌에 넣었다면, 되찾을 수 있을까?

남편 C(41)씨와 부인 K(40)씨는 혼인신고를 하지 않고 함께 살다가 별거에 들어간 상황에서 C씨가 산 로또복권이 1등(세금을 공제한 당첨금 18억 8000만원)에 당첨됐다. C씨는 당첨금을 받으러 금융기관에 갔다가 신분증이 없자, 함께 간 K씨 명의로 돈을 받아 K씨 계좌에 넣었다. 그런데 C씨가 "아버지에게 전셋돈으로 보낼 5000만원을 보내 달라"고 하자 K씨는 거절하면서 "6억 5000만원을 줄 테니 나머지는 내 돈이라는 **공증**을 해 달라. 그렇지 않으면 이 돈을 사채업자나 기부단체에 주겠다"고 말했다. 이에 C씨는 K씨를 고소하고 돈을 돌려달라는 민사소송을 냈다.

➡ 서울고등법원(2009년) 재판부는 "K씨가 C씨의 요청에 따라 C씨와 C씨의 어머니, 누나에게 총 2000만원 정도를 송금한 점 등을 고려하면 복권은 C씨의 소유"라며 "K씨는 당첨금 18억여원을 전액 C씨에게 반환하라"고 판결했다. 1심 재판부는 K씨가 C씨에게 당첨금의 일부인 10억원을 돌려줘야 한다고 C씨의 일부 승소로 판결했다.

> 해설 **'공증'**을 받아두면 채권의 존재여부나 금액 등에 대한 논란을 피할 수 있고 채무자가 채무를 지키지 않는 경우 번거로운 민사소송절차를 거치지 않고 바로 채무자 재산에 강제집행할 수 있다. 공증은 공증인가를 받은 합동법률사무소에 가면 받을 수 있다.

14 (외국) 유족 연금은 별거 중인 본처보다 더 오래 산 내연의 처의 몫인가?

A씨는 본처 B씨와 결혼해 딸까지 두었다. 그런데 직장에서 다른 지역으로 전근 발령이 나자 A씨는 가족을 데려 가지 않고 홀로 부임했다. 그리고 그 곳에서 만난 여인 C씨와 동거를 시작했다. C씨와 결혼식도 올리고 딸까지 낳았다. 그러나 얼마

후 폐암 진단을 받고 내연의 처 C씨의 간병을 받다 사망했다. 일본 사회보험청은 본처 B씨에게 연금을 지급하기 시작했다. 이에 내연의 처 C씨가 "실질적인 배우자인 자기에게 유족연금을 지급하지 않는 것은 위법"이라며 국가를 상대로 소송을 제기했다.

➡ 일본 도쿄지방법원(2006년) 재판부는 C씨에게 승소 판결했다. 재판부는 "본처와의 이혼이 성립되지 않은 상황에서 A씨와의 동거기간이 본처 B씨가 약 4년인데 비해 내연의 처 C씨는 약 6년 5개월에 이르렀고 또 본처 B씨에게 보낸 편지의 내용으로 미뤄볼 때 A씨는 줄곧 이혼을 원하고 있었다"면서 "본처와의 혼인관계는 이미 내실이 없는 반면에 간병하며 죽음을 지켜 본 **내연의 처**가 수급 자격을 갖는 배우자에 해당한다"고 판결 이유를 밝혔다.

해설 우리나라의 경우 **'내연의 처'**란 법률상으로 혼인의 성립이 없이, 사회 관습상 사실로 인정되는 혼인관계로서 민법이 법률혼주의를 채택한 이후 민법상 효력이 인정되지 않는다. 그러나 판례는 사실혼을 혼인의 예약으로 보고 사실혼관계를 부당하게 파기한 자는 상대방에 대하여 위약(違約)으로 인한 손해배상의무를 지우고 있다. 일본도 마찬가지이다.

라. 이혼

1 이혼 부부 자녀 양육권 분쟁, 6세 아이지만 그 의사에 맡겨야 한다

남편 K(42)씨와 아내 L(39)씨는 결혼 3년 만에 이혼했다. 둘 사이에 2세 아들이 있다. 이혼조건으로 아들을 6개월씩 번갈아가며 키우기로 합의했다. 그런데 K씨가 약속을 어기고 6개월이 지나도 아들을 L씨에게 돌려주지 않자 L씨는 K씨를 상대로 "친권자와 양육자를 다시 지정해 달라"며 소송을 냈다. 법원 재판부는 약속을 지키지 않은 K씨가 아이를 키울 수 없다고 결정했다.

법원 결정에 따라 서울중앙지방법원소속 집행관 C씨는 K씨 집에 가서 아이를 데려오려고 했지만 K씨가 아들을 껴안은 채 완강히 맞서 데려올 수 없었다. L씨는 유치원에 가서 데려와 달라고 재요청했다. 집행관이 두 차례 유치원에 가서 아이에게 "엄마와 함께 살겠느냐"고 물었지만 "아빠와 같이 살겠다"고 분명하게 거부의사를 밝혔다. C씨는 강제성을 띠지 않고 그대로 돌아왔다.

법원 결정은 '아이를 데려 오는 것'이었지만 강제로 데려오면 정신적 충격을 받을 수 있고 교육상 악영향을 미칠 수 있어 아이의 의사를 존중하기로 했던 것이다.

➥ 서울중앙지방법원(2013년) 재판부는 L씨가 '법원의 유아 인도 집행이 제대로 이뤄지지 않았다'며 낸 이의신청을 기각했다. 재판부는 "여섯 살 3개월인 아이가 특별한 제약없이 스스로 본인의 의사를 표명했고, 이를 바탕으로 내린 집행관의 결정은 위법하지 않다"고 판결 이유를 설명했다.

해설 민법에 획일적 기준은 없으나 대체로 10세 미만의 유아는 의사능력이 없다고 본다. **'의사능력'**이란 자기 행위의 의미나 결과를 정상적인 인식력을 가지고 합리적으로 판단할 수 있는 정신적 능력 또는 지능을 말한다. 학설 · 판례는 의사무능력자의 법률행위는 법률상 효력이 없다고 보고 있다는 관점에 비춰보면 이 판례는 단순한 법적 관념을 넘어 유아의 자기결정권을 중시하면서 내린 판결이라 할 수 있다.

2 일방적 시집살이 강요 남편, 결혼 파탄 책임져야 한다

L(32)씨와 K(여 · 32)씨는 초등학교 동창 사이다. 성인이 된 후 인터넷동창찾기 사이트인 '아이러브 스쿨'을 통해 다시 만났다. 만날 당시 L씨는 사법시험에 합격해서 사법연수원에 다니고 있었고 K씨는 철도청에서 근무하고 있었다. 두 사람은 결혼했다. L씨는 사법연수원 졸업 후에 발령이 서울로 날 경우에는 서울 본가에서 부모를 모시고 살 것을 주장해 왔다. 마침내 L씨가 서울로 발령을 받았다. K씨는 막상 시부모와 함께 살아야 할 상황에 처하자 부담스러워 했다.

결국 그 문제가 둘 사이에 갈등으로 번졌고 양가 집안의 불화로 이어졌다. 아내는 친정에 머물면서 출근하다가 친정부모와 함께 시댁을 찾았으나 시댁 식구는 문조차 열어주지 않았다. 결국 아내 K씨는 남편을 상대로 이혼 소송을 냈고 남편도 맞소송을 제기했다.

➥ 서울가정법원(2003년) 재판부는 "아내에게 일방적으로 시집살이를 강요하고 갈등의 해결을 소홀히 한 남편에게 결혼파탄의 책임이 있다"며 "위자료 3000만원을 아내에게 지급하라"고 판결했다.

재판부는 "시댁 식구와의 갈등을 극복하기 위해 보다 적극적 노력을 하지 않은 아내의 책임도 있으나 아내에게 시부모를 모셔야 한다는 자신의 생각만을 강요하였을 뿐 아니라 아내의 친정식구들이 관계회복을 위해 적극적인 노력을 했음에도 대화를 거부한 점 등을 종합하면 남편에게 더 큰 책임이 있다"고 판결 이유를 밝혔다.

해설 **'갈등(葛藤)'**이란 의지를 지닌 두 성격의 대립현상이며, 그 성질에 따라 외적 갈등과 내적 갈등으로 크게 나뉜다. 그래서 이를 바탕으로 하여 분쟁(紛爭)이 발생한다.
외적 갈등이란 사람과 사람, 또는 사람과 환경사이의 갈등이고 내적 갈등이란 한 인물의 심리적 갈등(문학에서 자주 사용하며 사건 전개에 긴박감을 더해 준다)이다.

3 별거 후 동거남 아이 출산, 유책이긴 하나 이혼청구 받아 드릴 수 없나?

K(여 · 42)씨와 남편 L(46) 부부는 혼인신고 후 2명의 자녀를 낳고 살았다. 그러나 남편의 음주와 외박 등으로 불화가 생겨 K씨는 결혼 7년차에 가출하였고 그 이후 한 달 가량을 뺀 나머지 3년 동안은 남편과 따로 살아왔다. 별거 중에 K씨는 다른 남자와 동거하면서 아이를 낳았다. K씨는 혼인생활 파탄 등을 이유로 이혼을 청구했지만 1심에서 유책(有責) 배우자의 청구라는 이유 등으로 기각됐다.

➡ 광주고등법원(2009년) 재판부는 K(여 · 42)씨가 낸 이혼청구소송 항소심에서 이혼을 불허한 1심 판결을 취소하고 이혼을 하도록 판결했다. 재판부는 "혼인파탄의 주된 책임이 K씨에게 있다고 볼 수 있지만 부부의 별거기간이 길고 부부간에 어린 자녀가 없다면 이혼청구를 받아들인다고 해서 상대방이나 자녀가 힘든 상태에 처하는 등 사회정의에 반하지 않는다"며 "이 경우 유책 배우자의 이혼청구라는 이유만으로 불허해서는 안 된다"고 판시했다.

해설 **'이혼유책주의(離婚有責主義)'**란 파탄주의(이혼무책주의)에 반대되는 개념으로 배우자 일방에 비난받을 과실, 특히 부부사이에 의무위반이 있음을 이혼의 요건으로 하는 입법주의를 말한다. 다시 말하면 이혼의 책임을 져야 할 장본인(이 사례에서 K)은 이혼 청구를 할 자격이 없다는 것이다. 이혼유책주의는 개인의 이혼의사와 이혼요건을 엄격히 제한하려는 취지에서 발생한 것이다. 그러나 이혼을 폭넓게 인정하는 현대사회에서 점차 사라지고 있는 추세이다.

4 황당한 거짓말에 유혹당해 결혼한 뒤 이혼, 위자료 안 줘도 된다

백화점 점원이었던 K(여 · 32)씨는 인터넷 동호회에서 유부남 의사 L(40)씨를 알게 되어 동거에 들어갔다. K씨는 자기를 명문 E여대와 K대학원을 나왔고 고액과외 선생이라고 소개했다. 아버지는 Y대 교수였고 어머니는 K방송국 보도국장이였다는 애기도 했다. K씨는 L씨에게 본처와 이혼하면 집을 사주겠다, 병원도 차려주겠다고 말하면서 이혼 소송비라고 돈도 건넸다.

L씨는 K씨와 사실혼 관계에 들어갔다. 함께 살면서 L씨는 K씨가 전문대 중퇴에 사채업체 경리직원에 백화점 점원이 경력의 전부였고 그녀의 부모는 시골에서 작은 포도농장을 경영하고 있다는 것을 알게 되면서 K씨에게 "너의 집의 부유함을 증명해 보라"는 등 폭언을 서슴치 않았다. K씨는 사실혼 관계인 L씨를 상대로 위자료 청구소송을 냈다.

➥ 서울가정법원(2011년) 재판부는 위자료를 물어주지 않아도 된다고 판결했다. 재판부는 "K씨는 자신의 학력과 재력에 대해 상습적으로 남편과 시댁 식구들에게 거짓말을 했고 거짓말이 탄로되어도 솔직하지 않고 새로운 거짓말을 반복해 부부사이의 신뢰를 깬 잘못이 있다"며 판결 이유를 설명했다.

5 남편의 공무원 퇴직연금, 이혼할 때 분할대상이 되는가?

L(여 · 54)씨는 남편 P(57)씨를 상대로 이혼청구소송을 냈다. 서울가정법원(2011년) 재판부는 양측은 이혼하라고 판결했다. 다만 재산분할과 관련하여 재판부는 "남편 P씨는 숨지는 전날까지 매달 지급받을 공무원 퇴직연금액의 40%를 매월 말일에 L씨에게 지급하라"고 판결했다. 남편 P씨는 "향후 수령할 공무원연금은 피고의 여명을 확정할 수 없어 분할대상 재산에 포함시킬 수 없다"고 항변했다.

➥ 그러나 재판부는 "퇴직금을 일시금으로 받을 경우에는 재산분할 대상이 될 수 있다고 하면서 연금형태로 받았을 경우에 이를 재산분할 대상으로 인정하지 않는 것은 같은 성격의 재산인데도 수령자 선택에 따라 재산분할 대상에 포함되거나 되지 않는 불합리한 결과를 초래하고 단순히 수령금액을 확정하기 어렵다는 이유로 재산분할 대상에서 제외하는 것은 공평하지 않다"고 판결 이유를 설명했다.

해설 향후 수령할 퇴직연금은 남은 생명을 확정할 수 없으므로 바로 분할 대상에 포함시킬 수 없다는 것이 대법원의 기존 판례 입장이다. 따라서 재산분할 액수와 방법을 정할 때 이런 사정을 참작하는 것이 합리적이다.

6 아내에게 계속된 주폭(酒暴), 이혼 사유 된다

J(42)씨는 남편 L(39)씨와 결혼 3년 후부터 L씨의 폭음 · 폭력이 반복됨으로 L씨와 별거해 오다가 '다시는 욕하거나 때리지 않겠다'는 각서를 받고 재결합했다. 그러나 얼마 후부터 다시 술을 마시고 폭력을 행사해서 J씨는 이혼과 위자료 청구소송을 냈다. 1 · 2심 재판부는 "L씨가 각서를 쓴 지 6년 만에 술을 마신 상황에서 폭력을 행사한 것이어서 이혼을 할 만큼 J씨가 학대당했다고 인정하기 어렵고, 자녀들의 생각도 객관적으로 이혼을 찬성하는 것으로 확인되지 않는다"며 원고에게 패소 판결했다.

➥ 대법원(2012년) 재판부는 원심을 깨고 사건을 전주지방법원으로 돌려보냈다. "재판부는 1 · 2심의 결론을 수긍할 수 없다"면서 "음주와 폭언 및 폭행 등 여러가지 문제로 부부사이가 오랜 시간동안 원만하지 않았다"고 판결 이유를 밝혔다.

7 첫날밤 사랑을 주도한 신부, 그 때문에 결국 파경

신랑 K(35)씨와 신부 M(32)씨는 신혼여행을 일본으로 갔다. 첫날밤 잠자리에 들면서 신랑 K씨는 "난 경험이 없고 아무 것도 모른다"고 실토했다. 신부 M씨가 첫날밤을 리드했다. 다음날 아침부터 신랑 K씨는 자기보다 노련한 신부 M씨에 대하여 "당신 혹시 경험 있는 것 아니야?"라며 비아냥거렸다. 신부는 혼전순결을 못 지켰다고 고백했다. 그로부터 둘 사이는 멀어지기 시작했다. 결국 두 사람은 결혼 보름만에 별거에 들어갔다. 신부 M씨는 남편 K씨를 상대로 이혼 및 위자료 청구소송을 냈다.

➥ 서울가정법원(2011년) 재판부는 두 사람은 이혼하라고 판결했다. 재판부는 "혼전순결에 대한 지나친 집착과 가부장적인 사고방식에 틀어박혀 아내를 매도하고 어른답지 못한 행동을 한 남편에게 혼인 파탄의 책임이 있다"며 "남편은 아내에게 위자료 2000만원을 지급하라"고 판결 이유를 설명했다.

8 결혼예물, 이혼 후 안 돌려줘도 된다

S씨와 직장여성 L씨는 결혼하고 서울에서 신혼살림을 차렸다. 몇 달 후 남편 S씨가 캐나다에 어학연수를 가는 바람에 석 달간 떨어져 지냈다. 남편이 돌아온 뒤에는 L씨의 직장이 대전에 있어 주말부부로 신혼생활을 지내게 됐다. 떨어져 사는 탓인지 부부간 불화가 생겨 1년 이상 별거했다. 결국 서로 이혼 소송을 내면서 1년 9개월간의 결혼생활을 끝냈다. S씨는 결혼 당시 L씨에게 예물로 줬던 3000만원 상당의 결혼반지와 귀걸이를 돌려 달라는 소송을 냈다.

➥ 서울가정법원(2007년) 재판부는 S씨에게 패소 판결했다. 재판부는 “결혼 예물은 혼인의 성립을 증명하고 양가의 관계를 두텁게 할 목적으로 주고받는 것으로 증여와 비슷한 성질을 가진다”며 “예물을 받은 자가 혼인 초부터 성실히 결혼생활을 할 의사가 없고, 이로 인해 이혼하지 않는 이상 예물을 돌려받을 수 없다”고 판결 이유를 설명했다.

9 시부모와 아내의 관계 개선, 남편 책임 막중하다

군복무 중인 K(26)씨는 여친 N(26)씨가 임신한 사실을 알고 부모님께 허락을 얻고 결혼하기로 했다. K씨 부모는 아들이 아직 학생이며 군에 있기 때문에 N씨에게 당분간 함께 살자고 제안했다. 그러나 N씨는 K씨에게 시부모님과 불편해서 함께 살 수는 없다고 반대했다. K씨와 N씨는 이 문제로 자주 다퉜다. 이 사실을 전해 들은 K씨의 부모는 결혼식에도 참석하지 않았다. N씨는 시부모를 원망하면서도 관계를 회복하려고 애썼다. 명절을 맞아 시부모를 만나러 갔었지만 시부모가 자리를 피해 헛걸음을 하기도 했다.

남편은 관계 개선에 무관심해 N씨는 남편이 원망스러웠다. 반면 남편 K씨는 모든 책임을 자신에게 돌리는 듯한 아내에 대해 불만이 쌓여갔다. 부부는 자주 싸웠다가 남편이 아내를 때리거나 물건을 던지는 등 부부관계는 파탄지경에 이르렀다. 결국 다툼 끝에 남편이 집을 나가 들어오지 않자 N씨는 이혼 소송을 냈고 K씨도 맞소송을 냈다.

➥ 서울가정법원(2008년) 재판부는 “남편은 아내에게 위자료 1천만원과 월 30만원의 양육비를 지급하라”며 아내 N씨에게 승소 판결했다.

10 종부(宗婦)가 제사 소홀히 하고 시부모 홀대, 이혼 사유되나?

남편 J(53)씨와 부인 Y(48)씨 부부는 2명의 자녀를 두고 있다. J씨는 종손(宗孫)이라 1년에 12회 부모님 집에서 제사를 모셔야 한다. 그런데 부인 Y씨는 명절 때만 잠깐 시댁에 들러 차례를 지냈다. J씨는 부인의 반대를 무릅쓰고 자기 집에서 지내기로 했다. Y씨는 시부모가 참석한 가운데 제사준비를 하다 말고 외출하고 이튿날 새벽에 귀가하는 일이 발생했다. 시부모가 다시 제사를 모셔갔다. 그 뒤에도 Y씨는 시부모와 시댁 일에 대해 소홀히 해 남편과 사이가 나빠졌고 호프집을 운영하면서 알게 된 남자와 부정한 내용의 통화를 한 사실도 드러나면서 부부사이는 더욱 악화됐다. 결국 부부는 별거하다가 J씨는 이혼 소송을 냈다.

➡ 부산지방법원(2008년) 재판부는 "혼인관계의 파탄원인이 시댁제사를 잘 모시지 않고, 남편의 부모를 냉대한 부인 Y씨로부터 시작된 데다 집안 살림과 자녀양육에도 소홀한 점 등이 있어 남편의 이혼 청구는 이유가 있다"고 판시했다.

11 아내와 다투다 아내의 불륜장면 동영상을 자식에게 보여준 아버지, 매우 잘못됐다

아내 K(49)씨와 교수 남편 L(54)씨는 아들(19)과 딸(17) 남매를 두고 남편의 코골이, 딸의 학교자퇴 원인 등 사유로 갈등을 겪다가 섹스리스 부부가 된 지 여러 해 됐다. 아내 K씨는 성형수술을 하고 다른 남자와 만나기 시작했다. 그 무렵 남편 L씨는 친구로부터 아내 K씨의 불륜 동영상이 인터넷에 돌아다닌다는 말을 듣고 동영상을 입수한 후 자녀들을 불러 동영상을 보여주기도 했다. 결국 K씨와 L씨는 이혼 소송을 냈다. 아내는 폭행 · 협박 등을 이유로 남편을 고소해 벌금 100만원을 선고받게 했고 남편은 간통으로 아내를 고소해 징역 6월에 집행유예 2년을 선고받게 했다. 1심은 아내에게 파탄 원인이 있다고 보고 남편에게 위자료 3000만원을 지급하라고 판결했다.

➡ 서울가정법원(2012년) 항소재판부는 남편의 잘못된 처신도 고려해야 한다며 아내가 지급해야 할 위자료를 2000만원으로 감액했다. 재판부는 "아무리 아내가 미워도 그에 대한 복수를 위해 자식들에게 아내가 가장 수치스러워할 장면을 보여준 것은 아버지로서 매우 잘못된 행동이다"라고 판결 이유를 설명했다.

해설 배우자를 간통죄로 처벌하기 위해서는 제3자와의 성관계에 대한 직접적인 증거(체액이 묻은 휴지 등)가 필요하고 배우자의 고소가 있어야 논할 수 있는 친고죄이다. 그리고 그 행위를 안 날로부터 6개월 이내에 고소하여야 하고 이혼 소송을 먼저 제기한 상태이어야 한다. 이혼 소송을 하려면 부정행위를 안 날로부터 6개월, 그 사유가 있는 날부터 2년 이내에 소를 제기해야 한다. 그러나 배우자의 폭력은 제척기간이 없다.

12 합산 월 1000만원 소득 부부의 이혼 양육비, 월 100만원이다

3세 아이가 있는 A씨 부부는 서로 상대방을 대상으로 이혼 소송을 냈다.

➡ 서울가정법원(2012년) 가사항소부는 양육비를 50만원으로 정한 1심 판결을 깨고 "남편 A씨가 부인 B씨에게 매달 100만원을 양육비로 지급하라"고 판결했다. 재판부는 "현재 아이를 부인 B씨가 키우고 있는 점 등을 감안해 친권자 및 양육자로 B씨를

지정하고 A씨와 B씨의 월 소득은 각각 800만원, 200만원임으로 법원이 공표한 양육비 산정표상 700만원 이상 소득 부부의 도시거주 자녀에 해당하여 표준양육비 148만 6000원이 산출된다. 그 중 소득 비율과 원고 청구액을 고려해 양육비를 월 100만원으로 정한다"고 판결 이유를 밝혔다.

해설 서울가정법원이 자녀 나이와 소득, 거주지, 물가 등을 고려해 제정 · 공포한 '양육비 산정기준표'(2011년)가 적용된 첫 판결이다. 그동안은 대개 담당 판사의 재량에 따라 양육비를 산정해 왔다.

마. 불륜

1 재수생 딸 둔 엄마를 유혹한 남자, 남편에게 손해배상책임 있다

남편 J(46)씨는 재수생인 큰딸 M양 등 딸 둘을 둔 아버지다. 아내 K씨는 수험생 딸인 M양의 뒷바라지를 멀리하고 내연남 P씨와 불륜관계에 깊이 빠졌다. M양은 어머니 K씨의 휴대전화기에 내연남 P씨가 보낸 문자메시지를 읽고 엄마와 자주 언쟁을 했다. M양은 엄마와 P씨가 함께 있는 모텔까지 따라가 잠겨 있는 방문을 두드리며 항의하기도 했다. 아버지 J씨는 내연남 P씨를 상대로 수험생인 큰딸 M양이 재수하게 됐고 작은 딸도 고3으로 수험생 시기에 방황하게 된 것은 쾌락을 위해 수험생의 어머니를 유혹한 P씨의 불법행위 때문이므로 5000만원을 배상하라는 소송을 냈다.

➡ 서울서부지방법원 재판부(2006년)는 5000만원을 배상하라고 원고에게 승소 판결했다. 재판부는 피고가 소장을 받고 한 달 이내에 아무런 **답변서**를 내지 않은 것은 자백한 것으로 간주한다고 판결 이유를 설명했다.

해설 민사소송법상 **'답변서'**란 일방(J)의 신청을 배척하는 상대방(P)의 반대신청의 서면을 말한다. 소장(訴狀)이 접수되면 법원은 그 소장과 동일한 내용의 문서인 부본을 피고에게 송달하고, 피고는 30일 이내에 답변서를 제출해야 한다. 피고가 답변서를 제출하지 않으면 원고의 청구내용대로 피고가 인정한 것으로 간주된다.

2 남편과 바람피운 여인에게 본부인, 손해배상 청구할 수 있나?

유부남 K씨는 직장 부하인 G(여 · 37)씨와 직무교육을 함께 받은 적이 있는데 그때부터 가까워졌다. 휴대전화로 '보고 싶다'는 문자메시지를 주고받고 수시로 만나 반지 등 선물을 교환하면서 불륜관계를 키워 왔다. 우연히 남편 K씨의 문자메시지를 보고 외도를 눈치챈 부인 S(49)씨는 이혼 소송을 제기하고 동시에 남편 K씨와 G씨를 간통혐의로 고소했다.

아울러 S씨는 G씨로 인하여 스트레스성 정신질환을 앓고 있다면서 G씨를 상대로 정신적 피해에 대한 손해배상 청구소송을 냈다.

➥ 서울고등법원(2006년) 재판부는 G씨는 S씨에게 위자료 1000만원을 지급하라며 S씨에게 승소 판결했다.

3 불륜관계 유지를 위한 담보용의 약속어음 효력, 무효다

유부남 K씨는 L(여)씨와 동거를 시작한 지 2년 후에 1억원을 줬다. L씨는 그날 이후 10년 사이에 헤어지게 되면 또 1억원을 지급한다는 약속어음을 K씨로부터 받아냈다. 그러나 그로부터 2년 후에 L씨는 K씨를 폭행죄로 고소하였고 K씨가 벌금형을 받으면서 사실상 두 사람 관계는 끝나게 됐다. L씨는 K씨를 상대로 약속어음 1억원을 갚으라고 약속어음이행 청구소송을 냈다.

➥ 서울고등법원(2005년) 재판부는 L씨에게 패소 판결했다. 재판부는 "법률행위가 **'선량한 풍속 기타 사회질서'**에 위반하는 것일 때는 무효"라며 "L씨가 유부남 K씨와의 불륜관계를 지속하기 위해 받아둔 1억원권 어음은 효력을 인정할 수 없다"고 판결 이유를 밝혔다.

해설 **'선량한 풍속 및 기타 사회질서'**는 모든 국민에게 지킬 것이 요구되는 최소한의 도덕률을 말한다. 민법 제103조는 선량한 풍속 기타 사회질서에 반하는 법률행위는 무효라고 규정하고 있다. 그 뜻은 법률행위의 목적이 개개의 강행법규에 위반하지는 않더라도 사회적으로 보아서 타당성이 없는 경우로서 가령 첩계약(妾契約)이나 어떠한 일이 있어도 이혼하지 않겠다는 각서의 교환 등은 무효이다.

4 불륜관계청산 조건의 부동산 소유권 이전, 무효다

N(여)씨와 불륜관계를 갖고 있던 K씨는 불륜관계를 청산하는 조건으로 자기 소유의 오피스텔을 N씨에게 넘겨줬다. 이 사실을 알게 된 K씨의 부인 L씨는 N씨를 상대로 소유권 반환 청구소송을 냈다.

➡ 서울고등법원(2004년) 재판부는 부인 L씨에게 승소 판결했다. 재판부는 "오피스텔의 실질적 소유자가 L씨의 남편 K씨이며 물건값 대신 오피스텔을 받았다는 N씨의 주장은 인정할 증거가 없다"며 "L씨의 남편이 불륜관계를 청산하는 조건으로 N씨에게 오피스텔의 소유권을 넘기기로 한 약정은 '선량한 풍속 기타 사회 질서'에 반하기 때문에 **무효**"라고 판결 이유를 밝혔다.

> **해설** 법률행위의 **'무효'**라 함은 일정한 원인에 의해 법률행위의 내용에 따른 법률효과가 당연히 생기지 않는 것을 말한다. 민법상 규정되어 있는 무효의 법률행위로는 의사(意思) 무능력자의 법률행위 · 불능한 법률행위 · 강행규정에 위반하는 법률행위 · 반사회질서의 법률행위 · 불공정한 법률행위 · 비진의표시(非眞意表示) · 허위표시 등이 있다.

5 불륜 아내 고발 직전 남편 교통사고사, 부인 아닌 시부모가 위자료 상속받아

명문대 출신의 K(여 · 32)씨는 역시 명문대 공학박사로서 벤처회사 연구소장을 지내던 L(32)씨와 결혼했다. L씨는 아내 K씨가 낯선 남자와 은밀한 관계를 갖고 있는 것을 눈치챘다. L씨는 아내로부터 C씨와 바람을 피웠다는 고백을 받았다. 아내가 C씨를 안방까지 끌어들여 관계를 가졌고, 2박 3일간 일본 여행을 갔다 온 사실도 알게 됐다.

L씨는 C씨를 주거침입죄로, 아내와 C씨를 간통죄로 고소하고 K씨를 상대로 이혼 및 위자료 청구소송을 내기 위한 서류를 작성해 놨다. 그러나 L씨는 이 서류를 법원에 접수시키기 며칠 전에 친구들과 술 마신 뒤 귀갓길에 교통사고로 사망했다. 아내의 불륜사실 등이 묻히는 듯했다. 그런데 L씨 부모가 그의 컴퓨터에서 접수가 안 된 소장들을 발견하면서 모든 사실이 밝혀지기 시작했다. L씨 부모는 며느리 K씨와 C씨를 간통죄로 고소하고 3억원의 손해배상 청구소송을 냈다. 둘은 간통죄로 6개월간 옥살이를 했다.

➡ 서울중앙지방법원(2003년) 재판부는 손해배상과 관련하여 "죽은 남편 L씨가 간통사실로 인해 정신적 고통을 입은 점이 명백하므로 L씨에게 3억 5천만원의 위자료를 주어야 한다"고 판결했다. 다만 "남편 L씨가 이미 숨진 상태임을 감안하여 L씨의 부모가 자식 L씨로부터 상속받아야 할 지분(3억 5천만원 중 2억원)만큼만 L씨 부모에게 K씨와 C씨가 지급하라"고 덧붙였다.

해설 **법정상속분**; 동순위의 상속인이 수인인 때에는 그 상속분은 균분으로 한다. 피상속인의 배우자의 상속분은 직계비속과 공동으로 상속하는 때에는 직계비속의 상속분의 5할을 가산하고 직계존속과 공동으로 상속하는 때에는 직계존속의 상속분의 5할을 가산한다.
이 사례에 있어서 상속비율을 따지면 처가 1.5(1억 5천만원) + 아버지가 1(1억원) + 어머니 1(1억원) = 3억 5천만원(정신적 고통에 대한 위자료 판시액)이 된다. 불륜이 인정되어 이혼판결이 나기 전이기 때문에 K씨에 상속지분이 돌아간 것이다.

6 직장 유부남 동료와 로맨스 때문에 강요받은 사직원, 무효다?

K(여)씨는 같은 직장 동료 L씨와 같은 팀에 근무하고 있다. 지방 출장을 함께 다녀온 이후 서로 호감을 갖게 되고 연정을 품게 됐다. L씨는 아름다운 시와 사진 등을 이메일로 K씨에게 보내기도 했고 자신의 연정이 솟구쳐 나오는 내용을 담은 이메일을 보내기도 했다. K씨도 애틋한 마음을 담은 답장을 이메일로 보냈다. L씨의 아내 A씨가 우연히 남편 L씨의 이메일을 열어보았다가 이런 연정이 담긴 내용을 발견했다. A씨는 소속 기관장에게 알렸다. 또 인사 조치해 줄 것을 건의했다. 소속기관은 K씨에게 사직원을 내라고 해 사직원이 제출됐다. 불과 한 시간 만에 수리가 됐다. 그러나 마음이 바뀐 K씨는 다음날 자신이 자유로운 상태에서 사직원을 쓴 것이 아니라 협박과 강요를 받아 사표를 쓴 것이므로 철회함과 동시에 복직해 줄 것을 요구했다. 그러나 소속기관은 이를 받아들이지 않았다. K씨는 소속 기관장을 상대로 소송을 냈다.

➡ 서울행정법원(2006년) 재판부는 K씨에게 승소 판결했다. 재판부는 "원고 K씨가 사직원을 작성 · 제출한 것은 L씨 아내 A씨의 협박으로 인한 것으로 보인다. 원고가 자유로운 의사결정을 박탈당할 정도는 아니라고 하더라도 상당한 정도로 겁에 질린 상태에서 이뤄졌다고 볼 수 있어 무효이다"라며 판결 이유를 설명했다.

> 해설 의사의 표시(이 사례에서 사직원 제출)가 타인의 강박(협박)행위에 의하여 공포심을 가지고, 마음에 없이 행한 '진의(眞意) 아닌 의사표시'로 밝혀지면 그 의사표시는 취소할 수 있다(민법 제110조 1항).

7 남편의 불륜 상대 여성에게 아내의 협박, 위법성이 없다?

K(여 · 42)씨는 남편 L씨와 불륜관계를 가진 남편의 부하 여직원 A(26)양에게 "네 인생을 생매장시키겠다. 주변에 얘기해서 망신을 주겠다"는 식으로 막말을 했다. 또 "직장에서 쫓겨 나도록 하겠다"고 협박도 했다. 남편 L씨는 A양의 협조로 가출한 뒤에 이혼 소송을 냈다. 반면에 A양은 K씨가 자기를 협박했다고 K씨를 상대로 고소했다. K씨는 1심에서 벌금 50만원 형(刑)의 선고유예를 받았다. K씨는 이에 불복하고 항소했다.

➥ 서울중앙지방법원(2005년) 합의재판부는 K씨에게 무죄를 선고했다. 재판부는 "K씨가 상대 여성 A양에게 공포심을 느낄 만한 협박을 한 점은 인정되지만 K씨의 표현은 부당하게 침해당한 가정의 파탄행위를 저지하여 자신의 가정을 지키고 나이 어린 상대 여성을 훈계하기 위한 행위로 사회통념상 용인될 수 있는 정도여서 **위법성이 없다**"고 판결 이유를 밝혔다.

> 해설 사람을 협박하면 협박죄(형법 제283조 1항)가 되어 3년 이하의 징역이나 500만원 이하의 벌금에 처하게 될 수 있다. 협박이란 해악을 고지하여 상대방에게 공포심을 일으키게 하는 것을 의미한다.
> **'위법성이 없다'**라 함은 법질서의 전체적 관점에서 볼 때 허용규범에 속한다는 뜻이다.

8 '아내의 불륜 장면' 몰카 찍은 남편, 아내에게 위자료 50만원 지급하라

아내의 불륜을 의심하고 있는 남편 K(45)씨는 불륜 증거를 잡기 위해 자신의 집 거실에 **몰래 카메라**를 설치해 놨다. 아내 L씨는 거실에서 내연남과 성관계를 가진 것이 고스란히 몰래 카메라에 찍혔다. K씨는 아내 L씨와 내연남을 간통죄로 고소했다. 이들은 징역 8월에 집행유예 2년을 선고받았다. 그 후 같은 해에 K씨 부부는 이혼했다. 한편 아내 L씨는 K씨가 자기의 성행위장면을 몰래 촬영한 혐의(성폭력범죄의 처벌 등에 관한 특례법 위반)로 고소해 K씨는 기소됐고 벌금형(50만원)에 선고

유예를 받았다. 아내 L씨는 이에 그치지 않고 자기가 내연남과 성행위하는 장면을 촬영해 정신적 고통을 입었다며 3000만원의 위자료 청구소송을 냈다.

➥ 의정부지방법원(2012년) 재판부는 남편 K씨에게 50만원의 위자료를 지급하라고 원고 L씨에게 일부 승소 판결했다. 재판부는 "피고 K씨가 아내의 간통을 입증하기 위해 성행위장면을 몰래 촬영한 행위는 불법"이라며 "원고 L씨의 정신적 고통에 대한 위자료를 지급하라"고 판결 이유를 밝혔다.

해설 **'몰래 카메라'**에 찍힌 사진의 증거력에 관한 한 우리 민사소송법이 자유심증주의를 채택하고 있기 때문에 원칙적으로 증거능력의 제한은 없다. 형사사건에 비해 증거의 요건을 폭넓게 인정하는 민사사건의 특성상 촬영자체의 진실성이 입증된다면 증거능력이 있는 것으로 볼 수 있다.

03 성(性)관계

가. 윤락

1 윤락여성에 대한 포주의 선불금, 갚을 필요 없고 오히려 위자료 받아내라

유흥업소 주인 B(62)씨는 종업원 K(45)씨에게 윤락행위를 해서 상환할 것을 전제로 선불금을 지불했다. 그러나 K씨는 이 약속을 위반하고 차입금도 갚지 않았다. B씨는 K씨를 상대로 가불금 청구소송을 냈다.

➡ 대법원(2004년) 재판부는 "윤락행위를 전제로 업주로부터 받은 선불금은 갚을 필요가 없다"면서 원고 패소 판결한 원심을 확정했다. 재판부는 더 나아가 오히려 B씨는 K씨에게 300만원의 위자료를 지급하라고 판시하면서 "윤락행위를 권유 · 알선한 것은 사회질서에 위반되기 때문에 윤락업주가 윤락녀에게 갖는 채권은 계약 형식에 관계없이 **무효**"라며 "따라서 성매매 유인 및 강요의 수단으로 이용한 선불금의 반환을 요구할 수 없고 오히려 윤락을 강요하여 K씨에게 정신적 피해를 주었다"며 판결 이유를 설명했다.

> 해설 **'무효'**란 법률행위가 법률요건을 갖추지 못하였기 때문에 당사자가 의도한 법률상의 효과가 발생하지 않는 것을 말한다. 무효는 원칙적으로 누구에 대해서도 누구에 의해서 주장될 수 없는 것이 원칙이다(절대적 무효). 그러나 예외적으로 거래 안전을 도모하기 위하여 무효의 효과를 특정한 제3자에게는 주장할 수 없도록 한 경우가 있다(제107조 2항, 제108조 2항 : 상대적 무효).

2 약속한 화대 못 줬다면 민사상은 무효이지만 형사상은 사기죄 해당

하사관 G(24)씨는 군부대를 탈영한 후 술집 여종업원과 성관계를 가졌다. 그리고 훔친 신용카드로 결제하였는데 카드가 분실신고되어 현금 인출이 안 되어 화대를 내지 않은 결과가 됐다. 그 후 G씨는 체포돼서 군무이탈, 절도(남의 카드를 훔친 혐의) 및 사기(무효가 된 가짜 카드로 결제함) 혐의로 기소됐다.

➥ 대법원(2001년) 재판부는 사기부분을 무죄로 판단한 원심을 깨고 사건을 고등 군사법원으로 돌려보냈다. 재판부는 "재산상 이익을 대가로 한 성행위 약속은 미풍양속에 반해 민법상으론 무효이지만, 그와 별개로 성행위의 대가를 지불하지 않았다면 사기죄에 해당한다"고 판결 이유를 밝혔다.

> **해설** 노름빚의 경우 **'선량한 풍속'**에 어긋나는 채무라 법이 채무로 인정해 주지 않아 **'원인 무효'**이기 때문에 민사상으로는 갚을 의무가 없지만 판돈을 훔치면 판돈의 출처를 묻지 않고 형사상의 절도죄가 되는 것과 같은 이치이다.

3 화대 수입은 포주와의 계약에도 불구하고 모두 성매매 여성의 몫인가?

종업원 K(여 · 30)씨는 다방업주 L(35)씨와 계약을 맺었다. K씨가 성매매해서 받은 화대를 반반씩 나눠 갖기로 한 것이다. 그러나 분배 과정에서 갈등이 생겼다. K씨는 L씨를 상대로 채무부존재 확인소송을 냈다.

➥ 전주지방법원(2009년) 재판부는 "업주 L씨가 종업원 K씨로부터 받은 화대 수입 3800만원 중 이미 지급한 금액(1730만원)을 제외한 나머지 금액은 부당이득으로, L씨는 K씨가 요구하는 1900만원을 지급하라"고 판결했다. 재판부는 "원고 K씨와 피고 L씨와의 사이에 화대 보관 및 분배 약정에 이르게 된 경위, 약정의 내용 등을 종합해 볼 때 피고의 불법성이 원고의 불법성보다 현저히 크다"며 "피고는 원고가 반환을 요구하는 1900만원을 지급할 의무가 있다"고 판결 이유를 설명했다.

> **해설** 성매매를 알선하고 화대를 나눠 갖기로 업주와 약정했다면 이는 선량한 풍속에 어긋난 계약이라 무효(L에게 주기로 한 채무)가 됨으로 수입 모두 성매매 여성의 몫이라고 판단한 것이다.

4 성매매를 전제로 미리 받은 돈, 약속했더라도 안 갚아도 된다

K(여 · 30)씨는 유흥주점에서 종업원으로 일하면서 성매매를 전제로 고용주의 보증을 받아 선급금으로 Y신용협동조합에서 연 36% 이자율에 600만원을 대출받았으나 갚지 않았다. 뒤에 Y조합은 파산했다. 파산관재인 L씨는 K씨를 상대로 강제집행 청구소송을 통해서 "K씨는 돈을 갚으라"는 결정을 받아냈다. K씨는 이에 불복하고 **청구이의** 소송을 제기했다.

➡ 부산지방법원(2009년) 재판부는 강제집행을 당할 처지에 놓인 K씨가 파산관재인 L씨를 상대로 낸 청구이의소송에서 강제집행을 허락하지 않는다고 K씨에게 승소 판결했다. 재판부는 "윤락행위를 하는 자에 대해 갖는 채권은 계약 형식에 관계없이 무효로 봐야한다"며 "피고 L씨가 대출금이 성매매하는 종업원에게 선급금 형식으로 지급된 것이라는 사실을 알고 있었기 때문에 거래 약정에 따른 강제집행이라 할지라도 허가할 수 없다"고 판결 이유를 밝혔다.

해설 자신의 채무가 처음부터 존재하지 않았거나 소멸하였다는 등의 사정이 있음에도 채권자라고 주장하는 사람이 자신의 재산에 강제집행을 신청하는 경우, 다시 말하면 채무자(상대방으로부터 그렇게 주장되는 자; 이 사례에서 K)가 집행권원(예컨대, 판결, 지급명령, 집행증서 등)의 내용인 채권자의 사법상 청구권이 현재의 실제 상태와 일치하지 않는 것을 주장하여 그 집행권원이 가지는 집행력의 배제를 구하는 것이 청구이의(請求異議)의 소송이다.

나. 성희롱

1 논문지도교수가 여성 제자를 성희롱, 1000만원 배상하라

K씨는 명문대 교수이다. L(여 · 30)씨의 박사학위논문 지도교수이기도 하다. K교수는 논문지도를 한다며 L씨를 카페로 데리고 갔다. K교수는 '혼전 성관계에 대해 어떻게 생각하느냐', '동거에 대해 어떻게 생각하느냐' 등 논문과는 아무런 관련이 없는 이야기를 대화의 주제로 삼았다. 2차로 새벽 2시쯤 이태원 나이트클럽으로 자리를 옮긴 다음 '술을 따르라'고 요구하면서 "안 만질 테니까 옆으로 오라"고 한 다음에 L씨를 껴안기도 했다. L씨는 손해배상 청구소송을 제기했다.

➡ 서울중앙지방법원(2003년) 재판부는 "K교수는 L씨의 논문지도 교수이므로 사실상 L씨의 지휘감독의 위치에 있다"며 "K교수의 행동이 성적인 동기와 의도를 가지고 L씨의 인격권을 침해한 것으로 보이는 만큼 1000만원을 배상하라"고 판결 이유를 설명했다.

2 성희롱 · 살인 후 재산 팔아넘겨, 그 재산 되돌려 손해배상받을 수 없나?

K(56)씨는 비디오 대여점에 들른 H(여 · 10)양을 유인하여 성추행하고 흉기로 살해했다. 그리고 아들(29)과 함께 시신을 불태워 버렸다. K씨와 그 아들은 무기징역과 징역 3년을 각각 선고받았다. H양 부모는 K씨를 상대로 정신적 피해에 대

한 손해배상 소송을 제기했다. H양 부모는 "K씨는 2억 5000만원을 배상하라"는 승소 판결을 받아냈다. 그러나 K씨의 유일한 재산이던 아파트를 K씨의 부인이 사건 직후 1억 1300만원에 L씨에게 팔아넘기고 행방을 감췄기 때문에 한 푼도 받지 못했다. 이에 대해 H양 부모는 범행 직후 아파트를 다른 사람에게 넘긴 거래를 무효로 해 달라며 또 다른 소송을 냈다. 1심 재판부는 배상책임은 인정하면서도 "K씨의 범행사실을 모르고 부동산을 구입한 **선의**의 L씨가 또 다른 피해를 입을 수 있다"며 패소 판결했다.

➡ 서울고등법원(2009년) 재판부는 "K씨와 L씨 사이에 있었던 아파트 매매계약을 취소하고 아파트의 명의를 다시 K씨로 옮겨야 한다"고 H양 부모에게 승소 판결했다. 재판부는 "왜냐하면 당시 매매 대금 1억 1300만원 중 2500만원만 지급된 상태에서 아파트 명의를 서둘러 이전해주는 등 계약이 통상적인 관행보다 빨리 이뤄졌다"며 "K씨 측이 향후 있을 손해배상 소송을 대비해 재산을 빼돌리려고 했던 느낌이 들며 이것을 L씨도 어느 정도 알고 있었다는 의심이 간다"며 판결 이유를 설명했다.

> **해설** 법률 용어로서의 **선의(善意)**는 어떤 사실을 알지 못하는 것을 의미하며 악의(惡義)는 어떤 사실을 알고 있는 것을 말한다. 따라서 일상적 의미의 '좋은 뜻' 또는 '해칠 의도'와는 전혀 무관하다. 민법과 상법 등에서는 선의, 악의 여부에 따라 법률효과를 달리하는 규정을 두고 있는 경우가 많다. 예컨대 민법에서는 법률행위가 무효 혹은 취소되었을 경우 거래의 안전을 위해 **선의**의 제3자에게 대항할 수 없다는 규정, 즉 무효 혹은 취소의 효과를 주장할 수 없다는 규정을 두고 있다. 이들 규정들을 반대해석하면 **악의**의 제3자의 경우는 보호받지 못하는 것이 된다. 이 사례에서 L씨에게 **'악의'**의 의심이 가서 보호해 줄 수 없다는 것이다.

3 여직원에 대한 성희롱, 격려성 애정 표시이면 징계해고는 부당한가?

금융회사 지점장 J(46)씨는 사무실에서 여직원 A씨에게 목과 어깨를 주물러 달라고 했다. 또 다른 여직원 B씨에게는 "오빠야, 내가 너 사랑하는 거 알지. 집이 비었는데 놀러와" 라며 늦은 밤에 전화를 걸기도 했다. 실적이 좋은 여직원 C씨한테는 "열심히 했어. 뽀뽀"라며 얼굴을 갔다 대기도 했다. 이런 행위로 인해 J씨는 징계를 받고 해고당했다. 그러나 서울지방노동위원회의 부당해고 판정으로 복직했다. 하지만 또 다른 여직원 D씨를 성희롱해서 다시 해고됐다. 이번에는 노동위원회도 J씨를 구해주지 않았다. J씨는 중앙노동위원회를 상대로 소송을 냈다.

➥ 서울고등법원(2007년) 재판부는 원고 J씨에게 승소 판결했다. 재판부는 "J씨의 행동이 반복적이었고 그 내용이나 정도가 일상생활에서 허용되는 단순한 농담이나 친밀감 있는 행동의 범위를 넘어 여직원들로 하여금 성적 굴욕감이나 혐오감을 느끼게 하는 행위인 만큼 성희롱에 해당한다"고 판단된다. 그러나 "일부 여직원은 J씨의 이런 행위를 격려로 받아들이고 있을 정도로 지점장으로서 직원에 대한 애정을 표시해 직장 내 일체감과 단결심을 이끌어낸다는 의도에서 비롯된 것으로 보인다"며 원고 승소 이유를 밝혔다.

4 항공사 여승무원 무릎 만지는 등 성희롱 팀장 해고, 정당하다

여성 승무원 12명을 부하직원으로 거느린 항공사 객실팀장 K씨는 여승무원들과 함께 하는 아침식사 도중에 자신의 성(性)체험담을 말하기도 했고 기내에서 여성 부하직원의 무릎을 만지거나 신체 품평을 한 것이 문제되어 사내에서 권고사직의 징계를 받았다. K씨가 거절하자 회사는 해고했다. K씨는 중앙노동위원회에 재심청구했으나 기각되자 소송을 냈다.

➥ 서울행정법원(2011년) 재판부는 원고 패소 판결했다. 재판부는 "K씨는 팀원들에게 지속적으로 성희롱 언행을 해 성적 굴욕감과 혐오감을 느끼게 했다"며 "모범이 돼야 할 팀장이 팀원들을 성희롱해 근무환경을 악화시킨 점과 종전에도 성적 언동으로 주의 경고를 받은 점을 고려하면 해고가 부당하다고 할 수 없다"고 판결 이유를 설명했다.

5 "앞가슴이 보여요"라고 말하면 성희롱인가?

K대학교 L교수는 농성 중인 노조원 J(여)씨에게 "앞가슴이 보여요", "나같은 늙은 사람도 신경 쓰이니 가슴을 열어놓지 말아요"라고 말했다. J씨는 L교수의 발언을 문제 삼아 국가인권위원회에 진정을 냈다. 인권위는 L교수에게 특별인권교육을 권고했다. 또 K대 총장에게는 L교수에게 경고 조치를 취하고 성희롱 재발방지 대책을 세우라고 통지했다. 이에 L교수와 K대학교는 인권위 결정에 불복하고 권고 결정 취소 청구소송을 냈다.

➥ 서울행정법원(2007년) 재판부는 원고 패소 판결했다. 재판부는 "L교수의 발언은 노사가 격렬하게 대치한 상황에서 이루어졌으며, J씨가 이 교수의 발언에 수치심을 느껴 제대로 대응하지 못한 사실이 인정되고 J씨와 같은 처지에 있는 일반적이고도 평균적인 사람으로 하여금 사회통념상 성적 굴욕감이나 혐오감을 느끼게 할 수 있다"고 판결 이유를 설명했다.

다. 성폭행

음란물 모방한 청소년 성폭행, 가해자 부모에게 보호 · 감독책임 있다

주의력결핍 과잉행동장애(ADHD)로 정신지체장애 3급인 H(18)군은 아파트 놀이터에서 C(5) 양을 유인해 성폭행한 뒤 목 졸라 기절시키고 달아난 혐의로 기소돼 징역 10년을 선고받았다. C양 부모는 H군과 H군 부모를 상대로 손해배상 청구소송을 냈다.

➡ 서울남부지방법원(2008년) 재판부는 H군 부모는 8300만원을 배상하라고 판결했다. 재판부는 "가해자인 H군은 13세부터 인터넷 등을 통해 음란 동영상을 접했고 이를 모방해 범행을 저질렀다"며 "H군 부모는 음란물 접촉을 차단하고 성교육에 각별히 유의했어야 했다"고 지적하면서 "H군이 과거에도 자주 가출했던 것과 관련해 이 사건도 H군이 집을 나와 저질렀는데, 부모는 H군의 가출을 막고 사회에 정상적으로 적응할 수 있도록 보호 · 감독할 의무를 게을리했다"고 판결 이유를 밝혔다.

해설 **'주의력결핍 과잉행동장애'** 또는 ADHD(Attention Deficit Hyperactivity Disorder)는 주의가 산만하고 과잉활동, 충동성과 학습장애를 보이는 소아청소년기의 정신과적 장애를 말한다.

04 교육관계

가. 교육행정

1 여관 근처로 학교가 이전해 오면 여관이 이전해야 한다는 법, 합헌이다

Y씨는 1983년부터 여관업을 운영해 왔는데 1985년 65m 떨어진 곳으로 J중학교가 이전해 왔다. 2010년 Y씨는 학교환경위생정화구역 안에서 여관을 운영하고 있다는 이유로 기소돼 징역 6월에 집행유예 1년을 선고받았다. Y씨는 학교보건법이 영업권을 박탈하는 등 재산권을 침해한다며 헌법소원을 냈다.

➡ 헌법재판소(2011년) 재판부는 Y씨에게 패소 결정했다. 재판부는 "학교환경위생정화구역 안에서 호텔 · 여관 · 여인숙 등의 영업을 하면 형사 처벌을 받도록 한 학교보건법은 합헌이다"라면서 "해당 조항은 유해환경으로부터 학생들을 보호해 교육의 능률을 높이려는 것으로 입법목적의 정당성이 인정된다"고 결정 이유를 설명했다. 또 "당국이 기존 시설에 대해서는 두 차례에 걸쳐 각 5년씩 유예기간을 주는 등 피해를 최소화하려고 노력했고 행정조치 후 형벌이라는 수단을 선택한 것도 입법자의 **재량권**에서 벗어나지 않는다"고 덧붙였다.

> **해설** 재량행위 또는 **'재량권'**이란 법에서 행정관청이 스스로 일정한 선택이나 판단을 할 수 있게 하는 여지를 부여하고 있는 경우를 말한다. 부단하게 변화하는 사회 현실을 고려하여 사회 변화에 적응하여 행정의 능률성을 확보할 수 있도록 하는 취지이다.

2 학교 교원의 선거운동 · 정치활동 금지, 위헌인가?

J교수는 서울시 교육감 선거에서 전교조로부터 9억원의 선거자금을 받은 혐의로 벌금형(300만원)과 추징금 1100만원을 선고받자 전교조 소속 교사 등과 함께 교사의 선거운동 · 정치활동을 금지한 **공직선거법**과 국가공무원법 조항이 헌법정신에 어긋난다며 헌법소원을 냈다.

➡ 헌법재판소(2012년) 재판부는 합헌 결정했다. 재판부는 "교육의 정치적 중립은 헌법이 보장하고 있고, 교육은 본질상 정치와 일정한 거리를 유지해야 한다"며 "교원의 선거운동금지 조항은 교육 분야에 당파적인 정치적 관념이 적용되는 것을 막기 위한 것"이라고 결정 이유를 밝혔다. 또 "국가공무원법에서 투표 권유와 기부금 모집을 금지한 것은 선거의 공정성을 확보하고 공무원의 정치적 중립성을 보장하기 위한 것"이라고 덧붙였다.

해설 **'공직선거법'**에서 '공무원의 선거중립의무'를 구체화한 내용을 살펴보면 ⅰ) 공무원은 법 제53조에 따라 공직선거에 입후보하려면 선거 90일 전까지 사직하여야 하고, ⅱ) 제60조에 따라 선거운동이 금지되며, ⅲ) 제85조에 따라 지위를 이용한 선거운동이 금지되는 한편, ⅳ) 제86조에 따라 선거운동에 이르지 않더라도 선거에 영향을 미치는 행위가 금지된다.

3 미국 쇠고기 수입 반대 시국선언 참여 교사, 징계는 정당하다

전교조 A지부 N(49)사무처장과 G(47)정책실장은 A지부 홈페이지에 촛불집회와 비정규직 문제 해결 등 각종 시국선언에 참여할 것을 권하는 글을 올리고 두 차례에 걸쳐 시국대회에 참여했다. 또 동료 교사들에게 시국선언 참여 서명운동을 벌인 이유 등으로 정직 1개월의 징계처분을 받았다. 이들은 교육감 A씨를 상대로 징계처분 취소 소송을 냈다.

➡ 부산고등법원(2012년) 재판부는 N씨 및 G씨 등 원고의 항소를 기각했다. 재판부는 "두 사람이 1 · 2차 시국선언에서 주도적인 역할을 했고, 그 행위가 공무원의 공정성과 국민에 대한 신뢰에 미치는 악영향이 적지 않아 정직 1개월의 징계처분은 알맞다"고 판시했다.

4 복직 전교조 교사 복직 후 파면 · 해임기간 소급 인정 불허, 정당하다

J(여 · 76)씨 등 전 · 현직 교사 40여명은 전국교직원노동조합(전교조) 결성에 관여했다가 파면 또는 해임되었다가 민주화보상법에 따라 복직됐다. 그러나 해임기간동안의 호봉을 인정해 주지 않자 파면 · 해임은 안기부를 중심으로 전교조를 조직적으로 탄압하기 위해 이뤄진 불법적인 공권력행사였기 때문에 정상적인 근무기간으로 봐야 하므로 호봉승급 산정 기간에 포함해야 한다며 소속 시 · 도 교육감을 상대로 교원호봉 확인소송을 냈다. 1 · 2심 재판부는 해임처분이 위법하지 않다며 원고 패소 판결했다.

➥ 대법원(2012년) 재판부는 J씨 등 원고에게 패소 판결한 원심을 확정했다. 재판부는 "당시 안기부(현 국가정보원)와 문교부(현 교육과학기술부) 등의 정부부처가 원고들에게 권한을 넘어서는 행위를 한 것은 사실이지만 당시 법률상 교원들의 노동운동은 금지됐기 때문에 파면 · 해임처분 등 징계는 무효라고 볼 수 없다"며 "징계처분이 유효한 이상 이 기간을 호봉승급 산정 기간에 포함하지 않은 것은 위법하지 않다"고 판결 이유를 밝혔다.

5 기간제 교사도 동등한 교육공무원, 성과상여금 지급해야 한다

초 · 중고 기간제 교원 K씨 등 4명은 기간제 교원들을 성과상여금 지급 대상에서 제외한 교과부의 지침은 위법하고 차별적 처우라며 손해배상 청구소송을 냈다.

➥ 서울중앙지방법원(2012년) 재판부는 K씨 등에게 성과급을 지급하라고 원고 승소 판결했다. 재판부는 "**기간제 교원**이 비록 기간의 제한이 있기는 하지만 교육공무원법에 따라 임용되는 교원이므로 교육공무원에 해당한다"며 "기간제 교원도 특별한 사정이 없는 한 공무원 수당 등에 관한 규정이 정한 성과상여금을 받을 권리를 가진다"고 판결 이유를 밝혔다. 또 "기간제 교원들을 성과상여금 지급 대상에서 제외한 정부지침에 대해 **기간제법 제8조 1항**에서 금지한 차별적인 처우에 해당한다"고 덧붙였다.

해설 '기간제법 제8조 1항'은 사용자가 기간제 근로자라는 이유로 동일하거나 유사한 업무에 종사하는 정규직 근로자에 비해 임금과 그 밖의 조건에 있어 차별적 처우를 해서는 안 된다고 규정하고 있다. **'기간제 교사'**란 정교사가 육아휴직, 해외 유학, 병가 등의 사유로 자리를 비울 때 보충하기 위해 대체되는 비정규직 근로자에 속하는 교사를 말한다. 6개월~1년 사이 정도를 계약하고 한 학교에서 최대 4년까지 기간제 교사로 근무할 수 있다. 교육감의 발령을 거치지 않고 학교 측과의 계약을 통해 정해진 기간 동안 일한다.

나. 대학

1 대학교 교외활동 중에 추락 · 사망한 대학생, 학교와 인솔교수에 책임없다

K(23)양은 신입생환영회에 갔다가 숙소 5층에서 떨어져 숨졌다. 유족은 Y대와 인솔교수를 상대로 손해배상 청구소송을 냈다.

➥ 서울서부지방법원(2012년) 재판부는 기각 판결했다. 재판부는 "K양이 참석한 행사는 Y대학의 교과내용과는 관계없이 재학생들이 진행했고, 교직원이 학생을 보호할

의무는 학교에서의 교육활동 및 이와 밀접한 관계에 있는 것에 한정된다"며 "인솔교수의 지정은 학교 측이 환영회 참가학생들을 위해 단체**상해보험**을 가입하기 위한 절차로 학교법인이 학생들의 복지를 위해 선의로 한 것"이라며 "학교법인에 책임을 묻게 되면 학교가 단체상해보험 가입까지 꺼리게 해 오히려 교외활동 참가학생들의 복지를 저해하는 행위를 조장하게 된다"고 판결이유를 밝혔다.

해설 **'상해보험'**이란 외부적 원인으로 인한 우발적 사고로 피보험자가 신체상 입은 상해에 대해 보험금액 기타 급여를 하는 보험(상법 제737조)을 말한다.

2 위증 교사(敎唆)한 교수보다 위증 지시를 따른 제자, 형벌이 더 무겁다?

A사립대학교 K교수는 국가출연연구소에서 받은 연구자금 일부를 연구목적에 쓰지 않고 착복한 혐의로 재판을 받고 있다. K교수는 L(28)군 등 자기가 지도하는 학생들에게 자신으로부터 등록금과 용돈을 받아썼다고 법정에서 허위 증언하라고 지시했다. L군 등은 법정에서 교수 지시대로 거짓 진술했다. 재판 결과 K교수는 벌금 1500만원을 선고받았다. 한편 검찰은 학생들이 위증한 혐의(위증죄)를 입증해 이들을 기소했고 1심에서 징역 8월을 선고받았다.

➡ 대전지방법원(2012년) 항소부에서도 L군 등에게 징역 8월을 선고했다. 재판부는 "교수로부터 부당한 지시를 받았더라도 허위로 진술함으로서 실체적 진실규명을 방해한 행위는 용서받을 수 없다"고 판결 이유를 밝혔다.

해설 수사와 재판은 진실이 통하는 절차가 되어야 하는데 참고인의 비협조나 허위진술 때문에 진실을 밝히지 못하는 경우 그 피해는 국민에게 고스란히 돌아가는 결과가 발생하기 때문에 엄히 다룬다.

3 교사 임용시험에서 사범대 출신에 가산점, 정당하다

K(여 · 27)씨는 서울시가 중등학교 임용고시를 운영하면서 사범대 출신에게 가산점을 주기 때문에 비사범대 출신이란 이유로 가산점을 받지 못해 불합격했다며 서울시 교육감을 상대로 불합격처분 취소 소송을 냈다.

➡ 서울행정법원(2006년) 재판부는 원고 K씨에게 패소 판결했다. 재판부는 "사범대의 교육과정이 비사범대의 교육과정보다 더 전문화된 측면이 있고 사범대에 우수한 인재를 유치하는데 가산점은 매우 효율적"이라고 판시하면서 "대학 입학 당시부터 가산점 제도가 존재했고 이에 따라 사범대와 비사범대 지원자 사이에는 교직진출 가능성에 대한 기대 등에 차이가 있었으므로 이같은 차별은 평등의 원칙에 위배되지도 않는다"고 판결 이유를 설명했다.

4 사립대학교도 공공기관, 지출 내역 공개 책임 있다

사립대학인 K대 명예교수 H(67)씨는 K대 총장의 특별업무추진비 지출 내역 등을 공개하라고 대학 측에 요구했으나 국비지원이 아닌 학교법인이 조달한 비용을 공개할 의무가 없다며 거부당하자 소송을 냈다.

➡ 대법원(2006년) 재판부는 원고 승소 판결한 원심을 확정했다. 재판부는 "정보공개 대상인 공공기관은 국가기관에 한정되는 것이 아니라 공동체 전체의 이익에 중요한 역할이나 기능을 수행하는 기관도 포함하는 것"이라며 "사립학교 역시 이 범주에 해당한다"고 판시하면서 "교육의 공공성, 사립학교에 대한 국가의 재정지원 등을 고려하면 국비지원이 일시적이라 할지라도 공공기관의 성격을 지닌다"고 판결 이유를 설명했다.

5 사립학교학과 폐지된 해당 전임강사, 면직처분 당연하다

K여대 전임강사 K씨는 이사회 의결을 거쳐 직권 면직됐다. 이유는 교육인적자원부의 지침에 따라 전체 학생 정원을 조정하고 관련학과를 통 · 폐합하는 과정에서 K씨가 소속된 R전공이 적정 신입생을 확보하지 못해 폐과(廢科)됐기 때문이다. K씨는 이에 불복하고 면직처분 취소 소송을 냈다. 1 · 2심 재판부는 "국가공무원법에는 폐직 등으로 인해 면직처분하려면 임용 형태 등을 고려한 면직 기준에 따르도록 돼 있고, 사립학교 교원도 이런 객관적인 기준에 따라야 하는데 폐과만을 이유로 직권 면직했다면 위법하다"며 K씨에게 승소 판결했다.

➡ 대법원(2008년) 재판부는 원심 판결을 파기하고 사건을 원심 법원으로 되돌려 보냈다. 재판부는 "사립대학에서 정원 감축으로 학과가 없어지고 소속 전임강사를 다른 학과나 같은 재단의 다른 학교로 전환 배치할 여지가 없다면 심사 절차를 거치지 않고 직권 면직할 수 있다. 교원을 전환 배치할 여지가 있는데도 이를 회피한 경우가 아니라면 폐과를 이유로 한 면직은 정당하다"며 판결 이유를 설명했다.

다. 중 · 고교

1 이성 잃고 지나친 폭력 · 폭언 교사, 벌금형(100만원) 선고 마땅하다

중학교 체육교사 A씨는 제자 여학생 B양이 수업 중 떠든다는 이유로 머리채를 잡아 흔들었다. 얼마 후에 농구수업 중 말대꾸를 했다는 이유로 또 B양의 머리채를 잡아 흔들었다. B양의 어머니가 찾아와 폭행하지 말아 달라고 당부했다. 그러나 B양이 수업에 늦게 들어오고 수업태도가 불량하다는 이유로 A씨는 "내가 선생을 그만 둔다"며 손바닥으로 B양의 머리와 뺨을 때리고 다리를 걷어차 넘어뜨린 후 옆구리와 무릎을 걷어찼다. 결국 B양은 뇌진탕 등으로 전치 3주의 치료와 3개월의 정신과 치료까지 받게 되는 상처를 입고 퇴원 후 전학을 갔다. B양 부모는 폭행 · 상해 등 혐의로 A씨를 고소했다.

➡ 서울중앙지방법원(2013년) 항소재판부는 벌금 200만원에 선고 유예한 원심을 깨고 벌금 100만원을 선고했다. 재판부는 "격분할 만한 상황이 있었다 하더라도 정당한 절차에 의한 징계를 통해 지도하려는 것이 아니고 이성을 잃은 상태에서 폭언하며 물리적 폭력을 행사하는 방식으로 교정하려는 것은 이 사회가 지향하는 합의된 **공동체 원칙**이나 교육 이념에 비춰 용납할 수 없다"고 판결 이유를 밝혔다.

> 해설 **'공동체 원칙'**이란 고도산업사회화에 따른 도덕적 공동체의 와해와 이기적 개인주의의 팽배에 대한 반성으로 나타난 원칙으로 개인의 권리보다는 책임, 자유보다는 평등을 중시하는 내용을 담은 원칙을 말한다.

2 길에서 음란행위 고교 교사 해임, 정당한가?

서울 H고교 교사 N(47)씨는 만취한 상태로 자신의 집 근처 길에서 자위행위를 하다 남녀 고교생들의 신고로 경찰에 체포됐다. 학교 당국은 해임시켰다. N씨는 교원소청심사위원회에 해임처분의 취소를 신청했으나 거절당했다. N씨는 교원소청심사위를 상대로 소송을 냈다. 1심에서 승소했다.

➡ 서울고등법원(2008년) 재판부는 원심을 깨고 원고 패소 판결했다. 재판부는 "여학생까지 있는 상황에서 **공연음란행위**를 한 것은 교육적 견지에서 용인될 수 없고, 또 N교사가 상당한 사회적 물의를 일으켜 학생과 학부모들의 교사들에 대한 불신과

불만을 초래했다"고 지적하면서 "N씨는 단순 노상방뇨라고 주장하며 선처가 되지 않을 경우 학교에 혼란이 초래될 것이라는 내용의 탄원서를 학생에게 나눠주고 학부모 서명을 받아오게 한 점 등은 자신의 잘못을 반성하고 있다고 보기 어려우며 결국 해임처분이 사회통념상 현저하게 타당성을 잃거나 재량권을 남용했다고 볼 수 없다"고 판결 이유를 밝혔다.

> **해설** **'공연음란행위(公然淫亂行爲)'**란 공연(公然)히 성적인 도덕감정을 해하는 행위를 말한다. '공연히'는 불특정 또는 다수인이 알 수 있는 상태를 말한다. '음란한 행위'는 성욕의 흥분 또는 만족을 목적으로 하는 행위로서 선량한 풍속에 반하여 사람에게 수치감 · 혐오감을 주는 것을 말한다. 음란성의 판단에는 행위가 행하여지는 주위 환경이나 풍속 · 습관 등의 사정이 고려되어야 한다.

3 출석부로 머리 맞고 교사 뺨 때린 학생의 행위, 정당방위 아니다

대학에 이미 합격한 과학고 2학년생 L(18)양은 교내 조기졸업고사 체육 시험에 늦게 도착했다. 체육교사 K씨는 L양에게 "차례를 기다리라"며 한참동안 이름을 부르지 않고 기다리게 했다.

자기만 불리하게 시험을 늦게 치르게 하려는 것이라고 생각한 L양은 K교사를 향해 반말로 "왜 안 부르는데?"라고 따져 물으면서 항의를 계속하자 K교사는 다른 학생의 시험에 방해된다며 출석부로 L양의 머리를 내리쳤다. L양은 곧바로 K교사의 뺨을 때리며 반항했다. 화가 난 K교사는 L양의 얼굴과 몸을 수차례 때려 얼굴뼈 일부가 부러져 전치 12주의 상처를 입게 됐다. L양은 K교사를 고소했고 K교사는 벌금 300만원을 선고받았다. 한편 학교 당국은 L양에게 교사지도 불응과 폭행을 이유로 6일간의 특별이수교육을 받으라는 징계처분을 내렸다. L양은 교사를 때린 것은 교사의 부당한 지시와 폭행에 대한 정당방위라며 학교 당국이 징계 처분한 것은 부당하니 취소하라는 소송을 냈다.

➥ 서울행정법원(2009년) 재판부는 L양에게 패소 판결했다. 재판부는 "시험에 늦게 도착한 L양에게 차례를 기다리라고 한 것은 정당한 지시"라며 "교사가 출석부로 때린 것은 잘못이지만 그렇다고 교사의 뺨을 때린 것을 **정당한 행위**라거나 정당방위라고 볼 수 없다"고 판결 이유를 설명했다.

해설 **'정당한 행위'**란 법 공동체 내에서 사회윤리에 비추어 일반적으로 승인된 가치 있는 행위. 법령에 따른 행위, 업무로 인한 행위 또는 그 밖의 사회상규에 어긋나지 않는 행위를 말한다. 법을 어긴 것이 아니기 때문에 처벌받지 않는다.

4 수업시간 중 교우 살해 사건 발생, 교장 · 교사 · 서울시 책임 있다

중학교 3학년생 P군은 같은 학년 K(15)군이 자신과 아주 친한 친구 L군을 때리는 것을 목격했다. 그렇지 않아도 P군은 평소 K군이 힘이 약한 친구들만을 골라 괴롭히는데 불만을 갖고 있었는데 마침 L군이 폭행을 당하자 복수할 생각으로 점심시간에 집에 가서 흉기를 갖고 왔다. 그리고 다른 반에서 수업을 받고 있는 K군을 찾아가서 여러 차례 찔렀다. K군은 병원으로 옮기는 도중 숨졌다. K군 유족은 학교폭력을 막지 못한 책임을 지라며 서울시를 상대로 손해배상 청구소송을 냈다. 1 · 2심 판결에서 "서울시는 K군 유족에게 9790만원을 배상하라"고 판결했다.

➡ 대법원(2007년) 재판부는 K군 유족에게 손해배상 판결한 원심을 확정했다. 재판부는 "이 사건은 수업시간 중에 일어나 교장 · 교사의 보호감독 의무가 있으므로 배상책임을 인정한 원심 판단은 정당하다"고 판시하면서 또한 "평소 K군이 학생들을 상대로 폭력을 행사하고 금품을 빼앗아 온 것을 교사들도 알고 있었으므로 대책을 마련하지 않으면 또 다른 폭력이 발생할 것이라고 **예견할 수 있었는데** 예방대책을 소홀히 했다"고 판결 이유를 설명했다.

해설 **'예견할 수 있었는데'**는 결국 부주의(과실)로 예견하지 못해 불법행위를 저지르게 했기 때문에 책임을 져야 한다는 것이다. 이것을 **'예견가능성 이론'**이라고 한다. 예견할 수 있었다면 마땅히 막아졌을 텐데 이를 소홀히 한 결과로 가해자의 불법행위가 발생했다는 것이다. 따라서 손해발생과 인과관계가 있어 책임이 불가피하다는 것이다.

5 '집단따돌림'의 가해학생 부모와 학교 당국, 피해학생에게 배상 책임져야

K(14)군은 동료 학생들로부터 맞는 등 집단따돌림을 당해 정신과 치료까지 받았다. K군과 K군 부모는 가해학생 학부모와 울산시 교육감을 상대로 손해배상 청구소송을 냈다.

➡ 울산지방법원(2006년) 재판부는 피고들에게 연대하여 1900여만원을 지급하라며 원고 승소 판결했다. 재판부는 "가해학생 학부모들은 나이가 어려서 변별력이 부족한 자녀들이 다른 학생을 폭행하거나 집단적으로 괴롭히는 등의 행위를 하지 않도록 교육하고 보호 · 감독해야 할 의무를 게을리한 만큼 손해 배상할 의무가 있다"고 판시하면서 또 "학교 측은 담임교사가 학급 반장을 통해 학급 내 집단 괴롭힘이나 폭행사건이 발생하면 즉각 보고토록 하는 등 가해학생들에 대해 보다 적극적인 자세로 훈육해 예방 조치할 수 있도록 할 의무가 있는 데도 이를 소홀히 했다"고 판결 이유를 설명했다.

6 고교 평준화를 위한 학교 선택 추첨, 위헌 아니다

고교 학부모인 K씨는 고교 평준화 지역에서 '추첨'으로 고등학교를 정하도록 한 초중등교육법 시행령 제84조가 헌법에 위배된다며 헌법소원을 냈다.

➡ 헌법재판소(2009년) 재판부는 5대 4로 간신히 합헌 결정을 했다. 재판부는 "이 조항이 고교입시과열 경쟁을 해소함으로써 중학교 교육을 정상화하고 학교의 지역간 격차 해소를 통해 고교 교육 기회를 균등하게 제공한다"며 "입법 목적이 정당하고 수단의 적정성이 인정된다"고 기각결정 이유를 밝혔다. 또 "학생들이 인근 학교에 진학하도록 하는 것이 합리적이고 보편적인 방법이며 선(先)복수지원 · 후(後)추첨방식 같은 보완책도 두고 있다"며 "학부모의 학교 선택권을 과도하게 제한한다고 볼 수 없다"고 덧붙였다.

해설 그러나 9명의 헌법재판관 중 4명은 위헌 의견을 내면서 "무시험 추첨 배정 입학전형은 국회가 법률로 규율해야 할 사항인데 시행령에 백지위임하고 있어 헌법에 위배된다"는 것이고 다른 2명은 위헌 의견은 아니나 "학생들이 자신의 적성과 능력에 맞게 학교를 선택할 자유와 학부모의 자녀교육권을 침해한다"는 보충 의견을 냈다.

7 10원짜리 소송, '공정한 재판 받을 권리침해' 이유

K씨는 고교 교사로 재직하던 중 전학 알선비 명목으로 학부모로부터 200만원을 받은 혐의로 고발되자 이를 취소하라며 학부모 등을 협박한 혐의(**보복범죄**)로 기소됐다. K씨는 협박증거로 제출된 녹음테이프가 조작됐다며 재판부에 검증을 요구했지만 받아들이지 않았다. 1심과 항소심 재판부는 K씨에게 징역 1년의 실형을 선고했다. 이 사건의 변호를 맡았던 L변호사는 "재판부가 진위가 의심스러운 핵심증거에

대한 검증 없이 재판을 진행했기 때문에 공정한 재판을 받을 권리를 침해당했다며 판사들의 독선적 재판태도를 바로잡을 필요가 있다"고 하면서 상징적 금액인 10원의 손해배상을 청구하는 소송을 냈다.

➡ 서울중앙지방법원(2008년) 재판부는 원고 패소 판결했다. 재판부는 "피고들이 부당하거나 불법하게 소송지휘권을 행사했다고 볼 증거가 없다"고 판결 이유를 밝혔다.

해설 **'보복범죄'**란 원한을 가지고 상대방을 복수하기 위해 행하는 범죄를 말한다. 보복범죄를 가중처벌하기 위해 특정범죄 가중처벌 등에 관한 법률(제5조의 9)에 특별규정을 두고 있다. 즉 자기 또는 타인의 형사사건의 수사 또는 재판과 관련하여 고소 · 고발 등 수사단서의 제공, 진술, 증언 또는 자료 제출에 대한 보복의 목적으로 형법 제250조 1항('사람을 살해한 자는 사형, 무기 또는 5년 이상의 징역에 처한다')의 죄를 범한 사람은 사형, 무기 또는 10년 이상의 징역에 처한다. 고소 · 고발 등 수사단서의 제공, 진술, 증언 또는 자료 제출을 하지 못하게 하거나 고소 · 고발을 취소하게 하거나 거짓으로 진술 · 증언 · 자료 제출을 하게 할 목적인 경우에도 또한 같다고 규정하고 있다.

8 시험응시 직전 채점원칙 예고없이 변경, 무효이다

K(여 · 26)씨는 서울시 공립중등학교 교사 임용후보자 선정시험에 응시했다 불합격됐다. 불합격 이유는 시행기관인 시교육청이 실용영어시험(PELT)성적에 따라 최대 30점까지 더 주고 있는 영어과 가산점제가 '가산점은 만점의 10% 이내에서 가능하다'는 교육공무원법에 저촉된다고 국정감사에서 지적받고도 반영을 미룬 체 발표했다가 시험 20일 전에 가산점을 4점 이하로 축소 · 시행한다고 발표했기 때문에 K씨는 PELT에서 375점을 얻어 원래대로라면 30점의 가산점을 얻을 수 있을 것을 불과 4점으로 줄면서 낙방하게 됐기 때문이었다. K씨는 "첫 공고를 믿고 영어시험 준비에 노력을 쏟아 부었는데 갑자기 가산점을 줄인 것은 응시자의 이익을 침해한 것"이라며 시교육감을 상대로 불합격처분 취소 소송을 냈다.

➡ 서울행정법원(2008년) 재판부는 원고 K씨에게 승소 판결했다. 재판부는 "아무런 예고도 없이 시험 직전 갑자기 가산점을 최대 30점에서 4점으로 축소한 것은 수험생들이 이에 대비할 수 있는 기회를 박탈한 것"이라며 "합격기준에 대한 수험생들의 신뢰를 크게 무너뜨린 것으로 헌법상 **신뢰보호의 원칙**에 위배된다"고 판결 이유를 밝혔다.

> **해설** **'신뢰보호의 원칙'**이란 개인이 행정기관의 적극적 또는 소극적 행위의 정당성 또는 존속성을 신뢰한 경우, 그 신뢰가 보호할 만한 이익이 있는 경우에 그 신뢰를 보호하여 주는 원칙을 말한다.

9 국 · 공립중 운영지원비(학부모 협찬금), 위헌이다

학부모 P씨 등 112명이 학교운영지원비를 징수할 수 있도록 한 초중등교육법 제30조 2항과 32조 1항이 헌법 제31조 3항에서 규정한 의무교육으로 무상 원칙에 위배된다며 헌법소원을 제기했다.

➥ 헌법재판소(2012년) 재판부는 재판관 7(위헌) 대 1(합헌) 의견으로 위헌 결정했다. 재판부는 "학교운영지원비가 교사의 인건비 명목 등 의무교육과정의 인적 · 물적 기반을 유지하는 데 쓰이고 있다"며 "학부모의 자율적 협찬금 성격이어도 조성과 징수의 자율성이 완전히 보장되지 않아 헌법에 위배된다"고 판결 이유를 밝혔다.

> **해설** 그러나 이 결정이 교육현장에선 큰 영향을 줄 것 같지는 않다. 이미 대부분의 시도에서는 교과부의 지시로 받지 않고 있거나 나머지 학교도 폐지하기로 결정돼 있기 때문이다. 아예 사립학교는 해당되지 않고 초등학교는 이미 폐지됐고 고등학교는 의무교육이 아니라 위헌 결정과 무관하기 때문이다.

10 여고생 청소 중에 추락사, 담임선생에게 금고형

여고생 C(17)양은 5층 교실(높이 21m) 베란다에서 청소를 하다 바깥으로 떨어져 숨졌다. 담임선생 J(56)씨는 학생 관리를 소홀히 한 책임을 물어 기소됐다.

➥ 서울중앙지방법원(2012년) 재판부는 J씨에게 금고 10월에 집행유예 2년을 선고했다. 재판부는 "J씨가 C양에게 청소를 하지 말도록 지시하거나 청소를 시키더라도 안전장치를 해 주고 직접 관리감독을 해야 했으나 이를 소홀히 했다"며 "자녀를 잃은 부모의 슬픔을 고려했다"고 판결 이유를 밝혔다. 또 재판부는 "다만 **실형**을 선고할 경우 J씨가 교직에서 물러나야 하는 점 등을 고려했다"고 덧붙였다.

> **해설** **'실형'**이란 법원의 선고를 받아 실제로 집행된 경우의 형벌을 말한다. 집행유예 등의 방법을 통한 것은 실형이 아니다. 집행유예란 3년 이하의 징역 또는 금고의 형이 선고된 범죄자에게 정상을 참작하여 일정한 기간 동안 형의 집행을 유예하는 경우에 그 기간을 사고 없이 넘기면 형의 선고 효력이 없어지게 하는 제도이다.

11 학생 과실로 벌 받다 사망, 하지만 학교안전공제급여 전액 지급하라

고교 여학생 J양은 지각 이유로 얼차려를 받았다. 앉았다 일어섰다를 반복하던 중 의식을 잃고 쓰러져 병원으로 옮겨졌으나 사망했다. 평소 앓던 **'비대심근육병증'**이 직접 사인으로 밝혀졌다. J양 부모는 학교안전사고보상법에 따라 학교안전공제회에 공제급여를 청구했으나 공제회는 J양의 병력(病歷)이 사망원인인 만큼 J양에게 70%의 책임이 있다면서 8500만원만 지급했다. J양 부모는 공제회를 상대로 전액을 지급하라고 소송을 냈다. 1 · 2심은 급여 전액(1억 2000만원)을 지급하라며 원고 승소 판결했다.

➡ 대법원(2012년) 재판부는 원심대로 급여 전액을 주라고 판결했다. 재판부는 "사회보장적 성격이 있는 학교안전공제제도는 민사상 손해배상과 달리 과실상계(손해배상금액 결정에 피해자의 과실을 참작하여 감액하는 것) 이론을 적용할 수 없고, 학교안전사고의 범위도 폭넓게 인정해야 한다"고 판결 이유를 밝혔다.

> **해설** **'비대심근병증'**(肥大心筋病症 Hypertrophic Cardiomyopathy)이란 심장근육의 비대로 인하여 심장의 유연성 감소 및 과수축이 일어나서 이완기에 늘어나지 못하여 혈액이 심장 내로 진입되지 못하는 심장근육질환을 말한다.

12 등굣길 급하게 달리다 호흡곤란 증세로 사망, 학교안전사고 해당된다

고교생 K군은 등굣길에 지각을 면하려고 버스에서 내리자마자 전속력으로 뛰었다. 학교 2층 복도에서 갑작스럽게 호흡곤란 증세로 쓰러진지 15분 만에 병원에 도착했으나 한 달 뒤에 숨졌다. K군 부모는 학교 내에서 일어난 안전사고라며 유족보상금을 요구했지만 공제회는 학교 내 안전사고로 볼 수 없다며 거부하자 K군 부모는 소송을 냈다.

➡ 대법원(2012년) 재판부는 K군 부모에게 승소 판결했다. 재판부는 "K군이 수업에 늦지 않기 위해 뛰다가 등교 직후 의식을 잃고 쓰러진 점 등을 고려할 때 K군의 사망은 교육활동 중 발생한 학교안전사고에 해당한다"며 "공제회는 K군 부모에게 1억 3000만원을 지급하라"고 판결 이유를 밝혔다. 또 "학교안전사고보상법에 따르면 통상적인 경로 및 방법에 의한 등 · 하교 시간도 교육활동에 포함된다고 규정하고 있다"고 덧붙였다.

> **해설** 등 · 하교와 같이 직접 학교 내에서 벌어진 일이 아니거나, 학교 · 교사의 불법행위에 따른 손해배상 책임이 인정되지 않는 사고이더라도 보상요건을 폭넓게 인정해 줘야 한다는 취지로 해석된다.

13 (외국) 기미가요(일본 국가) 제창 거부한 고교 교사, 가벼운 징계가 옳다

일본 도쿄 공립고교의 다수 교직원들이 학교행사에서 국가('기미가요')가 울려 퍼질 때 국기(일장기)를 향하여 일어서지도 않고 국가제창도 거부했다. 도쿄도 교육감이 직무명령을 어겼다는 이유로 징계처분한데 대하여 해당자들은 부당하다며 소송을 냈다.

➡ 일본 최고재판소(2012년) 재판부는 원고들에게 패소 판결했다. 재판부는 "학교규율이나 질서를 유지한다는 관점에서 무겁지 않은 범위 내에서 징계처분을 하는 것은 재량권 범위 내"라고 판시하면서 "한 차례 일어나지 않은 것만으로 가장 가벼운 징계에 해당하는 '경고'처분을 할 수 있다"고 판결 이유를 밝혔다. 다만 "경고를 받은 뒤에도 국가를 부를 때 또 일어나지 않았다는 이유로 감봉과 정직처분 등 '경고를 넘는 처분'을 명할 때에는 보다 신중한 검토를 했어야 한다"며 해당자들에게 일부 승소 판결했다.

라. 초교 · 유치원

1 유치원 인근 주유소 허가 불허처분, 정당하다

S구청은 K씨에게 주유소 건축을 허가해줬으나 주유소 부지에서 25m 떨어진 곳에 어린이집이 있었다. K씨는 이미 공사를 시작해 주유탱크를 매립했지만 구청이 "관련법상 주유소는 보육시설로부터 50m이상 거리를 둬야 한다"며 석유판매업

등록신청을 불허했다. K씨는 구청이 "처음에 건축허가를 내줬다가 뒤늦게 영업을 불허한 것은 **신뢰보호의 원칙**에 어긋난다"며 석유판매업등록신청 불허가처분 취소 청구소송을 냈다.

➥ 대법원(2008년) 재판부는 원고 패소 판결한 원심을 확정했다. 재판부는 "보육시설에 아주 근접하게 주유소가 생길 경우 각종 안전사고발생 위험 때문에 보육시설에서 교육받는 영·유아에게 지장을 줄 위험이 생긴다"고 판결 이유를 밝혔다.

해설 S구청은 건축허가는 내 주면서 석유판매업등록은 거부한 결과가 됐다. K씨는 S구청을 상대로 이율배반적인 행정처분으로 발생한 손해의 배상을 청구하는 소송을 낼 수 있을 것이다.
'신뢰보호의 원칙'; 〈중·고교 14〉해설 참조

2 담임교사가 성추행하고 따돌림을 방치, 손해배상 책임져야

K(10)군은 초등학교 4학년이 시작되면서 새 담임교사가 성기를 만진다며 부모에게 알렸다. 부모는 학교를 찾아가 담임교사의 사과와 함께 학교 측에 담임의 교체를 요구했다. 그러나 다른 학부모들은 귀여워한다는 표시라며 K군 부모 요구에 반발하면서 오히려 K군의 전학을 요구했다. 이때부터 K군은 학급 친구들로부터 집단 따돌림을 당하게 되면서 우울증과 수면장애를 보여 인근 학교로 전학할 수밖에 없었다. K군과 부모는 담임교사와 교장, 서울시를 상대로 손해배상 청구소송을 냈다.

➥ 서울중앙지방법원(2006년) 재판부는 치료비와 위자료 등으로 3200만원을 지급하라며 원고 승소 판결했다. 재판부는 "K군의 성(性)적 정체성 및 성적 가치기준의 정립을 위해 노력해야 할 담임교사가 그 의무와 책임을 망각하고 K군의 의사에 반해 성기를 만지는 등 추행해 **스트레스 장애**의 원인을 제공했고 급우들로부터 따돌림을 받는 것을 막아주지 못한 책임이 있다"며 판결 이유를 설명했다.

해설 **'스트레스 장애'** 또는 **'외상 후 스트레스 장애'**(外傷後스트레스障碍, 영어: Post-Traumatic Stress Disorder, PTSD)는 신체적인 손상과 생명의 위협을 받은 사고에서 심적 외상을 받은 뒤에 나타나는 질환이다. 주로 일상생활에서 경험할 수 있는 사건에서 벗어난 사건들, 이를테면 천재지변, 화재, 전쟁, 신체적 폭행, 고문, 강간, 성폭행, 인질사건, 소아 학대, 자동차 · 비행기 · 기차 등에 의한 사고, 그 밖의 대형사고 등을 겪은 뒤에 발생한다.

3 어린 유치원생에게 배식 맡겨 2도 화상, 원장에게 손해배상 책임

유치원 K교사는 원생들을 위해 간식으로 준비한 뜨겁게 끓인 어묵국을 가장 나이 어린 K(여 · 3)양에게 배식을 맡겼다. K교사가 잠깐 한눈을 파는 사이 개구쟁이 원생들이 장난을 치다 배식통을 걷어찼다. 엎질러진 국물에 K양은 양팔과 다리에 성형수술을 받아도 흉터가 남는 2도 화상을 입었다. K양의 부모는 유치원 원장을 상대로 원생들을 안전하게 관리할 의무를 소홀히 한 탓에 K양에게 화상 후유증이 생기고 노동능력을 상실했다는 이유로 손해배상 청구소송을 냈다.

➡ 서울중앙지방법원(2009년) 재판부는 "원장은 K양에게 6900만원, 부모에게 각각 200만원씩을 배상하라"고 판결했다. 재판부는 "뜨거운 국물류를 배식할 경우 원칙적으로 교사가 직접 배식해야 하는데도 유치원에서 가장 나이가 어린 K양을 간식 도우미로 정한 점 등의 과실이 인정된다"고 판결 이유를 설명했다.

해설 피부는 표피와 진피의 2개 층으로 되어 있다. 화상의 깊이는 손상된 피부의 층으로 분류된다

1도화상; 표피 · 각질층이 빨갛게 변하고 통증이 생긴다. 열감이 며칠 후 사라진다.
2도화상(경); 표피, 얕은 진피층 물집생기고 부어오르고 심한 통증과 작열감 느낀다.
2도화상(중); 깊은 진피층까지 물집 생기고 부어오른다. 약 3주간 지속된다.
3도화상; 진피층 전체, 피하조직 괴사, 감각 없음, 자연치유 안되고 상처 남는다
4도화상; 진피층 전체, 피하조직, 지방, 근육, 뼈 괴사, 감각 없고 자연치유 안된다.

05 재산관계

가. 부동산행정

1 전세금 가압류 모르고 집 산 새 주인, 채권자에게 돈 갚아야 한다

세입자 Y씨는 2002년 집주인 P씨에게 전세보증금 3000만원을 주고 다가구주택에 입주했다. P씨는 2003년 K씨에게 이 주택을 팔았고 K씨는 주택임대차보호법에 따라 Y씨에 대한 임대인 지위도 승계했다. 신용보증기금은 2005년 Y씨에 대한 채권을 보전하기 위하여 그의 전세보증금을 가압류했다. 그리고 뒤에 신용보증기금은 Y씨를 상대로 청구소송을 내 확정판결을 받았고 이를 집주인인 K씨에게도 알렸다. K씨는 2007년 다시 이 집을 G(39)씨에게 팔았다. 세입자 Y씨는 2007년 이사를 했고 G씨는 Y씨에게 전세금 3000만원을 내줬다. 뒤에 신용보증기금은 법원에서 채권을 회수하는 명령을 받아 새 집주인 G씨에게 송달했다. G씨는 "이미 전세금을 내줬고 가압류된 사실도 몰랐다"며 돈을 갚을 의무가 없다고 거부했다. 그러나 신용보증기금은 소송을 제기했다.

➡ 대법원(2013년) 재판부는 신용보증기금이 G씨를 상대로 제기한 추심금 청구소송에서 돈을 갚을 의무가 없다고 판단한 원심을 깨고 사건을 서울서부지방법원으로 돌려보냈다. 재판부는 "주택임대차보호법상 새로 집을 산 사람은 세입자에게 돈을 돌려 줄 의무도 자동으로 지게 되는데 전세금이 가압류된 경우 세입자의 채무도 이와 같은 취지로 자동 이전되는 것으로 봐야 한다"고 판결 이유를 설명했다.

해설 전세를 낀 상태에서 집을 사게 된다면 전세금이 가압류돼 있는지 등을 전 집주인 또는 세입자에게 반드시 미리 확인해야 한다는 교훈을 주는 판례이다. 만약 그러지 않고 전세금을 내주면 가압류를 한 채권자에게도 돈을 또 갚아야 할 의무가 생기게 된다. 1 · 2심 재판부는 주택을 파는 과정에서 가압류의 효력이 없어졌다며 신용보증기금의 청구를 기각했었다.

2 부동산 등기부와 주민등록부상 주소 불일치, 불이익 감수해야

회사원 P(26)씨는 보증금 1300만원에 빌라 임대차계약을 체결했다. 임차인 주소로는 현관문에 적혀있는 대로 502호로 기재했다. 이 집의 실제 호수는 402호이다. 전 임차인이 '4'자가 싫다고 5자로 고친 것이다. P씨는 502호로 동사무소에 전입신고를 했고 주민등록주소도 그대로 바뀌었다. 그런데 건물주가 금융기관 채무를 갚지 않아 경매절차가 진행되면서 낙찰금 우선 배당에서 제외됐다. 부동산등기부 주소와 주민등록부상 호수가 달랐기 때문이다. P씨는 우선 배당에서 제외된 것은 부당하다며 소송을 냈다.

➡ 광주지방법원(2011년) 재판부는 원고 P씨에게 패소 판결했다. 재판부는 "공동주택에서 주민등록부상 동 · 호수가 등기부와 다르게 기재된 경우 그 주민등록은 공시방법으로 유효하지 않다"고 판결 이유를 설명했다.

해설 임대차보호법은 임차인에게 임차보증금을 '우선적'으로 반환하도록 규정해 놨는데 임차인(403호)임을 제3자에게 대항(주장)하기 위해선 등기를 해서 공시(公示)하지 않으면 효력(임차권자로서)이 발생하지 아니한다(민법 제186조).

3 불법 용도변경 주택, 그래도 임대차보호법 적용대상이다

건물주 K씨는 지하 2층 지상 7층 규모의 건물(A)를 짓고 근린생활시설로 허가를 받았다. 얼마 후 K씨는 A건물을 당국의 허가 없이 불법 개조해 6층을 12개의 원룸형 주택으로 개조한 뒤 G(30)씨 등에게 전세를 주고 각 원룸마다 수천만원씩의 보증금을 받아 챙기고 달아났다. K씨에게 돈을 대출해주고 근저당권을 가진 H신용협동조합은 건물에 대한 강제 경매절차를 신청해 대출금을 회수하려 했으나 임대차보호법의 보호대상인 G씨등 임차인에게 배당에서 후(後)순위로 밀려 손해를 보게 되었다. G씨 등은 주택임대차보호법에 따라 1순위가 되어 1500~1600만원씩을 배당받아 갔기 때문이다. H조합은 세입자 G씨 등 3명은 임대차보호법 대상이 아닌 '상가'를 불법으로 용도변경한 건물의 세입자이라면서 이들을 상대로 배당 이의소송을 냈다. 원고 H신용조합은 1심에서 패소하자 항소했다.

➡ 서울고등법원(2008년) 재판부는 1심 판결대로 원고에게 패소 판결했다. 재판부는 "상업용으로 허가 난 건물을 불법적으로 용도 변경해 지어진 주택이라 하더라도 '주택'의 요건을 갖추고 있다면 세입자보호를 위한 주택임대차보호법의 적용대상이 된

다"며 "주택임대차보호법상의 주택인지 여부는 형식이 아닌 실질에 따라 판단해야 하며 문제가 된 원룸은 주방과 화장실까지 설치돼 주택으로 봐야한다"고 판결 이유를 설명했다.

해설 임대차보호법에서는 주택 임차인을 보호하기 위하여 일정 금액 한도 내에서 임대 보증금을 우선 상환해 주도록 규정하고 있다.

4 불법 전매된 분양권 매수자라도, 소유권 인정된다

A(48)씨는 전매금지기간 중에 주택조합 조합원 K씨로부터 분양권을 산 뒤 다음해 분양대금 잔금을 지불했다. 그런데 주택조합은 "주택법 및 주택법시행령에 따라 투기과열지구에서 해제되기 전까지는 전매가 제한된다"고 주장하면서 분양권을 불법 전매한 A씨는 조합원 자격이 없다며 아파트소유권을 넘겨주지 않자 A씨는 주택조합을 상대로 소송을 냈다.

➡ 대법원(2011년) 재판부는 불법 전매된 아파트분양권을 산 A씨에게 승소 판결한 원심을 확정했다. 재판부는 "주택법에서 분양권 전매 등 공급질서 교란행위를 금지하는 규정이 있긴 하지만, 단순한 단속규정에 불과할 뿐 효력규정이 아니다"며 "당사자들끼리 해당 규정을 어기고 약정을 했다 해도 무효로 돌릴 수 없다"고 판시하면서 "A씨가 주택조합의 조합원 K씨와 따로 계약을 맺어 K씨의 조합원 지위를 승계하여 아파트 분양계약을 체결한 것은 무효가 아니라고 본 원심은 정당하다"고 판결 이유를 설명했다.

5 전세계약 중도해지 10% 위약금은 무효, 매매계약 위약금과 다르다

S(57)씨는 분양업체 H(주)와 보증금 20억원을 내고 임대주택을 5년간 빌리기로 계약했다. 1차 계약금으로 2억원을 지급했으나 중도금과 잔금을 지급하지 못해 계약이 해지됐다. H사가 계약 당시 작성한 **약관**에 따라 계약금 2억원을 돌려주지 않자 S씨는 계약금 반환 청구소송을 냈다.

➡ 서울중앙지방법원(2011년) 재판부는 작성된 약관은 무효임으로 계약금 2억원을 되돌려 주라고 원고 S씨에게 승소 판결했다. 재판부는 "20억원에 이르는 임대차 보증금은 상당히 고액이다. 그런데 그 10%에 해당하는 2억원을 위약금으로 정한 약관은 임차인에게 일방적으로 불리하여 무효다"라며 "임대주택계약은 주택을 사고파는 매

매가 아니라 빌리는 것인데 매매계약 관행인 보증금의 10%를 위약금으로 규정한 약관을 임대차계약에 적용한 것은 위법이다"고 판결 이유를 설명했다.

해설 이 판례는 미리 만들어 둔 계약서상 위약금 규정이 적힌 특약조항을 **'약관'**으로 판단했다. 약관규제법은 일방적으로 만들어 진 계약서에 수동적으로 서명만 하게 하는 것은 무효라고 봤다.

6 재개발지역 주민과 보상합의 했어도 논의 안 한 부분, 보상해 줘야

D건설회사는 뉴타운지구 주택재개발지역 주민들과 공사에서 발생하는 소음 등에 대해 피해 보상금을 미리 지급하는 조건으로 민 · 형사 문제를 제기하지 않는다고 합의했다. 그러나 그 후 주민들은 D시공사를 상대로 일조권 침해로 집값이 하락했다며 손해배상 청구소송을 냈다.

➡ 서울북부지방법원(2012년) 재판부는 시가하락 금액의 80%에 해당하는 금액을 지급하라며 원고에게 승소 판결했다. 재판부는 "합의서를 작성할 때는 소음, 악취 등으로 인한 피해 호소가 목적이었고, 건물이 기초공사 중이어서 합의서 작성 당시에 알 수 없었던 일조권에 대한 논의가 전혀 없었다"며 "합의서에 일조권에 대한 문구가 기재돼 있지 않다고 해서 주민들이 일조권에 대하여 이의 제기를 포기한 것이라고 볼 수 없다"고 판결 이유를 밝혔다.

7 뉴타운 보상으로 이주대책 기준일은 위법, 계획 공고일이 기준이다

K씨가 "이주대책 기준일과 보상계획 공고일 사이에 은평 뉴타운 이외의 지역에 주택을 보유한 적이 있다는 이유로 이주대책 대상자 선정에서 제외한 결정은 부당하다"며 X공사를 상대로 소송을 냈다.

➡ 대법원(2009년) 재판부는 원고 승소한 원심을 확정했다. 재판부는 "서울시가 발표한 **이주대책 기준일**은 공익사업법이 정한 '공익사업을 위한 관계 법령에 의한 고시 등이 있는 날'에 해당하지 않아 위법하다"며 "보상계획 공고일을 기준으로 이주대책 대상자를 선정해야 한다"고 판결 이유를 밝혔다.

서울시는 2002년 10월 은평 뉴타운 사업계획을 발표하면서 이주대책 기준일을 같은 해 11월 20일로 정한다고 공고했다. 도시개발구역 지정 및 개발계획 승인은 2004년 2월 이뤄졌으며 보상계획은 같은 해 6월 2일 공고됐다.

해설 **'이주대책 기준일'**은 이주대책 및 보상 대상자를 선정하는 기준 날짜로 이 날짜 이전에 해당 지역에 주택을 소유한 주민은 아파트 입주권을 받을 수 있다. 지방자치단체는 부동산투기 예방 등의 목적으로 도시개발구역 지정 및 개발계획 승인을 고시하기 1, 2년 전에 관행적으로 공고하고 있다.

8 재건축 관리처분계획 인가났으면 민사소송 아닌 행정소송만 유효

L씨 등 12명은 방배 X구역 재건축정비사업조합을 상대로 재건축시 관리처분계획의 기초가 되는 재건축조합 총회결의의 무효 소송을 냈다.

➡ 서울고등법원(2009년) 재판부는 관리처분계획의 결의무효 확인소송 부분을 각하했다. 재판부는 "관리처분계획이 확정돼 구청에서 인가를 받으면 이는 공법적인 효력이 발생한 것으로 봐야 한다"며 따라서 "관리처분계획이 인가된 뒤 관리처분계획에 대한 총회결의를 무효로 해달라며 민사소송을 제기하는 것은 원칙적으로 허용되지 않는다"고 판결 이유를 밝혔다.

해설 민사소송은 권리관계가 있느냐 여부를 판단하는 소송이고 행정소송은 행정청의 처분을 취소하는 소송이다. 관리처분계획의 인가시점을 기준으로 그 이전 부분은 민사 소송으로, 그 이후 부분은 행정 소송을 내야 한다는 점을 명확히 한 판결이다.

9 무허가 판자촌 주민등록 전입신고, 거부 못 해

S씨는 1994년부터 13년간 서초구 Y2동 판자촌(속칭 잔디마을)에서 살아오다 2007년 주민등록 전입신고를 했지만 거부당했다. Y2동장은 "서울시 땅에 지어진 무허가 건물인데다 이 일대가 장기전세 임대주택 예정지여서 전입신고를 받아주면 보상을 노린 위장 전입이 만연할 수 있다"며 거부 이유를 밝혔다. 이 부지는 2007년 6월 장기전세 임대주택건설 예정지로 지정됐다. S씨는 Y2동장을 상대로 '주민등록 전입신고 수리거부처분 취소 소송'을 냈다. 1심과 2심에서 모두 원고 승소 판결이 났다.

➡ 대법원(2009년) 재판부는 원고 승소 판결한 원심을 확정했다. 재판부는 "투기나 이주대책 요구 등을 방지할 목적으로 전입신고를 거부하는 것은 **주민등록법**의 입법 목적과 취지 등에 비추어 허용될 수 없다"고 판결 이유를 밝혔다.

해설 **주민등록법** 제1조(목적); 이 법은 시 · 군 또는 구의 주민을 등록하게 함으로써 주민의 거주관계 등 인구의 동태(動態)를 항상 명확하게 파악하여 주민생활의 편익을 증진시키고 행정사무를 적정하게 처리하도록 하는 것을 목적으로 한다.
제6조(대상자) ① 시장 · 군수 또는 구청장은 30일 이상 거주할 목적으로 그 관할 구역에 주소나 거소를 가진 자를 이 법의 규정에 따라 등록하여야 한다. 다만, 외국인은 예외로 한다.

10 친일파 재산 국가귀속, 후손이 독립운동했어도 되찾지 못 한다

친일파 홍승목은 1901년 조선총독부 중추원 참의(자문위원), 1909년 일진회 합방청원운동에 가담하여 1914년 일본군인 후원단체인 경성군인후원회에 기부금 납부 등의 친일 공적이 인정돼 충북 괴산 소재 논밭과 임야(약 51만 m^2)등을 취득했다. 반면에 홍승목의 아들 홍범식은 1901년 한일병합에 반대하며 자결했다. 홍승목의 손자 홍명희(소설 '임꺽정'의 작가)는 1913년 해외독립단체에서 활동했고 1919년 독립선언서를 만들어 괴산에서 만세시위를 주도했다. 이런 사유로 홍씨 후손인 H(67)씨는 **친일반민족행위자 재산의 국가귀속에 관한 특별법**이 정한 반민족행위자 재산이라며 국가귀속 결정한 것은 잘못됐다며 법무부장관을 상대로 친일재산국가귀속 결정 취소 청구소송을 냈다.

➡ 청주지방법원(2011년) 재판부는 원고 H씨에게 패소 판결했다. 재판부는 "후손이 독립운동을 했더라도 당사자가 독립운동을 하지 않았다면 반민족행위자에서 제외할 수 없다"며 "친일행위를 한 당사자가 후에 독립운동에 적극적으로 참여했거나 일제로부터 받은 작위를 거부 · 반납했을 경우에만 반민족행위자에서 예외로 할 수 있다"고 판결 이유를 설명했다.

해설 **반민족행위자처벌법** 제4조; 다음 각 호의 1에 해당하는 자는 10년 이하의 징역에 처하거나 15년 이하의 공민권을 정지하고 그 재산의 전부 혹은 일부를 몰수할 수 있다.
2.중추원부의장, 고문 또는 참의 되었던 자

11 친일재산 국가귀속을 위한 소급입법, 이례적이지만 합헌이다

L씨는 친일반민족행위자의 재산을 국가에 귀속시키는 특별법(**친일반민족행위자 재산의 국가귀속에 관한 특별법**) 제2조와 3조에 대한 위헌법률심판 헌법소원을 냈다.

➡ 헌법재판소(2011년) 재판부는 합헌 결정을 내렸다. 재판부는 "해당 조항이 소급입법이긴 하지만 친일재산을 취득하는 과정에 담긴 민족 배반적 성격, 대한민국 임시정부의 법통 계승을 선언한 헌법 전문 등에 비추어 볼 때 역사적으로 이례적인 공동체 과업이어서 헌법에 부합한다"고 결정 이유를 설명했다.

해설

제2조(정의) 이 법에서 사용하는 용어의 정의는 다음과 같다.

1. **"재산이 국가에 귀속되는 대상인 친일반민족행위자"**라 함은 다음 각 목의 어느 하나에 해당하는 자를 말한다.
   가. 「일제강점하 반민족행위진상규명에 관한 특별법」 제2조 제6호 · 제8호 · 제9호의 행위를 한 자(제9호에 규정된 참의에는 찬의와 부찬의를 포함한다). 다만, 이에 해당하는 자라 하더라도 후에 독립운동에 적극 참여한 자 등으로 제4조의 규정에 따른 친일반민족행위자 재산조사위원회가 결정한 자는 예외로 한다.
   나. 「일제강점하 반민족행위진상규명에 관한 특별법」 제3조에 따른 친일반민족행위진상규명위원회가 결정한 친일반민족행위자 중 일제로부터 작위(爵位)를 받거나 이를 계승한 자. 다만, 이에 해당하는 자라 하더라도 작위를 거부 · 반납하거나 후에 독립운동에 적극 참여한 자 등으로 제4조에 따른 친일반민족행위자 재산조사위원회가 결정한 자는 예외로 한다.
   다. 「일제강점하 반민족행위진상규명에 관한 특별법」 제2조의 규정에 따른 친일반민족행위를 한 자 중 제4조의 규정에 따른 친일반민족행위자 재산조사위원회의 결정에 따라 독립운동 또는 항일운동에 참여한 자 및 그 가족을 살상 · 처형 · 학대 또는 체포하거나 이를 지시 또는 명령한 자 등 친일의 정도가 지극히 중대하다고 인정된 자.
2. "친일반민족행위자의 재산(이하 "친일재산"이라 한다)"이라 함은 친일반민족행위자가 국권침탈이 시작된 러 · 일 전쟁 개전시부터 1945년 8월 15일까지 일본제국주의에 협력한 대가로 취득하거나 이를 상속받은 재산 또는 친일재산임을 알면서 유증 · 증여를 받은 재산을 말한다. 이 경우 러 · 일 전쟁 개전시부터 1945년 8월 15일까지 친일반민족행위자가 취득한 재산은 친일행위의 대가로 취득한 재산으로 추정한다.

제3조(친일재산의 국가귀속 등)

(1) 친일재산(국제협약 또는 협정 등에 의하여 외국 대사관이나 군대가 사용 · 점유 또는 관리하고 있는 친일재산 및 친일재산 중 국가가 사용하거나 점유 또는 관리하고 있는 재산도 포함한다)은 그 취득 · 증여 등 원인 행위 시에 이를 국가의 소유로 한다. 그러나 제3자가 선의로 취득하거나 정당한 대가를 지급하고 취득한 권리를 해하지 못한다.

(2) 친일재산의 국가귀속에 관한 구체적 절차와 그 밖의 필요한 사항에 관하여는 대통령령으로 정한다.

12 2006년 이후 구입한 친일파 땅 국가 귀속, 정당하다

G(50)씨는 친일파 후손으로부터 땅을 샀다. 그런데 국가가 친일 재산이라며 국가귀속 결정을 내렸다. G씨는 "정당한 대가를 주고 산 땅에 대한 국가귀속은 위법하다"며 친일재산 국가귀속결정 취소 청구소송을 냈다.

➡ 의정부지방법원(2008년) 재판부는 원고에게 패소 판결했다. 재판부는 "특별법 시행일(2005년 12월 29일) 이후에 권리관계를 형성한 제3자는 아무리 선의라고 해도 취득한 권리를 보호받을 수 없다"며 "원고는 특별법 시행 후인 2006년 해당 토지를 매입했기 때문에 국가귀속 결정은 적법하다"고 판결 이유를 밝혔다.

해설 친일반민족행위자 재산의 국가귀속에 관한 특별법은 친일재산인 줄 몰랐거나 정당한 대가를 지불한 경우 제3자의 권리를 인정하는 보호 규정(제3조 1항)을 두고 있지만, 재판부는 이를 특별법 시행 이전에 국한된다고 해석한 것이다.

13 권리금 중개는 법적 근거 없는 행위로서 과다 수수료, 처벌대상 안 돼

부동산중개업자 S씨는 커피숍 주인 K씨로부터 "권리금 1억 5000만원만 받아주면 3000만원을 주겠다"는 제안을 받았다. S씨는 한 달쯤 후에 커피숍을 인수할 사람을 구해 보증금 7000만원, 월세 285만원, 시설과 권리금 1억 2500만원 등 모두 1억 9500만원에 팔아주고 1800만원을 받았다. S씨는 중개수수료 잔금(1200만원)을 K씨에게 요구했으나 K씨가 거절하면서 다툼이 생겼다. K씨는 S씨를 점포 임차권을 중개하면서 법정수수료(3,292,500원)보다 훨씬 많은 돈을 받았다며 고소했다. 1심 법원은 부동산중개업법을 위반했다며 S씨에게 벌금 500만원을 선고했지만 항소심은 무죄로 판결했다.

➡ 대법원(2006년) 재판부는 S씨에게 무죄를 선고한 항소심을 확정했다. 재판부는 "거래처 · 신용 · 영업 노하우 등 무형의 재산적 가치는 중개업법 적용대상이 아니다. 따라서 공인중개사가 권리금을 중개한 것은 법에 근거가 없어 중개행위로 볼 수 없기 때문에 수수료를 과다하게 받았다 해도 **부동산중개업법** 위반으로 처벌할 수 없다"라고 판결 이유를 설명했다.

해설 **'부동산중개업법'**은 2005년 '공인중개사의 업무 및 부동산 거래신고에 관한 법률'로 바뀌었지만 문제가 된 조항은 그대로 있다.

14 법정한도 초과 부동산중개료, 돌려주라

S(64)씨는 제주시 소재 임야 9,940m²를 9억 3200만원에 팔면서 부동산중개업자 K(52)씨에게 중개수수료로 시가 3484만원짜리 땅을 넘겨줬다. 그 후 S씨는 K씨를 상대로 부동산중개업법이 정한 법정한도 839만원(9억 3200만원×0.9%)을 초과하는 금액을 돌려 달라는 부당이득반환 청구소송을 냈다.

➡ 대법원(2007년) 재판부는 S씨에게 승소 판결한 원심을 확정했다. 대법원은 “고액의 수수료를 받는 중개업자에게 행정적 제재나 형사적 처벌을 가한다고 해도 의뢰인이 입은 손해를 보전하는 효과가 없으므로 국민의 재산권 보호를 위해 중개수수료 계약의 사법적 효과를 무효로 보고, 반환을 청구할 수 있다는 법리를 다시 한번 선언한다”고 판결 이유를 밝혔다. 또 과거 일부 판례가 “관련 법령의 성격이 단속규정에 불과하므로 사적 계약인 중개수수료 계약을 무효로 할 수는 없다”고 판결한 것과 관련하여 대법원은 “그런 예외적 판례도 변경한다”고 덧붙였다.

해설 부동산중개업법은 매매 · 교환의 경우 거래액의 0.2~0.9%, 특별시 · 광역시도는 조례로 명시한 한도 내에서 수수료를 받을 수 있도록 규정하고 있다. 제주도는 “일반 주택을 제외한 부동산 중개수수료는 매매가의 0.2~0.9%로 한정한다”는 조례를 두고 있다.

15 법적 명시규정 없더라도 침수 우려지역, 건축 불허가할 수 있다

Y씨는 자기 소유 임야에 단독주택을 몇 채 신축하려고 산지전용 및 건축허가를 관할 군청에 신청했다. 군청은 홍수 때 침수위험과 재해발생이 예상된다며 반려하자 Y씨는 법적 근거 없는 홍수 때 침수 위험을 들어 불허하는 것은 위법이라며 건축신고 반려처분 취소 소송을 냈다.

➡ 서울고등법원(2011년) 재판부는 원고 Y씨에게 패소 판결했다. 재판부는 “**산지 전용**을 허가할지 여부는 관할 관청의 재량행위이며 지난 150년간 강수량을 기준으로 봤을 때 최대 홍수 때의 수위보다 낮은 저지대에 해당한다”며 “법령상의 산림훼손 금지 · 제한 지역에 해당하지 않고 명문 근거가 없더라도 공익상 필요가 인정될 때에, 특히 기상 이변이 잦아지는 요즘 추세에 비춰 집중호우 등으로 건축예정지의 침수가능성을 배제할 수 없는 점 등을 고려하면 허가를 거부할 수 있다”고 판결 이유를 설명했다.

> **해설** **'산지 전용'**(山地轉用): 숲 가꾸기 · 벌채 · 토석 등을 위해 산지의 형질을 변경하는 것으로 통상 택지나 묘역 조성, 골프 · 스키장 건립 등을 위해 형질 변경을 하게 된다.

16 아파트 주민회장 선거 후보자가 학력 위조? 당선무효 사유된다

Y(67)씨는 중졸 학력인데 아파트 입주자 대표자 및 입주자 대표회의 회장 선거에 'A고등학교 중퇴'라고 썼다. 두 곳에 모두 당선했다. 입주자 대표회의 선거관리위원회는 학력에 대한 시비가 일어나자 Y씨에게 소명을 요청했으나 거절당하자 재투표를 실시해 다른 사람이 당선됐다. Y씨는 허위학력 기재는 당선무효사유에 해당하지 않는다며 소송을 냈다. 1심 재판부는 주택법 시행령 상 입후보자의 결격사유에 해당하지 않고 일반인들에게 중졸과 고교 중퇴는 큰 차이가 없다며 Y씨에게 승소 판결했다.

➡ 서울고등법원(2012년) 재판부는 1심 판결을 깨고 Y씨에게 패소 판결했다. 재판부는 "학력은 사회적 평가가 개입될 여지가 크며 학력 허위표시는 선거인에 대한 신뢰를 크게 떨어뜨려 **비난 가능성**이 높다"고 판결 이유를 밝혔다.

> **해설** **'비난 가능성'**이란 위법한 행위를 저지른 행위자를 비난할 수 있느냐하는 문제를 달리 말하는 것이다. 그런 행위를 저지를 의사(意思)를 가진 의사형성(意思形成)에 책임을 지울 수 있다면 비난 가능성이 있는 것이다. 형법에서는 '책임 없으면 형벌 없다'는 책임주의가 적용된다.

17 가족이 주택 소유, 임대주택 입주자격 상실

S공사는 K(여 · 63)씨를 상대로 K씨 아들이 집을 가지고 있으니 무주택 가구주로 볼 수 없다며 공공임대 아파트를 넘겨 달라고 소송을 냈다. 1심 법원은 "K씨가 집을 S공사에 넘겨야 한다"고 S공사에 승소 판결했으나 항소심 법원은 "K씨 아들이 주소를 옮겨 함께 살지 않았기 때문에 K씨가 무주택 가구주 자격으로 체결한 갱신계약은 정당하다"고 1심 판결을 뒤집고 S공사에 패소 판결했다. S공사는 상고했다.

➡ 대법원(2008년) 재판부는 "K씨가 집을 넘기지 않아도 된다"고 판단한 원심을 깨고 사건을 서울북부지법으로 돌려보냈다. 재판부는 "K씨와 함께 사는 아들이 집을 소유한 사실이 확인됨에 따라(무주택자로서) K씨의 입주자 요건이 사라졌는데도 이를

속이고 계약을 다시 한 것이다"라며 "집을 임차한 사람이나 그와 함께 사는 가족이 임대차기간에 집을 보유한 사실이 확인되면 임대주택입주자 요건을 잃게 되기 때문에 K씨는 부정한 방법으로 임대받은 경우가 되어 임대계약해지 사유가 된다"고 판결 이유를 밝혔다.

18 건물의 공유 지분, 소유자 각각에게 조합원 자격 있다

G씨는 자신의 집 옆에 집을 하나 더 지은 후 대지와 건물을 공유형태로 등기를 했다. 두 집은 이후 각각 별도로 거래가 돼 추가로 지은 집은 H씨가 소유하게 됐지만 등기부 상에는 공유상태로 남아 있었다. 이 지역에서 정비 사업이 추진되자 H씨와 G씨는 각각 조합원으로 신청했지만 H재건축정비사업조합은 '토지 또는 건축물의 소유권과 지상권이 수인의 공유에 속하는 때에는 그 수인을 대표하는 1인을 조합원으로 본다'는 도시 및 주거 환경 정비법을 들어 신청을 거부했다. G씨와 H씨는 H조합을 상대로 조합원 지위확인 청구소송을 냈다.

➡ 서울행정법원(2008년) 재판부는 원고에게 승소 판결했다. 재판부는 "공유지분의 경우에도 각 건물이 독자적 가옥구조이고 독립적으로 소유되고 있다면 지분 보유자 모두를 재건축 조합의 조합원으로 인정해야 한다"고 판결 이유를 설명했다.

19 공공 필요성 있다면 민간기업의 토지 수용권, 합헌이다

충남 아산시 탕정면 A주민들은 S전자회사에 토지를 수용 당했다. A주민들은 국가가 아닌 민간기업도 개인 토지를 강제 수용할 수 있게 규정한 **'산업입지 및 개발에 관한 법률'**이 위헌이라며 헌법소원을 냈다.

➡ 헌법재판소(2009년) 재판부는 합헌 결정을 내렸다. 재판부는 "우리 헌법상 수용주체를 국가로 한정하지 않았기 때문에 민간기업도 수용주체가 될 수 있으며, 산업입지의 공급을 통해 산업발전을 촉진하는 것은 공공의 필요성에 부합한다"고 판시했다. 재판부는 또 "피수용자 A주민들에게 법률에 따라 정당한 보상이 지급되고 수용절차가 법에 규정되는 점에 비춰 위헌이라고 하기 어렵다"고 덧붙였다.

해설 **'산업입지 및 개발에 관한 법률'**(법률 제11690호)이란 산업입지의 원활한 공급과 산업의 합리적 배치를 통하여 균형 있는 국토개발과 지속적인 산업발전을 촉진함으로써 국민경제의 건전한 발전에 이바지함을 목적으로 하고 있다(제1조).

20 십자가 없고 예배 안 해도 종교 활동을 위한 건물, 면세된다

S목사를 중심으로 모인 여러 목회자들은 '하이패밀리'(High family)란 단체를 설립했다. 이 단체는 '행복한 가정 만들기 세미나' 등 기독교 이념에 바탕을 둔 가정회복 운동을 펼쳐 왔다. 그런데 서초구청은 서울 양재동 소재 하이패밀리 건물에 '직접적인 종교 활동으로 볼 수 없다'는 이유에서 취득세, 등록세 등 3억원의 세금을 부과했다. S목사 등은 서초구청을 상대로 **취득세** 등 부과처분 취소 소송을 냈다.

➡ 서울행정법원(2007년) 재판부는 원고에게 승소 판결했다. 재판부는 "외형적인 의식보다 삶의 현장 속에서 교리의 의미를 깨우치고 이를 적용하는 것이 더 중요하다"며 "복잡 · 다양해지는 사회에서는 선교의 방법도 다양할 수밖에 없다"고 판시하면서 "비록 십자가가 없고 일요일 예배가 열리는 곳이 아니며 전통적인 교회와 다른 형태라 할지라도 기독교 신앙을 기본이념으로 삼고 비영리활동을 펼치는데 사용하는 건물이라면 면세대상이 된다"고 판결 이유를 설명했다.

> 해설 **'취득세'**란 부동산 등을 매매, 교환, 상속, 증여, 기부, 법인에 대한 현물출자, 건축, 개수, 공유수면 매립, 간척에 의한 토지의 조성 등과 기타 이와 유사한 취득으로서 원시취득, 승계취득 또는 유상, 무상을 불문한 일체의 취득에 대하여 부과하는 조세를 말한다. **'등록세'**는 등록할 때에 부과되는 지방세이다.

21 차명 부동산 소유자의 소멸시효 시기(始期)는?

굴지 재벌 J(77)회장은 1989년 임야 2필지(7만 m^2)를 7700만원에 구입해서 조카사위 L(69)씨 명의로 등기했다. L씨는 매년 토지세 관련 고지서가 나오면 J씨에게 전달하곤 했다. 1995년 **부동산실명제법(부동산 실권리자 명의 등기에 관한 법률)**이 시행되면서 1996년 7월 1일까지 차명 부동산 명의를 실소유주로 변경해야 했는데 J회장은 그대로 뒀다가 2004년 L씨에게 명의변경을 요구했다. L씨는 이를 거부하고 세금고지서 전달도 중단했다.

L씨는 부동산실명제법에 따라 1996년 7월 1일까지 실명등기를 해야 하는데도 이를 어겼을 뿐 아니라 소유권이전등기청구권의 시효는 10년이니까 1996년 7월 기준으로 볼 때 시효가 이미 끝났다고 주장했다. J회장은 세무서에서 직접 납세고지서를 발급받아 2005~2009년도 재산세를 내는 한편 2009년 L씨를 상대로 반환소송을 냈다. 1 · 2심에선 J회장이 패소했다.

➡ 대법원(2012년) 재판부는 1 · 2심 판결을 깨고 J회장에게 승소 판결했다. 재판부는 "L씨는 2004년까지 해당 부동산이 J회장의 소유임을 인정했다"면서 따라서 "2004년 전까지 L씨는 J회장에게 소유권등기를 이전 · 회복해 줄 의무가 있다는 점을 알고 있었다. 따라서 소송이 2004년부터 10년이 지나지 않은 2009년 제기됐기 때문에 L씨의 주장을 받아들일 수 없다"고 판결 이유를 밝혔다.

해설 **'부동산 실권리자 명의 등기에 관한 법률'**이란 부동산에 관한 소유권과 그 밖의 물권을 실체적 권리관계와 일치하도록 실권리자 명의(名義)로 등기하게 함으로써 부동산등기제도를 악용한 투기 · 탈세 · 탈법행위 등 반사회적 행위를 방지하고 부동산 거래의 정상화와 부동산 가격의 안정을 도모하여 국민경제의 건전한 발전에 이바지함을 목적으로 제정한 법률(법률 제10203호)이다.

22 주민등록은? 거주증명 유력 증거이다

주택공사는 경기도 성남시 판교택지를 개발하면서 일반 공급 세대수의 30%를 예정지구 지정 고시일(2001년 12월 26일) 이전부터 성남시 행정구역에 계속 거주한 자에게 우선 공급하기로 했다. 그런데 K(여 · 61)씨는 주소만 옮기지 않았을 뿐 성남에서 계속 살았다는 이유로 '계속 거주한 자'에 해당한다며 청약에 응모해 당첨됐다. 그러나 K씨는 결혼 후 계속 서울 양천구에 살다가 2002년 남편의 성남 주소지로 편입한 사실이 밝혀져 계약이 거부됐다. K씨는 대한주택공사를 상대로 매수인 지위확인 소송을 냈다.

➡ 대법원(2008년) 재판부는 원고 K씨에게 패소 판결한 원심을 확정했다. 재판부는 "주택공급에 관한 규칙상 '계속 거주한 자'는 주택법의 입법취지와 목적에 비춰볼 때 해당 지역을 유일하고도 단일한 거주지로 해 일정기간 계속 거주한 자를 뜻한다"며 "**주민등록**은 거주사실을 증명하는 유일한 증거는 아니지만 유력한 증거가 될 수 있다"고 판결 이유를 밝혔다.

해설 **'주민등록'**이란 주민의 거주관계 등 인구의 동태(動態)를 항상 명확하게 파악하여 주민생활의 편익을 증진시키고 행정사무를 적정하게 처리하도록 하는 것을 목적으로 제정된 제도이다(주민등록법 제1조).

나. 아파트

1 '분양가 원금보장' 아파트, 시세가 분양가보다 낮게 되면 해약 가능

경기 파주시 H아파트 시공사는 주택시장 침체 속에서 분양률을 높이기 위해 '분양가 원금보장제'를 약속했다. 즉 입주 후 일정 시점에 '국민은행 아파트 시세'가 분양가보다 낮으면 위약금 없이 계약을 해지할 수 있게 한 것이다. 이 아파트를 분양받은 G씨 등 123명은 이러한 현상이 나타나자 계약해지를 요구했다. 하지만 시공사는 "입주 초기여서 거래 물건이 없어 시세가 정확히 확정되지 않았고, 해약 여부의 근거가 될 '국민은행 아파트 시세'도 아직 나오지 않았다"고 해약을 거부했다. G씨 등은 시공사를 상대로 분양대금 반환 청구소송을 냈다.

➡ 서울중앙지방법원(2013년) 재판부는 원고 승소 판결했다. 재판부는 국민은행의 시세조사가 늦어지자 중개업소 등을 통해 조사한 아파트시세를 기준으로 시세가 분양가 이하로 형성됐다고 판단한 재판부는 "계약 당사자의 진정한 의사는 시세가 분양가 이하로 형성되는 경우 분양자들이 분양계약을 해지할 수 있도록 한 것으로 해석해야 한다"며 "분양계약은 적법하게 해지됐다"고 판결 이유를 밝혔다.

> **해설** 입주 700여 가구 중 나머지 가구는 분양가 할인 등 주택업체와 협의를 통해 별도 방법으로 해결했다.

2 신반포 N차 재건축 시공사 선정, 의결정족수 미달로 무효

신반포 N차 아파트 주민들은 2001년12월 재건축조합 창립총회에서 토지 등 소유자 1,572명 가운데 총회에 참석한 1100명 중 635명의 동의를 얻어 L건설회사를 시공사로 선정했다. 하지만 정부가 경쟁 입찰로 시공사를 선정하도록 한 **도시 및 주거환경 정비법**이 제정된 2003년 7월 이후에는 시공사를 선정하려면 동의를 얻어야 할 대상이 토지 등 소유자의 2분의 1 이상이어야 한다고 바뀌었다.

다만 이 법 제정 당시 이전에 선정된 시공사들은 경과규정에 따라 모두 인정해 주기로 했다. 이에 따라 S구청은 L건설이 2003년 8월에 낸 신반포 N차 아파트 시공권 신고를 수리해 줬다. 그러나 이 재건축 추진 위원회 L감사는 1572명의 과반수인 786명 이상의 동의를 얻어야 유효한 결의인데 총회 참석자 절반 이상의 동의만 얻어 L건설사가 선정된 것임으로 요건을 충족하지 못했다며 시공사신고 수리처분 등의 무효 확인소송을 냈다.

➡ 대법원(2013년) 재판부는 재건축 시공사 선정은 무효라고 원고에게 승소 판결한 원심을 확정했다. 재판부는 "요건을 갖추지 못한 시공사 선정 신고를 받아주면 토지 등 소유자 이익에 영향을 미칠 가능성이 큰 만큼 해당 사건처분은 법규의 중요한 부분을 위반한 것"이라고 판결 이유를 밝혔다.

해설 **'도시 및 주거환경 정비법'**이란 도시기능의 회복이 필요하거나 주거환경이 불량한 지역을 계획적으로 정비하고 노후 · 불량 건축물을 효율적으로 개량하기 위하여 필요한 사항을 규정함으로써 도시환경을 개선하고 주거생활의 질을 높이는데 이바지함을 목적으로 제정된 법률(제11690호)을 말한다(동법 제1조).

3 아파트 재개발정비조합설립 인가요건, 조합원 80% 이상 동의 필요

서울 성동구 왕십리 X구역 재개발정비조합원 L씨 등 4명이 성동구청장과 조합을 상대로 설립인가요건을 충족시키지 못했다는 이유로 조합설립인가 무효 확인 소송을 냈다.

➡ 서울행정법원(2010년) 재판부는 원고에게 승소 판결했다. 재판부는 "성동구청장이 조합설립인가 당시 유효하다고 인정했던 644장의 동의서 가운데 실제 유효한 동의서는 548장에 불과하여 조합설립인가에 필요한 **도시 및 주거환경 정비법**의 요건 비율인 80%를 채우지 못했기 때문에 위법하다"고 판시하면서 "당시 이 구역의 토지 소유주는 803명으로 동의서 548장은 전체의 68.2%에 불과하다. 무효 처리된 동의서는 기본적인 내용이 공란인 상태로 접수된 것을 조합설립추진위원회가 임의로 제출했다"고 판결 이유를 설명했다.

해설 **'도시 및 주거환경 정비법'** 제16조(조합의 설립인가 등) ① 주택재개발사업 및 도시환경정비사업의 추진위원회가 조합을 설립하려면 토지 등 소유자의 4분의 3 이상 및 토지면적의 2분의 1 이상의 토지소유자의 동의를 얻어 시장 · 군수의 인가를 받아야 한다.

4 재건축비용 부담 등 중요계약 변경, 조합원 3분의 2 이상 찬성해야 유효

반포주공단지 A재건축조합은 2002년 G시공사와 재건축 시공에 대한 **가계약**을 체결했다. 계약조건은 건축비를 미리 확정하고, 분양 수익금의 10%를 초과하는 이득을 조합원에게 배분하는 내용이다. 그런데 G시공사는 공사비가 늘어나자 계약 내용을 변경해 달라고 A조합에 요청했다. 추가 공사비를 부담시키지 않는 대신 수익 10% 초과부분을 포기해 달라는 것이다. 이에 A조합은 2005년 총회에서 재적 조합원 53.4%의 찬성으로 이 안건을 가결했다. 그러나 입주자 H(61)씨 등은 과반수 찬성으로 결정된 시공계약 변경은 무효라며 A재건축조합을 상대로 소송을 냈다. 1 · 2심 재판부는 A재건축조합에 승소 판결했다.

➥ 대법원(2009년) 재판부는 원고 H씨의 승소 취지로 원심 판결을 파기했다. 재판부는 "입주자에게 부담을 주는 중요한 계약내용에 대한 재건축 결의를 변경하려면 조합원 3분의 2 이상이 찬성해야 한다"며 따라서 "과반수 찬성에 의한 결의는 무효다"라고 판결 이유를 설명했다.

> **해설** 법률용어로 '**가계약**'이란 말은 없다. 다만 도장을 찍고 정식계약을 하지 않았더라도 구두나 전화상으로 쌍방 간의 의사 합치 후 약간의 돈이 건너갔거나 어떤 약속을 했다면 가계약한 것으로 볼 수 있다. 다시 말하면 계약은 구두계약이나 가계약이나 모두 계약이기 때문에 본계약 체결의무가 있다. 대법원 판례를 보면 부동산의 경우 매매대금, 목적물 지급방법 등 중요한 부분이 설명된 상태라면 이는 예약성격의 가계약이기 때문에 본계약을 체결할 의무가 있고 가계약 시점에 지급된 가계약금도 계약금의 성격이 있다고 봐야 한다.

5 신규 취득 아파트, 재건축 아파트 시공 후 1년 내 매각하면 '1가구 2주택' 아니다

S씨는 1998년부터 재건축 아파트(A)를 소유해 왔다. 99년 재건축 사업승인이 나고 2001년 이주 · 철거가 시작되자 다른 아파트(B)를 취득했다. 아파트(B)에서 3년간 거주한 S씨는 2004년 재건축 아파트(A)가 완공되자 6개월 뒤 새로 취득했던 아파트(B)를 팔았다. 세무서는 S씨가 98년 재건축 아파트(A)를 취득한 만큼 '1가구 1주택'에 해당되지 않는다며 양도세를 부과했다. S씨는 세무서장을 상대로 양도소득세 1600만원을 취소해 달라며 양도소득세부과처분 취소 청구소송을 냈다.

➥ 서울행정법원(2008년) 재판부는 원고 S씨에게 승소 판결했다. 재판부는 "S씨가 새 아파트(B)를 취득했다고 해도 재건축 기간 중 취득한 것이면 '2주택 보유 시점'은 재건축 아파트가 완공되는 때가 되며, 완공 후 1년 내 새 아파트(B)를 팔았다면 '1가구 1주택' 비과세 혜택을 받을 수 있기 때문에 2주택 보유자라고 볼 수 없다"고 판시했다. 따라서 "사실상 2주택 보유자가 되었더라도 그 때로부터 1년 이내에 새로 취득한 아파트(B)를 양도한 만큼 '**일시적 2주택 보유자의 특례**' 규정이 적용돼야 한다"고 판결 이유를 설명했다.

> 해설 '**일시적 2주택 보유자**'의 특례; 일시적 2주택의 비과세 혜택을 규정한 옛 소득세법 시행령에 따르면 1주택(A)을 소유한 1가구가 그 주택을 양도하기 전에 다른 주택(B)을 취득해 일시적으로 2주택이 된 경우 다른 주택(B)을 취득한 날로부터 1년 이내에 종전 주택(A)이나 새로 취득한 주택(B)을 양도하면 '1가구 1주택' 비과세 혜택을 주고 있는 경우이다.

6 일조권 침해 배상, '견딜 수 있는 한도를 넘었을 때'만 인정된다

여의도 H아파트(12층) 주민들은 종전의 M아파트 철거 부지에 L시공사가 C주상 복합건물(35층)을 신축하려 하자 **일조권** 침해를 이유로 공사금지가처분 소송을 냈다. 1심 재판부는 "C주상복합건물이 들어설 부지는 상업지역으로 주민들은 고층건물이 들어설 것을 충분히 예상할 수 있었다"며 기각 판결했다.

➥ 서울고등법원(2007년) 재판부는 1심 판결을 깨고 원고 승소 판결했다. 재판부는 "H아파트 주민 500여 명이 햇빛을 가려 집값이 떨어졌다며 손해배상 청구소송을 냈는데 그 중 일부 주민이 견딜 수 있는 한도를 넘어선 일조 피해를 본 것이 인정되는 만큼 L시공사와 C주상복합 건물주는 배상할 책임이 있다며 H아파트 소유주(83명)에게 60만~3000여만원을 지급하라"고 판결했다. 재판부는 "시공사 측은 주상복합건물이 상업지역 안에 있는 점을 고려해 손해배상 액수를 줄여야 한다고 주장하지만 H아파트 주민들의 피해 정도에 비춰볼 때 받아들일 수 없다"며 판결 이유를 설명했다.

해설 건축법 제53조와 서울시 건축조례 등은 오전 9시부터 오후 3시까지 일조 시간이 2시간 이상 연속으로 확보되거나 오전 8시부터 오후 4시까지 총 4시간 이상이 확보되면 '견딜 수 있는 일조 피해 한도'로 규정하고 있다.

'일조권'(日照權)이란 주거 공간에서 햇볕을 쬘 수 있도록 법률상 보호돼 있는 권리로서 건축법은 새로 지어지는 건축물이 다른 건축물의 일조권을 침해한다고 판단될 때 높이를 제한할 수 있도록 규정하고 있다.

7 일조권 침해 분양 당시 안 알렸다면? 손해배상 책임져야 한다

K씨 등 2명은 아파트 1층을 분양받아 입주했는데 아파트 베란다 전면에 주차장으로 쓰이는 콘크리트 구조물이 있어 동지 기준으로 하루 45~80분 정도만 햇볕이 들 뿐 조망권이 침해되는 불편을 겪자 주택재개발조합을 상대로 손해배상 청구소송을 냈다.

➥ 서울중앙지방법원(2003년) 재판부는 원고에게 승소 판결했다. "조합은 K씨 등에게 3240~3333만원씩을 배상하라"고 판결했다. 재판부는 "재개발조합측은 아파트 분양 당시 K씨 등이 분양받은 1층 가구에 일조가 제대로 되지 않아 생활 이익이 침해될 것을 예상할 수 있었는데도 입주자들에게 정확한 정보를 제공하지 않은 잘못이 인정된다"고 판시하면서 "조합은 K씨 등이 분양계약 당시 일조권 침해가능성을 알 수 있었다고 주장하지만 입주자가 설계도면까지 살펴본 뒤 분양계약을 해야 할 의무가 없으며 설계도를 봤다 하더라도 건축 문외한인 입주자들이 이를 알아내기란 어려운 일"이라고 덧붙였다.

8 두 아파트 동시 재건축하면 생활이익 형성기간 짧아 일조권 주장 못 해

A아파트(12층)와 B아파트(5층)는 거의 동시에 재건축공사를 시작했다. 하지만 재건축이 끝난 뒤에는 A아파트가 18층, B아파트는 25층이 됐다. B아파트가 A아파트를 가리는 바람에 일부 가구는 일조량이 줄어들었다. 그러자 A아파트 주민들은 B아파트 재건축조합과 시공사를 상대로 일조권 침해를 배상하라는 소송을 냈다.

➥ 서울중앙지방법원(2008년) 재판부는 원고 A아파트 주민들에게 패소 판결했다. 재판부는 "일조권 분쟁을 판단하려면 다음의 기준 6가지를 갖고 검토해야 한다"며 "우선 일조권 침해를 주장하려면 (1) 주거지역에 있는 주거용 건물이어야 한다는 것. 따라서 상업용지에 지은 주상복합아파트는 해당이 되지 않는다는 것. (2) 일조권을

침해하는 건물(이 경우 B)이 완공되기 이전부터 상당기간 이 지역에 거주해 생활이익이 형성돼 있어야 한다는 것. (3) 반대로 새로 들어선 건물(이 경우 B)은 주변에 비해 이례적인 건물이어야 한다는 것. (4) 일조권 침해를 주장하는 쪽(이 경우 A)에 압박감을 줄 정도로 근접해 있거나 채광을 방해해야 한다는 것. (5) 일조량 감소로 인한 피해도 상당한 수준이라고 판단이 돼야 한다는 것. 즉 동짓날을 기준으로 오전 9시부터 오후 3시 사이에 연속으로 2시간 이상 햇볕을 받지 못하거나 오전 8시에서 오후 4시 사이를 통틀어 4시간 정도 일조권을 침해당하고 있다는 것을 입증해야 한다는 것. (6) 마지막으로 일조권을 침해한다는 건물(이 경우 B)의 각종 규제위반 여부가 고려 대상이 된다는 것 등 6가지이다"라고 판시하면서 "두 아파트의 재건축이 비슷한 시점에 시작돼 상당 기간 거주에 따른 생활이익이 형성되지 않았고, B아파트가 이례적인 건물이 아니며, A아파트와 아주 근접한 것도 아니다"고 판결 이유를 설명했다.

9 일조권 침해받은 건물 임차인, 손해배상액의 10% 받아야

2~4층 높이의 다가구주택 건물주 K씨 등은 인근에 18~29층짜리 아파트 5개 동이 신축되면서 햇볕이 잘 들지 않는다며 R시행사를 상대로 손해배상 청구소송을 냈다.

➥ 서울중앙지방법원(2008년) 재판부는 원고 K씨 등에게 승소 판결했다. 재판부는 "다만 각 주택별로 산정된 손해액 전부가 건물주에게 배상돼야 한다고 주장한 부분에 대해서는 실제 거주하는 임차인의 일조권 침해와 배상청구권도 인정해 줘야 한다"고 판시했다. 따라서 "건물주에게 지급돼야 할 배상액은 전체 손해액의 90%로 제한한다"고 밝히면서 "일조권은 소유권뿐만 아니라 소유권에서 나온 정당한 생활을 누릴 수 있는 파생적 권리자에도 인정해야 한다는데 근거를 두고 있기 때문에 건물주 외에 일조권 침해행위가 일어난 당시 실제 거주한 사람도 손해배상을 청구할 수 있고 손해액은 적절한 방식으로 분배돼야 한다"고 판결 이유를 설명했다.

해설 소유주가 아닌 거주자는 '정신적 피해에 대한 위자료'만 청구할 수 있는 것으로 판결해 왔는데 이번 판결은 '재산(임차권)상 손해'도 배상받을 가능성을 시사한 판결이다.

10 아파트 면적 뻥튀기 광고로 정신적 고통, 손해배상책임 있다

K건설회사는 공급면적 143m^2(43평형)아파트를 분양하면서 "면적은 4평(13.2m^2) 넓게, 가격은 4평 싸게!" 등의 광고를 실어 통상의 43평형 아파트보다 실제 평수가 마치 4평 넓으면서도 분양가는 그에 걸맞게 높지 않다는 점을 강조했다. 그러나 실제 면적과 구조는 39평형 아파트의 발코니를 확장한 상태에 불과했다. 부풀려진 광고를 보고 아파트를 구입 · 입주했던 C(39)씨는 정신적 손해를 봤다며 **위자료** 청구 소송을 냈다. 1심 재판부는 K건설회사의 '채무불이행'에 따른 재산상 손해액을 C씨에게 지급하라고 판결했다. 그러나 2심 재판부는 '허위 · 과장광고'에 따른 위자료 책임만 인정했다.

➡ 대법원(2008년) 재판부는 2심 판결을 확정했다. 재판부는 "사실과 다른 허위광고로 인해 공정거래가 저해되고 입주민들이 정신적 고통을 입은 만큼 **위자료**를 지급해야 한다"고 판시했다. 그러나 재판부는 "실제 모집공고와 공급계약서에는 실제 구조 · 면적과 같은 내용이 담겨 있는 만큼, C씨도 계약서를 정확히 확인하지 않은 책임이 있다. 따라서 '채무 불이행'에 따른 재산상 손해가 발생했다고 볼 수는 없다"고 판결 이유를 밝혔다.

> **해설** **'위자료'**란 정신적인 손해 · 고통에 대한 배상, 즉 재산적 손해 이외에 생명 · 신체 · 자유 · 명예 등에 관해 생긴 손해에 대한 배상을 뜻한다. 정신상의 손해 · 고통은 재산적 손해와는 달리 물건의 급부 또는 원상회복이 불가능하다. 그러므로 위자료란 정신적 손해 · 고통의 제거를 위해 배상되는 금전이라고 할 수 있어 이혼의 경우에만 해당하는 것이 아니고, 어떤 것에 의한 것이든 정신적 고통을 받았다면 위자료를 청구할 수 있다.

11 불법 양도된 분양권 당첨권 매입자, 보호받지 못한다

G씨는 프리미엄(웃돈)을 주고 당첨된 아파트 청약 통장을 샀다. 그러나 건설회사로부터 불법 양도된 통장이라며 분양취소 통보를 받았다. G씨는 H건설회사를 상대로 수분양권자 지위확인 소송을 냈다.

➡ 서울중앙지방법원(2004년) 재판부는 원고 패소 판결했다. 재판부는 "분양권 전매를 금지하고 있는 **주택건설촉진법** 조항에 따라 원고의 분양권은 무효이며 이 법은 강행법규이므로 원고를 수분양권자로 인정할 수 없다"고 판시하면서 "원고는 청약통장 명의자가 불법 양도한 사실을 몰랐다고 주장하지만 주택건설촉진법에는 선의의 제3

자를 보호한다는 규정이 없으므로 원고의 선의 · 악의와 상관없이 공급계약은 무효"라고 판결 이유를 설명했다.

> 해설 **'주택건설촉진법'**이란 주택이 없는 국민에 대한 계획성 있는 주택의 공급과 이를 위한 자금의 조달 · 운용 및 건실한 주택용 건축자재의 생산 · 공급에 관하여 필요한 사항을 정함으로써 국민 주거생활의 안정과 공공복리의 증진에 기여함을 목적(제1조)으로 제정된 법이다.

12 1층에 딸린 정원, 아파트 1층 소유자 전용공간 아니다

Y(40)씨는 1층 정원을 전원주택과 같은 개념으로 독점 사용할 수 있다는 설명을 듣고 2층보다 비싼 가격에 분양계약을 했다. 입주 후 앞쪽 정원을 전용공간으로 사용하던 중 다른 입주자들의 반발로 독점사용이 어렵게 되자 시공사를 상대로 분양가의 8%를 돌려달라는 손해배상 청구소송을 냈다.

➡ 청주지방법원(2009년) 재판부는 원고 Y씨에게 패소 판결했다. 재판부는 "원고 Y씨가 피고 시공사가 아파트를 분양하면서 1층 정원을 독점 사용할 수 있다고 설명했다고 주장을 하고 있으나 계약서에 특약사항으로 명시돼 있지 않아 인정할 증거가 없다"고 판결 이유를 밝혔다.

13 미분양 아파트를 하도급업체에 떠넘기는 건설업계 관행, 불공정거래다

D건설회사는 지방에 아파트를 건설하는데 분양률이 극히 저조해 미분양아파트가 속출했다. 자금 압박에 시달린 D건설은 소규모 하청업체에 하도급계약을 체결해주는 대가로 미분양 아파트를 분양했다.

공정거래위원회는 이 같은 계약이 "원청업체의 우월한 지위를 남용한 행위"라며 과징금을 부과했다. D건설은 "하청업체가 미분양 아파트를 분양받는 것은 상생(相生)하기 위한 방법이었다"고 주장하며 공정거래위원회를 상대로 과징금을 취소해 달라며 소송을 냈다.

➡ 서울고등법원(2008년) 재판부는 원고 D건설회사의 패소로 판결했다. 재판부는 "건설사가 가격인하 같은 실질적 노력을 기울이기보다 관행이라는 이름으로 하도급업체에 경제적 부담을 가중시키는 것은 **불공정거래**"라고 판결 이유를 밝혔다.

해설 **'불공정거래행위'**란 자유로운 시장경쟁을 저해할 수 있는 공정하지 않거나 정당하지 못한 방법 등을 사용하여 거래하는 행위를 말한다. 일반 불공정거래행위는 공정거래법 제23조 ①항 및 동법 시행령 제36조 ①항 별표1에서 아래 9개 주요 유형을 규정하고 있다.
① 거래 거절, ② 차별적 취급, ③ 경쟁사업자 배제, ④ 부당한 고객유인, ⑤ 거래 강제, ⑥ 거래상 지위 남용, ⑦ 구속조건부 거래, ⑧ 사업활동 방해, ⑨ 부당한 자금 · 자산 · 인력의 지원 등이다.
불공정거래행위의 금지는 주어진 시장구조 하에서 개별 기업의 행위가 경쟁 질서를 해치는 경우 이를 시정하기 위한 조치이다.

14 투기 아닌 내 집 마련 목적 명의신탁이더라도 과징금 부과, 당연하다

임대아파트 세입자이던 K씨는 임대회사가 자금악화로 아파트를 분할 매각한다는 소식을 들었지만 세입자여서 자격대상이 아니었다. 궁리 끝에 지인의 명의를 빌려 아파트를 등기하는 명의신탁을 하게 됐는데 부동산실명제법 위반으로 과징금을 물게 됐다.

K씨는 "투기 · 탈세행위가 아니라 내 집 마련의 꿈을 이루려는 행위였다"면서 과징금 취소 소송을 낸 1심에선 50% 감면 판결을 받았다. 2심에선 "투기 · 탈세 목적이 아니고 **위법성** 정도에 비해 과징금 부과는 재량권 남용"이라는 승소 판결을 받았다.

➡ 하지만 대법원(2007년) 재판부는 승소 판결한 원심을 깨고 사건을 서울고법으로 돌려보냈다. 재판부는 "명의신탁자에 대한 과징금 부과는 법집행 시 행정청의 재량이 허용되지 않는다"면서 "K씨의 명의신탁이 분명한 이상 구청은 사유가 있는 경우 과징금의 50%를 감경할 수 있을 뿐 전액 감면하거나 부과하지 않을 권한은 없다"고 판결 이유를 설명했다.

해설 **'위법성'**이란 범죄의 3개 성립요건(구성요건해당성, 위법성, 책임) 중 두 번째 요건이다. 위법성은 구성요건에 해당하는 행위가 법질서 전체의 입장과 객관적으로 충돌하여 내리는 부정적 가치판단이다.

15 아파트 매매 사기. 공인중개사가 50% 책임져야

J(44)씨는 공인중개사 K씨의 소개로 아파트를 매수하려다 계약금과 중도금 2억원을 사기 당했다. J씨는 공인중개사 K씨를 상대로 손해배상 청구소송을 냈다.

➡ 서울중앙지방법원(2009년) 재판부는 피고 K씨는 손해액의 절반인 1억원을 J씨에게 지급하라며 원고 일부 승소 판결했다. 재판부는 "K씨는 공인중개사로서 위조된 주민등록증을 알아채지 못하고 J씨가 매매계약을 체결하게 한 과실이 있다"고 판시하면서도 "원고 J씨도 집주인을 사칭한 사람이 실제 아파트 주인인지 깊이 의심해보지 않고 계약을 맺은 과실도 인정돼 K씨의 책임을 손해액의 50%로 제한한다"고 판결 이유를 밝혔다.

해설 당사자 쌍방에 과실이 있는 경우에는 손해배상액 산정에 있어서 상대방 과실로 인한 것만큼 감액하는 것을 과실상계(이 책 말미에 있는 '주요법률 용어 해설' 참조)라 한다.

16 군사시설보호구역 내 토지매매, 허가 안 나면 매매계약은 무효이다

W회사는 파주시 소재 군사시설보호구역에서 아파트건설 사업을 시행하기 위해 토지소유자 L씨 등 12명과 토지를 사들이는 계약을 체결했다. 그러나 관할 군부대가 보호구역해제를 거부하기 때문에 파주시에서 사업계획을 승인하지 않게 되자 사업을 중단할 수밖에 없게 되었다. 그런데 L씨 등이 "2차 계약금과 중도금 등을 지급하지 않아 계약을 위반했다"며 오히려 계약금 반환과 위약금 지급을 요구하자 W회사는 계약금을 반환하라며 토지매도인 L씨 등 12명을 상대로 부당이득금 반환 청구소송을 냈다.

➡ 서울중앙지방법원(2009년) 재판부는 매도인 L씨 등은 W회사에 계약금을 반환해야 한다며 원고 승소 판결했다. 재판부는 "토지거래허가구역 내에서 이뤄지는 부동산 계약은 해당 관청으로부터 토지거래에 대한 허가를 받아야 효력이 발생 한다"며 "따라서 군사시설보호구역에서 이뤄진 부동산 매매계약은 허가를 받지 못하면 무효인 만큼 L씨 등이 W회사가 계약에 따라 대금을 다 지급하지 못한 것만을 이유로 계약해지에 따른 위약금을 요구할 수 없다"고 판결 이유를 밝혔다.

17 부동산 계약금 지불 전에는 위약금 물어줄 필요 없어, 계약 성립 안 돼

J(여)씨는 집주인 K씨가 장모 L씨를 대리인으로 지정하자 L씨와 5억원짜리 아파트 매매계약을 했다. 하지만 6000만원의 계약금을 준비하지 못한 J씨는 380만원이 들어 있는 자기 명의의 통장을 중개사무소에 맡겼다. 그러나 L씨는 계약을 한 날 저녁 사위인 K씨 부부에게서 아파트를 처분하지 않겠다는 말을 듣고 다음 날 J씨에게 '매매 취소'를 통보했다.

이에 대해 J씨는 통보를 받고도 계약금 6000만원을 K씨 계좌로 송금했다. 같은 날 오후 L씨는 6000만원을 수표로 찾아 돌려주려고 했으나 J씨가 이를 거부하자 법원에 이 돈을 공탁했다. J씨는 K씨가 계약을 어겼다며 손해배상 청구소송을 냈다. 1심 재판부는 K씨에게 2000만원을 배상하라고 판결했다.

➥ 서울고등법원(2007년) 재판부는 1심 판결을 깨고 원고 J씨에게 패소 판결했다. 재판부는 "부동산 매매계약서에 양쪽이 서명했더라도 계약금을 지불하기 전이라면 어느 한쪽이 계약을 깨더라도 위약금을 물어 줄 필요가 없다"면서 "계약금을 매개로 한 계약은 **요물계약**이기 때문에 계약금 지급 없이 성립했다고 볼 수 없다"고 판결 이유를 밝혔다.

> **해설** **'요물계약'**(要物契約)이란 양당사자의 의사표시의 합치, 즉 합의만으로 이루어지는 계약(낙성계약)에 대한 상대개념으로서 당사자 중 한쪽이 합의 외에 목적물의 인도나 기타 급부를 완료함으로써 성립하는 계약을 말한다.

18 아파트일지라도 주민에 피해 안 주면? 대형(35kg) 애완견 키울 수 있다

뇌중풍(뇌졸증)과 심장수술 병력이 있는 K씨는 H씨가 기르는 무게 35kg의 개(犬)를 아파트 복도에서 마주칠 때마다 불안과 공포감을 느껴 스트레스성 위염까지 앓게 됐다며 아파트관리규약에 15kg 이상의 애완견을 기르지 못하게 되어 있고 H씨의 애완견 때문에 생명 · 신체 · 건강 등 인격권에 위협을 느끼고 있으니 아파트 내에서 사육 및 복도출입을 금지시켜달라고 법원에 가처분 신청을 냈다.

➥ 서울중앙지방법원(2011년) 재판부는 원고 K씨에게 패소 판결했다. 재판부는 "아파트관리규약을 어겼다고 해서 아파트자치관리기구가 아닌 입주자가 사육금지 등을 직접 청구할 수는 없고, 애완견이 공동주거생활에 바람직한 것은 아니지만 K씨의 인격권을 침해했다고 보기 어렵다"고 판결 이유를 설명했다.

> **해설** **'뇌졸중'**이란 뇌의 일부분에 혈액을 공급하고 있는 혈관이 막히거나(뇌경색) 터짐(뇌출혈)으로써 그 부분의 뇌가 손상되어 나타나는 신경학적 증상을 말한다. 흔히 '중풍' 이라는 말로도 불리고 있다. 뇌졸증의 증상으론 반신(半身) 마비, 감각 장애, 언어 장애, 발음 장애 등이 있다.

19 상가 소유자, 아파트 주차장을 주 · 정차할 수 있는 권리 있다

A아파트 입주자대표회의는 아파트상가 지분 소유자들이 아파트주차장을 이용하는 것을 금지하도록 결의한 뒤 이를 어기면 주차위반 스티커를 붙여 출입을 막아온 데 대하여 A아파트 상가에서 화물운송업을 하는 K(39)씨는 주차장 출입제한은 부당하다며 가처분신청을 냈다. 법원은 이를 받아들였는데도 입주자대표회의가 차량 1대에 대한 출입스티커만 내주자 입주자대표회의를 상대로 주차권 존재 확인소송을 냈다. 1심 판결은 제한 없는 주차권을 인정하고 위자료 200만원을 주라고 선고했으나 2심 재판부는 이 권리를 인정하면서도 "대지사용권을 무제한 행사할 수 없다"며 지정된 차량 2대에 한하여 주차권을 주고 위자료도 100만원으로 깎았다.

➡ 대법원(2012년) 재판부는 차량 2대의 주차권만 인정하라고 한 원심을 깨고 광주고법으로 돌려보냈다. 재판부는 "상가의 구분소유자는 별도 규약이 없는 한 공유 지분비율에 상관없이 대지의 일부인 주차장에 제한 없이 주정차할 수 있는 권리를 갖는다"며 "지정된 승용 · 승합차 2대의 주차권만 인정한 원심은 잘못됐다"고 판결 이유를 설명했다.

20 아파트에 TV수신설비 설치하고 수신료를 안 받았다면? 방송법 위반 아니다

아파트관리소장 L(41)씨는 아파트 지하실과 옥상에 위성안테나, 지상파안테나 등의 장비를 설치해 지상파방송과 위성방송 등 약 27개 채널을 입주민들에게 중계 · 송신하다가 **방송법** 위반 혐의로 기소됐다. 원심에서 200만~300만원의 벌금형을 선고 받고 상고했다.

➡ 대법원(2008년) 재판부는 벌금형을 선고한 원심을 깨고 무죄 취지로 사건을 청주지법으로 돌려보냈다. 재판부는 "L씨가 아파트입주민들의 결의를 대표해서 집행한 것에 불과하고, 입주민들과 독립한 지위에서 방송을 중계 · 송신한 것으로 보기 어렵다"면서 "이들이 수신료를 받거나 프로그램편성을 바꾸는 등 사업자로서 가공한 부분이 없어 중계유선방송 사업을 한 것으로 볼 수 없다"고 판결 이유를 밝혔다.

> 참고 **'방송법'**은 방송의 자유와 독립을 보장하고 방송의 공적 책임을 높임으로써 시청자의 권익보호와 민주적 여론형성 및 국민문화의 향상을 도모하고 방송의 발전과 공공복리의 증진에 이바지함을 목적으로 제정된 법(법률 제11710호)이다.

21 사회발전에 따른 자연스런 소음증가, 손해배상사유 안 된다

올림픽대로와 한강철교 인근에 위치한 A아파트 주민들은 입주가 시작된 1997년 이후 차량과 철도 통행량이 증가하면서 환경 기준을 초과한 소음피해를 입고 있다며 서울시와 한국철도시설공단을 상대로 방음벽 설치를 요구하고 소음피해에 대한 손해배상 청구소송을 냈다.

➡ 서울중앙지방법원(2008년) 재판부는 원고 A아파트 주민들에게 기각 판결했다. 재판부는 "입주 전부터 이미 도로가 있었고, 소음이 존재했기 때문에 주민들이 소음피해를 예상하고도 입주한 점을 고려해야 하고 아파트 소음 증가는 사회발전에 따른 자연스러운 변화라 손해배상 대상이 되지 않는다"라며 판결 이유를 밝혔다.

다. 주식

1 대통령의 불법 비자금으로 회사 세웠다면? 소유권 주장할 수 없다

N(79) 전(前) 대통령은 자택에서 동생 N(76)씨에게 70억원을, 그로부터 3년 후에 청와대에서 50억원을 건네줬다. 동생 N씨는 이 돈으로 냉동창고업체 O회사를 설립 · 운영하고 있는데 명의는 아들 N(48)씨로 해 놨다. N대통령은 이 회사가 설립된 지 20년 가까이 지난 2007년에 이 업체가 자기 것이라고 주장하고 소송을 냈다.

➡ 대법원(2011년) 재판부는 N대통령이 회사주식의 50%를 소유한 실질적인 주주라고 인정한 원심을 깨고 N대통령에게 패소 취지로 사건을 서울고등법원으로 돌려보냈다. 재판부는 "N대통령이 동생 N씨에게 건넸다는 120억원은 처음부터 동생 N씨를 통해 조성된 **불법 정치자금**"이라며 "N대통령 주장대로 회사설립을 하라고 준 돈으로 보기 어렵다"면서 "N대통령과 동생 N씨는 1995년 뇌물사건 수사를 통해 이 돈의 존재가 처음 알려졌을 때부터 동생 N씨는 N대통령이 일관되게 '알아서 관리해 보라는 취지로 줬다'고 진술해 왔다"고 덧붙였다.

해설 문제의 자금으로 회사를 설립하라고 줬다면 N대통령이 조건부 소유자가 될 수 있을 것이나 그냥 맡기면서 '알아서 관리해 보라는 취지로 줬다'(동생 N씨의 진술)면 **불법 정치자금**으로 볼 수 있기 때문에 N대통령이 소유권을 주장할 수 없게 된다는 것이 법원 판결 취지인 것 같다.

2 대통령 조카 · 사돈 주식, 압류 · 매각 대상 된다

N 전(前) 대통령 동생 N씨는 N대통령의 취임 직전에 2차례에 걸쳐 120억원을 N대통령으로부터 받아서 회사를 설립한 뒤 주식을 차명(동생 N씨의 아들 N씨와 아들 N씨의 장인 L씨)으로 관리해 왔다. 그런데 N대통령이 대법원으로부터 12 · 12사태와 대통령 비자금 사건 등으로 유죄선고(징역 17년에 추징금 2,629억원)를 받자 국가는 120억원을 추심하기 위해 소송을 제기해 승소로 확정 판결 받고 동생 N씨의 차명 주식에 대한 압류명령과 매각명령을 받아냈다. 그렇게 되자 그 주식의 소유자로 돼 있는 동생 N씨의 아들 N씨와 L씨는 "압류 및 매각 대상이 되는 주식은 아들 N씨의 재산이 아니다"라며 국가를 상대로 **제3자 이의의 소송**을 냈다.

➥ 서울중앙지방법원(2012년) 재판부는 원고에게 패소 판결했다. 재판부는 "아들 N씨는 N대통령과 관련된 검찰조사에서 '주식을 위장 분산해 실제로는 지분 100%를 내가 소유하고 있다'는 진술을 한 바와 같이 사실상 1인 회사인 O회사를 설립할 당시부터 N 전 대통령과의 관계 등을 이유로 회사주식을 모두 차명으로 분산 소유했다"며 "주식의 명의만 변경했을 뿐 실질적으로는 아들 N씨가 계속 소유하고 있다고 봐야 한다"고 판시했다. 따라서 "해당 주식에 대한 압류 및 매각명령은 계속 집행할 수 있다"고 덧붙였다.

> **해설** **'제3자 이의(異議)의 소송'**이란 제3자가 강제집행의 목적물에 대하여 소유권이 있다고 주장하거나 목적물의 양도나 인도를 막을 수 있는 권리가 있다고 주장하는 때에는 채권자를 상대로 그 강제집행에 대한 이의의 소를 제기할 수 있다(민사집행법 제48조). 이 사례에서 '제3자'는 국가이다.

3 주주대표소송, 주주 승소 때 회사가 변호사 성공보수도 부담해야 하나?

S전자의 소액주주 J씨 등 12명은 "2005년 대법원에서 원고 승소가 확정된 S전자 주주대표소송의 변호사 비용을 지급하라"며 S전자를 상대로 소송을 냈다.

➥ 서울중앙지방법원(2008년) 재판부는 원고에게 승소 판결했다. 재판부는 "증권거래법 제191조의 13 제6항에는 **주주대표소송**을 제기해 승소하면 회사가 모든 소송비용을 지급하게 돼 있는데 여기서 말하는 소송비용에는 성공보수 등 변호사비용도 포함된 것으로 봐야 한다"고 판시했다. 재판부는 "다만 이번 주주대표소송에서 최종적

으로 인정된 손해배상액이 청구 금액의 10분의 1에도 못 미치는 점 등에 비춰볼 때 전체 승소금액의 약 3%에 해당하는 7억 2000만원 정도가 변호사 보수로 적당하다"고 덧붙였다.

> 해설 **'주주대표소송'**이란 회사가 이사에 대한 책임추궁을 게을리 할 경우 주주가 회사를 대신하여 이사의 책임을 추궁하기 위해 제기하는 소송이다. 주주는 먼저 대표소송을 제기하기 전에 회사에 대하여 이사의 책임을 추궁하기 위한 소송을 제기할 것을 요청하는데, 만약 회사가 주주들의 소송제기 요청을 수용하지 않으면, 주주가 직접 회사를 위하여 원고가 되어 소송을 제기할 수 있다. 회사가 이사들의 위법행위로 손해를 입더라도 실제 그 회사를 장악하고 있는 이사들을 상대로 소송을 제기할 가능성이 없기 때문에, 주주들로부터 회사업무권을 위임받은 이사들에게 선량한 관리자로서의 주의의무와 충실 의무를 부여하고 있는 우리나라는 물론 주식회사제도를 갖고 있는 거의 모든 나라에서 주주대표소송 제도를 채택하고 있다.

4 펀드 투자설명 소홀했던 은행, 절반 배상하라

K(66)씨는 은행에 들렀다가 직원 H씨로부터 '주가지수연계 3년 만기 상품'인 A펀드에 가입하라는 권유와 함께 상품설명서를 받고 며칠 후 이 펀드에 1억원을 입금했다. 당시 H씨는 "6개월마다 **코스피 200** 지수 종가가 기준지수의 20%내에서 안정적 등락을 반복할 경우 정기예금금리 이상의 수익이 발생해 중도 환매할 수 있으며, 원금 손실이 발생하면 계약이 6개월마다 만기까지 자동 연장된다"고 K씨에게 설명했으나, '투자설명서'나 '약관설명서'는 주지 않았다. 그러나 당시 국내 코스피 지수가 급격히 오르면서 이 펀드는 마이너스 수익을 면치 못했고, K씨는 3년 만기 때 통장에 80여만원만 남게 되자 소송을 냈다. 1심 재판부는 "K씨가 재판 종결까지 펀드를 해지하지 않아 피해가 현실화되지 않았다"며 K씨 청구를 기각했다.

➡ 서울고등법원(2008년) 재판부는 원고 패소한 1심을 깨고 "은행은 K씨에게 4900여만원을 배상하라"고 판결했다. 재판부는 "투자신탁회사는 상품의 위험성과 고객의 투자경험 등을 충분히 고려해 고객이 합리적인 투자 판단을 하도록 보호할 의무가 있다"며 "피고의 권유는 100% 원금손실이라는 과도한 위험성에 대해 충분히 고지하지 않은 '부당 권유행위'에 해당한다"고 판결 이유를 밝혔다. 또 "은행이 펀드가입을 권유하면서 상품에 대한 설명을 소홀히 했다면, 고객이 입은 손실금의 절반을 배상해야 한다"고 덧붙였다.

해설 **'코스피 200(KOSPI 200, Korea Stock Price Index 200) 지수'**란 1996년 5월 3일 시작된 코스피 200 주가지수 선물 거래와 1997년 7월 7일 시작된 코스피 200 주가지수 옵션 거래를 위해 한국거래소(KRX)에서 산출과 함께 발표하기 시작한 주가지수이다. 통합 거래소 출범 전에는 옛 한국증권거래소가 코스피 200 지수를 산출 및 발표했다.
코스피 200 지수의 탄생 배경은 다음과 같다. 주가지수 선물거래를 하려면 거래의 근거가 되는 모(母)지수가 필요한데, 기존의 코스피 지수(종합주가지수)를 선물 거래의 모(母)지수로 삼으려니 여러 문제가 있었다. 코스피 지수(종합주가지수)는 유가증권시장에 상장된 전체 종목을 포괄하는 지수이다 보니 선물 거래의 지표로 삼기엔 시장 대표성이 떨어졌던 것이다. 또한 소형주 등 거래량이 적은 종목에서는 수급문제 때문에 현물과 선물의 가격차가 크게 나서 시장이 왜곡될 수 있는 난점도 있었다. 그래서 앞선 문제점들을 상쇄시킬 수 있는 주가지수 선물거래의 모(母)지수를 새로 정해야할 필요가 있었고, 그래서 코스피 200 지수가 나온 것이다.

5 자산운용사가 파생상품거래 상대방을 임의로 바꿨다면 100% 책임져야

G씨 등 200여명은 W자산운용의 **ELF(주가연계펀드)**인 '우리투스타파생상품 KW-8호'가 해외 금융사인 BNP파리바운용이 발행하는 장외파생상품(**ELS**)에 투자하는 상품으로 알고 투자했다. 그러나 BNP파리바 측이 사정이 있어 운용을 거절하자 W자산운용은 비슷한 신용등급에 비슷한 운용능력이 있는 해외 자산운용사인 미국 리먼브러더스로 운용사를 바꿨다. 얼마 뒤 글로벌 금융위기가 닥치면서 리먼브러더스는 파산했고 G씨 등은 투자금을 모두 날리게 됐다. G씨 등은 투자금을 돌려 달라며 소송을 냈다.

➥ 서울중앙지방법원(2009년) 재판부는 펀드 운용사인 W자산운용과 수탁사인 H은행은 투자자 손실의 100%를 배상하라고 원고에게 승소 판결했다. 재판부는 "운용사가 투자설명서에 명시된 장외파생상품 거래 상대방을 일방적으로 바꾼 것은 투자자와의 사이에 성립된 약정을 일방적으로 위반한 것"이라며 "운용사와 감독의무를 다하지 못한 수탁사가 손해를 배상할 책임이 있다"고 판결 이유를 밝혔다.

해설 **'주가연계'**란 영어로 equity-linked로 나타내며 뒤에 증권이면 s(securities), 펀드면 f(fund), 예금인 경우는 d(deposit)가 붙어 각각 ELS(주가연계증권), ELF(주가연계펀드), ELD(주가연계예금)로 분류하고 있다.

ELS는 개별주식이나 주가지수를 기초자산으로 삼아 그 기초자산의 움직임에 따라 수익이 결정되는 파생상품이다. 만기 뒤 일정한 구간의 주가를 유지할 경우 원금과 가입 시 약정한 수익을 함께 지급하는 상품으로 예금보다는 수익이 높고 직접투자상품보다는 수익이 적은 상품이지만 수익구조를 알고 투자하는 것이 바람직한 상품이다.

ELF는 개별ELS를 담은 펀드로 ELS와 같은 수익구조를 가진다. 즉, 주가가 박스권에서 움직일 때 가장 유리한 상품으로 주가가 일정한 구간 내에서 등락을 거듭하면 수익을 지급하는 상품으로 펀드를 통해서 ELS에 투자하는 간접ELS에 해당한다.

ELD는 안정적인 투자를 원하는 보수적인 투자자들에게 적당한 상품으로 만기시점에 원금보장이 되는 상품이다. ELD는 예금상품으로 은행에서 일정한 목표금액(500억~1천억원)을 약 2주내에 모집하는 상품으로 모집한 자금의 대부분은 정기예금에 넣고 일부를 주가지수연계상품에 투자하여 주가지수와 시장지수의 변동에 따라 금리가 지급되는 금융상품이다.

6 부실 감추고 유상증자한 증권사에 집단소송, 배상판결 받아 낸다

투자자 G씨 등 7600여명은 H투자신탁증권회사의 **실권주**를 취득했다가 보유주식이 무상 소각돼 손해를 보고 P투자증권과 S회계법인을 상대로 손해배상 청구소송을 냈다. H투신증권은 2000년 실권주 공모를 통한 증자를 실시해 2만 4000여명에게 2600억원의 자금을 모으면서 보유하고 있던 대우그룹 관련 채권으로부터 손실이 발생한 사실을 알리지 않았다. 이로 인해 G씨 등은 투자액 325억원을 모두 날리게 됐다.

➥ 대법원(2010년) 재판부는 P투자증권에 40%, S회계법인에 10%의 배상책임을 지운 항소심 판결을 확정했다. 재판부는 "주식투자는 항상 위험이 따르므로 투자자는 자신의 책임아래 정보를 수집해 투자대상 회사의 객관적 평가, 회사 재무제표 등을 참작해 투자여부를 결정해야 한다"며 P투자증권 등의 손해배상책임 범위를 제한한 항소심 판결을 그대로 확정했다.

해설 **'실권주'**(forfeited stock, unclaimed stock)란 회사가 유상증자를 실시할 때 주주는 정해진 날짜에 자신에게 배정된 유상증자분을 인수하겠다는 청약을 하고 해당금액을 납입하게 된다. 그러나 청약기일까지 청약하지 않거나 청약을 했더라도 납입기일까지 납입을 하지 않으면 유상신주를 인수할 권리를 상실하게 되는데 이로 인해 발생한 잔여주식을 실권주라고 한다.
실권주가 발생하면 발행자는 자금조달목적을 달성할 수 없으므로 재 모집하는 것이 통례이다.
'유상증자'란 기업이 새로 주식을 발행해 기존 주주나 새로운 주주에게 돈을 받고 파는 방식이다. 금융회사에서 빌려도 되고 채권을 발행해서 자금을 마련할 수도 있지만 그렇게 되면 원금을 갚아야 하고 이자도 내야 한다. 하지만 유상증자에 성공하면 이자 걱정이나 원금상환 부담 없이 사업자금을 마련할 수 있다.
유상증자는 신주를 배정하는 방식에 따라 세 가지로 나눌 수 있다. 먼저 주주 우선공모 또는 주주배정 방식이 있다. 기존 주주에게만 새로 발행되는 주식을 살 권리를 주는 것이다.
다음으로 일반 공모방식이 있다. 불특정 다수의 일반 투자자를 대상으로 공모주 청약을 통해 새로 발행하는 주식을 파는 것이다. 마지막으로 제3자 배정방식이 있다. 주주는 아니지만 회사의 임원, 종업원, 거래처 등 회사와 특별한 관계에 있는 이들에게 신주인수권을 줘 주식을 사게 하는 방법이다.

라. 저작권

1 '걸그룹' 춤과 안무, 저작권 보호 받는다

안무가 P(30)씨는 걸그룹(Girl Group) S의 히트곡 '샤이보이' 안무를 창작했는데 댄스학원에서 무단으로 사용하고 있다며 교습학원 E사와 댄스강사 등을 상대로 저작권침해금지 및 위자료 청구소송을 냈다.

➡ 서울중앙지방법원(2011년) 재판부는 E사는 P씨의 안무가 포함된 사진과 동영상을 폐기하고 P씨에게 480만원을 지급하라고 원고 승소 판결했다. 재판부는 "**저작권**의 창작성은 완전한 독창성이 아니라 자신의 독자적인 사상이나 감정표현을 담고 있으면 된다"며 "S안무는 귀엽게 어깨를 들썩들썩 거리는 동작, 가슴에 손을 모으고 두근두근해 하는 동작 등 가사와 멤버에게 적합한 몸짓을 조합해 P씨의 사상 또는 감정을 표현한 창작물"이라며 "피고는 교육목적이었다고 변명하나 영리목적 강습인 경우는 면책대상이 아니다"고 판결 이유를 설명했다.

> **해설** **'저작권'**(著作權, copyright)이란 창작물을 만든 사람(저작자)이 자기 저작물에 대해 가지는 배타적인 법적 권리로서 다른 사람이 복제 · 공연 · 전시 · 방송 · 전송하는 등의 이용을 허가하거나 금지할 수 있다.

2 인기가요 '돌아와요 부산항에' 표절시비, 1억 6000만원으로 조정합의

가수 K씨는 1969년 '돌아와요 충무항에'를 작사하고 작곡가 H씨의 곡을 받아 음반을 냈다. 그리고 1971년 서울 대연각호텔 화재로 숨졌다. 이듬해 유명가수 J씨는 H씨로부터 같은 곡에 가사를 약간 바꾼 '돌아와요 부산항에'를 받아 발표했다. J씨는 이 노래로 대히트를 했다. 그 후 K씨의 어머니는 "저작권을 침해당했다"며 H씨를 상대로 손해배상 청구소송을 냈다.

➥ 1심 재판부는 "H씨는 가수 K씨가 작사한 노래에 곡을 붙여줬다가 K씨가 숨진 뒤 **동의** 없이 가사를 일부 바꿔 '돌아와요 부산항에'를 작사 · 작곡한 사실이 인정된다"며 H씨가 K씨 측에 3000만원을 지급하라고 판결했다. 그러나 이 같은 판결에 대해 양측 모두 항소했다. 서울고등법원(2007년) 재판부는 피고 H씨는 원고 K씨 측에게 1억 6000만원을 지급 하라는 조정 결정을 내렸다.

> **해설** **'동의'**(同意)란 타인의 법률행위에 대한 인허(認許) 또는 시인의 의사표시를 말한다. 이러한 동의를 얻지 않고 한 행위는 취소할 수 있든지 또는 효과가 발생하지 않는다. 예컨대 미성년자가 법정대리인(부모)의 동의를 얻지 않고 한 행위는 효력이 발생하지 않는다.

3 동영상 UCC, 저작권 보호 된다

일본 애니메이션에 대한 국내 저작권을 가진 J사가 "골프천재 탄도 등 11개의 애니메이션을 네티즌이 함부로 사용하게 해서는 안 된다"며 국내 유명 UCC사이트인 판도라TV를 상대로 애니메이션 복제 등의 금지가처분 신청을 냈다.

➥ 서울중앙지법(2008년) 재판부는 원고의 금지가처분 신청을 받아드리는 것으로 결정했다.

재판부는 결정문에서 "다른 사람의 창작 동영상을 사용자제작콘텐츠(UCC) 사이트에 올린 뒤 복제 등을 통해 무분별하게 사용하게 되어 저작권을 침해하는 네티즌이 늘어난다"며 "판도라TV 이용자들은 동영상 파일을 업로드하면 해당 사이트에서 사용할 수 있는 사이버머니를 얻게 되는 등 영리적인 목적으로 동영상을 올렸고 동영상을 불특정 다수가 시청할 수 있다는 점이 인정된다"고 결정 이유를 설명했다.

해설 지금까지 음악파일에 대한 저작권이 인정된 적은 있지만 UCC 사이트에 올려 진 동영상 저작권을 법원이 인정한 것은 이번이 처음이다. 일반 네티즌은 보통 자신이 만든 동영상 UCC가 보다 많이 알려질 것을 희망하는 경우가 많아 소송으로 번지는 경우는 거의 없었다. 그러나 이번 판도라TV사례 이후 동영상 판권을 갖고 있는 법인들을 중심으로 이와 비슷한 소송을 연이어 제기할 가능성이 적지 않을 것으로 법조계 안팎에서는 전망하고 있다. 그러나 인터넷 업계에서는 UCC의 활발한 유통이 일반 네티즌의 디지털 창작분위기를 활성화시키는 등 긍정적인 측면이 많다며 UCC 유통에 일률적으로 제동을 거는 것은 관련 시장 위축 등을 불러올 수 있다고 강조하고 있어 논란이 예상된다.

4 광고 속 건축물도 저작권료 지급대상인가?

경기도 파주시 '헤이리 예술마을'에 위치한 'UV 하우스'란 소극장은 소유주 K씨의 의뢰를 받아 건축가 M씨가 설계했다. P광고제작사는 K은행의 의뢰로 프라이빗 뱅킹을 홍보하는 TV 및 인터넷 동영상 광고를 제작하는 과정에서 'UV 하우스'의 외벽 일부를 배경 화면으로 사용했다. M씨는 자신이 설계한 건축물 'UV 하우스'의 일부 외벽을 무단 사용하여 저작권이 침해됐다며 P사와 K은행을 상대로 손해배상 소송을 냈다.

➡ 서울중앙지방법원(2009년) 재판부는 "P사가 M씨에게 1000만원을 지급하면서 저작권 침해에 관해 M씨에게 유감을 표하는 조건으로 조정이 성립됐다"고 밝혔다.

해설 광고나 드라마 제작 등 상업적 목적으로 건축물을 배경으로 사용할 경우 사전에 해당 건축물 소유주와 설계자에게 저작권료를 지불해야 하는 선례가 될 듯하다.

마. 초상권

1 언론사 취재에 동의 · 협조했어도 초상권, 보호돼야 한다

K(53)씨는 브로커를 통해 실업(失業)급여를 부정하게 받아내는 방법을 M방송사에 제보했다. M방송사 기자 요청으로 재연해 보여 준 것이 방송으로 나가면서 일부 모습이 모자이크 처리되지 않고 음성도 충분히 변조되지 않아 결국 신분이 노출되었다. K씨는 신분 노출로 피해를 봤다며 M사를 상대로 손해배상 청구소송을 냈다.

➡ 의정부지방법원(2011년) 재판부는 M사는 K씨에게 700만원을 배상하라고 판결했다. 재판부는 "언론사는 제보자의 사전 **승낙**이나 동의가 있었더라도 **초상권**을 보호할 의무가 있다"며 "원고 K씨가 자발적으로 제보했고 공익에 도움이 된 점 등을 고려해 배상액을 결정했다"고 판결 이유를 설명했다. 또 "언론사의 취재 자유는 보호돼야 하지만 위법한 취재행위까지 보호되는 것은 아니고 언론사는 취재과정에서 실정법을 어기도록 교사해 손해가 발생하면 그 손해를 배상할 책임이 있다"고 덧붙였다.

> 해설 **'초상권'**(肖像權)이란 자기 자신의 초상에 대한 독점권을 말한다. 헌법상 인정되는 인격권의 하나로서, 자기의 초상이 승낙 없이 전시되었을 경우에는 손해배상을 청구할 수 있다.
> **'승낙'**(acceptance)이라 함은 청약자에 대하여 그 청약에 일치하여 계약의 성립을 목적으로 하는 피청약자의 의사표시를 말한다. 피청약자의 승낙의 의사표시가 있으면 청약자의 의사표시의 내용 그대로 계약이 성립한다.

2 보험사 증거용 몰카, 초상권 침해다

K씨 가족은 승용차를 타고 가다 트럭과 충돌하는 사고를 당하자 트럭운전자가 가입한 M보험사를 상대로 보험료 청구소송을 냈다. M보험사는 사고환자의 일상생활에서의 장애 정도를 확인하기 위한 소송자료로 활용하기 위해 직원 두 명을 시켜 K씨 가족의 집과 회사 근처에서 50장의 사진을 몰래 찍도록 했다. K씨 가족은 M보험사를 상대로 초상권이 침해되어 정신적 피해를 입었다면서 위자료청구소송을 냈다.

➡ 대법원(2006년) 재판부는 원고 K씨가 패소한 원심 판결을 깨고 K씨 승소 취지로 사건을 서울중앙지법으로 돌려보냈다. 재판부는 "공개된 장소에서 민사소송 증거를 수집할 목적으로 사진을 찍었다 하더라도 초상권과 사생활 비밀, 자유보호 영역을 침

범했기 때문에 불법행위"라고 판시했다. 또 재판부는 "사진촬영 과정에서 미행 · 감시를 당하는 등 일상생활이 타인에게 노출되는 것이 결코 피해 정도가 작다고 할 수 없다"면서 "먼저 법 테두리 안에서 증거를 수집해야 하며, 의학적 · 논리적으로 소송절차 내에서 문제를 해결하지 않고 타인의 법 영역을 침범하는 것은 잘못"이라고 덧붙였다.

바. 성명권

1 디자인 제작자 이름을 딴 사람 이름으로 바꿨다면? 성명 표시권 침해다

H대학교 산업미술대학원생 L(31)씨는 가전제품에 쓰는 패턴 디자인 제작 의뢰를 S전자회사로부터 받았다. L씨는 '바람꽃' 등 패턴을 제작 · 제공했다. S회사는 김치냉장고 신제품을 발표하면서 이 패턴을 마치 해외유명 디자이너 '카렌 리틀'이 제작한 것처럼 카탈로그를 만들어 배포했다. L씨는 **성명표시권**을 침해당했다며 S회사를 상대로 손해배상 청구소송을 냈다.

➡ 서울서부지방법원(2011년) 재판부는 L씨에게 3000만원을 배상하라고 판결했다. 재판부는 "L씨의 기존 디자인을 기본으로 가공한 디자인은 L씨의 창작물이므로 디자인에 관한 성명표시권은 원고 L씨에게 귀속된다"고 판결 이유를 설명했다.

> 해설 **성명표시권**은 자기의 성명을 사용함을 내용으로 하는 인격권이다. 성명권을 방해하는 자 또는 부당하게 이를 사용하는 자에 대하여 방해 배제 또는 손해배상의 청구권이 발생한다. 어떤 경우에 타인의 성명권을 침해한 것이 되느냐 함은 공서양속을 표준으로 하여 그 당시의 경우에 따라서 사회통념으로 정해진다.

2 (외국) 불특정 다수가 인식하지 못할 정도의 가명을 쓰면 면책 된다

강도 · 살인혐의로 기소된 G(18)군은 주간문춘(週刊文春)을 상대로 미성년자의 실명 보도를 금지한 소년법을 위반했다면서 손해배상 청구소송을 냈다. 주간문춘은 오사카 등지에서 발생한 4명의 연쇄 살인사건의 범인으로 기소된 G군에 대해 가명으로 공판과정과 비행 경력 등을 상세하게 보도했다. G군은 1심에서 무기징역을 선고받고, 2심 재판이 진행 중이었다.

➥ 일본 최고재판소(2003년)는 G군에게 패소 판결했다. 재판부는 "주간문춘이 피고인의 실명과 발음이 비슷한 가명으로 사건을 보도해 피고인의 주변 사람들이 누구라고 추측할 수 있었다고 하더라도 면식이 없는 불특정 다수의 일반인은 기사를 읽어도 누구인지를 추측할 수 없기 때문에 소년법 위반이 아니다"고 판결 이유를 밝혔다.

해설 일본의 소년법에 따르면 20세 미만의 소년 사건에 대해선 이름, 나이, 직업, 주소, 용모 등을 통해 당사자가 누구인지 추측할 수 있는 기사나 사진을 보도할 수 없도록 규정돼 있다.

사. 상표권

1 '리엔'(ReEn) 상표 분쟁, 코웨이 승소

코웨이는 LG생활건강이 2006년 1월 '리엔'(ReEn)상표를 등록해 놓고 청구일 전 3년 이내에 립스틱, 볼터치, 매니큐어 등에는 쓰지 않았다며 2011년 8월 상표등록 취소 심판을 특허심판원에 청구했다. 특허심판원은 LG생활건강이 립스틱, 매니큐어 등 지정 상품에 '리엔' 상표를 쓰지 못하게 심결 했다. LG생활건강은 이에 불복하고 등록취소 소송을 냈다.

➥ 대법원(2013년) 재판부는 원고 패소 판결한 원심을 확정했다. 재판부는 "LG생활건강이 심판청구일 이전 3년 동안 국내에서 상표를 사용했다는 점을 입증하지 못한 만큼 지정 상품의 상표등록을 취소한 원심 판결은 법리 오해의 위법이 없다"고 판결 이유를 설명했다.

해설 상표법 제73조는 등록상표를 3년 이상 국내에서 쓰지 않으면 취소 심판을 청구할 수 있게 규정돼 있다.

2 LG브랜드 무단 도용한 대부업체, 대표자 징역 1년

대부중개업체 사장 K씨는 LG그룹의 계열사인 것처럼 브랜드 네임을 도용해 'LG 캐피탈'이란 명칭을 사용해 불법 영업을 한 혐의(상표법 위반)로 기소됐다.

➥ 인천지방법원(2013년) 재판부는 K씨에게 징역 1년을 선고했다. 재판부는 "LG상표를 사용해 대부중개업을 하면서 고객에게 혼동을 일으키게 하고 그로 인해 부당 이익을 취했다"며 또 "LG에게는 브랜드 가치를 훼손하는 결과를 초래한 점을 고려해 피고인에 대한 실형이 불가피하다"고 판결 이유를 설명했다.

해설 LG는 해당 대부업체에 계속적으로 자율 시정을 권고했지만 해당 업체가 불법 영업을 계속해 왔기에 업체와 관련자들을 상표법 위반으로 형사 고소했다. 상표법 제93조는 상표법을 위반할 경우에는 형사 처벌하도록 규정돼 있다.

3 '韓雪花'는 '雪花'와 유사 상표인가?

아모레퍼시픽회사는 '설화'를 상표로 등록한 뒤 화장품 등을 만들어 판매해 오던 중 S통상 회사가 '한설화'란 상표를 등록하고 역시 화장품 등의 상표로 사용했다. 아모레퍼시픽은 특허심판원에 '한설화' 상표의 등록무효 심판을 청구했다.

➥ 대법원(2013년) 재판부는 원고 패소 판결한 원심을 파기하고 사건을 특허법원으로 돌려보냈다. 재판부는 "두 상표가 글자체 등 외관과 호칭에 차이가 있기는 하지만 관념이 유사해 동일 · 유사상품에 함께 사용할 경우 상품의 출처에 관해 일반 수요자나 거래자로 하여금 오인 · 혼동을 일으키게 할 염려가 있다"며 "'설화'와 '한설화'가 동일하거나 유사하지 않다고 판단한 원심은 상표 유사성 판단에 관한 법리를 오해했다"고 판결 이유를 밝혔다.

4 짝퉁의 출처를 제3자가 혼동할 우려가 있다면 위법이다

인터넷 쇼핑몰에서 여성의류를 판매하는 K(여 · 25)씨는 동대문 도매시장에서 이른바 '짝퉁'가방을 납품받았다. 정품가격이 150만~180만원인 이탈리아 브랜드 '비비안 웨스트우드'의 모조품이다. K씨는 가방 사진과 함께 "비비안 웨스트우X 디자인의 숄더백"이란 설명을 인터넷에 올렸다. 짝퉁임을 알리기 위해 상표명의 마지막 한 개의 글자를 X로 익명 처리했다. 가격은 1만 9000원이다. 정품의 1/100 수준이다. 그런데 K씨는 **부정경쟁방지 및 영업비밀보호에 관한 법률** 위반 혐의로 적발돼 기소됐다. 1심 재판부는 무죄를 선고했다. 비비안 웨스트우드를 '국내에 널리 인식된 상표'로 인정하기 어렵다는 이유에서였다. 2심 재판부도 해당 상표의 인지도가 상당하다고 봤지만, K씨가 판 물건이 정품과 혼동을 일으켰다고 보기 어렵다며 무죄를 인정했다. "상품 설명과 가격 등에 비춰 소비자가 모조품임을 쉽게 짐작할 수 있게 했다"고 본 것이다.

➡ 대법원(2012년) 재판부는 원심을 깨고 사건을 인천지법으로 돌려보냈다. 재판부는 "K씨의 짝퉁 판매가 타인의 상품과 혼동하게 하는 행위에 해당한다"고 본 것이다. "모조품 구매자들은 그 출처를 혼동할 우려가 없다고 하더라도 가방을 본 제3자가 그 출처를 혼동할 우려가 있다면 부정경쟁방지법 위반 행위에 해당한다"고 판결 이유를 설명했다.

해설 부정경쟁방지 및 영업비밀보호에 관한 법률; 이 법은 국내에 널리 알려진 타인의 상표·상호 등을 부정하게 사용하는 등의 부정경쟁행위와 타인의 영업 비밀을 침해하는 행위를 방지하여 건전한 거래질서를 유지함을 목적으로 제정된 법(법률 제9537호)이다.

5 (외국) 영세한 술집 간판도 세계적 유명 상표 이름 못 쓴다

일본 가나가와(神奈川)현 요코스카(横須賀) 시내에 있는 영세한 동네 술집 주인 A씨는 세계적 패션 브랜드인 '샤넬'이름을 자기 상점 상호로 사용해 '스낵 샤넬'이란 간판을 부쳤다. 이에 대해 샤넬의 지적재산을 관리하는 스위스 법인은 A씨를 상대로 소송을 냈다.

➡ 도쿄지방재판소(2008년) 재판부는 A씨에게 점포명 사용을 중지하고 250만엔(약 2400만원)의 손해배상액을 지불하라고 판결했다. 재판부는 "술집 주인 A씨는 '샤넬'의 고급 이미지를 훼손하고 영업상 이익을 침해해서 부정경쟁방지법에 저촉된다"고 지적하면서 "손해배상액은 술집의 영업규모와 3년이 넘는 상표 사용기간, 변호사 비용 등을 감안해 산정했다"고 덧붙였다. 술집 주인 A씨는 **구두변론**에 출두하지 않고 답변서도 내지 않아 판결 결과가 그대로 확정됐다.

해설 **'구두변론'**이라 함은 재판기일에 수소법원의 공개법정에서 당사자 쌍방이 구술에 의하여 판결의 기초가 될 소송자료 즉 사실과 증거를 제출하는 방법으로 소송을 심리하는 절차이다. 서면으로 증거를 제출하는 변론도 있기 때문에 이를 구별하기 위하여 구두변론이라 한다.

아. 상속

1 자필유언장엔 자필로 주소 · 성명 · 서명 · 날짜 · 내용 적어야, 효력발생

M씨는 자필 유언장에 직접 이름과 날짜를 쓰고 서명까지 했어도 주소를 기재하지 않으면 효력이 없도록 한 **민법 제1066조 1항**은 헌법상 과잉금지원칙에 위반되고 유언의 자유를 지나치게 침해한다며 헌법 소원을 냈다.

➡ 헌법재판소(2011년) 재판부는 합헌 결정했다. 재판부는 "자필로 쓴 유언은 간단하고 편한 방식이지만 증인이나 제3자가 관여하지 않아 위 · 변조의 위험성이 크고 유언자가 사망한 뒤 본인의 진의를 객관적으로 확인하기 어려움으로 엄격한 형식을 갖출 필요가 있다"고 결정 이유를 설명했다. 또 "동명이인(同名異人)인 경우 주소가 유언의 진실성을 가지는 수단이 될 수 있다"고 덧붙였다.

> 해설 **민법 제1066조 1항**; 자필증서에 의한 유언은 유언자가 그 전문과 연월일, 주소, 성명을 자서(自書)하고 날인하여야 한다.

2 전 재산 기부 친필유언장, 날인 없으면 무효

K씨는 자신의 재산 전액을 입금해 둔 은행에 "Y대에 기부한다"는 친필 유언장을 남겼다. 유족들은 K씨가 숨지자 은행에 출금을 요청했다가 거절당하면서 비로소 유언장의 존재를 알게 됐다. 그러나 유족들은 "유언장에 날인이나 손도장이 없기 때문에 효력이 없다"며 은행을 상대로 예금반환 청구소송을 냈다. 은행예금액은 한화 103억원과 미화 166만 달러(한화 약 20억원)이다. 뒤늦게 고인의 기부 의사를 안 Y대는 "유언장에 따라 고인의 재산은 학교 소유"라며 소송에 **독립 당사자**로 참여했다.

➡ 1 · 2심 재판부는 "유언장의 효력을 인정하기 어려운 데다 대학 측에 전달된 것이 아니고 은행금고에 맡겨져 있었던 것이므로 고인과 대학이 증여계약을 했다고 보기도 어렵다"며 유족들에게 승소 판결했다. Y대는 대법원에 상고했다.

대법원(2006년) 재판부는 Y대의 상고를 기각했다. 재판부는 "자필증서에 의한 유언은 유언자가 그 전문과 연월일, 주소, 성명을 기록하고 날인해야 한다는 민법규정(제1066조)에 따라야하기 때문에 날인 없는 자필유언장 효력은 인정할 수 없다"고 판시했다. 또 "유언의 방식을 엄격하게 규정한 것은 유언자의 진의를 명확히 하고 그로 인한 법적 분쟁과 혼란을 예방하기 위한 것이기 때문에 법정 요건과 방식에 어긋난 유언은 유언자의 진정한 의사와 합치하더라도 무효라 하지 않을 수 없다"고 덧붙였다.

> 해설 **'독립 당사자'**란 소송 목적의 전부나 일부가 자기의 권리임을 주장하는 제3자가 원 · 피고 쌍방을 상대방으로 하여 당사자의 자격으로 이미 타인 간에 계속 중인 소송절차에 참가하는 것(민사소송법 제72조)을 말한다.

3 헌법재판소 "날인 필요하다는 법률은 합헌" 결정 '손도장'도 날인으로 간주, 사인(sign)은 안 돼

K씨가 "전 재산을 Y대에 기증한다"며 남긴 유언장에 도장이 찍혀 있지 않아 발생한 법적 다툼에서 헌법재판소가 최근 "유언장에 도장이 필요하다는 법률은 합헌"이라고 결정했다.

평생 독신으로 살아온 K씨가 별세한 뒤 K씨의 은행 금고에서 '전 재산을 Y대에 기증한다'는 내용으로 1997년 작성한 유언장이 발견되자 K씨 친척들과 Y대가 유언장의 효력을 놓고 법적 다툼을 벌여 왔다. Y대는 1 · 2 · 3심에서 모두 패소했다.

이에 Y대는 "유언장에 날인까지 해야 효력을 인정하는 민법 제1066조가 유언의 자유를 침해한다"며 헌법소원을 냈다.

➡ 헌법재판소(2008년) 재판부는 "자필로 쓴 유언은 위 · 변조될 위험성이 큰 데다 우리나라에선 도장이 최종 의사 결정을 표현하고 문서의 완결을 담보하는 수단으로 사용되기 때문에 서명과 날인을 모두 요구하는 민법은 합헌이다"라고 결정했다. 재판부는 "유언장 작성은 일생에 한 번뿐인 중요한 의식이기 때문에 편의상 일상생활에서 의사 결정을 할 때 쓰는 '사인'으로는 효력이 생기기 어렵다고 본 결정"이라며 "흔히 지장(指章)이라고 부르는 '손도장'도 법률적인 날인을 한 것으로 본다"고 덧붙였다.

4 증인 2인 · 유언취지 · 공증인 필기낭독 후 기명날인해야, 공정증서 유언 발효

국내 굴지의 N제약회사 설립자의 장남 H(41)씨는 부친의 **공정증서에 의한 유언**이 "장남인 나를 제외한 아버지의 유언은 무효"라며 어머니 J(65)씨와 차남과 삼남 등 상속인들을 상대로 소송을 냈다.

➥ 서울고등법원(2011년) 재판부는 H씨에게 패소 판결했다. 재판부는 "H씨는 아버지가 유언할 당시 뇌수술을 받아 정상적인 인지(認知) 능력을 잃은 상태였다고 주장하나 유언 당시 회사 고문 변호사와 담당 의사가 증인으로 참석했고, 공증담당 변호사가 유언장 내용을 H전(前) 회장에게 묻고 재확인하는 방식으로 진행된 유언 절차에도 문제가 없다"고 판결 이유를 설명했다.

해설 **'공정증서에 의한 유언'**(민법 제1,068조); "공정증서에 의한 유언은 유언자가 증인 2인이 참여한 공증인의 면전에서 유언의 취지를 구수(口授)하고 공증인이 이를 필기 낭독하여 유언자와 증인이 그 정확함을 승인한 후 각자 서명 또는 기명날인하여야 한다"

5 북한 거주 자식의 남한 재산에 대한 상속권 인정되나? 인정된다

북한에서 병원을 운영하던 아버지(1987년 사망)는 6 · 25전쟁 때 큰딸 Y(76)씨만 데리고 월남했다. 아버지는 남한에서 재혼하고 병원사업에 성공해 서울과 경기지역에 100억원대 재산을 남겼다. 큰딸 Y씨는 북한을 오갈 수 있는 재미교포 선교사를 통해 북한의 가족을 찾아냈고 북한 거주 장남 Y씨 등은 이 선교사를 통해 유산분배소송위임장과 영상자료, 모발 샘플 등을 전달해 왔다. 이 자료를 근거로 **유전자 감식**을 통해 친자관계가 확인됐다. 장남 Y(68) 씨 등 자녀 4명이 "친부의 유산인 부동산을 넘겨 달라"며 한국의 새어머니(77)와 이복동생 등 5명을 상대로 소유권이전등기 청구소송을 냈다.

➥ 서울중앙지방법원(2011년) 재판부는 조정을 통해 북한에 있는 자녀 4명에게 서울 영등포구의 토지 1필지와 2층 건물 등 공시지가 10억원짜리와 현금 일부를 주기로 조정 합의했다고 밝혔다.

해설 **'유전자 감식'**은 유전자감식시료로부터 추출한 유전자를 검사 · 분석 · 비교 · 대조하여 개인의 동일성 여부를 판단하는 행위를 말한다. 유전자감식이 개인 식별의 가장 막강한 수단이 될 수 있는 이유는 DNA분자의 다음과 같은 특징들 때문이다. 1) 일란성 쌍둥이를 제외한 모든 사람은 서로 다른 유전정보를 갖고 있다. 2) 부모로부터 물려받은 DNA는 태어나서 죽을때까지 변함없이 유지되며, 우리 몸을 구성하는 어떤 종류의 세포 속에도 동일한 DNA가 들어있다. 3) 매우 소량의 증거물 속에도 DNA분석에 충분한 양의 DNA가 들어있다. 4) DNA분자는 매우 안정하여 극심한 환경에 노출되었던 증거물에서도 분석이 가능한 경우가 많다.

6 계모 유산은 전처 자식이 상속 못 받아, 헌법재판소 결정

의붓어머니가 낳은 친자들만이 아버지로부터 상속받은 의붓어머니의 재산을 물려받는 것은 평등권을 침해한다며 전처소생인 Y씨가 헌법소원을 냈다.

➡ 헌법재판소(2009년) 재판부는 침해하지 않는다며 합헌 결정을 내렸다. 재판부는 "구민법이 의붓어머니와 전처의 자식 사이를 모자(母子)관계로 규정해 놓은 탓에 혈연관계도 아니면서 의붓어머니가 친모에 우선하는 권리를 가졌다"며 "이로 인해 전처소생 자식이 불이익을 받는 경우가 많았다"고 지적하면서 재판부는 "따라서 현행 민법이 이런 문제를 제거해 둘 사이의 관계를 **인척관계**로 바꿔 놓은 이상 인척에게 상속권을 인정하지 않는 것은 헌법에 위배되지 않는다"고 밝혔다. 다시 말하면 계모가 사망할 경우 전처소생의 자녀에게 상속권을 인정하지 않는 민법 조항은 합헌이라는 것이다. 다만 재판부는 "의붓자식이 법적으로 모자관계를 원한다면 입양신고를 하는 방법이 있고, 재산을 물려받기를 원한다면 증여 등의 방법으로 상속에 준하는 효과를 얻을 수 있기 때문에 현행 민법의 입법 목적에 타당성이 있다"고 덧붙였다.

해설 **'인척관계'**란 3가지로 분류된다. 즉, 혈족의 배우자, 배우자의 혈족, 배우자의 혈족의 배우자로 나뉜다. 혈족은 피를 나눈 친척 즉, 어머니, 아버지, 형제자매, 할아버지, 할머니, 외할아버지, 외할머니, 이모, 외숙부, 고모 등이 해당된다. 인척은 친척이긴 친척인데 결혼으로 맺어진 친척으로 즉, 형제자매의 배우자(형수, 제수, 매제, 매부, 올케, 형부 등), 배우자의 형제자매(처남, 처제, 처형, 시누이, 시동생 등), 배우자의 형제자매의 배우자(처남댁, 동서관계 등), 이모부, 고모부, 외숙모, 큰어머니, 작은어머니 등이 해당된다.

자. 증여

증여 때 효도약속 어긴 아들, 증여재산 반환하라

아버지 G(79)씨는 아들 A씨가 재산분배를 거듭 요구해 오자 조상에 대한 제사를 지내고 부모에게 생활비로 매월 120만원씩을 지급하며 부모가 살아 있을 때까지는 땅을 팔거나 담보로 대출을 받지 않을 것이라는 세 가지 약속을 지키는 조건으로 논 · 밭 · 임야 · 대지 등 2만 8천 m^2를 증여했다. 그러나 아들 A씨는 이후 제사를 지내기는커녕 부모 집에 발길을 끊고 몰래 이사한 뒤 거주지를 숨기면서 부모를 피해 다녔다. 생활비도 보내지 않았다. 또 아버지 몰래 땅을 팔려다 안 되자 일부를 담보로 잡혀 4억원을 대출받기도 했다. G씨는 아들 A씨를 상대로 소유권말소등기 청구소송을 냈다.

➡ 인천지방법원(2008년) 재판부는 G씨에게 승소 판결했다. 재판부는 "'아들이 증여조건을 이행하지 않았으므로 부동산에 대한 증여계약을 해지하겠다'고 청구한 아버지의 청구 취지를 모두 받아드린다"며 "소유권이전등기를 말소하라"고 판결 이유를 밝혔다.

06 일신상 사고

가. 교통사고

1 경찰음주측정 잘못 →면 허취소 → 실직, 국가가 1600만원 배상하라

D(36)씨는 직장동료와 술을 마신 뒤 자신의 차로 직장동료 L씨와 술집 여종업원을 집에 데려다 준 일이 있다. 뒤에 여종업원이 L씨에게서 성폭행 당했다고 경찰에 고소하여 조사 과정에서 음주사실이 들통 났다.

경찰은 D씨가 30ml 술잔을 5회에 걸쳐 마시고 운전했는데 50ml 술잔을 기준으로 **위드마크(WIDMARK)**방식에 따라 혈중알코올 농도를 측정한 결과 운전면허가 취소됐다. D씨는 음주측정이 잘못됐다고 하면서 운전면허취소처분을 취소해 달라고 소송을 내서 승소 판결을 받았다. D씨는 이 판결을 가지고 "잘못된 음주측정으로 운전면허가 취소돼 생계에 큰 타격을 받았다"며 국가를 상대로 손해배상 청구소송을 냈다.

➡ 서울고등법원(2005년) 재판부는 국가는 1600만원을 지급하라며 D씨에게 승소 판결했다. 재판부는 "원고 D씨가 '혈중알코올 농도를 다시 계산해 달라'고 요구했는데도 재측정 시도조차 없었던 점은 경찰이 주의 의무를 다하지 못한 것으로 판단된다"고 판결 이유를 설명했다.

> **해설** **'위드마크'**는 측정거부 · 뺑소니 · 사고 등으로 현장에서 혈중알코올 농도를 계산하기 어려울 때 체중 · 음주량 · 경과시간 등을 활용해 어느 정도의 음주상태에서 운전했는지를 측정하는 방법이다.

2 제3자가 렌터카 운전하다 동승자 사망사고, 렌터카회사도 배상 책임

미성년자 J(19)씨는 친구들과 함께 놀러가려고 차를 빌렸다. 렌터카 임차가격은 성년자가 빌리면 상대적으로 싸다. 그래서 누나(21)의 동의를 얻어 누나 이름으로 빌렸다. J씨는 친구 2명과 여자 친구 2명을 태우고 고속도로를 달리다 중앙분리대에 부딪히면서 여자 친구들은 그 자리에서 숨졌다. 숨진 여자 친구의 부모는 J씨와 J

씨의 누나, 그리고 렌터카 회사를 상대로 손해배상 청구소송을 냈다. 1심 재판부는 J씨 남매와 렌터카 회사가 연대해 1억 6000만원을 배상하라고 판결했다. 렌터카 회사는 J씨 누나에게 빌려준 것이기 때문에 그 동생이 운전하다 낸 사고에 대한 책임을 질 수 없다며 항소했다.

➡ 서울고등법원(2007년) 재판부는 렌터카 회사의 항소를 기각했다. 재판부는 "운전자가 임차인이건 아니건, 렌터카 회사는 차가 임차돼 나갔다는 것을 알고 있는 이상 차와 탑승자에게 발생한 모든 상황에 대해 포괄적인 책임을 져야한다"고 판결 이유를 밝혔다.

3 대리운전 사고, 대리운전자 측에 우선 배상책임

A대리운전회사 소속 운전사 S씨는 O씨 소유의 화물차를 대리운전하다가 앞차를 받았다. A회사와 보험 계약한 D화재는 피해차량 탑승자에게 치료비 등으로 330만원을 지급한 뒤 "차주에게도 배상책임이 있다"며 차주 O씨가 가입한 S화재보험을 상대로 구상금 청구 항소소송을 냈다.

➡ 수원지방법원(2008년) 재판부는 D화재보험에 패소 판결했다. 재판부는 "택시 운전자와 승객처럼, 대리운전 업자와 자동차 소유자는 일정한 대가를 받고 목적지까지 자동차를 안전하게 운전해야 할 계약관계에 있다"며 "대리운전자가 교통사고 피해자에게 배상할 경우 자동차 소유자에게 구상권을 행사할 수 없다"며 항소를 기각했다.

해설 대리운전 사고에 대해 차주의 책임이 무조건 없다는 뜻은 아니다. 현행 손해배상에 관한 법률에 따르면 대리운전자 보험가입한도가 사고피해액 보상에 못 미칠 경우 차주가 가입한 보험회사가 잔여 피해액을 물어내야 한다.

4 택시서 내리던 승객, 뒤차에 치였다면 쌍방과실

택시기사 K씨는 승객을 내려줘야 하는데 불법 주 · 정차한 차들이 많아 편도 5차로 도로의 3~4차로 사이에서 내려준 까닭에 뒤따라오던 승합차(M)가 K씨가 정차하는 것을 보고 5차로로 차선을 바꿨다. 그런데 K씨가 내려준 승객을 보지 못하고 부딪혀 상처를 입혔다.

M승합차의 보험회사는 승객에게 치료비 및 합의금 2100여만원을 지급한 뒤 K씨가 소속된 전국개인택시운송사업조합연합회를 상대로 구상금 청구소송을 냈다.

➡ 서울중앙지방법원(2008년) 재판부는 "택시조합연합회는 보험회사에 850여만원을 지급하라"며 원고 승소 판결했다. 재판부는 "택시기사 K씨는 뒤에서 오는 차량이 있는지 확인한 뒤 안전한 상태에서 승객을 내려줘야 할 의무를 지키지 않은 과실이 있다"고 판시하고 이어 "M승합차 역시 전방주시 의무를 게을리해 승객을 피하지 못한 과실이 있다"고 지적하면서 "불법 주 · 정차 차량이 많았다 하더라도 승합차가 5차로로 진입한 것을 보면 택시도 5차로에 도저히 정차할 수 없을 정도는 아니었던 것으로 보이기 때문에 과실 비율을 택시 60%, 승합차 40%로 정한다"고 판결 이유를 설명했다.

5 끔직한 교통사고현장 목격 스트레스 장애, 배상해야

P씨의 딸 A(8)양은 K(여)씨의 승용차에 치여 골절상 등을 입은 뒤 실어 증세와 수면장애 등 **외상 후 스트레스 장애** 증세를 보여 왔다. 특히 동생의 사고현장을 목격한 언니 B(9)양도 함구증, 수면장애, 대인관계 기피 등 비슷한 정신질환 증세를 보였다. P씨는 두 딸의 외상 후 스트레스 장애에 대해 추가적인 보험금을 요구했지만 D보험사 측은 피해에 대한 적절한 보험금을 지급했다고 강조하면서 손해배상 책임이 없다는 점을 확인받기 위해 채무부존재확인 소송을 냈다.

➡ 대법원(2008년) 재판부는 D보험사에 책임이 없다는 원심을 깨고 사건을 대구지방법원으로 돌려보냈다. 재판부는 "합리적 이유 없이 감정결과를 배척해 사고와 후유장애 사이의 인과관계를 부인해서는 안 된다"며 "언니는 동생이 갑자기 달려든 차에 치여 온 몸에 골절상을 입는 광경을 바로 옆에서 보는 등 상당한 정신적 충격을 받았을 것"이라고 판결 이유를 설명했다.

해설 **'외상 후 스트레스 장애'**(Post-Traumatic Stress Disorder)란 공포스러운 경험을 겪은 후에 심리적 고통과 정신적 장애에 시달리는 증상이다. 힘들었던 경험과 관련된 이미지, 생각 등이 반복적으로 떠오르거나 초조, 소화불량, 입이 마름, 목이 따끔거림, 가슴이 답답함, 심장이 두근거림, 악몽, 깜짝 놀람, 분노, 슬픔, 우울, 무기력함, 자포자기, 생존자로서의 죄책감, 수치심, 자기비난과 책망, 자신을 미워함, 기억력 및 집중력 저하 등의 증상이 나타난다.

6 고장난 차 구조하려고 갓길정차 후 사고, 손해배상책임 없어

P씨와 H씨는 중부고속도로에서 차를 몰고 가다, 앞서가던 L씨의 차가 펑크나는 바람에 1차로와 2차로에 걸쳐 가로로 정지하는 것을 보고 L씨를 돕기 위해 사고지점 30m 앞쪽 갓길에 차를 세웠다. 그런데 이를 뒤늦게 발견한 D씨는 자기 화물차를 미처 세우지 못하고 앞에 서 있던 차들과 다중추돌 사고를 발생시켰다. 이 사고로 한 명이 숨지고, 4명이 중경상을 입었다.

이에 D씨 차량의 손해배상 책임을 지고 있는 전국화물자동차운송사업연합회는 P씨와 H씨 차의 보험사인 S화재와 H손해보험을 상대로 2억원을 배상하라고 구상금 청구소송을 냈다. 연합회는 P씨와 H씨가 L씨의 사고지점을 충분히 지나 차를 세웠거나 가던 길을 그냥 갔다면 사고를 피할 수 있었을 것이라고 주장했다.

➡ 서울중앙지방법원(2009년) 재판부는 원고 패소 판결했다. 재판부는 "P씨와 H씨가 더 먼 곳에 정차했다면 2차 사고위험은 줄지만 그만큼 구조조치가 늦어지고 이로 인해 더 큰 사고가 발생할 위험이 있었다고 보인다" 며 "더 큰 사고를 막으려고 시급한 구조를 시도한 것이 합리적인 판단이며, 그 결과가 나쁘다는 이유로 책임을 물을 수 없다"고 판결 이유를 설명했다.

7 교통사고보험금으로 35억원, 역대 최고 기록

전자부품 도소매업체 사장 J(46)씨는 택시를 타고 가다 음주운전 차량에 치어 척추신경이 손상돼 사지가 마비되는 장애를 입었다. 평생 타인의 도움 없이는 한 발짝도 움직일 수 없게 됐다. 가해차량의 보험사인 S화재를 상대로 50억원을 지급하라는 손해배상 청구소송을 냈다. S화재 측은 "사고당시 택시 뒷좌석에 타고 있던 J씨가 안전띠를 매지 않은 데다 택시운전사에게 안전운행을 촉구하지 않아 손해가 커졌다"고 항의했다.

➡ 광주지방법원(2009년) 재판부는 S화재는 J씨에게 35억원을 지급하라며 원고 일부 승소 판결했다. 재판부는 "택시 뒷좌석에 탄 J씨가 안전운전을 촉구할 의무는 없고, 택시 뒷좌석 안전띠도 사실상 사용하기 어려운 상태였다"고 판시하면서 "J씨가 연 매출액 260억원의 2개 회사를 실질적으로 소유하고 있고, 두 회사에서 받은 평균 월급 합계가 1800여만원으로 추산되어 이를 63세까지 받을 수 있다고 보고 **호프만식 계산법**으로 계산한 금액에 치료비를 가산했다"고 판결 이유를 설명했다. 또 "J씨의 아내에게 500만원, 두 자녀에게 각각 250만원을 위자료로 지급하라"고 덧붙였다.

해설 **'호프만식 계산법'**(Hoffmann式 計算法)이란 교통사고 피해자 등에 대한 손해배상액 계산 등에 쓰이고 있는 호프만 방식(Hoffmann Method)이다. 독일의 경제학자 D. 호프만이 아직 기한에 이르지 않은 무이자 채권의 현재가액을 산정하는 방법으로 고안한 것인데, 오늘날에는 주로 사고 등의 피해배상액 계산방법으로서 일반화됐다. 즉 호프만 방식은 피해자가 장래 거두게 될 총수입에서 중간이자를 공제한 것을 배상액으로 하는 것으로서 총수입은 다음과 같이 산출한다.
'일할 수 있었을 연수×(연평균 근로소득 – 생활비 · 세금 등) = 총수입'

8 교통사고 피해자에 과실 커도 법정진료비는 보장해 줘야

오토바이를 타고 가다 승합차에 부딪혀 중상을 입은 S(42)씨는 보험사를 상대로 손해배상 청구소송을 냈다. 1심에서 "보험사는 1800여만원을 지급하라"고 원고 승소 판결했다.

➡ 대법원(2009년) 재판부는 1심 판결을 깨고 사건을 광주고법으로 돌려보냈다. 재판부는 "전방주시 의무와 안전운전 의무를 소홀히 한 S씨의 과실 비율이 90%라고 본 판단은 정당하지만, 그에 따라 지급될 보험금이 교통사고로 인한 법정진료비에도 못 미친다면 법정진료비만큼은 책임보험금으로 지급하는 것이 맞다"면서 "S씨는 법정진료비가 2000만원인 1급 상해에 해당하는 것으로 볼 여지가 많은 만큼 원심 판단은 잘못됐다"고 판결 이유를 설명했다.

해설 자동차보험사는 보험가입자가 사고를 당했을 때 그 과실의 정도와 상관없이 법정진료비는 최소한 보장해야 한다는 것이 대법원 판결 취지이다.

9 줄지어 유턴 중 충돌 땐 앞 찔러 가려는 뒤차가 모든 책임져야

H(61)씨는 편도 4차선 교차로에서 자신의 오토바이를 운전해 신호를 따라 유턴하던 중 앞서 유턴하던 Y씨의 승용차 왼쪽부분과 자신의 오토바이 앞바퀴 부분이 충돌해 넘어지며 머리를 다쳤다.

H씨는 Y씨 차량보험사에 수입손실과 치료비, 위자료 등 1200만원을 지급하라고 요구했다. Y씨 차량보험사는 "Y씨가 신호에 따라 정상적으로 유턴해 잘못이 없다"고 주장했으나 H씨는 "Y씨도 뒤따라오는 차가 유턴할 것에 대비해 운전에 주의했어야 했다"고 반박했다.

➡ 수원지방법원(2009년) 재판부는 "Y씨에게 잘못이 없기 때문에 보험회사 역시 사고에 대한 책임이 없다"면서 H씨에게 패소 판결했다. 재판부는 "Y씨가 앞서 유턴하는 선행 차량을 확인할 의무는 있으나 뒤따라오는 차가 유턴방법을 어기면서 자기 차 앞으로 유턴하는 것까지 신경 쓸 필요는 없다"고 판시하면서 "유턴 허용구역에서 유턴하는 운전자는 다른 차들도 교통법규를 지키며 충돌에 대비할 것으로 믿고 운전하면 된다"며 "뒤따라오는 차가 자신을 앞질러 유턴하다가 진로를 가로막는 것까지 예상해 운전할 필요는 없다"고 판결 이유를 설명했다.

10 뒷좌석 승객, 안전띠 안하면 본인도 10% 책임

K(47)씨는 지인의 결혼식에 가느라 G씨의 승합차 뒷좌석에 탔다. G씨는 혈중 알코올 농도 0.091%인 상태로 차를 몰다 L씨가 운전하던 화물차와 부딪혀 크게 다쳤다. K씨는 S화재 보험사를 상대로 손해배상 청구소송을 냈다.

➡ 대법원(2009년) 재판부는 K씨에게 일부 승소 판결했다. 재판부는 "안전띠 착용이 법규상 강제되는 것은 아니지만 불의의 사고발생 시에 자신의 안전을 위해 필요한 것이며, 안전띠를 착용했더라면 피해를 줄일 수 있었던 것으로 인정될 때는 시내 · 시외를 불문하고 과실상계를 해야 한다"며 "원심이 보험사의 손해배상액에 대해 10%의 과실상계 조치를 한 것은 정당하다"고 판결 이유를 설명했다.

해설 도로교통법시행령 제31조에 의하면 술 취한 상태의 기준은 혈중 알코올 농도 0.05% 이상으로 규정하고 있어 음주운전 단속을 위한 혈중 알코올 농도의 기준은 0.05%이다. 혈중 알코올 농도란 인체 내 알코올의 함량을 나타난 것으로 보통 BAC(blood alcohol concentration) 또는 BAL(blood alcohol level)로 표시하며 단위는 혈액속의 알코올 농도를 %로 나타낸다. 즉 혈중 알코올 농도 0.05%라고 하는 것은 100㎖의 혈액 중 알코올이 0.05g 들어있다는 것을 의미한다.

혈중 알코올 농도는 혈액에서 직접 채취하거나 호흡 또는 소변을 통해 측정이 가능하다. 보통 음주단속은 사용의 편리성 등으로 인해 호흡식 음주측정기로 이루어지는데 이는 호흡 중에 포함된 알코올의 양이 혈중 알코올 농도에 비례한다는 원리에 의한 것으로 보통 혈액 1mg 중에 포함된 알코올의 양은 호흡 2000~2100mg 중에 포함된 알코올의 양과 같다는 것이다. 현재 우리나라에서 사용하고 있는 음주측정기의 혈중 알코올 농도와 호흡중의 알코올 양의 비율은 1 : 2100이다.

11 해외 현지운전자 과실 교통사고, 여행사가 배상해야

대학교수 H(51)씨는 가족과 함께 뉴질랜드로 여행을 갔다가 전세버스가 전복되는 사고로 H씨는 머리와 목 부위를 다쳤고 부인과 두 딸도 뼈가 부러지는 등의 중상을 입었다. H씨 가족은 "현지운전자의 과실로 사고가 났다"며 관광을 알선한 여행사를 상대로 손해배상 청구소송을 냈다.

➡ 서울중앙지방법원(2009년) 재판부는 "여행사는 H씨 가족에게 5억 1700만원을 배상하라"며 원고 승소 판결했다. 재판부는 "여행사가 선정한 현지 운전자의 과실로 사고가 일어난 만큼 여행사는 여행약관에 따라 H씨 가족이 입은 모든 손해를 배상할 책임이 있다"고 판시하면서 "여행업자는 우월적인 지위에서 행선지 등에 관한 계약내용을 일방적으로 결정한다는 점에서 고객의 안전에 주의를 기울여야 할 의무를 지게 된다"고 판결 이유를 설명했다.

> **해설** 여행사의 약관에는 '현지 여행업자 등이 고의 또는 과실로 여행자에게 손해를 가한 경우 여행사는 손해를 배상해야 한다'는 내용이 포함돼 있었다.

12 정상주행 중 후진 차 충돌, 40%는 본인 책임

개인택시운전사 K(56)씨는 주행하던 도중 정류장에 정차하려고 후진하는 버스의 뒷부분과 부딪쳐 차가 파손됐다. K씨는 버스가 가입한 L보험사를 상대로 350만원 상당의 차 수리비를 배상하라며 손해배상 청구소송을 냈다. 1심 재판부는 택시와 버스의 과실비율을 2대 8로 산정해 "피고는 손해액의 80%인 280만원을 지급하라"고 판결했다. L보험사는 항소했다.

➡ 서울중앙지방법원(2009년) 민사항소재판부는 "피고는 손해액의 60%인 210만원을 지급하라"며 원고 일부 승소 판결했다. 재판부는 "버스운전자가 다른 차량의 정상적인 통행에 방해되는 후진을 한 과실 때문에 사고가 발생한 것으로 보인다"면서도 "원고도 전방 주시의무를 소홀히 하거나 버스의 후진을 보고도 즉시 제동하거나 서행하지 않은 과실이 있다"며 피고의 책임을 60%로 제한했다"고 판결 이유를 설명했다.

13 술 취한 택시 승객 차문밖에 떨어져 사망, 운전기사에 40% 책임

술에 취한 상태로 택시 뒷좌석에 타고 가는 도중에 차문 밖으로 떨어져 숨진 J(25)씨의 가족이 전국택시운송사업조합연합회를 상대로 손해배상 청구소송을 냈다.

➡ 서울고등법원(2009년) 재판부는 6400만원을 지급하라며 원고 승소 판결했다. 재판부는 "J씨가 취중에 실수로 문을 열고 추락한 것으로 보이고, 이는 본인 잘못이지만

운전기사도 J씨 동료의 부탁을 받아 J씨가 술에 취한 것을 알고 있었으므로 40%의 책임이 있다"고 판결 이유를 설명했다.

14 중앙선침범 가해차량, 속도위반 피해차량에게 책임 물을 수 없다

L씨는 제한속도가 시속 60km 구간에서 속도위반상태(70km)로 주행하다가 맞은 편에서 중앙선을 침범한 차량에 의해 충돌사고를 당했다. L씨는 가해차량의 보험체결사인 D화재를 상대로 손해배상 청구소송을 냈다.

➡ 서울고등법원(2008년) 재판부는 D화재는 4100만원을 배상하라고 L씨에게 승소 판결했다. 재판부는 "중앙선이 있는 도로를 달리는 운전자는 비정상적인 주행을 예견할 특별한 사정이 없는 한 상대방이 중앙선을 침범하는 것까지 예상하면서 운전해야 할 주의 의무는 없다"고 하면서 "원고 L씨가 과속하지 않았더라면 즉시 속도를 줄이거나 차를 세워 충돌을 피할 수 있었다는 사정이 있는 경우가 아니라면 L씨에게 충돌사고와 관련하여 **과실 책임**을 물을 수 없다"고 판결 이유를 설명했다.

> **해설** **'과실책임주의'**(過失責任主義)란 **'자기책임의 원칙'**이라고도 한다. 자기의 과실(고의는 물론)에 대해서만 가해행위의 책임을 진다는 원칙이다. 근대 민법은 과실책임주의를 기본 원칙의 하나로 한다.

15 1차 사고자가 안전조치 안 한 경우, 추가 사고 책임진다

사고로 도로에 정차된 차량을 제때 발견하지 못해 2차 사고를 낸 차량(A)이 가입한 H보험사가 앞서 사고를 낸 차량(B)보험사를 상대로 구상금 청구소송을 냈다.

➡ 대법원(2009년) 재판부는 원고 H보험사에 패소 판결한 원심을 깨고 사건을 서울고법으로 돌려보냈다. 재판부는 "사고 직후 차량(B)을 안전한 장소로 이동하거나 고장표시 등 안전조치를 하지 않으면 불법정차에 해당한다"며 "불법정차와 2차사고 사이에 상당한 인과관계가 있어 전적으로 후행 차량(A)운전자에게 책임이 있다고 본 원심 판단은 법리를 오해한 잘못이 있다"고 판결 이유를 설명했다. 1 · 2심에서는 사고가 연이어 발생한 데다 운전자가 부상으로 안전조치를 취할 여유가 없었고 사고시점이나 가시거리 등을 고려할 때 후행차량(A)운전자 부주의로 2차사고가 발생한 것으로 판단해 1차사고 차량(B)운전자의 책임을 인정하지 않았었다.

16 안전장비 안 갖춘 자전거운전자 사고, 절반 책임져야

자전거운전자 K(35)씨는 자전거사고로 척추를 다쳐 95%의 노동능력을 잃을 정도의 장애가 생겼다. K씨와 가족은 국가가 도로를 제대로 관리하지 않은 것이 사고의 원인이라며 국가를 상대로 손해배상 청구소송을 냈다.

➡ 서울중앙지방법원(2009년) 재판부는 국가는 5억 6600만원을 배상하라고 원고 승소 판결했다. 재판부는 "인정된 사실에 따르면 국가가 국도관리를 제대로 하지 못해 사고가 난 것이 인정됨으로 배상책임이 있다"고 판결 이유를 설명했다. 하지만 "야간에 마주 오는 자동차의 전조등 불빛으로 시야확보가 어려운 상황에서 가로등도 없는 초행길을 헬멧 등 보호 장구 없이 자전거를 타고 간 K씨의 과실도 사고발생에 50%정도 영향을 끼친 것으로 봐야한다"고 지적했다.

17 자전거운전자도 진행방향 전환할 때 후방주시 의무 있다

O(21)씨는 보행 및 자전거 겸용도로에서 자전거를 타고 시속 30km로 달리다가 왼쪽 편으로 빠져나가기 위해 자전거 핸들을 왼쪽으로 틀면서 도로를 가로지르기 시작했다. O씨가 갑작스럽게 방향을 틀자 뒤따르던 M(39)씨는 충돌을 피하기 위해 급히 자전거를 세우려다 도로 쪽으로 넘어져 팔이 부러졌다. M씨는 "O씨가 아무런 예고 없이 갑자기 좌회전하는 바람에 사고가 났다"며 O씨를 상대로 약 2000만원의 손해배상 청구소송을 냈다. 1심 재판부는 안전거리 미확보와 브레이크 조작 미숙 등의 이유로 M씨에 패소 판결했다. M씨는 항소했다.

➡ 서울중앙지방법원(2009년) 민사항소재판부는 "손해액의 20%와 위자료를 합쳐 275만원을 지급하라"고 M씨에게 일부 승소 판결했다. 재판부는 "앞서가던 O씨가 수신호 등을 통해 뒤따라오는 자전거운전자에게 진행방향을 알리거나 후방을 살피며 안전하게 좌회전할 의무가 있는데 소홀히 한 책임이 있다"고 판결 이유를 설명했다.

18 엘리베이터 기댔다 추락사, 피해자 100% 책임

K(25)씨는 상가건물 2층 호프집에서 L씨 등 지인들과 함께 술을 마시다가 엘리베이터를 타고 1층으로 내려온 뒤 L씨의 어깨를 감싼 상태에서 엘리베이터 문에 등을 기댄 채 서 있었다. 그러던 중 엘리베이터 바깥문 아랫부분이 승강로 안쪽으로 이탈하면서 두 사람은 지하 2층 바닥으로 추락해 K씨는 사망하고 L씨는 중상을 입었다. K씨의 어머니가 엘리베이터 제작 · 관리업체에 관리책임을 물어 손해배상 소송을 냈다.

➡ 서울고등법원(2009년) 재판부는 원고 패소 판결했다. 재판부는 "K씨와 친구가 엘리베이터 문에 큰 충격을 가하는 이례적인 행동을 해 사고가 일어난 것으로 관리업체가 이 같은 이례적인 행동에까지 대비해야 할 의무가 있다고 보기 어렵다"고 판결 이유를 밝혔다.

19 눈썰매 펜스충돌 사고는 본인 책임, 운영업체 책임 없어

J(39)씨는 눈썰매장에서 아들을 앞에 앉힌 채 눈썰매를 타고 슬로프를 내려오다 도착지점 끝에 설치된 안전펜스에 충돌해 요추골절 등 중상을 입었다. J씨는 도착지점에서 안전펜스까지 충분한 안전거리가 확보되지 않았고, 안전펜스가 충격을 흡수하지 못하는 등 안전시설이 사고를 방지하기에 불충분했다면서 눈썰매장 운영업체 D사를 상대로 손해배상 청구소송을 냈다.

➡ 서울중앙지방법원(2009년) 재판부는 원고 패소 판결했다. 재판부는 "눈썰매장입구에 안전수칙이 적힌 안내문과 이용객에게 안전수칙을 설명하는 직원이 있었고, 도착지점에서 약 20m거리의 안전펜스 앞에 안전매트가 설치돼 있었다"며 "사고당시 이용객이 5400명인데도 유사한 사고가 달리 없었던 점을 고려할 때 J씨가 속도조절을 못하는 등 미숙한 조작으로 사고를 당한 것으로 보인다"고 판결 이유를 설명했다.

20 스노보드 타다 추돌·사망, 추돌자에 70% 손해배상 책임

J(21)씨는 스키장에서 스노보드를 타다 넘어졌는데 뒤따라오던 사람 K(22)씨와 부딪혀 뇌출혈로 숨졌다. J씨 유족들은 K씨를 상대로 손해배상 청구소송을 냈다.

서울중앙지방법원(2005년) 재판부는 "K씨는 1억 7000만원을 배상하라"며 J씨 유족들에게 승소 판결했다. 재판부는 "스키장에서는 사고 위험이 상존해 돌발 사태에 대비해 전방·좌우를 잘 살피며 안전하게 스키를 타야 할 주의 의무가 있는데 K씨가 주의 의무를 게을리해 사고가 났으므로 손해배상 책임이 있다"고 판시하면서 그러나 "숨진 J씨도 스노보드를 타면서 슬로프 중간에 넘어졌을 경우 다른 이용자의 진로를 방해해 충돌할 것에 대비해 안전한 곳으로 이동할 주의 의무가 있는데 이를 게을리한 과실이 있다"며 "숨진 J씨도 30%의 책임이 있다"고 판결 이유를 설명했다.

20 (외국) 음주운전 동승자, 도중에 내려도 책임

음주운전뺑소니 사고로 가족을 잃은 유족이 동승자 A(24)씨를 상대로 손해배상 청구소송을 냈다. A씨는 도중에 하차해서 책임이 없다고 변명했다.

➥ 일본 가고시마 지방법원(2008년)은 A씨에게 5300만엔을 배상하라고 판결했다. 재판부는 "사고가 쉽게 예견될 수 있음에도 제지해야 할 의무를 소홀히 했기 때문에 운전자와 같은 **공동불법행위**책임이 인정되어 전액 배상책임이 있다"고 판결 이유를 설명했다.

해설 **'공동불법행위'**란 다수가 공동의 불법행위로 타인에게 손해를 가한 경우로서 그 다수는 연대하여 그 손해를 배상할 책임이 있다는 것이다. 자동차사고 피해자에 대한 공동불법행위자는 '부진정 연대채무'를 부담한다. 다수의 채무자가 동일한 내용의 채무에 관하여 각각 독립해서 전부의 급부를 이행할 의무를 부담하고, 그 중 1인 혹은 일부가 급부를 하면 모든 채무자의 채무가 소멸하지만, 채무자 사이에 주관적 관련이 없기 때문에 채무자 1인에 대해서 생긴 사유가 다른 채무자에게 영향을 미치지 않는다.
예를 들면 A와 B의 공동불법행위에 의해 C가 다친 경우에 C와 A가 사고 이전에 어떠한 채권채무관계로 서로 간 일부 또는 전부를 상계한 경우에도 C는 B에 대해 자동차사고로 인한 손해액 전액을 청구할 수 있다. 공동불법행위자에게 연대책임을 부담하게 하는 취지는 가해자들이 각자 행위의 경중을 문제 삼기 전에 피해자가 누구에게나 배상금을 전부 받을 수 있도록 피해자를 보호하기 위함이다. 전액을 배상한 자는 다른 공동불법행위자에 대하여 과실비율만큼 구상권을 행사할 수 있다.

나. 의료사고

1 유방수술 후 흉터 발생, 병원 6400만원 배상하라

K(여 · 47)씨는 A여성외과의원 원장을 상대로 유방축소 수술을 받은 뒤 유방 하부에 **켈로이드 수술 흉터**가 생겨 피부가 튀어 나왔고 통증과 가려움증이 생겨 손해배상 청구소송을 냈다.

➥ 서울중앙지방법원(2013년) 재판부는 환자 K씨에게 6400만원을 지급하라고 판결했다. 재판부는 "유방축소 수술을 할 때 피부를 과도하게 절제할 경우 흉터가 발생할 확률이 커지기 때문에 신중하게 수술을 할 주의 의무가 있음에도 이를 게을리한 과실이 있다"고 판시한 다음 "치료를 받을 경우 흉터가 개선될 가능성 등을 고려해 병원 측의 책임을 70%로 봤다"고 판결 이유를 밝혔다.

해설 **'켈로이드 흉터'**란 피부에 상처가 생기면 상처가 아물면서 원래의 상처 크기보다 더 크게 튀어나오는 붉은 흉터를 말한다.

2 간암 오진으로 간 1/3 잘라내, 2188만원 배상하라

J(42)씨는 극심한 복통으로 지방 A대학병원에 입원했다. 병원 측은 조직검사결과 '간경변 증상이 있고 간암으로도 의심된다'며 빨리 수술을 받아야 한다고 진단하여 수술했다. 간의 1/3을 잘라냈다. 하지만 수술결과 간암이 아니라 림프구양증식증으로 밝혀졌다. 이 병은 림프계 세포가 과도하게 증가하면서 조직을 파괴하는 염증을 유발하는 병으로 간을 절제할 필요까지는 없는 병이었다. J씨는 A대학병원을 상대로 손해배상 청구소송을 냈다.

➡ 서울서부지방법원(2013년) 재판부는 "해당 병원 영상의학과에서 채취한 원고의 조직검사에선 림프구양증식증 부위가 전혀 포함돼 있지 않았다"며 "생체조직을 채취하는 검사가 제대로 이뤄졌다면 간 절제수술을 하지 않았을 것"이라며 "병원 측의 의료과실이 인정돼 손해배상 책임이 있다"고 판결 이유를 밝혔다. 다만 "림프구양증식증이 희귀질환에 속하고 문헌에 보고되는 대부분의 사례에서 간 절제술을 시행했다"며 "또 조직검사가 간암판정에 있어 필수적인 과정으로 보기는 어려운 점들을 이유로 피고의 책임비율을 30%로 제한한다"고 덧붙였다.

3 암환자의 재검진 병원, 반드시 별도 재검사과정 거쳐야

K(여 · 43)씨는 정기건강 검진에서 오른쪽 유방에 팥알 크기의 종양이 발견됐다. 확인하기 위해 Y대 병원을 찾아가 정밀조직검사를 받았는데 역시 유방암판정을 받았다. K씨는 S대 병원에서 다시 한번 재검진을 받고 같은 결과가 나오면 수술하기로 했다. 그런데 S대 병원은 Y대 병원에서 보낸 검사결과 자료를 본 뒤 간단한 진단을 거친 후 오른쪽 유방의 4분의 1을 절제하는 수술을 했다. 하지만 수술 후 잘라낸 조직에서 암세포가 발견되지 않았다. Y대 병원의 실수로 K씨로부터 채취한 조직과 다른 암환자의 조직이 뒤바뀐 것이 확인됐다. K씨는 두 병원을 상대로 소송을 냈다.

➡ 서울고등법원(2009년) 재판부는 S대 병원과 Y대 병원은 함께 5100만원을 배상하라고 판결했다. 재판부는 "다른 병원의 잘못된 진단 결과를 믿고 재검사 없이 수술을 한 S병원에도 진단을 잘못한 Y병원과 함께 책임을 져야 한다"며 "절제수술이 필요하다는 취지의 암 진단을 받은 환자가 재검진을 요청했다면 병원의 각별한 주의가 요구된다"고 판결 이유를 밝혔다.

> **해설** 1심 법원은 Y대 병원에만 책임을 물어 3950만원(수술비 1450만원 + 위자료 2500만원)을 배상하라며 "S대 병원이 Y대 병원의 검사결과를 의심할 만한 정황이 없었다"고 판결 이유를 밝혔다.

4 실력 과신한 명의 암 치료시기 놓쳐, 손해배상책임 져야

G(여 · 56)씨는 건강검진에서 위암초기판정을 받았다. G씨는 A대학병원을 찾아가 소화기 내과 과장 K씨로부터 내시경을 이용한 점막절제 수술을 받았다. K씨는 전공분야 학회장을 지내고 사회지도층의 주치의로도 이름난 명의였다. 수술 다음날 조직검사를 한 결과 절제면 가장자리에 암세포흔적이 남아 있었지만 K씨는 별다른 추가조치를 취하지 않았다. 그런데 G씨는 수술이후 계속 심한 복통이 있었다. 정밀검사결과 진행성 **위암 3기**라는 판정을 받았다. G씨는 위 전체와 소장일부, 비장 등 암이 전이된 부분을 모두 절제하는 큰 수술을 받았다. G씨는 수술 뒤 "의사가 추가조치를 취하지 않아 제때 치료를 받지 못했다"며 K씨와 A병원을 상대로 손해배상 소송을 냈다.

➡ 서울중앙지방법원(2007년) 재판부는 K씨와 A병원은 함께 G씨에게 1000만원을 지급하라고 판결했다. 재판부는 "의사가 초기 판단을 과신한 나머지 내시경 절제수술 뒤 주의 의무를 게을리했다"고 판시하면서도 "G씨가 내시경 절제수술을 받기 전부터 복통을 호소했고 절제수술 당시 암 전이가 광범위하게 이뤄져 바로 정밀검사를 했더라도 결과는 같았을 것"이라며 "정신적 고통에 대한 위자료만 지급하라"고 판결 이유를 밝혔다.

> **해설** **'위암 3기'**면 암이 위벽의 근육으로 침입했고 7~15개의 림프절에 퍼진 경우 혹은 복막에 침입했고 1~6개의 림프절에 퍼진 경우 혹은 림프절에는 퍼지지 않았지만 인접한 국소적인 부위에 침입한 경우를 말한다.

5 수면마취수술 중 사망, 환자 건강상태 소홀히 한 의사 책임

주부 K(43)씨는 치질수술을 받기 위해 의사 P씨의 외과의원에 입원했다. P씨는 진통제 펜타조신과 진정제인 디아제팜을 차례로 주사한 뒤 마취제인 **프로포폴** 180mg을 투여했다. 수면마취상태에서 수술을 받다 수술이 끝난 후 P씨가 환자의 상태를 살폈지만 K씨는 이미 호흡과 심장박동을 멈춘 상태였다. K씨의 남편과 자녀는 P씨를 상대로 손해배상 청구소송을 냈다.

➥ 서울중앙지방법원(2009년) 재판부는 P씨는 1억 4000만원을 지급하라며 원고 승소 판결했다. 재판부는 "포폴 적정량인 30~120mg을 넘어 180mg을 한꺼번에 투여해 일시적 무호흡 상태에 빠질 가능성을 높인 데다 심정지나 호흡정지가 발생한 후에도 조기 발견하지 못해 응급조치시기를 놓쳤다"고 판결 이유를 밝혔다.

해설 **'프로포폴'**(Propofol)은 정맥주사용 마취유도제이다. 전신마취의 유도, 유지 그리고 간단한 시술을 받는 환자의 진정을 위해 주로 쓰이며, 현재는 중환자실에서 인공호흡기를 사용하는 환자의 진정에 사용되기도 한다. 프로포폴을 소량 주입할 경우 가벼운 수면상태가 되며, 투여 용량의 증가에 따라 호흡이 억제, 중지되어 제대로 된 인공 환기를 받지 않으면 사망하게 된다. 프로포폴 투여시 황홀감(euphoria)을 가지며 이로 인해 프로포폴 약물 의존성이 발생되기 쉽다. 미국의 가수 마이클 잭슨은 불면증으로 인해 프로포폴을 주입 받았으며, 과량투여로 인한 호흡중지로 사망하였다.

6 수면유도제 주사하다가 환자 사망, 4500만원 배상하라

P(60)씨는 호흡곤란으로 S병원에 갔다가 정확한 진단을 위해 기관지검사가 필요하다며 병원 권유에 따라 수면내시경 검사를 받기로 했다. 수면 유도를 위해 최면진정제인 미다졸람을 주사하자 곧 호흡곤란을 일으키며 의식을 잃고 4시간 후에 사망했다. 유족은 손해배상 청구소송을 냈다.

➥ 서울중앙지방법원(2011년) 재판부는 S병원은 유족에게 4500만원을 지급하라고 원고 승소 판결했다. 재판부는 "수면유도 목적의 최면진정제인 **미다졸람**은 급성호흡부전환자에게는 금기 약물이고 심장장애가 있거나 고령 환자에게는 신중하게 투여해야 한다"며 "고령인 P씨가 심근경색으로 시술받은 적이 있는 데다 호흡곤란을 호소하며 입원한 만큼 신중하게 투약했어야 한다"고 판결 이유를 설명했다.

해설 **'미다졸람'**(midazolam)은 위 또는 장 검사 시 수면내시경을 위한 수면유도제로 사용된다. 근육주사도 가능하지만 일반적으로 위내시경검사 직전에 3mg~5mg정도를 정맥으로 주사한다. 미다졸람은 중추신경계에 작용하여 진정, 불안해소, 최면 등의 효과를 나타내며 빠르고 부드러운 회복을 필요로 하는 외래수술 환자의 마취에 적합한 약제이다.

7 무허가 시술인 것을 알고 있는 환자, 본인도 부작용 책임 있다

J(여 · 42)씨는 흉터제거 레이저수술을 받은 뒤 부작용이 생겨 무허가 의료인 P(여 · 43)씨를 상대로 손해배상 청구소송을 냈다.

➥ 서울중앙지방법원(2004년) 재판부는 치료비(600만원)와 정신적 위자료(1000만원)를 지급하라고 판결했다. 재판부는 "J씨는 P씨가 정식 의사면허도 없이 무허가 의료행위를 한다는 사실을 알면서도 P씨를 찾아갔고 시술 후 통증과 염증이 나타났는데도 제대로 치료를 받지 않은 잘못이 있다"며 "P씨는 J씨의 과실 30%을 제외한 치료비와 위자료를 지불하라"고 판결 이유를 밝혔다.

8 지방흡입 수술하다 할머니 사망, 의사에 징역 6월 선고

G(여 · 63)할머니는 복부지방흡입 수술을 받았다. 의사 L(37)씨의 실수로 복부 지방층 아래까지 구멍이 뚫려 복막염으로 숨졌다. L씨는 업무상 과실치사혐의로 기소됐다.

➥ 서울중앙지방법원(2008년) 재판부는 L씨에게 징역 6월과 벌금 200만원을 선고했다. 재판부는 "수술 시에 사용한 **'캐뉼라'**라는 도구는 환자의 복부와 수평으로 해야 하고 G씨가 고령이기에 피부가 얇아 특히 주의를 기울여야 했다. 그러나 의사 L씨는 캐뉼라 도구를 잘못 사용해 지방층 아래까지 뚫어 G씨 복부에 11개의 구멍이 난 것이 사망원인이다"며 "L씨의 실수와 인과관계가 있다"고 판결 이유를 밝혔다.

해설 **'캐뉼라'**(cannula)란 환부에 꽂아 넣어 액을 빼 내거나 약을 넣는데 쓰는 도구를 말한다. 지방흡입 수술을 할 때 몸의 특정 부위의 지방을 집중적으로 제거하는 체형 교정 수술용 도구이다.

9 의료사고시효 기산시점, '의사 과실'임을 안 날부터이다

뇌성마비를 앓고 있는 K(여 · 7)양의 가족이 의사 P씨를 상대로 "의사의 과실이 뇌성마비의 원인"이라며 손해배상 청구소송을 냈다.

➥ 서울중앙지방법원(2001년) 재판부는 피고 P씨는 K양 가족에게 위로금과 치료비 등 2억 8000만원을 지급하라고 원고 승소 판결했다. 재판부는 "K양은 출생당시 산모의 **양막**이 파열된 상태였는데도 P씨가 자연분만을 강행하여 뇌손상으로 인해 **뇌성마비**가 된 사실이 인정된다"고 판결 이유를 밝혔다. 재판부는 특히 "P씨가 '손해배상 소

송은 손해발생을 안 날로부터 3년이 지나면 낼 수 없는데 K양 가족은 출산 사고일로부터 4년이 지난 뒤 소송을 냈기 때문에 무효'라고 주장하지만, 의료사고는 일반인들이 의사의 과실 여부를 쉽게 알 수 없는 만큼, 출산사고 발생만으로 K양 가족이 그 사고가 P씨의 과실 때문임을 알았다고 볼 수 없다"고 덧붙였다.

> 해설 **'뇌성마비'**란 발달 과정중인 뇌에 대한 손상으로 인하여 근육조절 능력이나, 보행 및 자세 유지 등에 문제를 일으키는 질환으로 뇌 손상은 출생 전후나, 출생 도중에 주로 발생한다.
> **'양막'**(羊膜, Amnion)이란 아기가 엄마의 뱃속에 있을 때 양수와 아기를 보호하여 감싸고 있는 막을 말한다.

10 고의 · 무과실 입증책임, 의사에게 있다

병원에서 수술을 받은 후 양쪽 다리가 마비된 L씨가 병원과 담당 의사를 상대로 손해배상 소송을 냈다.

➡ 부산지방법원(2008년) 재판부는 L씨에게 1억 2200여만원을 지급하라며 원고 승소 판결했다. 재판부는 "의료행위는 고도의 전문적 지식을 필요로 하는 분야이고 일반인이 이를 밝혀내기가 극히 어려운 특수성이 있다"면서 "수술 직후 갑자기 하반신 마비 등의 증상이 발생한 경우 의료상 주의의무 위반을 제외한 다른 원인이 있다고 보기 어려운 간접 사실들이 증명되면 의료사고로 추정하는 것이 가능하다"며 "환자가 의사의 과실을 입증하지 못하더라도 의사가 과실이 없다는 명백한 증거를 제시하지 못하면 의료사고에 해당한다"고 판결 이유를 밝혔다.

11 감기 악화돼 폐렴 사망 아기, 상급병원 권유 안한 의사도 책임

J(여 · 3)양은 동네 소아과 H의사를 찾아가 여러 차례 감기약 처방을 받았으나 한 달 동안 계속 증세가 나빠져 대학병원응급실에 실려가 폐렴진단을 받고 다음 날 숨졌다. J양 부모는 의사 H씨가 폐렴을 조기에 진단하지 못해 아기가 숨졌다면서 H씨를 상대로 손해배상 청구소송을 냈다.

➡ 서울중앙지방법원(2004년) 재판부는 H의사에 8400만원을 배상하라고 판결했다. 재판부는 "처음에는 단순한 감기 외의 질병을 의심하기 어려웠다 해도 증상이 낫지 않고 계속 악화됐다면 이후에는 **폐렴** 등을 염두에 두고 방사선검사를 하거나 상급병원으로 옮기도록 권유했어야 했다"고 판결 이유를 밝혔다. 다만 "아기의 상태가 상당

히 악화된 후에야 대학병원 응급실에 간 점 등은 J양 부모의 잘못"이라면서 의사의 책임을 40%로 제한했다. "J양의 경우 감염된 폐렴균이 항생제에 내성이 있는 특수한 균이었던 사정 등도 있어 과실 비율을 조정했다"고 덧붙였다.

> 해설 **'폐렴'**은 감염으로 인한 사망원인 1위 질환이다. 이 폐렴의 가장 큰 원인균은 폐렴구균이다. 이 균이 혈액이나 뇌 등 인체조직 및 장기에 침투하면 뇌수막염(척수나 뇌를 감싸고 있는 막에 염증이 발생하는 질병), 패혈증 · 균혈증(혈액에 세균이 감염되는 병) 등으로 인해 20~30%가 사망에 이르고 그 후유증도 심각하다. 전 세계적으로 매년 160만명 이상이 폐렴구균 질환으로 사망하며, 절반 이상이 5세 미만이다. 폐렴구균 질환은 백신으로 예방할 수 있다.

12 의료 과실로 진료비 체납, 강제 퇴원 못 시킨다

K(여 · 64)씨는 왼손이 떨려 Y대 부설 병원을 찾았다가 머리에 종괴를 발견하여 제거 수술을 받았다. 그러나 며칠 후 수술 인접부위에서 뇌출혈이 일어나 재수술을 받은 후부터 수술 후유증으로 몸 왼쪽이 마비됐고 의사소통도 불편해졌다고 주장하며 병원을 상대로 손해배상 청구소송을 내고 진료비 납부도 거부했다. Y병원 측도 K씨가 **1 · 2차 의료기관**에서 치료가 가능한데도 **3차 의료기관**의 병실을 무단점유하고 있다며 퇴원을 요구하는 소송을 냈다.

➡ 서울중앙지방법원(2009년) 재판부는 Y대 병원에 패소 판결했다. 재판부는 "환자 상태가 반드시 3차 의료기관에서 치료를 받아야 할 정도는 아니더라도 치료효과를 더 기대할 수 없다고 단정할 수는 없다"면서 "환자가 의료 과실을 다투는 중이라 불법점유라고 보기도 어렵다"고 판결 이유를 밝혔다.

> 해설 **1차 의료기관**은 의원, 보건소, 보건지소, 보건진료소, 모자보건센터, 조산소 등으로 환자의 초기 접촉을 통해 예방과 치료가 통합된 포괄적인 보건의료서비스를 제공하는 곳이고 **2차 의료기관**은 ○○병원이라고 적혀있는 곳으로 기본 4개과 이상의 진료과목과 전문의를 갖추고 있는 곳이고 **3차 의료기관**은 종합병원이나 대학병원들처럼 더 중한 환자를 보는 곳이다. 모든 진료과목과 전문의를 갖추고 500병상 이상의 의과대학 부속병원 또는 종합병원을 말한다.

13 병원 과실로 신생아에 치명적 장애 유발시켜, 병원은 8억원 배상

K(37)씨는 미숙아로 태어난 아들을 D대학병원에서 치료하던 중 **호흡정지**에 따른 급성 뇌경색으로 심각한 장애를 입게 되자 D병원을 상대로 손해배상 청구소송을 냈다.

➡ 부산지방법원(2012년) 재판부는 D병원은 K씨에게 8억 3700만원을 지급하라고 판결했다. 재판부는 "미숙아는 수유 후 트림을 하고도 우유가 역류할 가능성이 있는데 의료진이 이를 제대로 살피지 않는 바람에 신생아의 기도가 막혀 호흡정지 상태가 발생했다"고 판시하면서 "피고 의료진은 아이의 호흡정지 후에도 기도를 확보하지 않는 채 응급조치를 해 회복속도를 앞당기지 못한 과실이 있다"고 판결 이유를 밝혔다.

> 해설 **'호흡정지'**상태란 호흡기능이 마비된 상태로 혈액과 조직에 산소가 결핍된 상태를 말한다. 사람은 산소에 의해 에너지원이 산화되어 힘을 얻게 되는 것임으로 산소 없이는 살 수 없다. 특히 뇌세포에 4~5분간 산소공급이 중단되면 그 기능을 상실한다. 호흡이 정지되어도 심장은 4~5분 동안 계속 박동하므로 이 상태에서 인공호흡을 실시하면 생명을 구할 수 있다. 호흡정지는 약물중독, 머리손상, 전기감전, 물에 빠졌을 때, 밀폐된 장소에서 일산화탄소 중독 등 많은 원인에 의해 발생할 수 있다.

14 잘못된 처방 그대로 따른 간호사, 사고유발에 책임 있다

간호사 K(53)씨는 회복단계에 있던 환자에게 호흡곤란을 유발하는 수술용 마취보조제를 투여하라는 의사의 잘못된 지시에 따라 마취보조제를 투여해 환자를 **의식불명**이 되게 한 혐의로 기소돼 1심에서 금고 8월에 집행유예 2년을 선고받았고, 2심에서 벌금 200만원으로 감형됐다.

➡ 대법원(2010년) 재판부는 벌금 200만원을 선고한 원심을 확정했다. 재판부는 "당시 처방이 너무나 엉뚱한 약을 투약하라는 내용이었던 점을 감안하면 간호사가 기계적으로 처방에 따르기 전에 처방내용을 다시 확인했어야 했다"며 "간호사가 사고를 막기 위해 주의를 제대로 기울이지 않았다는 원심 판단은 정당하다"고 판결 이유를 밝혔다.

해설 **'의식불명'**이란 혼수상태(昏睡狀態) 또는 코마(coma)라고 한다. 혼수상태에 있는 사람은 깨울 수가 없고 일반적으로 고통이나 빛, 소리 등에도 반응하지 않는다. 또한 건강한 사람과 달리 깨어 있는 상태와 수면상태의 주기적 전환이 발생하지 않으며, 자신의 의지로 움직이지도 못한다. 혼수상태를 일으키는 원인으로는 약물중독, 물질대사 이상, 중추신경계 질병, 저산소증이나 뇌졸중 등으로 일어나는 발작과 같은 심각한 신경 관련 손상 등 다양하다. 자동차 사고나 추락 등 뇌에 가해진 외상에 의해서도 발생할 수 있다.

다. 성형수술사고

1 성형수술 위험성 제대로 안 알린 후 부작용, 의사 손해배상 책임

G(여 · 45)씨는 성형외과 의사 S씨에게서 **종아리 퇴축시술**을 받은 후 양쪽 다리모양이 달라지는 부작용을 겪게 되자 S씨를 상대로 손해배상 청구소송을 냈다.

➡ 서울고등법원(2011년) 재판부는 위자료 1500만원을 지급하라는 원심을 깨고 손해배상금과 위자료를 합쳐 4500만원을 지급하라고 판결했다. 재판부는 "한국과 중국에서만 시행되고 있고 안전성 문제로 의학계에서 논란이 되고 있는 매우 위험한 시술인데, S씨는 기초적인 설명만 하고 위험성을 충분히 설명하지 않았다"며 "기술적 과실은 없었던 것으로 보이지만, 위자료와 함께 손해배상책임까지 인정한다"고 판결 이유를 설명했다.

해설 **'종아리 퇴축시술'**은 종아리 운동신경을 차단시켜 다리를 가늘게 만드는 미용시술이다.

2 성형수술 전후사진 무단 공개했다면? 3000만원 배상 책임져야

연기자 지망생 K(22)양은 자기의 코 성형수술 전후 사진을 무단으로 인터넷에 공개해 피해를 봤다며 성형외과 의사 L씨를 상대로 손해배상 청구소송을 냈다.

➡ 서울중앙지방법원(2012년) 재판부는 L씨는 K양에게 3000만원을 배상하라고 K양에게 승소 판결했다. 재판부는 "K양의 코 성형수술 전후 사진은 비록 눈 부위는 모자이크 처리했지만 사진 속 인물이 누군지 알아볼 수 있을 정도라며 L씨가 병원영업활동에 이용할 목적으로 인터넷에 올려 K양의 초상권을 침해했다"고 판결 이유를 설명했다.

3 코 성형수술 실패, 환자도 30% 책임

백화점 점원으로 일하는 L(여 · 23)씨는 콧날을 높이기 위해 성형외과에서 성형 수술을 받았다. 귀의 연골 일부와 실리콘을 콧날에 삽입하는 **융비술**을 받고 일주일 뒤 붕대를 풀었다. 콧날이 높아지기는커녕 코가 왼쪽으로 비뚤어졌다. L씨는 곧바로 병원 측에 "재수술비와 위자료를 내 놓으라"는 소송을 냈다. 병원은 "L씨가 수술 후 집에서 맘대로 캐스트(고정 붕대)를 풀어 코가 비뚤어졌다"고 반박했다.

➡ 1심 재판부는 "병원의 과실이 인정된다"며 재수술비 전액(570만원)과 위자료 500만원을 병원이 지급하라고 판결했다. 병원 측은 항소했다.

서울중앙지방법원(2009년) 항소재판부는 1심 판결을 깨고 "600만원만 배상하라"고 판결했다. 재판부는 "L씨가 스스로 이 병원을 찾아갔고 수술 후 환부관리를 소홀히 한 책임도 30% 인정되고 코의 휘어짐도 외관상 쉽게 알아볼 정도가 아니다"라며 "현대의학이 아무리 발달해도 완벽할 수는 없고 외과수술에는 언제나 위험이 있어 환자도 이를 감수하고 수술을 받은 점 등을 고려 했다"고 판결 이유를 밝혔다.

해설 **'융비술'**이란 낮은 콧대를 높이는 콧대 교정수술을 말한다.

4 라식 대체술 미고지하여 부작용 발생, 병원 책임

K(여 · 31)씨는 안과병원에서 **라식수술**을 받았는데 부작용이 생겨 시력이 점차 저하됐으며, 얇아진 각막이 안압을 견디지 못해 각막이 돌출하는 **'원추각막'** 판정을 받았다. 이에 K씨는 "의사가 원추각막 등 부작용이 없는 다른 시력교정술에 대해 알려주지 않았다"면서 손해 배상 청구소송을 냈다.

➡ 서울중앙지방법원(2009년) 재판부는 위자료 2000만원을 지급하라고 원고 승소 판결했다.

해설 **'라식수술'**(LASIK)이란 근시, 원시, 난시 등의 시력장애를 치료하는 굴절수술의 유형 중 하나로, 레이저를 이용한 시술을 말한다. 각막중심부의 절삭을 통한 근시의 교정에 많이 사용되고 주변부의 절삭을 통한 원시나 노안의 교정에도 사용이 증가되고 있다.
'원추각막'(圓錐角膜)이란 각막에 발생하는 비염증성 질환으로 각막이 얇아지며 중심부가 원뿔 모양으로 솟아오르는 증상이 나타난다. 사물의 모습이 변형되어 보이거나 여러 개로 보이며 눈부심이 나타나기도 한다.

5 안과 의사가 쌍꺼풀 수술, 수술 맡긴 환자도 잘못 책임 50%

50대 남성 G씨는 성형수술을 받기 위해 안과병원을 찾았다. 성형외과가 아니라 안과를 찾은 것은 값싸게 수술을 받을 수 있다는 소문이 있었기 때문이다. G씨는 안과 전문의 O씨로부터 쌍꺼풀 수술을 받은 데 이어 다음 달 이마와 눈의 주름살을 펴는 수술까지 받고 모두 150만원을 냈다. 하지만 O씨가 쌍꺼풀 선을 너무 낮게 잡아 시술한 결과 G씨는 '짝눈'이 됐고 잘못된 주름살수술로 이마와 눈 밑에 흉터가 남게 됐다. G씨는 다른 성형외과를 찾아 450만원의 비용을 들여 재수술한 후 O씨를 상대로 손해배상 청구소송을 냈다.

➡ 서울남부지방법원(2009년) 재판부는 O씨에게 수술비의 절반인 300만원과 위자료 200만원 등 총 500만원을 지급하라고 판결했다. 재판부는 "피고 O씨가 일반적인 수술과 다른 방법으로 시술해 짝눈 등의 부작용까지 발생한 점 등에 비춰볼 때 주의의무를 소홀히 한 책임을 면할 수 없다"면서도 "성형외과 전문의가 아닌 사실을 알면서도 원고 G씨가 수술을 받았기 때문에 피고와 원고가 수술비를 절반씩 책임져야 한다"고 판결 이유를 밝혔다. 또 "원고가 신체적 · 정신적 고통을 받았을 것으로 예상되므로 피고는 200만원의 위자료를 지급하라"고 덧붙였다.

6 성형수술 후에 흉터 남겼다면? 손해배상 책임져야

L(여 · 48)씨는 두 차례에 걸쳐 가슴축소 수술과 주름제거 수술을 M성형외과에서 받았는데 수술을 받은 곳에 큰 흉터가 남고 눈이 완전히 감기지 않아 안구건조증이 발생하였다. L씨는 M원장을 상대로 손해배상 청구소송을 냈다.

➡ 대법원(2011년) 재판부는 M원장은 치료비와 위자료 등으로 9800만원을 L씨에게 지급하라고 판결했다. 재판부는 "M원장이 L씨의 눈꺼풀 피부를 지나치게 절제해 눈이 감기지 않는 후유증이 발생했고 흉터를 남기지 않거나 최소화할 수는 다른 수술 방법이 존재하는데도 잘못된 수술방법을 택해 몸에 흉터가 남게 됐다"고 판결 이유를 밝혔다. 또 "의사가 전문지식을 바탕으로 적절한 시술방법 등을 검토해 후유증이 남는 시술을 하지 않을 의무가 있다"고 덧붙였다.

7 성형 수술결과 미흡 땐 위자료 줘야

L(여 · 44)씨는 복부 지방(脂肪)을 양쪽 볼과 이마에 넣는 **지방이식수술**을 받은 뒤 하루 만에 얼굴에 열이 나는 염증이 생겼다. L씨는 종합병원으로 옮겨져 입원치료를 받았으나 오른쪽 뺨 부위가 함몰되고 지방을 채취한 배부위에도 이상이 생

겼다. L씨는 "의사가 설명을 제대로 하지 않았다"며 시술 의사를 상대로 손해배상 청구소송을 냈다.

➡ 서울중앙지방법원(2007년) 재판부는 L씨에게 1500만원을 지급하라고 원고 승소 판결했다. 재판부는 "의사가 L씨로부터 '지방채취 시 합병증이 생길 수 있다'는 동의서는 받았으나 3개월 전 채취한 지방을 사용하는 것에 대한 별도 설명은 하지 않았다"고 판결 이유를 밝혔다. 하지만 "의사가 진료과정에서 주의 의무를 심각하게 위반한 것이 아니라 정신적 손해를 끼친 것이므로 위자료만 인정한다"고 덧붙였다.

해설 우리 몸의 어느 한 부위에서 지방세포를 얻은 다음 이를 다른 곳에 넣어 주는 것이 **지방이식수술**이다. 때로는 절개를 하여 적은 양의 지방덩어리를 통째로 옮겨 주기도 하지만 대개 주사기를 사용하여 지방을 뽑은 다음, 역시 주사기를 사용하여 주입하는 수술이다.

8 인턴의 잘못된 처방, 주치의가 책임져야

정형외과 전공의 J(38)씨는 성형외과와 합동으로 환자의 근육종 수술을 맡았다. 그러나 인턴 K씨가 투약해서는 안 되는 마취보조제를 처방하는 바람에 환자가 의식불명이 됐다. 검찰은 주치의 J씨에게 인턴 K씨의 처방을 제대로 감독하지 않은 혐의(업무상 과실치상)로 불구속 기소했다.

➡ 대법원(2007년) 재판부는 J씨에 대해 금고 1년에 집행유예 2년을 선고한 원심을 확정했다.

재판부는 "의사는 자신이 주로 담당하는 환자에 대해 다른 의사나 **인턴**이 하는 의료행위가 적절한 것인지를 확인하고 감독해야 할 의무가 있다"며 "따라서 피고인 J씨는 환자의 피해에 대해 책임이 있다"고 판결 이유를 설명했다.

해설 **'인턴'**은 의사국가고시에 합격한 이후 종합병원에서 수련과정을 밟는 1~2년차 의사다. '전공의'(레지던트)는 인턴을 거친 뒤 주치의를 맡으면서 인턴업무를 감독한다.

제 2 장

공동체 생활법률

1. 공무원 관계
2. 근로자 관계
3. 노조 관계
4. 세금 관계
5. 기타 알아 둬야 할 민생법률 관계

01 공무원 관계

1 정부부처 통합으로 면직처분, 정당하다

국정홍보처가 문화체육관광부로 흡수 통합되면서 면직된 국정홍보처 4급 직원(과장급) L씨는 면직처분을 취소해 달라며 소송을 냈다. 전문지 기자출신인 L씨는 국정홍보처에 발탁됐었다.

➡ 서울행정법원(2009년) 재판부는 면직처분은 정당하다며 L씨에게 패소 판결했다. 재판부는 2008년 새 정권이 들어오면서 각 부처 정책홍보가 해당부처의 책임 하에 자율적으로 이뤄지게 돼 국정홍보처 조직이 대폭 감축된 점 등에 비춰보면 면직은 객관적이고 합리적인 근거에 따라 이뤄진 것"이라고 판결 이유를 설명했다.

2 해직 사유 있는지 모르고 재임용한 기간 중 보수, 지불해야 하나?

S씨는 철도청 공무원으로 임용된 지 2개월 후 군 입대를 이유로 휴직했다. S씨는 군 복무 중 사고로 징역 1년 6월에 집행유예 2년을 선고받고 집행유예기간 중에 만기 전역했다. 철도청은 군에서 형벌받은 사실을 간과하고 S씨에게 복직을 허용했다. 복직 1년 뒤 S씨가 명예퇴직한 후에야 군 복무 중 금고 이상의 형을 받았음을 확인하고 철도청은 명예퇴직 취소를 통보하는 한편 전역 후 임용을 취소하고 퇴직금을 반환하라는 소송을 제기했다. 1심 재판부는 "소득세와 주민세를 제외한 퇴직금 전부를 반환하라"며 원고 승소 판결했다.

➡ 서울고등법원(2008년) 재판부는 원고 일부 승소 판결했다. 재판부는 "S씨에 대한 명예퇴직 처분 취소를 통보하기 전 1년간 S씨는 근로를 제공했으므로 이 부분에 대한 퇴직금 및 상여금의 반환의무는 없다"며 판결 이유를 설명했다.

3 별정직 공무원의 불법집회 참여, 공범으로 처벌 가능하다

Y시청 별정직 6급 L(57)씨는 서울역 광장에서 열린 교사 · 공무원시국선언 탄압 규탄대회에 참가한 혐의로 기소됐다. 1 · 2심 재판부는 "지방공무원법이 일반직과 달리 별정직 공무원의 정치 참여 위반행위에 대한 형사 처벌과 관련해서는 아무런 근거조항도 두고 있지 않다"며 무죄를 선고했다.

➡ 대법원(2012년) 재판부는 원심판결을 깨고 사건을 광주지방법원으로 돌려보냈다. 재판부는 "지방공무원의 신분을 가지지 않은 사람도 일반직공무원의 범행에 가담했다면 공범이 될 수 있다는 **형법 제33조**에 따라 공범으로 처벌될 수 있다"고 판결 이유를 밝혔다.

해설 **형법 제33조(공범과 신분)**; "신분관계로 인하여 성립된 범죄에 가공(加功)한 행위는 신분관계가 없는 자에게도 종범(從犯)으로 처벌한다. 단 신분관계로 인하여 형의 경중이 있는 경우에는 중한 형으로 벌하지 않는다"

4 공무원 임용시험에 허위경력 기재, 공무원 임용 취소 사유된다

N(여 · 40)씨는 정부출연연구기관인 H생명공학연구원이 운영하는 바이오 벤처센터에 입주해 있던 비상장기업 L사의 연구원으로 근무하였었다. 그런데 N씨는 'H생명공학원 L사 연구원'이라고 기재한 서류 등을 제출해 보건복지부의 보건사무관으로 임용됐다. N씨는 보건복지부에 이 사실이 알려져 '비상장기업에 근무했는데도 사실과 다른 서류를 제출했다'는 이유로 임용을 취소하자 보건복지부 장관을 상대로 소송을 냈다.

➡ 대법원(2011년) 재판부는 원고 승소 판결한 원심을 깨고 사건을 서울고등법원에 돌려보냈다. 재판부는 "N씨가 임용시험에 응시하면서 경력증명서와 이력서 등에 정부기관에 근무한 것처럼 오인할 수 있는 기재를 하거나 허위의 기재를 해 제출한 것은 시험결과에 부당한 영향을 준 행위에 해당한다"고 판결 이유를 설명했다.

5 명예퇴직수당, 가압류 가능한가?

20여년간 제주특별자치도 공무원으로 재직하다 명예퇴직한 S(50)씨는 명예퇴직수당으로 8200여만원을 받을 예정이었다. 그러나 퇴직 5년여 전 Y씨로부터 채권가압류 및 추심명령을 당해 명퇴수당 중 절반을 받지 못하자 제주특별자치도를 상대로 소송을 냈다.

➡ 대법원(2010년) 재판부는 원고 패소 판결한 원심을 확정했다. 재판부는 "지방공무원은 명예퇴직수당의 기초가 되는 법률관계가 존재하고 발생근거가 확실하기 때문에(아직 발생하지 않은 것이라도) 수령 권리가 분명히 존재한다"며 "명예퇴직수당이 나올 것이 확실하고 근속 14~15년차에 채권가압류 및 추심명령을 받았다면 가압류 및 추심명령이 유효하다"고 판시했다.

02 근로자 관계

1 사내하청 파견 2년 이상 근무, 정규직으로 봐야 한다

H자동차의 사내하청업체 Y사의 근로자로 일하다 해고된 C(36)씨는 중앙노동위원장과 H자동차회사를 상대로 부당해고구제 재심판정 취소소송을 냈다.

➡ 대법원(2012년) 재판부는 C씨의 해고는 부당하다며 원고 승소 판결한 원심을 확정했다. 재판부는 "C씨는 H자동차회사의 사내하청업체 Y회사와 고용계약을 맺은 뒤 H회사에 파견돼 H자동차회사로부터 직접 노무지휘를 받는 '파견근로자'로 2년 이상 일한 점이 인정된다"고 판시하면서 또 "파견근로 여부는 근로계약 형식에 구애받지 않고 계약목적과 원청업체의 지휘권 등을 따져 판단해야 한다"며 "허가받지 않은 파견근로자라도 파견근로자보호법 적용 대상이므로 C씨는 H회사에 고용됐다가 일방적으로 해고됐다고 봐야 한다"고 판결 이유를 설명했다.

해설 C씨는 2002년 3월 H회사 울산공장의 사내하청업체에 고용된 뒤 2005년 2월까지 컨베이어벨트를 이용한 조립공정에서 정규직 근로자들과 함께 근무했다.

2 취업 확실한 사람, 고용 전이라도 근로자로 봐야 한다

영일만신항항운노조는 포항신항만건설공사 착공 직후 항만노동조합설립총회를 거쳐 결성됐으나 포항시가 '노조법상 근로자가 아니다'라며 설립신고를 받아주지 않자 포항시를 상대로 소송을 냈다.

➡ 1심 재판부는 "특정 사업자에 고용돼야만 근로자로 볼 수 있다"며 기각 판결했다. 2심 재판부는 "지역별 · 업종별 노조인 항만노조는 하역업체에 고용되기 전이라도 특성상 노동조합설립이 가능한 근로자로 봐야 한다"며 1심 판결을 뒤집었다.

➡ 대법원(2011년) 재판부는 원고 승소 판결한 원심을 확정했다. 재판부는 "노동조합 및 노동관계조정법상 '근로자'는 특별한 사정이 없는 한 특정 사용자에게 고용돼 현실적으로 취업하고 있는 사람에 한정하는 것이 원칙"이지만 "공사 중인 항만에 취

업이 확실시되는 원고의 조합원들은 근로 3권 보장의 필요성을 부정할 수 없는 노조법상 근로자로 인정해야 할 특별한 사정이 있다"고 판결 이유를 설명했다.

3 비정규직 차별 임금 보상, 2007년 7월 1일로 소급해서 지급하라

한국철도공사(코레일)에서 기간제 영양사로 일한 Y씨는 정규직과 같은 일을 하면서도 임금은 차별대우를 받았다. Y씨는 **중앙노동위원회**에 시정신청을 했으나 시정시한에 해당하는 3개월간의 임금차액만 지급하라고 결정하자 행정소송을 냈다.

➡ 대법원(2012년) 재판부는 Y씨에게 승소 판결했다. 재판부는 "기간제 및 단시간 근로자 보호 등에 관한 법률(비정규직보호법) 시행일인 2007년 7월 1일부터 발생한 차액을 모두 지급하라"고 판시했다. 즉 "시정시한인 3개월 동안의 차액이 아니라 차별대우를 받은 전체기간 동안의 차액을 지급해야 한다"고 승소판결 이유를 밝혔다.

해설 **중앙노동위원회**는 관례적으로 '이전 3개월 임금보상'원칙을 적용해 온 것으로 알려지고 있다. 비정규직 근로자는 약 600만 명으로 임금근로자의 34.2%를 차지한다.

4 교회 성직자도 근로기준법상 근로자, 유족급여 지급해야 한다

K(여 · 35)씨는 남편 L씨가 교회에서 전도사로 일하다 교통사고로 사망했는데 유족급여 등을 지급하지 않는 것은 부당하다며 근로복지공단을 상대로 유족급여 및 장의비 부지급처분 취소소송을 냈다.

➡ 청주지방법원(2012년) 재판부는 K씨에게 승소 판결했다. 재판부는 "남편 L씨가 전도사로 부임하는 과정에서 담임목사의 면접과 교회 내에서 해당위원회의 승인을 거친 뒤 교회 측과 근로계약서를 작성했다"며 "이 근로계약서에는 교회 측으로부터 매월 지급받는 사례비의 액수 및 지급시기, 지급방법과 계약기간, 근무시간, 근무장소 및 직무 등의 구체적인 내용이 명기된 점으로 미뤄 근로기준법상 '근로자'에 해당한다고 보는 것이 타당하다"고 판결 이유를 밝혔다. 또 "종교적 관점에서 성직자를 두고 임금을 목적으로 '종속적인 관계'에서 사용자에게 근로를 제공하는 자라고 평가하는 것에 상당한 거부감이 있을 수 있으나 개별적 · 구체적 사안에서 볼 때 해당 성직자를 사회적 관점이나 법적 관점에서 근로기준법상 '근로자'로 평가해 사회보험의 일환인 산재보험 등의 혜택을 받도록 할 것인지 여부는 서로 다른 차원의 문제"라고 덧붙였다.

5 유흥주점서 남자 도우미 고용, 풍기문란행위 아니다

서울 강남의 유흥업소 주인 H씨는 자기 주점에 고용한 남자 도우미가 여자 손님과 함께 술을 마시고 노래를 부르면서 시간당 2만원을 받다가 강남경찰서의 단속에 걸렸다. 이를 통보받은 강남구청은 H씨에게 영업정지 2개월 처분을 내렸다. H씨는 영업정지 처분을 취소하라며 소송을 냈다.

➡ 서울행정법원(2011년) 재판부는 H씨에게 승소 판결했다. 재판부는 "여성 도우미가 접객행위를 하는 것이 풍기문란행위에 해당하지 않는 이상 남자가 여자 손님과 함께 술 마시고 노래하는 것 역시 풍기문란이 아니다"라고 승소판결 이유를 설명했다.

6 골프장 캐디도 근로자, 근로기준법 적용받아야

A골프장은 경기 진행 지연 문제로 관리자와 마찰을 빚은 경기보조원(캐디) J(여)씨를 제명했다. J씨 해고와 관련해 인터넷 게시판에 회사 비방글을 올렸다는 이유로 경기보조원 50여명에게 무기한 출장유보 처분을 내렸다. 또 무단결장을 이유로 경기보조원 노조간부 3명을 제명했다.

이에 동료 경기보조원인 S씨 등은 "경기 지연에 대한 심한 욕설에 대하여 비방한 것인데 이를 이유로 적절한 소명기회도 부여하지 않은 채 일방적으로 제명한 행위는 부당하다"며 A골프장 운영회사를 상대로 부당징계 무효소송을 냈다.

➡ 수원지방법원(2009년) 재판부는 원고 승소 판결했다. 재판부는 "경기보조원들은 일반회사에서 신입 근로자들이 수습교육을 받는 것과 같이 골프장에서 1개월 이상 교육을 받고 회사의 지시에 따라 일정한 시간을 근무했기에 종속적인 관계에 있다고 볼 수 있어 근로기준법상 근로자로 인정할 수 있다"며 "근로자에 대한 징계로서 너무 과중해 무효"라고 승소판결 이유를 설명했다.

7 회사 비리 제보 이유로 해고는 부당 해고인가?

회사 직원 G씨는 소속회사의 내부 비리와 부패를 국가청렴위원회(현 국민권익위원회)에 신고했다는 이유로 해고됐다. G씨는 중앙노동위원장을 상대로 부당해고 구제 재심판정 취소소송을 냈다.

➡ 서울행정법원(2009년)은 재판부는 부당 해고에 해당한다며 G씨에게 승소 판결했다. 재판부는 "구 부패방지법에 따르면 신고의 내용이 허위라는 사실을 알고 있었던 경우를 제외하고는 누구든지 부패행위에 대해 국가청렴위에 신고할 수 있으며 조사결과 내용을 통지받았을 때 이의 신청을 낼 수 있다"고 승소판결 이유를 설명했다.

8 파견근로기간 2년 지나면 직접 고용으로 봐야 하나?

L씨는 2년간 A용역업체 소속으로 도시가스 소매업체인 E사에서 파견근무한데 이어 1년 7개월은 다른 용역업체 소속으로 계속 E사에서 일했고 뒤이어 2년간은 E사와 직접 기간제 근로계약을 체결하고 근무했다. S씨는 이렇게 모두 5년 7개월 동안 E사에서 일했음에도 해고 통보를 받고 서울지방노동위원회와 중앙노동위원회에 구제신청을 냈지만 1 · 2심에서 모두 기각 당하자 중앙노동위원장을 상대로 부당해고구제 재심판정 취소소송을 냈다.

➡ 대법원(2008년) 재판부는 원고 패소한 원심을 깨고 사건을 서울 고법으로 돌려보냈다. 재판부는 "옛 파견근로자 보호법이 허용하고 있는 26개 업무 이외의 업무에 파견된 근로자도 2년 넘게 일했다면 직접 고용한 것으로 간주해야 한다"고 판결 이유를 설명했다.

9 경업금지기간 1년, 적당한 기간이다

국내 최대 A회계법인 출신 회계사 P(51)씨는 A직장에서 30여 년간 근무하다가 국내 최대 B법무법인으로 직장을 옮겼다. A법인은 2011년 12월 31일까지 B직장에서 근무하지 못하게 해 달라며 경업(競業)금지 가처분신청을 냈다.

➡ 서울중앙지방법원(2011년) 재판부는 가처분 신청을 받아들여 A법인에게 승소 결정했다. 재판부는 "P씨가 A법인에서 근무할 때 '사직 후 경쟁업체 등에서 회계, 세무, 자문업무 등을 맡지 않는다'는 서약서를 제출했고 이 금지기간은 무리하지 않은 적당한 범위"라고 승소결정 이유를 설명했다.

해설 상법 제397조(경업금지)가 명시하고 있다.

10 하청업체 직원이라도 직접 작업지시 · 관리했다면, 직접 고용에 해당

H조선회사의 **사내도급** 업체였던 Y기업이 폐업했다. Y기업 근로자들은 "H미포조선의 종업원임을 확인해 달라"며 H조선회사를 상대로 소송을 냈다.

➡ 대법원(2008년) 재판부는 "직접 고용관계가 성립한다"는 취지로 원심을 깨고 사건을 부산 고법으로 돌려보냈다. 재판부는 "Y기업은 H조선회사의 노무대행기관의 역할을 수행했을 뿐이고, H조선이 직접 이들을 채용한 것과 같은 묵시적인 근로계약

이 성립됐다고 보는 것이 옳다"고 판결 이유를 밝혔다. "H조선이 일부 생산 공정을 사내도급 업체인 Y기업에 맡기고 Y기업 근로자의 채용, 징계, 복지, 작업감독 등 거의 모든 것을 결정했기 때문에 직접 고용한 것과 다름없다"고 덧붙였다.

해설 **'사내도급'**은 하청업체가 자기 회사의 근로자를 도급을 준 회사의 공장으로 데려와 작업을 시키면서 이를 지휘 · 감독하는 형식으로 진행되며 조선 · 자동차 · 제철분야 등에서 광범위하게 이뤄지고 있다.

03 노조 관계

1 철도노조의 민영화 반대 파업, 정당성 없다

한국철도공사는 전국철도노동조합의 '철도청 민영화 반대'파업으로 피해를 봤다며 노조를 상대로 손해배상 청구소송을 냈다.

➡ 대법원(2006년) 재판부는 철도노조는 공사 측에 24억원을 지급하라고 원고 승소 판결했다. 재판부는 "철도노조 파업은 노사 간 문제가 아닌 철도 민영화와 같은 정부의 정책사항에 관한 것이어서 정당성이 없고 철도 등 '필수 공익사업장'이 지켜야 할 노동법상 준수사항을 어긴 불법파업이기 때문에 손해배상책임이 있다"고 밝혔다.

> **해설** 대법원은 정상적인 쟁의와 불법파업을 구분하는 판결을 엄격히 함으로써 절차와 목적이 정당하지 않은 경우이거나 폭력을 동원할 경우에 노동자 보호원칙까지지도 적용되지 않는다는 점을 분명히 하고 있다.

2 노사단체협약기간 끝났어도 새 협약 체결 전엔 유효한가?

A대학 노조는 2004년 단체협약 유효기간이 2006년 2월로 만료되자, 학교 측과 새로운 협상에 나섰다. 그러나 학교 측과 이해가 대립되자, 그해 4월 찬반투표를 거쳐 전면파업을 시작했고, 9개월만인 2007년 1월 파업을 종료했다. 학교는 파업이 진행 중이던 2006년 12월 징계위원회를 열어 "학교의 업무를 방해하고 명예를 훼손했다"며 노조 간부 G(35)씨 등 4명을 파면하기로 결정했다가 이듬해 파면을 '해임'으로 감경했다. 그러나 G씨 등은 "쟁의 중에는 징계하지 않는다"는 2004년 단체협약을 위반했다며 소송을 제기했다. A대학은 "2004년 협약의 유효기간이 2006년 2월 말로 만료됐다"고 반박했다.

➡ 서울중앙지방법원(2008년) 재판부는 원고 G씨 등에게 승소 판결했다. 재판부는 "단체협약 유효기간이 끝났더라도, 새 단체협약이 체결되지 않은 상태이기 때문에 기존 협약이 유효하다는 게 대법원 판례"라며 "G씨 등의 파업은 목적과 절차가 정당하

므로 이들에게 해고 직후부터 복직 전까지 미지급한 월급을 지급하라"고 판결 이유를 설명했다.

3 노조원 총 4명에 2명이 노조전임자, 인정 못 한다

지방 축협 조합장 L(65)씨는 산별노조인 전국축협노조와 '지부장 1명과 지부장이 추천하는 조합원 1명을 노조전임자로 인정한다'는 내용이 담긴 단체협약을 체결했음에도 지부장 등 2명에 대한 노조전임자 지정을 거부하고 이들을 결근 처리한 혐의(노동조합법 및 노동관계조정법 위반)로 기소됐다.

➡ 대법원(2010년) 재판부는 L씨에게 벌금 100만원을 선고한 원심을 깨고 무죄 취지로 사건을 인천지법으로 돌려보냈다. L씨는 전체 노조원이 4명뿐이어서 그동안 전임자를 둬 본 전례가 없다며 근무지를 이탈한 이들을 무단결근 처리한 것은 정당하다고 주장했으나 1심과 2심 재판부는 모두 L씨의 주장을 받아들이지 않았다. 재판부는 "조합원이 4명뿐인 노조가 그 절반인 2명을 노조전임자로 두려는 취지는 인정할 수 없다"고 판결 이유를 밝혔다.

4 노조전임자라도 불법파업 참여 땐 중징계

철도노조 부산본부장이었던 C(50)씨는 철도공사화 저지 투쟁을 위해 철도파업에 동참했다가 철도청장이 내린 직장 복귀 명령을 따르지 않은 이유 등으로 파면됐다. C씨는 노조전임자는 원래의 직무수행 의무가 없어 직장 복귀 명령을 따르지 않은 것이기 때문에 복종의무 위반이 되지 않는다며 건설교통부(국토해양부)장관을 상대로 파면처분 취소소송을 냈다.

➡ 대법원(2008년) 재판부는 원고 패소한 원심을 확정했다. 재판부는 "공무원은 누구나 국가 공무원법상 성실 · 복종의무와 직장이탈금지의무가 있고 근로의무가 면제되는 노조전임자라 해도 정당한 노조활동의 범위를 벗어난 경우까지 복종의무 등이 면제된다고 할 수 없다"고 판결 이유를 밝혔다.

5 노사협의회의 퇴직금 인하 결의, 직원 과반수 동의 없는 한 효력 없다

1997년 세계금융위기에 대처하기 위하여 정부는 '지방 공 · 사 의료원 구조조정 지침'을 통해 퇴직금 지급율을 낮추라는 권고를 모든 의료원에 하달했다. S의료원도 노사협의회를 거쳐 이 권고를 받아들였다. 하지만 S의료원 S(57)씨는 26년차의 정년퇴직자로 퇴직금을 받았는데 입사 당시 정한 퇴직금(4억 4000만원)보다 받은 액수가 훨씬 적었다. S씨는 보수 축소 등 불이익 변경에 관한 의사결정은 전체 직원의 의사가 반영되어야 한다며 소송을 냈다.

➡ 제주지방법원(2012년) 재판부는 원고에게 1억 5000만원을 더 주라며 원고 승소 판결했다. 재판부는 "당시 노사협의회에 참석한 근로자 대표가 직원들을 대신해 보수 축소에 관해 동의할 권한까지 포괄적으로 위임받은 것으로 볼 수 없다"며 특히 "노사협의회에서 근로자 대표와 합의했다는 이유만으로 이를 **근로기준법 제94조 1항**에 정한 근로자 과반수의 동의 내지는 근로자 과반수로 조직된 노동조합에서 동의를 받은 것으로 볼 수 없고 정부의 지침에 따라 개정했다는 사유로 근로자의 집단적 의사결정 방법에 의한 동의를 받지 않아도 될 만한 사회통념상의 합리성은 없다"고 판결 이유를 밝혔다.

해설 **근로기준법 제94조 1항**; "사용자는 취업규칙의 작성 또는 변경에 관하여 해당사업 또는 사업장에 근로자의 과반수로 조직된 노동조합이 있는 경우에는 그 노동조합, 근로자의 과반수로 조직된 노동조합이 없는 경우에는 근로자 과반수의 의견을 들어야 한다. 다만 취업규칙을 근로자에게 불리하게 변경하는 경우에는 그 동의를 받아야 한다"

04 세금 관계

1 사례금으로 받은 돈, 소득세 과세대상이다

변호사 H(54)씨는 판사 재직 시절, 사건 브로커로부터 H판사 관할밖에 있는 S지방법원 재판에 관여해 영향력을 행사해 달라는 청탁조건으로 받은 2500만원에 대해 부과된 세금을 취소해 달라며 관할세무서를 상대로 소송을 냈다.

➡ 서울행정법원(2011년) 재판부는 원고 패소 판결했다. 재판부는 "이 돈은 브로커로부터 사례의 뜻으로 받은 것으로 소득세법상 과세대상으로서 세금 1200만원을 부과한 것은 정당하다"고 판결 이유를 설명했다.

해설 세법은 **사례금**을 과세대상으로 규정하고 있음은 물론이고 뇌물처럼 범죄로 얻은 이익에 대해 추징을 당했더라도 다시 세금을 물리도록 규정하고 있다.

2 '세무조사 결정'도 항고소송 대상이다

K씨가 탈세했다는 제보를 받은 세무서는 첫 번째 세무조사를 했다. 조사결과가 미흡하자 1년 후에 재차 세무조사를 하려고 하자 K씨가 크게 반발하여 조사하지 못했다. 한편 K씨는 세무조사결과 나타난 과세자료로 과세를 하자 국세청에 심사청구를 했으나 기각됐다. K씨는 세무서장을 상대로 세무조사 결정처분 취소 청구소송을 냈다. 1 · 2심은 세무조사 후 결정된 세액을 취소할 수 없다고 판결했다.

➡ 대법원(2011년) 재판부는 원심 판결을 깨고 사건을 대전고등법원으로 돌려보냈다. 재판부는 "세무조사 결정은 납세자의 권리 · 의무에 영향을 미치는 공권력 행사이기 때문에 **항고소송** 대상이다"라고 판시했다.

해설 **'항고소송'**이란 행정관청이 내린 처분을 취소하거나 변경할 것을 요구하는 행정소송의 일종이다. 다시 말하면 '세무조사 결정'에 대해서 납세자가 신청한 집행정지 또는 효력정지 신청이 법원에서 받아들여지면 세무조사를 받지 않아도 된다는 취지의 판결이다. 과거에는 세무조사 후 세금이 부과되면 그때에 가서 취소소송을 낼 수밖에 없어 권리침해가 있었는데 사전에 법적 대응을 할 수 있게 되어 한 단계 발전된 판결이다.

3 법인세법상 '특수 관계자', 주주가 30% 이상 출자한 때만 해당된다

K씨는 D회사의 대주주이자 대표이사이다. K씨가 주식 20%를 소유하고 있는 H사를 D사의 특수관계자로 판단하고 두 회사 간 거래에 법인세를 부과했다. D회사는 세무서장을 상대로 법인세 등 부과처분취소 청구소송을 냈다.

➡ 대법원(2011년) 재판부는 과세당국이 승소한 원심을 파기하고 사건을 원심 법원으로 환송했다. 재판부는 "**법인세법 시행령(제87조 1항)**에 규정된 특수관계자는 '법인의 주주' 또는 '주주가 30% 이상을 출자한 다른 법인'을 뜻한다"며 "법인이 출자한 다른 법인, 대주주가 30% 미만으로 출자하고 있는 다른 법인까지 특수관계자로 볼 수 없다"고 판결 이유를 설명했다.

해설 **법인세법 시행령 제87조 1항(특수관계인의 범위)**; "대통령령으로 정하는 특수관계인"이란 다음 각 호의 어느 하나의 관계에 있는 자를 말한다. 제2호 주주, 제6호 당해 법인에 100분의 30 이상을 출자하고 있는 법인에 100분의 30 이상을 출자하고 있는 법인이나 개인"

4 혼인으로 1가구 3주택에 양도소득세 중과, 헌법정신에 배치된다

C씨는 서초구와 경기도 용인시에 아파트 2채를 소유하고 있으면서 강남구에 아파트를 소유한 배우자와 결혼했다. 1가구 3주택이 됐다. 그 중 1채를 경매로 처분했다. 세무서는 60%의 중과세율에 따라 양도소득세를 부과했다. C씨는 혼인에 따른 예외규정 없이 중과세하는 것은 혼인의 자유를 침해하는 것이라며 헌법소원을 냈다.

➡ 헌법재판소(2011년) 재판부는 **헌법불합치 결정**을 내렸다. 재판부는 "양도소득세의 입법목적은 정당하지만 결혼 전 1세대 2주택 이하였다가 결혼 후 1세대 3주택 이상이 된 경우에는 투기적 수요억제라는 입법취지가 그대로 적용되어서는 안 될 것임으로 혼인으로 세대가 합쳐져 1가구 3주택 이상이 된 사람을 고려한 완화 규정을 따

로 두지 않은 것은 헌법상 혼인의 자유를 침해하고 혼인에 따른 차별금지 원칙에 위배된다"고 결정 이유를 설명했다.

> 해설 **헌법불합치 결정**은 해당 법률이 헌법에 어긋나지만 법률 공백을 막기 위해 개정할 때까지 법은 계속 유효하게 적용되는 효력을 지니도록 할 때 내리는 결정이다.

5 제약회사 리베이트, 사업비 아니기 때문에 과세 대상이다

K제약회사는 약품 판매대가로 지불하는 리베이트경비에 대하여 세금을 부과하자 감면받을 수 있는 사업비로 봐야 한다며 S세무서장을 상대로 소송을 냈다.

➥ 서울고등법원(2012년) 재판부는 원고 패소 판결했다. 재판부는 "리베이트가 사회적 낭비를 초래하고 소비자인 국민에게 피해를 야기하는 점, 리베이트자금이 분식회계 등을 통해 조성된 비자금으로 집행될 수밖에 없는 점을 고려하면 리베이트제공은 사회질서에 심히 반(反)한다"고 판결 이유를 밝혔다. 또 "리베이트비용이 건전한 사회통념에 비춰 정상적으로 소요되는 판매부대비용이라고 볼 수 없고, 제공방식의 일률성과 제공목적을 고려하면 친목을 두텁게 해 원활한 거래를 도모하기 위한 접대비에도 해당되지 않는다"고 덧붙였다.

6 휴면법인 인수는 법인설립으로 볼 수 없어 등록세 부과는 부당하다

L회사는 2001년 C&J트레이딩이라는 **휴면법인**을 인수한 뒤 사업목적을 부동산개발 · 임대업으로 바꿔 스타타워를 설립했다. 그러자 서울시는 L회사가 중과세를 회피하려고 휴면법인을 인수했기 때문에 사실상 신규법인설립이라며 일반세율의 3배인 중과세율을 적용해 253억원의 등록세와 지방교육세를 추가로 부과했다. 수도권과밀화 억제를 위해 대도시에 법인을 설립할 경우 중과세하도록 한 지방세법에 따른 조치였다. 이에 불복해 L회사 측은 소송을 냈고 1심에서 승소, 2심에서 패소했다.

➥ 대법원(2009년) 재판부는 "휴면법인 인수를 법인설립으로 보고 중과세한 것은 조세법을 지나치게 확장 · 유추 해석한 것으로 허용될 수 없다"고 판결하고 원심(2심)을 파기 환송했다.

➥ 서울고법 재판부는 L회사가 투자한 강남금융센터(옛 스타타워)가 서울시(강남 · 종로구청)를 상대로 낸 등록세 등 부과처분 취소소송의 파기 환송심에서 원고 L사에게 승소 판결했다.

해설 기업들이 **휴면법인**을 통해 조세를 회피해도 이를 제재할 방법이 없어 앞으로 조세 징수에도 차질이 불가피하게 될 것 같다.

7 반복 세무조사 했다면 2차 기준 부과는 세무조사권 남용, 위법이다

서울지방국세청은 버뮤다에 설립한 주식회사 LSF NXX 인베스트먼트와 LSF CXX 인베스먼트 등 두 회사에 대해 2003년 1차 세무조사를, 2005년 제2차 세무조사를 실시해 조사결과를 역삼세무서에 통보했다. 역삼세무서는 이를 근거로 부과처분을 내렸다. 이에 두 회사는 역삼세무서가 위법하게 법인세를 부과했다며 취소소송을 제기했다.

➡ 서울행정법원(2009년) 재판부는 원고 승소 판결했다. 재판부는 "역삼세무서가 두 회사에 부과한 6억 1400만원의 법인세를 취소하라"고 판결하면서 재판부는 "반복적인 세무조사는 납세자의 영업의 자유 등을 침해할 위험이 있어 과세관청에 의한 세무조사 남용은 금지되어 왔다"며 "따라서 2차 세무조사에 근거한 법인세 부과처분은 위법하다"고 판결 이유를 설명했다.

8 '페이퍼 컴퍼니'통한 거래, 실제 매입 법인에 원천징수 세금 물릴 수 있어

종로세무서는 제일은행을 1조 6000억원에 매각한 'KFB뉴브리지 홀딩스'가 주식양도차익에 대한 원천징수의무를 불이행하자 'SC제일은행'(옛 제일은행)에 법인세 450억원을 부과했다. KFB뉴브리지 홀딩스는 말레이시아에 본사 소재지를 두고 있기 때문에 세금을 물릴 수 없게 되자 실제 투자자인 SC제일은행에 대신 법인세를 부과한 것이다. SC제일은행의 대주주인 '스탠다드 차타드'는 종로세무서장을 상대로 법인세징수 처분 취소소송을 냈다.

➡ 서울행정법원(2010년) 재판부는 원고 패소 판결했다. 재판부는 "KFB뉴브리지 홀딩스는 미국계 사모펀드인 뉴브리지가 조세를 회피하기 위해 만든 **페이퍼 컴퍼니**에 불과하다. 따라서 한국에 투자한 KFB뉴브리지 홀딩스가 제3국에 페이퍼 컴퍼니(서류상 회사)를 설립해 주식을 넘겼더라도 실제 매입한 법인(배후 투자자들)에게 주식양도소득에 대한 세금을 대신해서 물릴 수 있다"고 판결 이유를 설명했다.

해설 한국과 말레이시아 간에 맺은 조세조약에 따르면 법인등록지에 세금을 부과하도록 규정하고 있어 KFB뉴브리지 홀딩스에 대해서는 세금을 물리지 못한다. 하지만 우리나라 세법은 '**페이퍼 컴퍼니**'법인이 아닌 실제 투자자들에게도 실질과세의 원칙을 적용하여 세금을 물릴 수 있도록 규정하고 있다. 따라서 주식을 매입한 'SC제일은행'에 원천징수의무가 있는 만큼 그 불이행으로 인하여 과세함은 마땅한 것이다. 그러나 법원은 투자자들 중에 조세협약과 관련하여 한국에 과세권이 있는 투자자들에 대하여만 부과했다.

9 차 판 뒤 명의 안 바꿔도 밀린 각종 공과금, 실소유자가 내야

J(49)씨는 회사를 동업자 L(49)씨에게 팔았다. 그 시점까지 사업을 하면서 발생한 각종 공과금은 L씨가 내기로 했다. 화물차 1대도 함께 넘겼다. 그런데 L씨는 차를 갖고 간 뒤 십수 년이 지났는데도 명의 이전을 하지 않았다. 관할 구청은 해마다 J씨에게 자동차 관련 세금고지서를 보냈다. J씨는 L씨를 상대로 "화물차 명의를 이전하고 밀린 공과금을 배상하라"고 소송을 냈다. 그러자 L씨는 "J씨가 명의 이전에 필요한 서류를 주지 않아 명의 이전을 못한 것"이라며 "차는 도로 가져가라"고 맞섰다.

➡ 1심 재판부는 "자동차의 명의 이전을 청구할 수 있는 기간은 10년인데 J씨는 14년이나 지나 소송을 냈다"며 J씨의 청구를 기각했다. 항소심 재판부도 "J씨가 세금고지서를 받고도 3년 내에 소송을 내지 않아 손해배상에 대한 소멸시효가 지났다"며 원고 J씨에게 패소 판결했다.

➡ 하지만 대법원(2008년) 재판부는 "명의 이전에 대한 시효가 지나지 않았다"며 J씨에게 승소 판결했다. 재판부는 "자동차를 양도 · 양수한 사람이 상대방에 대해 명의 이전을 이행하도록 청구할 수 있는 권리는 서로 맞물려 있어 독립적으로 시효가 소멸되지 않는다"고 판시하면서 "L씨가 자동차를 넘겨받아 갖고 있던 동안은 명의 이전청구권의 시효가 정지된다"고 판결 이유를 설명했다.

10 변호사 수임료 80억원, 세금은 없다?

변호사 J(54)씨는 이씨 종중(宗中)회원 43명으로부터 국가에 수용당한 종중 토지반환청구소송을 수임 받고 승소하면 성공보수로 승소금액의 40%를 수임료로 약정했다. J씨는 1995년 승소했다. 종중은 국가로부터 167억원을 배상받게 됐고 J씨는 수십억원의 수임료를 받았으나 이를 제대로 신고하지 않은 것이 국세청에 발각되어 J씨가 부정한 방법으로 탈세했다고 보고, J씨의 수임료에 대해 종합소득세 45억여원을 부과했다. 국세청은 J씨가 성공보수를 1억원으로 정한 허위약정서를 작성하는 방법으로 1억원만 수임료로 신고하고, 나머지 78억여원은 누락했다고 판단하고 세금을 매긴 것이다. J씨는 이에 불복해 국세심판청구를 했으나 패소하자 법원에 소송을 냈다.

➥ 서울행정법원(2007년) 재판부는 원고 승소 판결했다. 재판부는 "J씨가 세금을 누락한 것은 맞지만, 탈세하기 위해 적극적인 부정행위를 저질렀다는 증거가 없기 때문에 세금을 징수할 수 있는 **시효**(5년)가 지났다"고 판결 이유를 밝혔다.

> **해설** 국세청은 2005년에야 J씨가 이 사건 수임에 따른 소득을 신고하지 않았던 것을 발견했다. 국세기본법에 따르면, 국세청은 국세를 부과할 수 있는 날로부터 5년 안에 세금을 부과해야 하지만 납세자가 '사기 기타 부정한 행위로 국세를 포탈'한 경우엔 그 **시한**이 10년으로 늘어난다. '적극적인 부정행위'에 해당되는 것인지 여부에 대한 논란의 여지가 있다.

11 업무용 오피스텔, 양도소득세 특례 적용하여 감면 안 돼

Y(여 · 63)씨는 업무용 오피스텔을 분양받아 주거용으로 사용해 오다가 다른 사람에게 매도하면서 양도세를 자진 납부한 뒤 구 조세특례제한법을 근거로 양도소득세 환불을 요구했으나 거절당했다. Y씨는 관할세무서장을 상대로 양도세부과처분 취소소송을 냈으나 1 · 2심 모두 패했다.

➥ 대법원(2008년) 재판부는 원고 패소한 원심을 확정했다. 재판부는 "조세법률주의의 원칙상 법문 그대로 해석이 돼야 한다"며 "당시 법에 나와 있는 '신축 주택'은 오로지 용도가 주택으로 적시된 경우만 가능하지, 업무시설인데 주거용으로 사용되는 건축물까지 포함하지는 않는다"고 판결 이유를 밝혔다.

> **해설** 정부는 IMF외환위기 직후 경기 활성화를 위해 주택건설을 장려한다는 취지로 구 조세특례제한법에 '신축주택 취득자가 5년 내에 양도할 때는 양도세를 감면한다'는 조항을 신설했었다.

12 외국계 기업 子회사 직원 스톡옵션 이익, 국내 근로소득세 부과 대상인가?

미국 모(母)회사 20세기폭스사(뉴코퍼레이션사)의 국내 자(子)회사 임원으로 7년간 재직했던 A씨는 모회사로부터 호주 자회사(호주 뉴코퍼레이션)의 주식매수선택권(스톡옵션) 4만 4000주를 부여받았다. A씨는 그 중 2만 4500주를 행사해 3억원에 이르는 차익을 얻었다. Y세무서는 A씨가 얻은 이익이 근로제공과 대가관계에 있는 근로소득에 해당한다며 소득세 1억 4000만원을 부과했다. A씨는 Y세무서장을 상대로 종합소득세부과 처분 취소소송을 냈다. A씨는 "스톡옵션 부여 회사는 미국 모회사가 아니고 호주 자회사이며, 호주 자회사와는 아무런 고용관계가 없으므로 근로소득이 아니다"며 소송을 낸 것인데 1 · 2심에서 패소했다.

➡ 대법원(2007년) 재판부는 원고 A씨에게 패소 판결한 원심을 확정했다. 재판부는 "스톡옵션 행사 이익은 국내 자회사의 경영과 업무수행에 직 · 간접적으로 영향을 미치는 미국 모회사가 원고 A씨에게 지급한 것으로서, 원고가 국내에서 제공한 근로와 일정한 대가 관계가 있다고 봐야 한다"며 판결 이유를 밝혔다.

13 자손의 회사에 자산 증여 후 주식가치 상승분 증여세 과세, 정당하다

C씨 할아버지는 자신 소유의 건물을 손자가 운영하는 H회사에 증여했다. 회사는 건물 가격(63억원)을 회계상 이익금에 포함시킨 뒤 법인세(15억원)를 신고 · 납부했다. 서울지방국세청은 건물 증여로 회사의 주식가치가 증가한 부분을 자손들이 증여받은 것으로 판단해 증여세(1억 4000만원)를 포함해 세금(2억 3000만원)을 더 부과하자 C씨는 조세심판원에 심판청구를 냈고 기각되자 소송을 냈다.

➡ 서울행정법원(2012년) 재판부는 비상장법인 H회사 C씨에게 일부 승소 판결했다. 재판부는 "증여세 '완전 포괄주의'가 도입된 개정 상증세법상 증여는 거래의 명칭 · 형식 · 목적을 막론하고 경제적 가치를 계산할 수 있는 유 · 무형의 재산을 타인에게 이전해 타인의 재산 가치를 증가시키는 것을 의미한다"며 따라서 "주주들과 특수관계에 있는 할아버지가 회사에 부동산을 증여하는 방법으로 주식의 가치를 높여놨고 이로 인해 증여 전후에 차액만큼의 이익이 자손들에게 증여됐으므로 과세대상이 된다"고 판결 이유를 설명하면서 "다만 주식가치 차이를 대상으로 과세하는 방식은 객관적 · 합리적이지 않다"며 "부과한 증여세(1억 4000만원)는 취소하라"고 판결했다.

해설 정부는 변칙증여를 막기 위해 상증세법(상속세 및 증여세법)을 개정해 '증여세 완전 포괄주의'를 도입했다. 이번 판결은 개정 상증세법을 적용한 판결이다. 회사를 통하여 편법적 재산증여 및 경영권 승계를 막는 효과를 가져 올 수 있을 것으로 기대된다.

14 미국 거주자라도 한국서 소득발생하면 한국에서 세금내야

L(40)씨는 한국 내 투자기업인 L스타펀드의 대표로서 한국투자와 관련해 132억원을 펀드 운용 성공보수로 받았다. '대한민국과 미합중국간 소득에 관한 조세의 이중과세 회피와 탈세방지 및 국제무역과 투자의 증진을 위한 협약'과 우리 소득세법은 한국에 주소를 두거나 1년 이상 거주하면 소득세를 내야 하지만 미국 거주자는 미국 조세규정을 따르도록 하고 있다. 그는 자신은 협약이 정한 미국 거주자라는 점을 이유로 한국 세무당국에 소득세를 신고 · 납부하지 않았다.

Y세무서는 L씨가 종합소득세를 내지 않은 점 등을 들어 가산세를 포함한 종합소득세 78억여원을 부과했다. L씨는 Y세무서장을 상대로 종합소득세 부과처분 취소 청구 소송을 냈다.

➡ 서울행정법원(2009년) 재판부는 원고 L씨에게 패소 판결했다. 재판부는 "L씨는 2001~ 2004년 한국에 235~308일 체류했고 이 기간 단독주택, 아파트, 아파트 분양권 등을 취득했으며 1999~2003년 L스타 어드바이저코리아 대표로 재직하면서 받은 급여에 대해 소득세를 내기도 한 점을 종합하면 1년 이상 국내에 거주할 필요가 있는 직업을 가졌고 이에 따라 납세 의무가 있다"고 판결 이유를 밝혔다.

15 계약금만 낸 후 양도한 사람, 양도세 중과세율 적용대상 아니다

Y(56)씨는 대한주택공사와 경기도 부천시 소재 토지 1만 3000m²를 35억원에 분양받기로 계약하고 계약금을 지급한 뒤 이 토지를 다른 사람들에게 넘겼다. 세무당국은 Y씨의 거래가 미등기 양도자산(자산취득에 관한 등기를 하지 않고 양도하는 것)에 해당한다고 보고 중과세(세율 65%)하여 양도소득세 등 16억원을 부과했다. Y씨는 계약금만 낸 상태에서 권리를 넘긴 것으로서 권리를 넘겨받은 사람이 대한주택공사에 대금 대부분을 지급했으므로 세금을 낼 이유가 없다고 주장하면서 양도소득세 및 주민세 부과처분 취소소송을 냈다.

➡ 대법원(2012년) 재판부는 원고 승소 판결한 원심을 확정했다. 재판부는 "계약금 지급만으로 Y씨가 해당 토지의 소유권을 취득했다고 보기 어렵고, 등기도 불가능하다"며 "Y씨는 토지 자체를 넘긴 게 아니라 부동산 취득권리를 양도한 것에 불과하다고 봐야 하므로 미등기 자산을 양도했다고 보기 어렵고 따라서 중과세율 적용도 할 수 없다"고 판결 이유를 설명했다. 또 "미등기 양도 자산에 대해 양도소득세를 중과하는 이유는 세금을 포탈하거나 양도차익을 노리는 부동산 투기를 방지하려는 목적"이라며 "Y씨에게 조세 회피 목적이나 투기 목적이 있었다고 보기 어렵다"고 덧붙였다.

16 명의 빌려 받은 명목상 대표에게 종합소득세 부과, 부당하다

H건설회사의 명목상 대표 P(57)씨에게 세무서가 회사의 매출 누락과 관련해서 종합소득세 13억원을 부과했다. P씨는 실질적인 경영자가 따로 있다며 종합소득세부과 처분 취소소송을 냈다.

➡ 서울행정법원(2012년) 재판부는 원고에게 승소 판결했다. 재판부는 "H건설사 대표이사로 법인등기부에 등재돼 있더라도 회사를 실질적으로 운영하지 않았다면 그에게 종합소득세를 부과할 수 없다"고 판결 이유를 설명했다.

17 세금 체납 이유로만 출국금지조치는 위법인가?

S씨는 수억원의 세금을 내지 않은 상태에서 해외로 나가려다 출국금지를 당했다. S씨는 법무부장관을 상대로 출국금지처분 취소소송을 냈다.

➡ 서울행정법원(2012년) 재판부는 원고에게 승소 판결했다. 재판부는 5000만원 이상 국세 체납을 이유로 출국금지가 가능하도록 한 출입국관리법 취지는 국세 체납자가 출국을 이용하여 재산을 해외로 도피시켜 세금을 납부하지 않으려는 행위를 막기 위한 것"이라며 "체납자의 해외 도피 또는 재산 도피 등의 구체적인 이유가 있지 않는 한 출국 금지처분은 부당하다"고 판결 이유를 밝혔다.

18 펀드 원금 까먹었어도 환차익 세금? 내야 한다

K(53)씨는 일본 펀드에 2억 3000만원을 투자했다가 펀드 환매를 하면서 원금 4400만원을 까먹었다. 실제 주가하락에 따른 손실은 더 컸지만, 환차익이 1억 5000만원 가량 생겨 그나마 손실규모가 준 것이다. 그러나 국세청은 환차익에 대한 세금 1300만원을 부과했다. K씨는 국세청을 상대로 소송을 냈다. 1심 재판부는 펀드에 손실이 발생한 경우 환차익이 존재한다고 하더라도 그 환차익만을 구분해 세금을 물릴 수 없다며 K씨에게 승소 판결했다.

➡ 서울고등법원(2013년) 재판부는 1심 판결을 뒤집고 K씨에게 패소 판결했다. 재판부는 "펀드 원금을 까먹었어도 환차익에 따른 소득은 별개의 문제여서 세금을 내야 한다"고 판결 이유를 설명했다.

05 기타 알아 둬야 할 민생법률관계

가격 담합 밀가루제조업체 가격 담합 땐 밀가루 구입업체에서도 배상해야 하나?

J제당 등 전국 밀가루제조업체는 밀가루생산량과 가격인상을 담합했다. 이들 업체들로부터 밀가루를 구입해 빵을 만들던 S식품은 밀가루제조업체들에 자발적 배상을 요구했으나 받아들여지지 않자 J제당과 S사를 상대로 38억원을 배상하라며 소송을 냈다.

➡ 대법원(2012년) 재판부는 J제당이 12억원, S사가 2억원을 배상하라고 판결한 원심을 확정했다. 재판부는 "담합한 회사들이 도매상에 대한 공급가격을 담합하면서 원고를 포함한 대량 수요처의 공급가격도 인상됐다. 이 경우 공정거래법에 따라 원고가 입은 손해를 담합한 회사들이 배상할 의무가 있다고 본 원심은 정당하다"고 판결 이유를 밝혔다. 제조업체들은 **'손해전가의 항변'**이라는 논리로 중간소비자에게 손해배상책임이 없다고 주장했다.

> 해설 **'손해전가의 항변'**(Passing on Defence)이란 실제 담합이 있었더라도 중간소비자가 제품가격을 올렸으면 원재료 가격 인상에 따른 피해를 방어할 수 있어 별도의 배상이 필요하지 않다는 논리다.

건물주 책임 세입자 물품 침수 피해, 건물주 80% 책임

문구류 도매업체 M사는 건물의 2층 사무실과 지하창고를 임차해 사용 중인데 1층 갤러리의 싱크대 수도배관 공사의 부실시공으로 수돗물이 지하 1층으로 흘러들어가 보관하던 문구류가 물에 젖어 사용하지 못하는 피해를 보자 건물주를 상대로 손해배상 청구소송을 냈다.

➡ 서울중앙지방법원(2009년) 재판부는 "건물주는 M사에 손해액의 80%인 1억 4300만원을 지급하라"며 원고 승소 판결했다. 재판부는 "건물 임대인이 제3자에게

건물수선을 맡겼다 부실시공으로 임차인에게 손해를 입혔다면 건물 임대차계약에 따른 채무불이행으로 손해배상책임을 져야 한다"고 판결 이유를 밝혔다.

골프 사고 골프 스윙으로 캐디 중상, 플레이어 · 피해자 캐디 · 골프장 경영주 공동책임

G(29)씨는 티샷 순서를 기다리면서 '워밍업 백스윙'포즈를 취하기 위해 골프채를 뒤쪽으로 넘겼다. 그 순간 뒤쪽에 서 있던 캐디(경기보조원) K씨의 오른쪽 눈이 타격 당했다. 진단결과 시력이 회복될 수 없다고 한다. K씨는 손해배상 청구소송을 냈다.

➡ 대구지방법원(2011년) 재판부는 G씨와 K씨 소속 골프장 경영주는 각각 5600만원씩을 K씨에게 지급하라고 판결했다. 재판부는 "G씨는 연습 스윙을 하면서 주변을 살펴야 할 의무를 게을리한 만큼 당연히 손해배상책임이 있다"고 하면서 또한 "골프장운영자도 캐디가 다치지 않도록 환경을 조성하는 등 필요한 조치를 해야 하는 보호 의무를 이행하지 않아 배상책임이 있다"고 판결 이유를 설명했다. 한편 "원고 K씨도 고객이 함부로 연습 스윙을 하지 못 하도록 안내하는 등 안전사고 방지를 위해 노력해야 하는데도 이를 소홀히 한 책임이 인정돼 피고들의 책임은 60%로 제한한다"고 덧붙였다.

해설 이 민사소송 결과와는 별도로 G씨는 형사상 중과실치상 혐의로 기소돼 형사재판을 받아 금고 10월에 집행유예 2년을 선고받았다.

공소시효(외국) 살인공소시효 만료 후에도 민사상 손해배상책임 인정

일본 최고재판소(2009년) 재판부는 초등학교 여교사(29)를 살해한 뒤 자택 마루 아래에 묻고 형사공소시효(15년)가 종료된 후에 자수한 학교 경비원(73)에 대해 유족에게 위자료와 손해배상금으로 4255만엔(6억원)을 지급하라고 판결했다.

➡ 재판부는 "범인이 의도적으로 피해자의 주검을 감추었고 이 때문에 상속인(유족)이 범행 자체를 모른 채 20년(손해배상 청구권 소멸시효)이 흘러가게 되어 상속인이 권리행사를 할 수 없게 되었는 바 이런 원인을 제공한 가해자가 배상의무를 면하게 되는 것은 정의와 공평의 이념에 반한다"고 판결 이유를 밝혔다. 이어 "상속인이 확정된 시점(피해자의 사망 및 신원이 확인된 시점)부터 6개월 동안 피상속인이 가진 손

해배상 청구권은 소멸하지 않는다는 민법 규정을 적용해야 한다"고 덧붙였다. 유족들은 피해자가 확인된 2004년 12월부터 약 4개월 후에 손해배상 소송을 제기했다.

공해배출 공해 발생업체가 무해 입증 못 하면 손해배상책임진다

김포와 강화지역 어민들은 이곳이 쓰레기 매립지로 지정된 후부터 침출수 때문에 어장 수질이 나빠지고 어획량이 감소하는 피해를 보고 있다며 수도권매립지관리공사를 상대로 손해배상 청구소송을 냈다.

➡ 대법원(2012년) 재판부는 원고 패소로 판결한 2심을 깨고 승소 취지로 사건을 서울고등법원으로 돌려보냈다. 재판부는 "공해소송에서 피해자에게 피해사실을 과학적으로 입증하라고 하는 것은 공해로 인한 사법적 구제를 사실상 거부하는 결과를 가져올 수 있다"면서 "가해 기업이 유해한 물질을 배출해 손해를 발생시켰다면 가해자 측에서 그것이 무해하다는 것을 입증할 책임이 있다"고 판결 이유를 밝혔다.

해설 손해배상 청구사건에서 입증책임을 가해자에게 부담시키는 것은 예외적이다. 일본법원이 이타이이타이병(카드뮴 중독)이 생긴 주민들이 근처의 오염물질 배출업체를 상대로 낸 소송에서 처음으로 가해자인 제조업체에게 입증책임을 부담시킨 예가 있다. 우리나라도 최근 환경 · 의료 관련 소송에서 가끔 나타나고 있는 추세이다.

1 과실 책임 골인돼 그물에 출렁이는 공에 걸려 부상, 예측 불가능해 배상 책임 없다

평소 다리가 불편한 K(58)씨는 학교 운동장에서 재활치료를 위해 자전거를 타고 축구 골대에 바짝 붙어 지나가던 중 마침 H(15)군이 차 넣어 그물에 걸린 공에 자전거 앞바퀴가 걸리면서 넘어졌다. K씨는 다리뼈에 금이 갔고 구급차로 이송된 뒤 병원 신세까지 져야 했다. K씨는 H군 부모와 치료비 문제 등으로 대화를 하다가 잘 안돼 K씨는 손해배상 청구소송을 냈다. 1심에서 일부 승소에 그치자 항소했다.

➡ 서울북부지방법원(2006년) 항소재판부는 H군에게 **예측 불가능한** 상황이었다며 원고 K씨에게 패소 판결했다. 재판부는 "골대 안으로 차 넣은 공이 그물에 걸려 출렁이면서 자전거를 타고 가는 행인을 맞혀 쓰러뜨리는 이례적 상황을 예견하기는 어렵다"고 판결 이유를 설명했다. 또 재판부는 "골대에 그물이 설치돼 공이 통과할 수 없었고 K씨는 도로폭이 7m이상으로 공간이 충분한데도 골대에 바짝 붙어 자전거를 타고 갔기 때문에 H군의 과실을 인정할 수 없다"고 덧붙였다.

해설 결과의 발생을 예견할 수 있었다면 사회생활을 영위하는 일반인으로서 상호 간에 주의하여야 할 의무가 있다. 그러나 **예측 불가능한** '과실'은 인식 없이 행한 것이므로 책임을 물을 수 없다.

2 과실 책임(외국) 20대와 부딪쳐 90대 골절, 책임 싸고 판결 엇갈려

도쿄(東京) 세타가야(世田谷)지역 교차로에서 A(여 · 91)씨와 B(여 · 25)씨가 부딪쳤다. 넘어진 A씨는 엉덩이 관절뼈가 부러져 오른쪽 다리에 보행 장애가 생기자 B씨를 상대로 2000만 엔의 손해배상 청구소송을 냈다.

➥ 일본 도쿄법원 1심 재판부는 B씨에게 주의 의무를 위반한 과실을 인정해 780만엔(약 6200만원)을 지불하라고 A씨에게 승소 판결했다. 재판부는 "건강한 성인보행자는 고령자나 유아 등 '보행 약자'와의 접촉이나 충돌을 회피할 주의 의무가 있는데, 피고 B씨는 친구와 대화를 하며 걷느라 이를 지키지 않은 과실이 있다"고 판결 이유를 밝혔다. 그러나 도쿄 고등재판소(2006년) 재판부는 1심 판결을 취소하고 A씨의 청구를 기각했다. 재판부는 "교차로는 본래 혼잡하고 걷다가 멈춰 서는 사람도 많다. 두 사람 모두 천천히 걷다가 피고가 멈춰서는 바람에 원고가 부딪쳐 넘어진 것으로, 피고에게 주의 의무 위반 과실이 있다고 보이지는 않는다"고 기각 판결 이유를 설명했다.

기초생활수급 자식이 부모부양 기피하면? 기초생활수급대상자로 지정해야 한다

K(여 · 68)씨는 남편의 사업실패로 생활고를 겪고 있으나 장남 부부와 사이가 좋지 않아서 도움을 요청할 수 없는 상황이라 구청을 상대로 생활보호 대상자로 지정하고, 사회복지서비스를 제공해 달라고 신청했으나 주민등록상 부양의무자가 존재한다는 이유로 생활보호 대상자(기초생활수급 대상자) 자격이 없다고 거부 처분했다. K씨는 소송을 냈다.

➥ 대법원(2011년) 재판부는 구청은 K씨에게 사회복지서비스를 제공해야 한다는 원심 판결을 확정했다. 재판부는 "장남은 K씨를 부양할 수 없다는 의사를 밝혔고, 연락과 왕래가 끊겨 있는 사실이 확인됐기 때문에 주민등록상 자식이 있다고 해도 부양을 받을 수 없는 경우에는 구청이 경제적 지원을 해야 한다"고 판결 이유를 설명했다.

> **해설** 부양능력이 있는 부양 의무자(부모 · 자녀 · 며느리 · 사위 등)가 있는 사람은 기초생활수급 대상자에서 제외돼 생활비(월 최고 43만원)를 지원받을 수 없다.

낙동강 사업 '낙동강사업' 절차상 중대 하자, 그러나 공익목적상 사정판결(事情判決)

'낙동강 살리기 사업'을 취소해 달라며 '국민 소송단' 1791명이 국토해양부 장관을 상대로 하천공사 시행계획 취소 청구소송을 냈다. 1심에선 기각 판결했다.

➡ 부산고등법원(2012년) 재판부는 이 사업이 경제성에 대한 예비타당성 조사를 거치지 않아 위법하지만, 사업을 취소할 수는 없다고 **사정판결**했다. 재판부는 "**국가재정법 제38조**와 시행령 제13조는 '500억원 이상이 투입되는 대규모 국책사업은 경제성에 대한 예비타당성 조사를 거쳐야 한다'고 규정돼 있는데, 낙동강사업은 보의 설치, 준설 등에 대한 예비타당성 조사를 하지 않아 위법한 행정처분이다"라고 판시했다. 다만 "이 사업을 위해 광범위한 토지가 수용되면서 많은 이해관계인과 새로운 법률관계가 형성됐기 때문에 사업을 취소할 수 없다고 덧붙였다.

> **해설**
> 1. **'사정판결'(事情判決)**이란 원고의 청구가 이유 있다고 인정한 경우에도 처분 등을 취소하는 것이 현저히 공공복리에 적합하지 아니하다고 인정되는 때에는 법원이 원고의 청구를 기각할 수 있다. 다만 이 경우 법원은 그 판결의 주문에다 그 처분 등이 위법함을 명시해야 한다.
> 2. **국가재정법 제38조(예비타당성 조사) 1항**; "기획재정부 장관은 대규모 사업에 대한 예산을 편성하기 위하여 미리 예비타당성 조사를 실시하고, 그 결과를 요약하여 국회소관 상임위원회와 예산결산특별위원회에 제출하여야 한다"

1 낙상 부상 목욕탕서 미끄러져 다치면, 주인이 배상해야

S(50)씨는 목욕탕에서 온탕에 발을 담그려다 탕 바닥에 발이 미끄러지면서 탕 안쪽 난간에 옆구리를 세게 부딪혔다. 병원으로 옮겨진 S씨는 왼쪽 늑골이 골절됐다는 진단을 받았다. S씨는 목욕탕 주인과 목욕탕 측 보험사를 상대로 손해배상 청구소송을 냈다. 1심 재판부는 목욕탕 시설에 하자가 있다는 것을 인정할 증거가 없고 목욕탕은 항상 물에 젖어 있어서 물기를 제거할 방법이 없다며 목욕탕 주인의 배상책임을 인정하지 않아 원고 패소 판결했다. 원고 S씨는 항소했다.

➡ 서울중앙지방법원(2009년) 민사항소부는 1심 판결을 뒤집고 목욕탕 주인과 보험사가 S씨에게 280만원을 배상하라고 판결했다. 재판부는 "목욕탕 온탕 내부에 있는 스테인리스 재질의 바닥이 관련법의 시설기준에 위배되지 않고, 다른 목욕탕에서도 사용하는 일반적인 것이었더라도 바닥에 충분한 미끄럼 방지시설을 하지 않아 사고가 났으므로 주인이 안전장치를 소홀히 한 책임을 져야 한다"고 판결 이유를 밝혔다.

2 낙상 부상 백화점 안에서 카펫에 걸려 미끄러져 다쳤다면, 백화점이 위자료 줘야

K(여 · 51)씨는 백화점에서 넘어져서 다쳤다. K씨는 L백화점이 카펫을 바닥에 제대로 고정해 놓지 않아 미끄러지는 바람에 다쳐 피해를 봤다며 L백화점을 운영하는 L사를 상대로 손해배상 청구소송을 냈다.

➡ 서울중앙지방법원(2007년) 재판부는 L사 측은 K씨에게 위자료 458만원을 물어주라며 K씨에게 승소 판결했다. 재판부는 "백화점 측은 비가 오는 날 고객들이 미끄러져 넘어지는 사고를 막기 위해 카펫의 가장자리가 바닥에 고정되게 테이프로 마감하는 등 충분한 안전 조치를 취할 의무가 있다"며 "백화점 측은 카펫을 바닥에 그냥 깔아놓기만 했을 뿐 별다른 안전조치를 취하지 않아 K씨가 사고를 당한 점이 인정되므로 손해를 배상할 책임이 있다"고 판결 이유를 밝혔다. 그러나 "당시 K씨도 백화점 통로의 바닥에 물기가 있어 미끄러질 수 있다는 것을 충분히 알고도 스스로 안전사고의 주의 의무를 다하지 않은 잘못이 있기 때문에 백화점 측의 잘못을 30%로 제한한다"고 덧붙였다.

1 난민 기독교로 개종한 이란인, 난민 인정해 줘야

이란에서 기독교로 개종한 뒤 종교의 자유를 위해 한국으로 입국한 이란인 A(28)씨는 2009년 이란대통령 부정선거에 항의하며 상암월드컵경기장에서 'Free Iran(이란에 자유를)'이란 문구가 새겨진 현수막을 들고 시위를 벌였다. A씨는 그 후 법무부에 난민으로 인정해 달라고 신청을 했으나 거부당했다. A씨는 법무부를 상대로 난민인정 불허처분 취소 청구소송을 냈다.

➡ 서울행정법원(2011년) 재판부는 A씨에게 난민 인정 판결했다. 재판부는 "이란은 소수 종교자에 대한 차별이 심각하다"며 "송환되면 박해받을 근거가 있다"고 판결 이유를 설명했다.

2 난민 탈북자 지원한 국내 체류 중국 동포, 난민 인정해야

중국동포 K(44)씨는 중국 선양(瀋陽)에서 알고 지내던 탈북자 인권운동가 L씨의 부탁으로 탈북자들에게 숙식제공 또는 공항 안내 등의 도움을 줬다. 그 후 K씨는 산업연수생 자격으로 한국에 와 있다가 아내로부터 L씨가 공안당국에 체포돼 사형을 당했고 K씨가 공범혐의를 받고 있다고 알려왔다. K씨는 처벌이 두려워 한국체류 법정기한을 넘겼는데도 귀국하지 않고 머물러 있다가 무면허운전이 적발되어 강제퇴거명령을 받았다. K씨는 법무부에 난민신청을 했으나 불허되자 법무부를 상대로 난민인정 불허처분 취소 청구소송을 냈다.

➡ 서울행정법원(2011년) 재판부는 K씨에게 승소 판결했다. 재판부는 "중국 형법 등에 따르면 탈북자를 지원하면 무기징역에서 벌금형까지 처벌하도록 규정하고 있어 K씨는 체포나 구금을 당할 수 있고 중국의 탈북자 정책에 반대하는 정치적 견해를 갖고 있는 것으로 의심받을 수밖에 없어 난민인정 사유에 해당한다"고 판결 이유를 설명했다.

뇌물 뇌물로 받은 금품, 소득세법상 '기타소득'으로 과세대상이다

세관공무원 J씨는 심사업무를 담당할 때 도움을 준 대가로 1억원을 뇌물로 받은 사실이 드러나 특정범죄가중처벌법위반 혐의로 징역 5년을 선고받았다. D세무서는 이 금액에 대하여 종합소득세 4800만원을 부과했다. J씨는 뇌물에 대해 부과된 종합소득세를 취소하라며 소송을 냈다.

➡ 서울행정법원(2011년) 재판부는 J씨에게 패소 판결했다. 재판부는 "J씨는 양주 수입업체에게 수백억원을 환급받게 하고 사례금 명목으로 1억원을 받았다"며 "이 돈은 옛 소득세법상 기타소득의 한 종류인 사례금에 해당하므로 소득세를 부과할 수 있다"고 판시하면서 "뇌물과 알선수재로 받은 금품은 소득세법 개정(2005년)에서 **기타소득**으로 규정됐지만, 그 이전 뇌물에 대해 과세할 수 없다는 해석이나 관행은 없다"며 판결 이유를 설명했다.

> **해설** **'기타소득'**이란 일시적 · 우발적으로 발생하는 소득으로 세법에서 제한적으로 열거하고 있는 것에 한한다. 기타소득에는 상금 · 현상금 · 포상금 · 사례금 등으로 다양하다. 기타소득 금액은 당해 연도의 총수입금액에서 이에 소요된 필요경비를 공제한 금액으로 한다.

대리권 위조 집주인 확인 안 한 세입계약자 보증금 손해, 계약자 본인도 일부 책임져야

다가구 임대주택을 물색하던 L씨는 부동산중개인 K씨의 중개로 임대차계약의 대리인 위임을 받았다는 J씨와 임대차계약을 하고 계약금과 잔금 5000만원을 지급했다. 그러나 실소유주는 J씨의 사망한 할아버지로 상속등기가 이뤄지지 않은 상태였고 J씨가 대리권을 위조한 것이었다. L씨는 K씨와 공인중개사협회 및 J씨를 상대로 손해배상 청구소송을 냈다. 1심 판결은 중개인 과실을 80%로 제한해 4000만원을 배상하라고 판결했으나 2심은 100% 중개인 과실로 인정했다.

➥ 대법원(2012년) 재판부는 100%로 인정한 원심을 깨고 사건을 서울북부지방법원으로 돌려 보냈다. 재판부는 "주택소유자가 명확하지 않은 상황에서 L씨가 중개인만 믿은 채 등기권리증과 위임장 등을 통해 대리권 유무 확인을 소홀히 한 과실이 인정된다"며 "이런 사정을 과실상계 사유로 참작하지 않은 원심은 법리를 오해했다"고 판결 이유를 밝혔다.

도박 도박 판돈으로 로또 샀어도 당첨금 분배 약속, 유효하다

A씨는 B씨 등 6명과 포커 도박을 하다가 판돈의 일정액을 떼어내 로또복권 14장을 구입하기로 하고 구입한 것을 각각 두 장씩 나눠 가졌다. 이들 7명은 '당첨자는 당첨금의 절반을, 나머지 절반은 6명이 나눠 갖자'고 약속했다. 며칠 후 A씨의 로또복권이 1등에 당첨됐다. 하지만 A씨는 범죄행위인 도박판에서 나온 자금으로 구입한 로또복권의 당첨금 분배는 반사회적 법률행위로 당연히 무효라고 주장하며 1등 당첨금 52억원 중 세금을 공제하고 35억 7000만원을 혼자 챙겼다. 이에 B씨 등 6명은 A씨를 상대로 당첨금분배 청구소송을 제기했다. 1심에서 B씨 등 원고에게 승소 판결했다.

➥ 대구고등법원(2009년) 재판부는 1심 판결대로 원고 승소 판결했다. 재판부는 "도박판 판돈이더라도 당첨금을 분배하기로 한 약정은 유효하다"고 판결 이유를 밝혔다.

동거인 불법 예금인출 동거인이 몰래 예금인출, 은행 배상책임 있나?

L(여 · 45)씨는 은행계좌를 개설한 뒤 사업관계로 사실혼관계에 있는 J씨의 친구인 P씨에게 통장과 비밀번호를 알려줬다. J씨는 P씨로부터 통장을 건네받은 뒤 L씨의 동의없이 L씨 은행인감을 위조하는 방식으로 두 개 지점에서 합계 3200만원

을 인출해 갔다. L씨는 은행을 상대로 예금반환 청구소송을 냈다. 1심 재판부는 J씨가 비밀번호를 정확히 입력하고 눈으로 보기에 J씨가 사용한 인감이 L씨 거래인감과 차이가 없다며 은행 측에 승소 판결했다. 하지만 2심 재판부는 예금명의자와 인출자 성별이 다른 점, J씨가 사용한 도장과 통장에 날인된 도장이 자세히 보면 차이가 있다는 점 등을 들어 은행 과실이 일부 있다고 판단하고 960만원을 L씨에게 돌려주라고 판결했다.

➡ 대법원(2013년) 재판부는 원심을 깨고 사건을 울산지방법원 합의부로 돌려보냈다. 재판부는 "인감 대조에 숙련된 금융기관 직원이 충분히 주의를 다해도 육안에 의한 통상의 방법으로는 위조된 인감에 의해 날인됐다는 것을 확인할 수 없다고 봄이 상당하다"고 판결 이유를 설명했다.

동상(銅像) 소유권 파손된 이승만 대통령 동상 매입 후 보관시킨 자, 되찾을 수 있을까?

H(88)옹은 1960년 4 · 19혁명 당시 시민들이 끌어내린 이승만 초대대통령 동상 2개를 1963년 고물상에서 구입(당시 시가 409,000원)했다. 하나는 탑골공원에 있던 동상의 상반신이고 다른 하나는 남산공원에 있던 동상의 머리 부분이다. H씨는 J(여 · 83)씨 집에 3년간 세 들어 살면서 보관해 오다가 이사가면서 J씨에게 동상들을 맡겨놨다. 그 후 16년 뒤인 1984년 J씨를 찾아 돌려달라고 하자 "민법상 점유취득 시효인 10년이 지나 소유권이 내게 넘어왔다"며 돌려주지 않았다. H씨는 소송을 냈다. 1심 재판부는 H씨가 J씨에게 소장을 발송했으나 J씨가 병원 입원 중이라 소송 사실이 전달되지 않아 소송에 응하지 않은 까닭에 H씨에게 승소 판결했다. J씨는 항소했다.

➡ 서울중앙지방법원(2012년) 민사항소재판부는 H씨가 동상을 맡긴 것이기 때문에 J씨가 동상을 오랜 기간 점유했다고 하더라도 소유권을 얻을 수 없는 '**타주점유**에 해당한다'며 H씨에게 승소 판결했다.

해설 **'타주점유'(他主占有)**란 자주(自主)점유(소유의 의사를 가지고 하는 점유)에 반대개념으로서 타인이 소유권을 가지고 있다는 것을 전제로 하는 점유를 말한다. '소유의 의사'가 있느냐의 여부는 대법원 판례에 의하면 점유취득의 원인이 된 사실, 즉 권원(權原)의 성질에 의하여 객관적으로 정해진다.

면책약관 면책약관 있어도 사우나장서 넘어져 다치면, 업주 배상책임

스포츠센터 내 사우나시설을 이용하고 나오다 넘어져 다친 K(여)씨가 스포츠센터 업주 L씨를 상대로 손해배상 청구소송을 냈다.

➡ 의정부지방법원(2009년) 재판부는 원고에게 640만원을 지급하라고 승소 판결했다. 재판부는 "사우나시설 출입구 부근은 바닥이 미끄럽기 때문에 시설관리자는 고객이 넘어지지 않도록 방지할 주의 의무가 있다"며 "사고 당시 K씨가 넘어진 곳 근처에는 미끄럼방지시설이나 주의 안내문 등이 부착돼 있지 않았기에 피고 L씨에게 손해배상책임이 있다"고 판결 이유를 밝혔다. 재판부는 "K씨가 스포츠센터회원 등록 시, '회원의 고의 · 과실로 인한 부상의 경우 센터가 책임지지 않는다'는 약관에 동의했다 하더라도 무조건 배상책임을 지지 않는다고 볼 수는 없다"고 덧붙였다.

1 명예훼손 대학교수 사생활 폭로가 공익을 위한 것이라면 명예훼손이 안 되는가?

대학 음대교수 L씨는 여제자 K양과 부적절한 관계에 있다는 소문이 널리 퍼져있다. K양과 차 안에서 나란히 누워있는 것을 학생들이 보기도 했고 불 꺼진 연구실에서 함께 나오는 모습이 목격되기도 했다. 대학 홈페이지 게시판에 L교수의 사생활을 비난하고 교수로서의 자질을 비판하는 글이 오르기도 했다. 결국 L씨는 두 번째 아내와 이혼하고 K양을 세 번째 아내로 맞이하여 결혼했다. 동료 교수 H씨는 L교수의 사생활과 교수 자질을 비판한 유인물 5000장을 교내에 배포했다. 학생들은 L교수의 사직을 촉구한 대자보를 게시하고 졸업한 선배, 동문들은 총장에게 사직서를 받으라고 촉구했다. 결국 L교수는 사직했다. 그리고 L교수는 H교수가 자기명예를 심각하게 훼손했다고 1억원의 손해배상 청구소송을 냈다.

➡ 서울중앙지방법원(2006년) 재판부는 L교수의 소송을 기각했다. 재판부는 "H교수가 유인물에 기재한 내용은 L교수의 외부적 · 사회적 평판을 저하할 만한 사실에 해당하며 이를 적시한 행위는 명예훼손이 성립한다. 그러나 H교수가 유인물을 배포한 것은 제자들에게 학문을 가르치고 학업의 성취도에 대한 공정한 평가가 이뤄져야 할 신성한 대학에서 제자와 부적절한 관계를 가진 L교수의 사직과 대학의 대책을 촉구하기 위해 이뤄진 것으로 공공의 이익을 위한 것이다. 따라서 위법성이 없어진다"고 판결 이유를 밝혔다.

2 명예훼손 형사상 유죄이더라도 민사상 손해배상 청구소송 기각될 수 있다

국회의원 G씨는 국회주최의 전국대학생토론회를 마친 뒤 참석 학생들과의 질의응답시간에 한 여대생이 아나운서가 될 수 있는 방법을 물은데 대하여 "아나운서가 되려면 갖고 있는 것을 다 줘야 한다"는 식의 저질적 발언을 한 혐의(명예 훼손)로 불구속 기소되어 1 · 2심에서 모두 징역 6월에 집행유예 1년을 선고받았다. 한국아나운서연합회는 G씨의 발언으로 정신적 피해를 봤다며 G씨를 상대로 10억원의 위자료 청구 **집단소송**을 냈다.

➡ 서울남부지방법원(2011년) 재판부는 원고 연합회에 패소 판결했다. 재판부는 "G씨 발언이 국회의원으로서 비상식적이고 여성을 비하한 사실은 인정되나 특정 아나운서를 지칭한 발언이라 볼 수 없어 아나운서 개개인이 구체적인 피해자가 됐다고 볼 수 없다"고 판시하면서 "이 청구를 받아들이게 되면 '국회의원은 다 도둑놈'이란 말이 있는데 이런 말까지 소송을 걸 수 있다는 의미로 해석될 수 있어 사회적 혼란을 가져올 수 있다"고 패소판결 이유를 설명했다.

> 해설 형사사건 판결을 기초로 민사소송을 낸 경우이다. 반드시 민 · 형사가 같은 방향의 판결을 하지 않는다는 것을 보여주고 있다. **'집단소송'**이란 공동의 이해관계가 있는 다수가 소송을 제기하는 것을 말한다. 주로 많은 수의 피해자와 각각의 소액의 피해 규모로 인해 개개인이 소를 제기하는 것이 어려울 경우 사용하는 방법이다. 고엽제, 석면, 미국의 담배회사를 상대로 한 소송 등이 그 예이다.

묘지 통행권 남의 묘지 가는 길, 울타리로 막아선 안 된다

제주도에 사는 Y(63)씨는 조상 묘지로 가는 지름길이 묘지 주변의 땅을 사들인 사람이 "땅을 보호하겠다"며 토지 밖 경계를 따라 돌담을 쌓아 놓았기 때문에 돌담에 의해 막혀 있는 사실을 발견했다. Y씨는 할 수 없이 수차례 담을 넘어 벌초와 성묘를 해야 하는 과정에서 땅 주인과 다툼도 벌였다. Y씨는 "조상의 묘에 마음대로 갈 수 있도록 담장 3m(차량이 통과할 수 있는 넓이)를 허물어 달라"는 '통행권 확인' 소송을 냈다. 1 · 2심 법원은 "철문을 통해 묘지에 걸어서 접근할 수 있기 때문에 담장을 허물어 달라는 요구는 과도하다"며 원고 패소 판결했다.

➡ 대법원(2006년) 재판부는 원심을 깨고 피고에게 승소 판결했다. 재판부는 “차량으로 통행할 권리까지 인정해 주는 것은 과도하더라도 Y씨가 도보통행을 할 의사가 있다면 이를 보장해 줘야 한다”고 판결 이유를 밝혔다.

변호사 실수 변호사 실수로 상고 안 해 패소 확정됐다면? 변호사가 손해배상책임져야

소송의뢰인 N(여 · 51)씨는 9억원짜리 부동산매매계약을 체결했다가 다툼이 생겨 소송을 시작했다. 1심에선 승소했지만 항소심에서 패소해 변호사 L씨에게 상고심을 의뢰했다. 하지만 L씨는 상고이유서를 제출하지 않아 패소가 확정되자 N씨는 L씨를 상대로 대법원에서 재판을 받아볼 기회를 상실했다면서 손해배상 청구소송을 냈다.

➡ 서울중앙지방법원(2011년) 재판부는 L씨는 N씨에게 2000만원을 배상하라며 N씨에게 승소 판결했다. 재판부는 “소송수행사무를 위임받은 변호사는 의뢰인이 재판을 받을 권리를 충실히 보장해줘야 하는 업무의 중대성과 전문성으로 인해 더욱 가중된 주의 의무가 요구되는데 이를 소홀히 한 점이 인정된다”며 “1심에서 승소했던 N씨가 항소심에서 지는 바람에 상고심 재판을 받아볼 필요가 있었던 점 등을 종합해 배상액을 정했다”고 판결 이유를 설명했다.

해설 유사 사례에 대한 대법원 판결(1993년)을 보면 상급심에서 확실히 이겼을 것이라고 단정할 수 없어 적극적 재산상 손해는 인정해 주지 않는다는 입장이다. 그러나 최근엔 재산상 손해뿐만 아니라 ‘정신적 피해’까지 주장하는 소송이 늘어나고 있으며 받아들이는 추세도 늘어나고 있다.

1 부당이득 악의 없으면 알박기도 괜찮다?

울산에서 재개발을 추진 중인 K회사가 L(68)씨에게서 토지 324m²를 30억원에 매입했는데 시가와 14억원의 차액이 난다. K회사는 토지거래에 폭리가 있어 무효라며 14억여원을 돌려 달라는 부당이득금 반환 청구소송을 제기했다.

➡ 울산지방법원(2007년) 재판부는 원고 패소 판결했다. 재판부는 “거래 등 민법상 불공정한 법률행위는 현저한 불균형이 발생해야 하고 아울러 폭리행위의 **악의**가 있어야 한다”며 “원고가 사업용지 대부분을 매입한 상태에서 이 사건 토지를 인접 토지보다 높은 가격에 매수한 사실이 인정되지만 그것만으로 계약을 무효로 해야 할 정도로 폭리행위의 악의가 있었다고 보기 어렵다”고 판결 이유를 밝혔다.

해설 **'악의'**(惡意)란 '선의(善意; 어떤 사정을 알지 못하는 것)'의 반대 개념으로서 어떤 사정을 알고 있는 것을 말한다. '악의의 당사자'는 거래상 보호를 받지 못한다.

2 부당이득 압류당한 은행계좌로 잘못 보낸 돈, 되돌려 받을 수 없다?

S(49)씨의 언니 A씨는 사채업자 M씨로부터 빌린 돈 2500만원을 갚기 위해 동생 S씨에게 M씨 계좌에 송금할 것을 부탁했다. 그러나 A씨는 실수로 M씨 계좌가 아닌 거래처 L(51)씨의 계좌를 잘못 불러줬고 S씨는 L씨 계좌로 송금했는데 L씨의 계좌가 KR&C(옛 정리금융공사)로부터 압류당하면서 돈을 반환받지 못하게 되자 KR&C와 계좌주 L씨를 상대로 부당이득 반환 청구소송을 냈다.

➡ 대법원(2009년) 재판부는 원고 S씨에게 승소 판결한 원심을 깨고 사건을 서울중앙지방법원으로 돌려보냈다. 재판부는 "S씨는 L씨에 대해 부당이득 반환청구권을 가질 뿐 예금채권이 KR&C로 넘어가는 것을 막을 권리를 취득하는 것은 아니다"라고 판결 이유를 설명했다.

3 부당이득 일괄징수 사찰문화재 관람료, 법적 근거 없어 부당이득이다

S씨 등 22명이 문화재 관람료를 돌려 달라며 경기 동두천시 자재암을 상대로 낸 부당이득금 반환 청구소송을 냈다.

➡ 의정부지방법원(2009년) 재판부는 "자재암은 S씨 등에게 각각 1000원의 문화재 관람료를 돌려주라"며 원고 승소 판결했다. 재판부는 "자재암이 소요산 입구에 매표소를 설치해 등산객의 의사와 관계없이 일률적으로 문화재 관람료 1000원을 징수한 행위는 법률상 근거가 없다"며 판결 이유를 밝혔다. 또 "사찰은 문화재 관람객과 그렇지 않은 사람(등산객)과 구별해 문화재 관람료를 징수해야 하는데 구별하지 않았다"고 덧붙였다.

해설 현행 문화재보호법은 "국가지정문화재의 소유자 등이 그 문화재를 공개할 경우 관람료를 징수할 수 있고, 관람료는 문화재의 소유자, 보유자 또는 관리단체가 정한다"고 규정하고 있다. 한편 자재암은 통일신라 때 원효대사가 창건한 고찰로 보물 제1211호로 지정된 반야심경언해본과 소요산의 95%를 소유하고 있다.

4 부당이득 아이폰 리퍼 비용 고객 부담, 애플의 부당이득인가?

G씨는 구입한 지 일주일도 안 된 아이폰 4에 액체가 스며들어 고장 나자 애플 서비스센터를 찾아갔다. G씨는 무상수리나 교체 서비스를 기대했는데 서비스센터에 29만원을 내고서야 리퍼폰을 갖고 갈 수 있었다. G씨는 아이폰 구입 당시 액체류 접촉 고장에 대한 수리 불가 방침을 설명해주지 않았다면서 리퍼폰 대금(29만원)은 부당이득이라며 반환청구소송을 냈다. 2심 법원은 청구를 기각해 G씨는 패소당했다.

➡ 대법원(2012년) 재판부는 원고 패소 판결한 원심을 확정했다. 재판부는 "G씨의 귀책사유로 휴대전화가 고장 난 만큼 약관에서 보증하는 '정상적인 사용'이 아니고, 대금을 지급한 뒤 **리퍼폰**을 수령한 것은 별도 약정에 의한 것인 만큼 피고가 상당한 이익을 얻었다고 볼 수 없다"고 판결 이유를 설명했다.

> **해설** **'리퍼폰'**이란 영문 글자(Refurbished Phone)의 약자이다. 애플사는 제품 구매 후 1년 안에 기계에 문제가 생기면 수리 대신 리퍼폰(고장난 제품의 부품을 수거해 조립 · 재생함으로 신품과 거의 같다) 제품을 교환해 준다. 구매 후 1년이 지나면 일정 금액을 내야 한다.

부양의무 결혼 자녀의 1차 부양의무자는 배우자가 부모보다 우선하나?

교통사고로 머리를 크게 다친 A(44)씨는 의식을 되찾지 못하고 뇌사상태이다. A씨의 어머니 J(67)씨는 아들 A씨가 들었던 보험에서 8000만원을 받아 병원비를 치렀으나 3년 동안의 병원비와 간병비가 1억 6400만원이 들어가 며느리 H(41)씨에게 지원 요청을 했으나 거절하자 며느리 H씨를 상대로 소송을 냈다. 1차 부양 의무자인 며느리 대신 병원비를 부담했으니 나머지 8400만원을 부담해 달라는 취지였다. H씨는 시어머니 J씨가 보험금을 받아 썼기 때문에 돈을 줄 수 없다고 맞섰다. 시어머니 J씨가 낸 구상금 청구소송에서 1 · 2심 재판부는 며느리에게 승소 판결했다. J씨가 부담한 병원비는 어머니로서의 부양의무를 이행한 것이지, 부인인 H씨의 부양의무를 대신 이행한 것이 아니라는 취지였다.

➡ 대법원(2012년) 재판부는 원고 패소 판결한 원심을 깨고 사건을 서울고법으로 돌려보냈다. 재판부는 "부부간 부양의무는 함께 생활하는데 필요한 결혼관계의 본질적인 의무이고 부모가 결혼한 자녀에게 갖는 의무는 자녀가 스스로 생활을 꾸려나가기 어려울 때에만 갖는 2차적인 의무이기 때문에 특별한 사정이 없는 한 시어머니 J씨는 며느리 H씨에게서 병원비를 받을 수 있다"고 판결 이유를 설명했다.

해설 혼인한 자녀의 1차 부양의무자가 배우자임을 명시한 첫 대법원 판결이다.

불법파업 배상

불법파업 단순 참가 일반노조원, 제품 특성에 따라 배상책임 있다

T그룹 계열사인 D화섬은 불법 파업에 따른 손해액 4억원을 배상하라며 노조 간부와 노조원을 상대로 손해배상 청구소송을 냈다.

➡ 대법원(2006년)은 H(45)씨 등 일반조합원 5명의 배상책임 3000만원을 인정하지 않은 원심을 깨고 사건을 부산고법으로 돌려보냈다. 재판부는 "불법파업 때 H씨 등 5명은 작업을 중단할 때 표준행동절차에 따라야 함에도 작업장을 무단이탈하여 공정(工程)이 급격하게 중단되면서 원료가 기계에서 그대로 굳어버려 치명적인 손상을 가한 정황이 있다"고 판시 하면서 "이처럼 작업 중단에 따른 위험과 손해를 예방하기 위해 준수해야 할 사항을 준수하지 않아 생긴 피해는 일반 노조원이라고 해도 배상할 책임이 있다"고 판결 이유를 설명했다.

사용자 책임(외국)

야쿠자 두목도 사용자, 경찰 살해한 부하 대신 배상책임 진다

야쿠자(일본의 조직폭력단) 세력다툼 과정에서 조직원의 총에 맞아 사망한 경찰관의 부인이 폭력조직 야마구치구미 두목 등을 상대로 손해배상 청구소송을 냈다. 1 · 2심 판결은 원고 승소 판결했다.

➡ 일본 최고재판소(2004년) 재판부는 폭력조직 두목의 상고를 기각하고 조직원 2명과 중앙조직 두목 및 하부조직 두목 등 4명에게 손해배상을 명령한 2심 판결을 확정했다. 재판부는 폭력단의 자금 수집을 민법상의 사업으로 인정하고 '하부조직의 세력 다툼은 사업과 밀접하게 관련된 행위'라고 지적하면서, 폭력조직 두목은 민법상 '**사용자 책임**'이 있다고 판결이유를 밝혔다.

해설 불법 폭력조직 두목에게 민법상 '**사용자 책임**'을 인정했다는 것이 관심을 끈다. 일본에서는 폭력조직의 두목에게 하부 조직원들의 폭력행위에 대한 배상책임을 명문화한 '폭력단 대책법'이 시행되고 있다. 배상범위는 조직원의 흉기사용 행위에 한정돼 있다.

석면 발암 책임 석면제조회사 근로자 암으로 사망, 유족에 위자료 지급하라

A(여 · 46)씨는 20여 년이 넘게 **석면**원단 제조업체인 J회사에서 근무하다 퇴직했다. 퇴직 후 건강이 좋지 않아 병원진단 결과 폐부위에 종양이 생기는 악성중피종에 걸렸다는 진단을 받았다. A씨는 회사를 상대로 손해배상 청구소송을 냈다. 소송 진행 중에 A씨는 숨졌다.

➡ 대구지방법원(2007년) 재판부는 유족에게 1억 8000만원을 배상하라라고 원고 승소 판결했다. 재판부는 "J사는 석면관련 전문업체로 발암물질인 석면의 위험성을 잘 알면서도 근로자들에게 보호복과 마스크, 장갑 등을 제대로 지급하지 않았고 작업장에서 발생하는 석면 먼지와 가루를 외부로 내보내는 환기시설도 설치하지 않은 과실이 인정된다"고 판결 이유를 밝혔다. 또 "J사는 석면의 위험성에 대한 안전교육을 실시하지 않는 등 종업원에 대한 안전배려의무를 소홀히 한 잘못도 있다"고 덧붙였다. 하지만 재판부는 "석면 피해에 대해 적절히 대처하지 못한 근로자 A씨의 과실도 10% 인정된다"고 덧붙였다.

해설 **'석면'**은 마찰에 강하며, 불에 타지 않고, 전기가 안 통하며, 섬유제품을 만들 수 있고, 제품을 얇고 단단하게 만들 수 있는 등 유용한 특성을 갖고 있어 용도가 광범위한 대신 인체 내로 침투하면 배출이 어려워 건강에 유해한 물질이다. 이처럼 불연성, 방부성, 단열성, 전기절연성, 내마모성, 고인장성, 유연성 등이 있으나 인체에 유해성이 있어 WHO 산하 국제암연구소(IARC)에서는 석면을 1급 발암물질로 지정하였으며, 우리나라에서도 고용노동부 고시로 석면을 발암물질로 지정했다. 석면 관련 질병은 석면폐, 폐암, 악성중피종으로 잠복기가 10~40년으로 길기 때문에 위험성을 무시할 우려가 있다.

1 소멸시효 회사 임원의 손해배상책임 소멸시효, 3년 아닌 10년

D전자회사는 1997~1998년에 합계 3조 5000억원대 적자를 흑자로 분식회계해 W은행에서 400억원과 외화 3000만달러를 대출받았다. 이로 인해 W은행은 당시 D전자회사 대표이사 J씨와 재무담당 전무이사 P씨를 상대로 분식회계책임을 물어 손해배상 청구소송을 제기했다. 피고 측은 민법상 단기소멸시효(3년)가 완성됐다고 주장했다.

➡ 대법원(2007년) 재판부는 "피고들은 원고에게 20억원을 배상하라"고 판결한 원심을 확정했다. 재판부는 "주식회사 이사가 악의 또는 중대한 과실로 제3자에게 손해

를 입힌 때에는 그 이사가 손해배상책임을 진다는 상법 제401조는 제3자를 보호하기 위한 특수한 책임을 인정한 조항이라는 점을 감안할 때 일반불법행위 책임의 단기소멸시효(3년)를 규정한 민법이 적용될 여지가 없다"고 판결 이유를 밝혔다. 또 "분식회계에 관여한 D전자 측이 이를 감춘 결과로 기업어음이 신용평가기관에서 적정한 신용등급을 얻었고, 이로 인해 W은행이 기업어음을 매입하는 방식으로 여신을 제공했다고 보는 게 맞다"고 덧붙였다.

2 소멸시효 일조권침해 손해배상 소멸시효, 건물완공 때부터 3년

A아파트에서 40m 남쪽에 지어진 B아파트가 준공검사를 받은 것은 1995년 11월 20일이었다. A아파트 주민들은 2003년 8월 14일 일조권(日照權)이 침해됐다며 건설회사를 상대로 손해배상 청구소송을 제기했다.

➥ 대법원(2008년) 재판부는 기각 판결한 원심을 확정했다. 재판부는 "일조권을 침해한데 대한 손해배상소송의 시효는 3년"이라고 판결 이유를 밝혔다. 재판부는 "소멸시효의 기산점은 건물이 완공된 때부터 시작된다"고 하면서 "건물이 완공되면 새 건물로 그늘이 얼마나 드리워지는지 분명히 알 수 있기 때문에 재산상 손해나 정신적 손해 등을 가늠할 수 있다"고 덧붙였다. 이번 판결로 A아파트 주민들은 아무런 보상을 받지 못하게 됐다.

쑥뜸 쑥뜸 시술, 의료행위 아니다

K(54)씨는 인터넷 홈페이지와 카페 등을 통해 '쑥뜸이 비만 등 각종 질병에 효과가 있다'는 광고를 내 손님을 모으고, 1회당 2만원씩에 쑥뜸을 시술한 혐의(의료법 위반)로 기소됐다.

➥ 대법원(2012년) 재판부는 K씨에게 무죄를 선고한 원심을 확정했다. 재판부는 "피고인의 쑥뜸시술이 내용과 수준으로 볼 때 의료행위에 해당한다고 보기 어렵다고 판단한 원심은 정당하다"고 판결 이유를 밝혔다.

스포츠회원권 스포츠회원권의 보증금반환채권, 합법 소지자에 반환해 줘야

Y(65)씨는 L씨로부터 채권을 변제받기 위해 L씨가 지닌 A스포츠클럽 회원권(4500만원 상당)을 받았다. 이 클럽규약을 보면 회원 등록일로부터 3년이 경과하면 보증금을 반환받을 수 있게 규정되어 있어 이 기간이 도래한 때에 A클럽에 3200만원을 환불해 달라고 요청했는데 회원이 아니라는 이유로 거절당하자 A회사를 상대로 보증금반환 청구소송을 냈다.

➡ 대법원(2011년) 재판부는 Y씨에게 승소 판결한 원심을 확정했다. 재판부는 "회원권의 보증금반환채권은 체육시설의 이용을 전제로 하지 않는 금전채권으로 양도할 때 A사의 승인을 요하지 않는다"고 판결 이유를 설명했다.

애완견 '개조심' 표지 붙였더라도 손님이 물리면 주인 80% 책임

친구가 사는 다세대주택을 방문했다가 마당에서 진돗개에게 오른쪽 다리를 물린 Y(여 · 63)씨가 개 주인 J(66)씨를 상대로 손해배상 청구소송을 냈다.

➡ 서울동부지방법원(2005년) 항소재판부는 1심 판결대로 J씨는 45만원을 Y씨에게 지급하라고 원고 승소 판결했다. 재판부는 "J씨는 대문에 '개조심' 표지를 부착하긴 했지만 진돗개의 성질을 감안할 때 표지를 붙인 것만으로는 상당한 주의를 다했다고 볼 수 없다"고 판결 이유를 밝혔다.

또 "대문에서 건물까지 마당 폭이 1.4m인데 반해 진돗개의 목줄 길이는 1.7m이었다"며 "J씨는 사람의 통행이 드문 곳에 개집을 설치하고 진돗개 목줄을 짧게 하는 등 사고를 방지할 노력을 했어야한다"고 판시하면서 "피해자에게도 경각심을 가지고 진돗개의 동태를 제대로 살피지 않은 잘못이 있다고 인정돼 개 주인의 책임을 80%로 제한한다"고 덧붙였다.

> **해설** 민법(제759조)이 규정한 '동물 점유자의 책임'은 '상당한 주의 의무'를 이행했는지 여부에 따라 배상금액 비율을 달리하고 있다. 이는 법원이 구체적인 정황을 따져 판단한다. 배상비율은 주인의 사고예방을 위한 노력의 정도나 피해자의 과실 정도에 따라 달라진다.

여행사 책임 신혼여행 수상 레저 중 익사, 여행사 측에 30% 배상책임

L씨는 M여행사를 통해 외국으로 신혼여행을 가서 바다에서 스킨스쿠버를 하다 익사했다. L씨 유가족은 여행사가 고객의 안전을 위한 의무를 소홀히 했다며 M여행사와 여행사 소속 가이드를 상대로 소송을 냈다.

➡ 서울중앙지방법원(2007년) 재판부는 "M여행사는 L씨 유가족에게 1억 4390만원을 물어 주라"며 유가족에게 승소 판결했다. 재판부는 "해외여행의 경우 여행사측은 고객에 비해 여행 지역에 대한 정보나 전문지식을 더 많이 알고 있다"며 "여행사측은 여행객에게 생길지도 모르는 위험을 제거할 방법을 강구하는 등 여행객의 안전을 배려할 의무가 있는데 이를 소홀히 한 책임이 있다"고 판시하면서 "반면에 L씨는 자

신이 수영을 하지 못한다는 것을 스스로 알면서도 인솔자의 도움 없이 임의로 이동한 잘못이 있기 때문에 여행사 측의 책임을 30%로 제한한다"고 덧붙였다.

연대보증 책임 　보증의사 확인 안 한 연대보증자에게 책임 못 물어

중고차 중개업자 K씨는 대출신청자를 알선하는 내용의 사무위탁 약정을 H사와 체결하면서 J씨를 연대보증인으로 세웠다. K씨는 J씨의 인감증명서, 주민등록등본, 주민등록증 사본과 J씨의 인감도장이 찍힌 것으로 보이는 약정서를 H사에 제출했다. 이후 K씨가 직원과 공모해 고객 명의의 허위 차량 매매계약서를 만드는 방법으로 H사에서 대출을 받은 뒤 8억원을 갚지 않았다. H사는 연대보증인 J씨에게 연대보증 책임을 지라고 손해배상 청구소송을 냈다. 1심에선 원고 승소 판결했다.

➡ 서울고등법원(2012) 재판부는 원고 승소 판결한 1심을 깨고 패소 판결했다. 재판부는 "제3자가 J씨의 인감증명서, 주민등록등본, 자동차운전면허증 사본 등을 가지고 있었다 해도 제3자가 J씨를 대리해 연대보증계약을 체결할 권한이 있다고 볼 수 없다"고 판시하면서 "약정서에 날인된 인영(印影)과 인감증명서상의 인영이 육안으로는 거의 일치하긴 하지만, 약정서의 인영이 J씨의 인감도장과 같다고 단정할 수 없다"며 위조된 인감도장으로 연대보증을 서게 됐다는 J씨의 주장을 받아들였다.

의사자 　약하게 취한 상태에서 친구 구하려다 익사했다면 의사자로 지정될까?

J(26)씨는 함께 물놀이하던 친구 S(28)씨가 물에 빠진 것을 보고 구하려다 익사했다. S씨는 출동한 해경에 의해 구조됐다. J씨는 사고 당시 술에 취해 있던 상태였다. 유족은 보건복지부 장관에게 의사자(義死者)로 인정해 달라고 신청했으나 거부당하자 소송을 냈다.

➡ 서울행정법원(2011년) 재판부는 원고 승소 판결했다. 재판부는 "J씨는 물놀이하던 친구가 파도에 밀려가자 주변 친구들의 부탁을 받은 뒤 위험을 무릅쓰고 친구를 구하려다 숨졌다"며 "사고 당시 술을 마신 상태였지만 J씨의 평소 주량이 소주 3~4병으로 몸을 가누지 못하는 정도가 아니었고 키가 178cm로 수영을 안 하고도 친구를 구할 수 있다고 판단했을 가능성이 있다"고 판결 이유를 설명했다.

해설 의사상자 등 예우 및 지원에 관한 법률에 의하면 자신의 행위로 인해 위험에 처한 이를 구하려 한 경우나 구조와 무관하게 자신의 중대한 과실로 숨지거나 다친 경우는 의사상자 지정에서 예외로 하고 있다. 의사자로 인정되면 유족들에게 보상금과 의료급여 및 교육보호 등이 지원된다.

인종차별(외국) "백인 역차별 안 된다", 백인 소방관 승진시험반영 소송 성공

미국 코네티컷주 뉴헤이븐 시는 소방대장과 부관 승진시험을 실시했다. 총 138명이 응시했다. 시험성적만으로 뽑힌 승진 후보 19명 중 백인이 17명, 히스패닉이 2명이었다. 이대로 승진인사를 할 경우 인종차별 소송을 걱정한 시 당국은 시험결과를 승진심사에 반영하지 않기로 했다. 그러자 승진후보에 올랐던 백인소방관들이 '역차별'소송을 냈다.

➥ 미국 대법원(2009년) 재판부는 소방관들에게 승소 판결했다. 1 · 2심 재판에서는 소방관들이 졌다. 재판부는 "시험문제나 과정에 인종차별 소지가 없었는데도 나중에 소송을 당할 수 있다는 걱정만으로 정당하게 시험을 통과한 사람들에게 불이익을 준 것은 정당화할 수 없다"며 판결 이유를 밝혔다.

해설 미국 법조계에선 "의도하지 않은 차별을 피하기 위해 의도적 차별을 해선 안 된다는 취지"라고 평가했다. 미국 민권법은 '고의적 차별'과 '결과적 차별행위(disparate impact)'모두를 금지하고 있는데 이날 판결은 '결과적 차별행위'에 대한 범위를 좁힌 것이다.

1 제조사 무과실 입증책임 옥 매트 화재 사고, 제조사가 무과실 입증 못하면 배상해야

S(21)씨는 중풍환자인 어머니 L(40세)씨가 집에서 침대 위에 옥 매트를 깔고 자다가 화상을 입고 숨진 채 발견되자 "옥 매트에서 발생한 화재로 어머니가 숨졌다"며 옥 매트 제조회사 J사를 상대로 손해배상 청구소송을 냈다.

➥ 대법원(2008년) 재판부는 원고에게 9100만원을 지급하라고 한 원심을 확정했다. 재판부는 "제품 결함 때문에 사고가 났을 경우 제조사가 다른 원인에 의해 사고가 발생했음을 입증하지 못한다면 손해배상책임이 있다"며 "옥 매트는 사용자에 의한 구조변경이 없었고 이 사건 화재로 인해 방안의 다른 곳은 불타지 않았으며, 침대와 그 위에 있던 옥 매트만 불탄 점으로 보아 J사는 배상책임이 있다"고 판결 이유를 설명했다.

해설 어떤 사람이 타인에게 손해를 가한 경우에 가해자에게 배상책임을 묻기 위해서는 가해자의 가해행위에 고의 또는 과실(과실책임주의)이 있어야 한다. 그런데 피해자가 당한 손해와 관련하여 가해자의 고의 · 과실의 존재를 입증하기가 매우 어렵다. 따라서 피고가 책임을 면하려면 고의 또는 과실이 없는 것을 스스로 입증하도록 하여 피해자를 배려하려고 한 법원칙이다.

2 제조사 무과실 입증책임 교통사고 원인으로 차(車)결함 여부, 제조사가 입증해야

L(30)씨와 K(여 · 29)씨는 H자동차회사가 만든 승합차를 몰고 경부고속도로를 시속 약 90km로 달리던 중 갑자기 차체가 왼쪽으로 쏠리면서 중앙분리대를 들이받아 차량이 뒤집히는 사고를 당했다. 이 사고로 L씨는 전치 8주의 상처를 입었고 함께 타고 있던 같은 회사 직원 K씨는 신경이 손상되는 중상을 당했다. 이들은 "차량 결함으로 교통사고가 나 피해를 봤다"며 H자동차회사를 상대로 손해배상 청구소송을 냈다. 1심 재판부는 "차량 결함으로 볼 수 없다"며 원고 패소 판결했다.

➡ 서울고등법원(2006년) 재판부는 H회사는 8630여만원을 배상하라며 원고 승소 판결했다. 재판부는 "차량결함이 생긴 구체적 원인을 알지 못해도 차량결함이 아닌 다른 원인 때문에 사고가 났다는 것을 제조사가 입증하지 못하면 그 차량은 합리적 안정성을 갖추지 못한 결함이 있었고, 이 결함으로 사고가 난 것으로 봐야 한다"고 판결 이유를 밝혔다.

해설 자동차 사고에 대해 제조물 결함의 입증책임을 제조사에 지운 판결은 '제조물책임법'이 시행된 2002년 7월 1일 이후 이번이 처음이다. 제조물책임법이란 제조되어 시장에 유통된 상품(제조물)의 결함으로 인하여 그 상품 이용자의 생명, 신체나 재산에 손해가 발생한 경우에 제조물 생산자의 과실 유무에 관계없이(무과실) 책임을 지도록 하는 법 체제를 말한다.

정신병원 수용 정신병원 수용 필요성 입증 못 하면 퇴원시켜야

K(66)씨는 보호의무자인 자녀에 의해 신경정신과 병원에 입원하고 5년 뒤에 퇴원했다. 자녀들은 1개월이 채 지나지 않았는데 다시 우울증 · 당뇨병 · 폐기종 · 고혈압 · 위궤양 등의 사유로 같은 병원에 재입원시키자 K씨는 인신의 자유를 침해당했다며 정신병원에서 퇴원하게 해 달라는 구제 청구를 했다. 1 · 2심은 기각 판결했다.

➥ 대법원(2009년) 재판부는 기각한 원심을 깨고 사건을 대전지법으로 돌려보냈다. 재판부는 "정신병원이 환자를 수용할 필요성에 대해 입증하지 못 한다면 퇴원시켜야 한다는 소명을 다했다고 보기 어려움에도 원심은 **인신보호법**과 인신보호규칙상 구제청구사건의 심리요건에 대한 법리를 오해하고 필요한 심리를 다하지 않은 위법이 있다"고 판결 이유를 밝혔다.

> 해설 **'인신보호법'**이란 행정처분 또는 사인(私人)에 의한 시설에의 수용으로 인하여 부당하게 인신의 자유를 제한당하고 있는 개인의 구제절차를 마련함으로써 헌법이 보장하고 있는 국민의 기본권을 보호하려는 목적으로 제정된 법(법률 제8724호)이다.
> 관련기관인 중앙정신보건사업지원단 보고서에 의하면 정신병원에 수용되고 있는 자가 동법 제정연도(2007년)에 약 7만 명인데 그중 72%가 보호의무자에 의한 강제 입원이라고 한다.

주식과당매매 한 종목에 3년 동안 600회 거래한 증권사, 손해배상책임 있다

P(52)씨는 H증권사 직원 K(45)씨로부터 증권계좌개설을 권유받고 개별상품계좌를 개설한 다음 3억 2600만원을 투자했다. K씨는 P씨 자금으로 주식 한 종목에다 3년 좀 넘는 동안 600번 넘게 거래했다. 그런데 K씨가 투자한 코스닥회사가 상장폐지되자 P씨는 K씨와 H증권사를 상대로 손해배상 청구소송을 냈다.

➥ 대법원(2012년) 재판부는 K씨의 거래행위 중에 **과당매매** 부분은 불법행위로 봐야 한다며 원심을 파기하고 사건을 서울고등법원으로 돌려보냈다. 재판부는 "원심은 증권사직원 K씨가 32개월 동안 총 629회 주식거래를 한 횟수가 다소 많기는 하지만 무리하게 회전매매를 한 것으로 볼 수 없다고 판단했지만 한 종목만을 대상으로 한 **매매회전율**이 20,455%로 연평균으로 환산하면 766%에 이르는 등 거래량이 과다하다는 점이 인정된다"고 판결 이유를 밝혔다. 또 "주식을 고가에 사들여 저가에 매도한 **단기매매**가 상당히 있고 손실액에서 수수료 등 거래비용이 차지하는 비율이 12.85%로 결코 적지 않은 점을 고려하면 K씨의 주식매매 행위는 전문가의 합리적인 선택이라 볼 수 없다"고 덧붙였다.

> 해설 **'과당매매'**란 증권회사가 고객의 계좌에 대한 지배력을 갖는 것을 계기로 고객의 투자이익보다는 증권회사(또는 투자상담사 등 임직원)의 수수료수익을 증대시키기 위하여 고객계좌의 목적과 성격에 비추어 거래규모나 거래회수 면에서 과도하게 증권거래를 하는 것을 말한다.
> **'매매회전율'**이란 주식형 펀드의 펀드매니저가 펀드운용을 위해 주식을 사고판 횟수를 수치로 나타낸 것이다. 100억원짜리 펀드의 매매회전율이 500%라면 이 펀드는 자산의 5배인 500억원어치의 주식을 사고판 셈인 것이다. 회전율이 높아질수록 펀드가 지불하는 수수료 비용도 많아진다. 이는 펀드자산에서 빠져나가는 비용이 커진다는 의미다.
> **'단기매매'**란 증권회사가 단기간에 매매차익을 늘릴 목적으로 취득한 유가증권으로 매수, 매도를 적극적이고 빈번하게 하는 것을 말한다.

주차 발레파킹 시켰다가 고급승용차 도난, 누구에게 배상책임?

K(45)씨는 커피숍에 가려고 빌딩주차요원에게 자신의 고급승용차(신차 시가 2억 8000만원)를 발레파킹(Valet Parking · 빌딩 주차담당원이 손님 차를 주차장에 넣고 내오는 대리 주차 방식)을 시켰다. 그런데 주차요원은 인도에 불법주차를 한 뒤 열쇠를 주차관리실에 걸어 놨다. 주차요원이 자리를 비운 사이에 차를 도난당했다. K씨는 커피숍 주인, 빌딩 소유 회사, 주차관리인 등을 상대로 소송을 냈다.

➡ 서울중앙지방법원(2012년) 재판부는 관리인과 빌딩 소유주가 나눠서 배상하라고 판결했다. 재판부는 "주차요원이 불법주차를 했고 차량열쇠를 걸어놓은 곳이 밖에서 잘 보이는 점 등으로 볼 때 차량 도난은 주차요원의 과실 탓"이며 또 "빌딩소유회사가 커피숍 업주로부터 매달 임대료를 받는 등 입점업체로부터 주차관리비를 징수해 왔음으로 주차요원과 주차관리인에 대한 지휘감독 책임이 있다"고 판결 이유를 밝혔다.

추락 사고 여탕 천장서 엿보던 남자 떨어져 부상당한 목욕 손님, 위자료 8300만원

K(여 · 43)씨는 유명 관광지 온천장에서 목욕을 하던 중 갑자기 천장에서 '쿵'하는 소리와 동시에 천장에 매달려 있던 물방울이 떨어져 직원에게 이런 사실을 알렸지만 "괜찮으니 계속 목욕해도 된다"고 말했다. 하지만 40여분 후 갑자기 K씨 머리 위로 천장이 무너지면서 남자 한 명과 돌덩이 등 부서진 건축자재가 쏟아져 내렸다. 남자가 천장 위에 숨어 들어가 여탕 안을 몰래 훔쳐보던 중 남자의 몸무게를 지탱하지 못한 천장이 무너진 것이다. 남자는 천장에서 떨어지자마자 도망갔다. K씨는 건축자재

에 깔려서 목과 어깨 등에 큰 상처를 입었다. 외상 후 스트레스장애진단도 받았다. K씨는 목욕탕 주인 S씨를 상대로 손해배상 청구소송을 냈다.

➡ 서울중앙지방법원(2006년) 재판부는 S씨는 K씨에게 정신적 피해에 대한 위자료 1150만원을 포함해 8300만원을 배상하라고 판결했다. 재판부는 "성인 남자가 발을 디딜 경우 무너져 내릴 정도로 천장의 안전성을 구비하지 못했고, 여탕 천장을 통하는 출입구에 잠금장치를 설치하지 않은 과실이 온천 측에 있다"고 판결 이유를 밝혔다.

추락사 백화점 에스컬레이터 추락사, 백화점에 40% 책임

술에 취한 H(여 · 26)씨는 A백화점 2층에서 에스컬레이터를 타고 1층으로 내려가다 핸드레일 바깥으로 떨어져 숨졌다. H씨 유가족은 A백화점을 상대로 손해배상 청구소송을 냈다.

➡ 수원지방법원(2007년) 재판부는 원고 H씨 유가족에게 8300만원을 배상하라며 원고 승소 판결했다. 재판부는 "에스컬레이터 핸드레일(손을 놓는 부분) 상단부와 건축물 사이에 사람이 추락할 정도의 간격이 있다"며 "피고는 추락을 방지할 안전선반이나 추락방지망을 설치했어야 하는데 아무런 안전시설을 설치하지 않아 사고를 발생하게 한 책임이 있다"고 판결 이유를 밝혔다. 그러나 "숨진 H씨도 에스컬레이터를 타고 내려갈 때 주의를 기울였어야 하는데 술에 취해 이를 소홀히 한 잘못이 있다"며 "피고 L백화점의 책임비율을 40%로 제한한다"고 덧붙였다.

투자회사 투자손실 투자회사 책임간부의 자사 자금 손실, 중과실 아니면 배상책임 없다

A새마을금고 K(47)씨는 여유자금운용담당 간부이다. K씨는 해외채권상품에 투자하려면 신용등급이 'BBB−'이상이어야 한다는 내부규정을 어기고 그보다 낮은 상품에 투자했다. 마침 세계적 금융위기가 겹쳐 A금고가 크게 손해를 입게 되자 K씨가 회사 내부규정을 어기고 투자해 생긴 손해라며 손해배상 청구소송을 제기했다.

➡ 서울중앙지방법원(2009년) 재판부는 원고 A금고에 패소 판결했다. 재판부는 "A금고의 정관에 따르면 직원에 손해배상책임을 묻기 위해서는 직원의 고의 또는 중과실이 있어야 한다"며 "K씨가 투자과정에서 여유자금운용규정을 위반했지만 당시 규정이 바뀐 지 한 달밖에 되지 않았고 투자설명서상에서 신용등급에 관한 내용이 기

재돼 있지 않아 고의 또는 사소한 주의만 기울이면 피할 수 있었던 **중과실**로 볼 수 없다"고 판결 이유를 설명했다.

> **해설** **'중과실'(gross negligence, 重過失)** 이란 ⑴ 민법상: 선량한 관리자의 주의를 현저하게 결(缺)하여 주의의무(注意義務)위반의 정도가 일반인의 상식으로는 이해할 수 없을 정도로 큰 경우. ⑵ 형법상: 주의의 태만(부주의)의 정도가 심한 경우. 즉 요구되는 주의에 대하여 행위자의 주의가 현저하게 결여되어 있는 경우를 말한다. 어떠한 과실이 중과실인가는 법률에 규정이 없으므로 구체적인 경우의 사정을 종합적으로 판단할 문제이지만 주의능력이 높은 사람일수록 과실은 크고 인식 있는 과실은 인식없는 과실보다 과실의 정도가 높다. 또 주의의무를 쉽게 지킬 수 있는 경우일수록 과실은 크다.

패션모델 여성 패션모델 '직업 정년', 35세

슈퍼모델 K(17)양은 화보촬영을 위해 해변가로 갔다. 사진작가와 화보촬영 스태프의 요청으로 바다풍광을 담기 위해 K양에게 선착장 끝자락에서 포즈를 취하라고 지시했다. 그런데 선착장 표면이 미끄러워 포즈를 취하려던 K양은 중심을 잃고 바다에 빠져 익사했다. K양 부모는 여행잡지사와 사진작가 및 K양 소속사를 상대로 손해배상 청구소송을 냈다.

➡ 서울중앙지방법원(2008년) 재판부는 "피고들은 선착장의 위험성을 인식해 인명구조장비 등을 준비했어야 했는데 별다른 안전조치를 취하지 않은 과실이 인정된다"며 "피고들은 K양 부모에게 1억 600만원씩 도합 2억 1200만원을 배상하라"고 판결했다. 또 재판부는 "K양과 같은 패션모델의 정년은 만 35세로 보는 것이 타당하다"면서 "한국모델협회에 등록된 여성모델의 94%가 30대 이하이고 30대 중반까지 활동하는 경우가 대부분"이라고 판결 이유를 밝히면서 "배상금을 산정함에 있어 K양이 35세가 되는 해까지는 패션모델로서 벌 수 있는 수입을 적용하고, 이후 60세까지는 도시 일용직 근로자의 수입(하루 5만 8883원)을 적용했다"고 덧붙였다.

허위신고 112에 허위신고로 경찰 출동, 966만원 손해 배상하라

식당을 운영하는 P(34)씨는 "우리 식당에 흉기를 든 2인조 마스크 강도가 침입했다"고 112에 허위신고했다. 신고 즉시 경찰이 출동하자 "범인이 다른 곳으로 간 것 같다"고 거짓말을 했다. 경찰관과 전 · 의경 등 51명이 2시간 동안 현장 주변을 수색했고 이로 인해 25건의 신고사건의 출동이 지연됐다. P씨는 경찰에서 "경찰이 어떻게 대응하는지 호기심에서 신고했다"고 진술했다. 출동한 경찰관과 전 · 의경 등 51명은 P씨를 상대로 손해배상 청구소송을 냈다.

➡ 의정부지방법원(2012년) 재판부는 피고가 원고의 청구를 **인낙**(認諾)했다고 밝혔다. 경찰관 1인당 20만원, 전 · 의경 1인당 10만원씩 배상할 것과 국가에 대하여 46만원 배상해야 할 것으로 경찰이 요구한 손해배상청구금액 총액(996만원)을 모두 인정한 것이다.

해설 **'인낙'(認諾)**이란 피고가 원고의 소송청구 사유를 인정하는 것을 말한다. 청구가 인낙되면 판결이 확정된 것과 같은 효력을 지닌다.

허위 주식정보 허위정보제공으로 투자권유 책임, 손실액의 15% 배상하라

주식투자자 L(여 · 55)씨는 한 인터넷 증권방송에 가입해 월회비를 내고 진행자 G(49)씨의 방송을 통해 **코스닥 상장기업**이었던 X전자 주식매수를 권유받았다. G씨는 확실한 내부정보라며 X전자가 S전자와 1000억원대 계약을 할 계획이며 이것이 곧 주가를 크게 띄울 것이라고 방송한 것을 믿고 L씨는 4억원을 투자했다. 그러나 X전자는 두 달 만에 상장폐지되면서 3억 8000만원을 고스란히 날렸다. L씨는 허위정보로 주식투자를 권유했다며 G씨와 증권방송사를 상대로 손해배상 청구소송을 냈다.

➡ 서울동부지방법원(2012년) 재판부는 피고는 원고의 손실액의 15%를 배상하라고 판결했다. 재판부는 "금융영업 준칙을 적용받지 않는 유사투자자문업자라도 고객이 합리적 투자를 하도록 고객을 보호할 의무가 있다"며 방송업체와 진행자가 근거 없는 정보를 제공한 책임을 인정해 L씨의 손실액 중 15%를 배상하라고 판결 이유를 밝혔다. "다만 투자를 신중하게 결정하지 않은 L씨에게 과실책임을 85%로 인정한다"고 덧붙였다.

해설 **'코스닥'**(KOSDAQ, Korea Securities Dealers Automated Quotation)은 1996년 설립된 대한민국의 주식시장이다. 코스닥을 만든 것은 중소기업 및 벤처기업들이 증시에서 사업자금을 보다 원활히 조달할 수 있도록 하기 위함이었다. 중소기업이나 신생 벤처기업에겐 유가증권시장의 문턱이 너무 높고 기업공개(IPO) 과정에서 탈락할 소지가 많다는 이유로 이들 기업만을 위한 시장을 만들어, 증시에서 자금을 조달할 수 있는 길을 열어준 것이다.
'상장법인'(上場法人)이란 증권거래법상 유가증권시장에서 매매거래의 목적물로 하는 것을 상장이라고 하며, 증권거래소의 유가증권 매매시장에 그 법인이 발행한 유가증권이 상장되어있는 법인을 상장법인이라 한다. 상장법인은 증권거래소와 코스닥에 각각 등록된 기업을 모두 상장법인이라고 하고 각각 거래소상장법인, 코스닥상장법인이라고 호칭한다. 이러한 유가증권매매를 목적으로 상장을 하는 절차를 기업공개라고 하고 이 기업공개는 반드시 금융회사, 증권회사를 통하여 주식의 일정량을 공개 판매함으로써 이루어진다.

허위진단서 발급 다른 명의로 진단서 발급, 허위진단서이다

K씨는 A병원에서 부원장으로 근무할 때 교통사고 환자를 진료한 뒤에 원장 L씨 명의로 진단서를 발급했다는 이유로 1개월 15일의 면허정지처분을 받고 보건복지부 장관을 상대로 소송을 냈다.

➥ 대법원(2012년) 재판부는 단순 실수로 명의가 바뀐 것을 허위진단서 발급으로 간주해 의사면허를 정지한 것은 부당하다며 원고 승소로 판결한 원심을 깨고 사건을 서울고법으로 돌려 보냈다. 재판부는 "의료법상 처벌대상인 허위진단서 발급행위에는 의사의 성명 · 면허자격과 같은 명의를 허위로 기재하는 것은 물론이고 병명이나 의학적 소견을 기재하는 것이 포함된다"며 "단지 다른 의사명의로 발급한 경우에는 이에 해당하지 않는다고 본 원심 판결은 위법하다"고 판결 이유를 밝혔다.

1 형사무죄+민사책임 형사상 추락사 인정 안 됐어도, 민사상 손해배상책임 있다

J씨는 A빌딩 맞은편 B빌딩 사이 바닥에서 숨진 채 발견됐다. 검찰은 A빌딩 관리소장 P씨를 업무상 과실치사혐의로 기소했으나, 법원은 증거가 부족하다며 P씨에게 무죄를 선고했고 대법원에서 최종 확정됐다. J씨의 유족들은 A빌딩 건물주를 상대로 민사상 손해배상 청구소송을 냈다.

➥ 서울고등법원(2003년) 재판부는 원심을 깨고 6400만원을 배상하라며 원고 승소 판결했다. 재판부는 "J씨가 만취한 상태에서 공사 중이던 A빌딩 3층 유리문을 출입문

이나 화장실 문으로 잘못 알고 나갔다가 발을 헛디뎌 사망한 것으로 보인다"며 "이전 형사재판 판결이 추락사를 인정하지 않았다 해도 형사재판의 사실인정이 민사판결을 구속하지는 않는다"고 판결 이유를 밝혔다.

해설 형사재판에서는 엄격한 증거재판주의가 적용되어 증거 불충분으로 추락사가 인정되지 않았으나 민사재판에서 유가족의 정신적 손해를 인정하고 위자료를 지급하라는 판결이다. 반드시 양 재판 결과가 일치하지 않을 수 있다는 것을 시사하고 있다.

2 형사무죄+민사책임 강간치사혐의는 무죄됐더라도, 민사상 손해배상책임은 져야 한다

L(16)군은 길 가던 K(여 · 14)양을 협박해 아파트 23층 옥상 기계실로 끌고 간 뒤 돈을 빼앗고 가슴과 음부를 만지는 등 추행했다. K양은 충격을 견디다 못해 창문으로 뛰어내려 자살했다. L군은 공갈 · 강제추행 · 강간치사혐의로 기소됐으나 법원은 공갈 · 강제추행혐의만 인정해 징역형을 선고하고 강간치사혐의는 무죄로 판결했다. K양 유족은 가해자 부모를 상대로 손해배상 청구소송을 냈다.

➡ 서울중앙지방법원(2011년) 재판부는 K양 유족에게 2억 2500만원을 배상하라고 판결했다. 재판부는 "형사사건 재판부가 'L군이 K양이 투신할 것을 예측할 수는 없었다'며 강간치사 혐의에 대해 무죄를 선고했지만, L군에게 성추행을 당한 K양이 극도의 공포와 불안감으로 정신적 공황상태에 이르러 자살하게 된 것으로 보인다"며 "L군은 K양과 유족들이 입은 정신적 고통과 피해를 배상해야 한다"고 판결 이유를 설명했다.

제 3 장

공공기관별 손해배상

01 국가배상

1 일제 식민지배 하 강제징용피해자의 손해배상청구권, 행사할 수 있나?

L(89)씨 등 일제 강제징용피해자 9명이 1941년~1944년 사이에 일본에 끌려가 노역했다며 신일본제철과 미쓰비시중공업을 상대로 손해배상 청구소송을 냈다.

➡ 대법원(2012년) 재판부는 '배상시효가 지났다'고 판결한 원심을 깨고 재판을 다시 하라며 사건을 서울고등법원과 부산고등법원으로 돌려보냈다. 재판부는 "대한민국헌법 규정에 비춰볼 때 일제의 한반도 지배는 불법 강점"이라며 "현재의 미쓰비시나 신일본제철은 1940년대 미쓰비시나 일본제철과 실질적으로 동일한 회사여서 손해배상 책임을 져야 한다"고 판결 이유를 밝혔다.

L씨 등은 일본 법원에도 손해배상을 청구했으나 일본 최고재판소(대법원)는 2007년 "배상시효가 지났다"고 판결했었다. 대법원은 "일본 기업이 시효가 지났다고 주장하는 것은 신의성실의 원칙에 반하는 것"이라며 "1965년 한일청구권협정이 있었다고 해도 개인의 손해배상청구권까지 사라진 것은 아니다"고 덧붙였다.

해설 법이론 상으론 최종적 · 구체적으로 손해배상판결이 확정되는 경우 미쓰비시나 신일본제철이 배상을 거부한다면 피해자들은 이들의 한국 내 재산을 압류하는 방법 등으로 손해배상청구권을 행사할 수 있다.

2 일본군성노예 · 원폭피해배상에 한국정부가 적극 나서지 않는 것, 위헌인가?

일본군위안부 피해자와 원폭피해자 2400명은 "한일청구권 협정에는 양국의 분쟁이 있을 경우 외교적 노력과 중재로 해결하게 돼 있는데 정부가 이를 게을리해 피해자의 기본권이 침해되고 있는 것은 위헌이다"라며 한국정부의 적극적 개입을 촉구하는 헌법소원을 냈다.

➡ 헌법재판소(2011년) 재판부는 소원자의 소원을 받아들여 위헌 결정을 내렸다. 재판부는 "일본은 배상책임이 없다지만 우리 정부는 배상해야 한다는 입장이어서 분쟁

이 있는 것은 분명하다"면서 "일본이 자행한 반인도적 범죄에 대한 배상청구권은 인간으로서의 존엄과 가치를 사후적으로 회복한다는데 의미가 있는 것인데 정부가 외교관계의 불편 등 불분명한 이유로 피해구제를 외면해서는 안 된다"며 "피해자들의 배상청구권이 실현되지 않은 데는 정부책임도 있다"고 결정 이유를 설명했다.

해설 위안부 문제에 대하여 일본의 사과와 배상을 촉구한 미국 하원 결의안(2007년), 유엔인권이사회보고서(2008년)등을 보면 국제적 공감도 얻고 있다. 헌법재판소의 위헌 결정도 국제적 시각과 같은 맥락이긴 하나 정부책임 이행에 관하여 '시한(時限)'을 못 박지 않았기 때문에 상징적 의미가 더 짙다.

3 이른바 '윤필용 사건' 피해자의 정신적 피해, 국가가 배상책임 있다?

1973년 이른바 **'윤필용 사건'**에 연루돼 징역형을 선고받아 복역했고 그 뒤 2009년 12월 재심에서 무죄판결을 받은 K(79 · 당시 육군본부 진급인사실 보좌관)준장과 가족이 국가를 상대로 정신적 피해에 대한 손해배상 청구소송을 냈다.

➥ 서울중앙지방법원(2011년) 재판부는 국가는 4억 1000만원을 배상하라고 원고에게 승소 판결했다. 재판부는 "당시 K준장은 불법 체포 · 구금을 당했고 고문과 구타 · 협박 등 가혹행위를 이기지 못해 허위자백을 했다"며 "국가기관의 업무수행과정에서 통상적으로 일어날 수 있는 정도의 잘못을 넘어선 것으로 그 불법의 정도가 매우 중하다"고 판결 이유를 설명했다. 한편 "손해배상청구권이 소멸됐다"는 국가 측 주장에 대해서는 "재심 판결이 확정된 2009년 12월 18일 이전에는 K준장이 손해배상청구를 할 수 없었다"고 판시했다.

해설 **'윤필용 사건'**이란 유신헌법선포 직후인 73년 4월 윤필용 당시 수도경비사령관이 사석에서 이후락 당시 중앙정보부장에게 "박정희 대통령이 노쇠했으니 형님이 각하의 후계자"라고 말한 것으로 알려지면서 쿠데타 모의로 비화되어 이른바 '윤필용 그룹' 10여명이 구속 · 기소된 사건이다. 윤필용씨도 15년 징역형(모반죄가 아닌 횡령 및 뇌물수수 혐의)을 받았다. 뒤에 형 집행정지(1975년)로 석방되었다가 특별사면(1980년)되었고 재심(2010년)서 무죄가 확정됨으로서 모든 누명에서 풀려났다.

4 군 선임자 가혹행위, 선임병 · 국가 공동배상책임 있나?

신참 K(22)씨는 선임병 L(22)씨로부터 상습적으로 폭행당했다. 청소할 때 분리수거를 안 했다며 페트병에 들어있던 간장을 강제로 먹이기도 했고 성추행까지 했다. "가혹행위 사실을 외부에 알리면 너희 가족을 죽이고 나도 죽겠다"고 협박도 했다. K씨는 결국 정신 및 행동장애 등 후유증으로 의병제대했다. K씨와 부모는 L씨와 국가를 상대로 손해배상 청구소송을 냈다.

➡ 수원지방법원(2011년) 재판부는 원고 K씨에게 L씨와 국가는 2900만원을 배상하라고 원고 승소 판결했다. 재판부는 "L씨는 K씨를 폭행하고 추행한 불법행위자로 손해배상책임이 있고 L씨가 구타 등 가혹행위를 저지를 수 있는 사정을 **예견할 수** 있었음에도 부대장 등 상급관리자들이 관리감독을 소홀히 해 사건이 발생한 만큼 국가 역시 손해배상책임을 면할 수 없다"고 판결 이유를 설명했다.

> 해설 **'예측가능성'**(foreseeability)이란 앞을 내다보는 능력, 예견할 수 있는 능력을 말한다. 민법에서 손해배상의 범위에 대한 판단 근거이자 기준이 된다. 행위자에게 그 손해를 배상시키는 것이 타당한지에 관하여 민법 제393조 및 제763조가 규정하고 있다.

5 군 복무 중 자살, 국가도 배상책임

G(21)이병은 군복무 중 따돌림에 견디다 못해 자살했다. G씨의 유족은 국가를 상대로 손해배상 청구소송을 냈다. 1심에선 원고 패소 판결했다.

➡ 서울고등법원(2003년) 재판부는 국가는 4400만원을 지급하라고 1심 판결을 깨고 원고 승소 판결했다. 재판부는 "군대사회의 폐쇄성을 고려할 때 선임병들의 폭행 등이 주는 피해는 매우 크다"며 "부대 선임병들이 G이병이 군 생활에 잘 적응하지 못한다는 이유로 욕설과 폭행을 일삼아 자살에 이른 것으로 보인다"고 판시하면서도 그러나 "부대원들의 따돌림이 G이병에게 견디기 어려울 정도가 아니라고 판단되는 점, G이병도 이를 참고 극복하려는 적극적인 노력을 하지 않은 점 등을 감안해 국가의 책임을 20%로 제한한다"고 판결 이유를 밝혔다.

6 공공의 이익을 위한 발표, 명예훼손으로 볼 수 없다.

군부대에서 발생한 총기난사 사고로 숨진 선임병 8명의 유족들이 "정부가 선임병들의 욕설과 질책으로 사고가 났다고 발표해 명예가 훼손됐다"며 국가를 상대로 손해배상 청구소송을 냈다. 1심에서 원고 패소 판결했다.

➡ 서울고등법원 재판부는 "타인의 명예를 훼손한 경우라도 **공공의 이익**을 위한 것일 때에는 진실하다는 증명이 있으면 위법성이 없어진다고 봐야 한다"며 "이 사고의 중대성과 국민적 관심 등에 비춰보면 국방부 발표는 공공의 이익을 위한 것"이라고 판시하면서 "이 사고는 총격을 가한 K일병의 내성적이고 자기중심적인 성격과 일부 선임병들의 욕설, 질책 등이 복합적으로 작용해 발생한 것으로 볼 수 있고 국방부 발표 취지도 이와 같은 진실한 사실을 내용으로 한 것으로 보인다"고 판결 이유를 설명했다.

> **해설** 적시된 사실이 '**공공의 이익**'에 관한 것인지의 여부는 당해 적시 사실의 구체적 내용, 당해 사실의 공표가 이루어진 상대방의 범위, 그 표현의 방법 등 그 표현 자체에 관한 제반 사정을 감안함과 동시에 그 표현에 의하여 훼손되거나 훼손될 수 있는 타인의 명예침해 정도를 비교 · 교량하여 결정하여야 한다.

7 수원비행장 소음, 국가배상 판결

수원시 공군 제10전투 비행장 주변 주민 1만 1,132명이 국가를 상대로 비행장소음피해 손해배상 청구소송을 냈다.

➡ 수원지방법원(2008년) 재판부는 원고 승소 판결했다. 재판부는 "소음구역 위치와 지역적 특수성을 고려했을 때 주변 항공기소음이 **80웨클** 이상인 경우 사회통념상 참을 수 없는 피해에 해당된다"며 "국가는 원고 중 이 기준에 해당되는 33명에게 손해를 배상할 책임이 있다"고 판결 이유를 밝혔다. 재판부는 "위자료 액수를 월 3만원으로 정하되 소음 문제가 사회적으로 부각된 이후 전입한 주민들에게는 배상액의 30%를 감액해 월 2만 1000원을 지급하도록 했다.

> **해설** '**웨클**'이란 국제민간항공기구에서 채택한 항공기소음평가 단위이다. 항공기발착 횟수와 음량 · 음질 · 시간대 등을 고려해 계산한다. 통상 70~75웨클이면 일상생활에서 불편을 느낄 수 있다.

8 조종사 전역신청 거부한 공군, 피해 조종사에 배상하라

공군사관학교 졸업생인 K(37)씨 등 13명은 장교로 임용된 뒤 의무복무기간(13년)을 마치게 되자 처우가 좋은 민간항공사에 취업하기 위해서 전역을 신청했다. 그러나 공군본부는 그해 전역 신청자가 폭증하자 전력공백이 우려돼 전역을 제한했다. K씨 등은 전역이 7개월 늦어짐으로써 얻지 못한 수입과 정신적 피해를 보상하라며 국가를 상대로 손해배상 청구소송을 냈다.

➡ 서울중앙지방법원(2008년) 재판부는 "국가는 1인당 1200만~3400만원을 배상하라"고 원고 승소 판결했다. 재판부는 "군 인사법은 전시 · 사변 등 국가비상사태나 그에 준하는 사유가 있을 때에만 전역제한이 가능하게 돼 있다"며 "합리적 기준이나 근거 없이 전역을 제한한 것은 재량권을 일탈 또는 남용한 것"이라고 판결 이유를 밝혔다.

9 포승 안 해 피의자 자살, 국가가 부모에 위자료 지급 판결

범죄혐의자로 체포된 S씨는 체포한 경찰에게 "포승을 하면 협조하지 않겠다"고 요구하여 수갑만 채운 상태로 호송 중에 자살했다. S씨 부모는 국가가 **자살**을 방조한 것이라며 손해배상 청구소송을 냈다.

➡ 서울중앙지방법원(2007년) 재판부는 부모에게 위자료와 장례비로 2200만원을 지급하라고 판결했다. 재판부는 "범죄혐의로 체포된 피의자는 처벌에 대한 불안감과 두려움 때문에 자살 등의 돌발행동을 할 수 있으므로 경찰공무원은 피의자의 심리상태를 잘 파악하면서 우발적 사고를 사전에 막아야 할 의무가 있는데 피의자가 '포승을 하면 협조하지 않겠다'고 했다는 이유로 수갑만을 채운 것은 감시를 소홀히 한 것"이라고 판시하면서 "국가는 경찰공무원의 사용자로서 직무집행상의 과실로 인한 사고에 대해 손해를 배상할 책임이 있다"고 판결 이유를 밝혔다. 또 "피의자의 자살은 스스로 의도한 결과이기 때문에 국가가 사망한 본인에게는 책임이 없지만 부모에게는 장례비와 위자료를 지급할 책임이 있다"고 밝혔다.

해설 **'자살'**이란 자신의 삶을 중단시키려는 계획적 행동이다. 자살을 동기에 따라 4가지 유형으로 분류하고 있다. 자기중심적 동기에서 비롯된 자살, 부적응에서 비롯된 자살, 이타적 동기에서 비롯된 자살, 숙명론적인 동기에서 비롯된 자살 등이 그것이다. 우리나라의 경우 최근 자살률의 급속한 상승이 보고되고 있으며, 특히 중고등학생의 자살이 사회적, 교육적인 주요문제로 부각되고 있다.

10 경찰의 음주운전단속 채혈 지연, 고의 없다면 손해배상책임 없다

G(40)씨는 오후 10시 43분쯤 술을 마신 뒤 운전을 하다 경찰에 적발됐다. 당시 호흡 측정기로 측정한 결과 혈중 알코올 농도는 0.055%였다. G씨는 곧바로 혈액측정을 요구했지만 현장에 채혈용기가 없자 경찰은 **피의자 신문조서**를 작성하는 사이에 인근 지구대 2곳을 돌아 채혈용기를 구해왔다. 오후 11시 55분쯤에서야 혈액을 채취하였다. 혈중 알코올농도가 0.078%로 측정됐다. G씨는 "혈액채취가 72분 동안 지연되는 바람에 혈중 알코올 농도가 더 높게 나왔고, 소송과정에서 가정불화를 겪었으며 직장에서 권고사직 됐다"며 국가를 상대로 3000만원을 지급하라고 소송을 냈다.

➡ 대법원(2008년)은 원고 일부 승소한 원심을 깨고 사건을 청주지법으로 돌려보냈다. 재판부는 "경찰관이 합리적인 재량범위를 벗어나 불합리한 사유로 채혈을 지연시켰다고 인정할 만한 증거가 없고 채혈이 늦어 피측정자의 권익이 현저하게 침해됐다고 단정할 수 없다"고 판결 이유를 밝혔다.

> **해설** **'피의자 신문조서'**(protocol of examination of a suspect, **被疑者 訊問調書**)란 피의자를 신문하여 진술내용을 기록한 문서를 말한다. '피의자 신문'이란 검사 또는 사법경찰관이 피의자를 신문하여 피의자로부터 진술을 듣는 것을 의미한다. 피의자 신문조서는 피의자에게 열람하게 하거나 읽어 들려주어야 하며, 피의자로 하여금 서명 또는 기명날인하게 해야 한다.

11 국가기관이 저지른 인권침해, 소멸시효 지났어도 배상해야

P(29)씨는 삼청교육대에 입소한 뒤 집단난동 주동자로 지목돼 10년 형을 선고받고 청송교도소에서 복역하면서 재소자 처우개선 등을 요구하다 이른바 '비녀꽂기', '통닭구이'등 교도관들의 고문으로 온몸에 시퍼런 피멍이 든 채 1984년 숨졌다. P씨의 유족은 국가를 상대로 2004년 4월 손해배상 청구소송을 냈다. 1심 재판부는 민법상 손해배상청구권의 소멸시효가 지났다며 기각 판결했다. 유족은 항소했다.

➡ 서울고등법원(2006년) 재판부는 "국가는 P씨 유족에게 2억 2800만원을 배상하라"고 1심 판결을 뒤집고 원고 승소 판결했다. 재판부는 "원칙적으로 이 사건에서 유족의 손해배상청구권은 시효가 완성돼 소멸됐지만 2001년 의문사진상규명위원회의 조사결과가 나올 때까지 유족이 사건의 진실을 알지 못해 청구권을 행사할 수 없었으므로 그 기간에 시효가 완성됐다고 보는 것은 부당하다"고 판결 이유를 밝혔다. 재판

부는 "과거 국가기관에 의해 자행된 인권침해사건에서 국가는 형식적으로 소멸시효가 완성됐더라도 신의칙(信義則 · 신의성실의 원칙)상 피해자에 대한 배상책임을 져야 한다"고 덧붙였다.

해설 민법과 예산회계법상 국가의 불법행위에 대하여 손해배상 청구를 할 수 있는 시효는 '불법행위가 있었던 때로부터 5년 이내' 또는 '그로 인한 손해나 가해자를 안 날로부터 3년 이내'이다.

12 교도소 개방형 화장실 '굴욕감', 국가에 손해배상책임

K(26)씨는 강도상해죄로 징역(8년 10월)이 확정돼 광주교도소에서 복역하면서 개방형 화장실 사용을 강요받음으로 용변 모습이 들어나 인간 존엄성이 훼손돼 정신적 고통을 받았다며 2500만원의 손해배상 청구소송을 냈다.

➡ 대법원(2009년) 재판부는 "국가는 K씨에게 50만원을 지급하라"라는 원심을 확정했다. 재판부는 "K씨가 세로 60~70cm의 불투명 가리개만 설치된 개방형 화장실을 사용하면서 신체일부가 노출되고 냄새와 소리가 밖으로 새어나가 굴욕감을 느낀 사실이 인정된다"고 판결 이유를 밝혔다.

해설 과거에는 수형자의 자해행위 등을 감시할 수 있도록 화장실의 일부만 가리개를 설치한 '개방형'화장실이 있었는데 지금은 오래된 교도소에만 일부 남아 있는 것으로 알려지고 있다.

13 묵시적 신변보호 요청 묵살당한 후 피살, 국가배상의무 판결

J(여)씨는 H씨에게서 결혼 제의를 받았으나 이혼 경력 등을 이유로 거절했다. 그러자 H씨는 흉기를 들이대며 "죽여 버리겠다"고 협박하기도 하고 몰래 혼인신고를 하기도 했다. J씨는 경찰서에 H씨가 행패를 부리지 못하도록 구속해 달라며 고소장을 냈다. 그러나 경찰은 J씨가 H씨 아이를 임신한 사실 등을 근거로 단순한 애정문제로 판단하고 별다른 조치를 취하지 않았다. 그 후 H씨는 J씨의 직장으로 찾아가 임신한 태아의 상태를 물었다. "아이를 지웠다"는 대답에 격분한 H씨는 J씨를 흉기로 찔러 숨지게 했다. J씨의 부모는 경찰이 신변보호 요청을 묵살해 J씨가 살해됐다며 국가를 상대로 손해배상 청구소송을 냈으나 1심은 이를 받아들이지 않았다.

➥ 서울고등법원(2007년) 재판부는 국가가 J씨의 부모에게 3500여만원씩을 지급하라고 원고 승소 판결했다. 재판부는 "경찰의 직무상 과실이 J씨의 사망과 상당한 인과관계가 있고 고소장이 제출된 상황을 고려할 때 J씨가 명시적으로는 자신과 가족의 신변보호 요청을 하지 않았으나 묵시적으로는 요청을 한 것으로 봐야 한다"며 "경찰관이 사태의 심각성을 깨닫고 수사를 신속히 진행하는 등의 조치를 취하지 않은 것은 직무상 의무를 위반한 것"이라고 판결 이유를 밝혔다.

해설 국가 및 지방자치단체는 범죄피해자가 형사소송절차에서의 진술 · 증언과 관련하여 보복을 당할 우려가 있는 경우 등 범죄피해자를 보호할 필요성이 있을 경우에는 적절한 조치를 강구해야 한다(「범죄피해자 보호법」 제9조 제2항). 또 국가 및 지방자치단체는 범죄 피해자의 명예와 사생활의 평온(平穩)을 보호하기 위해 필요한 조치를 해야 한다(「범죄피해자 보호법」 제9조 제1항).

14 상경(上京)집회 원천봉쇄 당한 지역주민, 국가에 배상책임 있다

민주노동당 경남도당 위원장 L씨 등 88명은 2007년 11월 11일 서울에서 열린 '한 · 미 자유무역협정(FTA)저지 범국민행동의 날'집회에 참석하기 위해 이날 오전 전세버스를 타고 상경하려고 했으나 경찰이 원천봉쇄하는 바람에 출발하지 못하자 소송을 냈다.

➥ 대법원(2009년) 재판부는 주민 1명당 10만원씩 배상하라고 선고한 원심을 확정했다. 1 · 2심 재판부는 "경찰이 지방거주자들이 정치적 의사를 표현하기 위해 상경하려는 행위 자체를 예외 없이 차단한 것은 기본권을 침해한 것으로 위법한 공무집행"이라고 판시했고, 대법원은 원심의 판단이 정당하다며 국가의 상고를 기각했다.

해설 우리 헌법상의 기본권은 평등권, 국가로부터의 자유를 내용으로 하는 기본권, 국가기능에의 참여를 내용으로 하는 기본권, 권리구제를 내용으로 하는 기본권, 그리고 국가의 적극적인 보호행위를 내용으로 하는 기본권으로 분류될 수 있다.

15 장마 차량 침수 피해, 국가 30% 배상책임

M자동차보험가입자 J씨는 장마철에 집중호우로 운행 중에 침수돼서 피해를 입었다. J씨는 M보험사로부터 피해보상을 받았다. M보험사는 국가와 경산시를

상대로 도로배수시설을 제대로 관리하지 않았고 차량을 적절히 통제하지 않았다며 구상금 청구소송을 제기했다.

➡ 서울중앙지방법원(2009년) 재판부는 M보험사에게 **구상권**을 인정하면서 "국가는 손해액의 30%인 870만원을 M보험사에게 지급하라"고 원고 일부 승소 판결했다. 재판부는 "정부 산하 경산국도관리사무소가 배수시설을 제대로 점검 · 보수하지 않아 도로가 침수되면서 사고가 발생했기 때문에 국가가 차량 소유자에게 손해를 배상할 책임이 있다"고 판결 이유를 밝혔다.

> 해설 **구상권(求償權, right of indemnity)**이란 상환을 청구하는 권리를 말한다. 타인을 위하여 재산상의 이익을 부여한 자가 그 타인에 대해서 가지는 상환청구권을 의미한다. 일종의 반환청구권이다. 타인을 위해 그 사람의 채무를 변제한 사람이 그 타인에게 출손(出損)의 반환을 요구하는 경우, 피용자의 불법행위 때문에 손해배상을 한 사용자가 가해자 본인에 대해 배상액의 반환을 청구하는 경우 등에는 구상권이 있다. 또 연대채무자의 1인이 채무를 변제하였을 경우에 다른 채무자에게, 보증인 · 물상(物上)보증인이 채무를 변제한 경우에 주채무자(主債務者)에게, 저당부동산의 제3취득자가 저당권자에게 변제한 경우에는 채무자에게 각각 반환을 청구할 수 있는 경우가 그 예이다.

16 어린 성폭력피해아동 무리하게 조사, 국가에 배상책임 있다

이른바 **'조두순 사건'**의 피해자 '나영이'(가명, 8세)와 어머니 J씨는 검찰의 잘못으로 필요 이상의 조사를 받게 해 심한 정신적 고통을 가중시켰다며 국가를 상대로 손해배상 청구소송을 냈다.

➡ 서울중앙지방법원(2011년) 재판부는 국가는 1300만원을 배상하라고 원고에게 승소 판결했다. 재판부는 "검찰이 수술 직후 배변주머니를 차고 있는 나영이를 불러 장시간 조사했고 영상녹화장비조작미숙으로 피해사실을 4차례나 반복 진술하도록 했다"며 "성폭행피해자를 위해 최선의 환경을 마련하고 조사 횟수를 줄여야 했지만 검찰은 그 의무를 다하지 못했다"고 판결 이유를 설명했다.

> 해설 **'조두순 사건'**이란 나영이(가명)가 등교하다 조두순에게 끌려가 성폭행을 당하는 과정에서 장기일부가 밖으로 노출되는 등 심각한 신체적 상해를 입힌 사건이다. 그런데 검찰은 수술 2주 만에 나영이를 소환 조사했다. 조두순은 대법원에서 징역 12년과 전자발찌 부착 7년, 신상정보공개 5년이 확정됐다.

17 절차상 과오로 취소된 경매, 국가가 배상해야

R(62)씨는 법원경매를 통해 임야 3만 7000㎡를 6억 3000만원에 낙찰받아 대금을 지급하고 소유권이전 등기까지 마쳤다. 그런데 3년 후 법원은 낙찰 대금에 270만원을 더한 돈을 돌려주면서 "법원경매 절차에 하자가 있어 경매허가가 취소됐다"고 R씨의 소유권을 말소했다.

이 임야는 A지역 축협이 채권자로 1, 2순위 근저당권을 갖고 있었는데 채무자가 빚을 갚지 못해 경매에 넘어간 것이었다. 그런데 제3순위 근저당권자 Y씨에게 법원 실수로 이 사실이 알려지지 않은 것이 문제였다. 법원이 경매정보가 담긴 우편물을 Y씨에게 보내면서 주소지를 정확하게 기재하지 않아 송달이 되지 않았다. R씨는 이의신청을 했고 경락불허가 결정이 확정됐다. 모든 소유관계가 경매 이전의 상태로 돌아갔다. R씨는 국가를 상대로 소송을 냈다. 이미 지급한 경락대금에 대한 3년치 이자와 세금 등을 돌려달라는 것이었다.

➡ 1심 법원은 "R씨에게 낙찰대금에 대한 이자와 등록세 등 1억 4000만원을 지급하라"며 원고 일부 승소 판결했다. 하지만 2심은 판결을 뒤집었다. 이유는 낙찰허가 결정이 법에 정해진 절차를 위배했다고 할 수 없고, 경매담당 법관이 직무수행 기준을 위반하지 않았다는 것이다.

➡ 대법원(2008년) 재판부는 원심을 깨고 R씨에게 승소 판결했다. 재판부는 "이해관계인 통지 등에 관한 절차상의 과오가 원고 R씨의 손해발생과 상당한 인과관계가 있다"고 판결 이유를 밝혔다. "경매법원의 담당공무원이 경매기일 및 경락기일 통지를 제대로 하지 않아 경락이 유효한 것으로 믿은 원고 R씨가 손해를 입게 된 만큼 국가에 배상책임이 있다"고 덧붙였다.

해설 하지만 R씨가 낙찰받은 땅의 소유권을 회복할 수 있는 것은 아니다. 대법원은 '근저당권자에게 경매기일 통지를 누락한 것은 경락불허가 사유에 해당한다'는 판례를 유지하고 있기 때문이다.

18 우편물 송달 잘못하면 그로 인한 손해, 국가책임이다

L씨 등 3명은 미국으로 이민 간 C씨 소유의 땅을 가로채기 위해 위조한 매매계약서를 근거로 소유권이전등기 소송을 내고, C씨의 주소를 가짜로 적은 뒤 그곳에 사는 H씨가 C씨 앞으로 송달되는 소송서류를 받도록 공작을 해 놨다. 우편집배원

은 C씨가 받아야 할 법원송달서류를 "이곳에 사는데 잠시 외출 중인 C씨에게 전달해 주겠다"는 H씨의 말만 믿고 H씨에게 교부하면서 송달보고서에는 C씨 본인이 받은 것처럼 기재했다. 법원은 C씨의 이의 제기가 없자 원고 승소 판결했다. 그 뒤 K(여)씨는 10억 3000만원에 이 땅을 매수하기로 하고 L씨 등에게 계약금 및 중도금으로 모두 5억원을 지급했다. 땅의 원래 주인 C씨가 뒤늦게 범행사실을 알고 L씨 등을 고소하는 바람에 매매가 무산됐다. L씨 등은 돈을 챙기고 잠적해 버렸다. K씨는 "법원서류 송달이 잘못돼 재산피해를 입었다"며 국가를 상대로 손해배상 청구소송을 냈다.

➡ 대법원(2008년) 재판부는 국가는 K씨에게 3억 4100만원을 물어주라는 원고 승소 판결한 원심을 확정했다. 재판부는 "우편집배원이 법원이 발송한 특별송달 우편물을 수취인이나 대리인 자격이 없는 사람에게 전달해 손해가 발생한 경우 국가가 배상해야 한다"고 판결 이유를 밝혔다.

19 항만확장 어업피해, 국가 추가배상책임 없다

K(56)씨 등 193명은 무역항이던 충남 서산 대산항을 다기능 항만으로 확장하는 과정에서 어업피해를 입었다며 국가를 상대로 약정금 청구소송을 냈다.

➡ 대법원(2009년) 재판부는 원고 패소 판결한 원심을 확정했다. 재판부는 "대산항이 무역항으로 지정되기 앞서 보상대상이었던 항로 및 항만지정 예정지역의 피해대상 어업권자에 대해 어장이 완전 소멸됨을 전제로 보상이 이뤄진 데다 이후 기존 대산항 항계 내 수역을 조업구역에 포함해 새로 어업허가를 취득했다 해도 소멸된 항계 내 수역에서 어업을 할 권리를 부활시켜줬다고 볼 수 없다"고 판결 이유를 밝혔다. 또 "공공사업 시행에 따른 제한이 확정돼 있는 상태에서 이를 전제로 권리를 취득한 것이어서 어업피해를 보게 됐더라도 사실상의 손해일 뿐 법적으로 보호되는 손해로 볼 수 없다"고 덧붙였다.

20 잘못된 긴급체포 손해배상청구권 소멸시효 기산점? 확정판결 시점이다

P씨는 군수로 재직하던 1999년 12월 알고 지내던 O씨로 부터 도시개발계획 정보를 넘겨주는 대가로 5000만원을 받은 혐의로 긴급 체포되어 구속 기소되었고 1심에서 징역 5년과 추징금 5000만원을 선고받았다. 그러나 항소심은 "체포영장 없이 불법 구금된 상태에서 범행을 자백한 P씨의 조서는 증거능력이 없다"며 무죄 판결했고 2002년 대법원도 같은 판단을 내렸다. P씨는 이 대법원 판결을 근거로 2005년 1월 국가를 상대로 손해배상 청구소송을 냈고 1심에서 승소 판결을 받았다. 그러나 항소심 재판부는 "P씨는 위법한 긴급체포라는 사실을 알게 된 1999년부터 6년이 지

난 시점에 소송을 제기했기 때문에 소멸시효(3년)가 지났다"며 원고 패소 판결했다. P씨는 상고했다.

➡ 대법원(2008년) 재판부는 원심을 깨고 P씨에게 승소 판결했다. 재판부는 "수사기관의 부당한 긴급체포로 피해를 본 경우 국가를 상대로 손해배상을 청구할 수 있는 소멸시효의 기산점은 긴급체포가 위법하다는 법원의 **확정판결**을 받은 시점이다"라고 판결 이유를 밝혔다.

> 해설 **'확정판결'(確定判決)**이란 상소에 의하여 취소 · 변경할 수 없게 되는 상태의 판결을 말한다. 다시 말하면 '확정판결'이 아닌 판결은 판결이 내려도 그 판결에 불복신청(상소)이 가능한 사람이 상급법원에 재심사(항소 또는 상고)를 청구하면, 그 판결에 잘못이 있는 경우에는 그 판결을 취소 또는 변경하지 않으면 안 된다.

21 이적단체로 조작돼 피해 본 유가족, 국가가 손해배상 해줘라

1982년 지방의 한 고등학교에 근무하는 교사들이 '오성회'란 모임을 결성하고 4 · 19기념행사를 마치고 시국토론을 한 것을 빌미로 당시 정권이 이들을 이적 단체로 조작했다. 참여자들은 징역 1년~7년을 선고받고 복역했다. 이후 **진실 · 화해를 위한 과거사정리위원회**는 국가에 재심할 것을 촉구했고 재심결과 무죄를 선고받았다. 오성회 회원 유가족들은 국가를 상대로 손해배상 청구소송을 냈다.

➡ 대법원(2011년) 재판부는 피해자 L씨의 부인 등 33명에게 150억원을 배상하라고 판결한 원심을 확정했다.

> 해설 **'진실 · 화해를 위한 과거사정리위원회'**는 2005년 5월 3일 대한민국 국회에서 통과된 진실 · 화해를 위한 과거사정리 기본법에 의해 2005년 12월 22일 출범한 위원회로 항일독립운동, 일제강점기 이후 국력을 신장시킨 해외 동포사, 광복 이후 반민주적 또는 반인권적 인권유린과 폭력 학살 의문사 사건 등을 조사하여 은폐된 진실을 밝혀 과거와의 화해를 통해 국민통합에 기여하기 위해 만들어진 대한민국의 국가 기관이다.

22 '문경학살사건' 소멸시효완성 주장, 권리남용 · 위법이다

한국전쟁 발발직전 국군에 의해 학살된 **'문경학살사건'** 피해자 유족 C(73)씨 등은 국가를 상대로 손해배상 청구소송을 냈다.

➡ 대법원(2011년) 재판부는 원고 패소 판결한 원심을 깨고 원고 승소취지로 사건을 서울고등법원으로 돌려보냈다. 재판부는 "과거사정리위원회의 진실규명 결정이 있었던 2007년 전까지는 손해배상청구권을 행사할 수 없는 장애사유가 있었다고 봐야한다"며 "시효가 소멸돼 손해배상책임이 없다는 피고인 국가의 주장이 신의성실원칙에 반하거나 권리남용에 해당하지 않는다고 본 원심 판결에는 위법이 있다"고 판시하면서 "진실을 은폐하고 진상규명을 위한 노력조차 게을리한 국가가 뒤늦게 원고들이 미리 소를 제기하지 못한 것을 탓하며 시효완성을 이유로 채무이행을 거절하는 것은 부당하다"고 판결 이유를 설명했다.

해설 **'문경학살사건'**이란 1949년 경북 문경 한 농촌('석달마을') 주민들이 공산주의자에게 협조했다는 이유로 국군이 무차별 총격을 가해 어린이와 부녀자 등 86명을 학살한 사건이다. 1 · 2심 재판부는 국가공권력에 의한 반인륜적 범죄임을 인정하면서도 손해배상청구권 시효("불법행위를 안 날로부터 3년 또는 한 날로부터 10년이 지나면 소멸한다"민법 제766조)가 지나 국가에게 손해배상책임을 인정하기 어렵다고 판결했다.

23 자백강요로 간첩누명 가족, 국가는 14억원 배상하라

K(61)씨는 1986년 재일 공작지도원으로부터 지령을 받고 간첩활동을 했다는 혐의로 체포돼 고문을 당한 끝에 허위자백하고 징역 7년을 선고받고 복역하다가 1991년 가석방됐다. 2009년 광주 고법은 재심에서 무죄를 선고해 K씨는 23년만에 간첩누명을 벗었다. K씨와 K씨 가족은 이 판결을 근거로 보안부대 수사관들과 검사의 불법행위로 인해 육체적 · 정신적 고통을 받았고 가족들 역시 간첩가족이란 오명으로 불이익을 받았다며 국가를 상대로 손해배상 청구소송을 냈다.

➡ 대법원(2012년) 재판부는 국가는 K씨와 가족들에게 14억원을 배상하라고 원고 승소 판결한 원심을 확정했다. 재판부는 "K씨가 보안부대에서 불법적 수사를 받았고 담당검사는 이를 알았음에도 자백을 강요하고 물리력을 행사했다"면서 "K씨의 수감을 국가가 국민의 기본적 인권을 침해한 불법행위로 판단한 원심 판결은 정당하다"고 판결 이유를 설명했다. 2심은 K씨에게 9억원, 아내에게 3억원, 자식 2명에게 각 1억원을 지급토록 했다.

02 지자체 배상

1 '한강 물값 소송', '서울시는 수자원공사에 물값 지급하라'

한국수자원공사는 서울시가 자양, 풍납, 구의, 암사, 강북 등 5개 취수장에서 끌어다 사용하는 상수도 원수의 상당량이 수자원공사가 건설한 충주댐에서 방류된 물이라며 서울시를 상대로 '한강 용수료지급 청구소송'을 냈다.

➡ 대전지방법원(2006년) 재판부는 서울시는 수자원공사 측에 2004년 4월부터 12월말까지 물 사용료 114억 7995만원을 지급하라고 원고 승소 판결했다. 재판부는 "서울시가 수자원공사와 취수장별로 용수사용계약을 체결했고 한강유역의 먹는 물 등 생활용수를 사용하는 것에 대해선 물 사용료를 부과할 수 있다"며 판결 이유를 밝혔다.

2 한강둔치주차장 차량 침수피해, 서울시 20% 배상책임

트럭운전사 J(50)씨는 매월 7만원씩 지급하고 자신의 트럭을 한강시민공원 망원지구 주차장에 주차해왔다. 트럭을 주차한 사이 큰비가 내려 주차장이 침수돼 트럭에 실려 있던 종이 가방이 모두 떠내려가는 사고가 났다. J씨는 서울시와 주차관리업체를 상대로 손해배상 청구소송을 냈다.

➡ 서울서부지방법원(2008년) 재판부는 원고 일부 승소 판결했다. 재판부는 "피고가 침수를 막기 위해 필요한 조치를 취했다고 볼 만한 사정이 전혀 없다"며 주차관리인의 책임을 인정했다. 또 "서울시 공무원들로서는 차량소유자와의 전화연락에 의한 자발적 대피에 의존해서는 안 될 뿐 아니라, 중대형 화물차를 이동시킬 수 있는 견인차 등 장비를 갖추고 대피조치를 취했어야 함에도 이러한 주의 의무를 다하지 않았다"며 서울시의 책임도 인정했다. 그러나 "집중호우를 미리 예측할 수 있었음에도 침수위험이 있는 주차장에 화물차를 주차시켜 놓고, 대피시키려는 노력을 하지 않은 원고에게도 과실이 있다"며 피고들의 책임을 80%로 제한한다고 밝혔다.

3 물놀이 금지 구역서 익사, 지자체에 배상책임 없어

H(16)군은 울진군 남대천에서 물놀이를 하다가 익사했다. H군의 부모는 “사전예방과 안전조치를 소홀히 해 사고를 당했다”며 울진군을 상대로 손해배상 청구 소송을 냈다. 1심 재판부는 원고 패소 판결했다.

➡ 서울고등법원(2005년) 재판부는 1심 판결과 같이 원고 패소 판결했다. 재판부는 “H군이 출입통제울타리 외에도 물놀이를 금지하는 위험표지판을 봤을 것으로 판단된다”며 “지자체가 경고내용을 무시하고 물놀이를 하는 사람들의 익사사고까지 책임질 의무는 없다”고 판결 이유를 밝혔다. 또 “위험표지판, 인명구조 장비함이 있었고, 사고 당일 소방서에서 사고현장을 순찰한 점 등을 감안할 때 관할 군청은 사고방지 의무를 다한 것으로 볼 수 있다”고 덧붙였다.

해설 하천 · 계곡 등에서 물놀이 중 익사사고가 발생했을 때 위험표지판 등이 제대로 설치돼 있지 않았다면 관리책임이 있는 지자체 측에 대해 국가배상법(제5조)에 근거하여 손해배상 청구소송을 제기하는 것이 가능하다.

4 청계천서 추락사, 서울시에 20% 책임 있다

L(33)씨는 직장동료와 술을 마시고 귀갓길에 청계천 난간에 기대고 있다가 청계천 쪽으로 추락해 사망했다. 유족은 추락경고 안내판이나 추락방지 시설이 없어 사고가 발생했다며 서울시를 상대로 손해배상 청구소송을 냈다.

➡ 서울중앙지방법원(2011년) 재판부는 서울시는 유족에게 5100만원을 배상하라고 판결했다. 재판부는 “청계천은 많은 사람들이 지나다니고, 난간에 기대어 내려다보는 사람도 많은데 서울시는 추락경고 안내판조차 설치하지 않았다”며 “청계천 난간은 안전성을 충분히 갖추지 못한 상태로 볼 수 있다”고 판시했다. 다만 “L씨는 술을 마신 상태에서 스스로 균형을 유지하지 못해 추락한 것임으로 서울시의 손해배상책임을 20% 정도로 제한한다”고 판결 이유를 설명했다.

5 초등생 납치 · 성폭행 ‘김수철 사건’, 서울시가 9000만원 배상하라

‘김수철 사건’ 주범 김수철은 음란동영상 50여 편을 본 뒤 소주 2병과 맥주 1병을 마시고 초등학교를 배회하다가 방과 후 학습을 위해 등교하는 K(10)양을 납치해 집으로 데려가 성폭행했다. K양과 가족은 "학교를 설치 · 운영하는 서울시는 교장과 담당교사 등의 직무상 과실에 대한 책임을 지라"며 서울시를 상대로 손해배상 청구소송을 냈다.

➡ 서울중앙지방법원(2012년) 재판부는 서울시는 9000만원을 배상하라고 원고 승소 판결했다. 재판부는 "당직교사가 수상한 옷차림을 한 김수철이 학교건물에 들어온 것을 봤음에도 건물에서 내보내기만 했을 뿐 아직 등교하지 않은 학생들을 보호하기 위한 조치를 취하지 않았다"며 "학교가 학생들의 등 · 하교 과정에서 발생할 수 있는 사고를 방지하기 위한 인력을 배치하지 않은 것은 학교설치 · 운영 최종책임자인 서울시의 학생보호 · 감독의무 위반이다"라고 판결 이유를 밝혔다. 또 재판과정에서 "서울시는 김수철이 딸을 만나러 왔다고 해서 학부모로 생각했다는 교사의 진술과 학교시설을 개방하도록 되어 있고 경비실 설치와 배움터 지킴이 제도는 예산과 인력부족으로 시행이 불가능하다"고 주장하나 "반바지에 슬리퍼를 신고 있는 김수철의 옷차림은 일반적인 학부모의 옷차림이라고 볼 수 없고 예산부족이나 정책적인 이유로 학교의 의무위반을 정당화할 수는 없다"고 덧붙였다.

해설 외부인이 학교 내에 침입해 일으킨 범죄에 대해 학교의 설치 · 운영자인 서울시에 책임을 인정한 첫 판례다.

6 항구 공사로 어획량 감소, 개발사업자에 배상책임 있다.

강원도 속초시에 사는 어부 K씨는 어업허가를 받은 대포항 인근 바다에서 오징어잡이로 생계를 마련하고 있다. 그런데 정부와 속초시가 대포항 개발사업을 하기 위해 대규모 매립공사와 방파제 증축공사를 하면서 덤프트럭의 소음과 먼지 같은 부유물 때문에 어획량이 감소했다. K씨는 다른 어민 2명과 함께 정부와 속초시를 상대로 손해배상 청구소송을 냈다. 1심 판결은 B대학 해양과학공동연구소에 감정을 의뢰했고 그 결과에 따라 승소했다.

➡ 서울중앙지방법원(2012년) 재판부는 "공사장 소음과 부유물질이 함께 발생한 31개월 동안 오징어 · 송어 개체수가 연평균 34% 감소했고 58개월 동안 연평균 6%의 개체수 감소가 발생한 것으로 결론이 나왔다"면서 "정부와 속초시는 K씨 등에게 금전적으로 배상할 의무가 있다"며 "K씨 등에게 1억 6100만원을 지급하라"고 판결했다.

7 지자체는 태풍 '나리'피해주민에게 손해배상책임 있나?

2007년 태풍 '나리'로 댐 물이 역류하면서 고구마농사에 침수피해를 입은 경남 사천시 완사지구 매립농지 농민 G씨 등 사천시 주민 10명은 배수문 관리책임이 있는 사천시가 손해를 배상해야 한다며 소송을 냈다. 1심 판결은 사천시와 수자원공사의 책임을 각각 인정하고 G씨 등에게 4400만원을 배상하라고 판결했다. 2심 판결은 사천시가 관리를 위한 비용을 부담해야 할 증거가 없다며 사천시 부분에 대한 청구를 기각했다.

➡ 대법원(2012년) 재판부는 원고 패소한 사천시에 대한 부분을 파기하고 사건을 부산고법으로 돌려보냈다. 재판부는 "완사지구 매립농지를 둘러싼 제방인 정곡제와 정곡제의 부속시설물인 배수문은 경남도지사가 사천시장에게 유지 및 관리를 이관한 이상 사천시가 이 업무를 담당해 처리해야 한다고 봐야 한다"며 "배수문을 방치한 결과 침수피해가 발생하였으므로 사천시가 손해를 배상할 책임이 있다"고 판결 이유를 밝혔다.

8 (외국) 성폭행 · 살인누명 11년 옥살이 후 무죄판결, 144억원 배상해라

오하이오주 클리블랜드의 한 주택단지 경비원인 데이비드 에이어스(56) 씨는 단지 내 거주인 A(여 · 76)씨를 성폭행하고 살해한 혐의로 43세 때 기소돼 종신형을 선고받았다. 당시 배심원단은 에이어스 씨가 범행사실을 시인했다는 동료수감자의 증언 등을 근거로 유죄평결을 내린 것이다. 그러나 동성애자인 에이어스 씨는 결백을 주장했다. 마침 한 대학교가 운영하는 '오하이오 무죄 프로젝트'란 단체의 도움으로 억울한 누명을 쓴 것이 입증됐다. 살해된 여성의 시신에서 발견된 체모가 에이어스 씨의 것이 아니라는 유전자(DNA) 검사결과가 나왔고 수사관이 증거를 은폐 조작했다는 에이어스 씨의 주장이 인정되기도 해서 풀려났다. 에이어스 씨는 수감기간 동안 차례로 세상을 떠난 부모님 장례식에도 참석하지 못했다며 정신적 피해 등으로 클리블랜드시 당국을 상대로 손해배상 청구소송을 냈다.

➡ 오하이오 주 클리블랜드 지방법원(2013년) 재판부는 클리브랜드시(市) 당국은 에이어스 씨에게 1320만 달러(약 143억원)을 배상하라고 판결했다. 하루 평균 3000달러가 넘는 액수이다.

03 공공기관배상

1 경기도 '담뱃불 소송' 제소, 담배회사(KT&G) 승소

지방자치단체인 경기도는 담뱃불 화재로 796억원(2005~2007년)의 손실을 입었다. 경기도는 KT&G가 연소를 저해하는 밴드를 붙여 꽁초를 버려도 2~3초 안에 불이 꺼지는 화재예방용 담배를 생산 · 판매할 것을 요청했다. KT&G는 이미 이 같은 담배를 생산하고 있고 미국에는 이 담배를 수출하면서 국내에는 화재위험이 높은 담배만을 판매해 국민의 생명과 안전을 도외시한다고 보고 그 책임을 추궁한다는 취지에서 우선 10억원의 손해배상 청구소송을 냈다. 이에 대해 KT&G는 화재안전 담배도 화재위험이 없는 것은 아니고 담뱃불 화재는 소비자의 과실이 주원인으로 발생하는 것이기 때문에 책임이 없다고 항변했다.

➡ 수원지방법원(2013년) 재판부는 원고인 경기도의 청구를 기각했다. 재판부는 "흡연만으로 화재가 발생하는 것은 아니며 흡연자의 과실로 인한 화재가 상당히 많은 만큼 국내에서 화재안전 담배(저발화성 담배)가 판매됐더라도 담배화재를 완전히 예방할 수는 없다"고 판결 이유를 밝혔다. 또 "화재진압은 지자체의 기본의무이므로 비용은 수수료나 세금으로 충당하는 것이 타당하다"고 덧붙였다.

해설 경기도가 연소성을 높이는 성분의 첨가제가 화재위험을 높인다면서 저발화성 담배를 출시하라는 요청에 대해 KT&G는 저발화성 담배는 외국기업에 특허가 있고 일반 권련지보다 5~12배 비싼 권련지를 수입해야 하기 때문에 제조원가가 인상되어 담배값이 인상된다고 해명했다.

2 흡연으로 폐암 사망, 국가 · 담배회사에 손해배상책임 지우기 어렵다

Y(여 · 62)씨는 공무원인 남편 P씨가 폐암으로 사망하자 공무원연금공단에 유족보상신청을 냈으나 '사망원인이 업무와 관련이 없는 폐암이기 때문에 보상금을 지급할 수 없다'는 통지를 받고 연금공단을 상대로 소송을 냈으나 역시 패소했다. Y씨는 남편이 30년 이상 담배를 피운 것이 원인이라고 여러 병원이 진단했다며 국가와 KT&G를 상대로 손해배상 청구소송을 냈다.

➡ 서울중앙지방법원(2011년) 재판부는 원고 Y씨에게 패소 판결했다. 재판부는 "담배자체에 결함이 있다고 보기 어렵고 제조사가 거짓 정보를 흡연자들에게 전하거나 유해성에 관한 정보를 은폐하는 등 불법행위를 했다고 보기도 어렵다. 또 KT&G가 관련법규를 준수하지 않았다는 증거도 없다"고 판결 이유를 설명했다.

해설 판례의 경향은 흡연과 폐암의 인과관계는 인정하되 오랜 흡연으로 인한 폐암은 흡연자 개인의 책임이라는 관점에서 판결하는 것 같다. 국립암센터 관계자에 의하면 매년 흡연으로 인한 폐암 · 심혈관 질환으로 5만명이 사망한다.

3 고의로 흡연자를 중독시키지 않는 한 담배제조회사, 위법행위는 없다

폐암환자 B씨와 그 가족은 "담배를 피워 암에 걸렸다"면서 KT&G를 상대로 손해배상 청구소송을 냈다.

➡ 서울고등법원(2011년) 재판부는 1심 판결과 같이 원고 B씨에게 패소 판결했다. 재판부는 "하루 담배 한 갑씩 폐암진단 때까지 20년 이상을 피웠으며 흡연과의 연관성이 높은 **소세포암**이 발병한 것으로 확인된 것을 보면 B씨에게는 흡연과 암의 개별적 인과관계가 있는 것으로 인정된다"고 하면서도 "담배연기에 다양한 발암물질이 포함돼 있어서 이 때문에 폐암이 발생했다고 과학적으로 입증하기는 현실적으로 어려움이 있으며 KT&G가 독점적으로 담배를 제조 · 판매하고 있지만 KT&G의 담배에 결함이 있거나 니코틴의 중독성과 흡수율을 고의로 높여 흡연자를 중독시켰다고 보여지지 않는 한 위법행위가 있다고 보기는 어렵다"며 판결 이유를 설명했다.

해설 **'소세포암'**이란 '작은 세포'라는 뜻의 '소(小) 세포암'으로 폐암 중에서 가장 무섭다. 전체 폐암의 15%를 차지하는데, 대부분의 경우는 이미 퍼진 상태로 발견되므로 치료를 잘해도 평균 7개월 정도 밖에 살 수 없다. 소세포 폐암의 원인은 95%가 담배 때문이다. 증세는 기침과 피로인데 진행되면 가슴통증이 생기고 각혈하고 호흡이 곤란해진다.

4 폭우로 인한 정전으로 양계장 닭 폐사, 한전 책임 없다

양계장 주인 K(30)씨는 폭우와 강풍으로 양계장에 전력공급이 중단돼 닭 14000 마리가 폐사하는 큰 피해를 봤다며 한국전력공사가 복구책임을 소홀히 한 것이 원인이라며 한전을 상대로 손해배상 청구소송을 냈다.

➡ 서울중앙지방법원(2012년) 재판부는 K씨에게 패소 판결했다. 재판부는 "해당 정전은 폭우와 강풍으로 나무가 전신주 위로 넘어져 발생한 것으로 불가항력에 의한 사고"라며 "정전사고발생 시점이 야간이고 사고 장소에 한전이 접근하기 어려웠기 때문에 정전상태가 4시간 정도 지속됐다 해도 한전에 책임을 물을 수 없다"고 판결 이유를 밝혔다.

5 폭설에 갇힌 고속도로 승객, 한국도로공사 배상하라

대전 · 충청지역에 하루 동안 최고 49cm의 눈이 내려 경부고속도로 천안~대전 상 · 하행선 90여 km 구간에서 1만대 가까운 차량과 승객 2만여명이 10~30시간 고립됐었다. 피해 운전자와 탑승자 등은 인터넷 카페와 시민단체 등을 통해 원고인단(244명)을 구성하고 한국도로공사를 상대로 손해배상 청구소송을 냈다.

➡ 대전지방법원(2006년) 재판부는 1인당 35~50만원씩 주라며 원고 승소 판결했다. 재판부는 "배상금액은 고립시간이 12시간 미만인 사람은 35만원, 12시간 이상 24시간 미만은 40만원, 24시간 이상은 50만원으로 하되, 여자와 사고 당시 70세 이상 고령자 및 미성년자는 10만원을 가산하라"고 판시했다. 재판부는 "고립대란이 발생하기 전에 기상청이 예비특보를 발표하여 폭설이 예상됐는데도 도로공사가 고립시작 3시간이 지나도록 교통을 통제하지 않는 등 안일하게 대응한 사실이 인정된다"고 판결 이유를 밝혔다. 또 "차량진입통제 이후에도 9개 영업소에서 8,881대의 차량을 추가 진입시켜 제설작업을 더 어렵게 한 점을 볼 때 고속도로관리 하자가 있던 것으로 인정된다"고 덧붙였다.

6 민노총 경찰 폭행, 폭행치료비 전액 배상하라

정부는 민노총이 서울월드컵경기장 인근 광장에서 주최한 '비정규 노동자 해고규탄 결의대회'과정에서 참가자들이 경찰 23명을 폭행해 치료비 2,418만원이 들었고, 경찰무전기 6대를 탈취당하면서 100만원 상당의 재산피해를 입었다면서 모두 2,518만원을 배상하라며 민노총을 상대로 손해배상 청구소송을 냈다.

➡ 이에 대해 1심은 민노총에 손해액 2518만원을 전부 배상하라고 판결했지만, 2심에서는 "민노총이 집회를 주최했지만 시위참가자들의 폭력행위를 제어하는 데 한계가 있고 정부의 비정규직보호법안으로 대량 해고가 발생한 점 등을 참작해야 한다"면서 국가가 손해의 40%는 분담해야 한다고 판결했다.

➡ 대법원(2010년) 재판부는 "설령 집회 주최자가 질서를 유지하는데 한계가 있다고 하더라도, 손해배상의무가 있음을 인정한 이상에는 그 책임의 **범위**는 손해액 전부에

미치는 것"이라며 "원심이 참작한 사정만으로 민노총의 배상책임을 제한한 것은 손해배상법의 이념에도 부합한다고 보기 어렵다"고 판결 이유를 설명했다.

해설 **'손해배상의 범위'**란 (1) 채무불이행의 경우 통상손해 전부에 대해 배상책임을 인정하는 것이 원칙이다(민법 제393조 1항). 예외적으로 특별손해에 대하여 손해배상의 책임을 지운다(민법 제393조 2항). 이러한 통상손해란 채무불이행이 있으면 발생하는 손해를 말하며, 통상손해에 대해서는 채무자의 예견가능성 등을 고려하지 않고 전부에 대하여 청구할 수 있다. 특별손해는 채권자에게 있는 특별한 사정에 의하여 발생하는 손해를 말하는데 채무자가 채권자에게 있는 특별한 사정을 알고 있는 경우에만 손해배상을 청구할 수 있다.
(2) 불법행위의 경우 손해배상의 결정기준은 채무불이행에서와 마찬가지로 통상손해를 원칙으로 하며, 가해자의 예견가능성의 여부에 따라 특별손해에 대하여 배상의 책임을 지운다. 이 경우에 배상액의 산정 시기는 불법행위가 발생한 때를 산정의 기준시기로 정한다.

7 중학생 자살, 교장 · 담임교사 · 가해자 부모 공동 책임

대구 D중학교 학생 G(14)군은 지속적인 학교폭력으로 정신적 고통을 감당하지 못해 스스로 목숨을 끊었다. G군 유족은 아들의 죽음에 책임이 있는 대구시와 대구시 교육청, 학교법인, 교장, 교감, 담임교사, 가해학생 부모 등을 상대로 3억 4000만원의 손해배상 청구소송을 제기했다.

➡ 대구지방법원(2012년) 재판부는 학교법인과 D중학교 교장, 담임교사, 가해학생 부모는 원고에게 모두 1억 3000만원을 배상하라고 판결했다. 재판부는 "G군의 자살은 부모 대신 감독할 의무가 있는 학교 교장과 담임교사의 책임이 인정된다"고 판시하면서 "다만 학교법인과 교장, 담임선생, 가해자 부모 등의 책임을 40%로 제한한다"고 덧붙였다. 재판부는 "대구시와 시교육청은 지도감독을 하지 않았다고 보기 어렵다"며 손해배상 대상에서 제외시킨다고 판결 이유를 설명했다.

8 '키코 재판', 기업이 은행에 첫 판정승

M비전 등 4개 기업이 **키코**에 가입했다가 324억원의 피해를 입었다며 이를 배상하라고 C은행과 H은행을 상대로 소송을 냈다.

➡ 서울중앙지방법원(2012년) 재판부는 원고에게 피해액의 60~70%씩을 은행이 배상할 책임이 있다고 원고 일부 승소 판결했다. 재판부는 "은행들이 투자자에게 간략한 서류를 주거나 전화로 간단하게 알려주기만 했고 상품을 설명해야 할 의무를 다하

지 않았다"며 "은행은 투자자가 위험을 충분히 이해했는지 확인해야 하며, 이해하지 못했다면 금융투자 상품을 판매해서는 안 된다"고 판결 이유를 밝혔다. 재판부는 그러나 **키코**가 구조적으로 은행에 유리한 불공정 상품이라는 기업들의 주장은 받아들이지 않으면서 "글로벌 금융위기로 환율이 급변하는 상황을 예견하기 어려웠고, 은행이 폭리를 얻기 위해 악의적으로 계약을 체결했다고 볼 수는 없다"고 덧붙였다.

해설 1. **'키코'**(KIKO)란 약정환율과 변동의 상한(Knock-In) 및 하한(Knock-Out)을 정해 놓고 환율이 일정한 구간 안에서 변동한다면 약정환율을 적용받는 대신, 하한 이하로 떨어지면 계약을 무효로 하고, 상한 이상으로 올라가면 약정액의 1~2배를 약정환율에 매도하는 파생금융상품의 일종이다. 평상시에는 환 위험을 줄일 수 있지만 환율이 약정 범위 밖으로 움직이면 가입자가 피해를 입게 된다. 2008년 글로벌 금융기로 환율이 급상승하면서 가입 중소기업들이 막대한 손해를 입었고 피해기업이 은행을 상대로 소송을 내는 사태가 벌어졌다.
2. 키코 관련 소송(2012년 8월 기준)의 1심 판결은 대부분(195개 중 158개 회사)이 피해회사에 패소 판결했고 나머지(37개)도 피해액의 30% 정도의 배상만 인정받았다.

9 (외국) 국기(國旗) 기립 경례 및 국가(國歌) 제창 강요, 위법인가?

도쿄(東京)도립고교 교직원 400명이 입학식과 졸업식에서 국기(히노마루)에 대한 기립경례와 국가(기미가요)제창을 의무화하는 것은 양심의 자유를 침해하는 것으로서 부당하다며 이로 인해 정신적 피해를 입었다고 도와 도 교육위원회를 상대로 손해배상 청구소송을 냈다.

➡ 일본 도쿄지방법원(2006년) 재판부는 원고들에게 승소 판결했다. 재판부는 "애국심을 강요당할 의무가 없고 원하지 않는 교직원에 징계처분까지 하면서 기립과 제창을 강요하는 것은 사상과 양심의 자유 침해"라며 "국기에 대한 기립(起立)경례 및 국가제창을 자연스럽게 정착시켜 나가자는 국기 · 국가법의 취지에 비춰 제창 등을 강제하는 직무명령은 위법"이라면서 "도(都) 당국에 원고 1인당 3만엔의 손해배상을 지급하라"고 판결했다.

해설 최종심인 일본 최고재판소에서는 유사한 사례에 대하여 원고 일부 승소 판결했다.
참조; 제1장 테마별 생활법률 4. 교육관계 다. 중 · 고교 판례13

제 4 장

사회안전망

1. 보험
2. 재해보상
3. 국가유공자 인정

01 보험

1 불륜 현장 들킨 주부의 투신자살, 사망보험금 지급해야 하는가?

가정주부 K(42)씨는 알고 지내던 육군 장성 L(53)씨와 만나 함께 술을 마시고 취한 뒤 대리운전사를 불러 함께 차를 타고 집 주차장에 도착했다. K씨의 남편 A씨는 늦게까지 안 들어오는 K씨를 찾아 주차장에 나갔다가 차속에서 K씨와 L씨의 불륜현장을 목격했다. A씨와 L씨는 격투가 벌어졌다. K씨는 싸움을 말리고 남편 A씨에게 곧 따라 들어가겠다고 말하고 그 길로 인근 한강에 가서 투신자살했다. 아내가 사망하자 남편 A씨는 사망보험금 지급을 요청했으나 '자살함에 있어 고의로 자신을 해친 경우에는 지급거절사유가 된다'는 약관조항을 근거로 보험사가 지급을 거절하자 소송을 냈다.

➥ 서울중앙지방법원(2013년) 재판부는 원고에게 승소 판결했다. 재판부는 "상법엔 자살한 경우 보험금을 지급하지 않아도 된다고 규정하고 있지만 보험사약관에 **심신상실**, 정신질환 등으로 스스로 의사결정을 할 수 없는 경우에는 자살이라고 해도 보험금을 지급할 수 있다는 예외조항이 있다"며 남편 A씨에게 보험금 2억 5000만원을 지급하라"고 판결 이유를 설명했다. 재판부는 "K씨가 평소 가정에서 아무런 문제가 없었음을 미루어 봤을 때 불륜 현장을 들킨 수치심과 흥분에 휩싸여 제대로 의사결정을 할 수 없는 상태에서 우발적으로 자살한 것으로 보인다"고 덧붙였다.

> 해설 불륜현장을 들킨 주부의 심리상태를 **'심신상실'**로 인정한 판결이다. 심신상실이란 사물에 대한 변별력이 없거나 의사를 결정하지 못하는 상태를 말한다.

2 '남편 살해' 형사사건 무혐의라도 '아내 혐의' 인정, 보험금 못 받아

아내 H(43)씨의 남편 K씨가 승용차 안에서 불에 타 숨진 채 발견됐다. 불이 나기 전 충격에 의한 심장파열이 직접 사인이었다. 경찰은 H씨가 남편 K씨 이름으로 생명보험을 여러 곳에 가입했고, H씨가 내연남 P씨에게 "남편을 죽여 달라"는 말을 했다는 사실 등을 파악하고 보험금을 노린 살인사건으로 판단해 H씨를 붙잡아 조사했다. 경찰은 불을 내는 데 쓴 경유 통을 발견하기도 했지만 혐의를 뒷받침할 자백이나 직접증거를 찾지 못해 결국 무혐의로 사건을 종결시켰다.

H씨는 2년 뒤 남편 K씨 이름으로 가입한 보험회사 두 곳과 우체국 보험과 관련해서 국가를 상대로 보험금 청구소송을 냈다. H씨는 1심에서 **조정**을 통해 보험사 한 곳으로부터 5천만원을 받았고, 기타 두 곳에 대하여 3300만원을 지급하라는 승소 판결을 받아냈다. 보험사는 항소했다.

➡ 서울고등법원(2008년) 재판부는 H씨의 고의로 인해 남편 K씨가 사망한 사실이 인정된다며 1심을 깨고 원고에게 패소 판결했다. 재판부는 "H씨가 지속적으로 남편 K씨를 살해하려는 의사를 밝혔고, 남편의 살해에 대하여 H씨가 관련된 여러 정황이 드러난 점, 남편의 사망에 따른 보험금수령 등 살해동기를 종합하면 H씨가 남편 K씨를 사망에 이르게 한 사실을 추인할 수 있다"며 "형사사건과 달리 민사재판에서는 간접증거나 사건 당시 정황 등을 종합한 **합리적 추론**으로 판단할 수 있다"고 판결 이유를 밝혔다. 또 "H씨의 남편이 누군가에 의해 살해된 뒤 승용차로 옮겨진 것으로 보인다"며 "남편 외에는 H씨만이 승용차 열쇠가 있는 곳을 알았을 것이라는 점 등도 H씨를 살인범으로 보는 근거로 삼았다"고 덧붙였다.

> **해설** **'조정'**으로 합의를 봤으면 확정판결력이 발생하여 합의내용을 번복할 수 없다. 조정이란 사건 당사자(이 사건의 경우 보험가입자 H씨와 보험회사)와 조정위원 등 3자가 회동하여 보험금액에 대하여 합의를 이끌어 내는 절차를 말한다.
> **'합리적 추론'**이란 사후의 결과를 알고 내려지는 것이 아니라 알려지지 않은 미래의 상황을 현재의 조건들을 조합해 논리적으로 예측하여 미래상황에 최대한 근접하려는 시도를 말한다.

3 음주운전 사망, 사망보험금 100% 줘야

H씨는 매달 10만원씩 내는 '무배당 다보장(多保障) 상해보험'에 가입한 뒤 몇 달 후 술을 마신 상태에서 화물차를 몰다 신호등 기둥을 들이받아 현장에서 사망했다. H씨가 가입한 보험약관에는 음주운전을 하다 사고를 내 숨지면 보험금의 20%만 지급한다는 '감액약관'이 명시돼 있었다. 보험사측은 이 약관을 근거로 유족들에게 전체 보험금 6000만원의 20%인 1200만원만 지급하자, 유족들은 항의했고 보험사측은 약관유효확인 소송을 냈다.

➡ 서울중앙지방법원(2009년) 재판부는 원고 보험사에게 패소 판결했다. 재판부는 "**상법 제732조**(뒤에 제732조의 2로 바뀌었음)는 '사망보험은 사고가 계약자의 중대한 과실로 인해 생긴 경우에도 보험금을 지급해야한다'는 규정이 있다"며 "음주운전이 고의적 범죄이긴 하지만 특별한 사정이 없는 한 사망이나 상해에 관한 것은 아니어서 이로 인한 손해보상을 갖고는 보험계약에 있어 신의성실에 반한다고 볼 수 없다"고 덧붙였다.

해설 **상법 제732조의 2(중과실로 인한 보험사고)**; '사망을 보험사고로 한 보험계약에는 사고가 보험계약자 또는 피보험자나 보험수익자의 중대한 과실로 인하여 생긴 경우에도 보험자는 보험금액을 지급할 책임을 면하지 못한다.'

4 음주사고라도 고의성 없으면 보험금 줘야

화물차운전사 L(42)씨는 만취상태에서 운전을 하다 음주단속에 적발됐다. 과거 음주운전 전력이 있던 L씨는 "면허가 취소되니 한 번만 봐 달라"며 차에서 내리지 않았고 음주측정에도 불응하다가 차를 몰고 달아나기 시작했다. 단속하던 의무경찰 J(24)씨가 운전석 문을 붙잡고 매달렸다. L씨는 J씨를 매단 채 시속 70km까지 속도를 내며 차를 몰았다. 한참 가다가 J씨는 힘이 빠져 차에서 떨어졌고 뒷바퀴에 다리가 깔렸고 머리를 부딪쳐 의식불명 상태에 빠졌다. L씨는 현장에서 붙잡혀 음주측정 결과 혈중 알코올농도 0.147%가 나왔다. L씨는 징역 4년이 확정됐다.

L씨는 J씨가 입은 손해를 배상하기 위해 아내가 계약해 둔 S화재보험에 보험금 지급을 요청했다. 하지만 S화재는 "보험계약자의 고의로 인한 손해"라며 L씨를 상대로 보험금지급 책임이 없다는 채무부존재 확인소송을 냈다. 1 · 2심 법원은 보험사에 승소 판결했다. "단속 의경이 다친다는 점을 운전자가 충분히 예견할 수 있었으므로 고의 또는 미필적 고의가 인정된다"는 것이 판결 이유였다.

➡ 대법원(2007년) 재판부는 "보험금을 지급하라"며 원고 패소 취지로 원심 판결을 깨고 사건을 광주지방법원으로 돌려보냈다. 재판부는 "운전자가 단속 의경이 식물인간이 될 정도로 중대한 결과에 이르리라는 점까지 예견했다고 볼 수 없다"고 판결 이유를 밝혔다. "L씨의 고의로 인한 손해라고 볼 수 없으므로 보험사의 면책약관은 적용되지 않는다"고 덧붙였다.

해설 결과를 '예견할 수' 없었다면 '고의'로 볼 수 없다. 사법상 고의란 결과가 생길 것을 인식하면서 감히 그 행위를 하는 것, 다시 말하면 '예견한 결과'를 만들어 낸다는 심리적 의식의 상태를 말하기 때문이다.

5 피보험자 서면동의 없는 보험계약, 무효

부인 K씨는 주 피보험자를 남편 L씨로, 종 피보험자를 자녀로 해서 보험에 가입했다. K씨의 남편이 그해 교통사고로 다치자 보험금 517만원을 받았다. 그러나 K씨 남편이 또 다른 교통사고를 당해 숨졌는데 이번에는 보험사가 보험료를 주지 않았다. K씨는 남편 L씨가 처음 교통사고를 당했을 때 보험사가 서명을 확인하고 보험금을 줬기 때문에 남편 사망보험금 1억 5000만원을 줘야 한다며 보험사를 상대로 소송을 냈다

➡ 대법원(2006년) 재판부는 원고 패소 판결한 원심을 확정했다. 재판부는 "타인(남편 L씨)의 사망을 보험사고로 하는 보험계약은 계약체결 전에 타인의 서면 동의가 이뤄져야 한다"고 판결 이유를 밝혔다. "보험계약 당시 피보험자의 서면 동의가 없으면 나중에 당사자의 추인을 받았더라도 계약은 원천 무효"라고 덧붙였다.

6 말기 암 환자 비관 자살, 보험금 지급해야

경찰관 J씨는 건강진단 결과 암 판정과 함께 '6개월밖에 살지 못할 것'이란 진단을 받고 극심한 우울증에 시달리다, 6개월 후에 자살했다. 유족들은 보험사에 '질병 사망' 보험금을 청구했으나 "자살한 경우엔 보험금을 지급하지 않는다"고 거부당하자 소송을 냈다.

➡ 서울중앙지방법원(2009년) 재판부는 원고 승소 판결했다. 재판부는 "J씨가 예정된 죽음을 기다리는 상황에서 우울증으로 자살한 것으로 보여, 질병과 사망 사이에 인과관계가 있다" 면서 "따라서 보험사의 보험금 지급 의무가 면책되는 것은 아니므로 유족 3명에게 보험금 6000만원을 지급하라"고 판결 이유를 밝혔다. 재판부는 "보험사의 보험금지급 의무 면책은 '보험사기' 등에 제한적으로 적용돼야 한다"고 덧붙였다.

7 애매한 보험약관 고객에 유리하게 해석해야, 우울증 자살도 보험금 지급해야

K(여 · 45)씨는 어머니 L씨를 가입자로 G생명보험의 교통재해보험에 가입했다. 보험약관 단서 조항에 '가입 2년 후 자살하면 보험금을 지급하겠다'는 규정이 있다. 그런데 L씨는 우울증에 시달리다 6년 후 전동차에 뛰어들어 사망했다. K씨는 "어머니 L씨가 보험 가입 후 2년이 지났으며 우울증으로 인한 사고이기 때문에 교통재해에 해당한다"면서 보험사에 보험금을 요구했지만 거절당하자 소송을 내 1심에서 승소했으나 항소심에서 패소했다.

➥ 대법원(2007년) 재판부는 원고 패소 판결한 원심을 파기하고 사건을 서울고등법원으로 돌려보냈다. 재판부는 "보통거래약관의 내용은 계약체결자의 의사나 구체적인 사정을 고려하지 않고 평균적 고객의 이해가능성을 기준으로 객관적 · 획일적으로 해석해야 한다" 면서 "고객보호 측면에서 약관내용이 명백하지 못하거나 의심스러운 때에는 고객에게 유리하게, 약관작성자에게 불리하게 제한 해석해야 한다"고 판시하면서 "보험사가 주 조항에 보험금지급 제외 사유를 두며 또다시 단서조항에 '가입 2년 후 자살할 경우 보험금을 지급하겠다'는 규정을 넣어둔 것을 일반인의 입장에서 보면 보험가입자가 정신질환 상태에서 자신을 해치거나 계약의 책임일로부터 2년이 지난 뒤 자살하거나 자해해 사망 또는 심한 장애상태가 되었을 경우 특별히 보험사고에 포함시켜 보험금을 지급한다는 취지로 이해할 여지가 충분하다"고 판결 이유를 밝혔다.

8 손해보험 가입했어도 고지의무 불이행하면? 보험금 못 받아

K(55)씨는 L손해보험(주)과 상가건물 및 시설 · 집기비품 등을 보험대상으로 보험계약했다. 그런데 시(市)의 도시개발계획사업에 따라 철거하는 공사를 하던 중 산소 용접기에서 발생한 불씨로 화재가 발생 · 전소했다. L손해보험은 예정돼 있는 건물철거를 알리지 않고 철거공사를 하다 화재가 났다며 K씨를 상대로 채무부존재확인 청구소송을 냈다.

➥ 대법원(2011년) 재판부는 원고 L손해보험에게 승소 판결한 원심을 확정했다. 재판부는 "공사기간이 사흘에 불과하더라도 작업규모나 방법, 특히 철근을 절단할 때 불씨가 발생하는 산소용접기로 작업한 사실 등에 비춰 화재발생 위험을 증가시키는 철거공사 사실을 보험사에 **알려야 할 의무**가 있다고 판단한 원심은 정당하다"고 판결 이유를 설명했다.

해설 **고지의무(告知義務)**란 보험계약자 또는 피보험자가 보험자에 대하여 중요한 사실을 고하지 않거나 중요한 사항에 대하여 부실(不實)한 고지를 하여서는 안 된다는 의무를 말한다. 위반하였을 때에는 보험자는 일정한 요건하에서 보험계약을 해지(解止)할 수 있어 보험금을 취득할 수 없는 불이익을 입게 된다.

9 미확진이라 알리지 않고 보험가입해도 보험금 받을 수 있어

O(46)씨는 H보험사 암보험에 가입했다. 가입 당시 '6개월 후 추적검사를 해야 한다'는 취지로 **갑상샘 결절** 진단을 받았던 사실을 알리지 않았다. 그런데 이처럼 확진을 받지 않은 상태에서 암이 발병하여 보험금지급을 요청했으나 거절당했다. O씨는 소송을 냈다.

➥ 대법원(2011년) 재판부는 원고 O씨에게 승소 판결한 원심을 확정했다. 재판부는 "O씨가 병을 확정적으로 진단받지 않았고 갑상샘 결절 진단 후 2년 동안 건강상 장애가 없었으며 진단 후 추가적인 검사나 치료를 받지 않았던 점 등을 볼 때 O씨가 보험계약체결 시 갑상샘결절 진단을 알리지 않은 일을 고의적으로 혹은 중대한 과실로 고지의무를 어겼다고 볼 수 없다"고 판결 이유를 설명했다.

해설 **갑상샘 결절**이란 갑상선 세포가 과도하게 증식해 혹처럼 자란 것을 말한다. 갑상선이란 목의 한가운데에서 앞으로 튀어나온 물렁뼈(갑상연골)아래쪽 기도의 주위를 감싸고 있는 내분비선을 말한다. 갑상선 호르몬은 체온과 신체 대사의 균형을 유지시켜주는 역할을 한다. 갑상샘 결절은 양성과 악성으로 구분되는데 악성을 암이라고 한다. 악성일 경우도 조기 발견하면 생존율이 95% 이상으로 알려지고 있다.

10 쌍방 격투 · 폭행으로 일방 중상, 하지만 건보 적용된다

K씨는 자신은 언쟁 끝에 상대방의 얼굴을 몇 회 때렸지만 상대방은 K씨의 생명이 위태로울 정도로 폭행했다며 국민건강보험공단을 상대로 '보험급여를 환수하는 것은 부당하다'며 소송을 냈다.

➥ 서울행정법원(2012년) 재판부는 K씨에게 승소 판결했다. 재판부는 "K씨에게 과실이 있더라도 '통상 예견되는 범위'를 넘는 폭행을 당해 생명이 위태로운 경우 일방

적 보험급여 제한은 부당하다"며 "피해자에게 잘못이 있더라도 경중을 따져 보험금을 지급할 수 있다"고 판결 이유를 밝혔다.

해설 지금까지는 쌍방폭행 연루자들은 중대한 과실로 인한 범죄행위나 고의사고에 해당한다는 이유로 병원비에 대한 보험급여를 받을 수 없었다.

11 해지사유 설명 제대로 안 했다면, 약관 위배돼도 보험금 줘야

남편 K씨와 부인 L씨는 D생명보험의 '무배당그랑프리보장보험 부부형'에 가입했다. 당시 보험계약자였던 부인 L씨는 남편 K씨를 주 피보험자로, 자신을 종 피보험자로 정하고 계약했다. 하지만 그 뒤에 두 부부는 이혼을 하고 혼자 지내던 L씨는 괴한에 의해 살해됐다. K씨는 보험계약에 따라 L씨의 **법정 상속인**인 세 자녀에게 보험금 3000만원을 지급해 줄 것을 신청했지만 이 보험사는 부부형 보험은 가입자 부부가 이혼할 경우 종 피보험자는 그 자격을 상실하게 된다며 보험금지급을 거부했다. 이에 K씨는 L씨가 보험계약을 체결할 당시 그러한 보험약관에 대한 설명을 들은 바 없다며 보험회사를 상대로 보험금 청구소송을 제기했다.

➡ 서울중앙지방법원(2008년) 재판부는 원고 승소 판결했다. 재판부는 "보험사는 계약체결 당시 보험료, 보험금액, 보험기간, 보험계약의 해지사유 등의 내용을 명시 · 설명해야 한다"며 "이러한 의무를 위반해 보험계약을 체결한 때에는 그 약관의 내용을 보험계약의 내용으로 주장할 수 없다"고 판결 이유를 밝혔다.

해설 피상속인의 재산을 승계할 수 있는 사람을 **'법정 상속인'**이라 한다. 상속자격을 가진 사람이 다수인 경우에는 상속순위의 문제가 발생될 수 있음으로 이를 미리 법으로 정하여 둔다. 상속에는 상속인, 상속순위, 상속분 등을 법률에 의하여 정하는 법정상속과 유언에 의한 자유로운 처분을 인정하는 유언상속이 있다. 유언이 없는 경우 비로소 법정상속이 개시된다. 법정 상속인의 제1순위는 피상속인의 직계비속과 배우자이다.

12 과잉처방 약값 병원에 못 물린다, 건보공단 패소

건강보험공단은 서울대병원이 지난 2001년 6월부터 2007년 5월까지 진료한 환자 중 '요양 급여기준'을 초과해 과잉처방한 약값 41억원을 서울대병원에 부과했다. 이에 대하여 서울대 병원은 "의학적 근거에 따랐을 뿐 환자에게 불필요한 약을 처방한 적이 없을 뿐만 아니라 병원은 처방만 하고 약국이 약값을 받기 때문에 병원이 그 돈을 대신 물어낼 수는 없다"며 소송을 제기했다.

➡ 서울서부지방법원(2008년) 재판부는 원고 승소 판결했다. 재판부는 "의사로서 요양급여 기준을 지켜야 할 의무보다는 환자에게 최선을 다해 진료해야 할 의무가 앞선다"며 "과잉처방이라도 위법행위가 아니기 때문에 병원이 약값을 배상할 의무가 없다"고 판결 이유를 밝혔다.

13 (외국) 태아도 보험금 받을 권리 있나?

도야마(富山)현에 사는 임신 중인 아내와 남편이 무보험 차량의 과실로 추돌사고를 당한 뒤 중증장애를 가진 아이를 출산하면서 벌어졌다. 부부는 사고를 낸 사람이 보험에 들지 않은 것으로 확인되자 자신들이 가입한 미쓰이스미토모(三井住友)해상화재보험에 보험금을 청구했다. 그러나 보험사가 "태아는 피보험자에 해당되지 않는다"는 입장을 밝히자 소송을 제기했다.

➡ 일본 최고재판소(2006년) 재판부는 태아(현재 7세) 앞으로 1억 3000만엔의 보험금을 지급할 것을 명령한 2심 판결을 확정했다. 최고재판소는 민법에서는 태아의 손해배상청구권이 인정되지 않는 점을 감안하여 "출생 후 장애와 후유증이 발생한 경우에는 태아에게 피보험자의 친족에 준하는 자격이 있다고 볼 수 있으므로 보험금을 청구할 수 있다"고 판결 이유를 밝혔다.

02 재해보상

1 자가용 출퇴근 사고, 업무상 재해 아니다

자가용으로 출근하다 교통사고로 숨진 K씨의 부인이 근로복지공단을 상대로 유족급여 등 부지급(不支給)처분 취소소송을 냈다.

➡ 대법원(2007년) 재판부는 원고 패소한 원심을 확정했다. 재판부는 "K씨의 교통사고는 사업주가 제공한 교통수단 이용 중에 발생한 사고라고 할 수 없고, 업무수행 중 사고를 당했거나 출퇴근 과정이 사용자의 지배를 받는 상태였다고 인정할 수도 없다는 이유로 **업무상 재해**로 볼 수 없다는 원심의 판단은 정당하다"고 판결 이유를 밝혔다. 이어 "산업재해보상보험법에서 근로자가 통상적 방법과 경로에 의해 출퇴근하는 중 발생한 사고를 업무상 재해로 인정한다는 특별한 규정을 두지 않은 이상 출퇴근 방법과 경로 선택이 통상적이라는 이유만으로 업무상 재해가 될 수는 없다"고 덧붙였다.

> 해설 **'업무상 재해'**란 업무상 사유에 의한 근로자의 신체상 손해(부상, 질병, 신체 장애, 사망)를 말한다. 재해의 원인은 반드시 업무와 관련성이 있어야 한다. 다시 말하면 근로자가 사업주의 지휘명령('사업주의 지배')에 따라 그 회사의 업무를 하는 경우로 국한된다고 말할 수 있다.

2 회사 야유회서 다쳤는데? 업무관련 아니면 산재 아니다

제과회사 영업사원 S(여 · 27)씨는 스키장에서 무릎인대가 파열됐다. 그가 소속된 영업팀이 회사에서 받은 실적상금으로 가진 1박2일 워크숍에 참석했다가 사고를 당한 것이다. S씨는 근로복지공단이 업무상 재해로 인정해 주지 않자 소송을 냈다.

➡ 대법원(2007년) 재판부는 업무상 재해가 아니라고 판결한 원심을 확정했다. 재판부는 "S씨가 참가한 행사에 대해 회사경영자가 근로자들에게 참가를 지시한 적이 없고 불참자에 대한 불이익이 없었으며 행사비용도 회사의 결재를 거치지 않은 실적상금으로 사용한 점을 볼 때 행사의 전반적 과정이 강제성을 띠지 않아 S씨가 자발적으

로 참가한 것이 인정되고 S씨가 사용자의 지배나 관리를 받는 상태에 놓여 있었다고 볼 수 없다"고 판결 이유를 밝혔다.

해설 산업재해보상보험법에 따르면 업무상 재해를 인정받기 위해선 재해가 회사 등 사용자의 관리책임 하에 업무를 수행하는 과정에서 발생했고(업무수행성), 발생된 재해가 업무와 상당한 인과관계가 있어야 한다(업무기인성)는 두 가지 조건을 충족시켜야 한다.

3 새벽 4시 넘긴 기자접대 술자리, 홍보업무의 연장 맞다

광고대행사 직원 O(34)는 기자들과 회사 업무를 홍보하기 위해 어쩔 수 없이 저녁식사 후 오전 4시를 넘긴 시간까지 술을 마신 뒤 여관에 들어가 혼자 잤다. 곧이어 갑자기 몸이 뒤틀리는 증세가 나타나 병원으로 옮겨져 뇌출혈 진단을 받았다. 근로복지공단이 "오전 4시까지 모두 3차에 걸쳐 술 마신 것은 회사업무가 아닌 개인적 차원으로 봐야 한다"는 이유로 업무상 재해를 인정하지 않자 소송을 냈다. 1심 재판부는 "저녁식사 뒤 한 차례 정도 술자리를 갖고 자정 전에 자리를 마쳤다면 홍보업무의 일환으로 볼 수 있지만 오전 4시까지 이어진 술자리는 이에 해당되지 않다"며 원고 패소 판결했다. 그러나 2심 재판부에선 원고 승소했다.

➡ 대법원(2006년) 재판부는 원고 승소 판결한 원심을 확정했다. 재판부는 "언론사 홍보를 담당하는 원고입장에선 시간이 늦었다고 먼저 술자리를 끝내기 곤란했을 것이고, 접대비용도 법인카드로 치른 만큼 원고가 오전 4시까지 가진 술자리는 접대업무가 이어졌던 것으로 보는 게 타당하다"고 판결 이유를 밝혔다.

4 회식 때 마신 술로 인한 사고, 업무상 재해

H(40)씨는 거래처 직원들과 회식을 끝내고 집에 가기 위해 지하철을 타려다 선로 위에 떨어져 전동차와 충돌하고 오른팔을 잃었다. 근로복지공단에 요양신청을 냈으나 기각 당하자 소송을 냈다. 1 · 2심 재판부는 회사를 대표한 것이 아닌 개인자격으로 회식에 참석한 것이므로 사업자의 지배나 관리를 받지 않는 상태에서 발생했다며 패소했다.

➡ 대법원(2008년) 재판부는 패소 판결한 원심을 깨고 사건을 서울고등법원으로 되돌려 보냈다. 재판부는 "H씨가 거래처 직원들을 접대하기 위해 회식에 참석한 것은 업무수행의 일환 또는 연장으로 봐야 한다"며 "회식에서 마신 술이 사고의 직접적 원인인 만큼 업무상 재해로 인정된다"고 판결 이유를 밝혔다.

5 사용자 지배상태 하에 회식으로 비롯된 사망사고, 업무상 재해

생산직 근로자 K씨는 노래방으로 이어진 2차 술자리에서 사장이 2시간쯤 앉아 있다가 먼저 귀가한 뒤에도 다른 동료와 40~50분간 더 술을 마셨다. 이후 K씨는 먼저 자리를 뜬 동료들을 찾아 노래방을 나갔다가 길거리에서 쓰러져 머리를 크게 다쳐 1주일 뒤 사망했다.

➡ 1 · 2심 재판부는 "사업주 귀가 이후 2차 회식자리가 사용자의 지배상태에 있지 않았고 동료들을 찾기 위해 밖으로 나와 사고가 발생한 만큼 업무상 재해가 아니다"라고 판단했었다.

➡ 대법원(2008년) 재판부는 원고 패소 판결한 원심을 깨고 사건을 서울고등법원으로 돌려 보냈다. 재판부는 "사업주가 귀가하고 난 뒤에도 K씨가 계속 남아 있었던 것은 공식 회식의 끝 무렵에 술 취한 상태에서 깨지 못해 잠시 남았던 것에 불과하다"며 "이는 회식의 연장선상에 있었던 것으로 봐야 한다"고 판결 이유를 밝혔다.

6 퇴근 후 상 · 하직원이 싸우다 부상, 업무관련 땐 산업재해

B(37)씨는 주상복합건물 신축공사장에서 작업 팀장으로 일하던 중 부하직원 A(47)씨와 공사문제로 말다툼이 붙은 뒤 퇴근 후 다시 이 문제로 몸싸움을 벌이며 싸우다 의식을 잃고 쓰러져 인근병원에서 뇌출혈수술 및 8주간 입원치료를 받았다. B씨는 근로복지공단에 요양신청을 냈으나 요양불승인 처분을 받고 공단을 상대로 요양불승인처분 취소 청구소송을 냈다.

➡ 부산지방법원(2008년) 재판부는 원고 승소 판결했다. 재판부는 "근로자가 폭력에 의해 재해를 입은 경우 직장 내 인간관계나 업무에 연관된 것이라면 산재로 인정해야 한다"고 판결 이유를 밝혔다.

7 유서에 '업무 스트레스로 죽는다' 명시해도 반드시 산재보험대상 아니다

세무공무원 K(47)씨는 계장으로 승진 전보된 후 근무 중 유서를 써놓고 아파트에서 추락해 숨졌다. 유서에는 '죽는 이유는 업무과다로 인한 스트레스 때문'이라고 여러 차례 명시했다. 업무량이 과도하다고 강한 불만을 표시하기도 했다. 유족은 유족보상금 지급을 청구했으나 공무원연금공단은 공무 외적 요인에 의해 자살한 것이라며 거부했다. 유족은 공단을 상대로 보상금지급 부결처분 취소 청구소송을 냈다.

➡ 서울행정법원(2012년) 재판부는 원고 패소 판결했다. 재판부는 "업무 스트레스로 자살한다고 유서를 작성했지만 이는 K씨가 생각하는 자살의 원인일 뿐"이며 "의학적

으로는 유서에 적힌 이유가 우울증으로 인한 자살을 유발하거나 촉진하는 필요충분조건이 되는 것은 아니다"라고 판결 이유를 밝혔다.

8 1주일에 2~3회 소주 1병씩 마시다 사망, 업무상 재해 아니다

타워크레인 기사 C(39)는 일주일에 2~3회 소주 1병씩 마시는 애주가이다. 급성 심근경색증으로 치료병력이 있고 심장마비로 쓰러진 적도 있다. C씨는 타워크레인을 조종하다가 속이 울렁거리고 밥도 안 먹혀 휴게실에 쉬러 갔다가 1시간 후에 숨졌다. 유가족은 업무를 하면서 스트레스로 인해 C씨가 사망했으므로 업무상 재해를 인정해 달라고 근로복지공단을 상대로 소송을 냈다.

➡ 서울행정법원(2012년) 재판부는 유족에게 패소 판결했다. 재판부는 "C씨가 심근경색증을 앓고 있는 상태에서 일주일에 두세 차례 소주 1병 이상을 마시는 등 건강관리를 위한 노력을 하지 않았다"고 판결 이유를 설명했다.

9 술 · 담배 많이 즐기다 과로사망, 꾸준히 운동했다면 보상금 줘야

고교 교사 L(45)씨는 고3 담임, 학교기숙사 사감 등으로 매월 평균 55시간씩 초과근무하다 과로와 심장마비로 사망했다. 유족은 공무원연금공단을 상대로 공무상 재해에 따른 유족보상금(1억원)을 신청했다. 그러나 공단은 평소 평균 일주일에 세 번 , 매회 평균 15잔의 술을 음주했고 하루 평균 담배 1갑(20개비)을 피웠음으로 스스로 사망에 미친 중과실이 있다며 5000만원만 지급 결정했다. 유족은 L씨가 매일 1~2시간씩 테니스를 치는 등 건강관리를 꾸준히 해 왔다며 소송을 냈다.

➡ 서울행정법원(2012년) 재판부는 원고에게 승소 판결했다. 재판부는 "심장마비 원인에는 과로 외에 고혈압, 당뇨 등도 있어 음주 · 흡연으로 숨졌다고 단정하기 어렵고 또한 건강관리를 게을리 한 중과실이 있다고 보기도 어렵다"며 "유족보상금 전액을 지급하라"고 판결 이유를 설명했다.

10 대중교통 이용할 수 없는 곳으로 승용차 출근길 교통사고, 업무상 재해

H(37)씨는 대중교통을 이용해 출퇴근할 수 없는 공사현장으로 출퇴근하는 노동자로서 승용차를 몰고 출근하다 교통사고로 숨졌다. H씨의 부인 K씨는 근로복지공단을 상대로 유족급여를 요구했으나 거절되자 복지공단을 상대로 부지급처분 취소소송을 냈다.

➡ 대법원(2012년) 재판부는 원고 승소 판결한 원심을 확정했다. 재판부는 "H씨가 승용차를 운전해 공사현장으로 출근하던 중 발생한 사고는 출퇴근 방법과 경로선택

등이 사실상 H씨에게 속해 있다고 볼 수 없어 사망과 업무사이에 직접적이고 밀접한 내적 관련성이 존재한다고 봐야 한다"며 "사업주의 지배관리 아래 업무상의 사유로 밖에 달리 볼 수 없는 H씨의 사망은 업무상 재해에 해당한다"고 판결 이유를 밝혔다.

11 (외국) 상사 폭언 따른 자살, 산업 재해

제약회사 영업사원 A(35)씨는 실적 개선을 위해 부임한 신임 계장으로부터 "제발 없어져라", "회사를 말아먹는 놈", "월급 도둑놈"이라는 폭언을 반복해서 듣는 등 괴롭힘을 당해 우울증에 걸렸다. 그리고 이듬해 자살했다. A씨는 유서에 "상사의 폭언을 듣고 나의 결점만을 생각하게 돼 내가 정말 싫어졌습니다. 지난달부터 계속 죽고 싶다는 생각이 들었습니다" 라는 말을 남겼다. A씨의 부인은 국가를 상대로 산재인정 청구소송을 냈다.

➡ 일본 도쿄지방법원(2007년)은 직장 상사의 폭언이 우울증 발병 및 자살 원인이 됐다며 자살을 산재로 인정해 원고 승소 판결했다. 재판부는 상사의 폭언사실을 인정하면서 "직원의 심리적 부담은 인생에서 쉽게 경험할 수 없을 정도의 강도였다"고 판결 이유를 밝혔다.

03 국가유공자 인정

1 복무 중 탈모증 생긴 병사, 국가유공자

군 복무 때부터 탈모증이 시작된 예비역 육군병장 K(27)씨는 국가유공자로 인정해 달라며 수원보훈지청장을 상대로 소송을 냈다.

➡ 서울고등법원(2009년) 재판부는 원고 승소 판결했다. 재판부는 “탈모부위가 넓으며 수년간 증상이 지속될 뿐 아니라 스트레스환경을 벗어나도 상태가 나아지지 않는 게 일반적” 이라며 “제대 후 증상이 호전되지 않았다고 해 그것만으로 탈모와 군 생활 사이의 인과 관계가 없다고 단정할 수 없다”고 판결 이유를 밝혔다. 1심 재판부도 “탈모는 군 생활에 따른 스트레스로 발병했다고 봐야 한다”고 밝혔다.

2 월남전 태권도 시범 중 다치고 43년 지났어도, 국가유공자 인정

C(62)씨는 월남전에 참전(1966년)해 운전병으로 복무하다 태권도 시범단 요원으로 차출돼서 베트남 주민과 학생 등을 대상으로 태권도 품세와 격파장면 등을 시연하기도 했는데 ‘고공 점프’ 시범을 보이다 착지를 잘못해 돌에 부딪혀 왼쪽 손목이 골절되고 치아 4개가 부러졌다. C씨는 1년 뒤 귀국해 전역했다. C씨는 40년이 지난 2006년 국가보훈처에 “복무 당시 직무를 수행하다 손목이 부러졌다”며 국가유공자로 인정해달라고 신청했다. 이에 대해 보훈처는 C씨의 당시 입원기록이나 병상일지가 남아있지 않다며 거절했다. C씨는 소송을 냈다.

➡ 서울행정법원(2009년) 재판부는 원고 승소 판결했다. 재판부는 “동료 전우들이 C씨가 부상당한 모습을 봤다고 말하고 있는 점, 깁스를 한 채 군복과 태권도복을 입은 사진이 있는 점 등을 종합해보면 C씨가 군복무 중 직무수행 중 다친 것으로 인정된다”며 “C씨가 국가유공자로 인정된다”고 판결 이유를 밝혔다.

3 왕따로 자살한 군인, 국가유공자 인정받는다

J씨는 공군에 입대해 항공기 정비병으로 근무하면서 선임병들로부터 따돌림을 당하자 화장실에서 군용허리띠로 목을 매 자살했다. 유가족들은 국가유공자 등록신청을 했으나 거절당하자 지방보훈청장을 상대로 소송을 냈다. 1 · 2심 재판부는 기각 판결했다.

➥ 대법원(2012년) 재판부는 원고 패소한 원심을 깨고 사건을 대구고등법원으로 돌려보냈다. 재판부는 "군인이 군 복무 중 자살로 사망했다고 해도 교육훈련 · 직무수행과 사망 간에 상당한 인과관계가 있다면 국가유공자로 인정된다"며 "자살했다는 이유만으로 국가유공자에서 제외해서는 안 된다"고 판결 이유를 밝혔다. 또 "옛 국가유공자법 제4조는 '자해행위로 인한 경우' 국가유공자에서 제외하도록 했으나 이는 교육훈련 또는 직무수행과 사망 사이에 인과관계가 없는 자해행위의 경우를 말하는 것"이라고 덧붙였다.

해설 군 복무 중 가혹행위로 인한 자살의 경우에는 원칙적으로 국가유공자로 인정하지 않았던 것이 종전의 판례 입장이었다는 점에서 이번 판결은 주목을 끈다.

4 군 복무 중 다친 것이 재발해 전역 후 악화, 국가유공자 된다

공수부대 예비역 원사 Y(57)씨는 현역시절 부대에서 축구를 하다 오른쪽 무릎 십자인대가 찢어졌다. 그 후 전술훈련 도중 발을 헛디뎌 언덕 아래로 굴렀고, 이때 축구하다 다친 부위를 또 다쳐 결국 퇴행성 관절염 진단을 받았다. 전역 후 이러한 병력을 들어 국가유공자등록을 신청했으나 정확한 발병경위를 확인할 수 없다면서 등록을 거부당했다. Y씨는 서울남부보훈지청장을 상대로 소송을 냈다.

➥ 서울행정법원(2011년) 재판부는 Y씨에게 승소 판결했다. 재판부는 "Y씨의 부상은 모두 훈련과 전투체육 중에 당한 것으로 군 복무와 연관이 있고, 축구를 하다 입은 무릎 부상이 지속적인 군 복무로 완치되지 못하고 계속 악화된 것으로 보인다"며 "이는 군 복무로 인한 공상(公傷)이기 때문에 국가유공자로 인정해야 한다"고 판결 이유를 설명했다.

5 교통사고 가해자이지만 국가유공자의 현충원 안장 거부, 위법이다

월남참전용사로 국가유공자인 L씨는 오토바이운행 중 A(13)군을 치어 상해를 입힌 혐의로 금고 8월에 집행유예 2년 및 벌금 10만원을 선고받은 적이 있다. 그로부터 27년 후에 L씨가 사망했다. L씨 유가족은 국립대전현충원에 안장하려 했으나 현충원장은 '국립묘지의 영예성을 훼손하는 경우에 해당한다'는 이유로 거부했다. 유족은 국립묘지안장 비대상결정 취소처분 소송을 냈다.

➡ 대전지방법원(2012년) 재판부는 현충원에 패소 판결했다. 재판부는 "숨진 L씨의 범죄내용을 볼 때 비난가능성이 매우 낮은 생계형 범죄이고 피해자와 원만히 합의한 점, 숨진 L씨가 별다른 전과 없이 성실히 살아온 점 등 제반사정을 고려할 때 안장거부처분은 재량권을 일탈 · 남용한 것이다"라고 판결 이유를 밝혔다.

6 독립유공자 서훈취소권한, 오직 대통령 뿐이다

국가보훈처가 건국훈장 애족장을 받은 독립유공자 중 몇몇 사람에 대해 "독립운동을 한 공적은 인정되지만 친일행위를 한 적이 있다"며 서훈취소결정을 내린데 대하여 그 후손들이 서훈취소결정이 부당하다며 소송을 냈다.

➡ 서울행정법원(2011년) 재판부는 원고들에게 승소 판결했다. 재판부는 "헌법과 상훈법에 훈장은 대통령이 수여하는 것으로 돼 있는 만큼 서훈의 취소도 대통령만이 할 수 있다"며 "권한없는 국가보훈처 처장이 서훈을 취소한 것은 그 하자가 심히 중대하고 명백해 부당하다"고 판결 이유를 설명했다. 국가보훈처는 행정안전부장관이 취소안을 국무회의에 제출해 의결을 거쳤다고 주장했다. 재판부는 "해당 국무회의는 대통령이 아닌 국무총리가 주재한 것이고, 행정안전부장관은 상훈에 관한 사무를 관장할 뿐 대통령이 서훈취소권한을 위임했다는 법적 근거가 없다"고 덧붙였다.

해설 법에서 서훈의 대리를 인정한 것은 전시(戰時)에 국방부장관에게 2급 이하의 무공훈장수여 권한을 준 경우가 유일하다.

7 '천안함구조' 선원유족이라도 중복해서 '국가보상금지급 의무없다'

2010년 금양호는 천안함 침몰 당시 탑승 군인들에 대한 구조 활동을 벌인 후 항구로 돌아오다 캄보디아 국적의 화물선과 충돌해 침몰했고 선원 2명이 사망하고 7명이 실종됐다. 정부는 이들 전원을 의사자로 인정했다. 침몰선원 유족들은 정부를 상대로 '의사자 보상금'을 요구하며 소송을 냈다.

➡ 서울중앙지방법원(2012년) 재판부는 원고 패소 판결했다. 재판부는 "금양호 희생자들의 장례식을 수협장으로 하기로 한 뒤 유족에게 장제비(7200만원)가 지원됐고 희생자들에게 보국포장이 추서되고 금양호 위령비가 건립된 사실, 천안함국민성금 중에서 유족에게 내국인 희생자 1인당 2억 5000만원이 지급된 사실이 있다"며 "금양호 내국인 희생자 유족인 원고들은 이미 의사자에 준하는 예우 및 보상을 받았을 뿐

아니라 천안함 국민성금에서 받은 금액은 2010년 당시 의사자 유족 보상금(1억 9600만원)을 초과해 원고들에게 **의사상자법**에 따른 보상금을 중복해서 지급할 의무가 없다"고 판결 이유를 설명했다.

해설 **의사상자법(義死傷者法)**이란 의사상자등 예우 및 지원에 관한 법률(법률 제8852호)을 말하며 동법 제1조(목적)는 "이 법은 직무 외의 행위로 위해(危害)에 처한 다른 사람의 생명 · 신체 또는 재산을 구하다가 사망하거나 부상을 입은 사람과 그 유족 또는 가족에 대하여 그 희생과 피해의 정도 등에 알맞은 예우와 지원을 함으로써 의사상자의 숭고한 뜻을 기리고 사회정의를 실현하는 데에 이바지하는 것을 목적으로 한다"고 규정하고 있다.

제 5 장

헌법 소원

1 헌법재판소가 대법원 판결을 뒤집을 수 있나?

GS칼텍스 등 2개 회사는 "법인세 산정과 관련한 조세감면규제법 부칙 제23조가 1993년 법 개정으로 실효됐는데도 대법원이 세금 700억원을 물리는 판결을 한 것은 기본권 침해"라며 헌법소원을 냈다. 대법원은 "법이 개정됐더라도 '특별한 사정'이 있으면 부칙이 실효되지 않는다고 볼 수 있다"며 GS칼텍스에 패소 판결한 것에 대하여 불복하는 차원에서 헌법소원을 낸 것이다.

➡ 헌법재판소(2012년) 재판부는 재판관 전원일치로 '효력이 있다고 해석한 것'은 헌법 위반이라고 위헌 결정했다. 재판부는 "법원은 조세법은 조세법률주의원칙에 따라 엄격하게 해석해야 한다. 실효된 조항을 유효한 것으로 해석하면 일종의 입법행위가 돼 헌법상 권력분립원칙과 입법권을 침해하는 것이 된다"고 위헌결정 이유를 밝혔다. 이로 인해서 대법원 법해석과 그에 따는 판단을 깨버린 결과가 됐다.

해설 대법원의 법해석에 대한 위헌여부를 따졌다는 점에서 관심이 주목된다. 우리 법체계는 법률의 최종 해석권한은 대법원이 갖고 있고, 법원 재판에 대한 헌법소원은 못하게 돼 있기 때문이다. GS칼텍스가 대법원에 세금부과를 취소해달라고 재심을 청구할 가능성이 매우 크다. 귀추가 주목된다.

2 수용시설 내 미결수의 종교행사참석 불허, 위헌이다

사기혐의로 기소돼서 구치소에 수감 중인 미결수 L씨는 종교행사에 참석하려고 하는데 구치소가 금지하자 헌법소원을 냈다.

➡ 헌법재판소(2012년) 재판부는 금지행위는 위헌이라고 결정했다. 재판부는 "미결수에게 종교행사 참석을 보장하는 것이 자살 등 교정사고를 미연에 방지할 수 있다"며 "미결수만 종교행사 참석을 불허하는 것은 형이 확정된 기결수보다 기본권을 더 엄격하게 제한하게 된다는 점에서 과잉금지원칙을 위반해 종교의 자유를 침해한다"고 위헌결정 이유를 밝혔다. 또 "특히 종교는 수용자의 안정된 정신건강을 지원하는 순기능이 있고 지금도 과실범을 제외한 대다수 미결수는 종교행사 참석이 금지돼 있고, 앞으로도 미결수에 대한 기본권 침해행위가 상당기간 반복적으로 이뤄질 것이 예상되므로 이에 대한 헌법적 해명이 필요하다"고 덧붙였다.

> **해설** 현행 형의 집행 및 수용자의 처우에 관한 법 제45조 1항은 수용시설 내에서의 종교행사 참석 대상을 '수용자'로만 규정하고 있다. 교정당국은 미결수는 기결수와 달리 공범을 만나 증거를 인멸할 수 있다는 이유로 종교행사 참석을 금지하고 있다.

3 종교이유 병역의무(예비군 훈련) 거부자 형사처벌규정, 합헌이다

울산지방법원은 예비군훈련을 받지 않아 기소된 '여호와의 증인' 신도 S씨 재판과 관련하여 **향토예비군설치법 제15조 8항**이 헌법에 어긋나는 것은 아닌지 위헌 법률 심사를 제청했다.

➡ 헌법재판소(2011년) 재판부는 합헌 결정했다. 재판부는 "양심의 자유가 제한되기는 하지만 해당조항은 징병제를 근간으로 하는 병역제도 아래에서 병역자원 확보, 병역의무의 공평한 부담, 국가안보라는 중대한 공익을 실현하기 위해 제정된 것으로 입법의 정당성이 인정된다"고 하면서 "대체복무를 허용하더라도 이런 공익을 달성할 수 있다고 쉽게 판단할 수 없는 데다 종교적 양심이든, 비종교적 양심이든 가리지 않고 규제하고 있는 만큼 종교를 이유로 차별하는 것도 아니다"고 합헌결정 이유를 설명했다.

> **해설** **향토예비군설치법(제15조 8항)**은 정당한 이유 없이 예비군훈련을 거부한 경우에는 1년 이하 징역이나 200만원 이하 벌금, 구류 또는 과료에 처하도록 규정하고 있다. 병역법은 군 복무를 거부한 경우에는 3년 이하 징역형을 규정하고 있다.

4 건축물 증축제한이 문화재 보존가치와 일치한다면 합헌이다

서울시는 H자동차회사가 입주해 있는 계동사옥은 경복궁과 창덕궁 사이에 위치해 있어 역사경관보호의 필요성이 있다며 '역사문화미관지구'(북촌마을지구)로 지정하는 도시관리계획 대상으로 결정을 했다. 이에 대해 H건설회사 등 입주회사들은 북촌마을 외각에 위치해 있어 문화재 미관에 미치는 영향이 거의 없는데도 건물 높이 제한으로 막대한 재산상 손실이 발생한다며 행정소송을 냈으나 패소했다. 이들 입주회사들은 이 결정의 근거법인 국토의 계획 및 이용에 관한 법률 조항이 재산권을 침해한다며 헌법재판소에 헌법소원을 냈다.

➡ 헌법재판소(2012년) 재판부는 합헌 결정을 했다. 재판부는 "문화재와 보존가치가 큰 건축물의 미관을 유지 · 관리하기 위해 역사문화미관지구를 지정하고 그 목적에 부합하지 않는 토지이용을 규제함으로써 공공복리의 증진을 도모하는 것은 정당한 공익에 해당한다"고 합헌결정 이유를 밝혔다. 또 "일정한 범위의 층수의 건축은 허용되고, 기존건축물 이용에는 아무런 제약을 가하지 않은 점 등을 고려해 볼 때 법률조항이 달성하려는 공익과 침해되는 사익 사이의 균형이 이뤄져 재산권을 과도하게 침해한다고 볼 수 없다"고 덧붙였다.

5 종업원 불법 행위에 대한 고용주의 자동처벌 조항, 위헌이다

치과기공소를 운영하는 G씨는 종업원 K씨가 7명에게 돈을 받고 무면허 치과진료행위를 하다 적발되자 "업무와 관련해 종업원이 무면허 의료행위를 하면 법인 또는 개인 영업주도 처벌한다"는 **보건범죄단속에 관한 특별조치법 제6조의 양벌규정**에 따라 기소됐다. 서울서부지방법원 재판부는 이 조항이 형벌과 책임 간의 비례성 원칙에 위반된다며 직권으로 위헌여부 심판을 제청했다.

➡ 헌법재판소(2007년) 재판부는 위헌 결정을 내렸다. 재판부는 "종업원의 불법행위에 대해 고용주도 같은 처벌을 받아야 한다는 양벌규정(兩罰規定)은 고용주가 행위에 가담하지 않았더라도 자동적으로 처벌하는 조항으로 형벌에 관한 책임원칙에 어긋나 헌법에 위반된다"고 위헌결정 이유를 밝혔다.

> 해설 **보건범죄단속에 관한 특별조치법 제6조(양벌규정)**; "법인의 대표자나 법인 또는 개인의 대리인, 사용인, 그 밖의 종업원이 그 법인 또는 개인의 업무에 관하여 제2조(부정 식품 제조), 제3조(부정 의약품 제조), 제4조(부정 유독물 제조), 및 제5조(부정 의료업자)의 어느 하나에 해당하는 위반행위를 하면 그 행위자를 벌하는 외에 그 법인 또는 개인을 1억원 이하의 벌금에 처한다. 다만, 법인 또는 개인이 그 위반행위를 방지하기 위하여 해당업무에 관하여 상당한 주의와 감독을 게을리 하지 아니한 경우에는 그러하지 아니하다."

6 형선고 전 옥살이, 일부만 형기에 산입함은 위헌인가?

특수강도강간 혐의로 구속 기소된 S씨는 징역 5년을 선고받고 항소와 상고를 했지만 모두 기각됐다. 이 과정에서 항소심재판부는 미결 구금일수 58일 가운데 28일, 상고심재판부는 105일 가운데 100일만 형기에 포함시켜 S씨는 실제 선고된 형기보다 35일을 더 복역했다. S씨는 판결 선고 전 구금일수를 법관이 그 전부 또는 일부를 형기에 산입할 수 있도록 규정한 **형법 제57조 1항**이 기본권을 침해했다며 헌법 소원을 냈다.

➡ 헌법재판소(2009년) 재판부는 위헌 결정을 했다. 재판부는 "구속된 피고인이 법원에서 형을 선고받기 전에 구치소에 갇혀있던 기간(미결구금일수)을 판사가 형기(刑期)에 임의로 일부만 산입해서는 안 된다. 구속의 목적은 형사소송 절차의 실효성을 담보하기 위한 것이며 피고인을 구속함으로써 소송 지연이나 상소의 남용을 방지하겠다는 것은 구속제도의 본래 목적과 부합하지 않는다"면서 "미결구금은 신체의 자유라는 중요한 기본권을 제한한다"고 위헌결정 이유를 밝혔다.

> 해설 **형법 제57조(판결 선고 전 구금일수의 통산) 1항**; "판결 선고 전의 구금일수는 그 전부 또는 일부를 유기징역, 유기금고, 벌금이나 과료에 관한 유치 또는 구류에 산입한다(2009.6.25 헌법재판소 위헌결정으로 이 항 중 "또는 일부" 부분은 효력 상실됐다)."

7 태안군 · 옹진군 관할구역 모래싸움, 바다도 자치구역에 포함된다?

태안군은 2004년 5월과 2004년 12월 인천~충남 사이의 해상광구에서 모래를 채취할 수 있도록 허가처분을 내렸고 채취업자에게 점용료 및 사용료 109억 7000만원을 부과했다. 이에 옹진군은 해당해역이 옹진군 관할 해역이라면서 사용료 징수행위 등을 정지하라고 요구했지만 태안군이 이를 거부하자 "인천시 옹진군이 서해안광구에 대한 자치권을 침해당했다"며 충남 태안군을 상대로 권한쟁의 심판을 청구했다.

➡ 헌법재판소(2009년) 재판부는 해당 공유수면의 관할권한이 옹진군에 있다고 결정했다. 재판부는 "자치권이 미치는 관할구역의 범위에는 육지는 물론 바다도 포함된다"고 결정 이유를 판시했다.

8 유신헌법 제53조에 의해 발령한 긴급조치 1, 2, 9호, 위헌이다

1974년 정부시책을 비판했다가 **긴급조치**위반 혐의로 징역 3년을 선고받고 복역한 O(72)씨 등 긴급조치피해자 6명은 유신헌법 제53조에 근거해 발령한 긴급조치 1, 2, 9호에 대한 헌법 소원을 냈다.

➡ 헌법재판소(2013년) 재판부는 재판관 전원일치 의견으로 위헌 결정을 내렸다. 재판부는 "긴급조치 1, 2호는 입법목적의 정당성이나 방법의 적절성을 갖추지 못했을

뿐 아니라 죄형법정주의에 위배된다"며 "표현의 자유, 영장주의 및 신체의 자유, 법관에 의한 재판을 받을 권리 등 국민의 기본권을 지나치게 제한하거나 침해한다"고 위헌결정 이유를 밝혔다. 또 "긴급조치 9호는 정치적 표현의 자유, 집회 · 시위의 자유, 학문의 자유를 지나치게 제한하거나 침해한다"고 위헌결정 이유를 밝혔다. 긴급조치 위헌 여부를 판단하는 기준은 유신헌법이 아니라 국민적 요구를 바탕으로 만든 87년 헌법으로 삼았다. 재판부는 "이미 폐기된 유신헌법에 따라 긴급조치의 위헌여부를 판단하는 것은 헌법 개정을 결단한 국민의 의사에 반한다"며 이같이 결정했다.

해설 **'긴급조치'**란 1972년 제정한 제4공화국 유신헌법 제53조가 '대통령이 국가위기 상황이라고 판단될 때 헌법에 규정된 국민의 자유와 권리를 잠정적으로 정지할 수 있다'고 규정한 것을 말한다. 박정희 대통령은 이를 근거로 74년 법원의 영장 없이 인신구속을 가능하게 하는 긴급조치 1호와 긴급조치위반자를 비상군법회의에 회부하는 긴급조치 2호를 발동했다. 75년에는 유사시 군 병력출동을 가능하게 하는 긴급조치 9호를 발동했다. 이들 긴급조치는 박 대통령이 서거할 때까지 4년 넘게 지속됐다. O씨 등 긴급조치의 피해자들에겐 형사보상 청구권이 주어진다.

9 인터넷게시판 이용자 실명제 법제화한 법, 위헌이다

인터넷게시판 이용자 S씨와 언론전문지 '미디어오늘'이 인터넷실명제를 강제하고 있는 정보통신망 이용 촉진 및 정보 보호 등에 관한 법률(정통망법) 제44조 5항이 표현의 자유와 평등권을 침해해 위헌이라며 헌법 소원을 냈다.

➡ 헌법재판소(2012년) 재판부는 재판관 8명 전원일치로 위헌 결정을 내렸다. 재판부는 "표현의 자유를 사전에 제한하려면 공익의 효과가 명확해야 한다"고 전제한 뒤 "인터넷실명제 시행 이후 불법 게시물이 의미있게 감소하지 않았고 오히려 이용자들이 해외사이트로 도피한 점, 국내외 사업자 간에 역차별문제가 발생한 점 등을 고려하면 공익을 달성하고 있다고 보기 어렵다"고 위헌결정 이유를 밝혔다. 또 "인터넷 실명제가 자유로운 의사표현을 위축시키고 주민등록번호가 없는 외국인의 인터넷게시판 이용을 어렵게 한 것 등을 감안할 때 불이익이 공익보다 크다"고 덧붙였다.

해설 인터넷상에서의 언어폭력이나 명예훼손, 불법정보 유통을 막기 위해 도입됐으나 도입단계부터 익명으로 의사 표현할 권리를 제한한다는 이유로 반대여론이 많았었다. 따라서 네이버 · 다음 등 포털사이트와 주요 언론사의 인터넷 게시판을 비롯해 1일 평균 이용자가 10만 이상인 인터넷게시판(146개, 2012년 8월 기준)에 글을 올릴 때 실명인증 절차를 거치지 않아도 된다.

10 토지소유자를 오염원인자로 보고 정화책임 부과, 위헌이다

P씨는 토양오염 사고의 원인이 된 시설의 소유자를 오염원인자로 보고 정화책임을 지우도록 한 법(구 토양환경보전법)의 해당조항은 헌법에 어긋난다며 헌법소원을 냈다.

➡ 헌법재판소(2012년) 재판부는 재판관 7(헌법불합치) 대 1(합치) 의견으로 헌법불합치 결정을 내렸다. 재판부는 "구 토양환경보전법의 오염원인자 조항은 토양오염관리대상 시설의 소유자 · 점유자 · 운영자의 재산권 · 평등권을 침해하고 시설 양수자의 신뢰이익을 침해한다"고 결정 이유를 설명했다. 또 "토지소유자가 파산에 이를 정도의 거액을 전부 부담해야 한다는 점에서 이 조항으로 얻게 될 공익보다 소유자 등이 입게 되는 불이익이 더 크다"고 위헌결정 이유를 밝혔다.

11 최저임금 미달인 현역병 월급에 관한 공무원 보수규정, 위헌인가?

L(25)씨는 현역병의 보수를 정하는 기준인 공무원 보수규정 제5조 '병(兵)의 월 지급액'에 관한 규정이 최저임금에도 미달하는 수준이라 헌법상 기본권인 평등권을 침해한다며 헌법소원을 냈다.

➡ 헌법재판소(2012년) 재판부는 재판관 전원일치 의견으로 합헌 결정했다. 재판부는 "병역 의무를 이행하기 위해 단기간 군복무를 하는 현역병의 보수를 직업으로 군복무를 선택한 직업군인에게 지급하는 수준의 보수를 지급할 필요는 없다. 이러한 차별에는 합리적 이유가 있는 만큼 청구인의 평등권을 침해한다고 볼 수 없다"고 합헌 결정 이유를 설명했다.

12 공직선거법상 사후매수죄, 합헌인가?

서울시 교육감 출신 G씨는 '후보자 사퇴 대가로 금전을 제공하거나 직위를 제공하면 7년 이하 징역형 등에 처하도록 한 공직선거법 제232조 1항 2호(사후 매수)는 적용범위가 불명확하고 과잉금지원칙에 위배된다'며 헌법소원을 냈다.

➡ 헌법재판소(2012년) 재판부는 재판관 5(합헌) 대 3(위헌) 의견으로 합헌 결정했다. 재판부는 "해당조항은 후보자를 사퇴시킨 뒤 보상을 목적으로 금전을 제공하는 행위를 처벌하는 것이어서 명확성원칙에 위배되지 않는다"라며 "후보자 사퇴가 대가 지급의 대상이 되는 것을 막아 선거의 공정성을 지키는 데에 입법목적이 있으므로 과잉금지원칙에도 위반되지 않는다"라고 합헌결정 이유를 밝혔다.

해설 교육감 G씨는 2010년 서울시 교육감 선거과정에서 같은 진보진영 후보였던 서울교대 교수 P씨에게 사퇴대가로 2억원을 건넨 혐의로 구속 기소됐다. 대법원에서 징역 1년이 확정돼 복역했고 교육감직이 박탈됐다. 1심 재판과정에서 법원에 위헌법률 심판제청을 신청했지만 기각되자 G씨가 직접 헌법소원을 낸 것이다.

13 직계존속에 대한 고소금지 규정, 합헌이다

지방대학교수 S(여 · 50)씨는 어머니 O(76)씨에 의해 "딸에게 맞았다", "딸이 죽은 남편의 재산을 가로채려 한다"는 황당한 이유를 붙여 여러 차례 고소를 당한 일이 있다. 법원에서 모두 무죄선고를 받았지만 참다못해 S씨가 어머니를 무고혐의로 고소했다. 검찰은 '자기 또는 배우자의 직계존속을 고소하지 못 한다'는 형사소송법 제224조에 따라 기각했다. S씨는 "이 조문은 구시대의 유물인 봉건적 가부장제에서 유래한 것으로 평등원칙에 위배된다"며 헌법소원을 냈다.

➡ 헌법재판소(2011년) 재판부는 합헌 결정을 내렸다. 재판부는 "유교적 전통은 고유한 의식으로 남아있어 '효'(孝)라는 고유의 전통규범을 수호하기 위해 비속(卑屬)이 존속을 고소하는 행위의 반 윤리성을 억제하고자 이를 제한하는 것은 합리적 근거가 있는 차별이다"라고 판시했다.

해설 헌법재판관 9명 중 4명은 합헌으로, 5명은 위헌으로 의견을 내서 '위헌' 쪽으로 과반수가 됐으나 위헌 결정을 내리려면 재판관 6명 이상이 위헌 의견을 내야 하기 때문에 간신히 합헌 결정이 내려지게 됐다.

14 형법상 '모욕죄'가 위헌소지 있나? 필요성이 커 합헌이다

B(43)씨는 술에 만취하여 경찰관에게 "자네 이름이 뭐야. 말 못해 XXX야"라고 욕설을 퍼붓다 현행범으로 체포되어 모욕혐의로 약식기소 됐다. 관할법원은 "택시기사와 행인 등 불특정 사람들이 듣고 있는 가운데 공연히 피해자를 모욕했다"며 벌금 100만원을 선고했다. B씨는 '욕설'에 형벌을 내리는 것은 지나치다면서 더구나 형법 제311조가 '공연히 사람을 모욕한 자는 1년 이하의 징역이나 금고 또는 200만원 이하의 벌금에 처한다'고 규정한 표현에서 '공연성'과 '모욕'의 개념이 모호하다며 헌법재판소에 헌법소원을 냈다.

➡ 헌법재판소(2011년) 재판부는 B씨의 위헌 소원을 기각 결정했다. 재판부는 '공연성'과 '모욕'은 "사회통념과 건전한 상식에 따라 구체적 · 개별적으로 정해질 수 있다"며 법원의 법 조항 해석권한을 인정했다. 이어 "건전한 상식과 통상적인 법 감정을 가진 일반인이라면 금지되는 행위가 무엇인지를 예측하는 것이 어렵지 않다"며 모욕죄가 헌법상 과잉금지의 원칙에 어긋나지 않는다고 결정 이유를 설명했다.

해설 현대사회에서 미디어와 정보통신(IT) 등 통신기술의 발달로 휴대전화 하나만 있어도 모욕적 행위가 쉽게 전파될 수 있어 모욕행위로 인한 피해가 점차 커가고 피해회복이 쉽지 않아 모욕죄의 필요성은 증대되고 있다.

15 (외국) 일본 항공자위대 이라크 파견, 위헌인가?

나고야 시민 등 1100여 명은 항소심에서 "자위대의 이라크활동은 외국군의 무력행사와 같은 것으로 군대보유와 교전권을 인정하지 않는 일본헌법 제9조에 위반된다"며 정부를 상대로 자위대 이라크 파견 위헌소송 및 파견중지, 위자료청구소송을 냈다.

➡ 일본 나고야(名古屋) 고등재판소(2008년) 재판부는 위헌 결정했다. 재판부는 "항공자위대의 공수활동은 헌법 제9조에 위반된다. 다국적군의 무장병력을 전투지역인 바그다드에 수송하는 것은 무력행사와 같은 행동"이라고 위헌결정 이유를 밝혔다. 또 재판부는 "현대전에서 후방의 공수활동은 전쟁행위의 중요한 요소"라며 "항공자위대의 공수활동은 무력행사를 금지하는 헌법은 물론 이라크 특별 조치법을 위반했다"고 덧붙였다. 그러나 "항공자위대 파견으로 원고들의 평화적 생존권이 침해됐다는 점은 인정할 수 없다"며 원고 측의 위자료 요구를 받아들이지 않았다. 파견중지 요구에 대해선 "구체적인 권리나 의무에 대한 분쟁이 아닌 만큼 소송 자체가 부적절하다"며 각하한 바 있다.

해설 마치무라 노부타카(町村信孝) 관방장관은 "바그다드 비행장 등은 비전투 지역이므로, 이번 판결을 도저히 납득할 수 없다"며 "항공자위대의 이라크 공수활동은 계속될 것"이라고 말했다. 이에 따라 항공자위대 활동을 둘러싼 적법성 논란이 다시 가열될 전망이다.

16 (외국) '교실에 십자가 부착 위헌 아니다', 유럽 인권재판소 패소 판결

이탈리아 북부 베네치아 인근에 사는 소일레 라우시(Lautsi)씨는 "교실에 걸린 십자가가 내 자녀들의 종교적 자유를 침해한다"며 이탈리아법원에 제소했다. 그러나 지방법원은 물론 헌법재판소까지 이를 기각하자, 그는 이 사안을 유럽인권재판소로 가져가 이탈리아 정부를 상대로 제소했다.

➡ 유럽인권재판소(2009년) 재판부는 "공립학교 교실의 십자가는 다른 종교를 믿거나 무신론자인 학생들의 종교자유를 침해할 수 있다"며 "이탈리아 정부는 해당 학생들의 정신적 피해 보상금으로 5000유로(약 870만원)를 배상하라"고 판결했다.

제 6 장

교통사고와 형사책임

1. 뺑소니
2. 음주운전
3. 기타 교통사고

1 뺑소니

1 경찰에 면허증 주고 현장 떠나면? 뺑소니

화물차 운전기사 Y(61)씨는 보행자 2명을 치는 교통사고를 저질렀다. 피해자 2명은 각각 전치 8주, 전치 2주의 부상을 당했다. Y씨는 피해자들이 평소 아는 사이이긴 하지만 자기가 누군지 알려 줬다. 때마침 사복을 입고 사고 현장을 지나던 비번인 경찰관 L씨가 사건 수습에 나서자 운전면허증을 건넸다. Y씨는 경찰관 L씨가 119에 신고하는 것을 지켜보다가 "용변을 보고 오겠다"며 현장을 벗어난 후에 집으로 돌아가 소주를 마시고 자버렸다. Y씨는 다음 날 집으로 찾아온 경찰관에게 체포되어 **뺑소니**(특정범죄가중처벌법상 도주차량) 혐의로 기소됐다. 1 · 2심 재판부는 Y씨에게 400만원의 벌금형을 선고했다.

➥ 대법원(2008년) 재판부는 원심을 확정했다. 재판부는 "비록 사고 이후 피해자들이 병원에 이송되어 치료를 받았더라도 순찰차나 구급차가 도착하기 전에 현장을 이탈한 Y씨의 행위는 '피해자를 구호하는 등 조치를 취하지 아니하고 도주한 죄'에 해당한다"고 판결 이유를 설명했다.

해설 **'뺑소니'**는 교통사고 후에 피해자에 대해 적절한 조치 없이 도주하는 행위를 말한다. 도로교통법(제54조)에 의하면 보통의 교통사고에는 5년 이하의 금고나 2천만원 이하의 벌금형이 적용된다. 그러나 특정범죄가중처벌 등에 관한 법률(특가법)의 적용을 받는 뺑소니 가해자는 과실치상의 경우 1년 이상의 유기징역 또는 500만원 이상 3천만원 이하의 벌금에 처하며(피해자를 유기한 경우 3년 이상 징역), 과실치사의 경우 무기 또는 5년 이상의 징역에 처해진다.

2 거짓말탐지기 증거능력 없어, 정황증거로만 허용 가능

C(29)씨는 뺑소니 혐의로 항소심에서 징역 8월에 집행유예 2년을 선고받았다. C씨는 상고했다.

➥ 대법원(2005년) 재판부는 "**거짓말탐지기** 결과를 유죄 판단의 증거로 상용할 수 없다"며 원심을 깨고 무죄취지로 사건을 수원지법으로 돌려보냈다. 재판부는 "거짓말

탐지기 결과가 유죄증거로 사용되려면 ① 거짓말을 하면 반드시 심리상태 변동이 일어나고 ② 그 심리 변동이 반드시 일정한 생리적 반응을 일으키며 ③ 생리적 반응에 의해 피검사자의 말이 거짓인지 아닌지 명확히 판정할 수 있다는 세 가지 전제요건이 충족돼야 한다"고 판결 이유를 밝혔다.

해설 대법원은 거짓말탐지기 검사결과는 정황증거로만 인정할 뿐 유 · 무죄를 가르는 증거로 쓸 수 없다는 기존의 판례입장을 재확인한 것이다.
'거짓말탐지기'(폴리그래프)는 사람이 진실을 말하는지 거짓말을 하는지를 알아내는 기계이다. 검사를 받는 사람의 맥박, 혈압, 호흡, 땀 같은 신체기능의 변화를 측정하여 그래프로 나타낸다. 검사를 받는 사람이 거짓말을 하고 있으면 그래프에 변화가 생기는데, 이것은 거짓말을 하고 있다는 정서적 반응 때문에 나타난다. 그러나 항상 결과가 정확한 것만은 아니다.

3 '대포차' 에 음주운전 뺑소니 사망사고, 엄벌

Y(39)씨는 술을 마신 뒤 자기 소유의 **'대포차'**를 운전하다 사망사고를 낸 후 도주한 혐의(특가법상 도주차량 및 도로교통법상 음주운전)로 구속 기소됐다.

➡ 청주지방법원(2008년) 재판부는 Y씨에게 징역 2년 6월을 선고했다. 재판부는 "피고가 전과가 없고 유족과 합의까지 했으나 사고를 내고 도주했고 의무보험조차 가입돼있지 않은 속칭 '대포차'로서 도주할 경우 번호판을 목격해도 실제 운전자를 쉽게 찾기 어렵다는 점에서 엄하게 처벌해야 할 필요가 있다"고 판결 이유를 설명했다.

해설 **'대포차'**란 실제 사용자가 다른 사람 이름으로 등록해 놓고 이용하는 차량을 말한다. 무보험차량이 대부분이며 관련 자동차세금을 내지 않고 주차위반이나 과속 등을 일삼는 경우가 허다하다.

4 사고 낸 뒤 정체 우려해 이동, 뺑소니

L(30)씨는 오후 11시 30분쯤 **혈중알코올** 농도 0.152% 상태에서 화물차를 몰다가 좌회전 차로에 있던 승용차 2대를 추돌해 2명에게 각 2주씩의 상처를 입힌 뒤 달아난 혐의(특정범죄가중처벌법 위반)로 기소됐다. 1심서 징역 10월에 집행유예 2년을 선고받고 항소했다.

➡ 대구지방법원(2009년) 항소재판부는 L씨에게 기각 판결했다. 재판부는 "L씨는 '교통 정체가 심해 약 300m 정도 차량을 이동시켰을 뿐 도주할 뜻이 없었다'고 주장하지만 사고 직후 유턴해 500m를 이동했고 경찰차의 추적을 받자 차를 세운 것으로 보인다"고 판결 이유를 밝혔다.

해설 도로교통법 시행령 제31조에 의하면 술 취한 상태의 기준은 **'혈중알코올농도'** 0.05%이상으로 규정하고 있어 음주운전 단속을 위한 혈중알코올농도의 기준은 0.05%이다. 혈중알코올농도란 인체 내 알코올의 함량을 나타난 것으로 혈중알코올농도 0.05%라고 하는 것은 100㎖의 혈액 중 알코올이 0.05g 들어있다는 것을 의미한다.

5 도주 고의성 없으면 무조건 뺑소니 아니다

Y(46)씨는 승합차를 운전하다가 자전거를 타고 가는 K(여 · 51)씨를 치어 전치 2주의 부상을 입혔다. 사고 직후 Y씨는 "아이들을 돌보러 집에 가야 한다"는 피해자 K씨를 집까지 바래다줬다. Y씨는 치료비 명목으로 10만원을 K씨에게 건네면서 "내일 오전에 함께 병원에 가자"고 약속했다. 하지만 Y씨는 자신의 연락처와 인적사항은 남기지 않은 상태였고 결국 약속을 지키지 않았다. Y씨는 K씨의 신고로 뺑소니 혐의로 기소됐다. 1심 법원은 "사고를 내고 구호조치를 제대로 하지 않은 점이 인정된다"며 벌금 300만원을 선고했다. 하지만 2심은 "도주혐의가 인정되지 않는다"며 1심을 깨고 공소기각 판결을 했다. "Y씨가 연락처를 알리지 않은 점을 제외한 다른 모든 구호조치를 취해 도주의 고의가 있었다고 단정할 수 없다"는 이유였다.

➡ 대법원(2009년) 재판부는 2심의 **공소기각 판결**을 확정했다. 재판부는 "'도주차량에 의한 특정범죄가중처벌법 위반죄(뺑소니)'는 사고 후 조치를 다하지 않고 자신의 연락처 등을 알리지 않은 경우에만 성립하는 범죄로서 이 경우에도 반드시 고의성이 인정돼야 한다"고 판결 이유를 밝혔다.

해설 **공소기각 판결**을 해야 할 경우는 ① 피고인에 대하여 재판권이 없는 때, ② 공소제기의 절차가 법률의 규정에 위반하여 무효인 때, ③ 공소가 제기된 사건에 대하여 다시 공소가 제기되었을 때, ④ 공소취소 후 다른 중요한 증거를 발견하지 못했음에도 불구하고 공소가 제기되었을 때, ⑤ 친고죄에 대하여 고소의 취소가 있을 때, ⑥ 반의사불벌죄(反意思不罰罪)에 대하여 처벌을 희망하지 아니하는 의사표시가 있거나 처벌을 희망하는 의사표시가 철회되었을 때 등이다. 이 사례는 제1항에 해당된다.

6 뺑소니로 벌금형 택시기사, 거짓증언 유도하다 징역형

택시기사 L(50)씨는 택시를 몰고 가다 신호위반으로 S(60)씨가 운전하던 차량을 들이받아 S씨 부부에게 각각 전치 2주의 상처를 입힌 뒤 달아났다. L씨는 뒤늦게 경찰에 붙잡혔으나 피해가 경미한 데다 합의를 한 점이 참작돼 벌금 300만원에 **약식 기소**됐다.

L씨는 신호위반과 도주사실이 인정될 경우 운전면허가 취소돼 직장을 잃을 것을 우려해 법원에 정식재판을 청구했다. 그리고 S씨 부부를 찾아가 "사고현장에서 연락처를 남겼다고 증언해 달라"고 부탁하며 150만원을 건넸다. 하지만 재판과정에서 S씨 부부의 증언이 엇갈리고 돈을 주고받은 사실까지 드러났다. L씨는 위증교사혐의로, S씨 부부는 위증 혐의로 기소됐다.

➡ 대전지방법원(2007년) 재판부는 L씨에게 징역 4월, S씨에게 벌금 500만원, S씨 배우자에게 300만원을 선고했다. 재판부는 "재판결과를 그르칠 목적으로 서로 공모하고 위증의 대가로 돈이 오가는 등 죄질이 극히 불량하다"고 판결 이유를 밝혔다.

> 해설 **'약식기소'**란 벌금 · 과료 또는 몰수에 처할 수 있는 사건에 대하여 검사가 공소제기와 동시에 약식명령의 청구를 하는 것이다. 약식기소가 되면 법원은 검사가 제출한 자료만을 조사하여 약식명령으로 피고인에게 벌금 · 과료 또는 몰수의 형을 선고하게 된다. 죄의 혐의가 가벼운 사건에 대하여 내리는 형사절차이다.

7 가벼운 접촉사고라도 내고 그냥 가면, 뺑소니

B(51)씨는 안전거리를 유지하지 않고 달리다가 신호대기 중이던 Y(여 · 31)씨의 승용차를 들이받고서도 병원으로 후송하는 등의 조치를 취하지 않고 달아난 혐의로 기소됐다. 1심에선 징역 6월에 집행유예 2년을 선고했지만 2심은 "피해자에게 외상이 없고 통증을 호소하지 않은 점 등에 비춰 구호조치가 필요한 상황이라고 볼 수 없다"며 뺑소니혐의에 대해 무죄를 선고했다.

➡ 대법원(2012년) 재판부는 무죄를 선고한 원심을 깨고 사건을 부산지방법원으로 돌려보냈다. 재판부는 "B씨가 자신의 인적사항 등을 알리지 않고 일단 차를 옆으로 빼자고 한 뒤 그대로 도주한 점, 피해자가 2주간의 치료가 필요하다는 진단서를 받아 치료받은 점 등을 고려해 볼 때 피해자의 피해에 관해 확인조치를 취하지 않고 현장을 이탈한 이상, 도주의 고의가 있었다고 볼 수 있다"고 판결 이유를 밝혔다.

8 교통사고 후 구급차 도착 전에 떠나면? 뺑소니

S(41)씨는 음주운전 사고를 낸 후 사고 주변에 있는 사람 A씨에게 자신의 신원을 밝히고 A씨로 하여금 119에 연락해 달라고 부탁한 후에 사라졌다. S씨는 도주혐의(특정범죄가중처벌법상 도주차량 등)로 기소됐다.

➡ 대법원(2012년) 재판부는 S씨에게 벌금 350만원을 선고한 원심을 확정했다. 재판부는 "A씨에게 119신고를 부탁했더라도 구급차가 도착하기 전에 사고 장소를 이탈했다면 도주에 해당한다"고 판결 이유를 밝혔다.

9 가해차량에 연락처 있으면 가해자 도주해도 뺑소니 아니다

회사원 B(39)는 술에 취한 상태로 고속도로에서 운전을 하다가 옆 차선 화물차를 들이받아 운전자 P(36)씨에게 전치 3주의 부상을 입혔고, 사고 직후 P씨와 대화를 나누기는 했지만 인적사항은 알려주지 않았다. 사고로 머리를 다친 B씨는 병원으로 후송되던 중 119구급대원에게 휴대전화 번호와 주소를 허위로 알려준 뒤 병원에 도착하자마자 택시를 타고 달아났다. B씨는 뺑소니로 기소돼서 벌금 600만원을 선고받았다. B씨는 상소했다.

➡ 대법원(2012년) 재판부는 벌금 600만원을 선고한 원심을 깨고 사건을 대구지법 합의부로 돌려보냈다. 재판부는 "도주차량법 조항은 피해자 구호조치 등을 이행하기 전에 사고 현장을 이탈해 가해자가 누구인지 확정할 수 없는 상태를 초래하는 경우를 말한다"고 전제한 뒤 "피해자에게 인적사항을 알려주지 않고 구급대원에게 연락처를 허위로 알려줬더라도 사고 현장에 남아 있는 가해차량에 전화번호가 있어 경찰이 통화를 시도하는 등 피고인 신원이 확인된 점을 보면 가해자가 누구인지 모르는 상태를 만들었다고 보기 어렵다"고 파기 환송이유를 밝혔다.

02 음주운전

1 불법 연행했다면 그 후 자발적 음주측정 결과, 유죄 증거 될 수 없어

K(55)씨는 회식을 마치고 차를 몰다가 다른 차량과 접촉사고를 냈다. 출동한 경찰관들은 K씨가 '지구대로 같이 가자'는 요구를 거부하자 팔다리를 잡아 강제로 순찰차에 태웠다. 경찰은 이 과정에서 연행 이유와 변호사 선임권리, 진술하지 않을 권리 등이 있다는 **미란다 원칙**을 고지하지 않았다. 경찰서에 끌려 간 K씨는 음주측정을 계속 거부하면 구속될 수 있다는 말에 음주측정에 응했고 혈중알코올농도는 면허취소 기준(0.1%)이 넘는 0.31%로 나타났다. K씨는 음주운전에 의한 차량파손혐의(도로교통법 위반)로 기소됐다. 1심은 불법연행 후 받은 채혈검사는 증거능력이 없다며 무죄를 선고했다. 그러나 항소심은 K씨가 자발적으로 채혈검사를 요구해 증거능력이 있다며 유죄 판결했다.

➡ 대법원(2013년) 재판부는 K씨에게 벌금 200만원을 선고한 항소심 판결을 깨고 사건을 전주지법으로 돌려보냈다. 재판부는 "경찰관들이 K씨를 지구대로 강제 연행한 것은 위법한 체포에 해당한다"며 "이후 이뤄진 음주측정 결과도 적법한 절차에 따르지 않고 수집한 증거여서 증거능력을 인정할 수 없다"고 판결 이유를 밝혔다.

> **해설** 용의자를 연행할 때 용의자의 기본적 권리인 미란다 원칙을 알려 주지 않았으면 불법체포로 간주한다. **'미란다 원칙'(Miranda 原則)**이란 수사기관이 범죄용의자를 체포할 때 체포의 이유와 변호인의 도움을 받을 수 있는 권리, 진술을 거부할 수 있는 권리 등이 있음을 미리 알려 주어야 한다는 원칙이다.

2 아내 차 음주운전 남편, 보험사에 사고부담금 내야

P(54)씨는 술에 취한 상태에서 아내 명의의 자동차를 운전하다 중앙선을 넘어 S씨 승합차와 충돌사고를 냈다. S씨는 허리를 다치는 부상을 입었다. P씨는 아내가 가입한 H손해보험에서 치료비 555만원을 S씨에게 지급했다. H손해보험은 이후 보험약관의 '음주운전 사고부담금' 조항을 근거로 P씨에게 250만원의 부담금을

내라고 요구했다. P씨는 해당조항은 보험가입 명의자가 운전한 경우에만 해당한다며 거부하자 H손해보험은 P씨를 상대로 구상금 청구소송을 냈다. 자동차보험 표준약관에 따르면 보험사는 가입자가 직접 음주운전을 하거나 가입자 승인 아래 가입자 가족 등의 음주운전이 이뤄져 사고가 났을 때 피해자에게 보험금을 일단 지급한 뒤, 운전자에게 250만원 한도에서 부담금을 물릴 수 있다고 규정돼 있다. 1 · 2심 재판부는 "보상금청구 약관에는 보험가입 명의자와 보험금을 받을 수 있는 가족, 지정 운전자를 구분했지만 부담금 조항에서는 그냥 '피보험자'라고만 규정한 만큼 이는 보험가입 명의자로 한정해야 한다"며 P씨의 손을 들어줬다. 보험가입 명의자 외에 보험금 지급대상인 가족이나 지정 운전자에게 사고부담금을 부담시키는 게 부당하다는 판단이었다.

➡ 대법원(2013년) 재판부는 원심 판결을 깨고 원고 패소 취지로 사건을 창원지법으로 돌려보냈다. 재판부는 "보험가입명의 운전자뿐 아니라 가족이나 지정 운전자도 보험금을 받을 수 있다면 이들 운전자도 약관상 사고부담금 부과대상으로 봐야 한다"며 "이를 잘못 판단한 원심은 위법하다"고 판결 이유를 밝혔다.

해설 이 판결은 대법원이 보험가입 명의자가 아닌 운전자에게 사고부담금 부과대상임을 인정한 첫 판례이다. 자동차손해배상보장법에 의하면 '술에 취한 상태에서 사고를 일으켜 보험사가 피해자에게 보험금 등을 지급한 경우 보험사는 법률상 손해배상책임이 있는 자에게 구상권을 행사할 수 있다'고 규정하고 있다.

3 음주운전에 운전자와 동승자 누가 진짜 운전했나?

N씨와 J씨는 함께 술을 마신 뒤 N씨의 승용차를 타고 가다 경찰이 음주단속하는 것을 발견했다. 갓길에 차를 세운 뒤 달아났다. N씨는 성공했으나 J씨는 붙잡혔다. 경찰조사에서 J씨는 N씨가 운전했다고 주장했다. 다음 날 N씨는 자진해서 경찰서에 출두해 자기가 운전했다고 말했다. 그러나 J씨가 운전석에서 내린 것을 보고 좇아가 체포했다는 경찰관의 진술을 근거로 J씨는 음주 · 무면허 운전혐의로 기소됐다.

J씨는 대법원에서 징역형이 확정됐다. N씨는 운전을 하지 않고도 운전했다고 거짓 진술한 혐의(위증죄)로 기소돼 1 · 2심에서 징역 8월을 선고받았다. N씨는 상고했다.

➡ 대법원(2011년) 재판부는 N씨에게 무죄 취지로 사건을 대전지방법원으로 돌려보냈다. 재판부는 "이들이 차를 세운 곳은 음주단속 지점에서 120m 떨어져 있고 오후 10시쯤이라 사방이 어두워서 경찰관의 시력이 좋아도 육안으로 쉽게 식별할 수 있을지 의문이 든다"며 또 "차주이자 면허가 있는 N씨가 운전을 한 게 상식에 맞고 N씨가 도망을 갔다가 아는 경찰관에게 전화해 음주운전하다가 도망쳤다고 말하면서 조언을 구한 점도 근거로 했다"고 판결 이유를 설명했다.

해설 N씨에 대한 파기 환송심에서 N씨가 운전한 것이 인정돼 '위증 혐의'가 무죄로 확정되면 J씨와 N씨 두 사람이 운전한 것이 되어 모순이 생긴다. 둘 중의 한 사람이 재심절차를 거쳐 모순을 풀어야 할 것이다.

4 영장 없이 또는 본인 동의 없이 채혈, 음주운전 증거능력 없다

N(60)씨는 술을 마신 상태에서 무면허로 운전을 한 혐의(도로교통법 위반 등)로 기소됐다.

➡ 대법원(2011년) 재판부는 무죄를 선고한 원심을 확정했다. 재판부는 "경찰이 법원의 영장이나 당사자의 동의 없이 혈액을 채취하고 사후 영장도 받지 않았다면 증거를 위법하게 수집한 것이라 무효이다"라고 판결 이유를 설명했다.

5 대리운전기사의 성희롱 피하려 과음탑승자 직접 운전, 면허취소는 부당하다

방송국 PD K(여)씨는 친구와 술을 마신 뒤 대리운전기사 L씨를 불렀다. L씨는 운전하면서 계속 성희롱적 발언을 해 K씨가 화를 내자 큰 길 사거리 한가운데에 차를 멈춘 뒤 차에서 내려버렸다. K씨는 음주상태로 비상등을 켜고 30m가량 직접 운전해 길가에 세우고 경찰에 신고했다. 출동 경찰은 K씨의 음주 정도를 측정해 보더니 혈중알코올농도 0.151%가 나오자 면허취소 처분을 내렸다. K씨는 서울지방경찰청장을 상대로 소송을 냈다.

➡ 서울행정법원(2011년) 재판부는 K씨에게 승소 판결했다. 재판부는 "음주운전을 피하기 위해 부른 대리기사가 오히려 K씨의 음주운전을 유도했고 그 순간 그 자리에서 119신고를 하거나 주변 운전자의 도움을 받기도 힘든 상황이었기 때문에 면허취소는 부당하다"고 판결 이유를 밝혔다.

6 운전여부 확인 안한 음주측정 거부, 무죄

K(49)씨는 L씨와 함께 벤츠 승용차를 타고 가다 음주단속 지점을 15m가량 앞에 두고 차에서 내렸다. 이를 본 의경은 혈중알코올농도 수치 없이 음주여부만 가리는 음주감지기로 K씨를 검사한 결과, 음주반응이 나오고 술 냄새가 많이 날 뿐만 아니라 말투와 행동도 비정상적이라고 판단돼서 단속 경찰관에게 측정을 맡겼다. 경찰관은 K씨를 30여분에 걸쳐 4차례나 음주측정을 요구했지만 K씨는 거부했다. 차량주인인 L씨가 운전했고 자기는 조수석에 앉아 있었으며 다른 일행의 승용차를 기다리려고 잠시 정차했는데 경찰이 부당하게 음주측정을 요구했다고 주장했다. 결국 도로교통법위반(음주측정 거부) 혐의로 기소됐다.

➥ 서울중앙지방법원(2007년) 재판부는 K씨에 무죄를 선고했다. 재판부는 "당시 경찰관은 현장에 있던 K씨 일행을 상대로 승용차운전 또는 동승여부 등을 전혀 조사하지 않아 K씨가 운전했다고 객관적으로 인정할 만한 상당한 이유가 없다"고 판결 이유를 밝혔다

7 음주운전 차 동승, 동승자도 일부 책임

P(여 · 32)씨는 언니와 남자친구 등과 함께 관광지에서 술을 마신 뒤 혈중알코올 농도 0.147%의 만취 상태인 남자친구가 모는 승용차를 탔다. 이 승용차는 역주행하던 승용차와 추돌했고 이 사고로 P씨는 하반신이 마비되는 중상을 입었다. P씨는 보험사를 상대로 소송을 해서 4억 7000여만원을 받아냈다.

➥ 서울중앙지방법원(2006년) 재판부는 "P씨가 술에 만취한 남자친구의 승용차에 동승해 위험을 자초했다"며 P씨의 과실을 상당부분 인정했다. 재판부는 "운전자가 전방을 잘 주시하면서 안전하게 운전하도록 주의를 촉구했어야 함에도 이를 게을리 한 채 잠을 자다가 사고를 당했다며 P씨에게도 40%의 책임이 있다"고 판결 이유를 설명했다.

8 혈중알코올농도 잴 때마다 들쭉날쭉, 음주측정처벌근거 못 된다

군인 Y씨는 군 · 경 합동음주단속에 걸렸다. 5번 측정해 최저 0.058%에서 최고 0.079%까지 나왔다. 검찰은 가장 낮은 수치를 적용하더라도 면허정지 기준인 혈중알코올 농도 0.05% 이상이라며 Y씨를 기소해 1심에서 벌금 600만원이 선고됐다.

➥ 대법원(2006년) 재판부는 원심을 뒤엎고 무죄 판결했다. 재판부는 "경찰음주측정 결과는 운전면허 정지나 취소 그리고 이후 수사와 재판의 중요한 자료로 사용되기 때

문에 정확성과 객관성이 담보되는 공정한 방법과 절차에 따라 이뤄져야 한다"고 전제하면서 "Y씨의 경우 음주측정용 불대를 바꾸지 않은 채 5분 사이 5번 음주여부를 측정했고 결과도 0.021%포인트나 차이가 났다"며 "상황이 이렇다면 경찰은 음주측정기에 문제가 있는 것은 아닌지, 측정방법에 문제가 있지는 않았는지 검토하고 제대로 측정해야 했다"고 판결 이유를 설명했다.

> **해설** 경찰단속지침에는 음주 후 20분이 지나지 않은 때는 입안 알코올농도가 혈중 농도보다 높을 수 있어 음주측정을 하지 못하도록 돼 있다. 따라서 운전자 입안에 술기운이 남아 있을 가능성에 대비해 측정 전에 생수로 입을 헹구게 하는 등의 조치를 했어야 했다.

9 음주운전 하차 뒤 적발돼도 처벌된다

화물차 운전자 P(44)씨는 식당에서 혼자 술을 마시고 차를 50m가량 운전해 주차장에 세우고 걸어가다 경찰단속에 적발되어 혈중알코올농도 0.102%가 측정되어 벌금 100만원을 선고받았다.

➡ 대법원(2006년) 재판부는 원심을 확정했다. 재판부는 "경찰관은 운전자가 음주운전을 했다고 볼 상당한 이유가 있으면 언제든지 호흡측정을 요구할 수 있다"며 "운전자가 이미 운전을 마쳤다고 해서 음주운전책임(혈중알코올농도 0.05%)을 면할 수 있는 것은 아니다"고 판결 이유를 밝혔다.

10 딱한 장애인일지라도 음주운전, 엄벌

사고로 오른손 손가락이 절단된 3급 장애인 K(45)씨는 친구와 소주 1병반을 나눠 마신 뒤 혈중알코올농도 0.146% 상태로 운전하다 경찰에 적발돼 운전면허가 취소됐다. 화물차(1종) 대형, 승용차(1 · 2종), 오토바이운전 면허 등이 모두 취소됐다. 노부모와 정신지체 2급 장애인 딸 등 자녀 2명도 부양하는 K씨는 국민기초생활보장법에 따라 매달 급여를 보조받지만 화물차운전을 하지 않으면 가족생계유지가 곤란한 처지이다. K씨는 음주운전 초범이고 생계가 어렵다며 충남지방경찰청을 상대로 면허를 회복해 달라는 소송을 냈다. 1 · 2심에서 승소했다. 면허취소로 달성하려는 공익상 필요보다 피고가 입게 될 불이익이 크기 때문에 면허를 회복해 주어야한다는 이유에서였다.

➡ 대법원(2006년) 재판부는 원심 판결을 깨고 사건을 대전 고법으로 돌려보냈다. 재판부는 "자동차가 대중교통 수단이고 운전면허가 대량 발급되는 상황에서 음주운전 교통사고의 증가와 참혹한 결과에 비추어 보면 음주운전 교통사고를 방지할 공익상 필요는 더욱 강조돼야 한다"며 "면허취소로 K씨가 받을 불이익보다 공익상 필요가 가볍다고 볼 수 없다"고 판결 이유를 설명했다.

11 음주운전 혈액검사 결과 명확해야 처벌 가능

P씨는 호흡측정 결과 혈중알코올농도가 0.051%로 나타나자 혈액검사를 요구했다. 30여분 뒤 실시된 혈액검사에서 0.049%가 나오자 검찰은 시간경과에 따른 혈중알코올농도 감소 정도를 계산하는 위드마크 공식을 적용하여 운전 당시 농도를 0.054%로 계산해 기소했다.

➡ 대법원(2006년) 재판부는 P씨에게 무죄를 선고했다. 재판부는 "P씨의 혈액검사 결과를 **위드마크 공식**에 대입하면 음주운전 기준을 넘지만 음주와 운전시점 간 간격이 얼마 안 돼 적발 당시 혈중알코올농도가 상승기였는지 하강기였는지 확정할 수 없어 음주운전 기준을 넘었다고 단정할 수 없다"고 하면서 "호흡측정은 측정기의 상태와 측정방법, 상대방의 협조정도 등에 따라 정확성과 신뢰성에 문제가 있을 수 있다"며 "운전자 혈액채취 과정에 조작 등의 문제가 없는 한 혈액검사 결과가 호흡측정 결과보다 실제 음주측정치에 가깝다고 보는 게 경험칙에 부합한다"고 판결 이유를 밝혔다.

해설 **'위드마크'(widmark) 공식**이란 음주운전 시 사고가 난 후 시간이 많이 경과되어 운전자가 술이 깨어버렸거나 한계수치 이하인 경우 등에 음주운전 당시의 혈중알코올농도를 계산하는 방법을 말한다.

12 임신 아내의 다급한 전화 받은 경찰관의 음주운전 해임, 부당한가?

경찰관 Y(32)씨는 술을 마신 후 집에 가기 위해 대리운전 기사를 불렀는데 기다리던 중에 임신 중인 아내로부터 배가 심하게 아프고 하혈까지 한다는 전화를 받았다. 대리운전 기사가 빨리 나타나지 않자, 수개월 전에도 유산했기 때문에 집을 향하여 직접 차를 운전했다. 몇 분 후에 신호대기 중이던 차량과 부딪치는 사고를 냈다. 0.165%의 만취 상태였다. Y씨는 그로 인해 해임됐다. Y씨는 해임은 부당하다면서 서울지방경찰청을 상대로 소송을 냈다.

➡ 서울행정법원(2005년) 재판부는 Y씨에게 승소 판결했다. 재판부는 "서울지방경찰청의 처분이 Y씨가 저지른 잘못에 비해 지나치게 무거워 위법하다"고 판결 이유를 설명했다.

13 음주운전 마지노선, 주차장 내에서 바퀴가 도로 걸칠 때

Y씨는 식당주차장에서 친구 G씨 등과 술을 마시다 술자리를 먼저 떠난 G씨가 승합차를 주차장에서 후진하다 접촉사고를 내자 G씨의 승합차를 다른 곳으로 빼내기 위해 운전석에 올라가 운전하는 과정에서 승합차의 오른쪽 앞바퀴가 주차장 경계를 넘어 도로 쪽으로 50cm정도 빠져나왔다. 이를 본 접촉사고 피해차량 주인이 음주운전이라고 주장하면서 말다툼이 벌어지는 바람에 Y씨는 파출소로 연행됐다가 경찰의 음주측정을 거부한 혐의로 구속됐다. 1심에서 징역 6월에 집행유예 2년, 2심에서 벌금 150만원을 선고받았다. Y씨는 상소했다.

➡ 대법원(2004년)은 원심의 사실인정과 판단은 정당하다며 유죄를 확정했다. 재판부는 "자동차 전부가 주차장에 있는 경우에는 음주운전을 했다고 할 수 없으나 자동차의 일부라도 도로에 진입했을 때에는 도로에서 음주운전을 한 경우에 해당한다"고 판결 이유를 밝혔다.

14 상습무면허 · 음주운전 6번, 징역형

K(38)씨는 무면허와 음주운전으로 세 차례나 벌금형을 선고받았다. 그 후 무면허 음주운전을 하다 적발돼 다시 징역 8개월에 집행유예 2년을 선고 받았다. 집행유예기간에 또 무면허운전을 해서 벌금형을 선고받았다. 그런 후에도 또 음주운전으로 징역 8개월에 집행유예 2년을 선고받고 그 집행유예기간에 혈중알코올농도 0.160%의 상태에서 오토바이를 운전한 혐의(도로교통법 위반)로 구속 기소됐다.

➡ 울산지방법원(2008년) 재판부는 징역 6월을 선고했다. 재판부는 "피고인은 또 한 번의 선처를 받아 집행유예를 선고받았음에도 다시 음주운전을 했다. 벌금형을 선택해서는 형벌의 목적을 달성할 수 없다고 판단되므로 실형을 선고한다"고 판결 이유를 밝혔다.

해설 음주운전 단속기준; 0.049%까지 훈방, 0.05~0.09% 면허정지, 0.1%이상 면허취소

15 술에 취했더라도 시동 안 걸고 오토바이 끌고 가면?

P(39)씨는 한 음식점에서 후배 S씨와 술을 마셨다. 거나하게 취한 P씨는 S씨의 오토바이에 올라탔다. 오토바이 운전을 해본 적이 전혀 없는 P씨는 객기를 부리며 S씨에게 오토바이 열쇠를 달라고 졸랐으나 S씨는 이를 거절했다. 오히려 P씨를 놀리기 위해 장난으로 바로 옆에 있던 경찰서 지구대로 들어가 “밖에 음주운전하는 사람이 있다”고 알려줬다. 양발로 오토바이를 10m 끌고 오던 P씨는 영문도 모른 채 경찰관에게 음주측정을 당했다. S씨는 “장난으로 신고했고 P씨가 운전도 하지 않았다”고 주장했지만 소용없었다. P씨는 혈중알코올농도 0.166%로 운전면허가 취소됐다. P씨는 소송을 냈다.

➡ 서울행정법원(2008년) 재판부는 P씨에게 승소 판결했다. 재판부는 “도로교통법상 운전은 시동을 걸고 엔진을 이용해 나아가야 한다”며 “시동을 걸지 않고 두 다리의 힘만으로 오토바이를 끌고 이동했다면 운전으로 볼 수 없다”고 판결 이유를 설명했다.

16 입 헹구지 않고 음주측정, 증거 안 돼

S(55)씨는 술에 취한 상태에서 주차장으로 우회전하다 뒤에서 오던 오토바이와 충돌했다. 오토바이를 탄 L(17)군은 전치 3주의 부상을 입었다. 사고현장에 10분 뒤 도착한 경찰은 S씨의 입안을 물로 헹구게 하는 과정없이 음주측정결과 혈중알코올농도가 0.109%로 나오자 **위드마크 공식**을 적용해 0.062%로 계산했다. S씨는 도로교통법(음주운전) 및 교통사고처리 특례법위반 혐의로 기소됐다. 1 · 2심 재판부는 유죄를 인정해 벌금 300만원을 선고했다.

➡ 대법원(2008년) 재판부는 원심을 깨고 사건을 서울중앙지법으로 돌려보냈다. 재판부는 “경찰관이 음주측정 때 측정기계나 운전자의 입안에 남아있는 알코올로 인해 잘못된 결과가 나오지 않도록 조치를 취하지 않았다면 유죄의 증거로 삼을 수 없다”며 “S씨 입안에 남아있던 알코올 때문에 과다 측정됐을 가능성을 배제할 수 없다”고 판결 이유를 설명했다.

해설 **위드마크 공식**은 혈중알코올농도가 최종 음주시간부터 상승해 30~90분 사이에 최고조에 이른 뒤 시간당 0.008~0.03%씩 감소하는 현상을 감안해 운전 당시의 음주 수치를 역추산하는 방법이다.

17 '경찰의 날' 회식 뒤 음주운전, 파면 지나쳐

K(43)경사는 '경찰의 날' 기념회식 자리에서 맥주 2병을 마신 뒤 혈중알코올농도 0.117%상태에서 운전한 혐의로 기소됐다. K경사는 2시간 동안 잠을 잔 뒤 운전을 했으나 신호대기 도중 잠이 들어 주위 운전자가 신고해 음주단속에 적발됐다. 징계위원회에 회부되어 파면 당했다. 중앙인사위원회 소청심사위원회에 징계감경 신청을 했으나 기각되자 소송을 냈다.

➡ 부산지방법원(2008년) 재판부는 파면처분을 취소하라며 원고 승소 판결했다. 재판부는 "음주운전을 이유로 공무원 징계 가운데 가장 중한 파면처분을 내린 것은 유사사례와 비교할 때 재량권을 남용하거나 범위를 벗어난 것으로 보인다" 또 " '경찰의 날' 기념 공식 회식자리에 참석해 술을 마셨으며 음주 뒤 자신의 승용차에서 2시간가량 잠을 잔 점, 17년간 경찰관 생활을 성실히 수행하고 많은 포상을 받은 점 등을 참작했다"고 판결 이유를 설명했다.

18 소주 석잔 마시고 "차 빼 달라"해서 6m 몰아, 유죄

P(44)씨는 술을 마시려고 골목길에 주차해 놨다. 한참 술을 마시고 있는데 동네 주민으로 부터 차를 빼 달라는 전화를 받았다. P씨는 6m 정도 차를 이동시킨 뒤 술자리로 돌아왔다. 그 사이 신고를 받고 온 경찰이 음주 측정을 요구했다. 혈중알코올농도가 만취 수준인 0.185%였다. P씨는 어쩔 수 없이 운전했고 이동 거리도 짧았다고 항변했지만 1 · 2심 재판부는 도로교통법 위반죄를 적용해 벌금 150만원을 선고했다. P씨는 상고했다.

➡ 대법원(2007년) 재판부는 상고를 기각하고 원심 판결을 유지했다. 재판부는 "피고인의 사정이 '음주운전을 하면 안 된다'는 사회적 약속을 어겨야 할 정도라고 볼 수 없다"고 판결 이유를 설명했다.

19 승용차 면허취소에는 원동기 면허취소, 포함돼 있다.

P(34)씨는 음주상태로 승용차를 운전하다 적발돼 면허취소처분을 받았다. 그러나 P씨는 승용차 운전면허가 없었고 소형 오토바이를 운전할 수 있는 '2종 원동기면허'만 있었다. 경찰은 승용차 운전면허 대신 P씨의 원동기 면허를 취소했다. P씨는 승용차를 음주운전했는데 원동기 면허를 취소하는 것은 위법이라며 서울지방경찰청장을 상대로 소송을 냈다. 1 · 2심 재판부에서 승소했다.

➥ 대법원(2012년) 재판부는 원심을 깨고 P씨에게 패소 취지로 사건을 서울고등법원으로 돌려보냈다. 재판부는 "P씨에 대한 원동기면허 취소가 정당하다"며 "승용차운전면허 취소에는 원동기운전을 금지하는 취지가 포함돼 있다"고 판결 이유를 밝혔다.

20 음주측정 거부, 700만원 벌금

음주운전을 시인하면서도 경찰의 음주측정을 거부한 K(50 · 노동)씨는 도로교통법위반 혐의로 불구속 기소됐다.

➥ 청주지방법원(2012년) 재판부는 K씨에게 벌금 700만원을 선고했다. 재판부는 "피고인은 이미 음주운전과 무면허운전 등 도로교통법 위반죄로 무려 9차례나 처벌을 받은 전력이 있는데도 자숙하지 않고 다시 음주운전을 했다는 점에서 죄질이 무겁다"며 "범행이 충분히 인정되는데 피고인은 법정에서 범행을 완강히 부인하는 등 반성의 기미를 찾아 볼 수 없었던 점도 양형에 반영했다"고 판결 이유를 밝혔다.

21 영장 없이 음주운전자에게서 채취한 혈액, 증거능력 없어

K(59)씨는 친구와 술을 마신 뒤 음주상태에서 오토바이를 몰고 가다 앞 차를 추돌하는 사고를 내고 의식불명상태로 병원으로 이송됐다. 경찰은 K씨 아들의 동의를 얻어 채혈한 결과 알코올 농도가 0.211%로 측정됐다. 경찰은 도로교통법 및 음주운전위반 혐의로 기소했다.

➥ 대법원(2012년) 재판부는 무죄 판결한 원심을 확정했다. 재판부는 "경찰이 사전 · 사후에 영장을 발부받지 않은 채 피고인의 동의 없이 혈액을 채취했다면 형사소송법상 **영장주의 원칙**을 위반한 것"이라며 "적법한 절차를 따르지 않고 수집한 증거에 대해 증거능력을 인정할 수 없다고 판단한 원심은 정당하다"고 판결 이유를 밝혔다.

> 해설 **'영장주의(令狀主義) 원칙'**이란 기본적 인권을 침해하는 경우가 없도록 강제처분에는 법관의 영장을 받도록 하는 원칙이다. 영장은 검사의 신청에 의하여 법관이 발부한다.

22 (외국) 술 먹고 전동휠체어 몰아, 음주운전

장애인 마이클(남 · 20)은 심야의 카니발 축제를 즐기다 버스가 끊겨 전동휠체어를 갈지자로 운전하며 귀가하다 경찰에 적발됐다. 적발 당시 휠체어 속도는 시속 6㎞였고, 혈중알코올농도는 0.206%였다. 마이클은 음주운전 혐의로 기소됐다. 마이클은 버스가 끊겨 선택의 여지가 없었고, 휠체어 음주운전도 불법행위라는 사실을 몰랐다고 항변했다.

➡ 독일 법원(2008년)은 마이클에게 1개월 운전정지 처분을 내렸다. 재판부는 "음주운전은 차량종류를 불문하고 위험한 행동"이라고 판결 이유를 설명했다.

해설 독일 현행법은 자동차운전자의 경우 혈중알코올농도가 0.11%를 초과할 경우 운전면허 취소처분을 내리게 돼 있다. 또 자전거, 휠체어는 운전자의 혈중알코올농도가 0.16%를 초과하지 않으면 봐주도록 돼 있으나, 초과할 경우에 대한 뚜렷한 처벌기준이 없어 논란이 돼 왔다.

03 기타 교통사고

급발진

통제할 수 없는 급발진 사망사고, 운전자 무죄

대리운전기사 P(51)씨는 외제 스포츠유틸리티차량(SUV)을 주차하고 대리운전 고객을 기다리던 중 자동차가 갑자기 시속 50~100km로 일방통행로 160m를 질주하는 바람에 행인 한 명을 숨지게 하고 다섯 명을 다치게 한 혐의(교통사고처리특례법 위반)로 기소됐다.

➡ 1 · 2심 재판부는 운전자가 자신의 의지와 무관하게 자동차의 기계적 결함에 따라 **급발진**한 것이 인정된다며 P씨에게 무죄 판결했다.

➡ 대법원(2008년) 재판부는 운전자 P씨에게 무죄를 선고한 원심을 확정했다. 재판부는 "P씨의 운전경력이 20년인 점, P씨가 사고 직후 음주 및 약물검사에서 정상 판정을 받은 점, 사고차량을 처음 매입한 사람도 이 차량을 후진할 때 갑자기 앞으로 튀어나간 사고를 경험한 점, 폭 5m · 길이 160m의 일방통행로를 엄청난 속도로 굉음을 내고 역주행한 점, 차량 밑 부분에서 불꽃을 봤다는 증언이 있는 점 등을 고려할 때 통제할 수 없는 상황 때문에 사고가 일어난 것이라는 의심이 든다"며 "과실을 인정할 만한 증거가 없다"고 판결 이유를 설명했다.

> 해설 **'자동차 급발진'(自動車 急發進)**이란 자동차가 운전자의 의지와 관계없이 가속되는 현상을 말한다. 급발진은 정지나 저속상태에서 일어날 수 있으며, 대개 제동장치의 작동 불능을 수반한다. 이러한 현상의 원인이 운전자의 운전미숙인지, 자동차의 기계적 혹은 전기적 결함인지는 논쟁 중에 있다.

만취승객

만취 승객 대로변에 방치하여 숨지게 한 택시기사, 징역 1년 6월

택시기사 P(42)씨는 만취한 K(32)씨를 태우고 자동차전용도로인 고양시 자유로를 달리던 중 승객이 뒷좌석 문을 반복해서 열고 닫자 이를 경고하기 위해 차를 세웠다. 그러자 승객 K씨가 문을 열고 나가 갓길을 따라 걸어갔다. 택시기사 P씨는 요금을 받지 않은 채 그대로 차를 몰고 가버렸고 K씨는 승용차에 치여 숨졌다. P씨는 **유기치사**혐의로 기소됐다.

➡ 서울고등법원(2004년) 재판부는 P씨에게 징역 1년 6월에 집행유예 2년을 선고했다. 재판부는 "운전기사 P씨는 만취한 승객이 택시에서 내려 반대방향으로 걸어가는 것을 보고도 다시 차에 타라고 재촉하거나 119에 신고하지 않았다"며 "이는 택시기사로서 승객 안전을 책임지는 계약상 의무를 위반한 것"이라고 판결 이유를 밝혔다.

> **해설** 형법상 **'유기'**(遺棄)란 보호를 필요로 하는 상태에 둠으로써 그 생명 · 신체에 위험을 가져오는 행위로, 법률상 · 계약상 보호의무가 있는 자가 부조를 요하는 자를 유기한 때에는 유기죄(형법 제271조 1항)를 구성한다. **'유기치사'**란 유기되어 죽음에 이르게 한 것을 말한다.

무면허 집행유예기간 또 무면허 운전, 실형에 법정 구속

L(44)씨는 무면허운전을 하다가 적발 · 기소돼 징역 1년에 집행유예 2년을 선고받고 나서 1주일 만에 다시 무면허운전을 하다 적발되어 도로교통법 위반혐의로 불구속 기소됐다.

➡ 부산지방법원(2009년) 재판부는 L씨에게 징역 4월을 선고하고 법정 구속했다. 재판부는 "피고인이 과거 여러 차례 무면허운전을 한 데다 집행유예기간에 다시 같은 범행을 저지르는 등 반성의 기미가 없어 실형을 선고한다"고 판결 이유를 설명했다.

1 횡단보도 보행 파란불 깜빡일 때 건너가는 보행자, 역시 보호대상이다

택시운전기사 K(76)씨는 교차로에서 우회전하던 중, 파란불이 깜빡일 때 횡단보도를 건너기 시작한 K양을 미처 발견하지 못하고 들이받아 전치 2주의 상해를 입힌 혐의(교통사고처리특례법 위반)로 불구속 기소됐다.

➡ 1심 재판부는 택시기사 K씨의 과실을 인정해 벌금 50만원을 선고했다. 하지만 2심 재판부는 K씨에게 무죄 취지로 공소기각 판결했다.

➡ 대법원(2009년) 재판부는 "녹색등 점멸신호는 보행자가 준수해야 할 신호일 뿐이지 운전자가 부담하는 보행자보호 의무에 관해 영향을 미칠 수는 없다"며 "녹색불이 점멸하는 동안에 횡단보도를 건너는 모든 보행자는 운전자의 보호의무 대상"이라며 원심을 파기하고 사건을 서울서부지방법원으로 돌려보냈다.

해설 도로교통법시행규칙에서 '녹색등 점멸신호(깜빡거리는 신호)에 보행자는 횡단을 시작하면 안 되고, 횡단하고 있는 보행자는 신속하게 횡단을 완료하거나 되돌아와야 한다'는 규정이 있다. 대법원은 이 규정은 보행자의 준수사항일 뿐 운전자의 준수사항과는 무관하다는 판결이다.

2 횡단보도 보행 보행우회전 차량, 횡단보도 표시선에서는 적신호시 정지해야

O(47)씨는 정지선에서 차량을 멈추지 않은 혐의(도로교통법 위반)로 기소돼 벌금 12만원을 선고받고 상소했다.

➡ 대법원(2008년) 재판부는 원심을 확정했다. 재판부는 "우회전하는 차량은 교차로에서 직진 신호등이 빨간불이라도 정지할 의무가 없지만 교차로에 도착하기 전에 나오는 다른 정지선이나 횡단보도 직전에서는 정지의무가 있다"며 "이 사건에서와 같이 우회전하기 직전에 있는 삼거리 정지선에서는 빨간 신호등일 경우 모든 차량이 정지해야 한다"고 판결 이유를 밝혔다.

3 횡단보도 보행 길 건널 의사 없는 횡단보도 보행자, 가해자에게 보호의무 못 물어

J(37)씨는 소형트럭을 운전하다가 이면도로 횡단보도에서 Y(39)씨를 치었다. 중앙선이 없는 좁은 이면도로에서 좌회전을 하다가 술에 취한 Y씨를 미처 발견하지 못한 것이다. Y씨는 전치 8주의 골절상해를 입었다. 검찰은 J씨를 교통사고처리 특례법위반 혐의로 기소했다.

횡단보도 위에서 사람을 치었기 때문에 교통사고처리 특례법상 '보행자 보호의무'를 위반했다고 본 것이다. 그러나 J씨의 변호인은 "횡단보도가 남북방향으로 설치된 반면 피해자 Y씨는 동서방향으로 걷고 있었다"고 항변했다. 1 · 2심 법원은 검찰의 기소가 잘못됐다며 공소를 기각했다. "피해자가 다치기는 했지만 횡단보도를 건너고 있었던 것이 아니므로 보행자 보호의무 위반이라고 볼 수 없다"는 이유에서이다.

➡ 대법원(2008년) 재판부는 공소기각 판결한 원심을 확정했다. 재판부는 "도로교통법상 '보행자가 횡단보도를 통행하고 있는 때'는 사람이 횡단보도에 있는 모든 경우를 의미하는게 아니라 도로를 횡단할 의사로 횡단보도를 건너는 경우에 한 한다"고 판결 이유를 설명했다.

해설 횡단보도를 건너던 사람을 다치게 한 경우였다면 가해자는 엄벌을 받았을 것이다.

제 7 장

범죄와 형벌

1 간통 '간통죄 처벌 안 받으려면 돈 내놔라' 접촉 여성 협박, 징역형

K(59)씨는 한 '키스방'에서 손님으로 자주 드나들면서 종업원 L(28)양을 만나 1년 넘게 연인처럼 지냈다. 그 동안 수십 차례 성관계를 가졌고 가끔 용돈도 줬다. 그러다 K씨는 부인에게 불륜관계를 들켜 이혼을 요구받았다. K씨는 L양에게 "아내가 간통으로 고소하려는 것을 내가 전 재산 10억원을 포기하는 조건으로 막았다. 너도 책임을 져라"며 변호사 비용 3000만원을 요구했다. 간통죄로 처벌되면 평생 전과기록이 따라다닐 거라고 겁을 줬고 부모에게도 사실을 알리겠다고 협박까지 했다. L양은 결국 K씨를 경찰에 고소했다.

➡ 서울중앙지방법원(2013년)은 K씨에게 징역 8월에 집행유예 2년을 선고했다. 재판부는 "나이 많은 유부남이 젊은 여성과의 부적절한 관계를 악용해 피해자에게 정신적인 고통을 줬다"며 판결 이유를 설명했다.

2 간통 '알몸상태였다'는 증거만으론 간통의 증거능력이 없어 처벌할 수 없다?

남편 A씨는 아내 K(43)씨와 외간남자 L(45)씨가 불륜관계에 있는 것을 눈치채고 증거를 잡으려고 노력해 왔다. 남편 A씨는 어느 날 이들이 함께 있는 집에서 L씨가 알몸으로, 또 아내 K씨는 속옷만 입은 채로 방밖에 나와 있는 것을 목격했다. 다른 날 A씨는 경찰관과 동행해서 K씨와 L씨가 같이 있는 그 집을 찾아가 문을 두드렸다. 알몸상태였던 L씨는 별다른 경계심 없이 문을 열어 줬다. 경찰관이 신분을 밝혀도 별로 놀라지 않았다. A씨는 K씨와 L씨를 상대로 간통혐의로 고소했다. 1심에선 무죄 선고를 받았다. 검사는 항소했다.

➡ 대전지방법원(2006년) 항소재판부는 항소를 기각하고 원심을 확정했다. 재판부는 "알몸이나 속옷만 입은 상태로 남녀가 한 집에 있었다는 증거만으로는 **간통**했다고 단정할 수 없고 K씨의 남편이 경찰관과 동행해 집을 찾아 갔을 때 알몸상태였던 L씨가 별다른 경계심 없이 문을 열어 주었고 경찰관 신분을 밝혀도 놀라지 않은 점 등을 고려할 때 두 사람이 조금 전 육체적 관계를 마친 모습으로 볼 수 없다"며 무죄선고 이유를 밝혔다.

> **해설** **'간통'**이란 배우자 이외의 사람과의 성교를 말한다. 따라서 간통이 되려면 성기의 결합을 입증해야 한다. 간통죄의 기수 시기는 남녀 성기가 결합한 때이며 반드시 사정을 요하지 않는다. 간통은 민법상 이혼 원인이 된다.

강도 식사 대접받고 마음 변해 돈 거절한 강도, "강도는 강도다" 징역형

K씨는 가정집에 침입하여 흉기로 주부 J씨를 위협했다. 위험을 벗어나기 위해 J씨는 K씨에게 식사를 하자며 일단 달래고 식사를 대접했다. 식사 후 J씨는 "돈이 있으면 조금만 달라"는 K씨에게 10만원을 줬다. K씨는 거절하다 J씨가 주머니에 찔러 넣어주자 그대로 받고 달아나다 가족 신고로 출동한 경찰에 체포되어 강도혐의로 기소됐고 1심에서 징역 3년을 선고받았다. K씨는 피해자가 주는 돈을 거절하였는데 강도죄로 처벌하는 것은 억울하다며 항소했다.

➥ 서울고등법원(2004년) 재판부는 K씨에게 패소 판결했다. 재판부는 "K씨가 먼저 흉기를 들이대며 돈을 요구했고, J씨가 진정으로 점심을 해주려 한 것이 아니라 위협을 피하기 위한 것이므로 강도죄가 인정된다"고 유죄판결이유를 밝혔다.

1 공무집행 방해 경찰의 부당한 체포에 항의하다 상처 입혀, 정당방위

H(29)씨는 자신을 불심검문하려는 경찰에게 욕설을 해 모욕죄 현행범으로 체포되는 과정에서 경찰관에게 상처를 입힌 혐의(모욕죄, 공무집행방해죄 및 상해죄)로 기소됐다. 1 · 2심 재판부는 "체포가 적법하지 않았다"며 공무집행방해와 상해 혐의를 모두 무죄로 판단했다.

➥ 대법원(2011년) 재판부는 공무집행방해 혐의에 대해 무죄를 선고한 항소심 판결을 확정했다. 재판부는 "H씨가 경찰관에게 욕설을 했다하더라도 이미 경찰의 불심검문에 응해 운전면허증을 건넸기 때문에 모욕죄 현행범 체포요건을 갖추지 못해 적법한 공무집행이라고 볼 수 없다"고 판시하면서 또 "H씨가 반항하다 상해를 가한 것은 불법체포로 인한 부당한 침해에서 벗어나기 위한 정당방위에 해당한다"고 무죄판결이유를 설명했다.

2 공무집행 방해 불심검문 거부 · 경찰 폭행, 공무집행방해죄

P(30 · 무직)씨는 술을 마신 채로 자전거를 타고 귀가하던 중 순경 L씨로부터 불심검문을 받았다. L순경은 당시 "근처에서 자전거를 이용한 핸드백 날치기 사건이 발생했는데 인상착의가 비슷하다"면서 P씨를 세우려 했다. P씨는 이에 불응하고 그대로 자전거를 타고 지나치려 했지만, L순경이 다시 막아서자 "나이도 어린 놈이 대위출신을 몰라보느냐"고 욕하면서 L순경의 멱살을 잡아 넘어뜨려 다치게 한 혐의(공무집행방해 등)로 기소됐다.

➡ 대법원(2012년) 재판부는 무죄를 선고한 2심 판결을 파기하고 유죄 취지로 인천지방법원으로 사건을 돌려보냈다. 재판부는 "L순경의 불심검문은 범행의 경중, 범행과의 관련성, 상황의 긴박성, 질문의 필요성 등에 비춰 사회통념상 용인될 수 있는 방법으로 봐야한다"고 유죄판결 이유를 밝혔다. 그런데 "2심에서 불심검문에 응하지 않으려는 피고인에 대해 경찰관이 계속 검문에 응하라고 요구한 행위를 불심검문의 방법적 한계를 넘어섰다고 본 것은 위법하다"고 덧붙였다.

해설 경찰관직무 집행법은 '경찰관이 수상한 거동과 기타 주위의 사정을 합리적으로 판단해 죄를 범했거나 범하려 하고 있다고 의심할 만한 이유가 있는 자를 정지시켜 질문할 수 있다'고 규정하면서도 '검문대상자를 구속하거나 답변을 강요할 수는 없다'고 그 한계도 정하고 있다.

공인회계사법 위반 돈 받고 회계보고서 허위작성 회계사, 징역형에 5억원 배상판결

공인회계사 M(43)씨는 R사로부터 현금과 주식을 뇌물로 받고 회계감사보고서 내용을 허위로 부풀려 작성해줬다. 이 회계보고서를 토대로 R사는 25억원 상당의 전환사채를 발행했고 G회사는 이 **전환사채**를 인수했다. 그러나 R사가 얼마 후 부도가 나자 G회사는 손해액 25억원 가운데 우선 5억원을 배상하라는 소송을 냈다. M씨는 허위감사보고서를 작성한 혐의(공인회계사법 위반) 등으로 구속 기소돼서 징역 10월을 선고받았다.

➡ 서울남부지방법원(2004년) 재판부는 M씨에게 5억원을 배상하라고 원고 승소 판결했다. 재판부는 "A회계법인이 R회사를 감사하다 재무제표가 사실과 다른 것을 확인하고 감사를 중단했다"며 "M씨는 이 같은 상황을 알면서도 '적정 의견'을 낸 것이 명백한 만큼 이로 인한 손해에 대해 책임을 져야 한다"고 판결 이유를 밝혔다. 또 "M씨는 현금 7800만원과 이 회사의 주식 5000주 등 모두 1억원어치를 받고 감사보고서를 허위로 작성한 것이 인정된다"고 덧붙였다. M씨는 형사재판에서 징역 10월을 선고받았다.

해설 **'전환사채'(轉換社債, CB, Convertible Bonds)**란 주식으로 전환할 수 있는 권리, 즉 주식으로의 전환권이 인정되는 사채를 말한다. 일반 채권과 똑같이 만기일이 정해져 있고 그때까지는 정기적으로 이자가 지급되는 채권이기도 하다. 투자자는 사채의 확실성과 주식의 투기성을 비교, 교량하여 선택할 수 있으며, 발행회사는 전환에 의한 사채상환의 효과를 누릴 수 있고 이자비용의 감소에 의한 자금조달상의 편의를 주는 의미를 말한다.

공직선거법 위반 불법 선거우편물 배달 안 되면 무죄

P(23)씨 등은 총선을 앞두고 충남 A지역 선거구의 부재자 신고자 492명에게 특정 후보를 지지해 달라는 내용의 우편물을 발송한 혐의로 기소됐다. 이들은 천안우체국에 우편물 발송을 의뢰했는데 아산시 선거관리위원회가 이를 포착하고 우체국에 우송중지 요청을 하고 압류하는 바람에 부재자 신고자에게 실제 도착하지는 않았다.

➡ 대법원(2009년) 재판부는 공직선거법위반 혐의로 기소된 P씨 등 2명에 대한 상고심에서 무죄를 선고한 원심을 확정했다. 재판부는 "특정 후보를 지지해 달라는 불법 우편물을 유권자에게 발송하려고 우체국에 맡겼다 하더라도 실제 전달되지 않았다면 죄가 되지 않는다"고 무죄판결 이유를 밝혔다.

교통방해 교통범칙금에 불만, 차량통행 막은 보행자에 징역 6월

P(52)씨는 횡단보도를 건너는데 시내버스가 경적을 울렸다는 이유로 10여분동안 통행을 가로막아 경찰로부터 5만원짜리 범칙금 스티커를 발부받자 분을 참지 못하고 같은 날 오후 다시 개인택시의 운행을 가로막는 등 이틀 동안 4차례에 걸쳐 차량통행을 방해한 혐의(일반교통방해)등으로 구속 기소됐다.

➡ 대구지방법원(2008년) 재판부는 P씨에게 징역 6월을 선고했다. 재판부는 "피고인이 단기간에 수회를 걸쳐 범행을 하고 버스에 대한 일반교통방해의 경우 대형 참사로 이어질 가능성이 있어 그 죄질이 좋지 않다"면서 실형을 선고한 이유를 설명했다.

1 국가보안법 위반 "인민공화국 만세" 1회 복창 징역 8월, 3회 복창 징역 26월

G(57)씨는 북한을 찬양하는 이적 표현물 수백 건을 인터넷자유토론방 등에 올린 혐의(국가보안법상 찬양 고무)로 구속 기소되어 1심에서 징역 8월을 선고받았다. G씨는 검찰 항소로 같은 해 2심 재판 때 법정에서 "위대한 조선민주주의 인민공

화국 만세"라고 외쳐 추가 기소되어 징역 8월이 추가 선고됐다. 2심 선고 때에도 다시 북한을 찬양하는 구호를 또 외쳤다.

➡ 청주지방법원(2012년) 재판부는 G씨에게 징역 10월을 추가하여 모두 징역 26월에 자격정지 10월을 선고했다.

2 국가보안법 위반 이적 표현물 단순 보관, 형사 처벌할 수 없다.

P(36)는 국가보안법상 이적단체인 남북공동선언실천연대 산하조직에서 만든 '정세동향 6호'라는 문건을 이메일로 받아 '받은 편지함'에 보관하고 있다가 찬양 · 고무 등의 혐의로 기소됐다. 1 · 2심 재판부는 P씨에게 '이적 표현물'에 해당하는 문건을 갖고 있었더라도 내용은 잘 모른 채 단순히 보관만 했다면 형사 처벌할 수 없다고 판결했다.

➡ 대법원(2012년) 재판부는 원심 판결을 확정했다. 재판부는 "P씨가 정세동향 문건이 첨부된 이메일을 확인하지 않았거나 한글파일을 열어보지 않았을 여지가 있다"며 "P씨가 이적 표현물의 내용을 알고서 이를 소지했다고 보기에는 증거가 부족하다"며 무죄판결 이유를 밝혔다. 다만 P씨가 이적단체에 가입하고 반국가단체인 북한의 활동을 찬양 · 고무한 혐의에 대해서는 징역 1년 6월에 집행유예 2년과 자격정지 1년 6월을 선고했다.

3 국가보안법 위반 진술거부권 고지 안 한 조서, 위법

진술거부권을 미리 알려주지 않은 채 공범 피고인에게 받은 진술서는 증거로 채택될 수 없다는 대법원 판결이 나왔다.

➡ 대법원(2009년) 재판부는 국가보안법 위반(찬양 · 고무 등)혐의 등으로 기소된 P(36)씨에게 이적 표현물 취득 · 소지 및 시위에 관한 법률 위반에 대해서 유죄를 인정해 징역 1년에 집행유예 3년, 자격정지 1년을 선고한 원심을 확정했다. 그러나 재판부는 반국가단체 찬양 · 고무 혐의는 무죄를 선고했다. 재판부는 "검사가 공범으로 기소된 C씨를 소환해 피의자 **신문조서**가 아닌 **진술조서**를 작성했더라도 이는 실질적으로 피의자 신문조서와 같다"며 "C씨의 말을 듣기 전에 진술을 거부할 수 있음을 알렸다고 볼 수 없어 진술조서가 위법한 증거라고 판단한 원심은 정당하다"고 무죄판결 이유를 밝혔다.

> **해설** 현행 형사소송법은 모든 국민이 형사상 자기에게 불리한 진술을 강요당하지 않는다는 권리를 보장한 헌법에 의하여 피의자에 대해서 진술거부권을 보장하고 있다.
> **'신문조서'**(訊問)란 법원 또는 당사자가 증인 · 반대당사자 등에 대하여 하는 질문을 적은 문서이다. **'진술조서'**란 검사 또는 사법경찰관이 피의자 아닌 자(참고인)의 진술을 기재한 문서를 말한다.
> **'진술거부권'**이란 형사소송법상 소송관계인이 신문 또는 질문에 대하여 진술을 거부할 수 있는 권리를 말한다. 우리 헌법은 '모든 국민은 형사상 자기에게 불리한 진술을 강요당하지 아니한다' 라고 규정(헌법 제12조 2항)하여 진술거부권을 국민의 기본적 인권으로 보장하고 있다.

4 국가보안법 위반 반북단체 대표 암살기도 '독침테러'혐의 탈북자, 징역 4년

북한 특수부대출신 탈북자 A(55)씨는 북한정찰총국 국장으로부터 사업자금 지원을 약속받고 자유북한연합 대표 P씨를 암살하라는 지령을 받은 후 암살을 시도한 혐의(국가보안법상 특수잠입 · 탈출 및 목적수행 등)로 구속 기소됐다.

➡ 대법원(2012년) 재판부는 A씨에게 징역 4년에 자격정지 4년을 선고한 원심을 확정했다. 재판부는 "독총이나 독침을 소지한 행위는 대한민국의 존립과 안전을 위협한다"며 "실제 테러수행 의사가 없었고 단지 북한을 속이기 위한 쇼였다"는 A씨 주장을 받아들이지 않았다. A씨는 동료 탈북자와 함께 암살 장소, 시체유기 장소까지 정해 사전답사하고 해외도피 계획을 세우는 등 치밀한 준비를 하고 **실행 직전**에 국가정보원에 체포됐다.

> **해설** **'착수미수'(着手未遂)**라고도 한다. 범죄의 실행에 착수하였으나 그 실행행위 자체를 종료하지 아니한 경우의 미수를 말한다. 이와 비교하여 실행미수란 개념이 있다. 실행행위는 종료되었지만 결과가 발생하지 아니한 경우의 미수를 말한다.

5 국가보안법 위반 통일학교 교재 집필에 '경애하는 김정일 수령'강조, 징역 8월

전교조 소속 K(여 · 45)교사는 '북한 바로 알기 교재인 통일학교자료집을 만든다'며 6 · 25 전쟁을 '조국해방전쟁', '김정일 국방위원장의 **선군정치**는 세계정치사에서 찾아볼 수 없는 독창적인 정치방식', '경애하는 김정일 영도자님께서 지니신 권위는 그 누구도 지녀본 적이 없으신 가장 높으신 권위'라는 등 북한 역사책을 그대로 베껴 활용한 혐의(국가보안법 위반)로 기소됐다. K씨는 이 자료집을 가지고 전교조 부산지부 강당에서 교사 30여명을 상대로 통일학교 세미나를 열었다. K씨는 교사직에서 해임됐다.

➥ 대법원(2013년) 재판부는 K씨에게 징역 8월에 집행유예 2년을 선고한 원심을 확정했다. 재판부는 "표현물의 이적성 정도나 활용목적을 보면 피고인에게 이적행위 목적이 인정된다"며 유죄판결 이유를 밝혔다.

해설 **'선군정치'(先軍政治)**란 북한의 국방위원장 김정일이 1990년대 말부터 내건 북한 역사의 주역이 프롤레타리아(노동자계급)가 아니라 군대라는 정치사상을 말한다. 이로 인해 마르크스-레닌주의와 완전히 결별하였으며, 실질적으로 공산주의가 아니라 통제경제 체제의 전체주의라는 특이한 체제가 되었다.

긴급조치 1호 위반 '긴급조치 1호' 위반 혐의로 복역한 자, 형사보상금 지급해 줘라

O(70)씨는 1974년 버스 안에서 여고생들에게 "정부가 분식을 장려하는데 고관과 부유층은 국수 약간에 달걀과 육류가 태반인 분식을 하니 국민이 정부시책에 어떻게 순응하겠느냐"는 식의 근거 없는 말을 하면서 정부를 비판하여 **긴급조치** 1호 위반 혐의로 기소되어 징역 3년에 자격정지 3년을 선고받고 1977년 7월까지 복역했다. 그리고 2010년 재심을 청구하여 무죄가 확정된 뒤에 형사보상을 청구했다.

➥ 대법원(2011년) 재판부는 국가는 O씨에게 1억 8000만원을 지급하라고 결정했다. 재판부는 "긴급조치 1호는 헌법상 보장된 기본권을 침해해 위헌"이라며 "O씨가 구금된 1,123일 동안 하루 보상액을 164,400원으로 계산했다"고 결정 이유를 설명했다.

해설 **'긴급조치'**란 1972년 헌법(제7차 개정헌법) 제53조에 규정된 광의의 긴급명령을 말한다. 즉 통상의 긴급조치란 국가비상사태가 발생한 경우에 국회의 소집가능성이 없는 긴박한 상황에서 발하는 것이 원칙인데 이 조치는 국회소집가능성 여부에 관계없이 집행부가 법률의 효력을 가지는 명령을 발하고 사후에 국회의 승인을 얻는 경우이다.

1 뇌물 사건 청탁 2년 전 검사에게 준 벤츠 승용차 등 선물, 대가성 없어 무죄다?

L(여 · 37)검사는 2010년 내연관계인 C(49)변호사의 수임사건을 담당검사(L변호사와 임관 동기)에게 청탁을 한 대가로 같은 해 9월부터 다음 해 5월까지 벤츠 승용차 리스대금과 법인카드를 받은 혐의(알선수재)로 구속 기소됐다. 1심 판결은 L검사에게 징역 3년에 추징금 4400만원을 선고했다.

➡ 부산고등법원(2012년) 재판부는 1심 판결을 깨고 L검사에게 무죄를 선고했다. 재판부는 "L검사가 C변호사의 수임사건을 청탁받은 시점은 2010년 9월 초순인 반면, 벤츠 승용차를 받은 시점은 2008년 2월로 청탁대가로 승용차를 받았다고 볼 수 없다"고 무죄판결 이유를 밝혔다. 또 "L검사가 C변호사에게 '다른 여자를 만나지 않겠다'는 정표를 요구해 사랑의 정표로 벤츠 승용차를 받은 것 같다"며 "신용카드 역시 청탁시점 4개월 전에 받은 것을 보면 내연관계에 따른 경제적 지원방법으로 사용했지 대가성으로 보기 어렵고 동료검사에게 '사건을 가급적 빨리 처리했으면 좋겠다'고 전화한 것도 내연관계이던 C변호사를 위한 것이지 대가를 바라고 한 것은 아닌 것 같다"고 덧붙였다.

해설 이번 판결이 국민의 법 감정과는 동떨어진 판결이란 비판이 있다. 또 반드시 청탁을 한 시점에 대가를 줘야만 알선수재죄가 성립한다고 본 판결이라 너무 좁은 의미로 알선수재죄를 해석한 것이라는 비판도 있다.

2 뇌물 담당검사가 피의자 돈 받아, 징역 1년

K씨는 현직 검사시절에 내사 대상이었던 카펫수입판매업자 G씨에게서 돈을 받은 혐의(뇌물수수)로 기소됐다.

➡ 서울중앙지방법원(2006년) 재판부는 K씨에게 검찰 구형대로 징역 1년에 추징금 1000만원을 선고했다. 재판부는 "검사는 **수사권**과 **기소권**을 가진 형사사법의 중추적 역할을 하고 있어 그 누구보다 높은 청렴성이 요구된다"며 "검사재직 때 자신이 수사하던 피의자에게서 돈을 받은 것은 어떤 이유로도 정당화될 수 없다"고 유죄판결 이유를 설명했다.

해설 **'수사권'**이란 범죄의 혐의유무를 명백히 하여 공소의 제기와 유지여부를 결정하기 위하여 범인을 발견 · 보전하는 수사기관의 활동권한을 말한다. 한편 **'기소권'**이란 법원에 대하여 특정한 형사사건의 심판을 요구하는 검사의 권한을 말한다. 공소의 제기와 같은 의미이다.

3 뇌물 세무공무원 손가락 하나 들면 "1억원 달라"는 뜻인가?

개인의 재산세 조사업무를 담당하던 L(42)씨는 K씨가 이자소득 8억 4400만원에 대한 소득세를 탈루한 사실을 적발했다. L씨는 K씨에게 예상 세액 4억 4500만원을 고지하고 탈루확인서 작성을 요구했다. L씨는 이에 불응하면 추가로 다시 세무조사를 하겠다고 경고했다. K씨는 "추가 세무조사를 하지 않으면 섭섭하지 않도록 해 주겠다"며 "얼마면 되겠느냐"고 끈질기게 매달렸다. L씨는 말없이 손가락 하나를 들어 보였다. 내심으론 1000만원을 받을 생각이었다는 것이 L씨의 주장이다. 며칠 후 L씨는 상급자인 J씨와 함께 일식 식당에서 현금 가방을 건네받았다.

L씨가 귀가 후 확인한 결과 1000만원이 아닌 1억원이 들어 있었다. K씨는 손가락 하나의 의미를 1억원으로 이해했던 것이다. 당황한 L씨는 J씨에게 보고했다. J씨는 반환을 지시했다. L씨는 모두 돌려줬다. 며칠 후 K씨에겐 예정대로 4억 4500만원의 고지액이 적힌 세무조사 결과가 통지됐다. L씨는 구속됐고 1심에서 징역 5년의 중형을 선고받았다. L씨는 "들어 보인 손가락 하나는 1000만원을 의미한 것"이라며 항소했다. 항소심 재판부는 L씨의 주장을 받아들여 징역 1년으로 감형했다.

➡ 대법원(2007년) 재판부는 "피고 L씨가 내심으로 1000만원 정도로 생각하고 뇌물을 받았다 하더라도 받은 돈 전부를 가질 의도였다고 봐야 한다. 또 일단 건네받은 이상 1억원 전체를 **뇌물**로 봐야한다"며 원심 판결을 깨고 사건을 부산고법으로 돌려보냈다고 밝혔다.

해설 **뇌물** 액수가 5000만원 이상이면 특정범죄가중처벌법이 적용되어 중형으로 처벌된다. 한편 '범죄의 기수시기'는 범죄마다 그 특성에 따라 다르다. 이 판례에서 뇌물죄의 성립 시기는 '일단 건네받은 순간'에 구성요건의 모든 표식을 충족한 것으로 봤다.

4 뇌물 **공무원이 성접대 받고도 부당한 업무집행 안 했다면 그 죗값은?**

공무원인 S(45)과장은 케이블방송업체 직원 M(38)씨로부터 유흥주점에서 성접대를 받은 혐의로 불구속 기소됐다.

➥ 서울서부지방법원(2009년) 재판부는 성접대 등 향응을 제공받은 혐의(뇌물수수 등)로 기소된 S과장에게 징역 4월에 집행유예 1년, 추징금 161만원을 선고하고 또 성접대를 한 혐의(뇌물공여 등)로 기소된 M과장에게는 벌금 300만원을 선고했다. 재판부는 "피고 S씨가 공무원으로서 청렴성을 심각하게 훼손한 점은 인정되나 향응을 제공받은 뒤 관련된 업무를 부당하게 집행하지 않았고, 반성하고 있는 점 등을 참작해 집행유예를 선고한다"며 판결 이유를 설명했다.

5 뇌물 **뇌물죄에 해당하더라도 수뢰액을 특정하지 못하면? 추징할 수 없다**

정부부처 총무과장 J(53)씨는 K해운사에서 선박운항허가관련 편의를 봐달라는 청탁과 함께 8000만원을 받은 혐의(뇌물 수수)로 기소됐다. 1 · 2심에서는 일부 혐의를 유죄로 인정해 징역 1년에 집행유예 2년, 추징금 2000만원을 선고했다.

➥ 대법원(2011년) 재판부는 원심을 깨고 사건을 서울고등법원으로 돌려보냈다. 재판부는 "구분이 어렵다는 이유로 명확한 근거 없이 수뢰액을 추산해 추징한 원심 판결에는 위법이 있다"며 "수뢰금액 중 직무관련성이 있는 부분과 그렇지 않은 부분을 구분할 수 없다면 추징을 아예 하지 않거나, 추징하려면 직무관련성이 있는 수뢰액을 특정해야 한다"고 판결 이유를 설명했다.

> 해설 **'뇌물죄'**란 공무원 또는 중재인이 직무행위에 대한 대가로 법이 인정하지 않는 이익의 취득을 금지하는 것을 내용으로 하는 범죄를 말한다. 뇌물죄는 수뢰죄와 증뢰죄로 구성되어 있다. 전자는 뇌물을 수수 · 요구 또는 약속함으로써 성립하는 범죄이며, 후자는 뇌물을 공여하는 것을 내용으로 하는 범죄이다.

대부업법 위반 **대부업자가 받은 대출상환수수료, 이자제한(연 49%) 대상**

대부업자 K(39)씨는 이자 월이율 3%, 중도상환수수료 3%에 변제기 1년으로 빌리기로 한 원금 2000만원 중 1개월분 선이자 60만원을 공제한 1940만원을 빌려주었다. 그러나 대출자가 5일 후 원금 2000만원 전액을 변제하자 K씨는 중도상환수수료 명목으로 선이자를 돌려주지 않았다. 검찰은 K씨가 연이율 49%에 해당하는 이상의 이자를 받음으로서 중도상환수수료를 포함해 법률상 제한이자율 이상의 이자를 받은 혐의(대부업의 등록 및 금융이용자보호에 관한 법률 위반)로 기소했다. 1심은 "중도상환수수료는 손해배상 차원이므로 이자로 볼 수 없다"는 취지로 K씨에게 무죄를 선고했다.

➡ 대법원(2012년) 재판부는 무죄 판결한 원심을 깨고 사건을 대구지방법원으로 돌려보냈다. 재판부는 "대부업자가 선이자를 사전에 공제한 후 대부했다가 약정기간 전에 원금이 상환된 경우에는 선이자뿐 아니라 중도상환수수료 등 대부업자가 받은 금원(담보권설정비용, 신용조회비용 제외)을 모두 이자로 봐야한다"며 "대부업자에게 손해배상차원에서 중도상환수수료를 내기로 약정한 경우에도 마찬가지"라고 판시했다. 따라서 "중도상환수수료를 제외한 선이자만을 이자로 보고 K씨가 얻은 이자가 **대부업법**상 제한이자율을 초과하지 않았다고 본 원심은 위법하다"고 유죄판결 이유를 밝혔다.

> **해설** **대부업법**은 연이율 49%를 초과한 이자를 금지하고 있다. 위반하면 3년 이하의 징역 또는 3000만원 이하의 벌금에 처하도록 규정하고 있다.

1 도박 판돈 14억원짜리 '내기 골프', 도박이다

S(53)씨 등 4명은 18홀을 9홀씩 나눠 홀마다 타당 50만~100만원씩을 걸고 스트로크 게임을 하면서 절반 9홀 최소타를 친 우승자에게 500만원, 후반전 우승자에겐 1000만원을 주는 방식의 판돈 14억원짜리 내기 골프를 친 혐의(도박)로 구속 기소됐다.

➡ 1심 법원은 무죄를 선고하고 모두 석방하면서 "화투, 카드, 카지노처럼 승패의 결정적 부분이 우연에 좌우돼야 도박이 되는데, 운동경기는 경기자의 기능과 기량이 승패의 절반을 결정하기 때문에 골프는 도박이 아니다"라고 지적하면서 그렇지 않으면 "LPGA에서 활동 중인 프로골퍼 박세리 같은 선수가 돈이 걸린 골프경기에 나서는 경우도 **도박죄**를 적용해야 한다"고 판결 이유를 설명했다.

➡ 서울고등법원(2006년) 재판부는 1심 판결을 깨고 S씨 등 4명에게 징역 6월~8월에 집행유예 1년~2년을 선고했다. 재판부는 "1심은 법리를 오해한 잘못이 있다"고 밝히면서 재판부는 "기량 차이가 있는 경기자 사이의 운동경기라고 해도 핸디캡 조

정과 같은 방식으로 승패의 가능성을 대등하게 하거나 승리의 확률이 낮은 쪽에 높은 승금(勝金)을 지급하는 방식 등으로 우연이 중요하게 작용하는 도박조건을 얼마든지 만들 수 있다"고 판결 이유를 설명했다.

> 해설 **'도박죄'**란 재물로서 도박함으로써 성립하는 범죄(형법 제246조)이다. 상습도박의 경우에는 형을 가중한다. '도박'이란 당사자가 서로 재물을 걸고 우연한 승부에 의하여 그 재물의 득실을 결정하는 것을 말한다.

2 도박 불법 도박수익금 110억원 마늘밭에 묻어, 몰수 + 징역 1년

L(53)씨는 처남이 인터넷 도박사이트를 운영해 벌어들인 돈을 집 근처 마늘밭에 숨긴 혐의(범죄수익 은닉의 규제 및 처벌 등에 관한 법률 위반)로 기소됐다.

➡ 전주지방법원(2011년) 재판부는 L씨에게 징역 1년, 그 부인에게 징역 1년에 집행유예 2년을 각각 선고하고 마늘밭에서 나온 현금 109억원과 마늘밭을 몰수하고, L씨 부부가 생활비로 쓴 4100만원을 추징할 것도 선고했다. 재판부는 "L씨가 처남으로부터 건네받은 돈이 범죄 수익금인지 알지 못했으며 단지 처남의 지시에 따라 숨긴 것으로 인정된다"고 판결 이유를 설명했다. 큰 처남(45)은 수배 중이고 작은 처남(42)은 구속 중이다. 이들 형제가 불법 인터넷 도박사이트를 열어 이 돈을 번 것인데 김치통 27개에 나눠 담은 뒤 마늘밭에 파묻었었다.

독점규제 및 공정거래에 관한 법률 위반 가격담합, "공소시효 남아 있어 무죄 아니다"

유화업체(8개 회사)들은 합성수지 제품가격을 1994년부터 2004~2005년까지 10년 동안 담합한 혐의(독점규제 및 공정거래에 관한 법률 위반)로 기소됐다. 1 · 2심은 '검찰의 공소사실이 불명확하다'는 이유로 무죄 판결을 했다.

➡ 대법원(2012년) 재판부는 원심을 뒤집고 사건을 서울중앙지방법원으로 돌려보냈다. 재판부는 "**포괄일죄**에서는 전체 범행의 시작과 끝이 언제였는지 및 범행방법과 장소, 상대방, 범행 횟수, 피해액 합계 등을 명시하면 범죄사실이 특정된 것으로 봐야 하고 공소시효는 마지막 범죄행위가 끝난 시기부터 따져야 한다"고 판시했다. 또 "검찰 공소사실을 보면 유화업체들이 1994년 담합을 시작해서 2004~2005년 마지막으로 범행했다고 특정돼 있을 뿐 아니라, 합의한 일시, 장소, 참석자 및 합의내용이 구체

적으로 드러나 있고 양벌규정에 따라 회사가 처벌되는 경우에는 회사의 귀책사유까지 적시할 필요는 없으며 또 유화업체가 최종 담합행위를 벌인 2004~2005년부터 공소시효를 따지면 아직 시효가 남아 있는 상태"라며 따라서 "유화업체들에 대한 검찰 공소사실이 불명확하다고 보고 기각한 원심 판결은 위법하다"고 판결 이유를 밝혔다.

> **해설** **'포괄일죄'(包括一罪)**란 한 개의 구성요건에 속하면서 행위의 태양(態樣)이 동일한 법익을 침해하는 수종으로 나뉘어져 있을 때에는, 이 수종의 태양에 해당하는 일련의 행위를 포괄하여 일죄(一罪)가 되는데 이 경우를 말한다. 예컨대 동일인을 체포하여 감금하는 경우에는 감금죄(형법 제276조)만이 적용되게 된다.

동물보호법 위반 애완동물 잔인하게 죽인 죄, 징역 6월

전직 승려 L(54)씨는 진돗개(시가 500만원)가 자신을 보고 짖는다는 이유로 담을 넘어가 주먹으로 수차례 때렸다. 그래도 분이 안 풀리자 도끼로 진돗개 머리를 수차례 강타해 죽인 혐의(동물보호법 위반)로 구속 기소됐다.

➡ 부산지방법원(2012년) 재판부는 L씨에게 징역 6월을 선고했다. 재판부는 "아내와 사별한 뒤 혼자 살던 피해자(진돗개 주인)가 10년 가까이 함께 지낸 반려동물을 잃게 되면서 겪은 고통과 상실감이 작지 않을 것으로 보인다"며 "술에 취한 L씨가 도끼로 진돗개 머리를 쳐서 죽인 것으로 범행방법 자체가 위험하고 잔인해 사회에 큰 충격을 줄 정도였던 점을 볼 때 죄질이 매우 좋지 않다"고 유죄판결 이유를 밝혔다.

1 마약 제3자가 마약 보낸 '던지기' 피의자, 그 부분은 무죄

상습마약 투약자 L(41)씨는 모르는 사람으로부터 히로뽕 19.96g을 사서 이 가운데 0.06g을 투여한 혐의로 구속 기소됐다. 그런데 자신 앞으로 중국에서 특송 항공화물이 왔다는 전화를 받았다. 하지만 이 화물운반자는 운송회사직원을 가장한 수사기관원이었다. 화물 내용물은 히로뽕이다. 마약밀매 혐의로 이미 구속된 J씨로부터 속칭 **'던지기'**를 당한 것이다.

➡ 서울고등법원(2006년) 재판부는 마약류관리법위반 혐의로 구속 기소된 L씨에 대해 징역 3년을 선고한 1심 판결을 깨고 마약투여 혐의만 인정해 징역 2년을 선고했다. 재판부는 "옷가지 등으로 감싸긴 했지만 항공 특송 화물로 마약을 수입하는 것은 이례적이어서 피고인이 '던지기'에 걸려든 것이 아닌가 하는 의심이 든다"며 "마약수

입 혐의는 무죄가 인정된다"고 판결 이유를 밝혔다. 또 "히로뽕 1g당 국내도매가격이 13만원, 소매가격은 95만원인 점을 고려하면 피고인이 마약수입 대가로 송금했다는 150만원은 히로뽕 98g가격으로는 너무 낮다"고 덧붙였다.

> 해설 **'던지기'**는 마약관련 혐의로 체포된 사람이 구금된 상태에서 실제로는 자신과 거래하지 않은 다른 사람에게 마약을 보내고(던지고) 그 사람을 거래자라고 수사기관에 제보해 죄를 감면받는 행위를 말한다. 던지기는 대표적인 '유죄협상제도(플리바기닝 Plea Bargaining)'의 악용 사례다.

2 마약 자살하려고 먹은 마약 복용, 죄가 안 돼 무죄

H(39)씨는 히로뽕 10g을 들고 S씨를 기다리고 있었다. S씨에게 히로뽕을 100만원 받고 팔기로 약속이 돼 있었다. S씨의 승용차가 도착하자 H씨는 차에 올라타 히로뽕을 건네려 하자 잠복 중인 경찰관들이 들이닥쳤다. H씨는 경찰관들을 밀치며 비닐로 포장된 히로뽕을 뜯어 입안에 털어 넣었다. 치사량에 달하는 마약을 먹은 H씨는 현장에서 호흡곤란을 일으켜 응급실로 이송됐다. 이후 의식을 회복한 H씨는 검찰에 의해 마약거래 미수와 히로뽕투약 혐의로 기소됐다.

➡ 1심 법원은 H씨에게 징역 1년을 선고했다. H씨는 "마약을 투약한 것이 아니라 배신감과 좌절감 때문에 **자살**을 하려했던 것"이라고 항소했다. 2심 법원은 마약투약 혐의에 대해 무죄를 선고하고 징역 8월을 선고했다.

➡ 대법원(2008년) 재판부 원심 판결을 확정했다. 재판부는 "H씨가 심장이 멎을 수도 있는 양의 마약을 복용한 것은 동료에 대한 배신감과 다시 수감돼야 한다는 좌절감 때문에 순간적으로 자살을 결심한데 따른 것으로 보인다"고 무죄판결 이유를 밝혔다. 또 "자살을 목적으로 히로뽕을 복용했다면 마약류관리법상 투약에 해당하지 않는다"고 덧붙였다.

> 해설 **'자살'**은 역사적으로 보면 로마법, 게르만법에서는 범죄로 봤고 중세에서도 기독교 영향으로 역시 범죄로 봤다. 그러나 개인주의 사상이 발전하면서 법적으로 간섭하지 않는다는 사상이 일반화되어 있고 우리나라 형법도 자살 자체는 처벌하지 않는다.

3 마약 직접증거 없는 자백, 정황증거로 유죄판결 가능

P(36)씨는 마약을 투약했다고 자수했다. 또 검찰이 P씨로부터 채취한 모발 4cm에서 히로뽕 성분이 검출됐다는 증거를 제출했다. 하지만 통상 사람의 모발은 한 달에 약 1cm 자란다고 볼 때 이는 모발채취일로부터 4개월 전에 히로뽕을 투약한 사실에 대한 보강증거가 될 뿐 공소사실과 관련한 보강증거가 될 수 없다는 이유로 1심에서 무죄를 선고했다.

➡ 대법원(2007년) 재판부는 무죄를 선고한 원심을 깨고 유죄취지로 사건을 항소심 재판부로 돌려보냈다. 재판부는 "P씨가 히로뽕을 구입해 일부를 투약했다고 **자백**한 뒤 이 같은 진술을 유지해 자백을 의심할 사정이 없는데다, 투약 전날과 3일 전에 P씨에게 히로뽕을 팔았다는 K씨의 진술조서는 자백에 대한 보강증거가 되기에 충분하다"고 판결 이유를 설명했다.

해설 **자백**은 했지만 직접증거가 없는 사건에서 자백을 뒷받침하는 정황증거를 토대로 유죄를 인정할 수 있다는 대법원 판결이다. 현행법상 자백이 유일한 증거일 때에는 유죄로 인정할 수 없으며, 피해자 · 목격자의 진술 같은 직접증거나 범행도구 · 장물 같은 간접증거 등 다른 증거가 보강돼야 유죄로 판단할 수 있다.

4 마약 프로포폴 투약 방송인, 징역 8월

방송인 K(여 · 30)씨는 '우유 주사'로 알려진 향정신성의약품 **프로포폴**을 투약한 혐의로 구속 기소됐다.

➡ 춘천지방법원(2012년) 재판부는 K씨에게 징역 8월에 집행유예 2년을 선고하고 또 40시간의 사회봉사와 24시간의 약물치료강의 수강을 명령했다. 재판부는 "사회 모범을 보여야 할 방송인이 금지된 약물을 투약한 점, 청소년 등 사회에 심각한 파장이 우려되는 점 등으로 미뤄 죄질이 가볍지 않다"고 유죄판결 이유를 밝혔다. 다만 "그동안 수감생활을 성실히 감내하고 자숙의 시간을 보낸 점, **프로포폴** 의존성을 단절하고 사회에 복귀해 새로운 삶을 살아갈 것을 다짐한 점 등을 참작할 때 징역형의 실형 선고는 가혹하다고 판단돼 형의 집행을 유예한다"고 덧붙였다.

해설 **'프로포폴'**이란 중추신경을 빠르게 억제하여 통증을 없애는 작용을 한다. 정맥에 주사하기 때문에 사용이 간편하다. 수면을 유도하는 효과가 있기 때문에 수술을 위해서 수면유도제로 사용하게 되는 경우가 많다. 동시에 불면증치료, 피로회복, 환각 등의 효과가 있어 환각제 대용으로 사용되기도 하여 마약류(향정신성의약품)로 지정되었다.

명령불복종 촛불시위진압 거부한 의경, 징역 2년

서울 중랑경찰서소속 L(24) 의경은 외박을 나왔다가 촛불시위진압 명령을 거부하고 부대에 복귀하지 않은 혐의로 구속 기소돼서 1심에서 징역 1년 6월을 선고받고 항소했다.

➡ 서울고등법원(2009년) 재판부는 1심 형량보다 무거운 징역 2년의 중형을 선고했다. 재판부는 "전투경찰이 시위진압의 임무를 행하는 것에 대해 개인적인 양심을 내세워 거부하는 것은 헌법이 정하는 양심의 자유에 속하는 것이 아니다"면서 "상관들이 집회참가 시민들을 폭력으로 진압하라고 지시했다는 허위사실을 유포해 공권력에 대한 국민의 신뢰를 훼손하고 동료 전투경찰들의 사기를 크게 저하시켰다"고 판시했다.

1 명예훼손 욕설 내용을 그대로 보도했어도 공익을 위한 것이면 명예훼손 아니다

인터넷신문 대표 K씨는 시의회 의원이 시청공무원에게 욕설이 섞인 폭언을 한 상황을 그대로 보도한 혐의(정보통신망이용촉진법상 명예훼손)로 불구속 기소됐다. 1 · 2심은 K씨에게 벌금 150만원을 선고했다.

➡ 대법원(2006년) 재판부는 원심을 파기하고 사건을 무죄 취지로 수원지법에 돌려보냈다. 재판부는 "공직자의 공적활동과 밀접한 관련이 있는 사안에 관한 기사를 작성 · 보도함에 있어 공직자의 욕설을 사실적으로 묘사해 보도했더라도 비방목적이 없고 개인적 감정이 섞이지 않았다면 언론의 행위는 **공공의 이익**에 관한 것으로 봐야 함으로 피고인이 명예 훼손을 한 것은 아니다"라고 무죄판결 이유를 설명했다.

해설 **'공공의 이익'**이란 사회를 구성하는 개인이나 집단의 사적(私的) 이익에 대하여 그 사회의 전 구성원에 관계되는 공통의 이익을 말한다.

2 명예훼손 대학 내부통신망 통한 비방 e메일, 명예훼손이다

교수 H(48)씨는 대학 내부통신망을 통해 유력한 총장후보로 거론되던 M씨에 대해 책임의식이 결여돼 있고 무능하며 속이 좁다는 내용의 E-메일을 동료교수 44명에게 보낸 혐의로 기소됐다.

➡ 대법원(2006년) 재판부는 200만원을 선고한 원심을 확정했다. 재판부는 "대학 내부 통신망도 전기통신설비와 컴퓨터기술을 활용해 정보를 수집 · 저장 · 송신하는 정보통신망에 해당된다"며 "내부통신망을 통해 특정개인이나 소수에게 E-메일을 보냈더라도 불특정 다수인에게 전파될 가능성이 있었던 만큼 유죄가 인정된다"고 밝혔다. 재판부는 또 "피고인은 총장선거를 며칠 앞둔 시점에 유력한 후보자로 인식되던 피해자를 일방적으로 비난하는 내용을 E-메일로 보냈으므로 명예훼손의 고의가 있었다고 봐야한다"고 덧붙였다.

3 명예훼손 교사에게 차 심부름 폭로로 교장 자살, 명예훼손죄 안 된다

기간제 여교사 K씨는 지자체인 군청 홈페이지에 "왜 교장선생님께 아침마다 차 타드리며 잘 보여야 하는지 기간제 교사의 '기타 업무'에 차 접대가 들어가는지 모르겠다"는 내용의 글을 올렸다. 글이 게재된 이후 전교조가 반발했고 비난의 댓글이 이어졌다. 결국 견디다 못한 S교장은 스스로 목숨을 끊었다. K씨는 교장의 명예를 훼손한 혐의로 기소됐다.

➡ 대법원(2008년) 재판부는 K씨에게 무죄를 선고한 원심을 확정했다. 재판부는 "K씨의 글이 명예훼손에 해당하지만 공공의 이익을 위한 것이어서 죄가 성립되지 않는다"면서 판결 이유를 설명했다.

4 명예 훼손 성추행 가해자 어머니의 '사실 확인서' 배포, 징역 1년

이른바 **'고려대 의대 성추행 사건'** 가해자 B(26, 수감 중)씨의 어머니 S(52)와 B씨는 구명운동 차원에서 피해자 여학생 A씨의 인격 장애로 강제추행사건이 부풀려졌다는 내용을 담은 '사실 확인서'를 만들어 의대생들의 서명을 받아 배포함으로서 피해 여학생 A씨를 모독한 혐의(명예훼손)로 기소됐다.

➡ 서울중앙지방법원(2012년) 재판부는 S씨에게 징역 1년을 선고하고 법정 구속했다. B씨에게도 징역 1년을 선고해 확정된 징역 1년 6월에 포함됨으로써 최대 2년 6월을 복역하게 됐다. 재판부는 "이 사건 때문에 피해자는 의과대학을 우수한 성적으로 졸업하고도 정상적인 수련의 과정을 밟지 못하고 있으며 국내 의료계에서 의사로 생

활하기 어려울 것이라는 암담한 심정을 갖게 됐다"며 "사실 확인서로 인하여 강제 추행보다 오히려 더 고통스럽고 회복할 수 없는 피해를 입었다"고 유죄판결 이유를 밝혔다. 또 "피고인은 무죄 입증을 위해서라면 피해자가 어떤 곤경에 처하든 안중에 없다는 태도를 보였다"고 비판했다.

해설 **'고려대 의대 성추행 사건'**이란 고려대 의대 동기생들인 가해자와 피해자가 함께 경기도 가평으로 여행을 간 곳에서 B씨 등 3명이 술에 취해 정신을 잃은 A여학생을 성추행한 사건이다.

5 명예훼손 불편했던 내용의 산후조리원 경험 후기(後記), 명예훼손 아닌가?

P(여 · 33)씨는 인터넷 게시판에 자기가 산후조리원에 2주간 있는 동안 겪은 내용 즉, 온수보일러 고장과 산후조리실의 소음으로 인한 불편했던 사실 등을 알렸다. P씨는 정보통신망이용 촉진 및 정보보호에 관한 법률 위반 혐의로 기소돼 벌금 50만원을 선고받았다.

➡ 대법원(2012년) 재판부는 원심을 깨고 무죄 취지로 사건을 서울북부지방법원으로 돌려보냈다. 재판부는 "P씨의 행위는 산후조리원에 대한 정보를 찾는 다른 임산부에 도움이 되는 정보와 의견의 제공이라는 공공의 이익에 관한 것으로, 산후조리원을 비방할 목적이 있다고 보기 어렵다"고 무죄판결 이유를 설명했다. 또한 "소비자가 인터넷에 자신이 겪은 객관적 사실을 바탕으로 사업자에게 불리한 내용의 글을 올리는 행위에 비방의 목적이 있는지는 제반사정을 두루 심사해 더욱 신중하게 판단해야 한다"고 덧붙였다.

1 모욕 공무집행 중인 경찰관에게 모욕적인 언사, 벌금 70만원

K(여 · 58)씨는 노래방건물 지하주차장 앞에서 K씨의 승용차가 불법주차를 하고 있다는 112신고를 받고 출동한 경찰관 L씨에게 "노래방하는 건물 주인한테 술을 얻어먹고 돈을 받았겠구나, 그러니까 차를 빼라고 하지"라며 동네 주민 4~5명이 지켜보는 가운데 공공연하게 모욕을 준 혐의(모욕)로 기소됐다.

➡ 부산지방법원(2008년) 재판부는 K씨에게 벌금 70만원을 선고했다. 재판부는 "신고를 받고 불법주차 단속에 나선 경찰관의 공무집행행위를 공개적으로 비방한 행위는 엄연히 형법에 저촉되어 모욕죄로 처벌할 수 밖에 없다"고 유죄판결 이유를 설명했다.

2 모욕 '꼴통', '안하무인', '후안무치' 용어, 모욕죄 대상 안 된다

유치원 원장 K(여 · 55)씨는 통학버스를 운행하며 소음과 매연문제로 주민과 마찰을 빚었다. 주민들은 '안하무인 유치원', '꼴통 유치원', '후안무치 유치원' 등의 표현이 들어간 현수막을 내걸고 시위했다. K씨는 이들 주민을 상대로 모욕죄로 소송을 냈다. 1심에선 주민들에게 선고유예(유죄) 판결을 해서 K씨가 승소했다. 주민들은 항소했다.

➡ 의정부지방법원(2011년) 항소 합의부는 원심을 깨고 주민들에게 무죄를 선고했다. 재판부는 "해당 유치원이 주민에게 매연, 소음 등으로 고통을 준 사실이 인정된다"며 "피고인 K씨가 대책을 마련하지 않은데 대하여 주민들이 다소 과장되게 의견을 표출한 정황이 있으며 '꼴통' 등 표현은 욕설이 아니라 널리 쓰이고 있는 일상용어여서 모욕적 언사로 볼 수 없다. 언론매체에서도 사회적 지위가 있는 인사가 그 자격에 걸맞지 않은 언행을 하면 비꼬아 널리 사용한다"고 무죄판결 이유를 설명했다.

4 모욕 '만약(if)'이란 가정을 전제로 한 표현, 모욕죄가 성립하지 않는다

A일간신문은 '검경(檢警)이 전국 공무원노동조합 사무실을 압수수색할 예정'이란 정보가 법원노조 관계자들에 의해 외부에 유출됐다는 내용을 중심으로 비판적 사설을 실었다. 법원공무원노동조합은 이에 대해 허위의 사실을 진실인 것처럼 신문 사설에 게재해 명예가 훼손됐다며 신문과 논설위원을 상대로 소송을 냈다.

➡ 서울중앙지방법원(2012년) 재판부는 원고 패소 판결했다. 재판부는 "공공의 이익을 목적으로 사설을 게재했고 '만약 ~라면 큰일이다'라는 식으로 사실관계를 비교적 가정적(假定的)인 표현을 사용해 썼다"며 "이처럼 가정적 표현에 의한 서술에 대하여는 모욕죄가 성립할 수 없다"고 무죄판결 이유를 밝혔다. 문제가 된 사설에는 '만약 이번에도 법원노조가 수사정보를 제공한 것으로 드러난다면 작년에 이어 두 번째가 된다' 등의 표현을 사용하면서 법원공무원 노조를 질타하는 내용이 들어 있었다.

무고 무죄 받으려 경찰관 고소했다가 형량만 가중돼

C(27)씨는 B(여)씨의 우편함에 있던 열쇠로 집에 들어가 1만원을 훔치고 미처 빠져나가기 전에 외출했던 B씨가 귀가했다. B씨는 누군가가 집안에 있다는 사실을 알아채고 경찰에 신고했다. C씨는 경찰을 피해 창문을 통해 옥상으로 달아났다. 자신이 B씨 집에 침입했다는 증거를 없애기 위해 B씨 집 열쇠를 아파트 아래로 던졌다. 신고를 받고 출동한 경찰관 L씨가 그 장면을 목격했다. C씨는 절도죄로 징역 1년

2월을 선고받았고 항소를 포기한 뒤 구치소에서 "사건 당시 열쇠를 떨어뜨리지 않았는데 L씨가 재판에서 허위로 진술했다"며 L씨를 위증죄로 고소했다. 검찰은 C씨를 무고죄로 기소했다.

➡ 인천지방법원(2009년) 재판부는 C씨에게 징역 8월을 선고했다. 재판부는 "피고인은 경찰관이 위증하지 않았다는 것을 알면서도 그를 고소했다는 것이 인정된다"고 유죄판결 이유를 밝혔다. 따라서 C씨의 형량은 모두 1년 10월로 늘어났다. 재판부는 "재판에서 사실과 다른 주장을 하는 것에 그치지 않고 증인을 위증죄로 고소한 것은 주어진 방어권을 넘어서는 행위로서 국가의 심판 작용을 그르치게 할 수 있다"고 덧붙였다.

미성년자 유인 　10대 소녀 40대 스토커 막아내, 징역 8월

S(41)씨는 3개월 동안 초등학교에서 귀가하는 K(11)양을 괴롭혔다. "과자를 사 주겠다"며 유인했지만 K양은 "과자 안 좋아한다"며 뿌리쳤다. "너희 아빠를 아는데 같이 가자"고 하면 "아빠 이름을 대 보세요"라고 대응하는 등 집요한 6차례의 요구를 모두 거절하고 적절히 피해왔다. S씨는 심지어 학교선생님으로 가장해 전화로 K양을 불러내려 했지만 실패했다. S씨는 결국 K양 부모의 고소(미성년자 유인미수죄)로 경찰에 구속 기소됐다.

➡ 부산지방법원(2008년) 재판부는 S씨에게 징역 8월을 선고하고 개인정보 5년 공개를 명령했다. 재판부는 "S씨가 초등학생을 집요하게 유인하려 해 죄질이 불량하고 어린 학생이 범행에 적절히 대처해 속거나 끌려가지 않은 것이 천만다행"이라고 유죄판결 이유를 밝혔다.

반역죄(외국) 　오사마 빈 라덴 자녀의 DNA 채취한 파키스탄 의사, 33년 징역형

파키스탄인 외과의사 샤킬 아프리디는 오사마 빈 라덴이 숨어 살던 아보타바드 지역에서 빈 라덴 자녀의 DNA를 수집하기 위하여 정부의 허가 없이 예방접종프로그램을 운영해 주민들의 DNA를 채취했다. 이렇게 해서 자연스럽게 채취한 빈 라덴의 DNA정보를 미국 CIA에 넘겼다. 정작 파키스탄 정부에는 알리지 않았다. 그 DNA 정보는 CIA가 추정해오던 빈 라덴의 은신처를 확인하는데 결정적인 기여를 했다. 이 사실이 알려지자 파키스탄 정부는 '반역죄'를 적용해서 아프리디를 체포하고 의사자격의 박탈과 동시에 재판에 회부했다.

➡ 파키스탄 키베르 지방법원(2012년) 재판부는 아프리디에게 반역죄를 적용해 징역 33년을 선고하고 구속했다.

방화 숭례문 방화범 징역 10년 확정

C(70)씨는 국보 제1호인 숭례문 2층 누각에 올라가 미리 준비한 시너를 뿌린 뒤 불을 붙여 전소시킨 혐의(문화재보호법 위반)로 구속 기소됐다. C씨는 2006년 창경궁에 불을 지른 혐의로 기소돼 집행유예기간에 있었으며 도시계획도로로 수용된 주택부지의 보상금이 적다는 사실에 불만을 품고 범행을 저질렀다.

➡ 1 · 2심 재판부는 "대한민국을 상징하는 문화재인 숭례문이 불타버림으로써 국민은 참기 어려운 정신적 피해를 입었다"며 "복원이 이뤄져도 원래의 숭례문은 되찾을 수 없고 국민이 입은 마음의 상처도 치유될 수 없는 만큼 중형을 선고하는 게 마땅하다"고 유죄판결 이유를 밝혔다.

➡ 대법원(2008년) 재판부는 징역 10년을 선고한 원심을 확정했다.

1 배임 법인카드 개인용도로써, 업무상 배임

J산업연구원장 L(63)씨는 3년간 매월 300만원의 판공비를 쓸 수 있는 법인신용카드를 연구원으로부터 받았다. L씨는 이를 이용해 170여 차례에 걸쳐 자신의 아내 · 친구들과의 골프비용과 식사비 등 2300여만원을 결제하고 "11박 12일간의 유럽출장을 가겠다"며 1400여만원의 출장비를 지급받고 실제로는 절반기간만 출장을 간 뒤 600여만원의 차액을 반환하지 않고 개인적으로 챙긴 혐의(업무상 배임죄)로 기소됐다.

➡ 대법원(2006년) 재판부는 L씨에 대해 벌금 700만원을 선고한 원심을 확정했다. 재판부는 "피고인이 피해자인 법인으로부터 받은 판공비 지출용 법인신용카드를 업무와 무관하게 개인적으로 쓴 사실이 인정된다"고 유죄판결 이유를 밝혔다. 재판부는 "피고인과 골프를 함께 친 지인들은 연구원 운영과 직접 관련이 없는 등 업무의 연관성을 발견할 수 없다"고 덧붙였다.

해설 형법(제356조)은 다른 사람의 일을 대신 처리하는 자가 직무에 위배해 재산상의 이득을 취하면, 10년 이하의 징역이나 3000만원 이하의 벌금에 처하게 돼 있다.

2 배임 6970원 든 현금카드 받았다가 700만원 벌금형

지자체공무원 K씨는 하수도 정비공사 설계적격 심사위원으로 위촉됐으니 심사장으로 나오라는 통보를 주관기관으로부터 받았다. 심사 당일 오전 4시반에 생긴 일이다. 공정성과 비밀성 보장을 위하여 취해진 조치이다. K씨는 통보수령 한 시간 뒤 이 같은 사실을 알고 아파트 앞으로 찾아온 공사업체 직원 H씨에게서 "설계가 비슷하다면 도와달라"는 부탁과 함께 현금카드가 든 지갑을 받았다. 그러나 K씨는 심사장에서 국무총리실 감찰반에게 이 사실이 적발됐다. 현금카드의 잔액은 6970원이었다. K씨는 "H씨가 강제로 뒷주머니에 넣어준 것인데 돌려줄 생각이었다"고 해명했고 H씨는 "인사 차원에서 50만원 정도를 넣어줄 생각이었다"고 주장했다. K씨는 배임수재미수 혐의로 기소됐다.

➡ 수원지방법원(2008년) 재판부는 벌금 700만원을 선고했다. 재판부는 "기존 입출금액이 수천만원에서 수억원인 점으로 미뤄 피고인들의 주장을 인정할 수 없다"며 유죄판결 이유를 밝혔다.

3 배임 미래의 재산상 손해발생 위험초래 행위, 업무상 배임죄 해당

L화학(주) 직원 K(42)씨는 회사영업 비밀에 해당하는 파일을 무단 반출하여 자기 개인 이메일에 보관한 혐의(업무상 배임죄)로 기소됐다.

➡ 대법원(2011년) 재판부는 K씨에게 징역 10월에 집행유예 2년을 선고한 원심을 확정했다. 재판부는 "업무상 배임죄에 규정된 '재산상 손해'는 현실적인 손해뿐 아니라 미래의 손해발생 위험을 초래한 경우도 포함된다"며 "L화학(주)의 영업 비밀에 해당하는 파일을 무단 반출한 행위는 재산상 손해발생위험을 일으킨 경우에 해당한다"며 유죄판결 이유를 설명했다.

변호사법 위반 향판(鄕判) 비리 부장판사, 벌금 300만원

G지방법원 파산부 수석부장판사 S(51)씨는 친구인 A변호사 소개로 B업체 주식에 투자해 1억원의 수익을 올리고 그 보답으로 자기에게 권한이 있는 법정관리 기업의 관리인에게 A변호사를 선임하도록 소개 · 알선한 혐의(변호사법 위반)로 기소됐다. 1심 재판부는 S씨에게 무죄를 선고했다. 2심 재판부는 무죄를 선고한 원심을 깨고 벌금 300만원을 선고했다.

➡ 대법원(2013년) 재판부는 벌금 300만원을 선고한 원심을 확정했다. 재판부는 "법정관리 기업의 소송대리인 선임허가권을 갖고 있는 피고인 S씨가 관리인에게 특정

변호사(A)를 지목해 찾아가라고 한 것은 법률이 금지하는 소개 · 알선에 해당하며 대단히 부적절한 처사이다"라고 유죄판결 이유를 밝혔다.

해설 대법원은 '제 식구 감싸기 논란'이 일자 사상 최초로 검찰의 관할 이전신청을 받아들여 항소심을 서울고등법원이 맡도록 했다.

1 병역법 위반 **종교적 신념에 따른 병역 거부, 징역 1년 6월**

'여호와의 증인' 신도 B(27)변호사는 종교적 신념에 반한다며 입영을 거부한 혐의로 기소됐다.

➡ 서울중앙지방법원(2011년) 재판부는 B씨에게 징역 1년 6월을 선고했다. 재판부는 "병역의무를 이행하지 않아 국가의 안전이 보장되지 않으면 국민의 존엄성도 보장될 수 없다"며 "B변호사가 주장하는 양심의 가치가 헌법적 법익보다 우월한 가치라고 볼 수 없으며, 피고의 양심적 자유를 제한하는 것은 헌법상 허용된 정당한 제한"이라고 유죄판결 이유를 설명했다.

2 병역법 위반 **병역기피목적 어깨탈구수술 집도의, 징역 1년 6월**

정형외과 의사 Y(39)씨는 고의로 어깨를 손상해 병역을 면제받으려 하는 축구선수 40여명과 공모한 후에 수술을 해주고 허위진단서를 발급해 준 혐의(병역법 위반)로 기소됐다.

➡ 대법원(2011년) 재판부는 Y씨에게 징역 1년 6월을 선고한 원심을 확정했다. 재판부는 "축구선수들의 고의 탈구사실을 알면서도 병역의무를 면제받을 수 있도록 어깨 **관절경 수술**을 해주고 병사용진단서를 발급해 준 사실을 인정하여 공소사실을 유죄로 판단한 원심은 정당하다"고 유죄판결 이유를 설명했다.

해설 **'관절경 수술'**이란 관절경이라는 도구를 이용하여 수술하는 것을 말한다. 관절경이란 관절을 들여다보는 거울을 말하며 가느다란 관에 특수한 렌즈를 부착시켜서 관절 속의 구조물을 밖에서 볼 수 있게 만든 것이다. 관절경 수술의 장점은 진단과 치료를 동시에 할 수 있고 확대된 상을 눈으로 보기 때문에 진단이 정확하며 상처를 적게 내어 수술 후 회복이 빠르다.

부당이득죄 의도하지 않은 알박기에 대한 처벌은 부당, 부당이득죄 안 된다

K(47)씨는 1991년 울산에서 47m^{2}의 주택을 사서 5년 동안 살다가 전세를 주고 이사 했다. 2005년 건축회사 I사가 K씨의 부동산이 포함된 부지에 아파트건축 사업을 추진하기 시작했다. I사는 K씨에게 땅을 팔 것을 제의했지만 K씨는 더 비싼 가격을 요구하며 거절했다. I사는 거절당함으로 주택건설사업계획 승인신청이 지연되었고 월 6억원의 금융비용이 발생했다. 결국 I사는 18억 5000만원에 샀다. 당시 시가(4400만원)보다 40배가 넘는 가격이었다. 이후 K씨는 부당이득을 챙긴 혐의로 기소됐다. 1 · 2심 재판부는 "사업부지 전체의 소유권을 확보해야 하는 I사의 급박한 상태를 이용해 마지막까지 계약을 미루며 압박해 다른 토지보다 현저하게 부당한 이득을 얻었다"는 이유로 K씨에게 유죄가 인정되어 1심에서는 징역 1년, 2심에서는 징역 8월에 집행유예 2년이 선고됐다.

➥ 대법원(2009년) 재판부는 무죄 취지로 원심 판결을 파기했다. 재판부는 "K씨가 사업추진 전부터 부동산을 소유해 온 상황에서 이를 매도하라는 제안을 거부해 큰 이득을 취했다는 사정만으로는 부당 이득죄가 성립하지 않는다"고 무죄판결 이유를 밝혔다. "I사가 궁박한 상태에 빠지게 된 데에 K씨가 적극적으로 원인을 제공했거나 상당한 책임이 있다고 볼 수 없다"는 것이다.

해설 대법원 판례에 따르면 개발사업 등이 추진되는 상황을 미리 알고 사업부지 내의 부동산을 사들였거나, 피해자에게 협조할 듯한 태도를 취해 사업을 추진하도록 한 뒤 협조를 거부하는 수법으로 큰 이득을 챙겼을 경우에 부당 이득죄가 성립한다. 형법(제349조)은 '사람의 궁박한 상태를 이용해 현저하게 부당한 이익을 취한 자는 3년 이하의 징역 또는 1000만원 이하의 벌금에 처 한다'고 규정하고 있다. 한편 K씨는 형사소송과 함께 진행된 I사와의 민사소송에서 법원의 강제조정으로 16억 1000만원을 I사 측에 돌려줬다.

1 사기 '원금 보장'표현은 유죄, '원금손실 가능성은 없을 것'은 무죄

금융회사직원 K(36)씨는 투자자에게 ELS(주식연계증권)상품펀드에 가입을 권유하면서 원금손실을 볼 가능성은 거의 없다며 주가가 내려가 반 토막이 나도 원금손실이 나지 않는 구조라고 말한 혐의로 기소됐다. 1 · 2심 재판부는 K씨에게 100만원의 벌금형을 내렸다.

➡ 대법원(2012년) 재판부는 무죄 취지로 사건을 서울중앙지법으로 돌려보냈다. 재판부는 "구(舊) 간접투자 자산운용업법 제57조는 펀드 등 금융상품 판매업무담당 임·직원은 투자원금의 보장 등 수익을 보장하는 권유행위를 해서는 안 된다"고 규정한 것일 뿐이라며 "원금손실이 나지 않고 수익이 보장될 것처럼 단정적 판단을 해주거나, 오해의 소지가 있는 내용을 알리면서 거래를 권유하는 행위까지 이 법으로 처벌할 수 없다"고 무죄판결 이유를 밝혔다. 또 "K씨는 원금손실이 안날 거라고 투자자가 오인할 소지가 있는 말을 하며 거래를 권유했을 뿐, 원금 또는 수익을 사전에 보장·약속한 게 아니다"라고 덧붙였다.

해설 K씨의 권유로 펀드에 투자한 고객은 펀드 만기 기준원금 2억원 중 8100만원의 손실을 봤다. 이 고객은 K씨와 K씨 소속 금융회사를 상대로 손해배상 청구소송을 제기해 손실액 중 절반을 배상받았다. 구 간접투자 자산운용업법은 자본시장과 금융투자업에 관한 법률의 시행과 함께 폐지됐다.

2 사기 부동산거래를 위한 인감증명서 자체도 재물, 가로채면 사기죄 성립돼

J(35)씨는 개발지역 철거예정 건물 소유자에게 공급하는 아파트 특별분양권과 상가입주권을 받게 해주겠다고 피해자들을 속여 특별분양권을 이중 매매하는 수법으로 10억여원을 착복한 혐의(사기)로 기소됐다. 검찰은 J씨가 재개발 아파트 분양권을 산 뒤 원소유주를 속여 인감증명서를 교부받은 혐의도 공소사실에 포함시켰다.

➡ 1심 재판부는 두 가지 공소사실을 모두 유죄로 판단해 징역 5년과 징역 10월을 각각 선고했다. 그런데 2심 재판부는 징역 5년 6월을 선고하면서 **인감증명서** 부분은 무죄를 선고했다.

➡ 대법원(2011년) 재판부는 재개발 아파트 특별분양권을 이중으로 매매하기 위해 인감증명서를 받아 빼돌린 혐의부분에 무죄를 선고한 원심을 깨고 사건을 서울중앙지방법원으로 돌려보냈다. 재판부는 "인감증명서는 인감이 진짜인지, 그 거래가 인감주인의 의사에 따른 것인지를 확인하는 자료로 재산적 가치를 갖는 형법상 재물"이라며 "피고인이 피해자를 속여 인감증명서를 받은 이상 사기죄가 성립한다"고 판시하면서 "피고인이 피해자 명의의 인감증명서를 받았더라도 피해자가 재산상의 손해를 입

었다거나 피고인이 재산상의 이익을 얻었다고는 볼 수 없다고 판단한 원심은 사기죄의 객체가 되는 재물에 관한 법리를 오해했다"고 유죄판결 이유를 설명했다.

> 해설 **'인감증명서'**란 인영(印影)이 증명청에 신고된 인감과 같다는 것을 증명하는 서면을 말한다. 인감증명은 부동산거래 때에 부동산등기용으로, 또는 공정증서작성 때에 사용된다.

3 사기 차명계좌의 명의자가 돈 인출하려다 실패, 사기미수죄 안 된다

N씨는 예금계좌를 개설했다. 그런데 명의는 타인인 H(55)씨로 했다. H씨는 자기 명의를 빌려준 것을 계기로 자신이 예금주인 것처럼 소송을 통하여 예금액을 편취하려 한 혐의(사기죄)로 기소됐다.

➡ 대법원(2011년) 재판부는 H씨에게 징역 1년 8월을 선고한 원심을 깨고 사건을 서울중앙지방법원 합의부로 돌려보냈다. 재판부는 "금융실명제법에서 예금명의자가 아닌 출연자 등을 예금계약의 당사자(예금주)로 보려면 구체적이고 객관적인 증거와 매우 엄격한 입증 과정을 통해 예금계약을 부정할 수 있어야 한다"고 판시하면서 "이 사건은 그런 증거가 없어 예금명의자인 H씨를 예금주로 봐야 하기 때문에 그가 예금지급청구소송을 제기했다가 패소했어도 사기미수에 해당하지 않는다"고 무죄판결 이유를 설명했다.

4 사기 검찰서 무혐의처리 사건 → 피해자가 직접 재정신청 → 가해자 징역 4년

영화사 사장 J(64)는 약사인 C씨에게 메디컬빌딩 신축을 계획하고 있는데 준공하면 약국 임대를 보장하겠다며 돈을 빌리기 시작하여 25개월 동안 51차례에 걸쳐 5억원을 빌려 가로챘다. C씨는 J씨를 고소했으나 무혐의로 풀려났다. 항고했으나 역시 무혐의 처리됐다. C씨는 관할 고등법원에 **재정신청**을 했다. J씨는 사기혐의로 기소됐다.

➡ 울산지방법원(2011년) 재판부는 J씨에게 징역 4년을 선고하고 법정 구속했다. 재판부는 "피고 J씨는 약사인 피해자 C씨가 건물신축에 대해 문외한임을 악용하여 메디컬빌딩 신축 동업을 조건으로 5억원을 빌리면서도 동업약정서나, 손익분배 방식 등 기본적인 동업조건에 관한 문건을 만들어 주지 않았고 또 신축할 건물빌딩에 있는 기존 건물 철거작업도 없었던 점 등을 볼 때 당초부터 건물 신축 의사가 없었던 것으로 판단된다"며 "교언영색(巧言令色), 감언이설(甘言利說)로 피해자 C씨로 하여금 빚을

감당할 수 없어 개인회생 신청에 이르게 했는데 피고는 원고를 만난 사실조차 없다고 발뺌하는 등 피해자에게 형용할 수 없는 막대한 재산상 피해와 정신적 고통을 안겨줬다"고 유죄판결 이유를 설명했다.

해설 **'재정신청'**이란 피해자가 검사의 불기소 처분에 불복해 옳고 그름을 가려 달라고 직접 법원에 소송을 신청하는 제도이다.

1 살인 시신 못 찾아도 살인죄 → 아내 살해 · 유기한 남편 정황증거로 형 확정 → 징역 18년

남편 Y(61)씨는 아내 S씨가 가출하여 행방불명됐다고 경찰에 신고했다. 그러나 경찰의 수사 결과 피해자 S씨가 자신의 아파트에 들어가는 모습이 CCTV(폐쇄회로TV)에 찍힌 뒤 연락이 되지 않았고 이 CCTV에는 Y씨가 새벽에 쓰레기봉투 5개를 들고 나와 승용차로 이동하는 모습도 찍혀 있었으며 Y씨의 집 곳곳에선 S씨의 혈흔이 발견됐다는 것, 그리고 욕조배관에서는 사람의 피부와 뼛조각이 나온 것과 또 살인사건이 발생한 것으로 추정되는 6일 동안 이 아파트에서 사용된 수돗물이 5t에 이른 것으로 확인했다. 거기에다 사건 한 달 전 S씨가 Y씨의 의처증과 가정폭력을 이유로 이혼소송을 낸 사실도 밝혀냈다. 검찰은 여러 가지 정황증거로 볼 때 Y씨에게 살인 및 시체유기 혐의가 있다고 보고 기소했다. 1 · 2심 재판부는 Y씨에게 징역 18년을 선고했다.

➡ 대법원(2008년) 재판부는 원심 판결을 확정했다. 재판부는 "시신은 발견되지 않았지만 여러 간접증거를 종합해 볼 때 남편 Y씨가 아내 S씨를 살해해 시신을 유기했다고 본 1 · 2심 판단은 정당하다"고 판결 이유를 밝혔다. 이어 "검찰 공소사실에 범행시간과 방법이 구체적으로 나타나지 않았지만 범죄의 증명력이 있는 것으로 판단된다"고 덧붙였다.

2 살인 정황만 있는 살인, 유죄인정 어렵다

운전기사 B씨는 A씨의 여동생과 동거했지만, A씨가 두 사람의 교제를 반대해 사이가 좋지 않았다. 결국 A씨가 여동생을 일본으로 보냈다. B씨는 S(33)씨를 끌어들여 A씨를 납치했다. 경찰은 납치 · 살해 혐의로 B씨와 S씨를 검거했다. 검찰은 A씨의 시신 또는 혈흔, 범행도구 등을 찾지 못한 상태에서 B씨를 살인 혐의로 기소했다.

➡ 대전지법은 B씨의 살인 혐의에 대해 A씨를 실종상태로 볼 수 있지만 사망했다는 증거가 없다며 무죄를 선고했다. 대전 고법은 "S씨는 여관에서 살 정도로 돈이 넉넉지 않았는데 옷을 버릴 정도면, 세탁을 해도 입고 다니기 꺼림칙할 정도로 A씨의 피가 묻어 있었을 가능성이 있다"고 하면서 B씨의 유죄를 인정하여 무기징역을 선고했다.

➡ 대법원(2008년) 재판부는 이 사건을 무죄 취지로 대전 고법으로 돌려보냈다. 재판부는 "시체가 발견되지 않아도 간접증거의 관련성을 고찰해 살인죄 유죄를 인정한 판례가 있다"며 "하지만 이때는 간접증거에 대한 신중한 판단이 요구된다"고 판시하면서 "S씨가 버린 옷을 수사당국이 확보하지 못해, A씨 혈흔 등은 확인되지 않았고 A씨가 제3자에 의해 살해됐을 가능성도 완전히 배제할 수 없어 객관적 정황상 B씨가 의심된다는 이유로 B씨의 살인죄를 인정하기 어렵다"고 덧붙였다.

3 살인 시신없는 살인, 1심 → 살인죄, 2심 → 무죄, 대법원 → "무죄는 아니지 않나?"

사업실패로 빚 1억원을 지고 기초생활수급자가 된 S(여 · 42)씨는 노숙자 K(26)씨에게 다가가 "보육교사로 채용하겠다"며 유인했다. K씨는 다음 날 S씨 차안에서 숨졌다. S씨는 숨진 K씨의 시신이 자신인 것처럼 위장했다. 그리고 S씨는 K씨 행세를 하면서 의사에게 "사망자(S)가 심장질환이 있었다"고 말해 급성심근경색 사망진단서를 발급받은 뒤 시신을 화장하고 바닷가에 뿌렸다. 이후 S씨는 자기 명의의 보험금(15억원)을 찾으려고 보험금청구신청서를 써 냈는데 보험가입신청서와 보험금청구신청서의 필체가 같은 것을 수상히 여긴 보험사의 제보로 S씨는 체포됐다. 검찰은 S씨가 독극물로 K씨를 살해했다고 판단했다.

➡ S씨가 사건 직전 인터넷에서 '사망보험금 지급', '**메소밀**(독극물)', '살인 방법', '질식사' 등을 검색한 점, 숨진 노숙인의 시신에 구토와 타액 과다분비 등의 흔적이 있었다는 점을 정황증거로 내세웠다. 하지만 S씨는 "자살하려고 생명보험에 가입했고 자살 방법을 찾기 위해 인터넷을 검색했다"고 주장했다. 신분 위장에 대해선 "K씨가 숨지자 순간적으로 새 삶을 살 수 있을 것 같았기 때문에 했다"고 진술했다. 1심 판결은 살해동기가 충분하다는 이유로 살인혐의를 인정해 무기징역을 선고했다. 그러나 2심 판결은 돌연사나 자살가능성을 완전히 배제할 수 없다며 시신은닉 및 사기혐의만 인정해 징역 5년을 선고했다.

➡ 대법원(2012년) 재판부는 "수입이 없는 S씨가 거액의 보험에 가입하고, 피해자에게 거짓말을 한 것을 보면 살해 동기는 충분히 인정된다"며 "원심은 피해자가 돌연사

하거나 자살할 가능성도 있다고 봤지만, 그럴 가능성에 대해 더 자세히 심리해 봐야 한다"고 판결 이유를 밝혔다.

> 해설 **'메소밀'**(Methomyl)은 독극물의 일종으로 농촌에서 사용하고 있는 살충제이다.

4 살인 "함께 죽자"며 흉기로 위협한 남편을 살해한 아내, 그 죗값은?

전(前)남편 K씨가 "함께 죽자"며 부인 J(40)씨를 택시에 강제로 태우고 준비한 흉기를 보여주면서 죽이겠다고 위협하고 인적이 드문 곳으로 가는 동안 이를 피하려다가 얼떨결에 K씨를 목 졸라 살해했다. J씨는 살인 혐의로 기소됐다.

➥ 광주지방법원(2009년) 재판부는 J씨에 대해 징역 2년에 집행유예 3년을 선고했다. 재판부는 "J씨의 범행은 여러 정황을 고려했을 때 전남편 K씨를 숨지게까지 한 것은 **과잉방위**로서 정당방위로 허용될 수 있는 정도를 넘어서긴 했지만 자신의 생명을 지키려는 본능적인 대처방법이었던 만큼 보통의 살인에 비해 비난가능성은 적다"며 "살인죄에 대한 양형치고는 매우 이례적이지만 J씨에 대해 징역형의 집행유예를 선고한다"고 판결 이유를 밝혔다.

> 해설 **'과잉방위'**는 위법한 행위로서 범죄가 되지만 정황에 의하여 그 형이 경감 또는 면제될 수 있다(형법 제21조 2항). 또 과잉방위의 경우에 있어서도 그 행위가 야간 기타 불안스러운 상황 하에서 공포 · 경악 · 흥분 또는 당황으로 인한 때에는 벌하지 아니하는데(형법 제21조 3항) 이는 이러한 불안한 상태 하에서는 적법행위에의 기대 가능성이 없고, 따라서 책임성이 조각되기 때문이다.

5 살인 일류대학 강요한 엄마를 살해한 아들, 징역 3년

고교 3학년 G(19)군은 엄마로부터 항상 서울대 입학을 강요받아 왔다. G군은 모의고사 성적표를 '전국 62등'으로 고쳐 어머니 P(51)씨에 보여줘 체벌을 모면하기도 했다. 그런데 어머니 P씨가 학교에 올 일이 생겼다. 발각될 것이 두려워 G군은 부엌에 있는 흉기로 엄마의 목을 찔러 숨지게 한 뒤 안방에 시신을 8개월 동안 방치해 두었다. 6년 전부터 별거해 살던 아버지가 잠시 집에 들렀다가 이 현장이 발견돼서 경찰에 신고했다.

➥ 서울동부지방법원(2012년) 재판부는 G군에게 장기 3년 6월, 단기 3년의 징역형을 선고했다. 재판부는 "G군은 범행 당시 사흘 동안 어머니의 체벌로 자지도, 먹지도 못해 심신이 미약한 상태에 있으면서 범행을 저질렀다"며 "스스로 해결할 수 없는 가혹한 상태에 있었던 것이 인정되고 **소년범**으로 빠른 사회복귀가 필요하다"며 감형 이유를 밝혔다.

> **해설** **'소년범'**은 19세 미만의 자(소년법 제2조)를 말한다. 소년범죄인은 심신의 미숙으로 죄를 범하는 것이므로 성인보다 교화개선이 용이하며, 또한 소년은 원대한 장래가 있고 범죄의 습성도 뿌리박혀 있지 아니하므로 소년법상 특별한 보호주의적 처우를 받고 있다. 즉, 장 · 단기로 형을 동시에 선고하면서 최소한의 형량인 단기를 마친 다음 반성하는 등 정상을 참작해 감형할 수 있다.

6 살인 청부 살해 중도포기 후 피해자에게 고백, 징역 1년

실직한 H(32)씨는 청부살인을 주제로 하는 인터넷 게임 사이트에 마치 돈을 주면 사람을 대신 죽여줄 것처럼 광고했다. 며칠 뒤 실제로 살인을 청탁하는 전화가 걸려왔다. 친구에게서 돈(2억 2000만원)을 빌려 주식투자를 했다가 모두 날려 빚 독촉에 시달리고 있던 K(여 · 37)씨는 "갚지 않으면 남편에게 알리고 나를 구속시키겠다"는 친구를 내 눈에서 보이지 않게 해 달라며 500만원을 받는 조건으로 K씨의 친구 L씨(여 · 36)를 대신 죽이기로 약속하고, 착수금으로 30만원을 받았다. 두 사람은 교통사고로 위장해 L씨를 살해하기로 작전을 세웠다. 그러나 H씨는 용기가 나지 않아 결국 L씨에게 자신의 살해 계획을 털어 놓고 "교통사고가 난 것처럼 사진을 찍어 K씨에게 돈을 받아낼 수 있게 도와 달라"고 L씨에게 호소했다. L씨가 경찰에 신고하면서 H씨는 K씨와 함께 살인음모 혐의로 기소됐다.

➥ 서울북부지방법원(2008년) 재판부는 H씨에게 징역 1년, K씨에게 징역 2년을 선고했다. 재판부는 "피고인들이 법정에서 사건범행을 뉘우치고 동종 전과도 없으며 음모단계에 불과했지만, 사람의 목숨은 그 자체로 숭고하고 고귀하며 어떠한 이유에 의하더라도 사람의 생명에 대한 침해를 예정한 행위를 가볍게 다뤄서는 안 되므로 엄히 처벌해야 한다"고 유죄판결 이유를 밝혔다.

해설 '예비'와 '음모'의 구별기준에 여러 견해가 있다. 음모를 예비의 일종으로 보는 견해, 음모는 예비에 선행하는 범죄발전의 일단계라는 견해, 물적 준비행위는 예비이고 인적 준비행위는 음모라고 보는 견해, 음모는 범죄에 대한 의사연락 내지 심리적인 상호교류이고, 예비는 그 이외의 일체의 준비행위로서 양자 간에는 선후구별이 없다는 견해 등이 그것이다. 현행 형법은 예비 처벌 시에는 음모도 반드시 처벌하여 양자를 동일시하고 있다.

7 살인 농약인 줄 알고 마셨다면 갖고 온 사람, 살인죄 안 된다

L(51)씨는 J(여 · 47)씨와 교제 중에 있는데 J씨가 전 남편과의 관계를 정리하지 않고 계속해 만나주기만 하자 화가 난 L씨는 농약을 사서 '옥수수 수염차' 페트병에 넣어 가지고 왔다. J씨 앞에서 페트병을 기울여 사기그릇에 따르고 J씨에게 권했다. 독한 냄새가 풍겼다. J씨는 홧김에 사발을 들고 마신 즉시 112로 전화해 "**그라목손** 먹었어요"라며 구조를 요청했다. J씨는 일주일 후 사망했다. 검찰은 L씨를 자살방조 · 살인혐의로 기소했다. 1 · 2심 재판부는 L씨에게 징역 5년을 선고했다.

➥ 대법원(2012년)은 L씨에게 무죄 취지로 사건을 광주고등법원으로 돌려보냈다. 재판부는 "J씨가 마신 그라목손은 맹독성 농약으로 역겨운 냄새가 나기 때문에 이를 옥수수 수염차로 잘못 알고 마셨다는 J씨의 사망 전 진술은 신빙성이 떨어지므로 L씨에게 **합리적 의심**을 할 여지가 없다"고 판시하면서 "L씨가 '이놈 먹고 내가 먼저 죽어버려야겠다'고 말한 점 등으로 볼 때 J씨는 사발에 든 액체가 농약인 것을 알고 마신 것으로 보인다"고 무죄판결 이유를 밝혔다.

해설 **'그라목손'(Gramoxone)**은 제초제로서 인체에 들어가면 산소와 결합하여 유해산소를 발생시키고 장기의 기능과 신체조직을 파괴하여 1개월 전후로 사망에 이르게 한다.
J씨가 맹독성 약임을 알고 마셨다면 자살로 볼 수 있고 자살이라면 우리 형법은 처벌하지 않기 때문이다.
'합리적 의심'이란 피고인의 무죄 추정의 원칙에 활용되는데, 사실의 개연성에 논리적 의문을 제기해 혹시라도 있을지 모르는 억울한 상황을 구제하기 위한 사유체계이다. 법관의 심증이 이 정도에 미치지 못하면 '의심스러운 때에는 피고인의 이익으로'(in dubio pro reo)가 원칙이기 때문에 피고인의 이익으로 판단하여 무죄를 선고하여야 한다.

8 살인 '한국판 OJ심슨사건' → 치과의사 처와 딸 피살 → 남편 8년 만에 무죄판결

L(34 · 외과의사)씨는 자신의 아파트에서 부인 C(31 · 치과의사)씨와 딸(1)을 목 졸라 숨지게 한 뒤 불을 질러 범행을 은폐한 혐의로 기소됐다.

➥ 대법원(2003년) 재판부는 L씨에게 무죄를 선고한 원심을 확정했다. 재판부는 "유죄를 인정할 직접증거가 없고, 가장 중요한 간접증거인 사망시각 역시 분명치 않다"며 "나머지 간접 증거를 종합해도 유죄증거로 인정할 수가 없다"고 무죄판결 이유를 밝혔다.

해설 (1) 사건의 최대 쟁점은 C씨 처와 딸의 사망시각이다. 검찰은 사건 당일 L씨의 출근 시간인 오전 7시 이전에 이들이 숨졌다고 주장했다. C씨 처와 딸의 시신에 나타난 반점과 시신의 강직도 등에 대한 법의학자들의 부검결과에 근거했다. 그러나 서울고법의 두 번째 재판과정에서 변호인 측은 스위스 저명 법의학자(토마스 크롬페처 교수)를 법정에 세워 "시신이 뜨거운 물에 잠겨 있을 경우 강직현상이 일찍 올 수 있다"며 L씨가 출근한 오전 7시 이후에 살해됐을 수 있다는 증언을 이끌어냈고, 대법원은 이 법의학자의 주장에 따랐다.

(2) 두 번째 쟁점은 '지연 화재' 여부이다.

검찰은 "L씨가 자신의 출근 뒤 화재가 발생한 것처럼 은폐하려고 일부러 불이 서서히 붙는 밀폐된 공간인 장롱 속에 불을 놓았다"며 발화 후 연기가 발견되기까지 1시간 30분이 걸릴 수 있다는 컴퓨터 시뮬레이션 결과를 제시했다. 하지만 변호인 측은 모의 화재실험을 통해 30여분 만에 검은 연기가 치솟는다는 점을 입증했다.

(3) L씨에 대한 거짓말탐지기 검사결과는 L씨가 범인일 가능성을 뒷받침했지만 대법원은 이런 점만으로는 유죄로 볼 수 없다고 밝혔다.

(4) 'OJ 심슨사건'이란 은퇴한 유명 미식축구선수이며 배우인 O. J. 심슨(Orenthal James Simpson)이 그의 아내 니콜 심슨과 그녀의 남자친구 론 골드만의 살해 혐의를 받고 있는 사건이 1995년 오랜 형사재판 끝에 살해현장에서 심슨 혈흔이 검출되고 DNA, 장갑, 족적, 모자, 목격자 등 여러 가지 정황이 있었는데도 무죄판결을 받아 물의를 일으킨 사건이다. 뒤에 1997년 민사재판의 배심원들은 심슨이 이들의 살해에 책임이 있다는 평결을 내렸다.

(5) 종합평가; 이번 대법판결은 사건발생 7년 7개월 동안 1 · 2 · 3심을 오가며 유 · 무죄 판결을 반복하다가 5번째로 내린 판결이다. 대법원(1998년)은 유죄취지로 사건을 서울고법으로 돌려보냈지만, 서울고법(2001년)은 무죄를 선고했다. 직접증거가 없는 상태에서 간접증거만으로 유죄를 인정할 수 있느냐를 놓고 하급심과 대법원을 오간 엇갈린 판결이었다.

'유죄의 확신이 없으면 피고인에게 유리하도록'이라는 형사법의 기본명제를 재확인한 것이다. 이 사건은 1996년 1심에서는 유죄와 함께 사형이 선고됐으나, 같은 해 6월 항소심에서는 무죄로 뒤집혔다. 이 과정에서 L씨는 한 번의 사형 선고, 세 번의 사형 구형을 받았다.

9 살인 염색체 감식만으로 살인 입증 못 한다

택시운전사 K(38)씨는 밤늦게 귀가하는 여성 승객 H씨를 흉기로 찔러 살해하고 현금 40만원이 든 손가방을 빼앗은 혐의로 구속 기소됐다. 1심에서는 K씨의 유전자 감식결과를 증거로 무기징역을 선고했으나 항소심에서는 증거부족으로 무죄를 선고했다.

➡ 대법원(2006년) 재판부는 항소심과 같이 무죄를 선고했다. 재판부는 "숨진 여성의 손톱에서 나온 혈흔을 분석한 유전자 감식결과 Y염색체 일부가 K씨와 일치하긴 하나 사람의 성(性)을 결정하는 X, Y염색체 가운데 남성에게만 있는 Y염색체에 대한 유전자 감식만으로는 동일한 부계(父系)임을 확인하는 의미는 있으나 일반 유전자와 달리 개인을 식별하는 데에는 한계가 있어 살인혐의를 의심할 수 있는 정황은 되지만 물증으로 인정하기에 충분하지 않다"고 무죄판결 이유를 설명했다.

10 살인 소말리아 해적 → 살인 미수 → 무기징역

2011년 1월 15일 소말리아 해적이 인도양 해상에서 한국인 8명을 포함하여 선원 21명이 탄 삼호주얼리호를 납치했다. 동년 1월 21일 한국 해군(청해부대)이 선원 21명을 구출하고 해적 5명을 생포했다. 선장 S씨는 16주 치료의 총상을 입었다. 해적들은 동년 2월 25일 해상강도와 살인미수 혐의 등으로 구속 · 기소됐다. 1 · 2심에서 선장 S씨에게 총을 난사해 살해하려 한 마호메드 아라이(23)에게 무기징역을 선고했다.

➡ 대법원(2011년) 재판부는 아라이에게 무기징역을 선고한 원심을 확정했다. 재판부는 "우리 선박의 구조를 위해 접근하던 우리 해군과 선장 S씨에게 조준사격을 한 행위에 대해 살인의 고의를 인정한 원심 판결은 정당하다"고 유죄판결 이유를 설명했다.

> **해설** 해적 13명중 8명이 사살되고 나머지 5명이 해군에 생포됐다. 나머지 해적들에게는 징역 12~15년이 선고됐다.

11 살인(외국) 마이클 잭슨 주치의 과실치사 혐의로 법정 최고형, 징역 4년

'팝의 황제' 마이클 잭슨의 주치의 콘래드 머리(58) 박사는 사용금지 약품을 남용해 잭슨을 사망케 한 혐의(과실치사)로 기소됐다.

➡ 미국 LA지방법원(2011년) 재판부는 머리 피고에게 법정 최고형인 징역 4년을 선고했다. 재판부는 "피고인은 한 달에 15만달러를 받으면서 불면증을 호소하는 잭슨에게 마취제로 쓰일 뿐 수면유도 등 일반용도로 사용이 금지된 **프로포폴**을 주사하는 등 약물을 과다 남용해 잭슨을 사망에 이르게 했음에도 반성의 기미도 없어 중형 선고가 불가피하다"고 판결 이유를 설명했다.

해설 **프로포폴(Propofol)**은 정맥주사용 수면유도제로서 시술목적인 전신마취에 주로 사용한다.

1 상해 고양이가 다른 사람 할퀴면, 주인에게 형사책임

C(여 · 36)씨는 목줄을 씌운 애완견을 끌고 걸어가는데 갑자기 고양이가 C씨의 애완견을 공격해서 C씨는 개를 안아 올렸다. 고양이는 C씨에게까지 뛰어 올라 공격시도를 했고 착지하면서 C씨의 다리를 발톱으로 할퀴어 전치 2주의 상처를 입혔다. C씨는 고양이 주인 K(54)씨를 고소했고, 검찰은 K씨를 과실치상 혐의로 불구속 기소했다.

➡ 대법원(2008년) 재판부는 K씨에 대해 과실치상 혐의를 적용하여 벌금 100만원을 선고한 원심을 확정했다. 재판부는 "애완용 동물을 기를 경우 타인에게 피해를 주지 않도록 관리해야 할 주의 의무가 있는데도 이를 소홀히 한 만큼 유죄가 인정된다"고 판결 이유를 설명했다.

2 상해 부당한 공권력 행사이더라도 폭력저항으로 상해유발, 상해죄

C(50)씨는 아파트단지 출입구의 차단기를 부순 뒤, 신고를 받고 출동한 경찰관이 자신의 차량을 진입로 쪽에서 이동시키기 위해 주머니에서 차량열쇠를 꺼내려하자 폭행해 전치 10일의 상해를 입힌 혐의(공무집행방해 및 상해, 재물손괴)로 기소됐다. 1심은 공소사실을 모두 유죄로 보고 벌금 200만원을 선고했으나, 2심은 재물손괴부분만 유죄로 판단해 벌금 100만원으로 감형했다.

➡ 대법원(2010년) 재판부는 공무집행방해와 상해를 무죄로 판단한 원심을 깨고 사건을 수원지법으로 돌려보냈다. 재판부는 "경찰관의 부적법한 행위에 C씨가 저항할 수 있다 해도, 계급장을 손으로 뜯고 이마로 경찰관의 눈 부위를 들이받는 행위는 정당방위로 볼 수 없어 상해죄를 구성한다"고 밝혔다. 그러나 공무집행방해부분에 대해선 "경찰관이 긴급하지도 않은 상황에서 본인 동의나 영장도 없이 실력으로 C씨의 주

머니에서 차량열쇠를 꺼내려 한 행위는 적법한 공무집행으로 볼 수 없다"며 원심대로 무죄 판단했다.

3 상해 소음 항의하러 허락 없이 이웃집 들어가 몸싸움, 주거침입죄 아니다?

원룸에 사는 C(56)씨는 새벽 2시 반쯤 아래층에 살고 있는 K(여)씨가 시끄럽게 해서 잠을 자지 못했다. 항의하러 내려간 C씨의 아내가 20여분이 지나도 돌아오지 않자 C씨는 K씨의 원룸으로 내려가 조금 열려있는 현관문을 열고 들어갔다.

C씨는 아내가 K씨와 말다툼을 벌이는 것을 보고 "마당으로 내려가서 얘기하자"고 K씨에게 말했지만 K씨는 "아저씨는 올라가라"고 요구했다. 결국 C씨와 K씨가 몸싸움을 벌여 K씨는 손가락에 전치 3주의 상처를 입었다. C씨는 상해 및 주거침입죄(2심에서 **퇴거불응죄** 추가)로 기소됐고 1 · 2심은 상해죄를 인정해 벌금 50만원을 선고했지만 주거침입부분은 무죄로 판결했다.

➥ 대법원(2007년) 재판부는 C씨에게 주거침입죄 및 퇴거불응죄에 대해 무죄를 선고한 원심을 확정했다. 재판부는 "피고인 C씨가 피해자 K씨의 원룸에 들어간 행위나 K씨가 피고인은 집으로 올라가라고 한 퇴거요구에 바로 응하지 않은 행위는 사회윤리나 사회통념에 비춰 용인될 수 있는 행위에 해당한다"고 무죄판결 이유를 밝혔다.

> **해설** **'퇴거불응죄'**란 퇴거요구를 받고 퇴거하지 않는 부작위 자체가 범죄로 되는 진정 부작위범이다. 처음부터 주거자 등의 의사에 반하여 들어간 자는 퇴거요구가 있는 경우에도 주거침입죄가 될 뿐이다.

4 상해 '1년 6월 징역형'을 6개월 실형에 나머지 1년은 집행유예로 나눌 순 없다

K(52)씨는 동료 L씨와 말다툼하다가 연필깎이용 칼로 L씨를 네 차례 찔러 상해를 입혀 구속 기소됐다.

K씨는 1심에서 징역 1년 6월에 집행유예 3년을 선고받았다. 하지만 항소심 재판부는 "징역 1년 6월을 선고하되 6개월은 실형을, 1년에 대해서는 3년간 집행유예를 선고한다"고 판결했다. 재판부는 "전부 실형을 선고하기는 가혹하고, 반대로 모두 집행유예로 석방하기는 부적절하다"고 판시하면서 "형벌의 목적은 피고인의 재사회화와 함께 죄인에 대한 응보와 범죄 예방효과 등이 포함되므로 짧게라도 실형을 살게 하고 집행유예를 하는 것이 최선의 선택"이라면서 판결 이유를 설명했다.

➥ 대법원(2007년) 재판부는 형량의 일정 부분에 대해서만 집행유예를 선고하는 것(부분집행유예)은 현행법에 어긋난다"고 밝히면서 항소심 판결을 배척했다. 재판부는 "형법조문의 체계적 해석상 집행유예는 하나의 형 전체를 대상으로 한다"면서 "두개 이상의 형벌에 처할 때 그중 하나에 집행유예를 선고하는 것은 가능하지만 '부분 집행유예'는 인정할 수 없다"고 판결 이유를 설명했다.

해설 항소심은 '3년 이하의 징역 또는 금고를 선고할 경우 1년 이상 5년 이하의 기간 동안 집행을 유예할 수 있다'는 현행법(형법 제62조 1항)을 "형량 전체가 아닌 부분에 대해서도 집행유예를 할 수 있다는 의미"로 해석하면서 '부분집행유예제도'를 통해 범죄에 대한 적정한 죗값을 실형으로 치르게 하고 재기의 기회를 줘야 한다는 취지를 담은 것 같다. '부분집행유예'는 한건의 범죄에 대해 징역 또는 금고형을 선고하면서 일부는 실형으로, 나머지 기간은 집행유예하는 것을 말한다.

5 상해 상대방의 코를 물어뜯어 절단시킨 죄, 징역 8월

K(53)씨는 승합차를 함께 타고 가던 Y(54)씨와 말다툼을 벌이다가 Y씨의 코를 물어뜯어 절단시킨 혐의(상해)로 기소됐다. Y씨는 접합수술을 하고 전치 4주의 진단을 받았다.

➥ 서울남부지방법원(2012년) 재판부는 K씨에게 징역 8월을 선고했다. 재판부는 "피해자 Y씨의 코 부위가 완전히 절단돼 500만원을 들여 접합수술을 받았지만 추가로 성형외과 수술이 필요할 정도로 결과가 참혹했다"며 "K씨가 아무런 변상을 하지 않았고, 폭행과 상해관련 전과가 수차례 있는 점 등을 감안했다"고 판결 이유를 밝혔다.

6 상해 매 맞는 대가를 금전으로 지불하고 폭행해도 엄벌, 징역 1년 6월

M물류업체 대표 C(42)씨는 탱크로리 기사 Y(53)씨가 회사인수 · 합병과정에서 고용승계를 해주지 않는다며 1인 시위를 하는 것을 제압하기 위해 Y씨를 사무실로 불러 2000만원을 주는 조건으로 야구방망이로 20대(한번 때리는 데에 100만원씩 계산)를 때리겠다며 폭행을 한 뒤에 회사 돈 2000만원을 '매 값'으로 준 혐의(상해 및 업무상 횡령)로 기소됐다.

➥ 서울중앙지방법원(2011년) 재판부는 C씨에게 징역 1년 6월을 선고했다. 재판부는 "Y씨가 10대를 맞고 울면서 '살려 달라'고 무릎 꿇고 빌었으나 C씨는 20대까지 때린 것이 인정된다"며 "C씨는 군대에서의 '빠따'정도의 훈육이 목적이었다고 주장하지

만 C씨보다 11살이나 많은 피해자가 훈육을 받을 지위에 있다고 보기 어렵고 C씨는 우월적 지위에서 보안직원 등을 대동하고 사적 보복에 나선 점 등을 고려할 때 책임이 무겁다"고 유죄판결 이유를 설명했다.

1 선거법 위반 트위터 낙선운동, 선거법위반으로 볼 수 없다?

S(41)씨는 L대통령을 비하하는 트위터 아이디로 A당 의원들에 대해 낙선운동을 벌인 혐의(공직선거법 위반)로 기소됐다.

➥ 1심 재판부는 S씨에게 사전선거운동에 해당한다며 벌금 100만원을 선고했다.

➥ 서울고등법원(2012년) 재판부는 원심 판결을 깨고 무죄를 선고했다. 재판부는 "인터넷상 정치적 표현 내지 사전선거운동을 금지해 얻는 선거의 공정성은 명백하지도, 구체적이지도 못한 반면 전면적으로 제한해 생기는 불이익은 매우 크다"고 판결 이유를 밝혔다.

2 선거법 위반 교육감선거 경쟁후보에게 준 2억원, 후보사퇴의 대가로 봐야 한다

서울시 교육감 선거(2010년)에 출마한 후보자 G씨는 선거를 앞두고 역시 후보자인 P씨에게 2억원을 줬다. 그 후 P후보는 자진 사퇴했다. 검찰은 G씨를 후보 사후매수(선거법 제232조 1항 2호)혐의로 기소했다.

➥ 대법원(2012년) 재판부는 징역 1년 실형을 선고한 원심을 확정했다. G씨는 P씨에게 준 2억원은 법적으로 따질 문제가 아니라 '인정(人情)의 문제'이며, 자신에게 검찰이 적용한 법조항도 헌법이 보장하는 과잉처벌금지 원칙에 어긋나 위헌소지가 있다고 주장했다. 대법원 재판부는 "2억원의 성격과 관련하여 G씨는 선거 이전에 P후보자에게 '경제적 부조'를 할 만한 특별한 친분이 없었고 P후보가 사퇴하면서 G후보의 교육감 당선에 유리하게 작용한 점 등을 고려하면 피고인 G씨는 P후보가 사퇴한 데 대한 대가, 즉 보상을 지급할 목적으로 2억원을 제공했다고 판단된다"고 판시하면서 "설령 피고인 G씨에게 P씨를 위하여 경제적 부조를 한다는 동기가 일부 있었다고 하더라도 그런 동기는 후보사퇴 대가를 지급한다는 주된 목적에 비해 부수적인 것에 불과한 것이고 건전한 상식을 가진 일반인은 이 법 규정의 적용을 받는 대상과 구체적으로 금지되는 행위의 내용을 충분히 알 수 있다"며 "사후매수 행위의 경우 사전에 후보에게 이익을 제공하거나 수수하는 행위 못지않게 중대한 선거부정행위로서 엄중하게 처벌할 필요성이 인정된다"고 덧붙였다.

해설 G씨는 교육감으로 당선됐으나 이 대법원확정판결 선고로 교육감직을 상실하는 동시에 선거관리위원회에서 보전받은 선거비용(35억 2000만원)도 반납해야 한다.

1 성매매 손을 이용한 유사 성행위인데도 성매매 특별법 위반인가?

스포츠피부클리닉 대표 J(35)씨는 서울 강남에서 여대생 20여명을 고용해 손으로 유사 성행위를 해주는 업소(속칭 '대딸방')를 운영한 혐의(**성매매 특별법** 위반)로 기소됐다.

➡ 1심 재판부는 "유사 성행위의 범위를 제한적으로 해석하지 않는다면 대가관계가 수반된 모든 신체접촉행위까지 유사 성행위에 해당돼 처벌의 범위가 지나치게 커질 수 있다"며 J씨에게 무죄를 선고했다. 그러나 2심에서는 J씨에게 징역 8월에 집행유예 1년을 선고했다.

➡ 대법원(2006년) 재판부는 징역 8월에 집행유예 1년을 선고한 원심을 확정했다. 재판부는 "성매매 특별법은 유사 성교행위를 구강, 항문뿐만 아니라 신체 일부 또는 도구를 이용한 경우까지 포함하는 것으로 규정하고 있다"며 "J씨의 업소에서 손으로 유사 성행위를 해준 행위는 장소와 행위 정도 등을 종합적으로 볼 때 손님에게 성교와 유사한 성적 만족을 얻도록 하는 신체접촉행위로 볼 수 있다"고 유죄판결 이유를 밝혔다.

해설 **'성매매 특별법'**이란 성매매 알선 등 행위의 처벌에 관한 법률, 성매매 방지 및 피해자보호 등에 관한 법률 등을 통틀어 말한다. 흔히 '성매매 금지법'으로 불리고 2002년부터 시행됐다. 성매매 알선자에 대한 처벌을 강화하고 강제로 성매매를 한 여성에 대한 형사 처벌을 완화한 것이 핵심이다. 이 법률들은 성 구매자를 적극적으로 단속하고 성매매 강요와 알선행위를 엄하게 처벌하며, 강요에 의해 성을 판 사람들을 피해자로 간주해 보호토록 하고 있다. 성매매 알선행위의 처벌에 관한 법률 제21조에선 성매매를 한 사람은 1년 이하의 징역이나 300만원 이하의 벌금 · 구류 또는 과태료에 처하도록 규정돼 있다.

2 성매매(외국) 미성년자 약취 · 유인 성매매범, 징역 80년

10대 소녀 3명을 집으로 유인해 협박하고 성매매를 시킨 혐의(미성년자 약취 · 유인 등)로 스티븐 레머리(37)가 기소됐다.

➡ 미국 조지아주 법원(2012년) 재판부는 피고 레머리에게 징역 80년을 선고했다. 배심원단은 "피고는 소녀들을 집 밖으로 나가지 못하게 감시하고 성매매를 시킨 뒤 화대를 빼앗았으며, 온갖 변태 성행위를 강요한 것으로 드러나 죄질이 극히 나빠 중형을 선고해야 한다"고 판결 이유를 밝혔다. 또 "피고의 가석방 금지기간을 50년으로 설정했다"고 덧붙였다. 피고는 애틀랜타에서 밤무대 댄서로 일해 왔다.

해설 청소년 범죄에 대하여 미국은 엄벌주의를 택하고 있는 것이 눈길을 끈다. 우리 형법은 미성년자 약취 · 유인죄에 대해 징역 10년 이하의 형벌에 처할 것을 규정하고 있다. 그런데 실제로 10년형을 선고하는 경우는 드물다.

1 성추행 거절하는 여자아이 2명에 강제 뽀뽀, 벌금 1000만원

M(53)씨는 동네거리에서 H(여 · 8)양과 마주쳤다. M씨는 H양에게 다가가 어깨를 붙잡아 도망가지 못하게 하고 볼에 입을 맞추었다. 또 다른 여자아이(8)에게도 같은 방법으로 뽀뽀를 했다가 아이 부모로부터 고소를 당했다. 검찰은 M씨를 성폭력 범죄의 처벌 및 피해자 보호 등에 관한 법률 위반(강제추행)혐의로 기소했다.

➡ 서울서부지방법원(2009년) 재판부는 벌금 1000만원을 선고했다. 재판부는 "피고는 성추행을 하려던 것이 아니라 아이들이 귀여워서 한 행동이라고 변명하고 있으나 귀엽다는 이유만으로 도망을 가려고 하는데도 굳이 붙들고 뽀뽀를 한다는 것은 쉽게 납득하기 어렵다"며 판결 이유를 설명했다. 재판부는 이어 "성추행 여부는 피해자의 의사 · 성별 · 연령 · 구체적 상황 등을 종합적으로 고려해 판단해야 하지만 강제 추행죄는 가해자의 고의성만으로도 충분히 성립할 수 있다"고 덧붙였다.

2 성추행 여자 초등생의 가슴을 만진 양호교사, 죄 값은?

초등학교에서 기간제 교사로 일하던 L(60)씨는 양호교사를 겸직하고 있을 때 K(12)양이 친구들과 함께 찾아오자, 건강진단을 한다며 K양을 눕히고 진맥을 한 다음 가슴 등을 만졌다. 이후에도 같은 짓을 몇 차례 더 했다. L씨는 성추행 혐의로 기소됐다.

➡ 대법원(2009년) 재판부는 무죄를 선고한 원심을 깨고 유죄취지로 사건을 서울고법으로 돌려보냈다. 재판부는 "L씨의 행위는 성적 수치심, 혐오감을 일으키게 하고 도덕관념에 반하는 것"이라며 "K양이 'L씨가 가슴을 만질 때 싫다는 말도 했다'고 진술

한 점으로 미뤄 봐도 정신적, 육체적으로 미숙한 K양의 심리적 성장과 **성적(性的) 정체성** 형성에 부정적 영향을 미쳤다"고 유죄판결 이유를 밝혔다.

> **해설** **'성 정체성'**이란 자신이 사랑과 성적인 이끌림을 느끼는 사람이 자신과 같은 성의 사람인지, 다른 성의 사람인지 혹은 양쪽 성 다인지를 자각하고, 자신의 성적 지향을 인정하게 되는 것을 말한다. 흔히 청소년시기에 많은 갈등과 방황, 고민을 거쳐서 자신의 정체성을 확립하게 되는데 지금의 우리 사회는 '이성애자적 성 정체성'만을 인정하려는 경향이 있는 것 같다.

3 성추행 성추행당한 여아 진술 비디오테이프 증거능력 없어 가해자는 무죄다?

유치원 원장 H(57)씨는 L(여 · 5)양을 성추행한 혐의로 기소됐다. 검찰은 징역 3년을 구형했다. 검찰은 성추행을 당한 아동의 2차적 정신적 충격을 우려해서 과거의 진술을 녹화한 비디오테이프 만을 증거로 재판부에 제출했다.

➥ 서울중앙지방법원(2003년) 서부지원 재판부는 H씨에게 무죄를 선고했다. 재판부는 "피해자 L양이 피고인 H씨로부터 유치원에서 추행을 당했다는 내용의 검찰 및 경찰 진술조서는 전문(傳聞)증거로서 피고인 H씨가 이를 증거로 삼는데 동의하지 않으므로 형사소송법 제310조 2에 의해 원칙적으로 증거능력이 없는 것이기 때문에 형사소송법상 범죄증명이 없는 경우에 해당하므로 무죄를 선고한다"고 판결 이유를 설명했다.

> **해설** 다시 말하면 피해자의 법정(法廷)진술이 아닌 진술조서나 다른 사람의 증언만이 있기 때문에 증거부족이란 이유로 무죄를 선고한 것이다.
> 1. 민사소송에서는 진술조서가 제한없이 증거로 사용되지만 형사소송에서는 전문증거 배제원칙에 따라 증거로 채택할 수 없다.
> 2. 기소할 당시 검찰은 피해자 L양이 추행의 일시와 정황에 대해 기억하지 못하고 있었고 진술도 고소사실을 입증할 정도의 증명력을 갖지 못했다며 불기소처분을 내렸다. 이에 L양 어머니 S(44)씨는 검사를 상대로 헌법소원을 제기하여 헌법재판소로부터 불기소처분 취소결정을 받아내 검찰은 다시 H씨를 기소하기에 이르렀던 사건이다.
> 3. 형사소송법 제310조의 2 "법에서 규정한 것 이외에는 공판준비 또는 공판기일에서의 진술에 대신하여 진술을 기재한 서류나 공판준비 또는 공판기일 외에서의 타인의 진술을 내용으로 하는 진술은 이를 증거로 할 수 없다."

4 성추행 자발적 성매매 제의 청소년에 만나자는 의사표시했다면? 그 자체가 유죄

회사원 K(35)씨는 인터넷 채팅사이트에서 성매매에 응할 남성을 찾고 있는 L(16)양의 채팅방에 접속해 성매수 의사를 밝힌 뒤 L양과 친구 2명을 노래방으로 부른 혐의(아동 · 청소년의 성보호에 관한 법률 위반)로 기소됐다.

➡ 1심 재판부는 K씨에게 동종 전과가 있는 점을 들어 징역 6월을 선고했다. K씨는 L양이 용돈을 벌기 위하여 자발적으로 성매매 의사를 나타낸 것이며 자기가 먼저 성관계를 제의한 것이 아니라며 항소했다. 2심 재판부는 "아동 · 청소년이 성매매를 제의했어도 성에 대한 판단능력이 미성숙하기 때문에 이에 적극적으로 응한 행위는 성매매 의사형성 · 확대에 영향을 미쳤다고 봐야 한다"며 징역 6월에 집행유예 2년과 사회봉사 120시간을 선고했다.

➡ 대법원(2011년) 재판부는 원심을 확정했다. 재판부는 "자발적으로 성매매에 나선 청소년에게 만나자는 의사를 표시한 것만으로도 처벌이 가능하다"며 유죄판결 이유를 설명했다.

해설 아동 · 청소년의 성보호에 관한 법률은 아동 · 청소년의 성을 사는 행위는 물론 유인하거나 권유한 행위에 대해서도 1년 이하의 징역 또는 100만원 이하의 벌금에 처하도록 규정하고 있다.

5 성추행 성추행 대상이 되는 여성의 신체부위? 어느 곳이나 같다.

G(33)씨는 삼촌의 섬유회사에서 근무하고 있다. 신입사원인 부하 여직원 J(22)씨에게 어깨를 주무르라고 요구했다. 거절당하자 "이렇게 하는 거다"라고 하면서 J씨의 어깨를 주물렀다. G씨는 사무실에서 근무 중인 J씨를 껴안기도 했다. J씨가 참다못해 회사를 그만뒀다. "너 때문에 그만둔다"는 말에 격분한 G씨는 쫓아가 J씨의 목을 조르고 넘어뜨렸다. J씨는 고소했다. G씨는 1심에서 징역 10월에 집행유예 2년을 선고받았으나, 2심에선 J씨의 어깨를 주무른 행위에 대해서는 무죄를 선고했다.

➡ 대법원(2004년) 재판부는 어깨를 주무른 행위에 대해 무죄를 선고한 원심을 깨고 사건을 서울중앙지방법원으로 돌려보냈다. 재판부는 "여성에 대한 추행은 신체부위에 따라 본질적인 차이가 있다고 볼 수 없다"고 유죄판결 이유를 밝혔다.

6 성추행 마을버스에서 여고생 허벅지 촬영한 초등학교 교장, 벌금 100만원

초등학교 교장 K(60)씨는 마을버스에서 여고생의 허벅지를 휴대전화로 촬영한 것이 문제되어 기소됐다. 1 · 2심 재판부는 K씨가 "허벅지는 누구나 볼 수 있도록 스스로 노출한 것"이라며 무죄를 주장했지만 받아드리지 않고 벌금 100만원을 선고하면서 "촬영은 영상이 고정되고 연속됨으로써 쳐다보는 것과 본질적으로 다르고 수치심을 유발할 가능성이 더욱 커진다"며 유죄판결 이유를 밝혔다. K씨는 상고했다.

➡ 대법원(2008년) 재판부는 원심을 확정하면서 "성적 욕망이나 수치심을 유발하는지 여부는 피해자와 같은 성별, 비슷한 연령을 가진 평균적 사람들의 입장에서 고려해야 하고 특히 피해자의 옷차림, 노출정도, 촬영자의 의도와 경위, 촬영장소, 각도, 거리, 특정신체부위 부각 여부 등을 종합적으로 고려해 구체적 · 개별적 · 상대적으로 결정해야 한다"고 덧붙였다.

7 성추행 연예인 지망 미성년 여성을 몸매 검사한다며 성추행, 징역 2년

연예기획사 사장 J(40)씨는 연예인 지망생 K(19)양에게 몸매검사가 필요하다며 옷을 벗기고 성추행했다. 전속계약을 하겠다고 회유하면서 여러 차례 성폭행도 했다. K양 이외에도 여러 지망생을 성추행했다. J씨는 **업무상 위계에 의한 청소년 추행과 피감독자의 간음** 등의 혐의로 기소됐다.

➡ 서울중앙지방법원(2009년) 재판부는 J씨에게 징역 2년의 실형을 선고했다. 재판부는 "피해자들의 주장이 일관되고 J씨가 연예기획사 대표라는 지위를 이용해 피해자들을 추행한 사실이 인정된다. 피해자들이 성관계 요구를 거절하면 연예인으로서 성공하지 못할 것을 우려해 스스로 수차례 성관계에 응한 점이 인정된다"며 유죄판결 이유를 설명했다.

> **해설** 형법 제303조(**업무상 위력 등에 의한 간음**)1항 "업무, 고용 기타 관계로 인하여 자기의 보호 또는 감독을 받는 부녀에 대하여 위계 또는 위력으로써 간음한 자는 5년 이하의 징역 또는 1500만원 이하의 벌금에 처한다."

8 성추행 초등생 의붓딸 성추행, 징역 1년

K(47)씨는 의붓딸(11)을 자신의 집과 주차장에서 두 차례 성추행한 혐의로 기소됐다.

➡ 수원지방법원(2012년) 재판부는 K씨에게 징역 1년에 집행유예 2년을 선고하고 신상정보공개 5년과 성폭력 치료강의 수강 80시간을 명령했다. 재판부는 "사실혼관계에 있는 동거녀의 딸을 보호해야 할 특별한 관계에 있음에도 동거녀가 없는 틈을 타 범죄를 저질렀고 피해자에게 성적가치관 형성에 큰 타격을 입혔을 것으로 보이는 점 등을 감안하면 엄히 처벌함이 마땅하다"며 "그러나 피해자 모친이 처벌을 원치 않고 동종 전과가 없으며 깊이 반성하고 있어 집행유예를 선고한다"고 판결 이유를 밝혔다.

9 성추행 친 딸 성추행한 30대 아버지, 징역 1년

K(39)씨는 전주시 자신의 집에서 잠을 자던 딸(6)을 강제 성추행한 혐의(미성년자 의제강제추행)로 기소돼 1심에서 징역 1년을 선고받고 법정 구속되자 무죄를 주장하며 항소했다.

➡ 전주지방법원(2009년) 항소재판부는 K씨의 항소를 기각했다. 재판부는 "6세에 불과한 친딸을 성추행한 피고인의 범행은 피해자를 보호할 아버지로서의 기본적인 책무마저 저버린 반인륜적인 범죄로서 죄질이 매우 나쁘다"며 "이로 인해 피해자가 입은 정신적인 충격이 큰 점, 피고인이 항소심에 이르기까지 잘못을 뉘우치지 않은 점 등을 고려하면 원심의 형은 무겁지 않다"고 기각판결 이유를 밝혔다.

10 성추행 단순 성기노출행위, 강제추행일지언정 폭행 · 협박행위론 볼 수 없다

G(48)씨는 식당 앞에서 평소 좋지 않은 감정을 갖고 있던 피해자 K(여)씨를 만나 '내가 오늘 니 잡아 죽인다'고 협박하며 자신의 바지를 내려 성기를 꺼내 보여주는 방법으로 강제 추행한 혐의로 기소됐다.

➡ 1심 재판부는 G씨가 공개된 장소에서 성기를 노출했고 신체접촉은 없었던 점 등을 들어 협박죄만 유죄로 인정하고 강제추행 혐의는 무죄로 판결했다. 그러나 2심 재판부는 "피고인의 위협행위는 피해자의 항거를 곤란하게 할 정도의 협박에 해당되고 성적 자유를 침해하는 추행이 맞다"며 혐의를 모두 유죄로 인정하고 벌금 400만원을 선고했다.

➡ 대법원(2012년) 재판부는 원심을 깨고 사건을 부산지방법원으로 돌려보냈다. 재판부는 "피고인이 바지를 벗어 자신의 성기를 피해자에게 보여준 것만으로는 그것이 비록 객관적으로 일반인에게 성적 수치심이나 혐오감을 일으키게 하는 행위라고 할

수 있을지 몰라도 피고인이 폭행 또는 협박으로 '추행'했다고 볼 수 없다"고 판결 이유를 밝혔다.

11 성추행 추행기준에 대한 군형법의 기준, 일반형법의 기준과 다르다

K(29)대위는 손등으로 병사들의 성기를 때리기도 하고 사격장에서 30분 이상 '엎드려뻗쳐'를 시키거나 돈도 주지 않은 채 간식을 사 오도록 지시한 행위(군형법상 추행 및 가혹행위와 상해 등 혐의)로 기소됐다.

➡ 보통군사법원은 군검찰의 기소내용을 모두 인정하고 징역 1년에 집행유예 2년을 선고했다.

그러나 고등군사법원은 "추행장소가 중대복도나 행정반사무실 등 공개된 장소인데다 피해자들이 성적 수치심을 느꼈다거나 혐오감을 일으키게 한 것으로 볼 수 없고 또한 사격장에서는 엄격한 통제가 필요하다"며 추행죄와 가혹행위에 대해 무죄를 선고했다.

➡ 대법원(2008년) 재판부는 상해 등 혐의만 인정해 벌금 300만원을 선고한 원심을 확정했다. 재판부는 "군형법의 추행죄는 군대의 성적 건강을 유지하기 위해 제정된 조항으로 군이라는 공동사회의 건전한 생활과 군기를 확립하기 위한 것임으로 군기의 침해가 없는 한 추행으로 볼 수 없다"고 무죄판결 이유를 설명했다.

12 성추행 동성(同性) 군인 간 동성애적 추행 처벌, 합헌이다

군부대 내에서 하급자를 여러 차례 성추행한 혐의로 기소된 K중사는 군형법 제92조가 "계간(鷄姦, 남성끼리의 성행위) 기타 추행을 한 자는 1년 이하의 징역에 처한다"라고 규정하고 있는데 '기타 추행'의 개념이 불명확해 헌법에 어긋난다며 위헌법률심판을 제청했다.

➡ 헌법재판소(2011년)는 결정문에서 "'기타 추행'이란 계간에 이르지 않은 동성 간 성행위 등 일반인에게 혐오감을 주는 성적 만족 행위를 의미한다"며 "그 전형적인 사례인 '계간'은 추행이 무엇인지를 해석할 수 있는 판단지침이 되므로 죄형법정주의의 명확성의 원칙에 위배되지 않는다"고 결정 이유를 설명했다. 또 "이 조항은 개인의 성적 자유가 아니라 군 조직 전체의 건전한 생활과 군기를 보호하기 위한 것이므로 군대의 특수성에 비춰 과잉금지 원칙이나 평등권 원칙에도 어긋나지 않으며 법을 만든 목적의 정당성과 수단의 적정성도 인정된다"고 덧붙였다.

13 성추행 초등생 앞에서 신체접촉 않고 자위행위, 강제추행죄 해당하나?

정신지체장애자 C(29)씨는 K(여 · 9)양이 엘리베이터를 타려하자 같이 타고 K양이 12층을 누르자 15층을 누른 뒤 반바지를 내리고 자위행위를 시작했다. 그는 놀란 K양에 다가가 어깨에 손을 얹어 놓기도 했다. C씨는 인근아파트로 이동해 L(여 · 11)양을 따라 엘리베이터에 같이 타고 또다시 성기를 꺼내 만지기 시작했다. L양이 소리치면서 놀란 표정으로 내리자 '미안하다'란 말을 했다. 검찰은 C씨를 미성년자에 대한 강제추행 혐의(성폭력 범죄의 처벌 등에 관한 특례법상 '위력에 의한 추행행위')로 기소했다.

➡ 1심 재판은 혐의를 모두 인정해 징역 1년 6월에 집행유예 2년, 6년간 전자발찌 부착명령을 선고했다. 그러나 항소심은 C씨가 K양을 만지거나 성기를 보라고 강요하지 않았고 '미안하다'고 말한 점을 볼 때 재범 위험이 있다고 단정하기도 어렵다며 강제추행이 아니라고 판단했다.

➡ 대법원(2013년) 재판부는 항소심 판결을 깨고 사건을 광주고법으로 돌려보냈다. 재판부는 "직접적인 신체접촉이 없었더라도 여자 아이에게 밀폐된 공간에서 음란행위를 하면서 심리적인 위압감을 주는 등 성적 자유의사를 침해했다면 위력에 의한 강제추행에 해당한다"고 유죄판결 이유를 밝혔다.

1 성폭행 정신지체장애인 성폭행, 폭력 없어도 성폭행죄 성립

K(54)씨는 자신의 집에 세 들어 살던 내연녀의 딸인 정신지체 2급 장애인 L(13)양을 4년 동안 8차례 성폭행한 혐의(성폭력 처벌법 위반)로 기소됐다.

➡ 1 · 2심 재판부는 "피해자에게 정신장애가 있지만 자기방어를 할 수 없는 항거불능상태는 아니었다"며 무죄를 선고했다.

➡ 대법원(2007년) 재판부는 무죄를 선고한 원심을 깨고 유죄 취지로 사건을 부산고법으로 돌려보냈다. 재판부는 "K씨가 평소 피해자의 어머니인 내연녀에게 심한 폭력을 휘두른 점, '성행위를 거부하면 K씨가 폭력을 휘두를까 봐 겁을 먹었다'는 피해자 L양의 진술 등을 볼 때, 당시 피해자는 항거할 수 없는 상황"이라고 유죄판결 이유를 밝혔다.

해설 정신장애인이지만 직접적인 폭력행위가 없으면 '항거불능 상태'가 아니라고 보고 무죄를 선고한 것이 일반적인 경향이지만 다른 주변 상황을 종합해 장애인을 폭넓게 보호하려는 의지가 담긴 판결이다.

2 성폭행 정신질환자라도 어린 소녀 성폭행 상습범, 감형(징역 15년으로)은 안 돼!

L(39)씨는 아파트와 상가 근처에서 귀가중이거나 학원에 가는 9~13세의 여자 어린이를 대상으로 13번째 범행을 하려다 경찰에 붙잡혔다. L씨는 성폭행하고 금품을 빼앗은 혐의(강간 치상)로 기소돼 1심에서 무기징역을 선고받았으나 항소심에서 **소아기호증**(로리타 증후군)을 앓고 있다는 점이 인정돼 징역 15년으로 감형됐다.

➡ 대법원(2007년) 재판부는 L씨에게 정신질환(소아기호증 · 로리타 증후군)을 인정해 형량을 무기징역에서 징역 15년으로 감형한 항소심을 파기하고 사건을 서울고법으로 돌려보냈다. 재판부는 "L씨가 범행 당시 상황을 비교적 뚜렷하게 기억하고 있고 범행 장소를 사전 답사하는 등 소아기호증으로 인해 범행 당시 심신미약상태였는지 의문이 든다"며 "소아기호증같은 질환이 있다는 사정만으로는 형의 감면사유인 심신장애에 해당하지 않는다"고 중형판결 이유를 밝혔다.

> 해설 **'소아기호증'**은 사춘기 이전의 어린이를 상대로 강한 성적 충동이 반복적으로 나타나는 정신질환의 일종이다. 소아기호증은 전체 성도착증의 45%를 차지하는 흔한 질병이다.

3 성폭행 친딸 성폭행한 아빠 징역 18년, 방조한 엄마 징역 5년

아빠 L(38)씨는 초등학생이던 친딸을 수년간 성폭행했다. 엄마 A(38)씨는 이를 보고도 방치했을 뿐만 아니라 딸 앞에서 남편과 성행위를 하기도 했다. 견디다 못한 딸이 학교에 상담신청을 하면서 이 사실이 드러났다. L씨는 성폭력 범죄의 처벌 등에 관한 특례법 위반(친족관계에 의한 강제추행 등)혐의로 구속 기소됐다.

➡ 의정부지방법원(2012년) 재판부는 L씨에게 징역 18년을 선고했다. 또 신상정보를 10년간 공개하고 15년 동안 위치추적 전자장치(전자발찌)를 부착토록 명령했다. 한편 불구속 기소된 어머니 A씨에겐 징역 5년을 선고하고 법정 구속했다. 동시에 성폭력 치료 프로그램 40시간을 이수하고 5년간 신상정보를 공개하라고 명령했다. 재판부는 "피고 L씨는 딸을 집에서 성폭행하는 등 5년간 집과 차량에서 4차례 성폭행하고 7차례 유사성행위를 시킨 혐의를 받고 있다. 아내 A씨는 자신의 집 안방에서 딸이 지켜보는 가운데 남편과 성행위를 했다"며 "부모가 미성년자인 딸을 성폭력 대상으로 삼은 것은 죄질이 매우 불량할 뿐만 아니라 피해자의 정신적, 육체적 충격과 고통이 매우 커 엄벌이 불가피하다"고 중형판결 이유를 밝혔다.

4 성폭행 아들 여자 친구 술 먹인 후 성관계, 50대의 죄 값은?

K(52)씨는 아들로부터 결별 통고를 받았다며 도와달라고 찾아온 아들의 여자친구 J(17)양을 만났다. K씨는 도와주겠다고 약속하면서 J양과 함께 음식점으로 가서 소주 2병과 삼겹살을 먹은 뒤 모텔로 데려가 성관계를 가진 혐의(성폭행)로 기소됐다. 1심 법원에선 징역 2년 6월이 선고됐지만 항소심 재판부는 성관계를 위해 폭행 · 협박을 하거나 힘으로 제압하지 않았다는 점 등을 이유로 '위력'(자유의사를 억압하는 힘)에 의한 성폭행이 아니라며 무죄를 선고했다.

➡ 대법원(2006년) 재판부는 유죄 취지로 사건을 원심 법원으로 돌려보냈다. 재판부는 "피고인 K씨는 피해자 J양이 K씨 요구에 순순히 응했다고 주장하고 있으나 J양은 술에 취한 상태에서 청소년에 불과한 점을 고려하면 경험칙상 납득이 안 된다. 더구나 심야에 모텔 방에 단둘이 있게 돼 폭행 · 협박 등 물리력에 의하지 않더라도 피고인의 돌발적 행동에 제압당할 수밖에 없었다는 점을 간과했다"며 파기환송 이유를 설명했다.

해설 서울고등법원(2006년) 재판부는 K씨에 대한 파기 환송심에서 징역 2년 6월에 집행유예 4년을 선고했다.

5 성폭행 합의한 성관계는 무죄지만 합의없는 후속 성관계, 유죄(징역 1년 6월)

J(33)씨는 술집에서 술을 마시다가 우연히 옆자리에 있는 K(여 · 30)씨를 만나 한참 어울리다가 '함께 하루 밤을 즐기기'로 합의하고 근처 여관에 들어갔다. 두 차례의 성관계를 가진 뒤 잠자리에 들었다. 새벽녘에 K씨가 집에 가겠다고 하자 J씨는 억지로 쓰러트려 한 번 더 성관계를 가졌다. K씨는 J씨를 고발하여 J씨는 강간치상죄 혐의로 기소됐다. J씨는 세 번째도 '합의'했다고 주장했다. 1심에선 J씨에게 징역 5년을 선고했다.

➡ 서울고등법원(2012년) 재판부는 상황의 특수성을 고려해 '강간 치상죄'를 인정해 실형을 선고한 원심보다 낮은 '강간죄'만 인정해 징역 1년 6월에 집행유예 2년을 선고했다. 집행부는 "피고인과 피해자가 술을 마시고 어울리다 여관에 투숙해 합의하에 두 차례나 성관계를 가진 후에 발생한 것으로 피해자가 피고인으로 하여금 후속 성관계도 용인하는 것으로 오해하게 할 만한 행동을 했다"고 판결 이유를 밝혔다.

6 성폭행 만취 · 의식불명 여대생 성폭행 후 방치 사망, 권고형(6~9년) 넘은 징역 12년

G(27)씨는 자기 직장에서 아르바이트하는 K(여 · 21)양을 S(24)씨에게 소개하기 위해 마련한 술자리에서 K양이 만취하자 모텔로 데려가 차례로 성폭행한 혐의(특수준강간)로 기소됐다. K양은 당시 의식을 잃고 7시간 모텔 객실에 방치돼 있다가 병원으로 옮겨졌으나 1주일 후 사망했다.

➡ 수원지방법원(2012년) 재판부는 G씨와 S씨에게 각각 징역 12년과 징역 10년을 선고하고 신상정보공개와 고지 10년을 명령했다. 구형공판에서 검찰이 요구한 형량을 그대로 받아들인 것이다. 특수 준강간죄에 대한 권고형의 범위는 징역 6~9년이다. 재판부는 "피고인들이 의식이 없었거나 정상적 의사표현이 불가능하도록 만취해 자기방어를 할 수 없는 심신상실상태의 피해자를 모텔로 데려가 피해자의 승낙 · 동의 없이 성관계를 가진 사실이 인정된다"고 판시하면서 "성폭행한 이후 피해자를 방치해 사망에 이르게 하는 등 죄질이 매우 불량하고, 피고인들이 오히려 피해자가 유혹했다며 진지한 반성을 하지 않고 있는 점 등을 고려했다"고 양형 이유를 밝혔다. 재판부는 "피고인들의 범행과 피해자의 사망에 인과관계가 있다고 보기 어려워 공소사실에서 제외됐지만, 권고형의 범위대로 선고할 경우 유족들의 정신적 고통과 상실감을 발생시킬 우려가 있어 권고형의 이탈이 불가피하다"고 중형판결 이유를 설명했다.

7 성폭행 흉기로 위협하고 성폭행, 죄 값은?

P(29)씨는 집으로 들어가던 L(여 · 20)씨를 뒤따라 들어가 흉기로 위협해 성폭행하고 3만원을 빼앗은 뒤 신고를 하지 못하게 휴대전화 카메라로 L씨의 나체사진을 찍은 혐의(특수강도 · 강간)로 구속 기소됐다. 같은 방법으로 1년 6개월 동안 20대 초반 여성 18명을 성폭행한 혐의도 추가됐다.

➡ 대전지방법원(2008년) 재판부는 P씨에게 징역 20년을 선고했다. 재판부는 "피고 P씨의 범죄 행각을 보면 피해자의 정신적 · 육체적 충격은 형언하기 어려웠을 것"이라며 "범행의 치밀한 계획성과 반복성, 대담성, 흉포성을 감안하면 극형이나 무기형까지 고려해 봐야 마땅하나 나이를 감안해 유기징역형을 선택했다"고 판결 이유를 설명했다. 또 재판부는 "P씨가 재판을 앞두고 일부 피해자와 합의를 보고 양형에 참고해 달라고 했지만 이는 일부나마 책임을 면해보려는 위선적인 **악어의 눈물**로 보일 뿐 아니라 금전적 합의가 범행의 극악함이나 피해자의 고통을 줄여주기 어렵다고 보았다"고 덧붙였다.

해설 **'악어의 눈물'(crocodile tears)**이란 거짓 눈물을 흘리는 것으로서 위선자를 말한다. 악어는 음식을 먹을 때는 저절로 눈물이 난다는 데서 유래했다.

8 성폭행 청바지가 뒤집힌 채로 벗겨진 것은 강제로 벗긴 증거, 준강간죄

택시 운전사 C(37)씨는 만취한 손님 K(여 · 26)씨를 태웠다. 목적지에 도착했지만 K씨가 술에 취해 깨어나지 않자 C씨는 K씨의 몸을 만져보았다. 그래도 깨어나지 않자 자신의 집으로 데리고 가서 옷을 벗기고 성폭행을 하려 한 혐의(준강간 미수 등)로 구속 기소됐다.

➥ 1심 재판부는 강제추행 혐의는 인정되지만 피해자 K씨의 진술만으로는 C씨가 K씨의 옷을 벗겼다는 사실을 인정하기 부족하다며 준강간 미수 혐의는 무죄로 판단해 징역 8개월을 선고했다.

➥ 서울고등법원(2008년) 재판부는 1심 판결을 뒤집고 징역 1년 6개월을 선고했다. 재판부는 벗겨진 청바지에 주목해야 한다며 "K씨는 평소 술을 마시면 옷을 입은 채로 자는데 사건 당일에는 꽉 끼는 청바지가 뒤집힌 채로 벗겨져 있었다"며 "가족이 건 전화벨 소리를 듣고도 K씨가 깨지 않은 정황 등을 종합하면 C씨가 옷을 강제로 벗긴 것으로 보인다"고 판결 이유를 밝혔다.

9 성폭행 성전환 트랜스젠더 성폭행, 강간죄 성립하나?

K(29)씨는 가정집에 침입해 남성에서 여성으로 성전환한 **트랜스젠더** L(성전환자)씨를 흉기로 위협해 성폭행하고 현금 10만원을 빼앗은 혐의로 기소됐다.

➥ 1,2심은 "피해자 L씨는 어릴 때부터 여성으로서 성적 정체성을 갖고 행동해오다 성전환증 확진을 받고 성전환수술을 받았으며 여성으로서 확고부동한 성적 정체성을 보유하고 있다"며 "따라서 형법에서 정한 강간죄의 객체인 '부녀(婦女)'에 해당하는 것으로 본다"면서 징역 3년에 집행유예 4년을 선고했다.

➥ 대법원(2009년) 재판부는 K씨에 대한 원심을 확정했다. 재판부는 "호적상 남자인 트랜스젠더(성전환자)를 성폭행해도 강간죄가 성립한다"고 판결했다.

> **해설** 성염색체가 남성이라면 부녀자로 볼 수 없다는 기존 판례를 뒤집은 최초의 판결이다. **'트랜스젠더'**란 스스로의 성별을 생물학적인 타고난 것과는 반대로 여기는 사람을 말한다. 즉 남성으로 태어났으나 스스로를 여성으로 정체화하는 경우 또는 여성으로 태어났으나 스스로를 남성으로 정체화하는 경우를 말한다.

10 성폭행 성폭행미수범 주한미군, 징역 7년

주한미군 L(20)이병은 동두천 소재 부대를 이탈해 술을 마신 뒤 K(70)씨 집에 침입했다가 발각되자 둔기로 때리고, 부인 L(64)씨를 성폭행하려다 실패하자 휴대폰을 빼앗아 달아난 혐의로 기소됐다.

➡ 의정부지방법원(2011년) 재판부는 L이병에게 징역 7년을 선고했다. 재판부는 "피고인의 범행은 한국에서 굉장히 중요한 범죄이고 미국에서도 중하게 처벌하는 것으로 알고 있다"면서 "외국인이라고 더 중하거나 경하게 처벌할 수 없고 한국인과 같은 기준을 적용했다"고 유죄판결 이유를 설명했다.

> **해설** 최신 개정된 한 · 미주둔군지위 협정(Status Of Forces Agreement, SOFA) 규정에 따르면 주한미군의 비공무 중 범죄에 대해선 한국이 1차적 형사재판권을 갖으며 살인 · 성범죄 등 12개 중대범죄의 경우 미군 측에 신병을 인도하지 않기로 돼 있다.

11 성폭행 전자발찌 부착명령은 엄격히 해석해야!

K(32)씨는 자신의 집 2층 세입자를 성폭행한 혐의(특수강도 · 강간)로 징역 2년 6월에 집행유예 3년을 선고받았다. 그리고 집행유예기간 동안에 또 다른 세입자를 성폭행해 기소됐다. 1심 재판부는 전과 사실 1회와 기소된 범죄사실을 합쳐 A씨에게 성폭력 범죄의 상습성이 있다고 판단하여 징역 5년과 3년간 전자발찌 부착을 선고했다.

➡ 대구고등법원(2009년) 재판부는 1심에서 징역형과 함께 위치추적 전자장치(전자발찌)부착을 선고받은 K씨에 대해 전자발찌 부착명령 부분을 파기했다. 재판부는 "2회 이상의 성폭력 전과가 있는 경우가 아니면, 기소된 사건에서 범행이 2차례 이상 인정되어야 전자발찌 부착이 가능한데, 이 사건 피고인 K씨는 이에 해당하지 않는다"며 "인권침해 방지 차원에서 해당 법률을 엄격하게 적용해야 한다"고 판결 이유를 설명했다.

해설 전자발찌는 성폭력 범죄로 2회 이상 실형을 선고받은 뒤 또다시 같은 범죄를 저질렀거나, 성폭력 전과가 없더라도 성폭력 범죄를 2건 이상 범하여 상습성이 인정된 피고인에 한하여 검사가 부착을 청구할 수 있다.

12 성폭행 경비업체 직원이 경비 받아야 할 여성을 강간미수, 중형 선고

A그룹 계열사가 운영하는 경비시스템 세콤(SECOM)의 경비원이던 N(32)씨는 여성 고객 K(29)씨와 L(21)씨가 살고 있는 빌라에 복면을 쓰고 침입했다. N씨는 현금을 빼앗고 강제로 두 여성을 성추행했다. 그러나 콘돔이 없기 때문에 신원이 드러날 것이 두려워 강간은 하지 않았다. N씨는 강도 · 강간미수 혐의로 구속 기소됐다.

➡ 서울중앙지방법원(2008년) 재판부는 N씨에게 징역 7년을 선고했다. 재판부는 "피해자들의 안전을 보호해야 할 경비회사 직원이 여자들만 산다는 점을 악용해 강간을 시도했다는 점에서 죄질과 범정(犯情)이 극히 불량하다"고 밝혔다.

해설 보통 강도 · 강간 미수범에게 징역 4~5년형을 선고하는데 비해 무거운 형량이다.

13 성폭행 아파트 엘리베이터서 강간, 엘리베이터를 '주거침입'으로 보고 가중 처벌

K(40)씨는 아파트 앞에서 술에 취한 L(여 · 22)씨를 따라가 엘리베이터에서 얼굴을 수차례 가격하고 계단통로에서 강간해 전치 2주의 상해를 입힌 혐의(강간상해죄)로 기소됐다. 1 · 2심 재판부는 엘리베이터 등을 전용주거시설이 아닌 공용시설로 보고 특별법인 성폭력 범죄의 처벌 및 피해자 보호 등에 관한 법률상 주거침입강간죄를 적용하지 않고 형법상 강간상해죄를 적용했다.

➡ 대법원(2009년) 재판부는 K씨에 대해 주거침입죄를 인정해 징역 3년을 선고한 원심을 깨고 사건을 대전고등법원으로 돌려보냈다. 재판부는 "주거침입죄에 있어서 '주거'란 다가구용 다세대주택, 아파트 등 공동주택 안에서 공용으로 사용하는 엘리베이터도 포함된다"며 따라서 "피고인 K씨의 행위를 '주거침입'으로 보지 않은 2심 판결은 법리를 오해한 부분이 있다"고 판결 이유를 설명했다.

> **해설** 강간장소가 주거시설일 경우 특별법상 주거침입강간죄를 적용해 가중처벌하고 있다. 그러나 2심 재판부는 "엘리베이터는 사적 공간인 주거시설로 인정하기 어렵다"며 K씨에 대해 징역 4년을 선고한 1심을 깨고 징역 3년을 선고했었다.

14 성폭행 성폭력하려는 가해자 혀 깨물어 잘려, 정당방위다

K(여 · 23)양은 평소 알고 지내던 운전사 L(54)씨와 술을 함께 마시려고 L씨 차를 타고 횟집에서 술을 마셨다. 2차로 L씨 집으로 자리를 옮겨 새벽까지 술을 마셨다. K양은 L씨 거동으로 보아 성폭력 위협을 느끼고 L씨가 자리를 비운 사이 문고리를 잠갔다. L씨는 방문을 부수고 들어와 K양의 신체부위를 만지며 강제로 키스를 하려고 시도했다. K양은 L씨의 혀를 깨물어 혀의 1/3이 절단됐다. L씨는 언어장애를 갖게 됐고 노동력의 19%를 잃었다. 경찰은 L씨를 강간 미수로, K양을 중상해 혐의로 각각 검찰에 송치했다.

➡ 검찰은 '검찰시민위원회'를 열어 이 경우 '정당방위'가 인정될 수 있는지를 논의했다. 위원회는 "L씨가 입은 상해 정도(혀 3분의 1 절단)는 가볍지 않으나, 혀를 깨문 것이 피해자가 처한 위험(성폭행)에 비해 과도한 대항이었다고 보기 어렵다"며 "적극적인 자기방어를 허용하지 않을 경우 더 큰 위험(성폭행)을 초래할 수 있기 때문에 정당방위"라는 결론을 내렸다. 검찰은 이 결론을 받아들여 K양을 불기소 처분(2012년)했다.

> **해설** 성폭력 범죄를 시도하다 심각한 상해를 입게 되더라도 법의 보호를 받을 수 없다는 메시지가 이번 결정에 포함됐다고 봐야 한다.

15 성폭행 성폭행범을 차에 매달고 운전 중 사망케 해, 과잉방위로 유죄

K(여 · 39)씨는 자기를 성폭행하려고 붙잡아 가두고 성폭행하려는 남자 L씨를 차에 매달고 운전하다가 L씨가 힘이 빠져 차에서 떨어져 숨지게 한 혐의(상해치사)로 기소됐다.

➡ 대법원(2007년) 재판부는 K씨에게 징역 1년 6월, 집행유예 3년을 선고한 원심을 확정했다. 재판부는 "K씨의 행위는 상대방의 위협이나 폭행과 감금으로부터 자신을

보호하기 위한 방위행위로 보이나 K씨의 신체 및 안전에 대한 침해방법이나 정도, 위험성 등을 고려할 때 사회통념상 정당방위로 인정되는 수준과 정도를 초과한 것으로 보여 과잉방위에 해당한다" 고 유죄판결 이유를 설명했다.

16 성폭행(외국) IMF총재 성폭행 사건, 피해여성(호텔 청소부)과 600만달러로 합의

미국 호텔 여성종업원(나피사투 디알로)에 대한 성폭행 혐의로 국제통화기금(IMF) 총재(도미니크 스트로스칸 · 63)가 기소됐다.

➥ 미국 뉴욕주 대법원(2012년)은 "양측 변호인이 합의조건에 서명했다"고 밝혔다. 그러나 합의금 등 구체적인 사항에 대한 공개는 없었다. 프랑스 유력 언론은 최소 600만달러를 지급할 것으로 전망했다.

해설 프랑스 사회당 유력 대권주자인 스트로스칸은 뉴욕에서 청소부인 흑인여성(디알로)을 성폭행하려 했던 혐의로 체포됐다. 이로 인해 그는 IMF총재직에서 물러났을 뿐만 아니라 정치인으로서의 생명도 사실상 끝내게 됐다.

수자원 관리법 위반 불법 포획된 돌고래는 장물, 몰수 후 방류해야

제주도 앞바다에서 어망에 걸려 산 채로 잡힌 남방 큰돌고래 11마리를 제주도 중문관광단지 돌고래쇼 업체 H(24)씨와 조련사 G(51)씨가 9000만원에 매입했다. 그중 폐사하거나 딴 곳으로 팔린 것을 제외하고 나머지로 돌고래쇼를 벌인 혐의(수산자원 관리법 위반)로 기소됐다.

➥ 대법원(2013년) 재판부는 이들에게 각각 징역 8월에 집행유예 2년, 사회봉사 120시간을 선고한 원심을 확정했다. 재판부는 "이들 돌고래는 멸종위기인 남방 큰돌고래로서 국토해양부가 지정한 보호대상 해양생물로 영리목적의 포획이 원천적으로 금지되어 있는데 이를 매입하여 영리행위를 하였다"고 판결 이유를 밝혔다.

해설 이들 돌고래는 법률상 '장물'로 분류돼 몰수되어 검찰에 이관된다. 폐사한 돌고래는 연구소에 연구목적으로 인계되고 생물인 돌고래는 일정기간 훈련을 거쳐 제주 앞바다에 자연 방사하게 된다.

수술 후 수혈거부 **신념으로 수혈거부 뒤 사망, 의사에게 형사책임없다**

대학병원 의사 L(52)씨는 '여호와의 증인' 신도인 환자 K(여 · 62)씨에 대한 인공고관절 시술 중 출혈량이 많았는데도 수혈을 하지 않아 10시간 만에 숨지게 한 혐의(업무상 과실치사)로 기소됐다. 이 환자는 수술 전에 '수혈을 원하지 않는다. 병원과 의료진에 이로 인한 모든 피해에 대해 어떤 책임도 묻지 않겠다'는 내용의 각서를 작성해 병원 측에 제출했다.

➡ 광주지방법원(2009년) 재판부는 의사 L씨에게 무죄를 선고했다. 재판부는 "환자가 종교적 신념과 가치관에 따라 자신의 혈액에 의한 자가수혈만 허용하고 타인의 수혈을 거부하는 '무수혈' 수술을 선택했다면 생명에 중대한 위험이 생길 가능성이 생긴다 해도 그 결정이 헌법상 허용되는 자기결정권의 한계를 벗어났다고 볼 수 없다"고 무죄판결 이유를 밝혔다. 또 "환자가 충분한 의학적 정보를 얻은 뒤 종교적 신념 등에 따라 자가수혈만을 고집했다면 그 결정은 존중돼야 하고 의사는 이에 따라야 한다"며 "타가수혈(남의 혈액을 공급받는 것)을 제외하고 가능한 치료방법을 시도했다면 비록 환자가 숨졌다 해도 의사의 진료는 피해자의 승낙에 의한 행위여서 위법성이 조각된다"고 덧붙였다.

실화 **부주의로 화재 유발하여 이웃에 재산상 피해 발생, 실화죄로 벌금형**

아파트 8층에 사는 주부 K(56)씨는 가스레인지에 사골국을 끓이다 잠이 들어버렸다. 양은 냄비가 과열되면서 불이 났다. 아파트 내부(약 40평)를 모두 태우고 위층으로 번져 18채에 피해를 입혔다. 소방대에 의해 30분 만에 진화됐다. K씨 집 등 19채에 5000만원의 피해를 입혔다. 실화혐의로 기소됐다.

➡ 광주지방법원(2011년) 재판부는 K씨에게 벌금 200만원을 선고했다. 재판부는 "K씨와 이웃 주민들의 진술로 미뤄 국을 끓이다가 부주의해 불이 붙게 한 사실이 인정된다"고 판결 이유를 설명했다.

해설 재산상 손해발생에 대한 책임부분은 민사재판으로 해결해야 된다.

1 업무방해 1인 시위도 처벌대상인가?

J(47)씨는 K내과의원에서 복통치료를 위해 링거주사를 맞던 어머니가 갑자기 사망하자 병원 안을 돌아다니며 "여기는 살인 병원이다"라고 소리치며 보상금을 요구하면서 시위를 벌인 혐의(업무방해 및 명예훼손)로 기소됐다.

➡ 대법원(2004년)은 벌금 150만원을 선고한 원심을 확정했다. 재판부는 "피고인이 의사를 업무상 과실치사혐의로 고소하거나 민사상 손해배상청구소송을 제기하는 등 적법한 구제절차를 밟을 수 있는데도 1인 시위를 벌인 것은 수단이나 방법이 정당하다고 할 수 없다"고 판시하면서 특히 "피고인이 병원 곳곳을 돌아다니면서 소리를 지르고 상복(喪服)을 입은 채 병원 앞 인도에서 의사의 명예를 훼손하는 내용이 담긴 피켓을 들고 시위를 벌인 것은 집회 · 시위의 자유뿐 아니라 표현의 자유의 한계를 넘어선 것"이라고 판결 이유를 설명했다.

해설 현행 집회 및 시위에 관한 법률은 2인 이상이 불법 시위를 벌이는 경우만을 처벌 대상(제2조 2호)으로 삼고 있다. 이에 따라 1인 시위는 집시법으로 처벌이 불가능하다.

2 업무방해 포스코 점거농성 노조간부들, 유죄 확정

포스코 본사에서 포항건설노조 조합원의 점거농성을 주도한 위원장 직무대행 C씨(선고 형량 징역 2년 6개월, 집행유예 4년, 보호관찰 2년, 사회봉사명령 320시간)와 민노총 건설산업 연맹 사무처장 Y씨(징역 2년, 집행유예 4년, 보호관찰 2년, 사회봉사명령 160시간) 등에 대해 폭력, 특수 공무집행방해, 업무방해 등 혐의로 상소됐다.

➡ 대법원(2007년) 재판부는 유죄를 선고한 원심을 확정했다, 재판부는 "포항건설노조 조합원 2500명이 피고인 주도 아래 포스코 본사건물을 점거하고 감금, 시설물손괴, 경찰관 등에 대한 폭행 및 상해 등의 범죄를 저지른 점, 포항건설노조집행부 간부들은 점거 등의 집단 행동을 결정하여 조합원들에게 지시하고 그 이행상황을 체계적으로 조직화된 지휘 계통을 통해 통제했던 점 등을 감안할 때 피고인들이 각 범행에 대한 공동 공모 정범으로서의 죄책을 면할 수 없다"고 유죄판결 이유를 밝혔다.

3 업무방해 구조조정은 회사경영상 문제이지 쟁의대상이 아닌가?

H씨 등 S자동차노조 간부들은 노조 지부장 정리해고에 반발해 공장을 점거하고 경찰을 향해 화염병을 던지며 볼트 · 너트를 걸어 새총을 쏘는 등 폭력을 행사하여 회사업무를 방해한 혐의로 구속 기소됐다.

➡ 수원지방법원 평택지원(2010년) 재판부는 이들에게 징역 3~4년의 실형을 선고했다. 재판부는 "구조조정에 불순한 의도가 없었고 회사가 희망퇴직 등에 관한 노사협의를 노조에 요구한데 비해, 노조는 구조조정을 철회시키기 위한 형식상의 임금교섭으로 단체협약을 위반했다"고 지적하면서 "'구조조정은 회사경영상의 문제이지 쟁의대상이 아니다'는 대법원의 판례를 인용할 필요도 없이 파업의 불법성은 명백하다"고 판시하면서 "정리해고를 철회하라는 주장을 관철시키기 위해 77일간 공장을 점거하고 마비시켜 회사를 파산직전에까지 몰고 갔다"며 중형판결 이유를 설명했다.

4 업무방해 '광고하라 · 말라' 또는 '불매운동 운운', 업무방해죄 된다

언론소비자주권연대 대표 K(47)씨는 G제약회사에 C · J · D등 3개 신문에 광고를 중단하라고 요구했으나 거절당하자 그러면 또 다른 신문 H · K등에도 광고하라고 요구하면서 만약 불응하면 G제약회사 제품의 불매운동을 벌이겠다고 강요한 혐의(업무방해 등)로 기소됐고 K씨는 2심에서 징역 6월에 집행유예 2년을 선고받았다. K씨는 '소비자 불매운동을 업무방해죄로 처벌하는 것은 부당하다'며 위헌법률 심판제청을 신청했다.

➡ 헌법재판소(2012년) 재판부는 K씨 신청을 기각하고 합헌 결정했다. 재판부는 "소비자 불매운동이 헌법과 법률이 보장하는 한계를 벗어나 타인 업무를 방해하거나, 상대방에게 공포심을 유발해 의무없는 일을 강요하는 경우 처벌하도록 한 법률조항은 헌법의 취지에 반(反)한다고 볼 수 없다"고 합헌 결정 이유를 밝혔다.

5 업무방해 광고주에 광고 중단 협박, 유죄

2008년 불법 촛불시위당시 L(45)씨 등 언론소비자주권국민캠페인(언소주) 회원들은 인터넷 포털사이트 '다음'에 '조 · 중 · 동 폐간 국민캠페인'이란 카페를 개설하고 조 · 중 · 동에 광고를 하는 광고주 리스트를 만들었다. 그리고 지속적으로 전화를 걸어 '광고를 계속할 경우 기업 제품 불매운동을 벌이겠다'는 취지의 협박을 한 혐의(업무방해)로 기소됐다.

➡ 원심은 협박을 주도한 L씨 등에게 징역 10월에 집행유예 2년을 선고했다. 또 광고중단협박에 적극 참여한 기타 피고들에게 100~300만원의 벌금형을 선고했다.

➡ 대법원(2013년) 재판부는 "광고주들에게 전화를 걸어 광고를 중단하라고 협박한 행동은 광고주들의 자유의사를 제압한 '위력'에 해당한다"며 유죄로 판단한 원심을 확정했다.

6 업무방해 성매매 업소 업무 방해하는 조폭, 업무방해죄 적용 안된다

폭력조직 행동대장 H(41)씨는 성매매 업소 앞에서 업주 J씨에게 욕설을 하고 손님들이 들어올 수 없도록 일명 '병풍'을 치며 영업을 방해한 혐의(영업방해 등)로 기소됐다.

➡ 1 · 2심 재판부는 "성매매 업소 영업의 보호가치나 필요성이 일반적인 경우에 비춰 높지는 않지만, 업무방해죄에서 보호하는 업무로 평가된다"며 업무방해 행위에 대해 유죄를 인정해 징역 2년 6월을 선고했다.

➡ 대법원(2011년) 재판부는 원심을 깨고 사건을 서울고등법원으로 돌려보냈다. 재판부는 "형법상 업무방해죄의 보호대상이 되는 '업무'라 함은 타인의 위법한 침해로부터 보호할 가치가 있는 것이어야 한다"며 "성매매 알선 등의 행위는 법에 의해 원천적으로 금지된 중대 범죄행위일 뿐 아니라 반사회성을 띠는 경우에 해당하므로 업무방해죄의 보호대상이라고 볼 수 없다"고 무죄판결 이유를 설명했다.

1 위조 위조문서 파일 전송, 위조문서 행사죄 된다

M(20)씨는 인터넷 쇼핑몰에서 휴대전화를 구입하면서 다른 사람의 명의를 도용했다. 인터넷상의 휴대전화 가입신청서에 J씨의 이름과 주민번호 등을 입력하고 이를 출력했다. M씨는 이 문서를 스캐너로 스캔한 뒤 컴퓨터파일로 만들어 e-메일로 전송했다. 검찰은 M씨를 사문서위조와 위조사문서 행사 혐의로 기소했다. 1 · 2심 법원은 사문서위조 혐의는 유죄로 판결해 징역 1년에 집행유예 2년을 선고했다. 하지만 위조사문서 행사죄에 대해선 스캔해서 만든 화면상의 이미지는 문서라고 할 수 없다는 이유로 무죄를 선고했다.

➡ 대법원(2008년) 재판부는 무죄를 선고한 원심을 깨고 사건을 춘천지방법원으로 돌려보냈다. 재판부는 "스캔한 이미지가 문서에 해당하지 않더라도 자신이 이미 위조한 휴대전화 가입신청서를 '행사'한 것으로 봐야 한다"고 유죄판결 이유를 밝혔다. 대법원은 "위조된 문서를 직접 제시하거나 이를 복사해 제시하는 경우처럼 이를 스캐너

로 읽어서 이미지화한 다음 컴퓨터 화면상에서 보게 하는 경우에도 **위조문서 행사죄**가 성립한다"고 덧붙였다.

> **해설** **위조사문서 행사죄**의 법정형은 사문서위조와 같이 5년 이하의 징역이나 1000만원 이하의 벌금형이다.

2 위조 위조지폐 만들도록 유도한 경찰, 증거확보 목적이라면 함정수사 아니다

빚에 쪼들리는 K(27)씨는 컴퓨터 잉크젯 복합기를 이용해 1만원권 지폐와 자기앞수표를 위조했다. K씨는 위조한 지폐를 휴대전화 사진기로 찍어 평소 알고 지낸 U씨에게 전송했다. 그런데 U씨는 평소 경찰관 L씨에게 각종 사실을 제보해오던 정보원이었다. U씨는 L씨에게 사실을 알렸고, L씨는 "수사를 위해서는 증거물을 추가로 확보해야 한다"며 U씨에게 위폐를 추가로 확보해보라고 말했다. 이에 U씨의 요청으로 K씨는 1만원권 지폐와 10만원과 100만원짜리 자기앞수표까지 위조했다. 경찰은 U씨를 통해 물증을 확보하자 곧바로 K씨의 집을 덮쳤고, K씨는 위조지폐를 사용하지도 못하고 경찰에 붙잡혔다.

➡ 1심 재판부는 "K씨가 생활비 등을 충당하기 위해 위조지폐를 제작하려 한 것으로 보인다"며 K씨에게 징역 1년 6월에 벌금 100만원을 선고했다. 그러자 K씨는 자신은 재미삼아 위조지폐를 만들었으며 경찰의 **함정수사**에 빠져 계속 위조지폐를 만들게 됐다며 항소했다.

➡ 서울고등법원(2008년) 재판부는 "범죄를 저지를 의도가 없는 사람을 속여서 검거하는 것이 함정수사지만, 경찰이 위조지폐범을 잡을 증거를 확보하기 위해 위폐를 만들도록 유도한 것이고 반면에 K씨는 위조지폐를 사용할 목적이 있었던 것으로 보이기 때문에 함정수사로 볼 수 없다"며 K씨의 항소를 기각했다.

> **해설** **'함정수사'**란 수사기관 또는 그 하수인이 신분을 숨기고 범죄를 교사한 후 그 실행을 기다려 범인을 체포하는 수사방법을 말한다. 수사기관이 사술(詐術)을 써서 범죄를 유발한 다음 범인을 검거하는 경우이므로 그 수사방법의 적법성여부가 문제된다. 대법원 판례는 범의유발형의 함정수사는 위법이라는 견해를 취하고 있다.

3 위조 '수배 중' 사실 속이려고 경찰에 딴 이름 대줘, '서명 위조'혐의 형벌 추가

L(여 · 35)씨는 남자 친구 2명과 함께 길을 걷다가 술에 취한 다른 일행과 어깨가 부딪쳐 시비가 붙었고 큰 싸움으로 번져 경찰이 왔다. 경찰이 신원파악을 하자 L씨는 벌금미납으로 수배중인 사실이 떠올라 평소 동생처럼 알고 지내던 K(31)씨의 이름과 주민등록번호를 댔다. 현행범 체포 확인서와 피의자 신문조서도 K씨 이름으로 작성됐고 여기에 L씨가 서명했다. 그런데 주민등록번호와 지문이 일치하지 않는 것이 경찰에 발각되어 거짓말이 들통 났다. L씨는 공동상해와 사서명(私署名)위조와 위조사서명행사 등 혐의까지 더해 불구속 기소됐다.

➥ 서울중앙지방법원(2012년) 재판부는 L씨에게 징역 6월에 집행유예 2년을 선고했다. 재판부는 "서명 위조로 인한 피해가 현실화되지 않은 점을 참작했다"고 판결 이유를 설명했다.

해설 형법 제239조(私印등의 위조, 부정사용) 1항 "행사할 목적으로 타인의 서명, 기명을 위조 또는 부정사용한 자는 3년 이하의 징역에 처한다."

4 위조 가짜 5만원권 만들어 1장 행사한 죄, 징역 5년

복사기 전문가 J(46)씨는 컬러복사기로 5만원짜리 지폐의 앞 · 뒷면을 복사한 후 진짜 5만원권의 2/3지점을 정교하게 잘라낸 후 복사한 부분을 감쪽같이 붙였다. 5만원권 한 장으로 위조지폐 2장을 만든 것이다. 도넛가게에서 도넛을 구입하고 위조지폐 1장을 무사히 사용했으나 다음 날 은행입금 과정에서 발각됐다. 경찰은 CCTV수색과 동종 전과범을 수사하여 J씨를 찾아내 구속했다. J씨의 거주지인근 은행에서 40여장의 위폐가 발견되기도 했으나 J씨 소행이란 결정적 증거는 찾지 못했다. J씨는 그 전에도 위폐범으로 6년간 옥살이를 했다. 검찰은 J씨의 소행이 확실한 도넛가게의 위조지폐 1장을 근거로 통화위조 혐의로 J씨를 기소했다.

➥ 서울중앙지방법원(2012년) 재판부는 J씨에게 징역 5년을 선고했다. 재판부는 "위조해 사용한 돈이 5만원에 불과하지만 가석방 기간에 전문적이고 치밀하게 범행을 저질렀다"며 중형 선고 이유를 밝혔다.

1 음란 모텔서 '야한 동영상' 틀어주면? 벌금 30만원

O씨는 모텔을 운영하면서 객실에 컴퓨터 동영상 재생기계를 설치해 놓고 투숙객에게 비밀번호를 알려줘 음란물을 볼 수 있도록 한 혐의(풍속영업의 규제에 관한 법률 위반)로 기소됐다.

➡ 대법원(2008년) 재판부는 벌금 30만원을 선고한 원심을 확정했다. O씨는 "동영상 재생기계는 단순한 기계장치로 음란한 물건이 아니며 투숙객 스스로 동영상파일을 재생한 만큼 관람하게 한 것도 아니다"고 주장했다. 더 나아가 "풍속영업 규제법 시행령에 풍속업에 해당하는 숙박업의 범위를 정하지 않고 있어 모텔업이 이 법에 저촉하는지도 분명하지 않다"고 항변했다. 대법원 재판부는 이에 대해 "내부에 저장된 동영상이 음란물에 해당하는 데다 종업원이 투숙객에게 비밀번호를 가르쳐 준 것은 적극적으로 음란물을 관람하게 한 행위로 봐야 하며 시행령이 아닌 풍속영업규제법에서 숙박업을 풍속업에 해당한다고 규정하고 있는 만큼 원고의 주장은 이유 없다"고 유죄판결 이유를 설명했다.

2 음란 남성용 자위기구의 노골적 사진 게재, 벌금 300만원

C(33)씨는 자신이 운영하는 인터넷 성인용품 쇼핑몰 사이트에 여성의 특정 신체부위의 모습과 색상이 거의 그대로 표현된 남성용 자위기구 사진을 올려 판매하다 정보통신망이용 촉진법(음란물 유포)위반 혐의로 기소됐다.

➡ 대법원(2008년) 재판부는 C씨에 대해 벌금 300만원을 선고한 원심을 확정했다. 재판부는 "해당 사진은 여성의 신체가 지나치게 노골적으로 표현돼 있어 일반인의 성적 수치심을 해치고 선량한 성적 도의관념에 반해 음란한 영상에 해당한다"고 유죄판결 이유를 설명했다. 또 "철저한 성인인증 시스템을 갖췄다고 항변하나 성인인증을 받은 자들만 접근할 수 있는 사이트에 사진이 전시됐다고 해서 사진 자체의 음란성이나 불특정 다수가 볼 수 있는 공연성이 사라지는 것은 아니다"고 덧붙였다.

3 음란 교복 입은 성인 배우 음란물이라도 아동 · 청소년 포르노로 봐야, 징역 8월

K(41)씨는 성인 배우가 교복을 입고 성행위를 하는 장면을 담은 음란물을 인터넷에 유포한 혐의(아동 · 청소년의 성 보호에 관한 법률 위반)로 기소됐다. K씨는 "일본 업체들이 성인 배우들을 출연시켜 제작한 것을 입수해 올린 것으로, 성인 배우임을 알 수 있기 때문에 아동 · 청소년 음란물이 아니다"라고 항변했다.

➡ 수원지방법원(2013년) 재판부는 K씨에게 징역 8월을 선고했다. 재판부는 실제 아동 · 청소년 이용 음란물로 규정하던 '아동 · 청소년의 성 보호에 관한 법률'이 2011년 9월 개정돼 아동 · 청소년으로 인식될 수 있는 사람이나 표현물이 등장하는 경우로 범위가 확대된 점을 들어 피고의 주장을 받아들이지 않았다. 재판부는 "등장하는 인물이 실제 성인으로 알려졌다고 하더라도, 학생으로 연출된 사람의 성행위를 내용으로 하고 있으므로 아동 · 청소년 음란물로 봐야 한다"고 판결 이유를 설명했다.

4 음란 여학생 독사진 촬영 때 바지 내리고 몰래 함께 찍는 사진사, 음란죄 아닌가?

사진관을 운영하는 C(40)씨는 여고생이 증명사진을 찍으러 오면 사진을 찍기 위해 준비하는 과정의 마지막 단계에서 의자 뒤쪽에 가서 자신의 바지를 내리고 타이머를 사용해 학생과 자신의 나체가 함께 등장하는 사진을 찍곤 했다. 학생에게는 학생만 등장하는 사진을 주고 자신이 등장하는 사진은 자기 컴퓨터에 보관해 왔다. 이렇게 찍은 사진파일이 120개 쯤 된다. 그러던 어느 날 함께 따라온 친구에게 들켰다. 검찰은 C씨를 아동 · 청소년 성 보호법 상 음란물 제작 혐의로 구속 기소됐다.

➡ 서울고등법원(2012년) 재판부는 C씨에게 무죄를 선고했다. 재판부는 "법조문엔 음란물에 아동 · 청소년으로 보이는 사람이 성적인 행위의 주체로 등장할 때 이를 제작한 사람을 처벌하게 돼 있는데, C씨의 경우엔 몰래 자신의 신체 일부를 노출한 것이어서 처벌대상이 아니다"라고 판결 이유를 설명했다.

해설 여러 사람 앞에서 자신의 신체 부위를 노출하는 경우엔 경범죄의 대상인 과다노출이나 또는 형법상 '공연음란죄'로 처벌해왔다. 하지만 C씨의 경우엔 상대방이 사실상 몰랐다는 점에서 이 규정을 적용하기도 어렵다.

5 음란(외국) 아동 포르노 2만 6000건 내려받은 방송사 사장, 징역 1000년

미국의 지역방송사 사장(피터 멀로이 · 64)이 인터넷에서 아동 포르노 2만 6000건을 내려받아 갖고 있다가 적발됐다. 검찰은 이 아동 포르노 다운로드 가운데 50건에 대해서만 정식으로 기소했다.

➡ 미국 조지아주 트루프 카운티 고등법원(2013년) 재판부는 지역방송사 TV33의 사장 피터 씨에게 징역 1000년을 선고했다. 재판부는 50건을 각각 징역 20년씩 계산

해서 징역 1000년을 선고한 것이다. 재판부는 "포르노 속의 어린이 하나하나가 모두 이번 사건의 피해자라고 봐야 하기 때문에 검찰의 주장을 받아들였다"고 중형판결 이유를 설명했다.

해설 우리나라에선 아동 포르노물의 유통 · 소지에 대해 너무 관대하다. 아동청소년 성 보호에 관한 법률에 의하면 아동 포르노 소지자를 2000만원이하의 벌금에 처하도록 규정하고 있을 뿐이다.

자본시장과 금융투자업에 관한 법률 위반 주식시세조작으로 부당이득 챙겨, 징역 1년 6월

L(44)교수는 자신과 아내, 친구 등 여러 명의로 된 증권계좌 40여개를 이용해 상장주식 10여개의 주가를 조작한 뒤 매매해 10억원의 부당이득을 얻은 혐의(자본시장과금융투자업에 관한 법률 위반)로 기소됐다.

➡ 서울남부지방법원(2011년) 재판부는 L교수에게 징역 1년 6월에 집행유예 2년을 선고했다. 그리고 주가조작으로 이득을 본 금액 전액을 추징 결정했다. 재판부는 "피고 L씨는 주식시장이 개장하자마자 전날 직전가로 수십만 주의 주식을 사들인 뒤 곧바로 5~70원 비싼 가격에 매수 주문하는 수법으로 주가를 끌어올렸다. 또 주식시장이 끝날 무렵에는 직전보다 5원 비싼 가격에 사들여 자신이 보유한 주식이 고가를 유지한 상태로 장이 마감되도록 조작했다. 그리고는 다음 날 아침 개장과 동시에 전날 사들였던 주식 전부를 종가보다 높은 가격에 팔겠다고 주문한 뒤 그 가격으로 해당 주식에 대한 시장의 수요가 높다고 착각하게 만드는 방법으로 자신의 돈 뿐 아니라 지인들로부터 건네받은 돈까지 이용해 주가조작을 감행했다"고 유죄판결 이유를 설명했다.

1 자살 분신 협박 실연남에 라이터 건넨 새 남친, 자살방조죄 아니다

P(26)씨는 옛 여자친구 M양을 찾아가 "네가 보는 앞에서 죽을 테니 평생 후회하며 살라"고 협박했다. 그러나 M양이 아랑곳하지 않자 P씨는 온몸에 휘발유를 끼얹은 뒤 M양이 새 남자친구 J(29)씨와 함께 탄 승용차를 막고서 "차에서 내리지 않으면 몸에 불을 붙이겠다"고 협박했다. J씨는 "죽을 테면 죽어봐"라며 창밖으로 라이터를 던졌다. P씨는 30초가량 머뭇거리다 라이터로 불을 붙여 화상을 입은 채 사망했다. J씨는 자살방조죄 혐의로 불구속 기소됐다. 1심 재판부는 J씨에게 미필적 고의를 인정하여 징역 1년의 실형을 선고하고 법정 구속했다. J씨는 항소했다.

➡ 대법원(2008년) 재판부는 J씨에게 무죄를 선고했다. 재판부는 "라이터를 건네주고 '죽어 보라'고 말한 것은 P씨의 자살을 용이하게 해 주기 위해서가 아니라 역설적으로 실제 죽지 않을 것이라는 전제가 있었던 것으로 보인다"고 무죄판결 이유를 밝혔다. 재판부는 "자살방조죄가 성립하려면 우선적으로 피해자가 자살하겠다는 결의를 가져야 하고, 피고인이 이를 인식하고 있어야 한다"고 지적하면서 "그러나 P씨가 휘발유를 몸에 뿌리기 전 담배와 라이터가 젖지 않도록 친구에게 맡겨둔 점, 사전에 유언을 남기지 않은 점 등을 볼 때 진지하게 자살을 결의한 것으로 보기 어렵고 분신협박도 자신의 사랑을 표현하기 위한 행위였던 것으로 보이는 만큼 P씨의 자살은 충동적으로 일어난 일로 봐야 한다"고 덧붙였다.

2 자살 외도 추궁하다 자리 비운 사이 아내 투신자살, 남편 책임 없어

Y(45)씨는 자신의 집 안방에서 부인 P(39)씨에게 외도 사실을 추궁했다. P씨가 Y씨를 피하기 위해 방을 나가려 할 때마다 머리채를 잡아끌어 앉히고 침대로 방문을 막는 등 부인을 감금한 뒤 욕설과 폭행을 반복했다. P씨는 "사실대로 말할 테니 물 한잔 갖다 달라"고 말한 뒤 남편 Y씨가 잠시 방을 나간 사이 5층 베란다 창문을 통해 뛰어내려 숨졌다. 검찰은 "남편 Y씨의 감금과 폭행을 견디지 못한 부인이 급박하게 도망가려다 숨졌다"며 Y씨에게 부인 P씨의 사망 책임을 물어야 한다며 감금치사 혐의로 기소했다.

➡ 1심 재판부는 Y씨에게 징역 6월과 집행유예 1년을 선고했다. 재판부는 "Y씨가 부인 P씨의 추락까지 예견하지는 못했을 것"이라며 "감금죄만 인정하고 사망 책임은 묻지 않았다"고 판결 이유를 밝혔다. 검찰은 항소했다.

➡ 서울고등법원(2008년) 재판부는 원심을 유지했다. 재판부는 "감금의 정도가 중하지 않고, 사고 당시 남편 Y씨는 냉장고로 가 있어 아내 P씨는 급박한 위해상태에서 벗어나 있었던 것으로 보인다"며 덧붙였다.

저작권법 위반 누리꾼 불법복제 방조로 저작권 침해 충분히 예견했다면 유죄

Y씨 형제는 음악파일을 주고받을 수 있는 개인파일 공유(P2P)사이트 '소리바다'를 개발하고 운영해 음반사들의 복제 · 배포권을 침해하고 누리꾼들이 저작권을 침해하도록 방조한 혐의(저작권법 위반)로 기소됐다.

➡ 대법원(2007년) 재판부는 피고에게 일부 유죄취지로 사건을 서울중앙지법으로 돌려보냈다. 재판부는 "피고인들은 P2P프로그램을 이용한 음악파일 공유행위가 대

부분 '정당한 허락 없는 음악파일복제'라는 결과에 이르게 됨을 예견하면서도 웹사이트를 통해 소리바다 프로그램을 널리 제공해 사용자들이 내려받을 수 있게 했다"고 밝혔다.

해설 원심은 저작권자로부터 구체적인 침해내용을 통지받았을 때만 사이트 운영자에게 저작권침해 방지의무가 있다고 봤으나 대법원은 일부 누리꾼의 불법행위는 피고인들이 예견할 수 있었고 그런 불법행위를 방조한 것에는 고의성이 있다고 판단한 것이다.

1 절도 **'8천원 절도' 발뺌하다가 징역 2년 6월**

대학교 연구원 S(여 · 45)씨는 할인마트에서 돼지고기 1072g(시가 8040원)을 구입한 뒤 계산하지 않고 나오다 직원들에게 붙잡혀 벌금 1000만원을 선고받았으나 이에 불복하고 항소했다. 이 과정에서 S씨는 범행을 은폐하기 위해 친척들에게 허위 증언을 시키고 할인점 매장 직원 7명을 무고죄로 고소한 혐의(위증, 위증교사, 무고 등)로 구속됐다.

➡ 부산지방법원(2007년) 재판부는 S씨에게 징역 2년 6월을 선고했다. 재판부는 "피고인 S씨는 절도를 은폐하기 위해 자신이 짜놓은 각본대로 진술할 증인을 내세워 허위 증언케 하고 범행을 직접 목격하고 신고한 매장 직원을 무고하는 등 죄질이 나쁘다"고 유죄판결 이유를 밝혔다. 또 "범행이 발각됐을 때 피고인이 사과하고 값을 치렀다면 집에서 돼지고기 요리를 곁들여 조용한 저녁시간을 보낼 수 있었을 것"이라며 "그러나 피고인은 오히려 법원의 무능으로 자신의 무죄가 밝혀지지 못했다고 항변하는 등 악의적으로 행동했다"고 덧붙였다.

2 절도 **일본에서 한국문화재(고미술품) 훔친 죄, 한국 법원에서 징역 7년**

주범 K(46)씨와 공범 S(38)씨는 여권을 위조해 일본에 잠입한 후 일본 도쿄시내에서 고미술상을 운영하는 일본인 S(65)씨 집에 침입해 부인을 폭행하면서 수면제를 먹여 탈출하지 못하게 하고 지하실에 있는 한국문화재인 도자기 18점(시가 240억원)을 훔쳤다. 그 중에는 조선왕실에서 쓰는 국보급 청화백자 1점(감정가 150억원)도 있었다. 3년 후 서울에서 용의자 S씨는 체포되어 징역 3년 6월이 선고됐다. 주범 K씨는 일본에서 도피생활 중 공무집행방해죄로 옥살이를 하다가 한국으로 추방된 후 체포되어 일본에서 저지른 범행(강도 상해) 혐의로 기소됐다.

➡ 서울남부지방법원(2011년) 재판부는 K씨에게 징역 7년을 선고했다.

3 절도 **현금카드 도용 피해 보상, 본인 무과실 입증해야**

A시중은행이 카드 도용 피해를 본 고객 J씨를 상대로 낸 청구 이의소송에서 원고 승소한 원심을 확정했다. J씨는 만취한 상태에서 지갑을 도둑맞고 다음날 도난 신고를 했지만, 누군가가 지갑에 있던 신용카드로 현금서비스 및 예금출금 방식으로 700만원을 빼내가자 은행을 상대로 피해금액을 되돌려달라는 강제집행신청을 냈다.

➡ 대법원(2009년) 재판부는 "신용카드 회원은 제3자 부정사용에 대해 책임을 면하기 위해서는 분실 및 비밀번호 누설에 과실이 없음을 입증해야 한다"면서 원고승소 판결을 확정했다. 1심 재판부는 "피고 J씨가 범인의 사진을 보고도 전혀 알지 못했으므로 비밀번호를 고의 또는 과실로 유출했다고 볼 수 없다"며 은행의 책임을 60%로 보고 420만원을 지급하라고 판결했다. 그러나 항소법원은 피고가 만취상태여서 무의식중에 비밀번호를 알려줬을 가능성을 배제할 수 없다며 1심을 깨고 A은행 측의 손을 들어줬다.

4 절도 **손자가 할아버지 돈 몰래 자기계좌로 컴퓨터 이체, 친족상도례 적용 못해**

J(28)씨는 친할아버지 통장을 훔쳐 예금 57만원을 자기계좌로 이체한 혐의(컴퓨터등 사용 사기)로 기소됐다.

➡ 대법원(2007년) 재판부는 '**친족상도례**(親族相盜例)'를 이유로 형을 면제한 원심을 깨고 사건을 광주지방법원으로 돌려보냈다. 재판부는 "예금이 인출된 금융기관도 범죄의 피해자이기 때문에 친족사이의 범행을 전제로 한 친족상도례를 적용할 수 없다"고 판결 이유를 밝혔다.

> 해설 **'친족상도례'**는 형법(제328조)에 근거한 것으로, 직계 혈족 등 가까운 친족 간에 절도 · 사기 · 공갈 · 배임 등 재산범죄가 발생했을 때 당사자의 고소가 없을 경우 형을 면제하거나 공소제기를 하지 않는 것이다. '법은 가정에 침입하지 않는다'는 로마의 법언(法言)이 이론적 배경이다. 형의 면제는 유죄는 인정하되 처벌하지 않는 것으로 수사 기관에 범죄기록은 남게 된다.

5 절도 **낮에 주거 침입 후 밤에 절도 범행, 야간 주거침입죄 아니다**

H(31)씨는 오후 3시경 모텔에 숨어들어가서 빈 객실에 머물러 있다가 해가 진 뒤인 오후 9시쯤에 객실에 있던 시가 3만원짜리 LCD모니터를 훔쳐 달아났다가

체포되어 야간 주거침입절도 등의 혐의로 기소됐다. 1 · 2심 재판부는 법정형량이 야간 주거침입절도죄(10년 이하의 징역형)보다 낮은 주거침입죄와 절도죄의 경합범으로 판단해 징역 1년 6월을 선고했다.

➡ 대법원(2011년) 재판부는 H씨에게 원심대로 확정했다. 재판부는 “형법은 야간에 이뤄지는 주거침입의 위험성 때문에 이에 따른 절도를 무겁게 처벌하는 것이므로 주거침입이나 절도 행위 중 어느 하나가 야간에 이뤄졌다고 해서 야간 주거침입절도가 성립한다고 볼 수는 없다”고 판결 이유를 설명했다.

정보공개법 위반 사생활 정보가 담긴 검찰 진술, 공개대상 아니다

M(44)씨는 자신이 사기 혐의로 고소한 P씨가 무혐의 처분을 받자 관할지검에 진술조서 등 수사기록을 공개하라는 청구를 했다. 검찰은 진술조서는 개인정보가 들어있어 사생활을 침해할 수 있다며 비공개 결정을 내렸다. 이에 M씨는 소송을 냈다. 1 · 2심 재판부는 “개인정보가 들어 있지 않은 부분에 대해 신중히 판단해 공개하라”고 판결했다.

➡ 대법원(2012년) 재판부는 원심과 같은 취지로 판결했다. 재판부는 “주민등록번호, 직업, 주소, 전과, 병역, 재산과 월수입, 종교, 연락처 등 개인의 신상에 관한 정보를 빼고 나머지만 공개하라”고 판결했다. 또 “공개되었을 경우 인격적 · 정신적으로 지장을 초래하거나 사생활을 침해할 위험성이 있는 정보도 제외돼야 한다”면서 “개인은 정보공개를 청구할 권리가 있지만, 정보를 공개하지 않아 지켜지는 사생활의 가치도 함께 비교해 공개여부를 신중히 판단해야 한다”고 판결 이유를 밝혔다.

정치자금법 위반(외국) 주지사가 연방 상원 의원 자리 매관매직하려다 들통, 징역 14년

일리노이주 주지사 블라고예비치(54)는 이민 2세로 구두닦이, 피자배달로부터 시작해 주지사까지 오른 ‘아메리칸 드림’의 표상이다. 그는 버락 오바마 대통령의 대선승리로 공석이 된 일리노이주 연방 상원 의원 자리를 특정인을 지명하는 대가로 150만 달러의 정치자금을 요구했다가 전화통화 감청을 통해 수사당국에 발각되어 자택에서 체포됐고 불법 정치자금수수 미수혐의로 기소됐다.

➡ 시카고 연방법원(2011년) 재판부는 14년 징역형을 선고했다. 재판부는 “블라고예비치가 실제 돈을 받지 않았다 해도 요구한 현금액수가 형량을 결정짓는데 고려됐다”고 판결 이유를 설명했다.

해설 일리노이주에서는 상원의원이 공석이 되면 주지사가 지명권을 갖는다. 피고 주지사가 일리노이주 연방상원의원(일명 '오바마 자리')이 공석이 되니까 지명권으로 매관매직하려 했던 것이다.

존엄사 회복 불가능한 환자 연명치료 강요는 인간 존엄 해치는 것

식물인간 상태인 K(여 · 77)씨의 가족이 "무의미한 연명치료를 중단해 달라"며 Y대 부속 병원을 상대로 소송을 냈다.

➡ 대법원(2009년) 재판부는 인공호흡기에 의존해 숨만 쉬고 있을 뿐 의식을 회복할 가능성이 없는 환자가 단지 이 상태를 유지하기 위한 치료를 원하지 않는다고 판단되면 **'인간답게 죽을 권리'**를 인정해야 한다고 원고에게 승소 판결했다. 재판부는 "환자가 더는 인간으로서 활동할 수 없는 회복 불가능 상태에 빠졌다면 이미 '죽음의 과정'이 시작된 것"이라며 "이런 환자에게 연명치료를 강요하는 것은 오히려 인간의 존엄과 가치를 해치는 것"이라고 판결 이유를 밝혔다. 대법원은 또 "환자의 연명치료중단 의사를 판단할 때, 의사나 가족 친지에게 명확하게 의사를 밝혔는지, 환자의 나이나 고통정도는 어떤지, 의사로부터 충분한 의학적 정보를 제공받았는지 등을 고려해야 한다"고 덧붙였다.

해설 **'존엄사'(尊嚴死 · 소극적 안락사)**란 죽음에 직면한 환자가 품위 있는 죽음을 맞도록 하기 위하여 생명유지 조치를 중지하는 것을 말한다. 이번 대법 판결은 존엄사를 인정하는 대법원의 첫 판결이다. 일종의 치료행위로 보아 위법성이 조각된다고 보는 것이 다수설이다.

증권거래법 위반 사소한 미공개 정보라도 그것으로 차익 봤다면 내부거래

K전자 부품연구원 책임연구원 L씨는 미공개정보를 이용해 '플래닛 82'주식을 사들인 혐의(증권거래법 위반)로 기소됐다. '플래닛 82'는 빛을 영상으로 바꿔주는 '나노이미지센서'를 세계 최초로 개발했다고 공시해 잠시 화제가 됐으나 허위공시, 주가조작 등 혐의로 검찰수사를 받기도 했고 결국 상장 폐지된 기업이다.

➡ 대법원(2010년) 재판부는 피고 L씨에게 징역 6월에 집행유예 2년을 선고한 원심을 확정했다. 재판부는 "내부자 거래는 적극적으로 내부정보를 이용한 경우는 물론이고 석연치 않은 단 하나의 이유가 있어도 해당된다"며 "주식을 대량 매수한 점과 L씨

의 지위 등으로 볼 때 내부정보를 이용했다는 원심 판단은 옳다"고 판시했다. 또 재판부는 "나노이미지센서 기술개발이 완료됐다는 신문기사가 당시 사건 전에 나온 점은 인정되나 시연회 개최에 대한 언급이 전혀 없었던 점에 비춰볼 때 미공개 정보를 이용했다는 원심 판단은 옳다"고 덧붙였다.

파견근로자 보호법 위반 자동차업계 파견근로, 도급 아닌 불법파견으로 위법

미국 제너럴모터스(GM)가 대우자동차를 인수할 당시(2002년) 6개의 협력업체에서 근로자 843명을 파견 받아 생산라인에서 일하도록 한 혐의(파견근로자 보호 등에 관한 법률 위반)로 초대 사장(데이비드 닉 라일리 · 64)이 기소됐다. 1심 재판부는 "파견근로자가 아니라 적법한 도급계약"이라며 무죄를 선고했다. 2심 재판부는 "형식적으로 도급계약을 맺었지만 실제로는 불법파견 형태의 근로계약을 체결한 점이 인정된다"며 벌금형을 선고했다.

➥ 대법원(2013년) 재판부는 라일리 사장에게 벌금 700만원을 선고한 원심을 확정했다. 또 소속 근로자를 불법파견한 협력업체 대표 K(57)씨 등 6명에게 벌금 300~400만원을 선고한 원심도 확정했다. 재판부는 "GM대우와 협력업체가 맺은 도급계약의 내용과 실제업무 등을 감안할 때 협력업체 근로자들을 GM대우의 지휘 · 명령아래 근무하는 '근로자 파견' 관계에 있었다고 본 원심은 정당하다"고 유죄판결 이유를 밝혔다.

해설 자동차 업계의 파견근로에 대해 형사책임을 인정한 대법원의 첫 확정판결이다. 도급계약을 맺은 사내 하청 근로행위가 '도급'인지 '파견'인지가 쟁점이다. 도급은 완성된 결과물을 기준으로 보수를 지급하는 반면 파견은 근로자가 원청업체의 실질적 근로감독을 받으며 일하게 하는 방식이다. 파견근로자 보호법은 자동차생산과 같은 제조업에는 파견을 허용하지 않고 있다.
자동차업계에서 사내 하청업계와 도급계약을 맺고 근로자를 공급받은 뒤 정규직 직원과 마찬가지로 작업지시를 하는 등 편법 파견근로 행위가 이뤄진다는 논란이 많았다. 파견된 직원의 보수는 정규직원보다 열악하다. 이 판결에 대해 노동계는 환영하였다.

폭발물 제조 형법상 '폭발물'은 폭발력이 강력해야 해당, 사제폭탄 폭발범 감경형

K(44)씨는 서울역과 서울강남고속버스터미널에서 사제폭탄을 터트린 혐의로 기소되어 1심에서 징역 5년, 2심에서 '위력이 크지 않고 피해자와 합의한 점' 등을 이유로

1년 감형받고 상고했다. K씨는 당시 **선물투자** 실패로 수억원의 손실을 보고 이를 벌충해 보려고 **풋옵션**(put option)을 미리 사 놓은 뒤 폭발물을 터트리면 사회가 혼란해져 주가가 떨어질 것으로 보고 그때 시세차익을 얻으려고 계획한 것으로 조사됐다.

➡ 대법원(2012년) 재판부는 원심(징역 4년)을 깨고 사건을 서울고등법원으로 돌려보냈다. 재판부는 "K씨가 만든 사제폭탄은 공공의 안전을 문란하게 하거나 사람의 생명, 신체 또는 재산을 해할 정도의 성능이 없고, 경미하게 손상시킬 수 있는 정도에 그쳤다"며 "이를 형법 제119조 1항에 규정된 '폭발물'에 해당한다고 본 원심은 위법하다"고 판결 이유를 밝혔다.

해설 형법 제119조 1항은 폭발물을 사용해 공안을 문란하게 했을 때 적용되며 법정형이 사형, 무기 또는 7년 이상의 징역으로 살인 · 상해죄 보다도 무겁게 규정해 놨다. 반면에 사람의 생명, 신체 또는 재산에 대해 위험을 발생시킨 자를 처벌하는 형법 제172조는 법정형이 1년 이상의 유기 징역이다.
'선물투자'란 수량, 규격, 품질 등이 표준화되어있는 상품 또는 금융자산에 대하여 현재 시점에서 결정한 가격(선물가격)으로 미래 일정한 시점에 인수/인도할 것을 약정하는 거래에 투자하는 것을 말한다.
'옵션계약'(option contract)은 계약의 성립조건을 충족하고 청약자가 청약취소 권리를 제한하는 계약을 말한다. 옵션계약은 승낙자를 청약자의 임의계약 취소로부터 보호하는 계약이다.
'콜 옵션'은 수혜자가 승인자에게 합의된 가격에 재산권을 매도해 줄 것을 요구할 수 있는 것이고,
'풋 옵션'은 수혜자가 승인자에게 합의된 가격에 재산권을 매도하겠다고 요구할 수 있는 것이다.

1 폭력 이유없이 여고생이 또래 친구 때려 정신장애 발생, 징역형

N(17)양과 M(17)은 자신들을 흉보고 다닌다는 이유로 친구 K양과 L양을 상습적으로 때려 정신장애까지 입힌 혐의(폭력행위 등 처벌에 관한 법률 공동상해)로 불구속 기소됐다.

➡ 서울남부지방법원(2012년) 재판부는 N양에게 장기 2년 6월에, 단기 2년, M양에게 장기 2년에 단기 1년 6월의 징역형을 선고하고 법정 구속했다. 재판부는 "N 및 M양 등은 노래방과 아파트 놀이터, 지하주차장 등에서 집단으로 납득할 만한 이유도 없이 폭력을 행사해 K양과 L양에게 골절상과 타박상을 입히고 급성 스트레스성 정신장애까지 유발시켜 대인기피증, 우울증 등 치유하기 힘든 후유증을 남기게 하는 등 사안이 중대해 중형 선고가 불가피하다"고 판결 이유를 밝혔다.

해설 소년법 대상인 만19세 미만의 소년범은 장기와 단기를 정하는 부정기형을 선고하고 단기가 지난 후 개선 여부에 따라 빠른 출소가 가능하다.

2 폭력 경찰관의 부당한 직무집행행위, 폭력으로 대항하면 정당방위 아니다

K(43)씨와 P(35)씨는 서울에서 열리는 한 · 미자유무역협정(FTA) 반대집회에 참가하기 위해 광주에서 전세버스를 타고 출발하려고 했으나 경찰이 버스를 가로막자 의경들에게 돌멩이를 던지고 PVC 파이프를 휘두른 혐의(특수 공무집행 방해죄)로 기소됐다. 원심은 "경찰의 봉쇄 조치는 직무범위를 넘은 행위이며 적법한 직무집행이 아니다"며 "K씨와 P씨의 행동은 정당방위에 해당하거나 위법한 직무집행에서 벗어나려는 소극적인 방어행위"라며 무죄를 선고했다.

➥ 대법원(2009년) 재판부는 원심을 파기하고 유죄 취지로 사건을 광주지법으로 돌려보냈다. 재판부는 "경찰이 적법한 직무집행을 한 것은 아니지만 피고인들이 경찰관들을 때리는 등 폭행행위를 한 것은 소극적 방어행위를 넘어서 공격의 의사가 포함된 것"이라며 유죄로 판단한 이유를 밝혔다.

3 폭력 도로 불법 점거한 폭력시위 주동자, 징역 2년

민주노총 부위원장 H(52)씨 등은 여의도 국회의사당 앞에서 조합원 3000여명과 함께 비정규직 법안이 국회를 통과한 것에 항의하면서 비정규직 권리보호 등을 요구하며 불법 · 폭력 시위를 주도한 혐의로 기소됐다. 당시 시위대는 국회의사당 앞 도로에 설치된 경찰저지선을 넘어 의사당 쪽으로 진출을 시도했고 경찰이 기동대 버스로 차벽을 설치해 막자 미리 준비한 죽봉과 쇠파이프를 휘둘렀다.

➥ 대법원(2008년) 재판부는 원심대로 H씨에게 징역 2년에 집행유예 3년을, 그리고 민주노총 조직국장 P씨에 대해서는 징역 1년 6월에 집행유예 3년을 확정했다. 재판부는 "당시 민주 노총지도부가 집회를 주도했고 일부 조합원이 죽봉 등을 휴대한 점을 알고 있었으며, 도로를 점거함으로써 경찰과 몸싸움이 벌어질 것을 충분히 예견할 수 있었다"며 "불법 · 폭력 집회의 공모공동정범으로서 책임을 피할 수 없다고 본 원심 판단은 정당하다"고 유죄판결 이유를 설명했다.

4 폭력(외국) 프로레슬링, 각본 안 따르면 폭행죄 → 벌금 78만엔

세도 지니어스(40)라는 프로레슬러가 프로레슬러 출신 자민당 참의원 오니타 아쓰시(47)와 태그매치를 가졌다. 경기종료 후 세도가 오니타를 발로 찬 것이 장외 난투극으로 번져 오니타 세컨드가 세도의 얼굴과 머리를 발로 차 세도는 두부 외상의 진단을 받고 손해배상 청구소송을 냈다.

➡ 도쿄 고등법원(2006년) 재판부는 오니타에게 78만엔을 배상하라고 판결한 1심 법원 판결을 지지했다. 재판부는 "프로레슬러 양자 간에 미리 협의한 '줄거리'가 있으며 그 범위 밖의 폭행은 위법이다"고 판시하면서 "장외난투는 흥행으로서의 프로레슬링과는 이질적인 폭행이고 세컨드의 위법행위에 대해서는 오니타에게 사용자 책임이 인정된다"고 유죄판결 이유를 밝혔다.

> **해설** 일본 프로레슬링 평론계는 프로레슬링의 승패는 대개 미리 결정된다며 팬들도 대개 승패를 미리 짐작하고 있으면서도 경기의 과정이나 공방을 즐기는 것인데 법원이 프로레슬링을 전혀 모른다고 비판했다.

1 협박 진로방해 · 위협운전, 협박죄

L(51)씨는 경부고속도로 금강휴게소 부근을 주행하던 중 운전 중인 C씨와 시비가 붙었다. C씨가 휴게소에서 고속도로에 진입할 때 양보해 주지 않았다는 이유로 L씨에게 상향등을 깜빡이며 항의한 것이다. 이에 기분이 상한 L씨는 20여분간 16km를 달리며 C씨의 차량 앞으로 급히 끼어들거나 차로를 바꾸며 운전을 방해했다. 차를 세우라고 위협을 가하기도 했다. C씨는 L씨를 협박 혐의(폭력행위 등 처벌에 관한 법률상 협박)로 기소했다.

➡ 1 · 2심은 L씨에게 이미 도로교통법위반 혐의로 범칙금을 부과 · 납부했다며 면소(공소권이 없다고 소송을 종결시키는 것) 판결을 내렸다.

➡ 대법원(2012년) 재판부는 면소 판결한 항소심을 깨고 사건을 유죄 취지로 대전지방법원으로 돌려보냈다. 재판부는 "L씨가 도로교통법을 위반해 범칙금 4만원을 냈다고 하지만 도로교통법상 난폭운전을 한 것과 다른 운전자를 협박한 행위는 별개로 봐야 한다"며 "이를 동일한 행위로 판단해 면소를 선고한 항소심 판결은 법리를 오해했다"고 밝혔다.

2 협박 10대 소녀와 '변태 성행위' 후 촬영한 동영상으로 협박, 징역 2년 6월

K(39)씨는 인터넷 채팅으로 만난 L(14세)양과 2년 동안 돈을 주고 이른바 '원조교제'를 해 왔다. L양이 관계청산을 요구하자 촬영해 두었던 동영상을 인터넷에 유포하겠다고 협박했다. K씨는 L양으로 하여금 변태 성행위에 응하도록 강요하고 그 장면을 친구 A(40)씨와 B(49)씨가 촬영하도록 하고 보관해 뒀었다. K씨 등은 청소년 성 보호에 관한 법률위반 혐의로 기소됐다.

➡ 서울서부지방법원(2009년) 재판부는 K씨에게 징역 2년 6월을 선고했다. 또 이 범행에 가담한 A씨에게 징역 2년 6월에 집행유예 3년을, B씨에게 벌금 500만원을 각각 선고했다. 재판부는 "K씨는 2년에 걸쳐 나이 어린 청소년 L양의 성(性)을 샀을 뿐 아니라 공범들이 지켜보는 가운데 성행위를 하고 이를 촬영하게 한 점, L양이 우울증으로 정신병원에 입원하고 자살까지 시도한 점 등을 감안하면 이들에 대한 벌이 결코 무겁다고 볼 수 없다"고 유죄판결 이유를 밝혔다.

3 협박 "나 경찰관인데 친구 돈 안 갚으면 문제 삼겠다", 협박죄 → 벌금 300만원

지방경찰서 정보보안과 경찰관 J(48)씨는 빌려준 돈을 돌려받지 못하고 있는 친구 K씨를 상담 차 만났다. K씨는 L씨에게 6억원을 빌려줬다가 떼일 처지에 놓여 있었다. K씨의 사정을 들은 J씨는 그 자리에서 L씨에게 전화를 걸어 "경찰서 정보과에 근무하는 형사인데, 집안 동생인 K씨에게 빌린 돈을 언제 줄 거냐. 빨리 안 갚으면 상부에 보고해 문제 삼겠다"고 말했다. K씨는 J씨의 집안 동생이 아니었고, 당시 J씨는 두 사람 간 금전거래를 정식으로 수사하거나 내사하는 상황도 아니었다. 돈을 빌린 L씨는 "당시 J씨의 말을 듣고 전혀 두려움을 느끼지 않았다"고 진술했지만 검찰은 J씨를 협박 혐의로 기소했다.

➡ 대법원(2007년) 재판부는 J씨에게 벌금 300만원을 선고한 원심을 확정했다. 재판부는 "상대방이 공포심을 일으킬 수 있는 정도로 의미를 인식케 했다면 이는 상대방이 현실적으로 공포심을 가졌는지 여부와 상관없이 협박죄의 구성요건을 충족한 것으로 간주된다"고 유죄판결 이유를 밝혔다. 또 "J씨가 정보과 경찰관의 지위를 내세워 빨리 변제하지 않으면 상부에 보고하겠다고 이야기한 것은 객관적으로 공포심을 일으키기에 충분했고, 피해자도 그 취지를 인식했음이 명백하다"고 덧붙였다.

4 협박 기자의 "취재 불응하면 취재된 대로 불리한 보도하겠다", 협박죄 아니다

주간잡지 취재부장 C(50)씨는 '법무사 J씨가 70대 노인에게서 가족 대신 수십억원대의 재산을 증여받고서도 노인을 방치하고 탈세를 저질렀다'는 제보를 받고서 취재하려하자 J씨가 불응했다. C씨는 'J씨에게 불리한 내용을 보도하겠다'며 두 차례 협박한 혐의(협박죄)로 기소됐다.

➡ 대법원(2011년) 재판부는 C씨에게 징역 8월에 집행유예 2년을 선고한 원심을 깨고 무죄 취지로 사건을 서울북부지방법원으로 돌려보냈다. 재판부는 "취재에 응하라고 요구하고 불응하면 취재한 대로 보도하겠다고 한 것이, 설령 협박죄에서의 '해악의 고지'에 해당한다 해도 보도를 위한 신문기자로서의 일상적인 업무범위에 속하는 것이어서 사회상규에 반하지 않는 행위로 봐야 한다"고 무죄판결 이유를 설명했다.

1 횡령 차명계좌의 비자금, 사용하기 전이라면 횡령죄 안 돼

D제약회사 대표이사 O씨는 **화의**(和議) 상태인 회사의 대표로 있으면서 회사 법인계좌에서 리베이트 비용 등으로 100억원의 돈을 빼돌려 비자금을 조성하고 8억원을 차명계좌에 보관해 온 혐의(범죄수익은닉의 규제 및 처벌에 관한 법률 위반)로 기소됐다.

➡ 1심 재판부는 징역 2년 6월에 집행유예 4년을 선고했다. 항소심에선 무죄를 선고했다.

➡ 대법원(2006년) 재판부는 범죄수익은닉의 규제 및 처벌에 관한 법률 위반 혐의 부분을 무죄로 선고한 원심을 확정했다. 재판부는 "피고인이 회사자금을 인출해 차명계좌로 보관했더라도 비자금을 사용할 때 비로소 횡령행위가 이뤄졌다고 볼 수 있다"고 무죄판결 이유를 밝혔다.

해설 **'화의'**란 지급불능 채무자의 채권자들이 즉시 지불받기 위하여 자신의 채권액보다 적은 액수를 변제받기로 합의하는 것을 말한다. 채권자는 각자의 채권액의 동등한 비율만큼 예를 들면 1달러에 25센트의 비율만을 받기로 하는 합의 같은 것이다.

2 횡령 **악의로 명의 신탁된 땅의 수탁자의 임의 처분, 횡령죄 아니다**

P씨는 1991년 지인 Y(65)씨를 전면에 내세워 S씨의 땅 2922m²를 샀다. 소유권 이전등기도 Y씨 명의로 했다. P씨가 Y씨에게 이른바 '계약명의 신탁'을 한 것이다. P씨는 1995년 부동산 실명제법이 시행되었는데도 자기명의로 변경하지 않았다. 그러다 Y씨가 2008년 시가 6억원의 이 땅에 채권최고액 3억원의 근저당을 설정한 사실을 알게 됐다. P씨는 Y씨를 특정경제가중처벌법상의 횡령혐의로 고소했다.

➡ 1심 재판부는 "Y씨의 횡령혐의는 유죄"라며 징역 2년을 선고했고 2심 재판부도 유죄로 판단해 징역 1년을 선고했다.

➡ 대법원(2012년) 재판부는 원심을 깨고 Y씨에게 무죄를 선고하고 사건을 대전 고법으로 돌려보냈다. 재판부는 "이번 사건은 P씨가 Y씨 명의로 땅을 산다는 사실을 원소유주인 S씨가 알고 매매계약을 체결한 이른바 '**악의**(惡意)의 계약명의 신탁'에 해당한다"며 따라서 "이 경우 소유권이전등기 자체가 무효라서 땅의 소유권자는 아직도 S씨이고 명의수탁자인 Y씨에게 소유권이 넘어간 것이라 볼 수 없기 때문에 횡령죄가 성립되지 않는다"고 무죄판결 이유를 밝혔다.

해설 이러한 사례를 횡령죄로 볼 수 없다는 첫 번째 대법원 판례로 알려지고 있다.
'악의'란 '선의'(善意)에 반대되는 말로서 어떤 사정을 알고 있는 것을 말한다. 도덕적으로 악하다는 뜻이 아니다. 악의의 제3자나 상대방은 거래관계 등에서 법의 보호를 받지 못하도록 하여 선의의 제3자나 상대방을 보호하는데 그 목적이 있다.

3 횡령 **범죄수익금 수탁자가 임의로 사용했다면 횡령죄 되나?**

학원을 운영하는 P(50)씨는 자기 학원의 강사인 G씨로부터 G씨의 처남이 주가조작 · 인수합병 등을 통해 불법 조성한 돈이라며 89억원을 보관해 달라고 부탁해와 보관하고 있던 중 이 중 13억원으로 개인 빚을 갚고, 30억원으로 주식투자를 한 혐의(특정경제범죄가중처벌법상 횡령)로 기소됐다. 1심 재판은 P씨가 맡은 자금이 불법적으로 조성된 돈이라는 것 때문에 횡령죄가 성립되지 않는다고 보고 무죄를 선고했다. 그러나 2심 재판은 G씨가 자금 보관을 부탁한 행위자체가 반사회적이라고 볼 수는 없다는 이유로 P씨에게 횡령죄를 적용하여 유죄를 선고했다.

➡ 대법원(2012년) 재판부는 P씨에게 징역 1년 6월을 선고한 원심을 확정했다. 재판부는 "횡령죄는 다른 사람의 재물을 보관하는 사람이 재물을 횡령하거나 반환을 거부할 때 성립된다"며 "P씨가 보관하던 돈은 배임 및 비상장 주식의 시세조종 등 범죄로 조성된 반사회적 성격의 수익금이기는 하지만 이 자금을 또 다른 범죄행위를 위해 사용하도록 지시하는 등 특별한 사정이 없는 한 P씨는 횡령죄로 형사 처벌대상이 된다"고 유죄판결 이유를 밝혔다.

해설 민법에서는 범죄 등 반사회적 행위에 사용될 것을 알면서도 돈의 보관을 부탁할 경우에는 반환청구권을 인정하지 않고 있지만 이 사례에서는 단순히 보관 중인 상태의 돈을 개인적으로 유용했다는 점을 감안한 판결이다.

중요법률용어 해설

중요법률용어 해설

- **가등기**: 부동산물권(소유권 · 지상권 · 전세권 · 저당권) 및 이에 준하는 권리(임차권)의 변동을 일어나게 할 청구권을 가지는 자의 보호를 위한 일시적 · 예비적 보전수단으로서 인정되는 등기를 말한다. 즉 보전의 목적으로 일정한 청구권을 공시하는 예비등기이다.
- **가석방**: 자유형을 집행 받고 있는 자가 개전(改悛)의 정(情)이 현저하다고 인정되는 때에 형기 만료 전에 조건부로 수형자를 석방하고 일정한 기간을 경과한 때에는 형의 집행을 종료한 것으로 간주하는 제도를 말한다.
- **가압류**: 민사소송법상 인정되고 있는 약식절차의 하나로서, 금전채권이나 금전으로 환산할 수 있는 채권에 대하여 동산 또는 부동산에 대한 장래의 강제집행을 가능케 하기 위한 제도를 말한다.
- **가족관계의 등록 등에 관한 법률**: 국민의 출생 · 혼인 · 사망 등 가족관계의 발생 및 변동사항에 관한 등록과 그 증명에 관한 사항을 규정함을 목적으로 제정된 법(법률 제8435호)을 말한다. 이전에는 호적법(법률 제535호)에서 관장했다.
- **가집행**: 가집행선고 있는 판결에 기한 강제집행을 말한다. 가집행선고 있는 판결은 선고에 의하여 즉시 집행력이 발생한다. 종국적 권리의 만족에까지 이를 수 있다는 점에서 확정판결에 기한 본집행과 다름이 없다.
- **가처분**: 금전채권 이외의 청구권에 대한 집행을 보전하기 위하여 또는 다투어지고 있는 권리관계에 대해 임시의 지위를 정하기 위해 법원이 행하는 일시적인 명령을 말한다.
- **각하(却下)**: 민사소송법상 본안의 재판에 의하여 소에 의한 청구나 상소에 의한 불복의 주장을 이유 없다고 하여 배척하는 기각에 대한 상대개념으로 사용하는 용어로서 소송요건을 구비하지 못한 경우에 본안의 재판을 하지 않고 소송을 종료시키는 것을 말한다.
- **간접증거**: 요증사실을 간접적으로 추인할 수 있는 사실, 즉 간접사실을 증명함에 의하여 요증사실의 증명에 이용되는 증거를 말한다. 정황(情況)증거라고도 한다. 예컨대 범행현장에 남아 있는 지문은 간접증거이다.
- **간통죄**: 배우자 있는 자가 간통함으로서 성립하는 범죄를 말한다. 간통이란 배우자 이외의 자와의 성교를 말한다. 따라서 남녀의 성기의 결합인 성교 이외의 부정한 행위는 해당하지 않는다. 민법상으론 재판상 이혼 원인이 된다(민법 제840조).
- **감가상각**: 회계장부에의 자산의 기재에 있어서 토지를 제외한 고정자산은 점차 그 가치가 감소되어 결국 폐기되는 것을 고려하여, 고정자산의 취득원가를 그것이 활용되는 회계연도에 적절한 방법으로 배분하여 부담시키는 것을 말한다.

- **감형**: 형의 선고를 받은 자에 대하여 형의 분량을 감소시켜 주는 것을 말한다. 국가원수인 대통령이 행하는데 감형은 일반감형과 특별감형의 두 가지로 분류된다. 전자는 죄종(罪種)을 정하여 그 죄종의 모든 범죄인에게, 후자는 특정인에게 행한다.
- **강간죄**: 폭행 또는 협박으로 부녀자를 강간함으로써 성립하는 범죄를 말한다. 객체가 부녀로 제한되고 부녀의 의사에 반하는 강간으로 인하여 그의 성적(性的) 자기결정의 자유가 강제추행죄에 비하여 현저하게 침해되었기 때문에 형량이 가중되는 범죄이다.
- **강간 등에 의한 치사 · 상죄**: 강제추행 · 준강간 · 준강제추행및 그 미수의 죄를 범하여 사람을 사상(死傷)에 이르게 함으로써 성립하는 범죄를 말한다. 본죄는 강간죄 · 강제추행죄 · 준강간죄 · 준강제추행죄 · 미성년자 의제(擬製)강간죄 및 그 미수범에 대한 결과적 가중범이다.
- **강도죄**: 폭행 · 협박으로 타인의 재물을 강취하거나, 기타 재산상의 이익을 취득하거나, 제3자로 하여금 이를 취득하게 함으로써 성립하는 범죄를 말한다.
- **강박(强迫)에 의한 의사표시**: 표의자가 타인(상대방 또는 제3자)의 강박행위에 의하여 공포심을 가지게 되고, 그 해악을 피하기 위하여 마음에 없이 행한 진의 아닌 의사표시를 말한다. 강박에 의한 의사표시는 취소할 수 있다.
- **강요죄**: 폭행 또는 협박으로 사람의 권리행사를 방해함으로써 성립하는 범죄를 말한다. 사람의 의사결정의 자유와 그 활동의 자유를 침해하는 범죄이다.
- **강제경매**: 민사소송법상의 강제집행으로 법원에서 채무자의 부동산을 압류 · 매각하여 그 대금으로 채권자의 금전채권에 충당시키는 절차를 말한다.
- **강제집행**: 사법상 청구권의 국가권력에 의한 강제적 실현절차로 채무 불이행자에 대하여 국가가 강제 권력으로 그 의무의 이행을 실현하는 것을 말한다. 확정판결을 받거나 집행증서(공정증서)가 있어야 한다.
- **강제집행 면탈죄**: 강제집행을 면할 목적으로 재산을 은닉 · 손괴 · 허위양도 또는 허위의 채무를 부담하여 채권자를 해함으로써 성립하는 범죄를 말한다.
- **강제추행죄**: 폭행 또는 협박으로 사람에 대하여 추행을 함으로써 성립하는 범죄를 말한다. 본죄는 남자와 여자 사이에만 범해지는 것이 아니고 동성애와 같이 동성 사이에도 범할 수 있다.
- **강제화의(和議)**: 파산자가 제의한 채무변제계획을 채권자가 승인함으로써 파산절차에 의하지 아니하고 파산을 종결하는 제도를 말한다.
- **강행법규**: 당사자의 의사와는 관계없이 언제나 적용되는 것으로서 법령 중의 '선량한 풍속 기타 사회질서'에 관계있는 규정을 말한다.
- **결사(結社)의 자유**: 단체를 결성하거나 이에 가입하고 활동할 수 있는 권리를 보장하는 것을 말한다. 다시 말하면 결사란 다수인이 일정한 공통된 목적을 위하여 단체를 형성하는 권리의 자유를 말한다.

- **결정(決定)**: 민사소송법상 법원이 행하는 재판의 한 종류이다. 판결은 반드시 변론을 거쳐야 되는 반면, 결정에 있어서는 변론이 임의적이다. 가압류명령 및 가처분명령은 변론을 경유하는 경우에는 판결이고, 변론을 거치지 않는 경우에는 결정이 된다. 판결은 확정되어야 비로소 본래적인 효력을 발생하는 반면 결정은 고지에 의해 곧 효력이 발생한다.
- **경업피지의무**: 타인의 영업에 대하여 부정한 방법으로 경쟁하는 것을 금지하는 부작위의무(不作爲義務)를 말한다. 상법 규정 또는 당사자의 계약으로부터 발생한다.
- **경합범**: 판결이 확정되지 아니한 수개의 죄 또는 판결이 확정된 죄와 그 판결확정 전에 범한 죄를 말한다. 전자의 경우에는 1) 가장 중한 죄에 정한 형이 사형 또는 무기징역이나 무기금고인 때에는 가장 중한 죄에 정한 형으로 처벌한다. 2) (1)항 이 외의 동종의 형인 때에는 가장 중한 죄에 정한 장기 또는 다액에 그 2분의1까지 가중하되 각 죄에 정한 형의 장기 또는 다액을 합산한 형기 또는 액수를 초과할 수 없다. 3) 각 죄에서 정한 형이 무기징역이나 무기금고 이외의 다른 형인 경우에는 병과한다. 후자의 경우에는 경합범 중 판결을 받지 아니한 죄가 있는 때에는 그 죄에 대하여 형을 선고한다.
- **고소**: 범죄의 피해자 또는 그와 일정한 관계가 있는 고소권자가 수사기관에 대하여 범죄사실을 신고하여 범인의 처벌을 구하는 의사표시를 말한다.
- **고의(故意)**: 사법상은 자기의 행위로부터 일정한 결과가 생길 것을 인식하면서 감히 그 행위를 하는 것을 말한다. 부주의로 인하여 인식하지 못하는 과실(過失)과 구별된다. 그러나 고의와 과실은 이론상 구별일 뿐, 책임요건으로서는 양자를 구별하지 않는다. 반면에 형법상은 고의를 범의(犯意)라고도 하며 구성요건 실현에 관한 인식과 의사(意思)를 말한다. 죄의 성립요건인 사실을 인식하지 못한 행위는 원칙적으로 벌하지 아니한다. 단 법률에 특별한 규정이 있는 경우에는 예외로 한다.
- **고지의무**: 보험계약자 또는 피보험자가 보험계약을 체결함에 있어서 중요한 사실을 고지하고, 중요한 사실에 관하여 부실(不實)한 사실을 고지하지 아니할 의무를 말한다. 이를 위반하면 보험계약자가 계약해지에 의한 불이익을 받게 된다.
- **공갈죄**: 사람을 공갈하여 재물의 교부를 받거나, 재산상의 이익을 취득하거나 또는 제3자로 하여금 재물의 교부를 받게 하거나 재산상의 이익을 취득하게 함으로써 성립하는 범죄를 말한다.
- **공동공모정범(共同共謀正犯)**: 2인 이상의 다수인이 범죄를 공모하고 그 범죄를 공동으로 실행하면 공동정범이 되는데 그 모의한 범죄 실행에는 직접 가담하지 않은 자를 말한다.
- **공동해손**: 상법상 절박한 위험에 직면한 선박과 적하의 이익을 보존하기 위하여 선장의 조치에 따라 선박 및 적하에 대하여 생긴 희생, 또는 공동의 이익을 위하여 지출된 비용을 이해관계자 전원이 그 보상을 위하여 분담하는 제도를 말한다.

- **공무상 비밀누설죄**: 공무원 또는 공무원이었던 자가 법령에 의한 직무상 비밀을 누설하였을 때에 성립하는 범죄를 말한다.
- **공무원권리행사 방해죄**: 공무원이 직권을 남용하여 사람으로 하여금 의무 없는 일을 행하게 하거나 사람의 권리행사를 방해함으로써 성립하는 범죄를 말한다.
- **공무원의 노동조합 설립 및 운영 등에 관한 법률**: 공무원의 노동기본권을 보장하기 위하여 '노동조합 및 노동관계조정법' 제5조 단서에 따라 공무원의 노동조합 설립 및 운영 등에 관한 사항을 정함을 목적으로 제정한 법(법률 제7380호)이다.
- **공무원자격사칭죄**: 공무원의 자격을 사칭하여 직권을 행사함으로써 성립하는 범죄를 말한다. 공무원의 자격을 사칭한다는 것은 자격 없는 자가 공무원의 자격을 가진 것처럼 오신케 하는 일체의 행위를 말한다.
- **공무집행방해죄**: 직무를 집행하는 공무원에 대하여 폭행 또는 협박한 때에 성립하는 범죄를 말한다.
- **공문서위조 · 변조죄**: 행사할 목적으로 공무원 또는 공무소의 문서 또는 도화를 위조 또는 변조함으로써 성립하는 범죄를 말한다.
- **공소**: 법원에 대하여 특정한 형사사건의 심판을 요구하는 검사의 법률행위적 소송행위를 말한다. 공소제기에 의해서 피의자는 피고인의 지위를 갖게 되며, 피의자에 대한 구속영장은 당연히 피고인에 대한 구속영장으로 전환된다.
- **공소권**: 검사가 특정한 형사사건에 관하여 유효하게 공소를 제기하고 이를 유지하는 권한을 말한다. 공소권은 검사의 법원에 대한 형사재판청구권이다.
- **공소시효**: 검사가 일정한 기간 동안 공소를 제기하지 않고 방치하는 경우에 국가의 소추권을 소멸시키는 제도를 말한다.
- **공시송달**: 민사소송법상 당사자의 주소 · 거소 기타 송달하여야 할 장소를 알 수 없거나, 외국에서 촉탁송달의 방법에 의할 수 없기 때문에 소송서류를 송달할 수 없는 경우에 취하는 송달방법을 말한다. 형사소송법상 피고인의 소재가 불명인 경우와 피고인이 재판권이 미치지 아니한 장소에 있는 경우에는 공시송달을 할 수 있으며 공시한 날로부터 일정한 기간이 경과하여야 송달의 효력이 발생한다.
- **공유(共有) 지분**: 각 공유자가 가지는 권리가 지분이다. 지분이란 각 공유자가 목적물에 대하여 가지는 소유의 비율이라 할 수 있다.
- **공정증서원본 부실기재죄**: 공무원에 대하여 허위신고를 하여 공정증서원본 · 면허장 · 여권에 부실의 사실을 기재하게 함으로써 성립하는 범죄를 말한다.
- **공직선거 및 선거부정방지법**: 헌법과 지방자치법에 의한 선거가 국민의 자유로운 의사와 민주적인 절차에 의하여 공정히 행하여지도록 하고, 선거와 관련한 부정을 방지함으로써 민주정치의 발전에 기여함을 목적으로 제정된 법을 말한다.
- **공탁**: 변제 · 담보 · 보관 등의 목적으로 금전 · 유가증권 기타의 물건을 공탁소에 임치

하는 것을 말한다. 변제공탁의 경우 채무의 이행에 채권자의 협력을 필요로 하는 경우에 채권자의 협력 없이 채무를 면할 수 있다는 점에서 큰 의미를 갖는다.

- **과료(科料)**: 벌금과 같이 재산형의 일종으로 범죄인에게 일정한 금액의 지급을 강제적으로 부담지우는 형벌을 말한다. 벌금에 비해 금액이 적고 비교적 경미한 범죄의 경우에 부과된다.
- **과실(過失)**: 사법상은 일정한 결과의 발생을 인식하였어야 함에도 불구하고 부주의로 인하여 인식하지 못하는 것을 의미한다. 고의와 과실은 이론상 구별되지만, 책임요건으로서는 양자를 구별하지 아니한다. 형법상은 행위자가 구성요건의 실현가능성을 예견하거나 예견할 수 있었음에도 불구하고 구체적인 상황에서 구성요건적 결과의 발생을 회피하기 위하여 사회생활상 요구되는 주의의무를 위반하는 것을 의미한다. 이렇게 해서 형벌이 과해지는 범죄가 과실범이다. 고의범이 원칙적으로 처벌되고 과실범은 법률에 특별한 규정이 있는 경우에 한하여 예외적으로 처벌된다.
- **과실범**: 사회생활에서 요구되는 주의 의무를 위반함으로써 구성요건 해당의 결과가 발생하는 경우에 형벌이 과하여지는 범죄를 말한다.
- **과실상계(過失相計)**: 채무불이행에 있어서 채권자에게 과실이 있는 때에 손해배상의 책임 및 그 금액을 정함에 있어서 이를 참작하는 것을 말한다. 한편 불법행위에 관하여도 피해자에게 과실이 있는 때에 손해배상의 책임 및 그 금액을 정함에 있어서 과실의 정도를 참작하는 원칙을 말한다.
- **과실상해죄**: 과실로 인하여 사람의 신체를 상해함으로써 성립하는 범죄를 말한다. 업무상 과실치상 또는 중과실치상의 경우에는 형이 가중된다.
- **과실의 추정**: 불법행위에 있어 고의 · 과실의 입증책임은 원칙적으로 피해자가 부담하나, 피해자 쪽에서 가해행위로 손해가 발생하였음을 입증하면 가해자에게 과실이 있는 것으로 추정되는 것을 말하며, 이를 사실상의 전환이라고도 한다.
- **과실책임주의**: 고의 또는 과실에 의하여 타인에게 손해를 준 경우에만 가해자가 손해배상의 책임을 지는 입법주의를 말한다. 무과실책임주의에 대립하는 개념이다. '과실 없으면 책임 없다'면서 개인의 적극적인 활동을 보장하고자 하는 입법취지이다.
- **과실치사죄**: 과실로 인하여 사람을 치사케 함으로써 성립하는 범죄를 말한다. 즉 사망의 결과에 대하여 고의가 없고 과실로 인한 것임을 요한다. 상해의 고의가 있을 때에는 상해치사죄, 폭행의 고의가 있을 때에는 폭행치사죄가 된다.
- **과잉금지의 원칙**: 비례의 원칙이라고도 한다. 국민의 기본권일지라도 국가안전보장 · 질서유지 · 공공복리 등을 위하여 제한할 수 있는데 그 제한은 최소한으로 그쳐야 한다는 원칙을 말한다. 근거는 헌법 제37조 2항에 있다. 헌법재판소 판례에 의하면 가. 목적의 정당성 나. 방법의 적정성 다. 최소의 침해성 라. 법익의 균형성 등이 충족되어야 한다.
- **과잉방위**: 형법상 방위행위가 지나쳐 그 상당성의 정도를 벗어난 경우를 말하며 초과방

위라고도 한다. 과잉방위는 위법한 행위로서 범죄가 된다. 그러나 정황에 의하여 그 형이 경감 또는 면제될 수 있다.

- **관습법**: 사회질서와 선량한 풍속에 반하지 아니하는 관습이 단순한 예의적 또는 도덕적인 규범으로서 지켜질 뿐만 아니라, 사회의 법적 확신 내지 법적 인식을 수반하여 법의 차원으로 굳어진 것을 말한다.
- **교도소**: 좁은 의미로는 징역 · 금고 · 구류 등의 자유형을 집행하는 국가시설을 말하나, 넓은 의미로는 이와 함께 형사피고인 · 피의자 그리고 사형의 선고를 받은 자를 수용하는 형사소송절차 및 형 집행을 보전하는 국가시설을 말한다.
- **교사(敎唆)**: 민법상 불법행위를 할 의사를 가지고 있지 않은 자를 사주(使嗾)하여 불법행위를 할 의사를 일으키게 하여 그 자로 하여금 불법행위를 하게 하는 것을 말한다. 교사자나 방조자는 공동행위자로 봄으로(민법 제760조 3항) 직접의 불법행위자와 연대하여 손해배상책임을 진다. 형법상으론 타인으로 하여금 범죄를 결의하여 실행케 하는 자(형법 제31조 1항)을 말한다. 교사범이 성립하기 위하여는 교사자의 교사행위와 정범의 실행행위가 있을 것을 필요로 한다. 교사자나 실행자는 동일한 형으로 처벌한다.
- **구금**: 소송절차의 원만한 수행을 위하여 피고인 또는 피의자를 일정기간 동안 교도소 또는 구치소에 구치하게 하는 법원의 강제처분을 말한다. 이것은 피의자가 도주하거나 혹은 증거를 인멸할 가능성이 있다고 생각되는 때에 행하여진다.
- **구두변론주의**: 법원이 당사자의 구두에 의한 공격 · 방어를 근거로 하여 심리 · 재판하는 주의를 말한다. 구두변론주의는 구두주의(구술주의)와 변론주의를 포함한 개념이다.
- **구류**: 수형자를 교도소 내에 구치하는 것을 내용으로 하는 자유형의 일종을 말한다. 다만 그 기간이 1일 이상 30일 미만인 점에서 징역이나 금고와 구별된다.
- **구성요건**: 형법상 금지 또는 요구되는 행위가 무엇인가를 추상적 · 일반적으로 기술해 놓은 것을 말한다. 가령 '타인을 살해한 자는 사형 · 무기 또는 5년 이상의 징역에 처한다'(형법 제250조 1항)에서 "타인을 살해한 자"를 구성요건이라고 한다.
- **구속영장**: 피고인 또는 피의자를 구인 또는 구금하기 위하여 검사의 청구에 의해 법원이 발부하는 영장을 말한다.
- **구속적부심사**: 수사기관의 피의자에 대한 구속의 적부를 법원이 심사하여 그 구속이 위법 · 부당하다고 인정되는 경우 구속된 피의자를 석방하는 제도를 말한다.
- **구인**: 법원 · 재판장 또는 판사가 피고인이나 증인을 법원 기타 지정한 장소로 인치하여 억류하는 것을 말한다. 민사소송법상 정당한 사유 없이 출석하지 아니한 증인의 경우, 형사소송법상 피고인 · 증인이 정당한 사유 없이 소환에 응하지 않을 때에 행해진다.
- **국가보안법**: 국가의 안전을 위태롭게 하는 반국가활동을 규제함으로써 국가의 안전과 국민의 생존 및 자유를 확보하기 위하여 제정된 법(법률 제3318호)이다.
- **국가재정법**: 국가의 예산 · 기금 · 결산 · 성과관리 및 국가채무 등 재정에 관한 사항을

정함으로써 효율적이고 성과 지향적이며 투명한 재정운용과 건전재정의 기틀을 확립하는 것을 목적으로 제정한 법(법률 제8050호)이다.

- **군사법원**: 군사재판을 관할하기 위하여 둔 특별법원을 말한다(헌법 제110조 1항). 군사법원의 상고심은 대법원에서 관할하여 3심제를 유지한다. 비상계엄하의 군사재판은 군인 · 군무원의 범죄나 군사에 관한 간첩죄의 경우와 초병 · 초소 · 유독음식물공급 · 포로에 관한 죄 중 법률이 정한 경우에 한하여 단심으로 할 수 있다. 다만, 사형을 선고한 경우에는 그러하지 아니하다.
- **권리남용**: 외형상 적법한 권리의 행사인 것과 같이 보이나, 구체적인 경우에 권리 본래의 사회적 목적을 벗어난 것이어서 정당한 권리의 행사로서 시인할 수 없는 것을 말한다. 우리 민법 제2조 2항에서 "권리는 남용하지 못한다"라고 규정하고 있다.
- **권한쟁의**: 헌법상의 국가기관 상호간의 권한이 겹치거나 서로 자신의 권한이 아니라고 회피하는 경우 헌법재판소를 통하여 권한의 한계를 확인하는 제도이다.
- **근로기준법**: 근로조건의 기준을 정함으로써 근로자의 기본적 생활을 보장 · 향상시키며 균형있는 국민경제의 발전을 꾀하는 것을 목적으로 한 법(법률 제8372호)이다.
- **근로 3권**: 근로자와 근로조건의 향상을 위하여 헌법상 보장된 단결권 · 단체교섭권 · 단체행동권을 말한다. 헌법(제33조 1항)에서 근로 3권을 보장하고 있는 것은 근로의 특성상 근로자의 사용자에로의 종속에서 오는 비합리적인 면을 개선하고, 사용자와의 대등한 지위에서 근로조건을 결정할 수 있도록 하여 근로자의 생존권을 보장하고자 함에 있다.
- **근저당**: 계속적인 거래관계(예, 당좌대월계약)로부터 발생하는 불특정 다수의 채권을 장래의 결산기에 일정한 한도액까지 담보하기 위하여 설정하는 저당권을 말하며 '근저당권'이라고 한다.
- **금고(禁錮)**: 수형자를 교도소 내에 구치하여 자유를 박탈하는 것을 내용으로 하는 형벌을 말한다. 그러나 금고는 징역과는 달리 명예를 존중한다는 취지에서 의무적인 정역(定役)을 부과하지 않는다.
- **금반언(禁反言, estoppel)**: 영미법상 거래안전을 위하여 A가 B의 표시를 믿고, 이에 기하여 자기의 지위를 변경한 때에는, B는 후에 자기의 표시가 진실에 반하였다고 하는 것을 이유로 그것을 번복할 수 없다는 원칙을 말한다.
- **금치산자(禁治産者)**: 심신상실의 상태에 있어 자기 행위의 결과를 판단할 능력이 없어 일정한 자의 청구에 의해 가정법원으로부터 금치산의 선고를 받은 자를 말한다. 심신상실이란 의사능력이 없는 상태를 말한다.
- **급박**: 정상의 수단을 취할 수 없는 위급한 사정이 있는 경우를 말한다.
- **급부(給付)**: 채권관계에 있어 채권자의 청구에 의해 행하는 채무자의 행위를 말하며, 채권의 목적이 된다.
- **기각**: 법원에서 수리한 소송의 심리 결과, 그 이유가 없거나, 절차가 틀린 것이거나, 기

간 경과의 경우에 도로 물리치는 것을 말한다.

- **기간제 및 단시간근로자 보호 등에 관한 법률**: 기간제근로자 및 단시간근로자에 대한 불합리한 차별을 시정하고 기간제근로자 및 단시간근로자의 근로조건 보호를 강화함으로써 노동시장의 건전한 발전에 이바지함을 목적으로 제정한 법(법률 제8074호)이다.
- **기대권**: 권리발생요건 중 일부분만이 충족되어 있어, 남은 요건이 실현되면 장래에 권리를 취득할 수 있다는 현재의 기대상태에 대하여 법이 주고 있는 보호를 말하며, 희망권이라고도 한다.
- **기명날인**: 행위자로서의 동일성을 표시하는 수단의 하나로, 기명은 자기의 성명을 기입하는 것인데, 이 경우 명칭은 성명 · 상호 · 아호 어느 것이든 거래에서 널리 인정된 것이면 족하다. 날인은 인장을 압찰하는 것을 말한다.
- **기소(起訴)**: 법원에 대하여 특정한 형사사건의 심판을 요구하는 검사의 법률행위적 소송행위를 말한다. 공소의 제기와 같은 의미다.
- **기소유예**: 검사가 피의사건에 관하여 범죄의 혐의가 인정되고 소송조건이 구비되었으나, 범인의 연령 · 성행 · 지능과 환경, 범행의 동기 · 수단과 결과, 범행 후의 정황 등을 참작하여 공소를 제기하지 아니하는 것을 말한다.
- **기수(既遂)**: 행위가 구성요건의 모든 표식을 충족하는 경우를 말한다. 형법은 기수를 범죄의 기본형으로 하고 있다. 범죄의 기수시기는 그 범죄의 구성요건의 해석에 따라 구체적으로 결정된다.
- **기판력**: 민사소송법상 판결의 효력 중 소송물에 관하여 행해진 판단의 효력으로서 판결이 확정되면 당사자는 후에 동일사항에 대해 별도의 소송으로 반대사실을 주장하여 이미 확정된 판결의 판단을 다툴 수 없고, 법원도 전판결과 모순 저촉되는 판단을 할 수 없는 구속력을 말한다. 형사소송법상은 일사부재리(一事不再理)의 효력만을 가리킨다. 이는 유죄 · 무죄의 실체 판결이 확정되면 동일사건에 대하여 재차 심리 · 판결이 허용되지 아니하는 효력을 말한다.
- **긴급피난**: 민법상 긴급피난이라 함은 급박한 위난을 피하기 위하여 부득이 타인에게 가해행위를 하는 것을 말하며 정당방위와 함께 위법성조각사유의 하나로서, 긴급피난에 의한 가해행위는 불법행위가 되지 않는다. 형법상 긴급피난이라 함은 자기 또는 타인의 법익에 대한 현재의 위난을 피하기 위한 상당한 이유 있는 행위를 말한다.
- **노동조합 및 노동관계조정법**: 근로자의 단결권 · 단체교섭권 및 단체행동권을 보장하여 근로조건의 유지 · 개선과 근로자의 경제적 · 사회적 지위의 향상을 도모하고, 노동관계를 공정하게 조정하여 노동쟁의를 예방 · 해결함으로써 산업평화의 유지와 국민경제의 발전에 이바지함을 목적으로 제정된 법(법률 제5310호)이다.
- **뇌물죄**: 공무원 또는 중재인이 직무행위에 대한 대가로 법이 인정하지 않는 이익의 취득을 금지하는 것을 내용으로 하는 범죄를 말한다.

- **누범(累犯)**: 금고 이상의 형을 받아 그 집행을 종료하거나 면제를 받은 후 3년 내에 또 금고 이상에 해당하는 죄를 범한 자를 말한다. 누범의 형은 그 죄에 정한 형의 장기의 2배까지 가중한다.
- **대부업 등의 등록 및 금융이용자 보호에 관한 법률**: 대부업 · 대부중개업의 등록 및 감독에 필요한 사항을 정하고 대부업자와 여신금융기관의 불법적 채권추심행위 및 이자율 등을 규제함으로써 대부업의 건전한 발전을 도모하는 한편, 금융이용자를 보호하고 국민의 경제생활 안정에 이바지함을 목적으로 제정된 법(법률 제6706호)이다.
- **독립당사자**: 제3자가 소송 진행 중인 원고와 피고의 쌍방을 상대방으로 하여 원 · 피고간의 청구와 관련된 자기의 청구를 주장하여 동일절차에서 동시에 심리하여 3당사자 간에 모순 없는 판결을 구하기 위하여 그 소송절차에 참가하는 것을 말한다.
- **단속규정**: 경제통제법규나 교통단속규정과 같이 어떤 행위를 함에는 일정한 조건을 요구하거나, 행정 단속을 위하여 일정한 제한 · 금지를 추가하는 규정을 말한다.
- **동의**: 타인의 법률행위에 대한 인허 또는 시인의 의사표시, 즉 행위자 단독의 행위로는 완전한 법률효과가 발생되지 않는 경우 이것을 보충하는 타인의 의사표시를 말한다. 예를 들면 미성년자는 법정대리인의 동의를 얻어야 유효한 법률행위를 할 수 있다.
- **동물보호법**: 동물에 대한 학대행위의 방지 등 동물을 적정하게 보호 · 관리하기 위하여 필요한 사항을 규정함으로써 동물의 생명 보호, 안전 보장 및 복지 증진을 꾀하고, 동물의 생명 존중 등 국민의 정서를 함양하는 데에 이바지함을 목적으로 제정한 법(법률 제12051호)이다.
- **마약류관리에 관한 법**: 마약 · 향정신성의약품 · 대마 및 원료물질의 취급 · 관리를 적정히 함으로써 그 오용 또는 남용으로 인한 보건상의 위해를 방지하여 국민보건 향상에 이바지함을 목적으로 제정된 법(법률 제6146호)이다.
- **면소판결**: 형사피고사건에 대하여 실체적 소송조건이 결여된 경우에 선고하는 판결을 말한다. 면소판결의 사유는 공소가 제기된 사건에 관하여 이미 확정판결이 있은 때, 사면이 있은 때, 공소시효가 완성된 때, 범죄 후의 법령개폐로 형이 폐지된 경우 등이다.
- **명예훼손죄**: 공연히 사실을 적시하여 사람의 명예를 훼손함으로써 성립하는 범죄를 말한다. 허위의 사실을 적시하는 경우에는 형이 가중된다. 사자(死者)의 명예훼손, 출판물 등에 의한 명예훼손에 대한 특별규정이 있다.
- **명의신탁**: 대내적 관계에서는 신탁자가 소유권을 보유하여 이를 관리 · 수익하면서 공부상의 소유명의만을 수탁자로 하여 두는 것을 말한다. 이는 실정법에는 근거가 없으며 판례에 의해 확립된 이론이다.
- **모욕죄**: 공연히 사람을 모욕함으로써 성립하는 범죄를 말한다. 명예훼손죄에서는 사실의 적시를 요구한데 대해서 모욕죄에서는 이를 요구하지 않는다.
- **몰수**: 형법상 재산형의 일종으로 범죄 반복을 예방하고, 범죄에 의해 이득을 취하는 것

을 금지할 것을 목적으로 몰수대상물의 소유권을 박탈하는 것을 말한다.

- **무고죄**: 타인으로 하여금 형사처분 또는 징계처분을 받게 할 목적으로 공무소 또는 공무원에 대하여 허위의 사실을 신고함으로써 성립하는 범죄를 말한다.
- **무기형**: 종신구금을 내용으로 하는 자유형을 말한다. 종신형이라고도 한다. 형법상 무기형으로는 무기징역과 무기금고가 있다.
- **무효**: 사법상 법률행위의 무효라 함은 일정한 원인에 의해 법률행위의 내용에 따른 법률효과가 당연히 생기지 않는 것을 말한다. 민법상 의사무능력자의 법률행위 · 불능한 법률행위 · 강행규정에 위반하는 법률행위 · 반사회질서의 법률행위 · 불공정한 법률행위 · 비진의 의사표시 · 허위표시 등이 있다.
- **묵비권**: 형사상 자기에게 불리한 진술을 강요당하지 아니하는 권리를 말한다. 형사 피고인이나 형사피의자가 수사기관의 조사나 공판에 있어서 각개의 신문에 대하여 진술을 거부하는 권리를 말한다. 형사소송법은 이러한 권리를 인정하고 있다.
- **문화재보호법**: 문화재를 보존하여 민족문화를 계승하고, 이를 활용할 수 있도록 함으로써 국민의 문화적 향상을 도모함과 아울러 인류문화의 발전에 기여함을 목적으로 제정한 법(법률 제12692호)이다.
- **미수범**: 범죄 실현의 의사로써 실행에 착수하여 행위를 종료하지 못하였거나, 결과가 발생하지 아니한 경우를 말한다. 미수범을 처벌할 죄는 형법 각 조문에 규정하도록 되어 있어(형법 제29조) 처벌규정이 없는 한 미수범으로 처벌되지 아니한다.
- **미필적(未必的) 고의**: 구성요건적 결과의 발생 가능성을 인식하면서도 이를 인용하는 것을 말한다. 일상적 언어로 표현한다면 "그럴 수 있을 거야. 그러나 아무튼 좋아."라고 말하면서 행동하는 경우이다.
- **반의사불벌죄(反意思不罰罪)**: 피해자가 처벌을 희망하지 않는다는 의사표시가 있으면 이에 반해서 처벌할 수 없는 범죄를 말한다. 단순 · 존속폭행죄, 과실상해죄, 명예훼손죄 등이 이에 해당한다.
- **방조범(幇助犯)**: 정범(正犯)의 범죄 실행을 방조한 자를 말한다. 방조에는 언어방조(예, 두려움을 없애주는 것)와 거동방조(예, 범행장소 제공)가 있다. 공범에 해당한다.
- **배당이익의 소(配當利益의 訴)**: 강제집행의 배당절차에 있어서 이의가 완결하지 아니한 때, 이의를 신청한 채권자가 이의에 관하여 이해관계를 가지고 있거나 또는 이의를 정당하다고 인정하지 않는 다른 채권자를 상대로 이의를 주장하기 위해 제기하는 소를 말한다.
- **배임죄**: 타인의 사무를 처리하는 자가 그 임무에 위배하는 행위로써 재산상의 이익을 취득하거나 제3자로 하여금 이를 취득하게 하여 본인에게 손해를 가함으로써 성립하는 범죄를 말한다.
- **벌금형**: 범죄인에게 일정한 금액의 지급의무를 강제적으로 과하는 것을 내용으로 하는

형벌의 일종을 말한다. 벌금액이 많다는 점에서 과료와 구별된다.

- **범인은닉죄**: 벌금 이상의 형에 해당하는 죄를 범한 자를 은닉 또는 도피하게 함으로써 성립하는 범죄를 말한다.
- **변론**: 민사소송법상 수소법원의 공개법정에서 당사자 쌍방이 구술에 의해 판결의 기초가 될 소송자료를 제출하는 방법으로 소송을 심리하는 절차다. 형사소송법상 판결은 일정한 예외의 경우를 제외하고는 구두변론에 의거하여야 한다. 증거조사가 끝나고 소송의 최후단계에 있어서 검사의 의견진술(논고), 피고인측(피고인 또는 변호인)의 최후진술이 있는데 이것이 최종변론에 해당한다.
- **변조**: 기존의 물건의 형상 또는 내용에 변경을 가하는 것을 말한다. 예컨대 문서의 변조라는 것은 권한 없이 이미 진정하게 성립된 타인 명의의 문서내용에 그 동일성을 해하지 않을 정도로 변경을 가하는 것을 말한다.
- **병역법**: 국민의 병역의무에 관한 사항을 규정한 법(법률 제4685호)을 말한다. 현역병의 복무, 제1국민역 편입, 보충역의 복무, 병무 행정 등에 관한 사항을 규정하고 있다.
- **보강(補强)증거**: 동일한 사실에 관한 성질을 달리하는 독립된 다른 증거를 말한다. 우리 헌법 및 형사소송법은 피고인의 자백에 관해서는 반드시 보강증거를 요구하고 있다.
- **보건범죄단속에 관한 특별조치법**: 부정식품 및 첨가물, 부정의약품 및 화장품, 부정유독물 제조나 무면허 의료행위등의 범죄에 대하여 가중처벌 등을 행함으로써 국민보건의 향상에 기여함을 목적으로 제정된 법(법률 제2137호)이다.
- **보석**: 보증금의 납부를 조건으로 하여 구속의 집행을 정지하고 구속된 피고인을 석방하는 제도를 말한다. 보석금의 납부가 석방의 조건으로 된다는 점에서 구속의 집행정지와 다르다.
- **부녀매매죄**: 추한 업종에 사용할 목적으로 부녀를 매매함으로써 성립하는 범죄를 말한다. 상습범은 형을 가중한다.
- **부당이득**: 법률상의 원인 없이 부당하게 재산적 이득을 얻고, 이로 말미암아 타인에게 손해를 준 자에 대하여 그 이득의 반환을 명하는 제도를 말한다(민법 제741조).
- **부당이득죄**: 사람의 궁박한 상태를 이용하여 현저하게 부당한 이익을 취득하거나 제3자로 하여금 취득하게 함으로써 성립하는 범죄를 말한다. 상습범은 형이 가중된다.
- **불가항력**: 불가항력(不可抗力, Force majeure)은 자연재해나 천재지변을 포함하여 외부로부터 발생한 일로서 보통 필요하다고 인정되는 수단을 다하여서도 피할 수 없었던 것을 지칭하는 법률용어이다. 주로 사법(私法)상의 책임 또는 채무 그 밖의 불이익을 면하게 하는 항변 사유가 된다. 불가항력의 대표적인 예로서 폭풍우, 홍수, 지진, 낙뢰, 또는 정부법령의 변동, 폭동, 반란, 전쟁 등이 있다.
- **불공정 거래**: 공정하고 자유로운 유통 · 거래질서를 확립하여 소비자의 권익을 보호하기 위한 개념으로서 불공정 거래하는 사업자에게 정부가 시정이나 중지를 명할 수 있는 동

시에 행정벌을 내릴 수 있다. 불공정한 약관을 사용할 경우에는 그러한 약관조항은 무효가 된다.

- **불법원인급여**: 불법의 원인에 기하여 행해진 급부를 말한다. 즉 불법원인으로 인하여 재산을 급여하거나 노무를 제공한 때에는 그 이익의 반환을 청구하지 못한다. 예를 들면 도박에 의한 채무를 이행한 경우 그 반환을 청구하지 못한다.
- **불법행위**: 법률의 근본목적에 어긋나고, 법률질서를 깨뜨리는 행위로서, 법률이 그 본질상 이를 허용할 수 없는 것으로 평가하는 행위를 말한다. 이와 같이 타인에게 손해를 주는 위법한 행위를 한 자는 피해자에게 그 행위로 말미암아 생긴 손해를 배상하여야 한다(민법 제750조). 불법행위에 의한 손해배상청구권의 소멸시효는 그 손해 및 가해자를 안 날로부터 3년, 불법행위를 한 날로부터 10년이 지나면 소멸한다. 다만 국가의 공권력 발동으로 인한 불법행위에 대한 소멸시효는 5년이다.
- **불심검문**: 경찰관이 거동이 수상한 자를 발견한 때에 이를 정지시켜 질문하는 것을 말한다. 경찰관은 질문을 위하여 당해인을 부근의 경찰서 · 지서 · 파출소에 동행할 것을 요구할 수 있다.
- **비례성 원칙**: 국가적 제재(制裁)목적과 수단을 개인의 자유권과 비교하여 비록 적합하고 필요하더라도 침해의 중대성과 얻을 수 있는 결과 사이에 불균형을 초래할 만큼 개인의 자유영역을 침범하는 국가적 조치는 허용되지 않는다는 원칙이다. 균형성의 원칙이라고도 한다.
- **사기죄**: 사람을 기망하여 재물의 교부를 받거나 재산상의 이익을 취득하거나 제3자로 하여금 재물의 교부를 받게 하거나 재산상의 이익을 취득하게 함으로써 성립하는 범죄를 말한다.
- **사문서 부정행사죄**: 권리의무나 사실증명에 관한 타인의 문서 또는 도서를 부정행사함으로써 성립하는 범죄를 말한다.
- **사문서 위조 · 변조죄**: 행사할 목적으로 권리의무나 사실증명에 관한 타인의 문서 또는 도서를 위조 또는 변조함으로써 성립하는 범죄를 말한다.
- **사법정의방해죄**: ① 타인의 중대범죄 형사사건에 관하여 형사처분을 받게 하거나 면하게 하여 줄 목적으로 참고인이 허위 진술을 하는 행위 ② 그와 같은 목적을 위해 허위 진술을 하게 하거나 진술 자체를 하지 못하도록 배후에서 회유 · 폭행 · 협박하는 등 악의적으로 형사사법 정의실현을 방해하는 죄를 말한다.
- **사용자 책임**: 타인을 사용하여 어떤 사무에 종사하게 한 자 및 사용자에 갈음하여 그 사무를 감독하는 자는 피용자가 그 사무집행에 관하여 제3자에게 손해를 준 때에는 그 피용자의 선임 및 사무 감독을 게을리 하지 않았음을 입증하지 못하면, 그 손해를 배상할 책임(민법 제756조)을 말한다.
- **사실혼**: 사실상 혼인생활을 하고 있으면서 법률상의 방식, 즉 혼인신고가 없기 때문에

법률상 혼인으로 인정되지 않는 부부관계를 말한다.

- **사자 명예훼손죄**: 공연히 허위의 사실을 적시하여 사자(死者)의 명예를 훼손함으로써 성립하는 범죄를 말한다.
- **사전 수뢰죄**: 공무원 또는 중재인이 될 자가 그 담당할 직무에 관하여 청탁을 받고 뇌물을 수수 · 요구 또는 약속함으로써 성립하는 범죄를 말한다.
- **사체 영득죄**: 사체 · 유골 · 유발 또는 관내에 장치한 물건을 손괴 · 은닉 또는 영득함으로써 성립하는 범죄를 말한다. 분묘를 발굴하여 본죄를 범한 경우에는 형이 가중된다.
- **사해행위 취소권**: 채권자를 해함을 알면서 행한 채무자의 법률행위(사해행위)를 취소하고 채무자의 재산을 회복하는 것을 목적으로 하는 채권자의 권리를 말한다. 채무자의 책임 재산의 보전을 위한 것이다.
- **사회상규**: 사회생활에 있어서 일반적으로 승인된 정상적 행위규칙을 말한다. 법질서 전체의 정신이나 그 배후의 지배적인 사회윤리에 비추어 원칙적으로 용인될 수 있는 행위, 즉 사회적으로 유용성이 인정되거나 유해성을 야기하지 않는 행위를 말한다.
- **사회통념**: 자연스러운 사회의 일상생활에 있어서의 양식(良識)을 말한다. 법의 해석, 재판 또는 조정(調停)에 있어서 판단의 기준이 된다. 민법에서 말하는 조리(條理)나 신의성실의 원칙이 이에 가깝다.
- **산업재해보상보험법**: 산업재해보상보험 사업을 시행하여 근로자의 업무상의 재해를 신속하고 공정하게 보상하며, 재해근로자의 재활 및 사회 복귀를 촉진하기 위하여 필요한 보험시설을 설치 · 운영하고, 재해 예방과 그 밖에 근로자의 복지 증진을 위한 사업을 시행하여 근로자 보호에 이바지하는 것을 목적으로 제정한 법(법률 제8694호)을 말한다.
- **살인죄**: 사람을 살해함으로써 성립하는 범죄를 말한다. 사람으로 간주하는 시기(始期)에 관하여는 진통설(분만개시설)이, 종기(終期)에 관하여는 맥박종지설이 통설이다. 살해란 고의로 사람의 생명을 자연적인 죽음에 앞서서 단절시키는 것을 말한다.
- **상고**: 항소법원(제2심으로서의 고등법원과 지방법원본원합의부)의 종국판결에 대한 상소로서 원심판결에 대한 불복신청을 말한다. 상고심은 법률심이며, 유일한 상고법원인 대법원을 통하여 판단됨으로써 법령의 해석 및 적용에 일원화를 기할 수 있다.
- **상소**: 미확정의 재판에 대하여 상급법원에 구제를 구하는 불복신청제도를 말한다. 상소의 제기에 의하여 재판의 확정과 집행이 정지된다. 종국판결에 대한 상소로서는 항소 · 상고가 있다.
- **상해죄**: 사람의 신체를 상해함으로써 성립하는 범죄(형법 제257조 1항)을 말한다. 7년 이하의 징역, 10년 이하의 자격정지 또는 1천만원 이하의 벌금에 처한다. 자기 또는 배우자의 직계존속에 대하여 제1항의 죄를 범한 때에는 10년 이하의 징역 또는 1500만원 이하의 벌금에 처한다. 미수범도 처벌한다.

- **선고**: 소송법상 공판정에서 재판장이 판결을 알리는 것을 말한다. 판결은 선고로 그 효력이 생기고 판결을 선고함에는 판결원본에 의하여 주문을 낭독하여야 하며, 필요한 때에는 이유의 요지를 설명할 수 있다.
- **선고유예**: 범정(犯情)이 경미한 범죄인에 대해 일정한 기간 동안 형의 선고를 유예하고 그 유예기간을 특정한 사고 없이 경과하면 면소된 것으로 간주하는 제도를 말한다.
- **선량한 풍속 기타 사회질서**: 민법 제103조는 '선량한 풍속 기타 사회질서에 위반한 사항을 내용으로 하는 법률행위는 무효로 한다'고 규정하고 있다. 즉 모든 국민이 지킬 것이 요구되는 최소한도의 도덕관념이나 국가와 사회의 공공질서를 위반한 내용은 법이 허용하지 않는다는 뜻이다.
- **선의(善意)**: 사법상으론 어떤 사정을 알지 못하는 당사자나 제3자를 거래상 보호하려는 경우에 '선의의 상대방' 또는 '선의의 제3자'란 말을 쓴다.
- **성적자기결정권(性的自己決定權)**: 자기 스스로 내린 결정에 따라 상대방을 선택하고 성관계를 가질 수 있는 권리를 말한다. 자기 의사에 반하여 성적 행위를 강요당하지 않는 권리이다. 다시 말하면 시대의 변화에 따라 법의 보호대상으로 '혼인의 순결', '정조침해'란 개념은 폐기되고 '성적자기결정권'의 침해라는 개념으로 바뀐 것이다.
- **소급효**: 법률의 효력이나 법률요건의 효력이 법률시행 전 또는 법률요건 성립시 이전으로 소급하여 효력이 생기는 것을 말한다. 법률의 효력은 그 시행 전의 사항에 대하여 미치지 않는 것, 즉 불소급을 원칙으로 한다.
- **소멸시효**: 권리자가 자신의 권리를 행사할 수 있음에도 불구하고 일정기간(시효기간) 동안 권리를 행사하지 않는 경우 그의 권리를 소멸시켜버리는 제도를 말한다. 채권의 소멸시효는 10년이고 상행위로 생긴 채권의 소멸시효는 5년이다.
- **소유권**: 물건을 전면적 · 일반적으로 지배하는 물권(物權)을 말하는 바, 물건을 부분적 · 일시적으로 지배하는 제한물권과 상대되는 개념이다. 즉 물건이 가지는 사용가치 · 교환가치의 전부를 지배할 수 있는 권리를 말한다.
- **수뢰죄**: 공무원 또는 중재인이 그 직무에 관하여 뇌물을 수수 · 요구 또는 약속한 때에 성립하는 범죄를 말한다.
- **시효(時效)**: 사법상 일정한 사실상태가 일정기간 계속된 경우에 그 상태가 진실한 권리관계에 합치하느냐를 묻지 않고 그 상태를 진실한 권리관계로 인정하여 일정한 법률상의 효과를 부여하는 제도이다.
- **시효의 중단**: 시효의 기초가 되는 사실 상태와 부합되지 않는 사실의 발생으로 시효진행이 끊겨 이미 경과한 시효기간의 효력이 상실되는 것을 말한다. 민법은 소멸시효의 중단은 청구 · 압류 또는 가압류 · 가처분이나 승인에 의하여 중단된다고 규정하고 있다.
- **신뢰보호의 원칙**: 개인이 행정기관의 적극적 또는 소극적 행위의 정당성 또는 존속성을 신뢰한 경우, 그 신뢰가 보호할 만한 이익이 있는 경우에 그 신뢰를 보호하여 주는 원칙

을 말한다. 즉 국민의 행정에 대한 신뢰라는 개인적 이익도 법치행정의 원리에 따른 공익과 비교하여 개인적 신뢰의 이익이 클 때는 그를 우선해야 한다는 배경을 가지고 있다.

- **신문(訊問)**: 법원 또는 당사자가 증인 · 반대당사자 등에 대하여 하는 질문을 말한다.
- **신의성실의 원칙(信義誠實의 原則 또는 신의칙)**: 모든 사람은 사회공동생활의 일원으로서 상대방의 신뢰에 반하지 않도록 성의있게 행동할 것이 요구되는데, 특히 이러한 윤리적 · 도덕적 평가를 법적 가치판단의 내용으로서 도입한 것이 신의성실의 원칙 또는 짧게 신의칙이라고 한다.
- **신주인수권**: 주식회사의 성립 후 신주를 발행하는 경우에 다른 사람에 우선하여 신주를 인수할 수 있는 권리를 말한다. 회사가 신주를 발행함에 있어서 그 신주를 주주 이외의 제3자에게 배정할 때에는 주주의 특수비율이 낮아져 의결권을 통한 회사기업의 지배력의 저하를 가져오고, 또 신주가 시가 이하로 발행되면 주가의 하락에 의하여 주주에게 경제적 손실을 주게 되므로, 종래의 주주에게 그 지주수(持株數)에 비례하여 신주인수권을 부여할 필요가 있다.
- **실권(失權)절차**: 모집설립에 있어서 주금(株金)의 납입을 강제하는 방법으로, 주식인수인이 일정한 기일 내에 주금을 납입하지 않을 때에는 주식인수인의 지위를 박탈하고 새로 인수인을 구하는 절차를 말한다.
- **실권주**: 실권주(forfeited stock)란 기업이 유상증자를 통하여 신주를 발행하는 경우 신주인수권을 가진 주주가 청약기일까지 청약을 필하지 않거나 청약을 했다고 해도 납입기일까지 자금을 납입하지 않았을 때 생기는 잔여주식을 말한다. 시가 발행으로 시세차익이라는 매력이 없을 때 많이 생긴다.
- **실종선고**: 부재자의 생사불명상태를 방치함으로 인하여 생기는 법률관계의 불안정을 정리하고자, 생사불명이 일정기간, 즉 실종기간이 계속된 경우에 법원이 하는 선고를 말한다. 부재자의 생사가 5년간 분명하지 아니한 때에는 법원은 이해관계인이나 검사의 청구에 의하여 실종선고를 하여야 한다. 실종선고를 받은 자는 실종기간이 만료한 때에 사망한 것으로 본다(민법 제28조).
- **실질과세의 원칙**: 과세물건의 명목상의 귀속 여하에 관계없이 사실상으로 과세물건이 귀속된 자를 납세의무자로 하여 조세를 부과하는 제도를 말한다. 과세의 실질적 공평을 도모하기 위한 취지이다.
- **실체적 진실주의**: 재판의 기초가 되는 사실인정에 대하여 객관적 진실을 추구하는 입장을 말한다.
- **심문(審問)**: 변론을 열지 않는 경우에 당사자 · 이해관계인 기타 참고인에게 적당한 방법으로 서면 또는 구술로 개별적으로 진술할 기회를 부여하는 것을 말한다. 불러서 변론을 들을 필요는 없지만, 신청인의 상대방 그 밖의 이해관계인으로부터 사정을 들어 그 이익을 고려하기 위하여 행해진다.

- **아동 · 청소년의 성보호에 관한 법률**: 아동 · 청소년대상 성범죄의 처벌과 절차에 관한 특례를 규정하고 피해아동 · 청소년을 위한 구제 및 지원절차를 마련하며 아동 · 청소년대상 성범죄자를 체계적으로 관리함으로써 아동 · 청소년을 성범죄로부터 보호하고 아동 · 청소년이 건강한 사회구성원으로 성장할 수 있도록 함을 목적으로 제정한 법(법률 제9765호)이다.
- **악의(惡意)**: 어떤 사정을 알고 있는 것을 말한다. 알고 있으면서 거래를 하면 법에서 보호를 받지 못한다.
- **안락사**: 격심한 고통에 허덕이는 불치환자에게 그 고통을 제거 또는 감경하기 위하여 안락하게 죽게 하는 것을 말한다.
- **알리바이(alibi)**: 범죄가 행해진 때에, 피고인 또는 피의자가 범죄의 현장 이외의 장소에 있었다는 사실을 주장함으로써 무죄를 입증하는 방법으로 '현장부재증명'이라고도 한다.
- **알선수재죄**: 공무원이 그 지위를 이용하여 다른 공무원의 직무에 속한 사항의 알선에 관하여 뇌물을 수수 · 요구 또는 약속함으로써 성립하는 범죄를 말한다.
- **압류명령**: 제3채무자에 대하여 채무자에게 지급하는 것을 금하고 채무자에 대하여 채권의 처분, 특히 그 추심을 해서는 안 된다고 명령하는 집행법원의 결정을 말한다.
- **약식 기소**: 재산형을 내릴 수 있는 재판에 해당하는 사건의 경우 검사가 약식절차에 의해 재판을 청구하는 것을 말한다. 즉 공판을 열지 않고 서면 심리에 의존하여 재판하는 기소 절차이다.
- **약취강도죄**: 사람을 약취하여 그 석방의 대가로 재물을 취득함으로써 성립하는 범죄를 말한다.
- **양심(良心)의 자유**: 내면적인 사상과 양심을 외부에 표명하도록 강제되지 아니할 자유와 자기의 사상 및 양심에 반하여 어떤 행위를 강제 받지 아니할 자유를 말한다.
- **업무방해죄**: 허위의 사실을 유포하거나 위계 또는 위력으로써 사람의 업무를 방해한 때에 성립하는 범죄를 말한다.
- **업무상 과실치사상죄**: 업무상 과실로 인하여 사람을 사상에 이르게 함으로써 성립하는 범죄를 말한다. 과실치사상죄에 대하여 업무자라는 신분관계로 인하여 형이 가중되는 가중적 구성요건이다.
- **업무상 배임죄**: 업무상 타인의 사무를 처리하는 자가 그 임무에 위배하는 행위로서 재산상의 이익을 취득하거나 제3자로 하여금 이를 취득하게 하여 손해를 가함으로써 성립하는 범죄를 말한다.
- **업무상 횡령죄**: 업무상의 임무에 위배하여, 타인의 재물을 보관하는 자가 그 재물을 횡령하거나 그 반환을 거부함으로써 성립하는 범죄(형법 제356조)를 말한다. 10년 이하의 징역 또는 3000만원 이하의 벌금에 처한다.
- **연대보증**: 보증인이 주채무자와 연대하여 채무를 부담함으로써 주채무의 이행을 담보하

는 보증채무를 말한다.

- **예고등기**: 등기원인의 무효 또는 취소로 인한 등기의 말소 또는 회복의 소가 제기된 경우에 이를 제3자에게 경고하기 위하여 수소법원의 촉탁으로 행하여지는 등기를 말한다.
- **외상 후 스트레스 장애(Post-Traumatic Stress Disorder)**: 전쟁, 사고, 자연 재앙, 폭력 등으로 심각한 신체 손상이나 생명을 위협받은 경험 때문에 공포심과 아무의 도움도 받을 수 없다는 느낌을 갖게 되고 반복적으로 사건이 회상되며 수면장애, 우울증 등이 나타나는 증상이다.
- **위법**: 보통 법규에 위반하는 것을 말한다. 금지규정 · 단속규정과 같이 구체적 법규에 대한 위반은 물론, '선량한 풍속 기타 사회질서'와 같이 법의 이념에 대한 위반도 포함한다. 형법상 위법은 범죄를 말하며 민법상 위법은 불법행위라고도 부른다.
- **위증죄**: 법률에 의하여 선서한 증인이 허위의 공술을 한 때에 성립하는 범죄를 말한다.
- **유기죄**: 노유 · 질병 기타 사정으로 인하여 부조를 요하는 자를 보호할 법률상 · 계약상 의무 있는 자가 유기한 때에 성립하는 범죄를 말한다(형법 제271조). 위반한 자는 3년 이하의 징역 또는 500만원 이하의 벌금에 처한다.
- **유년부녀간음죄**: 13세 미만의 부녀를 간음함으로써 성립하는 범죄를 말한다. 폭행 · 협박을 수단으로 할 것을 요하지 아니한다. 폭행 · 협박에 의하여 간음한 때에는 강간죄가 성립한다. 피해자의 동의가 있는 때에도 본죄의 성립에는 영향이 없다.
- **유년자추행죄**: 13세 미만의 사람에게 추행을 함으로써 성립하는 범죄를 말한다. 행위자는 피해자가 13세 미만이라는 사실을 인식하여야 한다. 친고죄이다.
- **유도신문**: 증인에 대하여 신문자가 희망하는 답변을 암시하면서 신문하는 것을 말한다. 형사소송상 주신문에 있어서는 유도신문이 금지된다. 왜냐하면 신문자와 증인 사이에 우호관계가 있는 것이 보통이므로 증인이 신문자의 암시에 영합하는 진술을 할 위험이 있기 때문이다.
- **유언서**: 법률에서 정하고 있는 방식에 따라서 유언을 기재한 서면을 말한다. 유언서의 방식은 유언자의 진의를 확보하기 위하여 극히 엄격하며, 방식에 따르지 않은 유언은 무효로 한다. 민법이 인정하는 유언방식에는 다섯 가지가 있다. 자필증서 · 녹음 · 공정증서 · 비밀증서 · 구수(口授)증서 등인데 그 중에서 어느 하나의 형식을 밟아서 유언서를 작성하여야 한다.
- **유체(有體)동산**: 민법상 동산(민법 제99조 2항)을 말한다. 공간의 일부를 차지하고 사람의 오감(五感)에 의하여 느낄 수 있는 형태를 가지는 물질을 말한다.
- **윤락행위**: 불특정인으로부터 금전 기타 재산상의 이익을 받을 것을 약속하거나 기타 영리의 목적으로 성행위를 하는 것을 말한다. 윤락행위방지법은 매음행위를 행하는 자 뿐만 아니라, 그 상대자도 처벌한다.
- **의사상자 등 예우 및 지원에 관한 법**: 직무 외의 행위로 위해(危害)에 처한 다른 사람의

생명 · 신체 또는 재산을 구하다가 사망하거나 부상을 입은 사람과 그 유족 또는 가족에 대하여 그 희생과 피해의 정도 등에 알맞은 예우와 지원을 함으로써 의사상자의 숭고한 뜻을 기리고 사회정의를 실현하는 데에 이바지하기 위하여 제정된 법(법률 제 11006호)이다.

- **음모(陰謀)**: 2인 이상이 일정한 범죄를 실현하려는 합의의 형성을 말한다. 범죄의 실행의 착수 이전의 행위란 점에서 예비와 같다. 형법은 '예비'처벌 시에 반드시 '음모'도 처벌하고 있다.
- **음주운전**: 술에 취한 상태에서의 운전을 말한다. 운전이 금지되는 취한 상태는 혈중 알콜농도가 0.05% 이상으로 한다. 또한 교통사고처리특례법에 의해 음주운전에 의한 사고의 경우에는 피해자의 의사에 관계없이 공소를 제기하도록 되어있다. 음주측정에 응하지 아니한 사람은 2년 이하의 징역이나 300만원 이하의 벌금의 형으로 벌한다.
- **음행매개죄**: 영리의 목적으로 미성년 또는 음행의 상습 없는 부녀를 매개하여 간음하게 함으로써 성립하는 범죄를 말한다. 본죄 이외에 18세 미만의 아동에게 음행을 시키거나 음행을 매개시킨 때에는 아동복지법에 저촉되며, 윤락행위를 하게 한 때에는 윤락행위등방지법에 의하여 처벌받는다.
- **이혼**: 부부가 혼인관계를 해소하는 것을 말한다. 이혼의 종류에는 협의상 이혼과 조정이혼 그리고 재판상 이혼이 있다. 1) 협의상 이혼(민법 제834조)은 원인의 여하에 관계없이 협의를 통해 이혼하는 것이다. 가정법원의 확인을 받아 가족관계등록법에 따라 신고함으로써 그 효력이 생긴다. 자식을 직접 양육하지 아니하는 부모 중 일방은 면접교섭권을 갖게 된다. 이혼의 상대방에게 재산분할을 청구할 수 있다. 2) 조정이혼(가사소송법 제50조)은 '재판상 이혼'의 심판청구를 위해 먼저 가정법원의 조정을 받게 되는 절차를 말한다. 3) 재판상 이혼(민법 제840조)은 부부 일방이 타방을 상대방으로 하여 배우자에 부정한 행위가 있었을 때, 배우자가 악의로 다른 일방을 유기한 때, 배우자 또는 그 직계존속으로부터 심히 부당한 대우를 받았을 때, 배우자의 생사가 3년 이상 분명하지 아니한 때, 기타 혼인을 계속하기 어려운 중대한 사유가 있을 때 등의 사유가 있는 경우에 가정법원에 이혼을 청구할 수 있다.
- **인격권**: 인격적 이익의 향수를 내용으로 하는 권리로서, 구체적으로는 생명, 신체, 정신의 자유에 대한 권리를 말한다. 정신적 자유에 대한 권리에는 명예 · 신용 · 정조 · 성명 · 초상 등이 있다.
- **입증책임(burden of proof)**: 거증책임이라고도 하며 법원이 판결을 내리는 판단을 하는 데 있어서 어느 한쪽의 당사자에게 불리하게 가정하여 판단하지 않을 수 없는데 이러한 가정으로 인해 당사자의 한쪽이 입게 되는 위험 또는 불이익을 말한다.
- **자격정지**: 일정기간 동안 일정한 자격의 전부 또는 일부를 정지시키는 것을 말한다. 일정한 형의 판결을 받은 자의 자격이 당연히 정지되는 당연정지와 판결의 선고로 자격이 정

지되는 선고정지가 있다.

- **자백**: 민사소송법상 자백은 당사자가 상대방이 주장하는 자기에게 불이익한 사실을 인정하는 진술을 말한다. 자백이 성립하면 자백 당사자는 원칙적으로 철회할 수 없다. 형사상 자백은 범죄사실의 전부 또는 일부를 인정하는 진술을 말한다. 피고인의 자백이 그 피고인에게 불리한 유일한 증거인 때에는 이를 유죄의 증거로 하지 못한다.
- **자본시장과 금융투자업에 관한 법률**: 자본시장에서의 금융혁신과 공정한 경쟁을 촉진하고 투자자를 보호하며 금융투자업을 건전하게 육성함으로써 자본시장의 공정성 · 신뢰성 및 효율성을 높여 국민경제의 발전에 이바지함을 목적으로 제정된 법(법률 제11845호)이다.
- **자살**: 스스로 자기의 생명을 끊는 것을 말한다. 우리 형법은 자살 자체는 처벌하지 않는다. 그러나 자살을 범죄로 보는 사상은 오래 전부터 존재한다. 로마법에서는 사회에 대한 의무를 침해하는 범죄로 보고 처벌하였다.
- **자살관여죄**: 사람을 교사 또는 방조하여 자살하게 함으로써 성립하는 범죄를 말한다. 타인의 생명을 부정하는 행위이므로 타인의 생명은 본인의 생존의사와 관계없이 보호되어야 하기 때문이다.
- **자수(自首)**: 범인이 스스로 수사기관에 대하여 자기의 범죄사실을 신고하여 그 수사와 소추를 구하는 의사표시를 말한다. 형의 감면사유가 된다.
- **자유권**: 자유권적 기본권이라고도 한다. 국가권력에서 자유로울 수 있는 국민의 권리로서 신체의 불가침의 자유, 거주 · 이전의 자유, 직업선택의 자유, 주거의 자유, 사생활과 비밀의 자유, 통신의 자유 등이 이에 속한다.
- **자필증서에 의한 유언**: 유언방식의 하나로 가장 간단한 방식이며, 그 요건은 유언자가 그 전문과 연월일, 주소, 성명을 자필하고 날인한다. 자서(自書)하는 것이 절대적 요건이므로 타자하는 것 등은 무효이다. 문제점은 위조 · 변조의 위험이 많은 것, 유언증서가 사후에 쉽게 발견되지 않는 점 등의 문제가 있다.
- **재량행위**: 행정청의 행정행위에 있어서 부단하게 변화하는 사회현실을 고려하여 그 변화에 적응하여 행정의 능률성을 확보할 수 있도록 일정한 선택이나 판단의 여지를 부여하고 있는 경우를 말한다.
- **재량권 남용**: 재량권의 내적 한계, 즉 조리상의 제약을 벗어난 행위를 말한다. 예를 들면 목적이나 동기의 부적정, 자의적 사실인정, 평등원칙 위배, 비례원칙 위배 등이 있다.
- **재량권 일탈**: 자유(공익)재량처분이 법적한계를 일탈하여 위법인 경우를 말한다. 공익재량이라도 법에 의거한 행위이므로 그 재량권에는 일정한 한계가 있으며, 이 한계를 넘으면 단순한 부당에 그치지 아니하고 위법이 된다고 한다. 재량권이란 스스로 판단하여 처리할 수 있는 권한을 말한다.
- **재물문서 손괴죄**: 타인의 재물 또는 문서를 손괴 또는 은닉 기타 방법으로 그 효용을 해

함으로써 성립하는 범죄를 말한다.

- **재산상속인**: 제1순위는 직계비속, 제2순위는 직계존속, 제3순위는 형제자매, 제4순위는 4촌 이내의 방계혈족으로 하며, 이 경우 동순위의 상속인이 수인인 때에는 최근친을 선순위로 하고, 동친(同親)등의 상속인이 수인인 때에는 공동상속인이 된다. 또 태아는 상속순위에 관하여는 이미 출생한 것으로 본다. 상속인이 될 직계비속 또는 형제자매가 상속개시 전에 사망하면 그 직계비속이 있는 때에는 그 직계비속이 상속인이 된다. 피상속인의 배우자는 상속인이 있는 경우에는 그 상속인과 동순위로 공동상속인이 되며 없는 때에는 단독상속인이 된다.
- **재심(再審)**: 민사소송법상으론 이미 확정된 종국판결에 대하여 중대한 하자가 있음을 이유로 사건의 재심판에 의하여 재판의 취소 · 변경을 구하는 비상의 불복신청을 말한다. 형사소송법상으론 확정판결에 대하여 주로 사실예정의 부당을 시정하기 위하여 인정되는 비상구제절차를 말한다. 주로 확정된 유죄판결이 대상이 된다.
- **재정신청(裁定申請)**: 검사의 불기소 처분에 불복한 고소인 또는 고발인의 요청에 의하여 행하는 준기소절차로서 법원이 심판에 부치는 결정을 한 때에 공소제기가 있는 것으로 간주하는 절차를 말한다. 재판상 준기소절차는 기소독점주의에 대한 예외로서 사법적 심사에 의해서 검사의 부당한 불기소처분을 시정하려는데 그 목적이 있다.
- **쟁의행위**: 노동조합 또는 사용자가 근로조건에 관한 주장의 불일치로 인하여 발생되는 분쟁상태를 자기측에게 유리하게 전개하여 그 주장을 관철할 목적으로 행하는 투쟁행위로서 업무의 정상적인 운영을 저해하는 것을 말한다.
- **저작권법**: 저작자의 권리와 이에 인접하는 권리를 보호하고 저작물의 공정한 이용을 도모함으로써 문화 및 관련 산업의 향상발전에 이바지함을 목적으로 제정된 법(법률 제8101호)이다.
- **전문(傳聞)증거**: 사실인정의 기초가 되는 경험적 사실을 경험자 자신이 직접 법원에 진술하지 않고 다른 형태에 의하여 간접적으로 보고하는 것을 말한다.
- **전환사채**: 발행회사의 주식으로 전환할 수 있는 권리가 인정된 사채를 말한다. 투자자로서는 사채의 확실성과 주식의 투기성을 비교 · 교량하여 선택할 수 있고, 회사로서는 전환에 의해 사채상환의 효과를 누릴 수 있으므로 자본조달비용이 저렴하다는 장점이 있어 사채의 모집을 용이하게 한다.
- **절도죄**: 타인의 재물을 절취함으로써 성립하는 범죄를 말한다. 고대사회로부터 존재하는 가장 전통적이고 소박한 범죄라고 할 수 있다. 미수범을 처벌한다.
- **점유**: 민법상 점유란 물건에 대한 '사실상의 지배'를 말한다. 사실상의 지배란 사회관념상 물건이 어떤 사람의 지배 내에 있다고 할 수 있는 객관적 관계를 말한다. 점유할 수 있는 권리가 있느냐의 여부는 원칙적으로 문제되지 않는다.
- **정당방위**: 민법상 정당방위라 함은 위법성조각사유의 하나로 타인의 불법행위에 대하여

자기 또는 제3자의 이익을 방위하기 위하여 부득이 그 타인에게 손해를 가한 경우를 말한다. 방위행위로 인하여 가해자에게 손해가 발생하더라도 그 손해에 대한 배상청구권은 인정되지 않으며, 가해자 이외의 제3자가 손해를 입은 경우에는 방위행위자가 아니라 가해행위자가 제3자에 대해 손해배상책임을 진다. 형법상 정당방위라 함은 자기 또는 타인의 법익에 대한 현재의 부당한 침해를 방위하기 위한 상당한 이유가 있는 행위를 말한다. 이것은 법이 인정하고 있는 위법성조각사유 중 가장 중요한 사유이다.

- **정신적 고통**: 재산적 손해에 상대되는 개념으로 고통이나 슬픔 등과 같이, 위법한 행위로 인하여 받은 정신상의 손해를 말한다. 정신적 손해의 배상을 위자료라고 한다.
- **정신적 피해(精神的 被害, emotional distress)**: 영미법상 의도적 불법행위의 하나이다. 이는 가해자의 행위가 극단적이고 지독하여 타인에게 보통사람으로서는 참을 수 없는 혹독한 정신적 고통을 야기하는 것을 말한다. 과거에는 정신적 피해로 인한 손해배상을 청구하기 위해서 반드시 신체적 재산적 피해발생을 전제요건으로 하였으나 요즈음에는 그런 피해가 없더라도 정신적인 피해 자체로 손해배상을 허용하고 있다.
- **정황(情況)증거**: 요증(要證)사실을 간접적으로 추인할 수 있는 사실, 즉 간접사실을 증명함에 의하여 요증 사실의 증명에 이용되는 증거를 말한다. 예컨대 범행현장에 남아 있는 지문은 정황증거이다.
- **제3자 이의(異議) 소송**: 강제집행할 때 집달관은 그 목적물이 채무자에게 실제로 속하는지를 심사할 의무가 없으므로 채무자의 점유에 있는 제3자 소유의 물건에 대해서도 강제집행할 수 있는데, 이 때 그 제3자가 채권자에 대해 그 목적물에 대한 강제집행이 부적합함을 선고해 달라고 제기하는 소를 말한다.
- **조례(條例)**: 지방자치단체가 법령의 범위 내에서 지방의회의 의결을 거쳐 그 사무에 관하여 제정한 법(헌법 제118조 1항, 지방자치법 제15조)을 말한다. 주민의 권리 · 의무에 관한 사항이나 벌칙을 규정할 때에는 법률의 위임이 있어야 한다.
- **조세법률주의**: 조세의 부과 · 징수는 반드시 법률의 근거에 의거하지 않으면 안된다는 원칙을 말한다. 국민의 재산권을 보호하기 위한 법률이다.
- **조정(調停)**: 분쟁해결을 위하여 제3자, 즉 법관이나 조정위원이 분쟁관계인 사이에 개입하여 화해로 이끄는 절차를 말한다. 화해가 되면 확정판결력이 발생한다. 저렴한 비용, 간이 · 신속한 분쟁 해결의 장점이 있다.
- **존엄사**: 죽음에 직면한 환자가 품위 있는 죽음을 맞도록 하기 위하여 생명유지조치를 중지하는 것을 말한다. 소극적 안락사라고도 부르며, 일종의 치료행위로 보아 위법성이 조각된다고 보는 것이 다수설이다. 사람의 생명에 대한 권리는 사람의 자연적인 죽음과 인간다운 죽음에 대한 권리를 포함한다고 해야 한다.
- **종국판결**: 소 또는 상소에 의해 계속되고 있는 소송사건의 전부 또는 일부에 관해 그 심급을 완결시키는 판결을 말한다.

- **종중(宗中)**: 공동조상의 분묘, 제사의 이행, 종원 간의 친선 및 복리증진을 도모하는 '권리능력없는 사단'인 가족단체를 말한다. 대종중 안에 대소의 분파에 따른 종중이 있는데 지류종중을 일컬어 문중이라고 한다.
- **주거침입죄**: 사람의 주거, 관리하는 건조물, 선박이나 항공기 또는 점유하는 방실에 침입한 죄를 말한다(형법 제319조 1항). 침입자는 3년 이하의 징역 또는 500만원 이하의 벌금에 처한다. 퇴거요구를 받고 응하지 아니한 자도 마찬가지다.
- **주의의무(注意義務)**: 형법상 구체적인 행위로부터 발생할 수 있는 보호법익에 대한 위험을 예견하고 구성요건적 결과의 발생을 회피할 의무를 말한다. 따라서 예견의무와 결과 회피의무를 그 내용으로 한다. 민법상은 일정한 정도의 주의를 하여야 할 의무를 말한다. 주의의무 위반의 표준에 관하여 민법은 '선량한 관리자의 주의'를 원칙으로 한다.
- **주주 대표소송**: 회사가 이사에 대하여 책임을 추궁할 소를 제기하여야 하는데도 회사가 이 소를 제기하지 아니한 때 주주가 회사를 위하여 이사에 대하여 제기하는 소를 말한다.
- **준강간죄 · 준강제추행죄**: 사람의 심신상실 또는 항거불능의 상태를 이용하여 간음 또는 추행함으로써 성립한 범죄를 말한다. 심신상실이란 사물을 변별하거나 의사를 결정할 능력이 없는 것을 말하고 항거불능이란 심신상실 이외의 사유로 인하여 심리적 또는 육체적으로 반항이 불가능한 경우를 말한다.
- **준강도죄**: 절도가 재물의 탈환을 항거하거나 체포를 면탈하거나 죄적을 인멸할 목적으로 폭행 또는 협박을 가함으로써 성립하는 범죄를 말한다.
- **준법투쟁**: 일반적으로 준수하게 되어 있는 보안규정이나 안전규정을 필요 이상으로 엄격하게 준수함으로써 작업능률과 생산능률을 의식적으로 저하시키는 행위를 말한다.
- **준비서면**: 당사자가 변론에서 진술하려는 사항을 예고적으로 기재하여 법원에 제출하는 서면을 말하며, 피고나 피상소인의 본안의 신청을 기재한 최초의 준비서면을 답변서라 한다. 중심적 기재사항은 공격 방어 방법 및 상대방의 청구와 공격 방어 방법에 대한 진술이다.
- **중과실**: 중대한 과실이라고도 한다. 주의의무위반의 정도가 현저히 큰 경우의 과실을 말한다. 즉 조금만 주의하였더라면 결과발생을 회피할 수 있음에도 불구하고 이를 태만한 경우를 말한다. 형법상 형이 가중되거나 특별히 처벌되기도 한다. 민법상으론 '실화책임에 관한 법률'에 있어서 실화책임에 관하여 고의 또는 중대한 과실이 없으면 책임을 지지 않는다고 규정(동법 및 민법 제765조)하고 있다.
- **중상해죄**: 사람의 신체를 상해하여 생명에 대한 위험을 발생하게 하거나, 신체의 상해로 인하여 불구 또는 불치나 난치의 질병에 이르게 함으로써 성립하는 범죄를 말한다.
- **증거능력**: 민사소송법상으론 유형물이 증거방법으로서 증거조사의 대상이 될 수 있는 자격을 말한다. 형사소송법상으론 공소범죄사실 등 주요사실의 증명에 사용할 수 있는

법률상의 자격을 말한다.

- **증거재판주의**: 실체적 진실의 발견을 이념으로 하는 형사소송에 있어서 법관의 자의에 의한 사실인정이 허용될 수 없고 반드시 증거에 의하여야 한다는 것을 말한다.
- **증거인멸죄**: 타인의 형사사건 또는 징계사건에 관한 증거를 인멸 · 은닉 · 위조 또는 변조하거나 위조 또는 변조한 증거를 사용함으로써 성립하는 범죄를 말한다.
- **증명력(증거력 · 증거가치)**: 증거의 실질적 가치, 즉 증거로서의 신빙력의 정도를 말한다.
- **증여**: 당사자의 일방(증여자)이 무상으로 재산을 상대방(수증자)에게 준다는 의사를 표시하고 상대방이 이를 승낙함으로써 성립하는 계약을 말한다(민법 제554조). 계약이란 점에서 증여는 단독행위인 유증이나 채무면제와 구별된다.
- **지상권**: 타인의 토지에서 건물 기타의 공작물이나 수목을 소유하기 위하여 그 토지를 사용할 수 있는 물권(민법 제279조)을 말한다.
- **직권중재**: 강제중재라고도 부른다. 중재는 노사 쌍방 또는 일방의 중재신청에 의하여 개시하는 임의중재가 원칙이나 공익사업의 경우에는 노동위원회가 그 직권 또는 행정관청의 요구에 의하여 중재에 회부한다는 결정을 한 때에는 중재가 개시되는데 이때의 중재를 말한다.
- **직접증거**: 형사소송법상 직접증거란 예컨대 살인죄에 있어서 범행의 목격증인의 진술 등과 같이 요증사실을 직접 입증하는 증거를 말한다. 민사소송법상으론 법률효과의 발생에 직접 필요한 사실인 주요사실의 존부를 직접 증명하는 증거를 말한다. 예컨대 변제에 대한 수령서 같은 것이다.
- **진술서(진술조서)**: 피고인 · 피의자 또는 참고인이 스스로 작성한 서류로서 진술이 기재된 것을 말한다.
- **진술거부권**: 소송관계인이 신문 또는 질문에 대하여 진술을 거부할 수 있는 권리를 말한다. 피고인은 공판정에서의 각개의 신문에 대하여 이익 · 불이익을 불문하고 진술을 거부할 수 있게 하였고 검사 또는 사법경찰관이 수사상으로 피의자진술을 들을 때에는 미리 그 진술을 거부할 수 있음을 알리도록 하여 피의자의 진술거부권을 보장하고 있다. 민사상으로는 당사자가 변론에서 상대방이 주장한 사실에 대하여 진술하지 않고 침묵을 한 때에는 의제(擬制)자백의 불이익을 받는다.
- **집행유예**: 일단 유죄를 인정하여 형을 선고하되 일정한 요건 아래 일정한 기간 동안 그 형의 집행을 유예하고 그것이 취소 또는 실효됨이 없이 유예기간을 경과하면 형의 선고의 효력을 상실케 하는 제도를 말한다. 범죄인의 자발적 · 능동적인 사회복귀를 도모하려는 형사정책적인 의지를 담고 있다.
- **집회 및 시위에 관한 법률**: 적법한 집회 및 시위를 최대한 보장하고 위법한 시위로부터 국민을 보호함으로써 집회 및 시위의 권리 보장과 공공의 안녕질서가 적절히 조화를 이루도록 하는 것을 목적으로 제정된 법(법률 제8424호)이다.

- **질권(質權)**: 채권자가 그의 채권의 담보로서 채무자 또는 제3자로부터 받은 물건 또는 재산권을 점유하고 채무의 변제가 있을 때까지 유치함으로써 채무의 변제를 간접적으로 강제하는 동시에 채무의 변제가 없는 때에는 그 목적물로부터 우선적으로 변제를 받는 권리를 말한다.
- **징역(懲役)**: 수형자를 교도소 내에 구치하여 복무하게 하는 것을 내용으로 하는 형벌(형법 제67조)을 말한다.
- **채무불이행**: 채무자가 정당한 이유없이 채무의 내용에 따른 이행이 없는 경우를 말한다. 채무불이행의 효력으로서는 강제이행과 손해배상이 대표적이며, 그 밖에 계약의 해제권 · 해지권이 발생한다.
- **책임 원칙**: '책임 없으면 형벌 없다'는 원칙을 말한다. 형법의 기본원칙으로서 처벌함에 있어서 행위자가 자기의 책임에 따라 행한 것보다 형벌이 결코 더 무거워서는 아니 됨을 말한다.
- **청구이의(異議) 소송**: 변론종결 후에 생긴 사유에 의해 집행권원의 집행력을 배제하거나 저지하기 위해 인정되고 있는 소송을 말한다.
- **촉탁 · 승낙에 의한 살인죄**: 사람의 촉탁 또는 승낙을 받아 그를 살해함으로써 성립하는 범죄를 말한다. 형법은 촉탁 또는 승낙을 받아 사람을 살해한 때에는 살인죄에 비하여 그 형을 경감하고 있다. 촉탁이란 이미 죽음을 결의한 피해자의 요구에 의하여 살해의 결의를 하는 것을 말한다. 이에 반하여 승낙은 살해의 결의를 한 자가 피해자로부터 이에 대한 동의를 받는 것을 말한다.
- **집회의 자유**: 개인에게 상호 집합할 수 있는 공권을 부여하고 집회제도 자체를 보장하는 것을 말한다. 민주적 기본질서의 한 요소로서, 여론 표현과 여론 형성에 필수적인 제도로서 자유권에 속한다.
- **출입국관리법**: 대한민국에 입국하거나 대한민국에서 출국하는 모든 사람의 출입국관리와 대한민국에 체류하는 외국인의 체류관리 및 난민의 인정절차 등에 관한 사항을 규정하기 위하여 제정된 법(법률 제4522호)이다.
- **출판물에 의한 명예훼손죄**: 사람을 비방할 목적으로 신문 · 잡지 또는 라디오 기타 출판물에 의하여 사실을 적시하여 그의 명예를 훼손함으로써 성립하는 범죄를 말한다. 또 이러한 방법으로 허위의 사실을 적시하는 경우에는 형이 가중된다.
- **태아(胎兒)**: 민법상은 태아를 이미 출생한 것으로 간주하여 그 권리능력을 인정하고 있다. 즉 불법행위에 기한 손해배상의 청구, 재산상속, 대습상속, 유증, 사인증여 등의 경우에 있어서이다. 형법상으로는 규칙적인 진통이 시작되기 전의 자(子)를 말한다. 태아가 사람이 되는 시기에 관하여는 '진통설(분만개시설)'이 통설이다.
- **통신비밀보호법**: 통신 및 대화의 비밀과 자유에 대한 제한은 그 대상을 한정하고 엄격한 법적 절차를 거치도록 함으로써 통신비밀을 보호하고 통신의 자유를 신장함을 목적

으로 제정한 법(법률 제4650호)이다.

- **퇴거불응죄**: 사람의 주거, 관리하는 건조물이나 선박 또는 항공기 또는 점유하는 방실에 침입한 자가 퇴거요구를 받고 응하지 아니함으로써 성립하는 범죄(형법 제319조 2항)를 말한다. 3년 이하의 징역 또는 500만원 이하의 벌금에 처한다.
- **특수공무집행방해죄**: 단체 또는 다중의 위력을 보이거나 위험한 물건을 휴대하여 공무를 방해하는 죄를 말한다. 미수범도 처벌한다.
- **특수강도죄**: 야간에 사람의 주거, 간수하는 저택, 건조물이나 선박 또는 점유하는 방실에 침입하여 또는 흉기를 휴대하거나 2인 이상이 합동하여 강도죄를 범한 때에 성립하는 범죄를 말한다.
- **특수절도죄**: 야간에 문호 또는 기타 건조물의 일부를 손괴하고 사람의 주거, 간수하는 저택 · 건조물이나 선박 또는 점유하는 방실에 침입하여 타인의 재물을 절취하거나 흉기를 휴대하거나 2인 이상이 합동하여 타인의 재물을 절취함으로써 성립하는 범죄를 말한다.
- **특정범죄가중처벌 등에 관한 법률**: 형법, 관세법, 조세범처벌법, 지방세기본법, 산림자원의 조성 및 관리에 관한 법, 마약류관리에 관한 법 등에 규정된 특정범죄에 대한 가중처벌 등을 규정함으로써 건전한 사회질서의 유지와 국민경제의 발전에 이바지함을 목적으로 제정된 법(법률 제1744호)이다.
- **파견근로자보호법**: 근로자파견사업의 적정한 운영을 기하고 파견근로자의 근로조건 등에 관한 기준을 확립함으로써 파견근로자의 고용안정과 복지증진에 이바지하고 인력수급을 원활하게 하는데 목적을 둔 법(법률 제5512호)이다.
- **파기환송**: 상소심법원이 종국판결에서 원심판결을 파기한 경우에 다시 심판시키기 위하여 원심법원으로 사건을 환송하는 것을 말한다.
- **파산**: 채무자가 그 채무를 완전히 갚을 수 없는 경우에 채무자의 총재산을 모든 채권자에게 공평하게 변제할 것을 목적으로 하는 재판상의 절차를 말한다.
- **파산관재인**: 파산재단에 속하는 재산의 관리를 행하는 자로서 파산재단을 증식하고 재산을 관리 · 처분하여 금전으로 바꾸는 한편, 부당한 파산채권의 주장에 이의를 진술하고 정당하게 배당에 참가하는 자격을 가진 채권자에 대하여 재단의 환가금을 배당하는 임무를 행한다.
- **판결**: 민사소송법상으론 법원이 하는 재판으로서 반드시 변론을 거쳐 행해져야 한다. 판결은 법정의 형식에 의하여 판결원본을 작성하고 선고를 하지 아니하면 효력을 발생하지 못한다. 형사소송법상으론 실체재판인 유죄 · 무죄의 판결과 형식재판인 관할위반 · 공소기각 · 면소의 판결이 있다. 판결은 원칙적으로 구두변론에 의하여야 하고 이유를 명시하여야 한다.
- **평등권**: 국가로부터 불평등한 대우 · 취급을 받지 아니하고 국가에 대해 평등한 대우 ·

취급을 해줄 것을 요구할 수 있는 헌법상 기본권(헌법 제11조 1항)을 말한다. 동 조문은 "모든 국민은 법 앞에서 평등하다. 누구든지 성별 · 종교 또는 사회적 신분에 의하여 정치적 · 경제적 · 사회적 · 문화적 생활의 모든 영역에 있어서 차별을 받지 아니한다."고 표현하고 있다.

- **폭행죄**: 사람의 신체에 대하여 폭행을 가함으로써 성립하는 범죄를 말한다. 반드시 신체에 직접적으로 접촉할 필요는 없다. 사람의 신체를 향하여 돌을 던졌으나 그 돌이 명중하지 않아도 폭행이다. 폭행에 의한 구체적인 결과발생이나 상해의 결과를 초래할 필요는 없다.
- **표현의 자유**: 사상의 자유라고도 한다. 내심으로 생각하는 바를 발표할 수 있는 전통적인 자유권의 일종으로서 언론 · 출판의 자유를 의미한다. 넓은 의미로는 집회 · 결사의 자유 및 통신의 자유까지 포함한다.
- **피해자의 승낙**: 민법상은 피해자의 승낙이 있으면 가해행위의 위법성이 조각되므로 손해배상책임이 발생하지 않는다. 형법상으론 피해자가 가해자에 대하여 자기의 법익을 침해하는 것을 허락하는 것을 말한다. 이런 경우 특별한 규정이 없는 한 벌하지 아니한다(형법 제24조).
- **합리적 의심(reasonable doubt)**: 형사재판에서 피고인을 유죄로 결정하기 위하여 요구되는 증명정도를 말한다. '합리적 의심'이 가면 무죄로 추정된다.
- **헌법 소원(訴願)**: 공권력에 의하여 국민의 기본권이 침해된 경우에 헌법재판소에 제기하는 기본권 구제수단을 말한다. 공권력의 행사 또는 불행사로 인하여 헌법상 보장된 기본권을 침해받은 자나 법률의 위헌여부심판의 제청 신청이 법원에 의하여 기각된 때에는 그 신청을 한 자 등이 헌법소원을 청구할 수 있다.
- **헌법재판소**: 법령의 합헌성 그 자체를 대상으로 심판하기 위하여 설치한 특별재판소를 말한다. 법원의 제청에 의한 법률의 위헌여부 심판, 탄핵의 심판, 정당의 해산 심판, 국가기관 상호간, 국가기관과 지방자치단체간 및 지방자치단체 상호간의 권한쟁의에 관한 심판, 법률이 정하는 헌법소원에 관한 심판을 관장한다.
- **현행범**: 범죄의 실행 중이거나 실행의 직후인 자를 말한다. '범죄의 실행 중'이란 범죄의 실행에 착수하여 종료하지 못한 상태를 말한다. 미수가 처벌되는 범죄에 있어서는 실행의 착수가 있으면 충분하며, 예비 · 음모가 처벌되는 경우에는 예비 · 음모가 실행행위에 해당한다.
- **혼인**: 부부관계를 가지는 법률행위를 말한다. 우리 민법은 혼인의 실질적 요건으로서 혼인의 의사가 있을 것, 혼인 적령(남자 만18세, 여자 만16세)일 것, 중혼이 아닐 것, 근친혼이 아닐 것, 일정한 자는 부모 또는 후견인 · 친족회의 동의를 얻을 것(민법 제808조), 여자는 재혼금지기간 중의 혼인이 아닐 것 등과 형식적 요건으로 혼인 신고가 있어야 한다고 규정하고 있다.

- **혼인빙자간음죄**: 혼인을 빙자하거나 기타 위계로써 음행의 상습 없는 부녀를 기망하여 간음함으로써 성립하는 범죄를 말한다. 여기서 혼인이란 법률혼을 의미하며, 위계란 상대방을 기망하여 착오에 빠뜨리는 것을 말한다.
- **혼인 파탄(破綻)주의**: 결혼생활을 도저히 계속할 수 없는 사실이 있을 때 이것을 이혼원인으로 인정하는 입법주의를 말한다. 우리 민법은 "혼인을 계속하기 어려운 중대한 사유가 있을 때"(민법 제840조 6호)를 예시하고 있는데 부부간에 폭행과 불화가 계속되거나 애정과 신뢰가 없어진 상태 같은 것이다. 그 밖에도 배우자의 부정행위, 악의의 유기, 부당한 대우, 자기 직계존속이 배우자로부터 심히 부당한 대우를 받았을 때 등이 이혼 청구사유가 된다.
- **화의(和議)**: 채무자에게 파산원인이 생겨 곧 파산선고를 받게 될 상태에 빠진 경우에 법원 기타 공적기관의 보조 · 감독 하에 채무자는 파산선고를 면하고, 동시에 채권자도 파산절차에 비하여 유리한 변제를 받을 목적으로 체결하는 일종의 합의 내지 계약을 말한다.
- **횡령죄**: 타인의 재물을 보관하는 자가 그 재물을 횡령하거나, 그 반환을 거부함으로써 성립하는 범죄를 말한다.
- **효력규정**: 어떤 규정에 위반하는 행위의 사법상 효과가 부정되는 경우에 그 규정을 말한다. 효력규정 위반의 법률행위는 무효가 된다.

편저자약력

〈학력 및 경력〉
서울효제초등, 경기 중 · 고등학교 졸업
서울대 법과대학 법학과 졸업(법학사)
서울대 행정대학원 졸업(행정학석사)
미국 하버드대학 케네디스쿨 졸업(행정학석사)
고려대 행정학박사, 성균관대 법학박사(2개 박사와 2개 석사학위 소지)
행정고시 재경직(제4회) 합격, 세무사시험 합격(세무사)
국방대학원 졸업, 병역필(육본 인사참모부에서 육군 병장 만기제대)
대한상사중재원 원장, 상공부 통상진흥국장, 감사원 부감사관 역임
영국, 중국, 러시아, 오스트리아, 싱가폴, 말레이시아 국제중재기관 국제중재인
World Bank 산하 ICSID(국가간투자분쟁해결센터) 조정위원,민주평통 자문위원
외무부 국제협력단(KOICA) 경제교육전문가, 산자부 무역위원회 무역위원
Allianz 생명보험 사외이사(겸임 준법감시위원장)
성균관대 · 경희대 · 외국어대 · 한성대 · 우송대(대전) 겸임교수

〈비상임 현직〉
대한상사중재원 중재인 · 조정위원
서울고등법원 상설조정위원 및 서울중앙지방법원(2014.2까지) 조정위원

〈참고사항〉
1. 편저 "판례로 보는 생활법률101", 법문사(2011년)
2. 공무원 사회에서 재직하면서 박사학위(고대) 취득 제1호(1982년)
3. '공무원 윤리헌장 제정선포식'때 전국공무원대표로 피지정, 헌장선서(1981년)
4. 반기문 UN사무총장과 하버드대학 케네디 스쿨 반우(class mate),
   하버드 케네디스쿨 한국동문회 회장 역임
5. 3650지구 로타리클럽 총재 특별보좌역 및 사직로타리 회장 역임

〈취미〉
트럼펫 연주(경기고 브라스 밴드 반장) 및 테니스

손에 잡히는 생활법률

2014년 12월 11일 초판 발행
2019년 10월 15일 2쇄 발행

편 저 자 이 순 우
발 행 인 김 영 훈
기획 · 마케팅 전 영 완
편 집 김 병 성
발 행 처 도서출판 문우사 MoonWoo
주 소 경기도 고양시 일산동구 정발산로 24
(장항동 웨스턴돔타워) T2동 814호
전 화 070) 4200-6542
팩 스 031) 906-6542
이 메 일 moonwoosa@hanmail.net
출판신고번호 제396-2013-000113호

정가 15,000원 ISBN 979-11-85994-01-7 (03360)

* 저자와 협의하에 인지는 생략합니다.